ELABOR
HR CONTENT CREATOR

7,000건 넘는 사건을 처리한 현직 근로감독관의 실무 노트

근로감독관의 실무 노트

창정수 저

DATE. ____________

현장대응에 강한 노동법 실무서

핵심 쟁점만 뽑았다!

법조문보다 중요한 실무 대응력

2024 통상임금 대법 전합 판결까지 완벽 반영!

중앙경제

근로감독관의 **실무 노트**

초판인쇄 2025년 5월 12일
초판발행 2025년 5월 15일

지은이 창정수
펴낸이 김남진
펴낸곳 중앙경제

디자인 이지훈, 최가영
마케팅 신석재, 김성울, 이소영, 윤지희, 김선혜
경영지원 이상훈, 박세라, 조용환

출판등록 80.6.21 제2-66호
주소 서울시 중구 다산로11길 19(신당동 355-8) 백석빌딩 신관 4층
전화 02)2231-7293
팩스 02)2235-5344
홈페이지 www.elabor.co.kr

ISBN 978-89-7017-573-7 (13320)
정가 40,000원

근로감독관의 실무 노트

창 정 수

중앙경제

머리말

저는 1996년 고용노동부에 입사하여 근로감독관 직무를 23년간 수행하였습니다. 그간 약 7천여건의 근로자 임금체불 등 진정, 고소·고발 사건을 수사하여 처리하였고, 다수의 사업장에 대한 노사분규 해결 및 근로감독 등 고용노동부의 업무전반을 경험하였으며 그 기반을 토대로 근로개선지도과 과장으로서 근로감독관들을 지도해 오고 있습니다.

근로기준법 등 16개에 달하는 노동관계법령을 한권의 책자에 담기에는 그 분량이 실로 방대하기 그지 없습니다. 현장실무와 동 떨어진 이론적인 내용들은 근로자, 사용자 모두 이해하기 어렵고 실용적이지 않다는 지적을 주위분들로부터 많이 들었습니다.

제가 지방노동관서(노동청)에서 근로감독관 직무를 수행하면서 노동청에 주로 제기되는 노동관계법 사항 및 사건조사 과정에서 쟁점에 대한 판단의 주요 요소가 되는 사항에 대하여 본서를 구성하였고,

지방노동위원회에서 근로자, 사용자간 첨예하게 다툼이 있는 부당해고 및 부당노동행위 구제신청 사건에 대한 처리절차와 판정 관련 주요 요지에 대하여도 서술하였습니다.

무엇보다 근로자, 사용자 모두에게 어떻게 하면 조금이나마 도움이 될 수 있을까 고민하면서 본서를 집필하였습니다. 다만, 신고사건과 관련한 내용은 수사단계에서의 판단으로 법원의 확정판결이 아니라는 점과 개인정보보호법에 의한 당사자의 개인정보 보호를 위하여 익명처리 하였음을 밝혀둡니다.

본서는 첫째, 고용노동부 및 근로감독관에 대한 근로자와 사용자의 인식과 오해, 둘째, 근로자가 고용노동부에 접수한 임금체불 등 신고사건에 대한 처리 과정, 임금체불 근로자에 대한 지원제도의 일환인 간이대지급금제도, 사업주에 대한 지원제도인 체불청산지원 사업주융자제도, 셋째, 근로기준법 등 개별적 노동관계법, 집단적 노동관계법인 노동조합 및 노동관계조정법, 근로자참여 및 협력증진에 관한 법률과 사업장 감독 및 주요 점검항목 순으로 구성되어 있습니다.

제가 근로감독관 업무를 수행하면서 느꼈던 점, 진정 사건처리 과정에서 근로자와 사업주의 다툼이 되고 있는 주요쟁점 사항과 근로자와 사업주에게 필요한 조언에 대해 중립적 입장에서 균형감 있게 서술하였습니다.

특히, 지난 2024.12.19. 대법원 전원합의체 판결에 의해 기존의 통상임금 판단기준에서 고정성이 제외됨에 따라, 통상임금 개념의 재정립 등 판단기준이 새롭게 변경되었습니다.

이에 2024.12.19. 대법원 전원합의체 판결 요지와 2014년 이후 11년만에 새롭게 개정된 고용노동부 '통상임금 노사지도지침' 및 '주요 Q&A' 자료를 수록하였습니다.

이와 관련한 사항은 근로자, 사용자 모두에게 중요한 내용으로서 반드시 숙지할 필요가 있고 사업장에도 일대 변혁이 예고되어 있다고 할 것입니다. 또한, 최근 사회적 이슈가 되고 있는 직장내 괴롭힘 금지 및 노사협의회 제도에 대하여 근로자, 사용자 모두에게 꼭 필요한 내용을 서술하였습니다.

기존의 노동법 서적은 개별적 노동법과 집단적 노동법이 분리되어 각각 별도의 교재로 구성되어 있고, 그 분량도 방대하여 실무자의 교재 활용도 측면이나 독자들의 입장에서 접근하는데 어려움이 많았으리라 생각됩니다.

저자는 이러한 불편과 단점을 해소하기 위해 개별적·집단적 노동관계법 중에서 실무적으로 근로자, 사용자, 노동조합간에 주요쟁점이 되는 핵심적인 내용만을 요약하여 본서를 집필하였습니다.

근로자, 사용자 모두 노동청 신고사건 조사과정 및 현장 실무에 미력하나마 도움이 되기를 바라며, 고용노동부 근로감독 업무에 대한 이해도를 높이고 새롭게 인식하는 계기가 되었으면 하는 바람입니다.

본서의 출간에 많은 도움을 주신 중앙경제 김태윤 상무님, 이지훈 과장님, 공인노무사 조학희, 관리팀장 이석재, 근로감독관 박희원, 김민정, 윤지현, 이지연, 천진아, 신진희, 박현상, 김은정, 김현아, 안은선, 김명희, 최수영, 김영훈, 남해용, 강희경, 강지현, 이태양, 황유정, 이정애, 고경희, 김하은, 주미선, 진재성, 송현호, 홍인경, 김지애, 이용빈, 노동권익지원관 소은화, 박행은, 송윤숙, 주무관 임정훈 그 외 모든분께 진심으로 감사드립니다.

부족하지만 본서를 찾아주신 독자분께도 깊은 감사의 인사를 드립니다.

그리고 일반 독자의 입장에서 아낌없는 조언을 해준 사랑하는 저의 아내 박춘희 여사에게도 감사의 마음을 전합니다.

2025년 4월

저자 창 정 수

추천사

기존에 노동법 이론과 인사노무관리 실무 서적은 많았으나, 실제로 노동법 관련 사건처리 과정을 상세히 다룬 실무도서는 찾기가 어려웠습니다.

본 도서는 근로기준법 뿐만 아니라 노동조합 및 노동관계조정법, 근로자참여 및 협력증진에 관한 법률 등 주요 법령을 다루면서도 주요 쟁점 중심으로 내용을 확인할 수 있도록 집필이 되어있습니다.

또한, 최근 이슈가 되고 있는 통상임금, 직장내 괴롭힘, 노사협의회 실무내용을 일목요연하게 볼 수 있어 실무자 입장에서 업무처리 시 참고할 수 있어 매우 유익한 도서입니다.

갈수록 노사관계 사안의 다양성과 특이성이 높아지고 있습니다. 이러한 사회적 흐름속에서 근로자와 사용자 입장을 균형있게 다루고 있어 노사분쟁의 예방지도에도 이바지할 것으로 기대됩니다.

근로자와 사업주, HR 및 ER 담당자, 노동조합 실무자, 공인노무사, 근로감독관 모두에게 추천드립니다.

2025년 4월

노동청 노무사가 알려주는 근로기준법 실무 Q&A 저자

조학희 공인노무사

차 례

[노동권익 구제제도]

[개별적 노동관계법]

제4편 근로기준법

제9편 근로자참여 및 협력증진에 관한 법률

[사업장 감독 관련]

제10편 사업장 감독 및 주요 점검항목

[주요 약어]

- 근기법 ―― 근로기준법
- 임채법 ―― 임금채권보장법
- 근퇴법 ―― 근로자퇴직급여 보장법
- 남녀고용평등법 ―― 남녀고용평등과일·가정양립지원에관한법률
- 최임법 ―― 최저임금법
- 노조법 ―― 노동조합 및 노동관계조정법
- 근로자참여법, 근참법 ―― 근로자참여 및 협력증진에 관한 법률
- 기간제법 ―― 기간제 및 단시간근로자보호 등에 관한 법률
- 산안법 ―― 산업안전보건법
- 부해 ―― 부당해고
- 부노 ―― 부당노동행위
- 노조 ―― 노동조합
- 파업 ―― 쟁의행위, 노사분규
- 노 ―― 노동자, 근로자
- 사 ―― 사용자
- 사업장 ―― 회사
- 민원실 ―― 고객지원실
- 노동청 ―― 고용노동부, 지방노동관서
- 신고사건 ―― 진정, 고소·고발사건
- 내사종결 ―― 행정종결
- 사업장감독 ―― 사업장점검
- 입건 ―― 범죄인지

노동권익 구제제도

제1편 | 서 설

01 근로감독관에 대한 인식과 오해

01-1. 근로자의 입장에서

근로자가 임금체불 등을 받기 위하여 노동청에 진정서 등을 제출하고 조사받는 과정에서 근로감독관들에게 종종 이런 말들을 합니다. "노동청은 과연 근로자를 위한 기관이 맞느냐?, 근로자를 위한 기관에서 근로감독관이 왜 사용자편을 드는 것이냐?, 근로감독관은 회사편이다"라고 항의하는 근로자들이 있습니다.

이런 말을 들으면 근로감독관의 입장에서는 상당히 억울합니다. 물론 노동청이 근로자를 위한 기관인 것은 맞습니다. 다만, '근로자편이다 사용자편이다' 라고 하는 것은 다분히 오해의 소지가 있을 수 있습니다.

왜냐하면 고용노동부(노동청)는 사용자에 대하여 노동법에 명시된 사항에 대한 준수 의무를 부과하고 감독하며 근로자와 사용자 간에 다툼과 분쟁을 조정 해결함으로써 궁극적으로 국가경쟁력 강화 및 산업발전과 평화를 달성하는데 그 목적이 있는 국가기관이기 때문입니다.

근로자의 입장에서는 사건조사 과정이 본인에게 불리하다고 느낄 경우 근로감독관이 사용자의 편이라고 생각할 수도 있다고 봅니다. 그러나 이것은 오해에서 비롯된 것이라는 점을 말씀드리고 싶습니다.

진정사건 등 조사과정에서 제일 중요한 것은 본인의 주장내용에 대한 증거자료를 제시하는 것입니다. 왜냐하면 입증책임은 기본적으로 법 위반사항을 주장하는 측에 있기 때문입니다.

물론 근로감독관이 사건 조사과정에서 근로계약서, 임금대장 등 수사에 필요한 서류에 대하여 사용자로부터 제출받아 수사에 참고합니다.

근로자도 증빙자료들을 제시할 필요가 있습니다. 근로자와 사용자 간에 그 주장하는 내용이 첨예하게 대립될 때는 결과적으로 입증자료에 의해 판단하는 것이 원칙이기 때문입니다.

근로자가 제기한 진정 등 신고사건을 조사한 결과, 사용자의 법 위반 혐의가 인정된다면, 사용자에게 그 이행을 요하는 시정지시를 하거나 근로자가 처벌을 원할 경우, 사업주를 범죄인지하여 사법처리 절차를 진행합니다.

그러나 법 위반 혐의가 없거나 입증자료 제시가 부족하면 증거불충분으로 무혐의 처리가 될 수도 있습니다. 그러므로 근로자의 입장에서는 진정사건 등의 조사과정에서 근로감독관에게 증거자료를 제시할 필요가 있습니다.

간혹 사건조사 과정에서 근로자와 근로감독관이 서로 언성을 높이면서 매우 심하게 다투는 경우가 있습니다. 이때 근로자는 "근로감독관이 자신의 말을 잘 들어주지 않는다"고 항변합니다. 누구의 잘못을 따지기 전에 조사과정에서 근로자, 근로감독관 모두 차분해질 필요가 있습니다.

근로감독관과 언성을 높여가며 다투기보다는 근로자가 자신의 주장을 차분하면서도 조곤조곤 논리적으로 근로감독관에게 설명하고 어필하는 것이 좋다고 생각합니다. 만약, 그럼에도 불구하고 근로감독관이 근로자에게 부당하게 업무처리를 한다면 당연히 이의를 제기할 수 있을 것입니다.

고용노동부에서는 현재 전국적으로 2,200여명의 근로감독관이 진정, 고소·고발 등 신고사건 조사 및 처리, 사업장감독, 각종 인허가, 노사분규(파업) 발생 사업장에 대한 분규 해결 및 노사관계 안정·지도 등의 근로감독 업무를 수행하고 있습니다.

근로자 입장에서 근로감독관의 업무처리가 마음에 들지 않는 경우가 있을 수 있지만, 근로감독관들은 오늘도 일선 현장에서 노동 현장의 파수꾼으로써 열

심히 일하고 있다는 점을 알아 주시고 따뜻한 격려의 말씀을 보내주시기를 당부드립니다.

01-2. 사용자의 입장에서

사용자의 입장에서 볼 때 고용노동부(노동청)와 근로감독관들은 어떠한 존재일까요? 아마 많은 사업주들이 그리 달갑지 않게 여길 것으로 생각됩니다. 어쩌면 노동법상의 준수에 대한 수많은 규제 때문에 더욱 부담스럽고 체감적인 면에서 사용자의 입장은 고려하지 않은 채 근로자의 입장만을 배려한다고 생각할 수도 있다고 봅니다.

저자도 근로감독관 업무를 하면서 많은 사업주들로부터 "근로감독관들이 권위적이다, 고압적이다"라는 말을 들었습니다. 왜 그러한 말들이 나왔을까? 물론 이해되는 측면도 있습니다. 그러나 그에 대해 전적으로 동의할 수는 없습니다.

진정 등 신고사건 조사과정에서 어떤 사업주는 "고용노동부(노동청)가 근로자를 위한 기관이라는 것은 이해하지만 왜 우리 사업주들의 말은 들어주지 않고 근로자편만 드는 것이냐"고 항의하는 경우도 종종 있습니다.

물론 사업주 입장에서 볼 때 본인에게 불리하게 사건 진행이 된다고 느낄 때에는 그렇게 생각될 수도 있다고 봅니다. 그러나 이것 또한 오해라는 점을 말씀드리고 싶습니다.

사용자도 근로자도 어느 쪽이든지 자신의 주장이 받아들여지지 않을 때는 근로감독관의 조사가 불공정하고 부당하다고 느끼는게 당연하다고 생각됩니다.

그러나 근로감독관은 근로자와 사용자 간에 주장이 첨예하게 대립된 사건에 대하여 중립적 입장에서 공정하게 사건을 조사하고 업무처리를 한다는 점을 알아주셨으면 합니다.

사업이 잘 안되어 자금난 등 경영상 어려움을 겪고 있는데 설상가상으로 임금체불, 각종 노동관계법령 위반 등에 대한 진정사건, 사업장 근로감독 등에 대하여 심적 부담이 크고 애로사항이 많다는 점은 충분히 이해가 됩니다.

사업주가 지켜야 할 노동법상의 의무 사항이 많은 것은 사실입니다. 이러한 연유로 어떤 사업주는 “누가 노동법 다 지켜가며 사업을 하느냐?, 노동법 다 지키면서 사업하면 사업 못한다”라고 항변하기도 합니다.

그러나 노동법의 이행실태를 감독하는 근로감독관의 입장에서는 누구나 예외 없이 사업주들이 노동법을 잘 준수하도록 지도하고 감독하는 것이 근로감독관에게 주어진 책무라는 점을 이해해 주시기를 당부드립니다.

아무쪼록 본 지면을 통해 근로자, 사업주, 근로감독관 모두가 선입견과 오해를 풀고 서로의 입장을 이해하고 존중하는 계기가 되기를 바랍니다.

참고로 고용노동부를 근로자, 사용자 등 민원인들이 노동청이라고 부르기도 합니다. 아무래도 근로자나 사용자 입장에서 노동청이라는 명칭이 더 익숙하기 때문일 것이라고 생각합니다.

또한, 지방노동관서라는 표현은 노동청을 가리키는 개념인데 국가기관의 내부적인 행정 용어로서 지방노동관서와 노동청은 동일한 개념입니다.

본서에서는 상황에 따라 적절하게 고용노동부를 노동청으로 표현하기도 하였고, 지방노동관서를 노동청으로 표현하기도 하였는 바, 같은 개념이라는 점을 이해하여 주셨으면 합니다.

제2편 진정, 고소·고발 사건 처리

01 진정 등 신고사건 처리과정 요약

01-1. 임금체불 사건

근로자가 노동청에 제기하는 사건의 유형에는 진정, 고소・고발 등이 있습니다. 일반적으로 이를 통칭하여 '신고사건'이라고 합니다. 따라서 신고사건은 진정, 고소・고발을 포함하는 개념이라고 이해하시면 됩니다.

1. 개요

근로자가 회사에서 일하고 임금 등을 지급받지 못한 경우에는 지방노동관서(노동청) 민원실(고객지원실)에 진정 등을 제기하여 그 권리구제를 받을 수 있습니다.

이에 근로자나 노동조합 대표자 또는 조합원, 사용자(사업주) 등이 지방노동관서 민원실에 진정 등을 접수하여 사건 종결 시까지에 대한 일련의 처리과정 및 진행 단계에서 알아두시면 도움이 될 내용들에 대하여 상세히 서술하고자 합니다.

2. 임금체불 진정 등 사건처리 과정

(1) 근로자가 임금체불 진정 등을 민원실에 접수한다(방문, 인터넷 접수).
(2) 해당 사건에 대해 노동권익지원관이 14일 기간 동안 조정을 한다.
(3) 조정 후, 근로감독관에게 배정 및 근로감독관이 사실관계를 조사한다.
(4) 근로감독관이 조사하여 체불임금을 확인하고 사업주에게 확인된 체불임금에 대해 금품 지급지시(시정지시)를 한다.
(5) 사업주가 체불임금을 지급하거나 진정인이 취하하면 사건이 종결처리 된다.
(6) 시정불응 시, 근로감독관이 사업주를 범죄인지 하거나, 근로자가 사업주에 대하여 고소 · 고발장을 제출한다.
(7) 근로감독관이 범죄사실에 대하여 수사를 완료하여 검찰에 송치한다.
(8) 근로감독관이 사건에 대해 범죄인지 하거나 검찰에 송치 이후에 근로자에게 체불임금등 · 사업주확인원을 발급한다(간이대지급금지급용 및 민사소송용).
(9) 근로자는 노동청으로부터 발급받은 체불임금등 · 사업주확인원을 근로복지공단에 제출하여 권리구제(간이대지급금을 지급받음)를 받거나 법률구조공단을 통한 소송지원을 통하여 권리구제를 받을 수 있다.

1) 진정 등 신고 방법

① 근로자가 사건 관할 지방노동관서에 방문하여 접수한다.
- 신고인(진정인, 고소인 · 고발인) 본인 신분증 지참
- 2명 이상의 사건을 대표로 접수 시, 진정인 연명부 작성 필요

② 사건 관할 지방노동관서가 멀리 있는 경우
- 인근 지방노동관서를 방문하여 진정서 등 작성 후 해당 관할 관서로 팩스로 송부 요청하고 해당 관할 지청에 수신 여부를 확인한다.
- 민원실에 직원에게 요청하여 도움을 받을 수 있음

③ 고용노동부 노동포털 (labor.moel.go.kr)에 접수한다.

④ 민원실에 팩스 또는 우편으로 접수가 가능하다.
- 관할 지청 민원실로 직접 진정서 팩스 송부 및 수신 여부를 확인한다.

2) 노동권익지원관이 14일 기간 동안 조정

노동청 고객지원실(민원실)을 방문하여 노동권익지원관과 상담을 한 후, 진정서를 접수하면 노동권익지원관이 14일 기간 동안에 사업주와 유선연락 등을 통하여 체불액 및 지급의사 등을 확인하여 사건을 처리한다.

사업주가 지급 시는 자체 종결하고, 지급의사가 없거나 다툼이 있는 사건에 대하여는 근로감독관들에게 배정되어 사건처리를 진행하게 된다.

간혹, 노동권익지원관의 조정 필요 없이 바로 근로감독관에게 배정되어 조사를 원하는 진정인들이 있다. 이 경우에는 바로 근로감독관에게 사건이 배정된다.

또한, 고용노동부 홈페이지를 통하여 on-line으로 접수되는 사건에 대하여는 노동권익지원관이 14일 이내 처리가 가능한 사건, 즉, 현재 근로감독관이 조사 중에 있지 않은 사건, 사업주의 지급이 가능할 것으로 판단되는 사건, 신규 접수된 사건 등에 대하여 노동권익지원관이 14일 기간 동안에 사업주와 유선 연락 등을 하여 체불임금이 지급될 시에는 자체 종결하고 미처리된 사건에 대하여 근로감독관에게 배정하게 된다.

check point 노동권익지원관의 역할

진정서 제출 전 노동권익지원관들이 상담을 하고 진정서가 제출되면 사업주들과 유선 연락 등을 통하여 진정사건을 처리하게 된다. 진정인이나 사업주 입장에서 근로감독관에게 사건이 배정되어 출석요구를 받고 진정사건에 대한 조사를 받는 것 보다는, 사전에 노동권익지원관과 조정을 통하여 사건을 해결하는 것이 부담이 적은 것일 수도 있고 시간적 낭비 등을 따져 볼 때 양당사자에게 이득이 되는 측면이 있기 때문에 근로자나 사용자 모두가 선호하는 편이다.

노동권익지원관의 조정을 통한 사건 해결율이 상당히 높고 만족도 또한 높다. 일선 현장의 근로감독관들이 신고사건 조사에 매몰되어 민원상담을 제대로 할 수가 없는 점을 노동권익지원관들이 잘 보완 해주고 있다고 볼 수 있다.

고용노동부에서는 조정 성공률과 고객 만족도를 높이고 격려차 매년 조정 실적이 우수한 노동권익지원관을 선정하여 포상하고 있다.

3) 조정 후, 근로감독관에게 배정 및 사실관계조사

노동권익지원관의 조정 기간을 거쳐 근로감독관에게 인계된 사건에 대하여는 다음과 같은 절차에 의해 사건처리를 진행하게 된다.

(1) 양당사자(진정인, 피진정인)에게 출석요구

이때 근로감독관이 지참할 서류 등을 명시하여 서면으로 출석요구서를 발송하기도 하고, 문자메시지 전송으로 발송하기도 하며, 사전에 유선으로 통화를 하여 진정 사실 고지 및 사건 개요를 개략적으로 파악하기도 한다.

근로감독관의 출석요구를 받고 진정인은 출석하여 조사를 받는데도 불구하고 피진정인은 출석하지도 않고, 전화도 아예 받지 않는 사업주들도 많다. 이러한 경우 진정인 입장에서는 매우 격앙된 모습을 보인다. 사업주가 출석하지 않은 것은 진정인에게 임금체불에 따른 생계곤란에 이중 삼중의 고통을 주는 것이나 다름 없다.

진정인, 피진정인 모두에게 시간은 소중한 것이다. 간혹 진정인 중에 "본인은 출석하여 조사를 받는데, 출석하지 않은 사업주가 본인의 하루 일하지 못한 일당을 주어야 하는 것 아니냐"고 근로감독관에게 반문하는 근로자도 있다.

임금체불된 근로자의 심정을 헤아린다면 사업주들이 근로감독관의 출석요구에 응하여 출석하여야 할 것이다. 다만, 부득한 사정이 있어 출석치 못할 시는 진정인에게 양해를 구하고 출석기일을 조정하여 출석하여 주시기 바란다.

또한, 근로감독관이 출석요구서에 근로계약서, 임금대장, 체불내역 등 지참하여야 할 서류를 명시하여 안내하였음에도, 출석 조사 당일날 지참서류를 가져오지 않고 빈손으로 오는 사업주들이 있다.

이 경우에는 다시 출석 날짜를 정하여 조사를 해야 하기 때문에 사건처리가 늦어질 수밖에 없다. 물론 사정이 있을 수 있겠지만 서류 준비가 잘 되어 조사 당일에 원활한 조사가 이루어질 수 있도록 협조하여 주시기 바란다.

물론 진정인도 근로계약서, 급여명세서, 급여를 지급 받는 은행통장 등 증거서류를 준비하여 참석하는 것이 사건조사 시 유리하다.

(2) 진정인 및 피진정인 조사

가) 양당사자 모두 출석한 경우

진정인의 진정내용에 대하여 진정인 및 피진정인 양측을 조사한다.

사실관계를 확인하여 체불임금액을 확정하고 확정된 체불임금에 대하여 사업주에게 지급을 명하는 시정지시를 하며, 피진정인 사업주가 체불임금을 **지급하여** 진정인이 진정 취하를 하면 내사종결(행정종결) 처리하고, **부 지급시**는 사업주를 범죄인지하여 피의자신문을 받아 검찰에 송치한다.

나) 진정인 출석, 피진정인 불출석하는 경우

진정인은 출석하여 조사를 마쳤으나 피진정인이 불출석하는 경우 통상 2~3회 정도의 출석요구를 하고, 전화도 받지 않고 출석에 불응하는 경우는 참고인 조사, 증거자료 확보 등을 근거로 범죄인지를 하거나, 고소로 전환(진정인이 고소장 제출)하여 처리한다.

범죄인지 및 고소 이후에는 피진정인 사업주는 피의자로 전환되어 수사를 받게 된다.

check point **용어 정리**

◦ **범죄인지(입건)**

수사기관이 사건을 정식으로 접수(예 : 혐의가 인정될 경우 등)하여 수사를 개시하는 절차를 말하며 입건이 되면 사건번호가 부여되고, 피진정인은 피의자의 신분으로 전환되어 수사를 받게된다. 피고소인은 고소장이 접수됨과 동시에 입건된 것으로 보기 때문에 즉시 피의자의 신분으로 전환된다. 범죄인지와 입건은 동일한 개념이다.

◦ **피의자**

범죄혐의가 있어 수사기관에 수사를 받고 있지만 아직 재판으로 넘겨지지 않은 상태의 신분상태를 말함

◦ **기소중지**

피의자의 소재불명 등의 사유로 수사를 종결할 수 없는 경우에 그 사유가 해소될 때까지 행하는 중간처분, 후에 그 사유가 해소되면 수사를 다시 시작한다.

다) 진정인이 2회 불출석한 경우

추후 재 진정할 수 있음을 안내(문서발송)하고 행정종결 처리한다.

라) 진정사건 처리기간(접수일로부터 25일 이내)

부득이한 사유로 기한내 처리 곤란할 시, 1회 연장 가능하다. 신고인의 동의를 받는 경우, 다시 1회 연장 가능하다.

(3) 고소 · 고발장 제출 및 처리

임금을 못 받은 근로자가 당초부터 고소 · 고발장을 제출하는 경우도 있고, 노동청 근로감독관의 체불임금 지급지시에 불응하여 임금을 지급하지 않은 사업주에 대하여 근로자가 고소장을 제출하는 경우도 있다.

가) 고소 · 고발 사건에 대하여 조사 후, 검찰에 송치한다.

나) 범죄인지 및 고소 · 고발장 처리기간

처리기간은 범죄인지 및 고소 · 고발장 접수일로부터 2개월 이내에 수사를 완료하여 검찰에 송치한다. 예외적으로 2개월 이내에 처리가 어려운 부득이한 사유가 있을 시는 검사의 수사 지휘를 받아 처리기한을 연장할 수 있다.

(4) 불출석하는 피의자(사업주)에 대한 조치

범죄인지 및 고소 · 고발장이 접수된 이후 근로감독관이 피의자에게 통상 2~3회 출석요구를 하여 피의자가 출석치 않은 경우에는, 근로감독관이 피의자의 사업장 소재지 및 주거지를 현장 방문하여 탐문하고 확인하는 '소재수사'를 하게 된다.

이때 피의자가 부재중일 경우가 있으므로 근로감독관이 방문하였다는 사실과 출석기일이 지정된 출석을 요청하는 문서(출석요구서)를 집대문 등에 부착하여 두고 귀청한다.

이후 지정된 출석기일까지 연락이 없거나 출석하지 않을 시에는 전국 경찰에 **지명통보(c)** 수배조치를 하고 기소중지로 검찰에 송치하거나, 근로감독관이 법원으로부터 **체포영장** 및 **통신영장(피의자 소재를 위치추적)**을 발부받아 직접 검거하여 수사를 완료한 후 검찰에 송치하기도 한다.

피의자가 상습적으로 임금을 체불하여 다수의 신고사건이 제기되거나 죄질이 극히 불량하고 사회적으로 물의를 일으킨 경우 등에는 **사전 구속영장**을 신청하여 법원으로부터 구속영장을 발부받아 피의자에 대하여 구속송치 하기도 한다.

check point **사전 · 사후 구속영장 차이점**

구분	사전 구속영장	사후 구속영장
피의자 신병 상태	체포되지 않은 상태	체포된 상태
구속영장 청구 시점	체포 전에 검사가 구속 필요성을 판단하여 청구	체포 후 48시간 내에 검사가 청구
피의자 출석 방식 (영장실질심사)	자발적으로 법원에 출석하여 영장실질심사 진행	수사기관에 의해 구속된 상태로 법원 출석
영장 기각 시	불구속 상태 유지	석방

(5) 지명통보(c) 이후, 조치사항

지명통보(c) 기소중지로 검찰에 송치한 이후, 피의자가 경찰의 검문에 적발되면 경찰서 등으로부터 "기소중지자 소재발견 통보"가 노동청에 접수된다.

이에 따라 노동청에서 근로감독관이 피의자에게 출석요구서를 2~3회 발부하여, 피의자가 출석에 응하지 않을 시에는 법원으로부터 체포영장을 발부받아 전국 경찰에 지명수배(A)로 전환조치를 한 다음 기소중지 송치를 한다. 지명수배(A) 이후 피의자가 경찰 검문 등으로 검거 될 시, 근로감독관이 경찰로부터 피의자의 신병을 인수 받아 수사를 완료하여 검찰에 송치를 하게 된다.

그러나 최근에는 근로자의 체불임금이 급증하여 생계가 위협받고 있음에 따라, 근로자의 생존권 보호차원에서 법원으로부터 **체포영장** 및 **통신영장**을 발부받아 근로감독관이 직접 피의자를 검거하여 수사를 완료한 후 검찰에 송치하는 강제수사를 강화하고 있는 실정이다.

이때 피의자가 상습적인 체불사업주이거나 그 죄질 및 사안이 중한 경우에는 피의자에 대하여 **사후 구속영장**을 신청하여 법원으로부터 구속영장을 발부받아 피의자에 대하여 구속송치를 한다.

check point **지명통보(C), 지명수배(A)의 구분(공통점 및 차이점)**

◦ 공통점
전국 경찰에 수배령이 내려진다는 공통점이 있다.

◦ 차이점
- **지명통보(C)**는 피의자가 경찰 검문에 적발될 시, 피의자에 대하여 노동청에서 수배조치가 내려져 있으므로 경찰이 **피의자로부터 노동청에 ○○까지 출석하겠다는 약속**을 받은 후, 관할 노동청에 '기소중지자 소재발견 통보' 조치를 한다. 지명통보(C)는 피의자에 대하여 체포영장이 발부되어 있지 않음에 따라 피의자를 체포할 수는 없다.
- **지명수배(A)**는 피의자에 대하여 체포영장이 발부되어 있으므로 경찰이 검거할 수도 있고, 근로감독관이 직접 검거하여 체포영장을 집행할 수도 있다.

(6) 체불임금 청산 및 강제수사 강화 경향

최근 들어 체불임금 발생이 크게 늘어나고 있어 근로자들의 생계 곤란과 고통이 가중되고 있음에 따라, 고용노동부(노동청)에서는 사업주들에게 체불임금 청산을 독려하고 있으며, 고의적으로 출석에 불응하는 사업주들에 대하여는 체포영장 및 통신영장을 발부받아 근로감독관이 직접 검거에 나서고 있다.

또한, 고의적이고 상습적인 체불사업주에 대하여는 구속수사를 원칙으로 하여 강제수사를 한층강화하고 있다.

최근 ○○노동청에서 구속된 피의자 ○○○ 등 2명은 노동청에 각 105회, 87회 진정, 고소・고발 등이 접수된 이력이 있고 각 10회, 17회 벌금 전과가 있는 상습적인 사업주들로서 근로자의 체불임금 청산에 대한 인식 및 의지가 희박하고 그 죄질이 불량스러운 공통점이 있었다.

(7) 당부사항

노동청 근로감독관의 출석요구에 응하지 못하는 사업주 입장에서도 나름의 이유와 사정이 있을 수 있다고 봅니다.

그러나 임금체불은 근로자 본인뿐만 아니라 그 가족의 생계를 위협하고 고통을 받게 한다는 점을 분명하게 인식하였으면 합니다.

간혹, "근로자에게 돈을 못 준 것이 무슨 중죄냐?"라고 말하면서 근로감독관에게 항의하는 사업주들이 있습니다.

그러나, 임금체불로 인하여 고통받는 근로자의 입장을 헤아린다면 사업주들은 근로자의 체불임금 청산을 위하여 더욱 노력하여야 할 것입니다.

체불임금을 근로자가 근로복지공단을 통하여 간이대지급금으로 지급받을 수 있는 방법도 있고, 체불사업주에 대한 융자지원 방안도 있습니다. 본 서에서 동 제도에 대하여 자세히 설명하고 있으니 내용을 잘 숙지하여 활용하시기 바랍니다.

또한, 노동청의 출석요구에 불응하고 불출석하는 사업주를 바라보는 근로자의 절박하고 애타는 심정을 사업주분들께서는 헤아려 주시기를 바라며, 근로감독관의 입장에서도 불출석 사업주에 대한 소재수사 및 체포영장 청구・집행 등에 따른 많은 국가행정력 낭비를 초래하게 되는 바, 노동청의 출석요구에 반드시 응하여 주시기를 간곡히 당부드립니다.

(8) 체불임금 등 · 사업주확인서 발급(대지급금지급용 및 민사소송용)

근로감독관이 체불조사 및 체불금액 확정 후, 사업주에게 시정지시하여 미청산 시 발급한다. 사건 처리 완료일 이후, 발급 신청일로부터 3일 이내 발급한다.

구분	사건처리 완료일
진정	범죄인지 보고일
고소 · 고발	검찰송치 후 종결처리일

(9) 실무 Tip

임금체불 진정 등 사건조사에 있어서 근로자가 사업주에게 지급받지 못하였다고 주장하는 체불금액과 사업주가 지급하지 못하였다고 인정하는 금액이 서로 다른 경우가 많습니다.

이럴 경우를 대비하여 근로자는 사업주로부터 체불된 금액이 정확히 기재된 **지급이행각서** 또는 **체불임금 미지급확인서** 등을 미리 서면으로 받아 둘 필요가 있습니다.

그래야 추후 노동청에 진정 등을 제기하여 사건 조사 시 유리하다는 점을 알아 두시기 바랍니다. 사업주 입장에서도 근로자에게 체불된 금액을 명확히 하여 다툼의 소지를 없앨 필요가 있다고 할 것입니다.

3. 재진정 처리 및 수석근로감독관 제도

근로자가 본인이 제기한 진정에 대한 노동청의 사건처리결과에 불복하여 **재진정**을 하는 경우가 종종 있습니다.

이 경우 노동청에서는 당초 해당 사건을 처리하였던 근로감독관 대신 다른 근로감독관을 지정(일반적으로 순번대로 배당)하여 사건을 처리하게 되며, 이후 동일 내용에 대하여 진정이 3번째 접수된 때에는 수석근로감독관에게 배당하여 사건을 처리하게 됩니다. 다만, 노동청마다 재진정에 대한 운영 형태가 동일하지는 않으며 다르게 운영되는 경우도 있습니다.

수석근로감독관은 근로감독관 경력자 중에서 가장 경험이 많고 수사역량이 출중한 배테랑 근로감독관을 수석근로감독관으로 선임합니다.

가장 경험이 많고 능력이 있는 근로감독관이 해당 사건을 다시 한번 꼼꼼하게 살펴 근로자의 억울함이 없는지, 재수사하는 제도라고 이해하시면 됩니다.

check point **체불임금 신고사건 처리 흐름도**

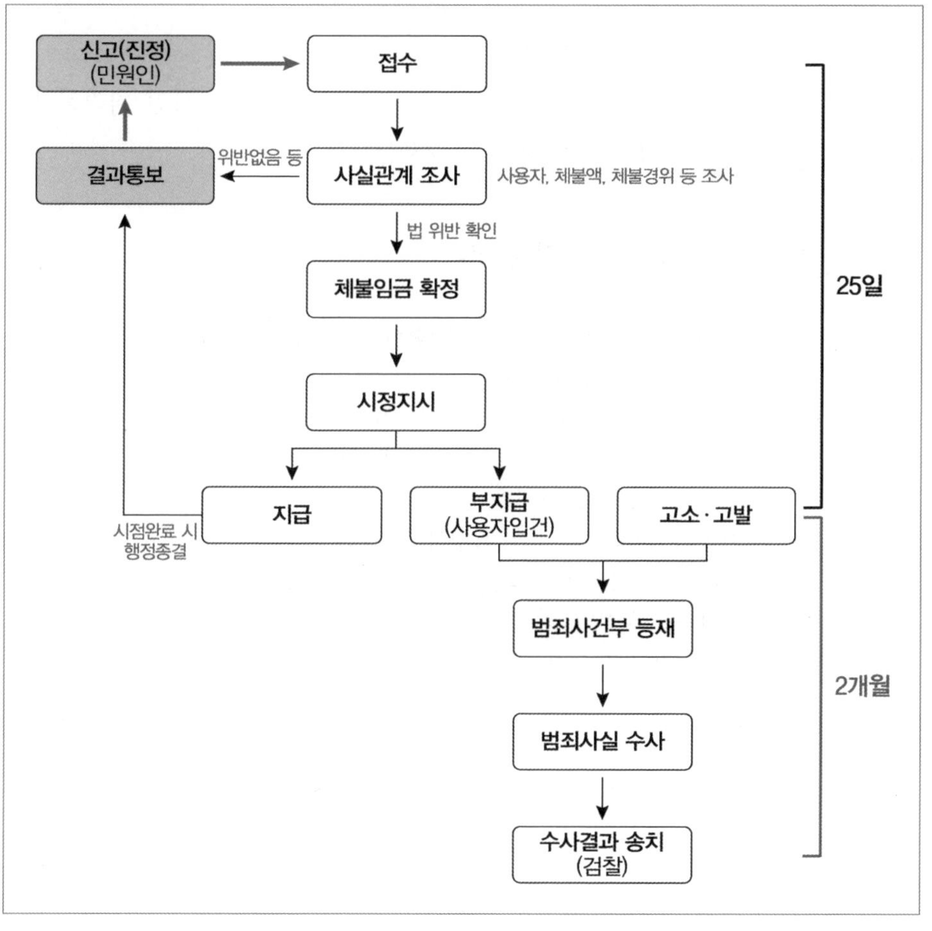

01-2. 해고 사건

1. 개요

해고의 정당성 여부에 대한 판정과 구제관련 업무는 현재 **노동위원회**(1심 : 지방노동위원회, 2심 : 중앙노동위원회)에서 처리하고 있다.

* 근기법 제23조(해고 등의 제한), 근기법 제28조(부당해고 등의 구제신청)

해고예고 위반 여부에 대하여는 **지방노동관서**에서 근로감독관들이 조사하여 처리하고 있어 해고와는 적용하는 법 조항이 다르다.

* 근기법 제26조(해고의 예고)

다만, 노동위원회에서 **해고** 이외 **징계**, **인사명령** 등에 대한 사건 처리절차는 동일하며 신청서류 명칭은 **'부당해고 등 구제신청서'** 이다.

2. 부당해고 등 구제신청 절차(순서)

(1) 지방노동위원회에 구제신청서를 접수한다(방문, 인터넷).
- 사건번호 부여, 담당 조사관 지정
- 처리기한 60일(사건접수일로부터 60일 이내에 심문회의를 개최하여야 함)

(2) 사건관할 검토 : 타관할 시 해당 관할 노동위원회로 이송한다.

(3) 양 당사자에게 사건접수를 알린다.
- 답변서 제출 요구(제출 기한은 특정하지 않음)
- 근로자는 이유서, 사용자는 답변서를 제출하여야 한다.

(4) 구제신청 요건을 조사한다.
- 제척 기간 등 각하 대상일 경우, 조사를 중단한다(판정회의 → 각하 결정).

(5) 사실조사
- 출석조사, 현장 조사 등을 실시한다.

(6) 조사보고서를 작성한다.
- 근로자는 부당해고구제신청사건에서 원직 복직을 원하지 아니하는 경우, 심문회의 개최일을 통보받기 전까지 '금전보상명령'을 신청할 수 있다.

(7) 심문회의 개최- 당사자 · 증인을 심문한다.

- 심문회의는 1회 개최한다.
- (심문회의 위원) 근로자위원 1명, 사용자위원 1명, 공익위원 3명

(8) 판정회의를 개최한다.

(9) 판정서를 양당사자에게 송달한다(판정일로부터 30일 이내).
- 구제명령 시 : 이행지도 및 재심절차를 안내한다.
- 불이행 시 : 노동위원회에서 이행강제금을 부과한다.
- 기각 · 각하 시 : 재심절차를 안내한다.
- 심리(판정)결과가 나오기 전이나, 심리(판정) 결과가 나온 후 판정서 송달 전에 근로자와 사용자가 금전보상에 **합의(화해)** 또는 근로자가 **취하**를 하면 구제신청이 종료된다.

(10) 초심판정 결과
- 불복 시 : 불복하는 측에서 재심절차(초심 절차와 동일)를 진행한다.
- 불이행 시 : 노동위원회에서 이행강제금을 부과한다.
  * 1년에 2회, 2년간 총 4회 각 500만원~3,000만원까지 부과가능하다.
- 수용 시 : 판정 확정한다.

(11) 재심결과
- 불복 시 : 불복하는 측에서 행정소송을 진행한다.
- 구제명령 불이행 시 : 노동위원회에서 고발 조치한다.
- 수용 시 : 판정 확정한다.

(12) 이행강제금 및 고발조치 관련
- 이행강제금 및 고발은 **'부당해고 등 구제신청사건'**에만 해당되며 **'부당노동행위 구제신청사건'**에는 해당되지 아니한다.

check point 부당해고 등 구제신청사건 처리 흐름도

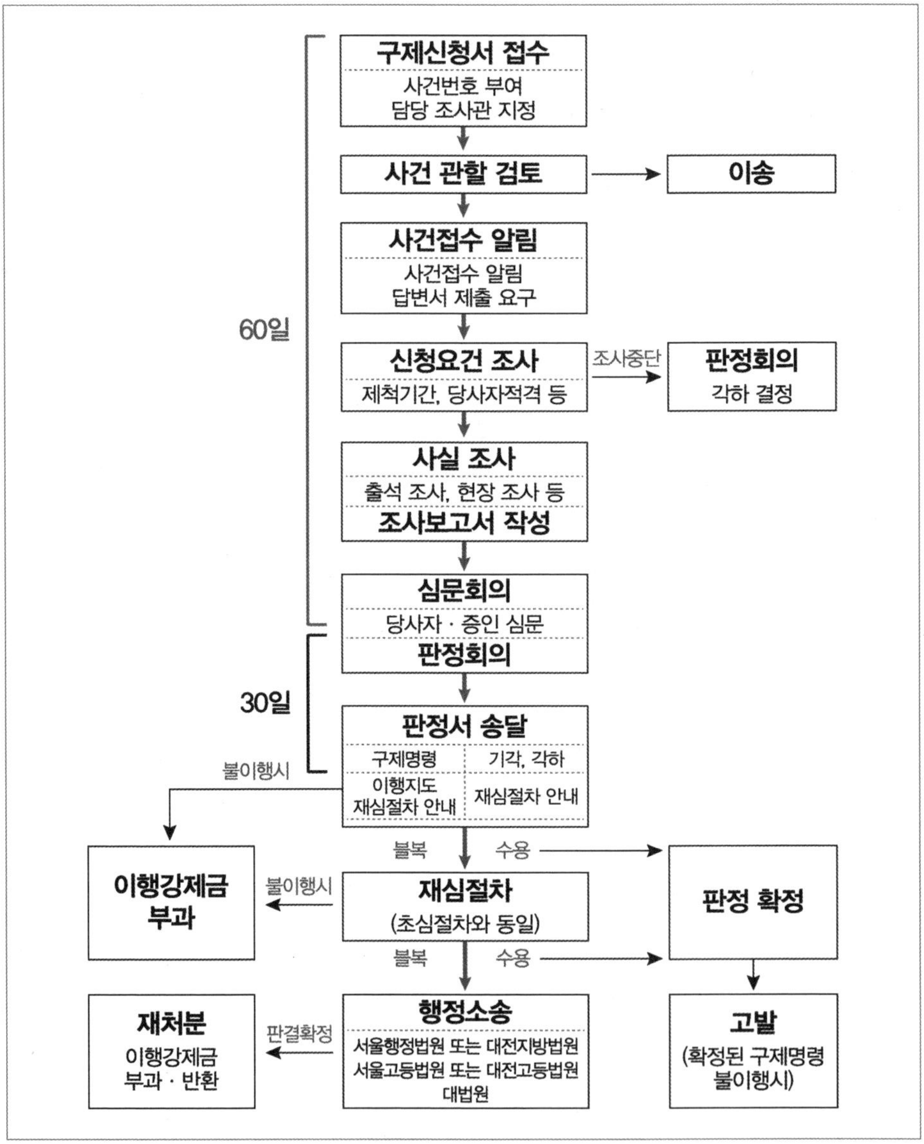

3. 권리+구제업무 대리인 무료 지원제도

노동위원회에 부당해고 등・부당노동행위 구제신청, 차별시정 신청(통보사건 포함) 등을 하는 저소득근로자가 원할 경우, **무료**로 대리인(변호사 또는 공인노무사)의 법률적 지원을 받을 수 있는 제도이다.

1) 신청 자격

월 평균임금이 **300만원 미만**인 근로자로서 노동위원회에 부당해고 등・부당노동행위 구제신청 또는 차별시정 신청(통보사건 포함) 등을 한 사람. 다만, 초심 구제신청일 기준으로 이전 1년간 권리구제업무 대리인을 이미 2개 사건까지 지원한 경우는 제한된다(2015.7.1.부터 적용).

2) 신청 절차

대리인의 선임을 희망하는 근로자는 노동위원회에 '권리구제업무 대리인 선임신청서'를 제출 → 노동위원회는 담당대리인 선임한다. '권리구제업무 대리인 선임 신청서'는 중앙노동위원회 홈페이지(www.nlrc.go.kr)의 전자민원창구(각종서식) 또는 각 지방노동위원회 또는 중앙노동위원회에 비치된 서식을 사용한다.

3) 선임된 대리인의 역할

해당 근로자와 사건의 대응방안 등 협의, 이유서(또는 답변서) 작성・제출, 증거자료 수집, 심문회의의 참석 및 진술 등 일반 대리인으로부터 받을 수 있는 서비스이다. **대리인 선임 비용은 노동위원회에서 부담하므로 근로자 본인 부담은 없다.**

4. 화해 제도 안내

1) 화해의 의미

화해란 분쟁 당사자가 서로 양보하여 분쟁을 종료시키는 것을 말하며 분쟁을 신속하게 해결하는 방법이다. 노동위원회의 판정은 분쟁에 대한 하나의 해결

방법이나 이를 당사자가 수용하지 않고 소송 등을 통하여 계속 다투는 경우에는 상당한 시일이 소요되고, 그에 따른 손실도 커질 수 있다.

2) 화해의 효력

노동위원회의 화해가 이루어질 경우 재판상 화해와 동등한 효력이 있어서 법원의 재판을 거치지 않고도 강제집행이 가능하다. 따라서 노동위원회의 화해를 통해서도 당사자간 합의한 대로 분쟁이 해결 될 수 있다.

3) 화해신청 방법

화해신청은 당사자간에 화해를 통하여 분쟁해결을 원할 경우 심문회의 개최 전까지 언제든지 신청할 수 있다. 신청방법은 화해신청서를 작성하여 노동위원회에 제출하시면 되고 화해에 대한 구체적인 내용, 방법, 절차 등에 대해서는 사건 담당 조사관에게 문의하시면 된다.

01-3. 기타 사건

임금체불, 해고(징계, 인사명령 등 포함) **이외의 사건**, 즉 근로조건 미명시, 휴게, 휴일, 근로시간 위반, 직장내 성희롱, 직장내 괴롭힘 등 기타 신고사건에 대하여는 위 임금체불 진정 등 사건처리 과정에 **준하여 처리하게 된다.**

다만, 해고예고수당 지급요구 진정사건에 대하여도 사건 처리과정은 동일하나, 해고예고수당은 임금성 금품이 아님에 따라 노동청에서 간이대지급금 지급용 체불임금등·사업주확인원 발급은 불가하다.

따라서 사업주가 노동청의 지급지시 시정명령에 불응하여 해고예고수당을 지급하지 않을 시에는 노동청 근로감독관은 사업주를 사법처리하여 검찰에 송치하고, 근로자는 노동청으로부터 민사소송용 체불임금등·사업주확인원을 발급받아 민사소송을 통하여 권리를 구제받을 수 있다.

제3편 체불임금 청산지원 제도

01 근로자 지원제도

01-1. 간이대지급금 제도

1. 개요

사업주의 도산 여부와 관계없이 근로자가 사업주로부터 임금 등을 지급 받지 못한 경우, 국가가 사업주를 대신하여 **최대 1,000만원(재직자 700만원) 한도**에서 **임금**(또는 휴업수당・출산전후휴가기간 중 급여) 및 **퇴직급여**를 지급하는 제도로서 근로복지공단을 통하여 근로자 개인 계좌에 지급된다.

* 근로복지공단(www.comwel.or.kr), ☎ 1588-0075

국가는 사업주를 대신하여 근로자에게 지급한 대지급금 범위 내에서 체불사업주에게 대위권을 행사하여 변제금을 회수하며, 이를 재원으로 임금채권보장기금을 운영하고 있다.

회사 자금난 등으로 경영상태가 어려운 사업주들이 근로자 임금체불 청산방안으로 많이 이용하고 있으며, 근로자 입장에서도 임금을 조기에 지급 받을 수 있어 유용한 제도라고 할 수 있다.

예를 들어 근로자가 사업주에게 지급받지 못한 체불임금이 2,000만원일 경우, 간이대지급금으로 1,000만원을 지급받고, 나머지 잔액 1,000만원에 대하여는 노동청으로부터 민사소송용 체불임금등・사업주확인원을 발급받아 민사소송을 통하여 권리를 구제받아야 한다.

이 경우 근로자의 체불 당시 최종 3개월분의 월평균 임금이 400만원 미만인 경우에는 대한법률구조공단을 통한 무료 법률구조(소송지원) 서비스를 받을 수 가 있으나, 최종 3개월분의 월평균 임금이 400만원 이상인 경우에는 근로자 개인이 독자적으로 민사소송을 통하여 해결해야 한다. 근로자가 해고예고수당을 지급받기 위하여 민사소송을 하는 경우에도 대한법률구조공단의 지원 내용은 동일하다.

check point 대한법률구조공단 무료 법률구조 서비스(소송지원) 내용

(1) 소송 비용 및 변호사 보수 비용 지원
패소 시 상대방 소송 비용 지원하지 않음

(2) 근로자 체불 당시 최종 3개월분의 월평균 임금이 400만원 이상일 경우, 원칙적으로 소송지원 서비스가 안 된다. 다만, 중위소득 150% 이하, 장애인 3급 이상 등 특수한 경우에는 비록 최종 3개월 월평균임금이 400만원 이상일지라도 지원이 가능한 경우가 있는 바, 반드시 대한법률구조공단에 연락하여 상담을 받아 보실 것을 권고드립니다.

* 대한법률구조공단(www.klac.or.kr), ☎ 지역번호+132

2. 지급요건

1) 사업주 요건

(1) 법원의 확정판결 또는 체불임금등 · 사업주 확인서를 발급받아야 한다.

간이대지급금은 ① 미지급 임금 등의 지급을 명하는 법원의 확정판결 등이 있는 경우 또는 ② 지방노동관서의 체불임금등 · 사업주 확인서로 체불임금 등이 확인된 경우에 지급한다(법 제7조).

사업주가 근로자에게 미지급 임금 등을 지급하라는 판결, 명령, 조정, 결정 등이 있는 경우 또는 고용노동부장관이 근로자에게 체불임금 등과 체불사업주 등을 증명하는 체불임금등 · 사업주확인서(대지급금 청구용)를 발급하여 사업주의 미지급임금 등이 확인된 경우에 법원의 확정판결 없이 간이대지급금 지급이 가능하다.

국가가 근로자에게 대지급금을 지급한 때에는 그 지급한 금액의 한도 내에서 당해 사업주에 대한 근로자의 미지급 임금 등의 청구권을 대위하여 사업주로부터 변제금을 회수한다(법 제8조제1항).

만일 사업주가 근로복지공단의 납부요청에도 불구하고 변제금을 미납할 경우, 근로복지공단은 해당 사업주의 인적사항에 관한 자료를 종합신용정보집중기관에 제공할 수 있다(법 개정, 2024.8.7.시행).

대출・이자율 산정 등의 신용도・신용거래 능력 판단 시 활용되거나 신용카드・교통카드 발급제한 등 신용상 제재가 가능하다.

변제금 미납 정보제공 대상은 대지급금 지급일의 다음날부터 1년 이상 경과하고 미회수 대지급금의 합계가 2,000만원 이상인 사업주가 해당된다.

(2) 법 적용의 대상이 되어 6개월 이상 해당 사업을 영위해야 한다.

퇴직근로자 간이대지급금의 지급대상 사업주는 임금채권보장법의 적용대상이 되어 해당 근로자가 퇴직한 날까지 6개월 이상 해당 사업을 영위하여야 한다(시행령 제8조제2항 및 제3항).

재직근로자가 간이대지급금 지급대상 사업주는 임금채권보장법의 적용대상이 되어 해당 근로자가 소송 등이나 진정 등을 제기한 날, 이전 맨 나중의 임금 등 체불이 발생한 날까지 6개월 이상 해당 사업을 영위하여야 한다(시행령 제8조제4항제1호).

임금채권보장법의 적용범위(법 제3조)는 산재보험법 제6조에 따른 사업 또는 사업장이므로 대상사업주가 산재보험법 적용대상사업의 사업주인지 여부를 반드시 확인해야 한다.

가) 산재보험 당연 적용대상 사업장이다.

2000.7.1.부터 상시근로자 1인 이상 사업장은 임금채권보장법 적용대상이며,

2018.7.1.부터 상시근로자 1인 미만 사업장에도 임금채권보장법이 적용된다(2017.12.26. 산재보험법 시행령 개정).

나) 산재보험 임의·의제가입 사업주도 해당된다.

산재보험 적용제외 사업장이라 하더라도 사업주가 근로복지공단의 승인을 받아 산재보험에 임의·의제 가입한 경우 임금채권보장법 적용한다(법 제4조, 고용산재보험료징수법 제5조제4항).

1999.12.31. 산재보험법 개정으로 2000.7.1.부터 산재보험 임의·의제가입 사업장에도 임금채권보장법이 적용된다.

다) 6개월 이상 당해 사업을 영위해야 한다.

퇴직근로자 간이대지급금 지급대상 사업주는 임금채권보장법의 적용대상이 되어 해당 근로자가 퇴직한 날까지 6개월 이상 해당 사업을 영위하여야 된다.

사업활동의 기산점은 산재보험 적용사업의 사업주가 된 때로부터 시작되며, 산재보험법 제6조에 따라 근로자를 사용하는 모든 사업 또는 사업장에 산재보험이 적용되므로 근로자를 채용하여 사용하기 시작한 때부터 시작되는 것으로 보아야 한다.

2) 근로자 요건

(1) 근로기준법상 근로자이어야 한다.

간이대지급금을 청구할 수 있는 자는 당해 사업주의 사업에서 퇴직 또는 재직 중인 근로자이므로 신청인이 당해 사업주의 사업에서 퇴직 또는 재직 중인지 여부와 근로기준법상 근로자인지 여부에 대해 확인이 필요하다.

(2) 퇴직근로자의 경우

가) 사업주가 근로자에게 미지급 임금 등을 지급하라는 법원의 판결, 명령,

조정, 결정 등이 있는 경우, 퇴직한 날의 다음 날부터 **2년 이내에 소송** 등을 제기 해야 한다.

나) 지방고용노동관서의 체불임금등 · 사업주확인서로 체불임금 등이 확인된 경우, 퇴직한 날의 다음 날부터 **1년 이내**에 진정, 청원, 탄원, 고소 또는 고발 등을 제기 해야 한다.

(3) 재직근로자의 경우

재직근로자 간이대지급금 지급대상 근로자는 다음의 요건을 모두 충족하여야 한다.

가) 소송 등 또는 진정 등을 제기할 당시 해당 사업주와의 근로계약이 종료되지 않았을 것(근로계약 기간이 1개월 미만인 일용근로자는 제외)

나) 해당 사업주의 근로계약에서 정한 임금액이 고용노동부장관이 정하여 고시하는 금액 미만일 것(최저임금의 110% 미만)

다) 맨 나중의 임금 등 체불이 발생한 날의 다음 날부터 **2년 이내**에 **소송** 등(사업주가 근로자에게 미지급임금 등을 지급하라는 법원의 판결, 명령, 조정, 결정 등이 있는 경우) 또는 **1년 이내**에 **진정** 등(지방노동관서의 체불임금등 · 사업주확인서로 체불임금등이 확인된 경우)을 제기할 것

3. 지급범위 및 상한액

1) 간이대지급금 지급범위는,

(1) 퇴직근로자의 경우

최종 3개월분의 임금(또는 휴업수당, 출산전후휴가기간 중 급여), 최종 3년간의 퇴직급여 등 중 체불액이다.

(2) 재직근로자의 경우

소송 등 또는 진정 등 제기일을 기준으로 맨 나중의 임금 등 체불이 발생한

날부터 소급하여 3개월 동안에 지급되어야 할 임금 중 지급 받지 못한 임금이다(또는 휴업수당, 출산전후휴가기간 중 급여).

2) 간이대지급금의 상한액은,

체불임금 등 대지급금 상한액 고시에 따라 **임금**(또는 휴업수당, 출산전후휴가기간 중 급여) **700만원**, **퇴직급여 700만원**이며 **합계 1,000만원**을 초과할 수 없다.

가) 재직근로자 대지급금은 퇴직급여 등이 발생하지 않아 700만원이 상한액이다.

나) 퇴직급여 등은 법 제7조제1항제4호 · 제5호에 따른 퇴직근로자 간이대지급금에 한하여 적용되며, 재직근로자 대지급금을 지급받은 후 퇴직한 경우 퇴직급여에 대해서는 퇴직근로자 대지급금으로 지급가능하다.

4. 지급절차

1) 개요

간이대지급금을 지급하는 절차는 다음과 같이 ① **확정판결** 등으로 청구하는 경우와 ② **체불임금등 · 사업주확인서**로 청구하는 경우로 구분된다.

check point 체불임금등 사업주확인서 발급기준 강화

간이대지급금 제도 완화**(2021.10.14.)이후 간이대지급금 부정수급 사례가 증가하고 있다**. 사업주의 지급노력 없이 대지급금에 의존하는 등 악용사례가 확인되어, 사업주의 도덕적 해이 방지를 위해 발급기준 등을 강화하여 2024.4.22.부터 시행되고 있다.

(임금자료 확인 강화) ① 고용보험 ② 국민연금 ③ 건강보험 ④ 국세청신고 ⑤ 6개월 이상 임금 대장 계좌내역 일치 ⑥ 근로내역확인신고, 건설공제회신고내역 등 확인하고 있다.

check point **노동청 체불임금등 · 사업주확인 서로 청구하는 경우 약 2개월 소요**

1. 근로자가 체불 신고(지방관서)
2. 근로감독관이 체불 조사 및 체불 금액 확정(지방관서)
   * 자체청산 지도, 미청산 시 체불임금 · 사업주확인서 발급**(대지급금 청구용)**
3. 근로자가 간이대지급금 청구(근로복지공단)
4. 지급요건 확인 후 14일 이내 간이대지급금 지급(근로복지공단)
5. 대위권 행사하여 사업주 변제금 회수(근로복지공단)

check point **법원 확정판결로 청구하는 경우 약 7개월 소요**

1. 근로자가 체불신고(지방관서)
2. 체불 조사 및 체불 금액 확정(지방관서)
   * 자체청산 지도, 미청산 시 체불임금 · 사업주확인서 발급**(소송제기용)**
3. 근로자가 임금청구소송 제기하여 승소판결 확정(법률구조공단 지원)
4. 근로자가 간이대지급금 청구(근로복지공단)
5. 지급요건 확인 후 14일 이내 간이대지급금 지급(근로복지공단)
6. 대위권 행사하여 사업주 변제금 회수(근로복지공단)

2) 체불임금등 · 사업주 확인서 발급

(1) 발급 신청인

사업주로부터 임금, 휴업수당, 출산전후휴가기간중 급여, 퇴직급여 지급 받지 못하여 진정 등(신고사건)을 제기한 퇴직근로자 또는 재직근로자가 신청 가능하다.

대지급금 청구용 체불임금등 · 사업주확인서를 발급받기 위해서는 진정등 제기가 필요하며, 신고사건이 아닌 경우(예 : 사업장감독, 직수사건 등으로 체불

확인)에 근로자가 체불임금등 · 사업주확인서의 발급을 신청한다면, **소송제기용**으로 발급가능하다.

대리신청하는 경우, 위임장, 위임인 및 수임인의 신분증 사본을 첨부(민원처리에 관한법률 시행규칙 제4조)하여 제출하여야 한다.

(2) 발급 신청방법

체불임금등 · 사업주확인서는 2가지 방법으로 신청이 가능하다.

가) 신고사건 조사 이후 체불임금등 · 사업주확인서 발급신청서(시행규칙 별지 제7호의 2서식)를 관할 지방고용노동관서에 제출한다.

나) 체불에 대한 신고사건 조사 과정에서 발급을 희망하는 의사를 표시한다.

(3) 발급 신청사유(사용 용도)

신청인은 사용용도에 따라 발급신청서 서식의 3개 항목 중 하나 이상에 체크하여 제출하여야 한다.

가) 소송 제기용(법률구조 등)

법 제7조제1항제4호(재직자 포함)에 따른 판결 등을 받기 위하여 소송 등을 제기하고자 하는 경우(법률구조에 필요한 경우 포함), 대지급금과 관계없이 소송을 제기하고자 하는 경우도 포함한다.

나) 대지급금 청구용

법 제7조제1항제5호(재직자 포함)에 따라 확정판결 없이 체불임금등 · 사업주확인서로 곧 바로 간이대지급금을 청구하고자 하는 경우

다) 기타

체불근로자 생계비 융자신청, 실업급여(이직확인) 등을 위해 필요한 경우,

하나의 체불사건에 대하여 소송제기와 대지급금 청구가 모두 필요하여 신청인이 소송제기용, 대지급금청구용 둘 다 체크한 경우, 발급기준 및 시기의 원칙을 충족한다는 전제 하에 근로자의 희망대로 발급 하면서 비고란에 해당 내용을 기재하고, 대지급금 지급 범위에 포함되는 체불에 대해서는 대지급금 청구용, 대지급금 지급 범위를 벗어나는 체불에 대해서는 소송제기용에 해당한다. 발급기준 원칙을 충족하지 않으나 예외적 발급이 가능한 경우 소송제기용으로만 체크하여 발급한다.

(4) 발급 시기

근로감독업무 처리과정에서 체불임금등에 관한 사항 및 체불사업주에 대한 사항이 모두 확인된 경우(처리완료일), 발급신청일부터 **3일 이내** 발급한다.

check point 사건 유형별 처리완료일

유형	처리완료일	근거규정
진정 등(고소 · 고발 외)	범죄인지 보고일 내사종결 처리일	근로감독관집무규정 제40조, 제41조
고소 · 고발	검찰송치 후 종결처리일	근로감독관집무규정 제61조, 제41조

3) 청구기한

(1) 체불임금등 · 사업주 확인서 발급이 있는 경우

지방노동관서에서 발급한 체불임금등 · 사업주확인서로 간이대지급금 신청을 할 경우, 최초 발급된 날부터 **6개월 이내** 간이대지급금을 청구해야 한다(시행령 제9조제1항제3호, 제4호).

체불임금등 · 사업주 확인서를 통해 지급하는 경우, 확정판결이 없으므로 임금채권 소멸시효 3년이 적용(근로기준법 제49조)되며, 진정 등 신고사건 제기만으로 시효중단 효과가 없어 소멸시효 도과 우려가 존재하므로 신속한 청구가 필요하다.

(2) 법원의 확정판결 등이 있는 경우

미지급 임금 등의 지급을 명하는 법원의 확정판결 등(판결, 명령, 조정, 결정)이 있는 경우, 판결 등이 있는 날부터 **1년 이내** 간이대지급금을 청구해야 한다(시행령 제9조제1항제2호, 제4호).

근로자가 체불사업주를 상대로 소송제기 시 소멸시효가 중단되며, 승소판결 확정 시 소멸시효가 10년으로 연장된다(민법 제165조).

4) 간이대지급금 지급

간이대지급금 청구인은 간이대지급금 지급청구서에 아래의 서류를 첨부하여 근로복지공단에 제출해야 한다(온라인 또는 방문접수).

소송 건인 경우, 법원의 판결문 등 소송 건이 아닌 경우, 대지급금 청구용으로 발급된 체불임금등・사업주확인서 간이대지급금 지급청구를 제출받은 근로복지공단은 특별한 사유가 없으면 그 지급청구서를 제출받은 날부터 **14일 이내**에 간이대지급금의 지급 여부를 결정하여 지급해야 한다.

02 사업주 지원제도

02-1. 사업주 융자 제도

1. 개요

일시적인 경영상 어려움 등으로 체불이 발생하였으나, 체불임금을 지급하려는 의지가 있는 사업주에게 융자를 통해 근로자의 체불임금을 해결하도록 지원(법 제7조의3제1항)하는 제도로서 유용한 제도라고 할 것이다.

2. 지원대상 및 요건

1) 사업주 요건

체불청산지원 사업주 융자를 신청할 수 있는 사업주 요건은 다음과 같다(시행규칙 제8조의6).

① '일시적 경영상 어려움 등' 사유 삭제로 융자요건 완화(2024.8.7. 시행)

② 산재보험 적용대상 사업 또는 사업주로서 6개월 이상 해당 사업을 영위해야 한다.

③ 신용평가 결과 일정기준 이상이어야 융자 가능하다(시행규칙 제8조의11 제2항).

2) 근로자 요건

체불임금 등 융자금 지급대상 근로자 요건은 다음과 같다.

(1) 퇴직근로자

임금, 퇴직금 등이 체불된 근로자로서 해당 사업장에서 6개월 이상 계속근로하고 사업주융자 확인 신청일 전 1년 이내에 퇴직한 근로자

(2) 재직근로자

임금 등이 체불된 근로자로서 해당 사업장에서 6개월 이상 계속근로 하고 있는 근로자

3. 지원 내용

1) 사업주당 1억5천만원, 근로자당 1천5백만원을 한도로 체불액만큼 지원한다.

◦ 사업주당 총 1억5천만원 범위에서 횟수의 제한 없이 신청가능하다.

2) 융자방식 및 금리

◦ 신용융자 · 연대보증(법인) 3.7%, 담보융자 2.2%

3) 융자상환

◦ 1년 또는 2년 거치 후 3년 또는 4년 분기별 원금균 등 분할 상환한다.

4) 융자금 지급

◦ 융자계약은 사업주가 체결하여 상환의무도 사업주가 부담하나, 융자금은 융자업무 취급기관인 금융기관에서 근로자 계좌로 직접 입금한다(융자액만큼 체불 해결)

4. 신용정보 조회 절차

1) 융자대상 사업주 확인신청서 접수

융자대상 사업주는 융자를 신청하기 전 지방관서장에게 융자대상 사업주 확인신청서를 제출하여 사업주 및 근로자 요건 해당 여부, 총 체불금액 등에 대하여 확인을 받아야 한다(시행규칙 제8조의8).

2) 체불금액, 지급사유 확인 전 사전 신용조회

근로감독관은 융자금 지급사유, 체불금액 등을 조사 · 확인하기 전에 미리 사업주의 융자대상 가능 신용도를 우선 조회해야 한다(근로복지공단에 공문으로 사업주의 신용정보 조회 요청).

3) 지방노동관서

융자가능 여부를 조사 의뢰 및 확인한다.

(1) 신용정보조회 동의서 첨부 및 융자 비대상일 경우 반려됨을 안내한다.

* (개인) 대표자, (법인) 법인과 대표이사

(2) 신용등급 가능 시, 융자금 지급사유 확인한다.

4) 근로복지공단

신용정보 조회 후 지방노동관서에 회신한다.

(1) 기업(신용등급), 개인(신용점수 및 등수)

(2) 융자가능 여부를 지방노동관서에 공문으로 통보한다.

5) 융자 대상사업주 확인신청서를 제출할 때 '신용정보조회 동의서'를 반드시 첨부한다.

(1) 개인

대표자의 개인신용정보 조회 · 수집 · 이용 · 제공 동의서

(2) 법인

기업신용정보의 조회 · 수집 · 이용 · 제공 동의서, 대표이사의 개인신용정보의 조회 · 수집 · 이용 · 제공 동의서

6) 개인신용정보의 조회 · 수집 · 이용 · 제공 동의서는 반드시 주민등록증, 운전면허증, 여권 등 실명확인표 사본을 첨부한다.

7) 기업 및 개인의 신용평가는 근로복지공단에서 NICE 평가정보(주) 신용자료를 활용하므로 상담 시 신용평가를 확인받아 오더라도 NICE 평가정보(주) 신용자료를 활용함을 사전 안내한다.

8) 조회 결과 신용정보가 융자요건에 미달하는 경우 지급사유, 체불금액 등을 확인 할 필요 없이 '융자대상사업주 확인신청서' 반려한다.

5. 융자신청 및 융자실행

1) 융자신청

융자대상 사업주 확인통지서를 수령한 사업주가 근로복지공단지사에 직접 융자대상 사업주 융자신청서를 제출하여 융자를 신청한다.

2) 융자심사

근로복지공단은 담보제공 가능여부, 연대보증인 설정, 보증계약 등 융자 요건을 확인하고 융자방식을 결정한다.

3) 융자대상자 결정 및 통보

융자 대상자를 결정한 후 사업주 및 금융기관에 통보한다.

* 융자 대상자(사업주) 및 지급대상 근로자, 융자금액, 조건 등을 통보한다.

4) 융자실행

융자 대상자 및 융자조건 등을 통지 받은 금융기관은 사업주와 융자 계약을 체결하고 근로자 개인 계좌로 융자금을 직접 지급한다.

6. 융자상환

1) 1년 또는 2년 거치 후 3년 또는 4년 분기별 원금 균등 분할 상환한다.

(1) 사업주는 금융기관에 분기별로 융자금을 상환하고 금융기관은 수수료를 뺀 대하금을 상환한다(**대하금** : 정부가 금융기관에 빌려주는 돈)

(2) 3개월 이상 연체된 채권 및 담보물권 등은 금융기관이 근로복지공단에 양도한다.

2) 채무불이행 시 처리 절차

3개월 이상 연체 미수채권을 양수한 근로복지공단은 연대보증인 및 개인 사업주 또는 법인을 대상으로 담보물권 매각 등을 통한 채권추심 절차를 진행한다.

7. 신청절차

1) 사업주가 융자대상 사업주 확인신청서 제출한다(사업주 → 지방관서).
2) 근로감독관이 융자요건, 체불금액 등 확인한다(지방관서).
3) 근로감독관이 융자대상 사업주 확인결과를 통지한다(지방관서 → 사업주).
4) 사업주가 융자신청 한다(사업주 → 근로복지공단).
5) 근로복지공단이 융자대상 근로자 및 금액 등 통보한다(근로복지공단 → 사업주, 금융기관).
6) 융자계약을 체결한다(금융기관, 사업주).
7) 융자금을 지급한다(금융기관 → 근로자).

개별적 노동관계법

제4편 | 근로기준법

제5편 | 근로자퇴직급여 보장법

제6편 | 남녀고용평등과 일 · 가정양립지원에관한 법률

제7편 | 최저임금법

제4편 근로기준법

01 근로자성 여부 판단

최근 들어 산업사회 업종의 다양화 및 근로형태의 변형 등으로 인하여 근로자성 인정 여부가 쟁점이 되는 사례들이 증가하고 있습니다. 근로자성 인정 여부가 문제되는 것은 근로기준법의 적용 여부 때문입니다.

즉, 신고인이 임금을 지급받지 못하여 노동청에 진정, 고소·고발 등 신고사건을 제기하여 조사결과 근로기준법상 근로자성이 인정되지 않으면 근로기준법 적용이 배제되어 해당사건은 내사종결(행정종결) 처리되고 신고인은 민사소송을 통하여 해결할 수밖에 없습니다. 노동청에서 근로감독관이 처리하는 사건 중에 근로자성 인정 여부가 다툼이 되는 사건들이 상당히 많은 편입니다.

사건 유형별로 예를 들어 보면

첫째, 근로계약 자체부터 문제가 있습니다. 아예 처음부터 "**근로자가 아님을 인정하며 추후에 근로자라고 주장하지 않는다.**"라는 문구를 넣어 근로계약을 하는 경우도 있습니다.

이 경우에도 비록 "근로자가 아님을 인정한다"라는 문구를 삽입하였다 하더라도 **실질적으로 근로자로 인정**된다면, 그 근로계약은 무효가 됩니다. 그러므로 노동청에 진정 등 신고사건을 제기하여 근로감독관의 판단을 받아 볼 수 있는 것입니다.

둘째, 근로계약에 **도급**이나 **프리랜서** 형태로 근로계약을 하였으나 이는 형식에 불과하고 **실제적으로 근로**한 형태로 볼 때 근로자성이 인정된다면 근로기준법상 지위를 인정 받을 수 있는 것입니다.

그렇기 때문에 노동청 근로감독관의 사건 조사 시에 근로자성 문제가 첨예하게 대립 된다고 할 수 있습니다.

근로자 입장에서는 애시 당초 근로계약 시에 추후에 근로자로 인정 받을 수 없는 불리한 조건의 계약이나 그러한 형태로의 근로는 하지 않는 것이 좋을 듯 합니다.

근로자로 인정하지 않고 근로기준법의 적용을 배제하려는 사업주에 대하여 근로자는 불이익을 당하기 쉽다는 점을 알아두시기 바랍니다. 따라서, 근로자가 이러한 불리한 근로계약 하였거나, 그러한 계약조건에서 근로를 제공하였다면 근로자로 인정받을 수 있는 입증자료의 제시는 필수적이라고 할 것입니다.

사업주 입장에서는 위에서 말했듯이 **"근로자가 아님을 인정한다"**라는 근로계약서와 같이 **형식적**인 것은 의미가 없습니다. 즉 무효라는 점을 인식하였으면 합니다. 왜냐하면 판례(대법 2006.12.7., 2004다29736)는 근로계약의 형식보다는 **'실질주의'**에 입각하여 근로자성 여부를 판단하고 있기 때문입니다.

근로자성 인정 문제로 다툼이 있어 진정이 제기된 사건에 대하여는 근로감독관이 신중을 기해 사건을 조사하여 근로자성이 인정 또는 아님이 명백한 경우에는 그에 따른 처분을 하고, 만약 다툼의 소지가 커 논란이 우려되는 사건에 대하여는 **검사의 수사지휘**를 받아 처리하기도 합니다.

근로기준법상 근로자는 동법 제2조제1항제1호에서 직업의 종류와 관계없이 임금을 목적으로 사업이나 사업장에 근로를 제공하는 사람으로 정의하고 있으며 **'사용종속관계'**에서 사용자의 상당한 지휘·감독을 받으며 근로의 대가로 임금을 받는 것을 말합니다.

노동청에 근로자성 인정 여부 문제로 제기되는 사건의 유형을 보면, 도급, 위탁, 프리랜서, 퀵서비스 배달기사, 드라마제작 스태프, 요가강사, 학원강사, 웹디자이너, 헤어디자이너, 위탁검침원, 지입차주, 학습지 교사, 보험설계사, 공동사업자, 텔레마케터, 간병인, 등기임원, 주주사원 등의 사건이 주를 이루며 **최근에는**

변형된 형태가 증가하는 추세에 있습니다.

1. 근로기준법상 근로자성을 판단하는 징표

근로기준법상 근로자란 직업의 종류와 관계 없이 임금을 목적으로 사업이나 사업장에 근로를 제공하는 자를 말한다(근기법 제2조제1항제1호).

근로기준법상 근로자성을 판단하는 징표는 아래와 같다.

1) 직업의 종류와 관계 없다.

신분, 계약형식, 근로형태, 상용근로자 · 일용근로자 여부를 불문하고 사실상 종속노동관계하에서 근로를 제공하면 근로자에 해당한다.

2) 사업이나 사업장에 근로를 제공한다.

(1) 취업한 상태에서 근로를 제공하는 자(사용종속관계)를 대상으로 한다(실업자는 제외).

(2) '사업'이란 업으로서 계속성을 가지는 사업체로 특별한 사정이 없는 한 경영상의 일체를 이루는 그 자체를 의미한다.

(3) '사업장'이란 사업의 목적을 계속적으로 추구하는 장소적 시설로서 공장 · 사무소 · 본사 · 지사 등이 해당한다.

(4) '근로를 제공한다'는 것은 노무수령자로부터 수행방법에 대하여 지휘 · 감독을 받으며 시간적 · 장소적으로도 구속을 받는 등 사용종속 관계에서 노무를 제공하는 것을 말한다. 따라서 사용종속관계가 아닌 독립적으로 노무나 서비스를 제공하는 자(자영업자 등)는 근로자가 아니다.

2. 사용종속관계의 판단

1) 근로자성 판단기준의 변화

구분	2006년 이전	2006년 이후
사용자의 지휘·감독 정도	구체적·개별적 지휘·감독	상당한 지휘·감독
사업자성에 관한 적극적 징표 제시	'근로자 스스로가 제3자를 고용하여 업무를 대행하게 하는 등 업무의 대체성유무, 비품·원자재나 작업도구 등의 소유관계'로만 설시	'독립하여 자신의 계산으로 사업을 영위할 수 있는지, 노무제공을 통한 이윤의 창출과 손실의초래 등 위험을 스스로 안고 있는지'를 기준으로 제시
기본급이나 고정급의 유무, 근로소득세 원천징수 여부, 사회보장제도에 관하여 근로자로 인정받는지 여부	주요판단 기준으로 봄	'사용자가 경제적으로 우월한 지위를 이용하여 임의로 정할 여지가 크다는 점'을 고려하여 부차적인 것으로 봄

2) 근로자성 판단기준의 요소별 분석

판단기준	판단 요소
종속노동성	◦ 업무내용을 사용자가 정하는지
	◦ 취업규칙 또는 복무(인사)규정 등의 적용을 받는지
	◦ 업무수행과정에서 사용자가 상당한 지휘·감독을 하는지
	◦ 사용자가 근무시간·장소 지정 및 근로자가 이에 구속 받는지
독립사용자성 (경제적독립성)	◦ 노무제공자가 스스로 비품·원자재·작업도구 등 소유하는지
	◦ 노무제공자가 제3자를 고용하여 업무를 대행하게 하는지
	◦ 노무제공을 통한 이윤창출과 손실초래 등 위험을 안고 있는지
보수의 근로대가성	◦ 보수의 성격이 근로 자체의 대상적 성격인지
계약관계의 계속성과 전속성	◦ 근로제공관계의 계속성과 사용자에 대한 전속성의 유무와 정도
부차적 요소	◦ 기본급이나 고정급이 정해져 있는지
	◦ 근로소득세 원천징수 여부
	◦ 사회보장제도(4대보험)에서 근로자로 인정받는지 등

3) 사용종속관계의 본질적 판단기준

(1) 업무내용을 사용자가 정하는지

업무내용이 업무의뢰자에 의해 결정되거나 업무의뢰자의 구체적인 업무 의뢰를 노무제공자가 거부할 수 없다는 사정은 사용종속관계를 인정할 수 있는 중요한 요소가 될 수 있다. 업무의 내용·방법은 어떻게 정하는 지, 업무처리에 있어 노무제공자의 재량이 있는지, 결정된 수행 업무를 노무제공자가 거부 할 수 있는지 여부 등을 조사한다.

(2) 취업규칙 또는 복무규정 등의 적용하는지

근로자명부, 인사기록카드, 출근부 등 인사관리체계가 갖추어져 있고 복무규율을 위하여 취업규칙·복무규정 등에 의해 업무관리가 이루어지고 있거나, 지시나 명령에 불응한 경우 해지나 손해배상 외 다른 징계제도가 있는 경우 사용종속관계의 인정이 가능하다. 그러나 이는 사용자가 우월한 지위에서 사실상 임의로 정할 수 있는 것이어서 이들 요소가 인정되지 않는다고 하여 근로자성을 부정할 수는 없다.

(3) 업무수행과정에서 상당한 지휘 · 감독을 하는지

업무의 내용과 수행방법에 관하여 **사용자의 지시나 명령 또는 감독을 받는지의 여부는** 사용종속관계를 판단하는 **가장 중요한** 요소이다.

업무지시 및 공지 수단(앱, 카톡, 내부시스템 등)과 그 내용은 무엇인지, 업무 진행 경과 및 결과에 대한 보고 여부(주기, 방식, 내용), 업무 관련 교육이나 실적 달성 독려 여부, 업무지시가 불필요한 업무 자체의 특수성(전문성, 자율성 등) 여부를 조사한다.

업무의 구체적인 내용까지 사용자에 의해 정해지지 않는 경우에도 그 것이 업무자체의 특성이나 전문 직종의 상대적 자율성에 기인한 것이라면 근로자성을 부정해서는 안된다.

(4) 사용자가 시간 · 장소 지정 및 근로자가 이에 구속받는지

근무시간과 장소가 사용자의 지시에 따라 좌우되는 경우 사용종속관계 인정이 용이하다. 다만, 최근 재택근로제 · 유연근무제 등으로 근무장소의 특성이 다를 수 있으므로 이러한 점을 고려해야 한다.

(5) 노무제공자가 스스로 비품 · 원자재나 작업도구 등을 소유하거나 제3자를 고용하여 업무를 대행하는 등 독립하여 자신의 계산으로 사업을 영위할 수 있는지

비품 · 원자재 · 작업도구 등을 노무제공자가 구매하는지, 제3자를 고용하여 업무를 대행할 수 있는지(임금지급 책임 포함) 여부, 노무 공급자가 자기 계산으로 사업을 영위할 수 있는 독자적인 전문성과 경제적 능력이 있는지 여부 등을 조사한다. 단순히 비품 · 원자재 · 작업도구 등의 소유관계만을 파악하는데 그쳐서는 안되고 이에 더하여 자신의 계산으로 사업을 영위하는지 등 노무 공급자의 사업자적 징표까지 함께 고려해야 한다.

(6) 노무제공을 통한 이윤창출과 손실초래 등의 위험을 스스로 안고 있는지

이윤창출과 손실 초래 위험을 스스로 책임지는지, 회사로부터 이익을 배당받거나, 손실을 부담하는지 여부 등을 조사한다.

(7) 근로제공관계의 계속성 · 전속성 유무와 정도

근로자가 2개 이상의 사업장에 동시에 근로를 제공할 수 없거나, 다른 작업을 할 수 없다면 업무전속성이 있어서 사용종속관계가 인정되기 쉽다. 다만, 시간제근로자는 계속성 · 전속성이 약할 수 있는데, 최근 급격하게 증가하고 있는 시간제 근로자에게 나타나는 일반적 현상이므로 이를 이유로 근로자성을 쉽게 부정할 수는 없다(대법 2007.3.29., 2000두13018,13025).

4) 사용종속관계의 부차적 판단기준

(1) 보수의 성격이 근로자체의 대상적 성격인지

제공된 근로시간에 대응하여 대가로서 보수가 지급되거나 결근지각의 경우 보수를 공제하거나 연장근로에 따른 별도의 수당을 지급하는 경우처럼 제공된 근로의 양에 따른 대가관계의 비례성이 강한 경우 그 대가는 임금으로 볼 수 있다.

보수의 책정, 기준, 특정기간(1~2월) 실적 부진 시 보수 지급여부, 실적에 따른 추가 수수료 지급여부, 연장근로수당 등 법정수당 지급여부, 보수의 수준 등을 조사한다. 보수의 수준이 소속 근로자와 비교하여 현저히 높은 경우 독자적인 사업자의 성격이 강하다.

(2) 기본급이나 고정급이 정하여졌는지 및 근로소득세의 원천징수 여부 등 보수에 관한 사항

기본급(고정급) 등의 보수를 지급 받거나 고정급 비율이 높은지, 보수지급 조건을 사전에 정했는지, 보수지급 조건은 어떻게 되는지, 고정급으로 지급 받다가 실적급으로 보수지급 조건에 변경이 있었는지, 보수지급 조건 변경 전후의 업무수행 내용에 변화가 있는 지, 근로소득세를 납부하는지, 소득세 납부 방식의 결정 주체 등을 조사한다.

최근에는 기본급 고정 여부, 근로소득세 원천징수 여부 등은 사용자가 우월한 지위에서 임의로 정할 여지가 크다는 점에서 부차적인 요소로 보고 있다.

(3) 사회보장제도에 관한 법령에서 근로자로서 지위를 인정받는지

건강보험, 국민연금, 고용보험, 산재보험 등 이른 바 4대 보험에 학원의 사업장 근로자로 가입되어 있지 않았던 사정은 사용자인 피고인이 경제적으로 우월한 지위에서 사실상 임의로 정한 사정들에 불과하다(대법 2007.9.7., 2206도777).

01-1. 근로자성 인정 관련 신고사건 처리 사례

근로자성이 (인정)된 신고 사건 사례

- 진정인 : 스피닝 강사
- 피진정인 : ○○ 대표자
- 업종 : 스포츠시설

[쟁점사항]

진정인은 비율제(수업료의 40%)로 보수를 수령한 바, 진정인의 근로사실에 대해 근기준법상 근로자로 인정할 수 있는지 여부

[인정되는 사실]

1) 업무의 내용과 방법을 사용자가 정하는지 여부

◦ 진정인이 영업대상을 독자적으로 발굴하여 업무를 수행하는 것이 아니라 사업장에서 배정한 회원을 대상으로 업무를 진행하였으며 수업 외에도 고객응대, 청소, 음료판매 등 부가업무와 현금 시재관리 및 판촉물 배부 업무에 대해서는 일일 업무표를 작성하여 보고함

2) 취업규칙 또는 복무규정 등의 적용 여부

◦ 취업규칙 등 서면화된 규정은 존재하지 아니하나, 출·퇴근 시간이 정해져 있고, 지각 체크 등 출·퇴근 관리가 이루어짐

3) 업무수행 과정에서 사용자가 상당한 지휘 · 감독을 하는지 여부

◦ 진정인이 사업장으로부터 스피닝 강사 업무를 수행하고 업무결과에 대하여 회원관리 시스템, 스케줄표 작성 등을 통해 관리를 받음

◦ 강의내용은 기본적으로 강사인 진정인이 구성하지만, 수업내용에 대해 회원의 불만이 생기면 피의자가 수업내용을 변경할 것을 요청함

◦ 진정인은 수업 외에도 사업장에서 부여받은 부가 업무(청소, 고객응대 등)

를 지속적으로 수행하고 일일 업무표를 작성하여 보고하였음

4) 사용자가 근무시간 및 근무장소를 지정하고 근로자가 이에 구속되는지 여부

◦ 1주 27.5시간으로 근무시간이 정해져 있고 정해진 수업 외에 추가로 수업을 배정할 경우 근무시간 외에도 근무를 해야 함

◦ 지문인식을 통해 출·퇴근 시간을 관리하고 운동기구 등을 사업장에서 제공하여 사업장 외의 장소에서 수업 진행이 어려움

5) 노무 제공자의 비품소유 여부

◦ 사업장에서 제공, 소유하고 있음

6) 노무 제공을 통한 이윤창출과 손실초래 등 위험을 스스로 안고 있는지 여부

◦ 진정인은 비율제로 지급되는 보수 외에 이윤을 창출할 수 없으며, 사업자로서 손실초래 위험이 크지 않음

7) 보수의 성격이 근로자체의 대상적 성격인지, 기본급이 정해져 있는지 여부

◦ 고정적으로 보수가 지급되지는 않지만 정해진 장소에서 정해진 시간 동안에 수업을 진행하면 비율제로 보수가 지급됨

8) 근로소득세 원천징수, 사회보장제도에서 근로자로 인정받는지 여부 등

◦ 진정인과 피의자는 영업위탁계약서를 작성하였고, 사업소득세를 공제하였으며 4대보험은 가입하지 않음

[판단]

◦ 이 사건 진정인은 형식적으로는 영업위탁계약을 체결하였으나, ① 실질적으로 사업장에서 부여한 업무(수업, 현금시세 관리 등 부가업무)를 피의자의 상당한 지휘·감독 아래 수행하였고, ② 이윤창출의 기회 및 위험부담 없이 부여 받은 업무만 수행하면 보수를 받을 수 있었고(보수 자체가 근로의 대가라고 볼 수 있음), ③ 상당시간 근무가 예정되어 있고, 피의자의 요청에 따라 근무시간 외에도 수업을 진행해야 하는 등 사실상 사업장에 전속되어 있는 점, ④ 근태 등 복무규정(서면 규정은 부존재)의 적용을 받았

으며, ⑤ 업무도구 등을 사업장에서 모두 제공한 점 등을 종합해 볼 때,

◦ 진정인이 임금을 목적으로 종속적인 관계에서 사용자인 피의자에게 근로를 제공한 근로기준법상의 근로자에 해당된다고 판단하여 근로자가 청구한 임금에 대하여 피의자를 기소 의견임

근로자성이 불인정(부인)된 신고 사건 사례

- 고소인 : ○○○ 개발과장
- 피고소인 : ○○(주) 대표이사
- 업종 : ○○프로그램 개발업

[쟁점사항]

용역계약을 체결한 ○○○쇼핑물 개발과장의 근로기준법상 근로자성 여부

[인정되는 사실]

◦ 고소인 ○○○은 위 사업장에서 2019.5.7.부터 ○○○ 쇼핑몰인 ○○의 운영, 유지, 보수 등의 업무를 위한 개발과장으로 업무를 수행함

◦ 2019.5.8. 피의자는 고소인에게 이메일로 '기술용역 표준계약서'를 송부하고 확인 요청함

◦ 2019.5.30. 피의자는 용역계약 제 8조제1항제4호 규정인 '을이 업무성과 등을 기준으로 업무 수행을 지속할 수 없다고 판단될 경우'에 의거하여 용역계약 해지를 통보함

◦ 고소인은 피의자 회사를 상대로 ○○지방법원에 해고무효확인소송 제기하였고 판결 결과 근로기준법상 근로자성 부인됨

[판단]

이 사건을 수사한 결과,

- 고소인은 시스템 개발업무에 대해 피의자로부터 개발 방향, 일정 등과 관련하여 요구(요청)사항이 있었던 것으로 보이나, 이것은 용역계약에 따른 업무의 정상적인 처리를 위한 조치로 여겨지는 점,
- 고소인의 용역계약 기간이 피의자가 ○○○로부터 도급받은 업무의 도급기간과 일치하는 점으로 보아 고소인은 피의자가 도급받은 업무와 관련한 용역업무 수행을 위해 고용된 것으로 보이는 점,
- 피의자의 사업장과 분리된 별도 사무공간에서 고소인이 시스템의 운영, 유지, 보수와 관련된 업무만을 수행하였고, 그 이외에는 다른 업무를 수행하지는 않았으며 고소인은 피의자가 부여하는 업무가 아니라 이 사건 용역계약에 의하여 특정된 업무만을 처리한 점,
- 고소인이 용역계약서에 서명하지 않았다 하더라도 이후 아무런 이의제기 없이 피의자 회사에서 계속 업무를 수행하였고, 고소인과 같이 시스템 개발 업무를 수행하였던 다른 개발자들 역시 동일한 내용의 용역계약서를 작성한 후 업무를 수행한 점,
- 고소인은 피의자로부터 취업규칙 또는 복무규정 등의 적용을 받지 않은 점,
- 도급사와의 업무 필요성 때문에 일정 시간 근무가 필요했던 것으로 보이나, 연장・휴일・야간 근로 등을 피의자가 요청하거나 고소인이 이를 따를 의무가 부여된 것으로 보기 어려운 점,
- 고소인 소유의 비품(노트북)으로 업무를 수행한 점,
- 고소인은 사업소득세를 납부하였고, 고용보험 등 4대 보험에 가입되지 않은 점 등을 종합하여 볼때, 고소인은 용역계약에 따라 특정 업무의 수행을 위해 일시적인 용역업무에 투입되었다고 판단될 뿐 근로기준법에 따른 근로자로 볼 수 없을 것으로 판단됨에 따라 불기소(혐의없음) 의견임

02 근로계약 체결의 중요성

근로계약이란 근로자가 사용자에게 근로를 제공하고 사용자는 이에 대해서 임금을 지급하는 것을 목적으로 체결된 계약으로서 근로자가 사용자의 지휘감독에 따른 노무를 제공하고 그 것과 교환되는 임금을 사용자가 지급하는 것을 주된 내용으로 하는 계약입니다.

근기법 제4조에서는 '근로조건은 근로자와 사용자가 동등한 지위에서 자유의사에 따라 결정하여야 한다'고 명시하고 있습니다. 따라서 사용자가 일방적으로 근로계약서를 작성하여 근로자에게 서명 또는 날인을 강요하는 것은 강행규정인 근기법 제4조(근로조건의 결정)에 위반되어 무효임(서울행법 2007.10.4., 2006구합45067).

노동청에 신고되는 진정사건에 대하여 근로감독관이 조사 시 근로계약의 내용 또한 중요한 요소의 하나입니다.

불분명하게 작성되거나 근로자에게 불리한 조항이 있음에도 이를 간과하고 근로자 본인이 서명을 하였음에도 불구하고, 노동청에서 근로감독관이 사건 조사 당시 '모르고 그냥 서명한 것이다', 회사에서 '설명해 주지 않았다'라고 말하는 경우가 종종 있습니다.

이러한 경우, 근로자는 불이익을 감수할 수밖에 없습니다. 그러므로 근로계약 체결 시에 근로자들도 근로계약서 내용을 꼼꼼히 읽어 볼 필요가 있고 잘 모르는 내용은 회사측 담당자에게 문의하여 내용을 정확히 숙지할 필요가 있습니다. 그래야만 나중에 불이익을 당하는 피해를 예방할 수 있는 것입니다.

사업주들도 이러한 다툼이나 분쟁이 발생하지 않도록 충분히 설명하고 그 설명 내용에 대하여 근로자가 인지하였다는 내용의 문구를 기재할 필요가 있으며 이에 대하여 근로자로부터 서명을 받아 두는 것이 좋을 듯합니다.

서면명시 된 근로계약서에 대한 근로자와 사용자간에 교부 여부에 대하여도 다툼이 많이 발생하고 있으며 노동청에 이와 관련한 사건이 많이 제기되고 있는 바, 사용자측에서는 근로계약서 체결 당시에 근로자로부터 근로계약서를 교부 받았다는 사실에 대한 서명을 받아 둘 필요가 있다고 할 것입니다.

1. 근로조건의 명시와 교부의무

1) 의의

근기법 제17조에는 근로계약을 체결함에 있어서 근로조건을 사용자가 반드시 명시하도록 하였는데 이것은 근로조건의 불확정 상태에서 취업을 강제당할 위험을 예방하기 위한 것이다.

근로조건의 명시는 '일반적인 명시 대상'과 '서면 명시 대상', 명시된 근로조건의 교부는 '의무적 교부'와 '요구 시 교부'로 구분된다.

* (명시) 내용이나 뜻을 분명히 하게 드러내 보이는 것을 말하며, 상시 근로자 5명 미만인 사업장도 근로조건 서면명시 · 교부대상이다.

2) 일반적 명시대상

사용자는 근로계약을 체결할 때에 근로자에게 다음 사항을 명시해야 하며, 근로계약을 체결 후 다음 사항을 변경하는 경우에도 명시해야 한다(근기법 제17조제1항).

① 임금, ② 소정근로시간, ③ 주휴일, ④ 연차유급휴가, ⑤ 취업장소와 종사업무, ⑥ 취업규칙의 필수적 기재사항, ⑦ 기숙사규칙

근로계약에는 임금 · 종사업무 · 취업장소 등 개인적인 사항만 명시하고 근로시간 · 주휴일 · 연차유급휴가 · 징계사유 등 통일적인 근로조건에 대해서는 취업규칙이나 단체협약 등에 따른다고 규정하는 경우가 일반적이다(예 : 이 경우 근로계약서에 명시되어 있지 않은 사항은 회사의 취업규칙 및 근로기준법에 따른다). 이 경우 근로계약에 명시되어 있지 않은 사항이라도 취업규칙에 명시

되어 있고 이를 해당 근로자에게 주지시키면 명시 의무를 이행한 것으로 인정된다(근로기준팀-5809, 2007.8.7.).

기업에서는 근로관계를 정형화하고 집단적으로 규율하는 것이 보통이므로 근로계약 체결 시 계약내용을 취업규칙과 달리 약정하는 등 특별한 사정이 없다면 취업규칙이 정하는 바에 따라 근로관계가 성립한다(대법 1999.1.26., 97다53496).

3) 근로조건의 서면명시와 교부

(1) 서면명시 대상

사용자는 임금의 구성항목 · 계산방법 · 지급방법, 소정근로시간, 근기법 제55조에 따른 휴일(주휴일, 공휴일), 연차유급휴가(근기법 제60조)에 대해서는 근로계약 체결 시 그 사항이 명시된 서면(전자문서 포함)을 근로자에게 교부하여야 한다(근기법 제17조제2항).

근기법 제17조제2항에서 '휴게시간'은 근로계약 체결 시 서면명시 및 교부사항에 포함되어 있지 않다. 따라서 휴게시간을 서면에서 언제부터 언제까지 인지를 구체적으로 명시하여 교부하지 않았더라도(예 : 소정근로시간은 9시부터 18시까지로 하며, 1시간은 휴게시간으로 한다) 근기법 제17조제2항 위반으로 볼 수 없다. 다만, 휴게시간 부여 여부에 대해 당사자 간 다툼이 있을 경우에는 사업주가 입증책임을 진다.

다음과 같이 법령 · 단체협약 · 취업규칙 등의 변경으로 근로계약이 변경되는 경우에는 근로자의 요구가 있으면 교부해야 한다(근기법 시행령 제8조의2).

가) 3개월 이내의 탄력적근로시간제의 시행(제51조제2항), 3개월을 초과하는 탄력적근로시간제의 시행(제51조의2), 선택적근로시간제(제52조), 보상휴가제(제57조), 사업장 밖 근로시간제(제58조제2항), 재량근로시간제(제58조제3항), 근로시간 및 휴게시간의 특례(제59조), 유급휴가의 대체(제62조)등에 따라 서면합의에 의해 변경되는 경우

나) 근기법 제93조에 따른 취업규칙에 의하여 변경되는 경우

다) 노조법 제31조제1항에 따른 단체협약에 의하여 변경되는 경우

라) 법령에 의하여 변경되는 경우

(2) 근로조건 서면명시의 의무와 교부방법

근기법 제17조제2항의 '서면'이란 당초 종이로 된 것을 의미하였으나, 법 개정으로 전자문서 및 전자거래기본법 제2조제1호에 따른 전자문서도 포함되었다.

근로조건의 서면 명시가 근로계약서만을 의미하는 것은 아니므로 주휴일 등 해당 근로조건이 취업규칙에 명시되어 있을 경우 근로계약서에는 개별근로자에 해당하는 것만 명시하거나, 근로계약서를 작성하지 않고 취업규칙의 내용을 주지시켰을 경우 서면 명시로 볼 수 있다(대법 2007.3.30., 2006도6479).

다만, 2012.1.1. 법 개정으로 **임금의 구성항목 · 계산방법 · 지급방법, 소정 근로시간, 휴일(주휴일, 공휴일), 연차유급휴가**에 대해서는 '근로계약 체결시' 그 사항이 명시된 서면을 근로자에게 **교부하도록 의무화**시켰으므로 단지 서면으로 명시하는 것만으로는 되지 않고 교부하는 행위가 있어야 한다.

근로계약서를 작성하거나 회사의 관련 서류에 명시하여 언제든지 열람할 수 있게 하거나, 근로자에게 개방된 사이트에 등재하는 등의 방법은 서면명시의 방법에는 해당하지만 교부한 것으로 볼 수 없으므로, **계약서를 교부**하거나, **회사가 증명하는 문서**를 제공하거나, **근로자가 지정한 전자우편**에 등재하는 후속조치가 있어야 한다.

구분	근로조건 명시, 서면명시, 교부방법
명시	1. 근로자가 명확히 알 수 있도록 설명(구두나 서면 등) 2. 근로계약서에 직접 기재 3. 근로계약서에 '취업규칙에 따른다'고 기재하는 방식 등
서면명시	1. 서면(종이)에 기재 2. 서면 근로계약서 작성

	3. 전자근로계약서 작성 4. 근로자가 지정한 전자우편에 등재 5. 근로자에게 개방된 사내 전자문서시스템에 게재(사내 인트라넷 등) 6. 회사 규정에 명시하여 언제든 열람 가능하도록 조치 등
교부	1. 명시한 서면이나 근로계약서를 직접 교부 2. 명시한 서면이나 근로계약서를 근로자가 동의·지정한 정보처리시스템(전자우편 등)에 입력 발송 3. 전자근로계약서를 근로자가 동의·지정한 정보처리시스템(전자우편 등)에 입력 발송
	※ 전자근로계약서 체결 후 근로자가 직접 출력할 수 있는 상황이라고 하더라도 회사 서버에만 저장되어 있는 경우에는 교부했다고 볼 수 없음(근로기준정책과-6384, 2016.10.12.)

서면으로 명시할 경우 해당 근로계약서 등의 서면에 당사자의 서명 또는 기명날인이 있어야 한다(근로기준정책과-4823, 2014.8.28.).

4) 근로자와 사업주간에 다툼이 되는 사항

노동청에 근로조건 서면명시·교부와 관련하여 진정 등 신고사건이 종종 제기되고 있으며 그 유형은 아래와 같다. 물론 서면명시·교부의무 미이행 한가지만 단독으로 사건이 제기되는 경우도 있지만 이러한 경우는 드물고 대부분 임금체불, 직장내 성희롱, 직장내 괴롭힘 등과 맞물려 같이 들어온다.

근로조건 서면명시·교부의무 미이행 신고사건에 대하여 사업주가 처벌 받는 것 보다는 낫다는 입장에서 근로자와 금전적으로 합의하는 경우도 있고, 반대로 근로자가 사업주와 감정대립이 심한 경우에는 사업주의 처벌을 원하는 경우도 있다. 그러므로 근로자와 사업주는 이러한 다툼과 분쟁을 미연에 방지하기 위해서는 이러한 내용들을 잘 숙지하여 근로조건 서면명시·교부 의무를 명확히 이행하여 주시길 당부드립니다.

check point 노동청에 제기되는 진정 등 사건의 유형

1. 근로계약서 미작성을 이유로 사업주를 처벌요구하는 진정 · 고소 제기

근기법상 근로계약서 작성의무는 없으므로 처벌이 불가하다(구두 명시도 가능하므로 근로기준법 제17조제1항의 사항〈임금등〉을 구두로 명시하였다면 근로계약서 미작성 〈서면명시를 하지 않음〉을 이유로 처벌이 불가하다. 따라서, 근기법 제17조제2항〈서면 명시 의무 조항에 대하여 근로자에게 교부의무〉 위반, 즉 주요 근로조건 서면명시 · 교부의무 위반으로 처벌되는 사안이다.

2. 교부를 늦게 하였다는 이유로 사업주 처벌요구 진정 등 제기

교부를 언제까지 해야 되는지에 대해 근기법 제17조에서는 '근로계약 체결시'로 규정하고 있으므로 며칠이 지나 늦게 교부하는 경우, 근로감독관이 범죄인지 및 수사하여 기소 송치하나, 검찰에서는 기소유예로 처리하는 것이 일반적이다.

3. 근로계약서 미교부 처벌요구 진정사건 등 제기

1) 근로계약서 작성 후, 사용자가 근로자에게 1부를 교부하면서 교부한 근거를 남겨 놓지 않아 추후 교부여부에 대하여 다툼 발생하는 경우

계약서상에 교부하였다는 내용을 직접 명시하거나, 계약서에 간인을 하거나, 별도의 교부대장을 만들어서 서명이나 날인을 받거나 하는 등의 교부 근거를 반드시 남겨 놓을 필요가 있다.

(예) 근로계약서 교부(사업주는 근로계약을 체결함과 동시에 본 계약서를 사본하여 근로자에게 교부하였음, 근로자 서명 필요하다)

2) 사업주는 근로자가 근로계약서 서명을 거부하여 근로계약서를 작성할 수 없었다고 주장하나 이는 정당한 이유가 될 수 없다.

근기법 제17조제2항에서 문제가 되는 것은 '근로계약서 미작성'이 아니라 '임금 등 근로조건 서면명시 · 교부의무'에 대한 것이므로, 비록 근로자가 근로계약서 작성을 거부했더라도 사용자는 임금 등 주요 근로조건을 서면으로 명시하여 교부할 수 있기 때문이다.

따라서 근로자가 근로계약서 작성을 거부하더라도 사용자는 제17조제2항의 근로조건을 근로계약서에 명시하여 교부하여야 한다.

4. 매년 연봉계약을 체결하는 경우

1) 연봉계약서를 근로자에게 반드시 교부해야 하는지

사용자는 근로계약 체결시에 임금의 구성항목 · 계산방법 · 지급방법에 대하여 명시된 서면을 근로자에게 교부해야 하고(근기법 제17조제2항) 동조 제1항에서는 변경하는 경우에도 같다고 하고 있으므로 매년 연봉계약을 새로 체결한다면 해당 연봉계약서를 근로자에게 교부해야 할 의무가 있는 것으로 본다.

또한, 매월 발령이 이루어짐에 따라 직무 · 직책수당 등의 지급대상자가 매월 새로 나타나는 경우 또는 호봉제 대상자가 매년 본인의 입사월에 승급이 이루어져 호봉이 바뀌는 경우에도 서면명시 · 교부대상에 해당한다.

2) 연봉확인서를 인터넷을 통해 전자문서로 개인별로 열람 · 출력게 한 경우, 근로조건을 서면으로 명시하였다고 볼 수 있는지

사용자가 개인별 연봉계약서의 비밀을 유지하기 위하여 근로자와 사용자간에 연봉액을 합의할 때 연봉과 관련된 근로조건은 별도의 연봉확인절차로 갈음토록 근로계약서를 작성한 후, 근로자가 지정된 인터넷사이트에서 개인별 연봉확인서를 서면으로 출력하여 보관하도록 하였을 경우, 근로계약서 및 연봉확인서에 임금의 구성항목 · 계산방법 및 지불방법에 관한 사항이 포함되어 있다면 근로조건을 서면으로 명시하였다고 볼 수 있다(근로기준팀-812, 2005.10.28.).

02-1. 근로계약서 미체결 관련 신고사건 처리 사례

근로조건이 명시된 서면 미체결 신고사건 인정(기소) 사례

- 고소인 : ○○○
- 피고소인 : ○○회사 대표 ○○○
- 업종 : 서비스업

[쟁점사항]

근로조건이 명시된 서면 근로계약 미체결 여부

[인정되는 사실]

- 피의자 ○○○은 ○○에 있는 ○○회사 대표로서 상시 5명의 근로자를 사용하여 서비스업을 경영하는 사용자이고,
- 고소인 ○○○는 위 사업장에서 2024.3.8.부터 2024.3.9.까지 근무하다 퇴사하였으나, 근로조건 서면 미명시 및 미교부를 이유로 피의자를 상대로 진정 및 고소를 제기함
- 고소인은 상기 사업장에 2024.3.8. 입사하였으나, 피의자와 근로계약 체결시 주요 근로조건에 대하여 명시 및 교부 받은 사실이 없다고 진술함
- 피의자와 근로조건에 대한 이견은 없었으나, 근무기간 동안 피의자가 근로계약서 작성에 대하여 전혀 언급하지 않았고, 고소인이 퇴사 후 피의자에게 근로계약서 미작성 사실을 문자로 알렸으나 시정하지 않았다며, 이는 법 위반이므로 피의자에 대한 처벌을 목적으로 동 진정 및 고소를 제기하였음
- 피의자는 위 범죄사실과 같이 2024.3.8. 고소인과 근로계약 체결 시 주요 근로조건을 서면으로 명시 및 교부하지 아니한 사실 일체를 자백하였음
- 피의자는 근로조건을 서면으로 명시 및 교부하지 않은 이유에 대하여, 고소인이 아르바이트생이고, 외부 현장에서 근로하였기 때문에 근로계약서를 작성하지 않아도 된다고 생각하였다고 진술함

[판단]

- 피의자는 근로조건을 서면으로 명시 및 교부하지 않은 사실에 대해 일체 인정하여 자백하였고, 그 외 근로계약서를 작성하지 않은 정당한 이유를 찾을 수 없으므로 피의자의 상기 범죄사실이 인정됨.
- 위 범죄사실에 대하여 근로기준법 제114조 및 같은법 제17조제2항 위반 혐의로 수사한 결과, 고소인의 진술, 피의자의 자백 등에 의거 그 범증이 충분하므로 기소 의견임

근로조건이 명시된 서면 미체결 신고사건 불인정(불기소) 사례

- 고소인 : ○○○
- 피고소인 : ○○회사대표 ○○○
- 업종 : 제조업

[쟁점사항]

근로조건이 명시된 서면 근로계약 미체결 여부

[인정되는 사실]

◦ 고소인은 공고문을 보고 사업장에 찾아갔으며 2024.2.15. 토요일 생산팀장 ○○○가 고소인을 면접 및 채용하였고, “주 6일 근무, 22시부터 익일 07시까지 근무”하기로 하였고, 2024.2.16. 일요일 22시부터 익일 06:30까지 근무하였으나, 근로계약서를 작성하지 않았음

◦ 2024.2.15. 토요일에 생산팀장이 “언제부터 출근 가능한지” 물었고, 고소인이 “내일(24.2.16. 일요일)부터 출근 가능하다”고 답하자, 생산팀장이 “내일부터 나오라”라고 말하여 고소인은 2024.2.16. 일요일부터 출근하였음

◦ 2024.2.15. 토요일 생산팀장이 고소인을 면접을 보고, 2024.2.17. 월요일에 출근하라고 하였던 것은 사실이나, 고소인 스스로 자진해서 2024.2.16. 일요일에 나오겠다고 하여 생산팀장이 알겠다고 하였으나, 2024.2.16. 일요일에는 생산팀장도 휴무였고, 피의자도 회사에 있지 않았음

◦ 고소인은 출근을 지시하였던 2024.2.17. 월요일에는 오히려 출근하지 않았음

◦ 피의자는 고소인 외 다른 근로자 ○○○과 근로계약서를 작성한 바 있고, 생산팀장은 고소인과 2024.2.17. 월요일에 근로계약서를 작성하기로 하였고, 피의자의 진술에 따르면, “고소인은 자신이 경력자이니 일요일에 나와서 일을 빨리 익히고 싶다”고 하여, 생산팀장이 2024.2.17. 월요일에 출근

하라고 지시하였음에도 고소인이 스스로 사업장에 나왔고, 피의자는 고소인의 2024.2.16. 일요일 출근에 대하여 인지하지 못하고 있다가, 이러한 상황을 2024.2.17. 월요일에 인지하게 되었음

[판단]

◦ 양 당사자의 진술을 확인한바, ① 피의자에 따르면, "생산팀장은 고소인과 2024.2.17. 월요일에 근로계약서를 작성하기로 약속"했고, "고소인이 스스로 2024.2.16. 일요일에 일을 배우겠다고 하며 사업장에 나왔다"고 한 점, ② "고소인의 2024.2.16. 일요일 근무가 피의자의 지시에 의한 근무였다"는 주장에 대한 증거자료가 불충분한 점, ③ 피의자는 "고소인이 2024. 2.16. 일요일에 사업장에 나왔다"는 점에 대하여, 2024.2.17. 월요일에 알게 된 점 등을 종합적으로 고려할 때, 비록 피의자가 고소인과 근로계약을 체결한 것은 사실이나, 고소인이 "피의자 또는 생산팀장의 지시에 의하여 2024.2.16. 일요일에 근로하였다"고 단정할 수 없고, 피의자 및 생산팀장의 입장으로서는 "고소인이 2024.2.17. 월요일에 첫 출근을 할 것"으로 예상하고 있었던 상황에서, 근로계약서를 미작성에 대하여 그 고의성을 인정하기는 어렵다고 판단됨

◦ (의견) 위와 같이 범죄사실에 대하여 근로기준법 제114조 및 같은 법 제17조제2항 위반 혐의로 수사한 결과, 피의자가 위 사업장 소속으로 2024. 2.15. 토요일 고소인 ○○○와 근로계약을 체결할 때 임금의 구성항목・계산방법・지급방법, 소정근로시간, 휴일에 관한 사항을 서면으로 명시하지 않은 점에 대하여 그 고의성을 인정할 수 없으므로, 피의자에 대하여 불기소(혐의없음) 의견임

02-2. 근로계약서 미교부 관련 신고사건 처리 사례

근로조건이 명시된 서면 미교부 신고사건 인정(기소) 사례

- 고소인 : ○○○
- 피고소인 : ㈜○○○ 대표이사 ○○○
- 업종 : ○○제조업

[쟁점사항]

근로조건(변경)이 명시된 서면을 근로자에게 미교부 여부

[인정되는 사실]

◦ (수습 근로조건 명시 서면명시 및 교부) 2022.1.18. 피의자와 수습 근로계약을 체결하면서 근로조건을 서면으로 명시 및 교부하였음

◦ (변경 근로조건서면 명시 및 교부) 2022.7.21.부터 임금이 인상되어 변경된 임금 조건을 서면으로 명시하였고, 이를 고소인에게 교부하지 않음

◦ 피의자, 고소인에게 교부한 것에 대한 별도의 제출 가능한 입증자료는 없음

* 2022.7.21.자 근로계약서 피의자 제출

[판단]

◦ 위 범죄사실에 대하여 근로기준법 제114조 및 같은 법 제17조 위반 혐의로 수사한 결과, 고소인의 변경된 근로조건이 명시된 서면의 교부 여부에 대한 고소인과 피의자의 주장이 상이하므로, 이에 대하여 고소인과 피의자의 진술, 기타 증빙자료를 통하여 아래와 같이 살펴보고자 함

◦ (변경 근로조건이 명시된 서면 미교부) 피의자는 2022.7.21에 고소인의 변경된 근로조건을 서면으로 명시하였고, 이를 고소인에게 교부하였다고 주

장하나, 교부 사실에 대하여 별도로 입증을 못하고 있으므로,

◦ 피의자는 2022.7.21.에 고소인의 변경된 근로조건을 서면으로 명시하면서 이를 고소인에게 교부하지 않은 것으로 판단됨

◦ (의견) 위의 사실을 종합하여 판단컨대 피의자가 2022.7.21에 고소인의 근로조건을 변경하면서 변경된 근로조건을 명시한 서면을 고소인에게 교부하지 않은 범증이 충분하다고 할 것이므로 기소 의견임

근로조건이 명시된 서면 미교부 신고사건 불인정(불기소) 사례

- 진정인 : ○○○
- 피진정인 : ○○회사 대표 ○○○
- 업종 : 제조업

[쟁점사항]

근로조건이 명시된 서면을 근로자에게 미교부 여부

[인정되는 사실]

◦ 진정인은 "2022.7.15. 하루 근무 후 퇴사하였으나, 입사 시 서면으로 근로계약서를 작성 및 교부한 사실이 없으므로 피진정인에 대한 처벌을 원한다"고 함

◦ 피진정인은 "진정인 ○○○은 2022.7.15. 반나절 근무 후 퇴사한 자로, 입사 시 서면으로 근로계약서를 작성하지 못한 사실은 맞으나 그 당시 진정인이 근로계약서 작성 시 필요한 관련 서류(주민등록등본, ○○자격증 등)를 제출하지 아니하고 바로 퇴사를 하였다"고 함

◦ 피진정인은 "진정인 ○○○은 본인의 근로조건을 충분히 인지하고 있었고, 하루 7시간 근무 후 퇴사하였기 때문에 진정인과 계약서를 작성할 시간적

여유가 없었다"고 함

◦ 피진정인은 "진정인 본인의 귀책사유로 계약서 작성시기를 미루었으며, 피진정인은 고의적으로 근로계약서 작성을 회피한 사실이 전혀 없다"고 함

[판단]

◦ 진정인은 "2022.7.15. 하루 근무 후 퇴사하였으나, 입사 시 근로계약서를 작성 및 교부 하지 않아 처벌을 원한다"고 주장함

◦ 동 사건의 쟁점은 진정인 ○○○의 2022.7.15 입사 시 근로계약서 작성 및 미교부에 대한 법 위반이 있는지 여부인 바, 이에 당사자 진술 및 관련 객관적인 거증자료(재・퇴직자 근로계약서 등)에 의거 판단하면,

첫째, 근로계약서 미작성・미교부 사실에 대하여(객관적 구성요건)

◦ 진정인 입사 시(2022.7.15) 당사자 간 근로계약을 체결하고 주요 근로조건이 명시된 서면을 교부하지 않은 사실에 대해서는 당사자 주장이 일치함

둘째, 근로조건 명시의무 위반에 대한 고의성이 있는지 여부에 대하여(주관적 요건)

◦ 위 진정요지에 대하여 근로기준법 제17조에 대한 객관적 구성요건을 충족하나, 본죄는 고의범으로 근로조건 명시의무 위반에 대한 사용자의 고의를 확인할 수 있어야 하는바(「노동법 벌칙해설」 대검찰청),

◦ 근로기준법 제17조의 입법 취지가 근로조건이 불확실한 상태에서 우월적 지위의 사용자로부터 취업이 강제될 위험을 예방하고, 근로자의 법적 지위를 강화하고자 하기 위함(대법 2016.1.28., 2015도11659 참조)임을 감안할 때, 피의자의 위반행위로 인하여 진정인의 법적 지위가 위태해졌거나 근로기준법상 정당한 권한이 침해되었는지 여부를 살펴보면,

◦ ① 고소인은 사업장에 노무를 제공하기 전 채용공고문과 개별면접을 통해 본인의 주요 근로 조건을 충분히 인지하였고, 진정인 진술에서도 본인의 근로조건에 대해 정확히 인지하고 있었던 점으로 보아 근로계약서를 서면으로 교부받지 못했다고 하여, 별도의 불이익이 발생한 사실이 없는 점

- ② 동 회사의 경우 대부분 근로자 채용(일용근로자 포함)시 근로계약서를 당일 또는 수일 내에 체결하나(재직자 및 퇴사자 총 51명에 대한 근로계약서 제출),
- 진정인 ○○○의 경우 2022.7.15 입사시 필요한 서류(등본, ○○자격증 등) 사측에 제출하지 않고, 그 다음날부터 출근하지 아니한 바, 피의자가 진정인과 근로계약서를 작성하지 못한 데에는 상당한 이유가 있었다고 판단되는 점
- ③ 근로계약서를 작성하는 주된 취지는 임금체불 등 근로조건을 명확히 하지 않음으로써 발생되는 분쟁을 미연에 방지하고자 함인데,
- 진정인 ○○○의 과거 진정사건 이력을 보면 2019년 이후 현재까지 ○○○ 여곳의 회사를 상대로 ○○○건의 진정(근로계약서 미작성) 접수 후 사업주 처벌을 무기로 합의를 이끌어 내며 소정의 금품을 지급요구하는 등 이는 근로기준법을 악용하고 있다고 심히 의심되는 점
- ④ 진정인 ○○○은 동 진정사건 취하를 대가로 피의자에게 합의금 ○○만원을 요구하는 등 피의자를 협박하여, 최근 피의자가 진정인을 ○○경찰서에 '협박죄'로 고소하여 동 사건이 진행 중인 사실이 있는 점 등
- 위 사항을 종합적으로 판단한 바, 근로기준법 제17조 위반죄 역시 고의범으로서 근로계약서 서면 명시 및 교부의무 위반에 대한 사용자의 고의가 있어야 하나, 피의자에게 근로계약서 등 서면 명시 의무 위반의 고의가 있다거나 책임이 있다고 보기 어려움
- (의견) 피의자가 진정인 입사 시 근로계약서 서면 명시 및 교부하지 않은 사실에 대해서는 인정하나, 진정인의 진정 취지가 입법 목적에 부합한다고 보이지도 않으며, 달리 피의자에게 근로기준법 제17조 제2항 위반의 고의를 인정할 만한 사정이 없고 나아가 범죄성립의 책임을 묻기에도 비난가능성이 현저히 낮아 피의자에 대하여 불기소(혐의없음) 의견임

03 임금관련

임금은 근로자가 일한 노동에 대한 대가 보상으로서 근로자의 생존과 관련되는 중요한 문제입니다. 노동청에 제기되는 사건은 임금과 관련되는 사건이 대부분이라고 할 정도로 많은 진정 등 신고사건이 제기되고 있습니다.

임금을 청구하는 사건들 중 임금인지 아닌지, 즉 임금성 금품인지, 복리후생이나 실비변상적인 금품인지에 대하여 근로감독관이 금품성격, 지급대상, 지급시기 등에 대하여 면밀히 조사를 하여 종합적인 검토를 통하여 판단을 하게 됩니다.

회사의 경영상황이 나빠져 사업주가 근로자의 임금을 체불하여 근로자가 진정 등 신고사건을 제기한 경우가 대부분이나, 임금성 여부를 판단해야 하는 사건도 점차 증가되는 추세에 있습니다.

사업장에서 통상임금에 포함되어야 임금을 통상임금에 포함하지 않은 경우에는 연장근로수당, 야간근로수당, 휴일근로수당, 연차수당 등에서 차액이 발생하고 근로자가 퇴직하는 경우라면 퇴직금 차액도 발생하게 됩니다.

따라서, 근로자들도 임금과 관련되는 기본적인 노동법을 알아야 둘 필요가 있고, 회사에서도 임금 관련 법령을 잘 숙지하여 근로자와의 다툼이나 법 위반 사항이 발생하지 않도록 주의가 요구된다고 할 것입니다.

03-1. 임금

1. 의의

임금이란 사용자가 근로의 대가로 근로자에게 임금·봉급, 그 밖에 어떠한 명칭으로든지 지급하는 일체의 금품을 말한다(근기법 제2조 제1항제5호).

대법원은 근기법 제2조제1항제5호를 근거로 ‘임금은 사용자가 근로의 대가로 근로자에게 지급하는 금품으로서, 근로자에게 계속적·정기적으로 지급되고 단체협약·취업규칙·급여규정·근로계약·노동관행 등에 의해 사용자에게 그 지급의무가 지워져 있는 것을 말한다(대법 2013.4.11., 2012다48077)고 정의하면서, 임금 개념중 가장 핵심적 요소라 할 수 있는 어떤 금품이 '근로의 대상'으로 지급된 것인지에 관해서는 그 금품지급 의무의 발생이 근로제공과 직접적으로 관련되거나 그것과 밀접하게 관련된 것으로 볼 수 있어야 하고, 이러한 관련 없이 그 지급의무의 발생이 개별 근로자의 특수하고 우연적 사정에 의해 좌우되는 경우에는 그 금품의 지급이 단체협약·취업규칙·근로계약이나 사용자의 방침 등에 의해 이루어진 것이라 하더라도 그러한 금품은 근로의 대상으로 지급된 것으로 볼 수 없다'는 판단기준을 제시하고 있다(대법 1995.5.12., 94다55934).

사용자가 사용종속관계에 있는 근로자에게 근로에 대한 대가로 지급하는 것이면 그 명칭과 관계없이 임금이다(예 : 임금, 급여, 봉급, 수당, 보수 등).

임금은 근로자의 생존을 확보하는 중요한 수단이 되므로 근로자의 근로조건 중 가장 중요한 부분이며, 근로자 개념을 정하는 기준이 된다는 점에서도 중요하다.

2. 임금 여부에 대한 구체적 판단

1) 복리후생비

(1) 임금인 경우

복리후생적·생활보조적 금품이라 하더라도 계속적·정기적·일률적으로 지급되고, 단체협약·취업규칙·근로계약 등에 의하거나 또는 관행에 따라 사용자에게 그 지급의무가 지워져 있는 경우에는 근로의 대가인 임금에 해당한다.

체력단련비(대법 1993.10.26., 92다31057), **효도휴가비**(대법 1996.2.27., 95다3744), **사택수당 · 월동연료수당 · 김장수당**(대법 1990.11.9., 90다카6948), **출퇴근보조교통비**(대법 2007.6.15., 2006다13070), **체육시설이용비**(대법 1993.10.26., 92다31057), **자가운전보조금**(대법 2002.5.31., 200다18127), **하계휴가비 · 하계건강지원비**(대법 2006.5.26., 2003다54322)

(2) 임금이 아닌 경우

단체협약 · 취업규칙 등 또는 사용자의 방침에 의하여 지급의무가 있다 하더라도 개별 근로자의 특수하고 우연한 사정에 의하여 좌우되는 경우에는 근로의 대상으로 지급되었다고 볼 수 없으므로 임금에 해당하지 않는다.

〈예〉 결혼축의금, 조의금, 학자금, 자가운전보조비(대법 1995.5.12., 94다55934) 등

사용자가 지급의무 없이 은혜적 · 의례적 · 호의적으로 근로자에게 지급하는 금품은 임금으로 볼 수 없다(대법 1976.1.27., 74다1588).

〈예〉 격려금, 위로금, 공로금, 회사창립기념축하금, 포상금, 복리후생시설의 제공 등

금품의 성격 자체가 복리후생적 성격이 명확한 경우 임금에 해당하지 않는다.

〈예〉 고용보험 · 건강보험 · 국민연금의 사용자 부담금 등

2) 실비변상적인 금품

보안장비 구입비 등과 같이 생산수단 구입을 위한 실비변상적인 금품은 임금이 아니다. 작업복 구입비, 작업용품 대금, 출장비, 여비, 판공비, 기밀비, 정보비 등도 마찬가지이다(근기 1455-37763, 1981.12.22.).

어떤 실적에 따른 실비변상적인 성격이 강한 경비(출퇴근 교통비, 연구수당, 학생지도수당 등) 모든 근로자에게 일정액을 계속적 · 정기적으로 지급하였다면

임금으로 본다(대법 1997.9.28., 77다300).

check point **실비 변상적 급여가 임금이 아닌 이유**

임금이라 함은 사용자가 '근로의 대상'으로 근로자에게 임금, 봉급 기타 여하한 명칭으로든지 지급하는 일체의 금품을 말하는 것이므로, 근로자가 특수한 근무조건이나 환경에서 직무를 수행하게 됨으로 말미암아 추가로 소요되는 비용을 변상하기 위하여 지급되는 이른 바, 실비변상적 급여는 '근로의 대상'으로 지급되는 것이라고 볼 수 없기 때문에 임금에 포함될 수 없는 것이다(대법 1992.11.9., 90다카4683).

3) 현물로 주어지는 보상

(1) 임금인 경우

근로시간 중에 식사를 제공하는 경우에 단체협약 · 취업규칙 · 근로계약 등에 지급조건이 명시되어 있으면 근로의 대상으로 보아 이를 임금으로 보아야 한다.

현물급식이 식사를 한 자와 하지 않은 자를 구분하지 않고 제공되는 경우에는 임금으로 보기 어렵지만, 식사를 하지 않은 자에게 상품권이나 금전 보상을 하는 등 계속적 · 정기적 · 일률적으로 전체 직원에게 지급하는 것이면 임금에 해당한다(대법 1193.5.11., 1993다4816).

(2) 임금이 아닌 경우

사용자가 단체협약에 따라 오전 근무자에게 1일 2장, 오후 근무자에게 1일 1장의 시기권을 제공하여 사용자가 운영하는 식당에서 식사를 할 수 있도록 하였더라도 단체협약에서 사용자가 근로자들에게 식사를 제공하는 것은 순수 복지후생적인 것이라고 명시하고 있을 뿐만 아니라, 사용자가 근로자들에게 제공한 식권은 2일간 유효하고 식사를 하지 아니한 경우 다른 물품이나 현금으로 대체하여 청구할 수 없는 것이라면, 사용자가 실제 근무를 한 근로자들에 한하여 현물로 제공한 식사는 근로자의 복지후생을 위하여 제공된 것으로서 근로의 대가인 임금이라 보기 어렵다(대법 2002.7.23., 200다29370).

4) 임원의 보수

회사의 업무집행권을 가진 이사 등 임원은 회사로부터 일정한 업무처리의 위임을 받고 있는 것이므로, 사용자의 지휘·감독 아래 일정한 근로를 제공하고 소정의 임금을 지급받는 고용관계에 있는 것이 아니며, 따라서 일정한 보수를 받더라도 이는 근기법상의 임금이라 할 수 없다.

주식회사의 업무집행권을 가진 이사 등 임원은 회사로부터 일정한 사무처리의 위임을 받고 있는 것이므로 사용자의 지휘감독 아래 일정한 근로를 제공하고 소정의 임금을 지급 받는 고용관계에 있는 것이 아니며, 따라서 일정한 보수를 받는 경우에도 이를 근기법 소정의 임금이라 할 수 없고, 회사의 규정에 의하여 이사 등 임원에게 퇴직금을 지급하는 경우에도 그 퇴직금은 근로기준법 소정의 퇴직금이 아니라 재직 중의 직무집행에 대한 대가로 지급되는 일종의 보수이다(대법 2001.2.23., 2000다61312).

5) 노조전임자급여, 근로시간면제자에 지급하는 급여

단체협약에 근거하여 노동조합전임자에게 일정 금품을 지급하더라도 이를 근로의 대가로 볼 수 없으므로, 근기법상의 임금으로 볼 수 없다(임금 68220-137, 1993.3.15.).

근로시간 면제자에 대해 지급하는 급여의 임금성 여부에 대해 행정해석은 임금성을 부인하였으나(근로개선정책과-5388, 2011.12.20.), 대법원은 근로시간 면제에 따라 사용자에 대한 관계에서 제공한 것으로 간주되는 근로의 대가로서 그 성질상 임금에 해당한다고 판결하였다(대법 2018.4.26., 2012다8239).

6) 봉사료, 팁

(1) 임금에 해당하는 경우

일정률이나 일정금액으로 정해진 봉사료를 사용자가 손님으로부터 받아 예치하는 과정을 거쳐 분배하는 경우(대법 1992.4.28., 91누8104), 사용종속관계하에서 사용자가 팁을 일정액으로 정하거나 사실상 일정액을 받도록 직간접적으로 규제하는 경우(근기 32100-6182, 1991.5.2.)

(2) 임금이 아닌 경우

봉사료를 사용자가 아닌 손님 등으로부터 직접 받는 경우(법무 810-4419, 1969.4.21. / 대법 1991.1.26., 98다46198), 손님이 순수하게 동정적 의미에서 주는 경우(근기 1455-16357, 1982.6.11.)

7) 건강보험료, 고용보험료 등

세법상 근로자가 받는 소득에 대한 세금(근로소득세, 주민세)이나 고용보험법 등에 따라 근로자가 부담해야 하는 사회보험료(고용보험료, 건강보험료, 국민연금부담분)는 근로자가 받는 소득(세금)이나 보수(사회보험료)를 기준으로 근로자가 부담하는 것이므로 이는 임금에 해당한다(급여 지급 시 사용자가 급여에서 이들을 공제하고 나머지를 근로자에게 지급).

사용자가 근로자에게 지급하는 임금 중 법령에 근거하여 그 일부를 공제한 후 원천징수하는데, 평균임금 산정 시에는 그 금액을 모두 포함한 공제전 금액이 임금총액이 된다.

사회보험료 중에서 근로자 부담분이 아닌 **사용자 부담분**은 근로의 대가가 아니므로, **임금에 해당하지 않는다**. 그러나 법령상 근로자가 부담해야 할 건강보험료 등 사회보험료・근로소득세 등을 **회사가 납부**하는 것으로 약정하고('네트제'라고 함) 그에 해당하는 금액을 계속적・정기적으로 근로자에게 지급해 온 경우라면 이는 근로의 대가로서 임금에 해당하므로, 평균임금 산정에 포함되어야 함(대법 2021.6.24., 2016다200200 ; 근로기준정책과-3623, 2015.8.10.)

8) 퇴직금, 각종 법정수당, 재해보상

(1) 임금에 해당하는 경우

퇴직금(근퇴법 제8조)은 사회보장적 성격과 공로보상적인 성격이 강하나 후불 임금으로 보아야 한다(대법 1979.7.10., 79다919). 유급휴일 · 휴가에 대한 수당과 근로에 따른 임금 및 가산수당은 근기법의 임금에 해당한다.

(2) 임금이 아닌 경우

해고예고수당(근기법 제26조), 재해보상금(근기법 제8장), 귀향여비(근기법 제19조), 임금상당액(근기법 제30조), 휴업수당(근기법 제46조), 출산전후휴가급여(남녀고용평등법 제75조), 육아휴직급여(남녀고용평등법 제70조) 등은 현실적 근로제공 없이 사용자로부터 지급되는 것으로서, 손해보상의 성격을 갖거나 생활권 보장을 위한 부조 제도의 변형이므로 임금에 해당하지 않는다.

9) 리텐션보너스, 사이닝보너스

근기법 및 판례 등을 통한 임금은 근로의 대가로서 소정 근로의 양 또는 질과 관련이 있으며, 근로자에게 계속적 · 정기적으로 지급된다는 주된 특징을 가지고 있으므로, 리텐션보너스나 사이닝보너스는 임금의 범위에 포함된다고 보기 어렵다(근로기준과-883, 2010.4.27.).

(1) 리텐션보너스

중요한 비즈니스 기간 동안 핵심 직원들의 이직을 방지하기 위해 지급되는 인센티브를 말한다(예 : 인수 · 합병기간).

(2) 사이닝보너스

유능한 인재를 스카우트하면서 일정기간 근무를 조건으로 지급하는 계약금의 일종을 말한다.

check point 실비변상적 금품, 복리후생적 금품 등의 임금 여부 판단

구분	임금성 부정	임금성 인정
출장비	◦ 출장업무에 소요되는 비용 보전시	◦ 매월 정액지급 또는 운행횟수에 비례 지급시
	◦ 화물운전자에게 운전경비로 지급한 작업출장비 ◦ 외국 출장근로자에게 추가로 지급한 출장식대	◦ 매월 정기적으로 지급한 외근 여비 ◦ 운행횟수에 비례하여 지급한 운행수당
차량운전비 (운전보조비)	◦ 차량보유자에게만 지급한 차량보조금 ◦ 자기차량을 운전하는 일정직급 이상인 자에게만 지급한 자가운전보조비	◦ 전직원에게 직급에 따라 정액으로 지급한 출퇴근 교통비 ◦ 일정직급 이상인 자에게 정액으로 지급한 차량유지비
일숙직수당	◦ 정상근무가 아닌 순찰비상대기 등 근로계약에 부수되는 의무이행으로 지급시	◦ 일숙직 근무가 본래 업무의 연장인 경우 지급시
식비, 식사, 식권	◦ 실제 근무한 근로자들에게 현물로 식사를 제공하되, 식사를 하지 않더라도 별도 비용이나 쿠폰 미제공시	◦ 식사를 하지 않은 근로자들에게도 그에 상응하는 별도 비용을 지급하거나 환가 가능한 이용권 제공시
	◦ 구내식당에서 현물로 제공하는 식사 ◦ 식사를 현물로 제공하되 일부 소액만을 현금으로 환가해 주는 중식대	◦ 식사를 하지 않은 근로자에게 같은 금액의 쿠폰을 지급한 식대보조비 ◦ 근무일수에 따라 식권이나 현금으로 지급된 중식대
포상금 (인센티브)	◦ 부서나 팀단위로 지급하는 포상금이나 인센티브	◦ 근로자 개인의 판매실적에 따라 지급하는 경우
	◦ 부서 포상금이나 일정수의 직원만 선발하여 여행이나 상품을 포상하는 경우 ◦ 팀별 목표 달성 여부에 따라 지급여부가 결정되는 팀인센티브	◦ 상품권이나 차량 등의 판매실적에 따른 인센티브
개인연금 보험료	◦ 개별 근로자의 특수하고 우연적인 사정에 따라 지급된 경우	◦ 정기적·일률적으로 지급된 경우

03-2. 평균임금

1. 의의

평균임금이란 평균임금 산정사유 발생일 이전 3개월 동안 그 근로자에게 지급된 임금총액을 그 기간의 총일수로 나눈 금액을 말하며, 취업 후 3월 미만인 경우도 이에 준한다(근기법 제2조제1항제6호).

산출된 평균임금이 그 근로자의 통상임금보다 저액일 경우에는 그 통상임금을 평균임금으로 한다.

평균임금이란 결국 근로자가 현실적으로 지급받는 임금의 한 종류가 아니라 어떤 급여금 산출의 기초가 되는 단위 개념이다.

평균임금이란 근로자가 정상적인 근로를 제공하지 못했거나 퇴직을 하는 경우, 근로자의 정상적인 생활을 보장하기 위하여 평상시 지급된 임금을 반영하여 주기 위한 임금의 평균액을 말한다.

통상임금이 근로자의 소정근로 또는 총근로에 대해 지급하기로 한 사전적 개념이라면 평균임금은 통상임금에 근로자에게 추가로 지급된 가산임금 등을 합하여 산정한 임금으로서 사후적 개념이다.

check point **평균임금 산정대상**

산정사유	지급률	근 거
퇴직금* 퇴직연금 (확정급여형)	계속근로연수 1년에 대하여 평균임금의 30일분 이상	근퇴법 제8조, 제15조
휴업수당	평균임금의 70% 이상(이 금액이 통상임금을 초과하는 경우 통상임금으로 지급)	근기법 제46조
연차유급휴가 수당	평균임금 100% 또는 통상임금 100%	근기법 제60조
재해보상금	재해보상 유형에 따라 다름	근기법 제78조 ~제85조

감급액	1회의 액이 평균임금의 1일분의 1/2을 초과하지 못함	근기법 제95조
실업급여 (구직급여일액)	수급자격자의 기초일액(이직 당시 평균임금)의 60%	고보법 제45조, 제46조

* 퇴직연금에 가입한 경우, 사용자가 부담해야 하는 부담금은 **확정급여형**의 경우 근로자의 평균임금으로 적립하지만, **확정기여형**의 경우 근로자에게 지급된 연간임금총액의 1/12을 적립한다.

2. 평균임금 산정방법

1일 평균임금
= 사유발생일 이전 3개월간의 임금총액/사유발생일 이전 3개월간의 총일수

1) 사유발생일 이전 3개월간에서 '사유발생일'

평균임금은 이를 산정해야 할 사유가 날로부터 기산하는데, 사유발생일은 근로를 제공하지 않아 임금을 받지 못할 수도 있어 이날을 포함하면 근로자에게 불리하게 작용하므로, 민법 제157조의 초일불산입 원칙에 따라 사유발생 당일은 포함시키지 않는다.

2) 3개월간의 총일수

3개월간의 총일수는 3개월 동안의 소정근로일수가 아니라 휴일·휴무를 포함한 달력상의 총일수로서, 지급사유가 발생한 당일은 산입하지 않고 그 전날부터 소급하여 3개월간의 일수(89~92일)를 말한다.

〈예〉 10월 25일 산정사유가 발생했을 경우,
1차월 10.24~9.25(30일), 2차월 9.24~8.25(31일), 3차월 8.24~7.25(31일)
총 92일이 3개월간의 총일수가 된다.

취업 후 3개월 미만인 경우에는 그 기간만 기준으로 한다(근기법 제2조제1

항제6호).

3개월에서 제외되는 기간과 제외되지 않는 기간은 다음과 같다.

구분	대상기간
제외되는 기간	1. 근로계약을 체결하고 수습중에 있는 근로자 수습을 시작한날부터 3개월 이내의 기간 2. 사용자의 귀책사유로 휴업한 기간(근기법 제46조) 3. 출산전후휴가 및 유산·사산 휴가기간(근기법 제74조제1항부터 제3항) 4. 업무상 부상 또는 질병으로 요양하기 위하여 휴업한 기간(근기법 제78조) 5. 육아휴직기간(남녀고용평등법 제19조) 6. 적법한 쟁의행위기간(노조법 제2조제6호) 7. 병역법, 예비군법 또는 민방위기본법에 따른 의무를 이행하기 위하여 휴직하거나 근로하지 못한 기간(그 기간중 임금을 지급받은 경우는 제외) 8. 업무외 부상이나 질병, 그 밖의 사용자의 승인을 받아 휴업한 기간
제외되지 않는 기간	1. 근로자의 귀책사유로 인해 결근·휴업한 기간(근기 14559-3029, 1968. 4.17.) 2. 개인적인 범죄로 구속기소 되어 직위해제 되었던 기간(대법 1994.4.12., 92다20309) 3. 위법쟁의행위기간(대법 2009.5.28., 2006다17287) 4. 사용자의 승인을 받지 못한 휴직기간 5. 대기발령기간, 감봉기간 등의 징계기간(징계가 부당한 경우에는 제외)

3) 3개월간의 임금총액

임금총액은 3개월간 지급해야 할 사유가 발생한 모든 임금이다.

평균임금 산정의 기초가 되는 임금총액에는 사용자가 근로의 대가로 근로자에게 지급하는 금품으로서 근로자에게 계속적·정기적으로 지급되고 단체협약·취업규칙·급여규정·근로계약·노동관행 등에 의하여 사용자에게 그 지급의무가 지워져 있는 것은 그 명칭 여하를 불문하고 모두 포함된다(대법 2018. 10.12., 2015두 36157).

3개월 동안 근로자에게 지급된 총액이란 근로자에게 실제 지급된 임금뿐 아니라 당연히 지급되어야 할 임금 중 지급되지 않은 임금도 포함한다(대법 1981.

10.13., 81다697).

임금 총액에는 임시로 지불된 임금・수당과 통화 이외의 것으로 지불된 임금은 이를 산입하지 않는다. 다만, 고용노동부장관이 정하는 것에 대하여는 그러하지 아니하다(근기법시행령 제2조제2항).

임시로 지불된 임금・수당이란 일시적・돌발적 사유로 인해 지급되는 것과 같이 그 지급사유의 발생이 불확정적인 것을 말한다.

현물로 지급되는 것 중 법령・단체협약 또는 취업규칙의 규정에 의하여 전체 또는 일정 요건의 근로자에게 일률적으로 지급되는 현물급여(명백히 통화로 환가할 수 있도록 규정한 경우에 한함)는 평균임금에 포함된다.

취업규칙・단체협약 등에 의해 1개월을 넘는 기간을 단위로 지급되는 상여금・정근수당・체력단련비・하계휴가비 등이 지급되는 경우, 근로기간이 1년 이상인 경우에는 전액을 3/12을 산입하고, 1년 미만인 경우에는 그 기간 중에 지급된 전액을 그 기간의 총일수로 분할 계산하여 산입한다.

법령에 따른 원천징수액은 근로자가 수령한 후 처분한 금품으로 보아야 하므로 이를 모두 포함하여 평균임금을 판단한다.

4) 취업 후 3개월 미만인 경우

취업 후 3개월이 지나지 않아서 평균임금을 산정해야 할 사유가 발생한 경우에도 평균임금 산정방식에 따르도록 되어 있다(근기법 제2조제1항제6호). 따라서 해당 취업기간 중 받은 총임금을 해당 취업기간의 총일수로 나누어서 평균임금을 산정한다.

〈예〉 입사 후 2개월이 지났으며 휴업수당 지급을 위해 평균임금을 산정하는 경우
- 2개월 임금총액이 660만원, 2개월 총일수가 60인 경우
  * 평균임금(1일)=660만원÷60일=110,000원

5) 평균임금이 통상임금 보다 적은 경우

산출된 평균임금이 그 근로자의 통상임금보다 저액일 경우에는 그 통상임금을 평균임금으로 한다(근기법 제2조제2항).

이는 평균임금 산정기간 중에 정상적인 근로가 이루어지지 않아 평균임금이 통상임금보다 현저하게 적어지는 경우 근로자 보호 차원에서 최저금액을 보장하는 취지이다.

(1) 기타수당 없이 기본급으로만 정해진 경우 등

〈근로시간〉 주5일(월~금) 1일 5시간, 1주 25시간, 1년 근무, 3개월 총일수 90일
〈급여액〉 월 1,300,000원, 별도 수당 없음
〈1일 평균임금〉 1,300,000원×3개월=3,900,000원÷90일=43,333원
〈1일 통상임금〉 1,300,000원÷**130시간**=10,000원×5시간=50,000원
130시간=[(5시간×5일)+5시간]
따라서 이 근로자의 평균임금(43,333원)이 통상임금(50,000원)보다 적으므로, 통상임금을 평균임금으로 한다.
〈법정 퇴직금〉 50,000원×30일=1,500,000원

(2) 결근, 무급휴직 등으로 인해 3개월 임금총액이 낮아진 경우 등

소정근로시간이 주40시간(1일 8시간)인 사업장에서 12월 1일 퇴직한 근로자가 9월 200만원, 10월 180만원, 11월 180만원을 지급받았고, 그 중 월 190만원이 통상임금(기본급, 고정수당) 이라고 가정할 경우, 이 근로자의

- 평균임금은 3개월의 임금총액 560만원÷91일=61,538원
- 1일 통상임금은 (190만원÷209시간)×8시간=72,727원

따라서, 이 근로자의 평균임금(61,538원)이 통상임금(72,727원)보다 적으므로, 통상임금을 평균임금으로 한다. 만약, 이 근로자가 1년 근무하고 퇴직할 경우 법정퇴직금은 72,727원×30일=2,181,810원

03-3. 통상임금

1. 의의

통상임금이란 근로자에게 정기적·일률적으로 소정근로시간 또는 총근로시간에 대하여 지급하기로 정하여진 시간급금액·일급금액·주급금액·월급금액 또는 도급금액을 말한다(근기법 시행령 제6조제1항).

소정근로시간이란 근로자와 사용자가 근로계약을 통해 일하기로 정한 (미리 합의한 실제근무시간) 근로시간을 의미한다.

총근로란 실제로 제공된 근로 전체를 의미하는 것이 아니라, 근로시간과 관계없이 생산량이나 실적에 따라 임금이 결정되는 이른 바, 도급제 방식에 있어서 근로자가 제공하기로 한 근로를 말한다.

대법원은 통상임금을 근로계약에서 정한 근로를 제공하면 확정적으로 지급되는 임금이라 정의하면서, 결국 어떤 임금이 통상임금에 속하는지 여부는 그 임금이 소정근로의 대가로 근로자에게 지급되는 금품으로서 정기적·일률적·고정적으로 지급되는 것인지를 기준으로 그 객관적 성질에 따라 판단해야 하고, 임금의 명칭이나 그 지급주기의 장단 등 형식적 기준에 의해 정할 것은 아니다라고 하였다(대법 전원합의체 2013.12.18., 2012다89399).

그러나, 대법원은 2024.12.19. 대법원 전원합의체 판결을 통해 소정근로의 대가를 중심으로 도출되어야 하는 통상임금의 범위를 부당하게 축소시키는 **고정성** 개념을 **제외**하고 통상임금의 개념을 재정립하는 새로운 법리를 제시하였다. 즉, 통상임금의 개념적 징표에서 고정성을 제외하고 근로자가 소정근로를 온전하게 제공하면 그 대가로서 정기적, 일률적으로 지급하도록 정해진 임금은 그에 부가된 조건의 존부나 성취 가능성과 관계없이 통상임금에 해당된다고 판시하였다.

통상임금이란 임금 그 자체가 아니라 연장근로·야간근로·휴일근로 등 법정수당을 계산하기 위한 하나의 산정단위로 활용되는 도구적 개념이다.

2. 통상임금 산정 대상

<table>
<tr><th colspan="2">산정 사유</th><th>지급률</th><th>근거</th></tr>
<tr><td colspan="2">해고예고수당</td><td>◦ 30일분 이상의 통상임금</td><td>근기법 제26조</td></tr>
<tr><td colspan="2">연장·야간·휴일근로수당</td><td>◦ 통상임금의 50% 이상 가산</td><td>근기법 제56조</td></tr>
<tr><td colspan="2">연차유급휴가수당</td><td>◦ 연차유급휴가수당(통상임금 또는 평균임금) 및 연차유급휴가미사용수당</td><td>근기법 제60조</td></tr>
<tr><td rowspan="2">출산휴가</td><td>출산전후휴가급여</td><td>◦ 〈우선지원대상기업〉 출산휴가 90일(미숙아 출산시 100일, 다태아 120일)전부에 대하여 고용보험에서 지급하는 급여
◦ 〈우선지원대상기업이 아닌 기업〉 90일(미숙아 출산시 100일, 다태아 120일)중 최초 60일(다태아 75일)을 초과한 일수에 대하여 고용보험에서 지급하는 급여</td><td>고보법 제76조</td></tr>
<tr><td>출산휴가수당</td><td>◦ 우선지원대상기업이 아닌 기업에서 출산휴가 90일(미숙아출산시 100일, 다태아 120일)중 최초 60일(다태아 75일)에 대하여 사업주가 지급하는 급여</td><td>근기법 제74조</td></tr>
<tr><td colspan="2">육아휴직급여</td><td>◦ 월 통상임금(첫 3개월 100%〈월상한액 250만원〉, 4~6개월 100%〈월상한액 200만원〉, 7개월이후 80%(월상한액 160만원)</td><td>고보법시행령 제95조</td></tr>
<tr><td colspan="2">휴업수당</td><td>◦ 평균임금의 70%가 통상임금을 초과하는 경우 통상임금으로 지급</td><td>근기법 제46조</td></tr>
<tr><td colspan="2">실업급여(구직급여일액)</td><td>◦ 수급자격자의 기초일액(이직 당시 평균임금으로 함, 이 평균임금이 통상임금보다 낮을 경우에는 통상임금)의 50%</td><td>고보법 제45조 제46조</td></tr>
</table>

3. 기존 통상임금의 판단기준(2024.12.19.이전)

어떤 임금이 통상임금에 속하는지 여부는 그 임금이 소정근로의 대가로 근로자에게 지급되는 금품으로서 '정기적·일률적·고정적으로 지급되는 것인지를 기준으로 그 객관적 성질에 따라 판단해야 한다. 근로의 대가로서의 임금이 통상임금에 해당하기 위해서는 **정기성, 일률성, 고정성**을 모두 갖추고 있어야 한다(대법 2013.12.18., 2012다89399, 94643).

통상임금은 소정근로의 대가로 근로자에게 지급되는 금품을 말하고 여기서 소정근로는 근로자가 소정근로시간에 통상 제공하는 근로를 말하며 소정근로의 대가는 근로자가 소정근로시간에 통상적으로 제공하기로 정한 근로에 관하여 사용자와 근로자가 지급하기로 약정한 금품을 말한다. 소정근로의 대가가 무엇인지는 근로자와 사용자가 소정근로시간에 통상 제공하기로 정한 근로자의 근로의 가치를 어떻게 평가하고 그에 대하여 얼마의 금품을 지급하기로 정하였는지를 기준으로 판단해야 한다(대법 2021.8.19., 2017다56226).

이번 2024.12.19. 대법원 전원합의체 선고로 판례가 변경되기 전까지 통상임금은 대법원 2013.12.18., 2012다89399 전원합의체 판결이 정립한 기준에 따라 해석되어 왔다. 위 2013.12.18. 대법원 전원합의체 판결에서는 통상임금의 판단 기준을 구체적으로 밝혔다. 특히 제공되는 금품의 정기성, 일률성, 고정성을 중요한 판단기준으로 내세웠다. 즉, 어떠한 임금이 통상임금에 속하기 위해서는 소정근로의 대가로서 일정한 간격을 두고 계속해서 지급 되어야 하고(**정기성**), 원칙적으로 모든 근로자에게 그 임금을 지급하기로 정해져 있어야 하며(**일률성**), 근로자가 임의의 날에 소정근로를 제공하면 추가적인 조건의 충족여부와 관계없이 당연히 지급될 것이 예정되어 지급여부 또는 금액이 사전에 확정되어 있어야 한다(**고정성**).

기존의 법리에 따르면 특정 시점에 재직 중인 근로자에게만 지급하는 임금(재직조건부 임금)과 일정 근무일 수를 충족하여야만 지급하는 임금(근무일수 조건부 임금)은 통상임금에 해당하지 않았다. 이러한 임금들은 '특정시점에 재직 중' 또는 '근무일수의 충족'이라는 추가적인 조건을 성취해야 하므로 고정성이 없다고 보았기 때문이다.

1) 정기성

정기성은 미리 정해진 일정한 기간마다 정기적으로 지급되는지 여부에 관한 것으로서 1개월을 초과하는 기간마다 지급되더라도 일정한 간격을 두고 계속적으로 지급되는 것이면 통상임금이 될 수 있다(예 : 격월, 분기별, 반기별, 매년 등 / 대법원 2017.9.26., 2016다238120).

대법원에서도 1995년 이전에는 지급시기가 1개월이 넘는 기간으로 정해진 임금에 대해서는 통상임금에 포함시키지 않았으나(대법 1994.10.28., 94다26615 등), 1996년 판결(대법 1996.2.9., 94다19501)에서 1개월을 초과하는 기간마다 지급되더라도 정기적・일률적으로 지급되면 통상임금에 포함된다고 판시한 이후, 지급 시기가 1임금 산정기간을 초과하는지 여부는 통상임금의 판단요소에서 제외하는 일관된 입장을 유지해오다(대법 2005.9.9., 2004다41217 등) 2013년 전원합의체 판결에서 재확인하였다(대법원 2013.12.18., 2012다89399).

2) 일률성

일률성은 모든 근로자에게 지급되는 것(예 : 회사는 전 직원에게 기본급의 00%를 상여금으로 지급한다)과 일정한 조건 또는 기준에 달한 모든 근로자에게 지급되는 것(예 : 부장급 이상에게 매월 00원의 직책수당을 지급한다)을 의미한다. 일정한 조건 또는 기준은 작업내용이나 기술・경력 등과 같이 소정근로의 가치평가와 관련된 조건이어야 하며, 일정한 조건이란 시시때때로 변동되지 않는 고정적인 조건이어야 한다.

가족수당의 경우 부양가족 수에 따라 차등 지급되는 경우는 근로와 관련된 일정한 조건 또는 기준에 따른 것이라 할 수 없어 일률성이 부정되지만, 기본금액을 동일하게 지급하면서 부양가족수에 따라 추가적으로 지급하는 경우 그 기본금액은 통상임금에 해당하며, 모든 근로자에게 일정금액을 기본금액으로 지급하는 가족수당은 통상임금에 포함된다.

3) 고정성

고정성은 초과근로를 제공할 당시에 그 지급여부가 업적・성과 기타 추가적인 조건과 관계없이 지급될 것이 사전에 이미 확정되어 있는 것을 의미한다.

추가적 조건이란 초과근무를 제공하는 시점에서 성취 여부가 불분명한 조건을 말한다. 따라서 근로제공 이외에 추가적인 조건이 충족되어야 지급되는 임금이나, 그 충족 여부에 따라 지급액이 달라지는 임금부분은 고정성이 결여되어 있다고 볼 수 있다. 고정성이란 그 지급여부가 사전에 확정되어 있을 것을 의미하지만 반드시 그 지급요건을 명시적으로 규정하고 있을 것을 요구하지는 않으며, 그 지급요건이 명시적으로 규정되어 있지 않더라도 임금의 반복적 관행 등을 종합적으로 고려하여 판단한다.

고정적임금이란 임금의 명칭 여하를 불문하고 임의의 날에 소정근로시간을 근무한 근로자가 그 다음날 퇴직한다 하더라도 그 하루의 근로에 대한 대가로 당연하고도 확정적으로 지급받게 되는 최소한의 임금을 말하므로, 근로자가 임의의 날에 소정근로를 제공하면 추가적인 조건의 충족여부와 관계없이 당연히 지급될 것이 예정되어 지급여부나 지급액이 사전에 확정된 임금은 고정성을 갖춘 것으로 볼 수 있다(대법 2017.9.26., 2016다238120).

4) 통상임금 해당여부 검토

(1) 근무일수에 따라 달라지는 임금

매 근무일마다 일정액을 지급하기로 한 임금(예 : 근무일수에 따라 일할계산해서 지급되는 임금)은 통상임금에 해당한다. 근로자가 임의의 날에 소정근로를 제공하기만 하면 그에 대하여 일정액을 지급받을 것이 확정되어 있으므로 고정성이 인정된다. 반면에 일정근무 일수를 채워야만 지급되는 임금(예 : 월 15일 이상 근무해야만 지급되는 임금)은 통상임금에 해당하지 않는다. 소정근로제공 외에 일정 근무일 충족이라는 추가적 조건을 성취해야 하는 바, 연장・야간・휴일근로를 제공하는 시점에서 금액을 확정할 수 없기 때문에 고정성을 인정하기 어렵기 때문이다(대법 2020.1.16., 2019다223129).

(2) 특정시점에 재직 중인 근로자에게만 지급되는 임금

소정근로를 했는지 여부와는 관계없이 지급일 기타 특정 시점에 재직 중인 근로자에게만 지급하기로 정해져 있는 임금은 통상임금에 해당하지 않는다. 그 이유는 근로와 무관하게 재직만이 지급조건에 해당되어 '소정근로의 대가'가 부정되며, 초과근로를 제공하는 시점에서 보았을 때 그 근로자가 그 특정시점에 재직하고 있을지 여부가 불확실하여 고정성이 부정되기 때문이다. 특정 임금항목이 근로자가 소정근로를 했는지 여부와 상관없이 특정시점에 재직 중인 근로자에게만 지급하는 임금인지를 판단할 때에는, 그에 관한 근로계약이나 단체협약 또는 취업규칙 등 규정의 내용, 사업장내 임금지급 실태나 관행, 노사의 인식 등을 종합적으로 고려해서 판단해야 한다(대법 2021.12.16., 2016다7975)

(3) 근무실적에 따라 좌우되는 임금(성과급 등)

근무실적을 평가하여 이를 토대로 지급여부나 지급액이 정해지는 성과급은 통상임금에 해당하지 않는다. 다만, 근무실적에 관하여 최하등급을 받더라도 지급받을 수 있는 최소한도의 임금은 통상임금에 해당한다. 근로자의 전년도 업무실적에 따라 당해연도에 지급여부나 지급액을 정하는 임금은 통상임금에 해당한다(대법 2015.11.27., 2012다10980). 초과근무를 제공하는 시점인 당해연도에는 그 성과급 등의 지급여부나 지급액이 확정되어 있으므로 고정성이 인정되기 때문이다. 그러나 보통 전년도에 지급할 것을 그 지급시기만 늦춘 것에 불과하다고 볼만한 특별한 사정이 있는 경우에는 일반적인 성과급과 마찬가지로서 고정성을 인정할 수 없으므로 통상임금에 해당하지 않는다(대법 2020.6.11., 2018다249380).

(4) 특수한 기술이나 경력 등을 조건으로 하는 임금(자격수당 등)

특수한 기술의 보유나 특정한 경력의 구비 등이 지급조건으로 부가되어 있는 경우(예 : 특정 자격증 또는 기술을 보유한 경우 지급하는 수당)에는 통상임금에 해당한다. 초과근로를 제공하는 시점에서 보았을 때, 특수한 기술의 보유나 특정한 경력의 구비여부는 기왕에 확정된 사실이므로 고정성이 인정되기 때문이다.

(5) 근속수당

지급여부나 지급금액이 근속기간에 따라 달라지는 경우(예 : 몇 년 이상 근속해야 지급하거나 근속기간에 따라 임금계산방법이 다르거나 지급액이 달라지는 임금)라도 통상임금에 해당한다. 근속기간은 일률성 요건 중 근로와 관련된 일정한 조건 또는 기준에 해당하므로 일률성이 인정되며, 초과근로를 하는 시점에서 보았을 때 그 근로자의 근속기간이 얼마나 되는지는 이미 확정되어 있으므로 고정성이 인정된다. 그런데 1년 이상 계속 근무한 자에게는 1년당 10,000원씩을 가산한 근속수당을 지급한다고 하더라도 매월 일정일 이상을 근무해야 지급하는 경우라면, 이 근속수당은 그 지급여부가 실제 근무성적에 따라 좌우되어 고정적 임금이라 할 수 없으므로 통상임금에 해당하지 않는다(대법 2014. 8.20., 2013다10017).

(6) 조정수당, 보전수당

기본급여에 대한 급여 차액분을 보전 또는 조정해주기 위하여 지급하는 수당(이를 조정수당 또는 보전수당이라 함)이 해당기간 동안 정기적 · 일률적 · 고정적으로 지급하는 것이라면 통상임금에 해당한다. 그러나 근기법의 개정으로 유급휴가가 감소한 것으로 보전해 주기 위해 마련된 보전수당(대법 2017.9.26., 2016다238120), 근로시간 단축 적용에 따라 임금수준이 저하되는 것을 방지하기 위해 일시적으로 지급되는 보전수당(임금근로시간정책팀-757, 2006.4.3.)이라면 통상임금으로 볼 수 없다. 조정수당의 지급사유로는 주로 승격, 관계사 전입, 계약직에서 정규직으로 전환, 경력직으로 입사하면서 급여액의 발생 등의 사유로 인해 급여가 하락한 경우가 이에 해당한다.

[통상임금에 해당하는 경우]

1) **최저임금 차액을 보전하기 위해 지급하는 보전수당**

통상임금 산정기초임금과 최저임금에 산입되는 임금의 범위가 동일한 상황에서 최저임금법에 따른 법률상 의무를 이행하기 위한 목적으로 차액분을 지급하는 보전수당은 사용자가 근로자에게 소정근로에 대한 대가로 지급하는 통상임금의 범위에 포함해야 할 것으로 사료됨(근로기준과-956, 2010.5.6.).

2) **탄력적근로시간제 도입에 따른 연장근로수당 저하를 방지하기 위해 지급한 보전수당**

보전수당이 연장근로수당 감소분을 보전하기 위해 도입되었다는 사정만으로는 소정근로 가치평가와 무관하게 지급되는 임금이라고 단정할 수 없고 (대법 2018. 9.28., 2016다212869), 근로자들에게 정기적 · 일률적으로 지급되는 임금으로서 근무한 일수만큼 일할 계산되어 지급된다면 근로자가 임의의 날에 근로를 제공하는 경우 다른 추가적인 조건의 성취의 여부와 관계없이 지급되는 임금으로서 고정성도 인정되므로, 해당 보전수당은 통상임금에 해당한다(근로기준정책과-4987, 2019.10.2.).

[통상임금에 해당하지 않은 경우]

1) **근기법 개정으로 인한 유급휴가 감소 보전위해 마련된 보전수당**

이사건 보전수당은 근기법의 개정으로 유급휴가가 감소한 것을 보전해 주기 위해 마련된 것으로서 근로와 무관하게 특정한 시점에 재직한 근로자에게 지급되므로, 소정근로에 대한 대가의 성질을 가지는 것이라고 보기 어려워 통상임금에 해당하지 않는다(대법 2017.9.26., 2016다238120).

2) **근로시간 단축적용에 따라 임금수준 저하 방지 위해 일시적 지급되는 보전수당**

임금보전수당이 근기법(제6974호) 개정으로 인하여 근로시간 단축적용(주40시간)에 따라 임금수준이 저하되는 것을 방지하기 위해 일시적으로 지급되는 것이라면 통상임금으로 볼 수 없을 것으로 사료됨(임금근로시간정책팀-757, 2006. 4.3.)

3) **연장근로에 대한 대가의 일환으로 지급되는 보전수당**

보전수당이 법정근로시간 단축으로 인하여 주당 4시간의 연장근로가 계속적으로 필요함에 따라 소위 고정OT수당 등 연장근로에 대한 대가의 일환으로 지급되는 금품이라면 소정근로에 대하여 지급하기로 정해진 통상임금으로 볼 수 없을 것이며, 연장근로와 무관하게 근로시간 단축에 따른 임금보전 차원에서 지급될 경우 원칙적으로 노사간의 약정에 따라야 할 것이나, 노사간 별도의 약정이 없을 경우 일정시기까지만 한시적으로 지급되는 것이 아니라 근로자에게 정기적 · 일률적으로 계속 지급된다면 달리 볼 사정이 없는 한 통상임금에 해당한다고 볼 수도 있을 것임(근로기준과-4504, 2005.8.29.)

(7) 정기상여금, 기말수당

정기상여금이 매월 지급되지 않고 1개월을 초과하는 기간(2개월, 3개월, 6개월, 1년 등)으로 지급되더라도 정기적으로 지급되면 정기성을 갖춘 것이므로 통상임금이 될 수 있다. 그런데 근로자가 정해진 근로를 제공했는지 여부와 무관하게 지급일 기타 특정시점에 재직 중인 근로자에게만 지급하기로 정해져 있는 상여금은 소정근로의 대가로 볼 수 없으며, 초과근로를 하는 시점에서 보았을 때 그 근로자가 특정시점에 재직하고 있을지 여부는 불확실하므로 고정성이 결여되어 통상임금으로 볼 수 없다.

정기상여금과 유사한 것으로 기말수당이란 것이 있는데, 이러한 기말수당이 통상임금에 해당하는지 여부도 정기상여금과 마찬가지로 고정성 여부에 따라 판단한다(대법 2011.9.8., 2011다22061).

check point 정기상여금의 통상임금 해당 여부 판단

구분	실제 상여금 지급방식	고정성 여부	통상임금 여부
재직자에 한해 지급한다고 규정한 경우	1) 상여금 지급일 전 퇴사자에게는 미지급하는 경우 (대법 2017.9.26., 2017다232020)	없음	아님
	2) 규정과 달리 상여금 지급일 전 퇴사자에게도 근무일 수에 비례하여 지급하는 경우	있음	해당
	3) 상여금 지급이 이미 근로한 기간을 기준으로 지급하는 것이 아니라 미리 지급하는 방식인 경우, 정기상여금을 1월, 2월, 5월, 7월, 9월의 첫 영업일에 지급하는 경우(이러한 정기상여금은 첫 영	있음	해당

	업일에 지급하는 선불 성격이므로 고정성 인정 〈서울중앙지법 2016.5.26., 2014가합33869〉)		
지급일 전 퇴사자에게도 지급한다고 규정한 경우	1) 근무일수에 비례하여 지급하는 경우 - 상여금 지급일 전에 퇴직하더라도 근무일수를 일할계산하여 지급하는 경우(대법 2013.12.18., 2012다94643, 2012다89399) - 휴직후 복직한 경우 복직한 이후 근무일수에 비례하여 지급하는 경우(대법 2014.5.29., 2012다 116871)	있음	해당
	2) 일정한 조건을 충족 시 지급하는 경우 - 격월로 상여금을 지급하면서 최소 15일 이상 근무한 자에 한해서 전액 지급하는 경우(15일 미만 근무자는 미지급) - 격월로 지급하면서 이전 2개월간 근무기간에 따라 지급률을 달리 하면서 0.5개월 미만 근무자는 미지급하는 경우 - 월 13일 이상 승무한 근로자에 한해 지급하는 경우(대법 2014.8.20., 2013다10017) - 상여금을 분기별로 지급하면서 분기당 2/3 미만 근무자는 전액 지급하지 않는 경우 - 무단결근 일수에 따라 지급률을 달리하면서 15일 이상 무단결근자는 전액 지급하지 않는 경우	없음	아님
상여금 지급방식에 대한 규정이 없는 경우	1) 상여금 지급일 현재 재직자에 한해 지급한다는 근거규정은 없으나 지급일 전 퇴직자에게는 지급해 오지 않은 경우	관행으로 확립되었다고 볼 수 있는 경우와 없는 경우에 따라 달리 판단	
	2) 상여금 지급일 전 퇴직자에게도 일할 계산하여 지급하는 경우(대법 2014.5.29., 2012다116871)	있음	해당

[통상임금에 해당하는 경우]

1) 전년도 인사평가 결과에 따라 그 지급액이 달라지는 정기상여금

이 사건 정기상여금은 비록 전년도 인사평가 결과에 따라 그 지급액이 달라질 수 있지만, 일단 전년도 인사평가 결과를 바탕으로 지급비율이 정해지게 되면 그에 따른 금액이 해당연도의 근무실적과는 관계없이 해당연도 근로의 대가로 액수 변동없이 지급되는 것으로서, 근로자가 소정근로를 제공하기만 하면 그 지급이 확정된 것이라고 볼 수 있어 정기적 · 일률적으로 지급되는 고정적인 임금인 통상임금에 해당한다(대법 2016.1.14., 2012다96885).

2) 기말수당이 통상임금에 해당하는 경우

모든 환경미화원들에게 일정한 기준에 따라 정기적 · 고정적으로 지급한 기말수당, 정근수당, 체력단련비, 명절휴가비는 모두 근로의 대가로 정기적 · 일률적으로 지급되는 고정적인 임금이므로 통상임금에 해당한다(대법 2011.9.8., 2011다22061).

[통상임금에 해당하지 않은 경우]

1) 만근한 근로자만을 대상으로 지급하는 상여금의 통상임금 여부

승무원 임금협정에서 정하는 바에 따라 승무원들 중 해당 월에 13일 이상을 승무(만근)한 근로자만을 대상으로 하여 그 중 6개월을 초과하여 근무한 자에게는 매월 330,000원의 상여금을 지급한 경우, 이 상여금은 그 지급여부가 실제 근무성적에 따라 좌우되어 고정적 임금이라고 할 수 없으므로 통상임금에 해당하지 않는다(대법 2014.8.20., 2013다10017).

2) 기말수당이 통상임금에 해당하는 경우

출근율이 50% 미만인 경우에는 지급하지 않는 기말수당은 통상임금에 해당하지 않는다(대법 2020.1.16., 2019다223129).

(8) 교통비

교통보조비가 전체 직원에게 정기적 · 일률적으로 지급되는 것이면 통상임금에 해당한다(대법 2011.9.8., 2011다22061). 임금협정에서 정하는 바에 따라 모든 승무원들에게 1일당 2,000원의 교통비를 지급한 경우, 이 교통비는 실제 근무일수에 따라 그 지급액이 달라지기는 하지만 소정근로를 제공하기만 하면 일정액을 지급받을 것이 확정되어 있는 고정적 임금으로 통상임금에 해당한다(대법 2014.8.20., 2013다10017).

(9) 식대, 급식보조비

[통상임금에 해당하는 경우]

1) 추가적인 조건이 없는 경우 : 일정 금액의 식대가 실제 근무일수에 관계없이 정기적·일률적으로 지급되는 경우(대법 2016.9.23., 2013다85189), 식대가 근로자 전원에게 매월 일정액인 월 10만원이 지급되면서 다른 추가적인 조건이 없는 경우(근로기준정책과-655, 2015.3.5.)
2) 실제 근무일수에 따라 그 지급액이 달라지더라도 소정근로를 제공하기만 하면 일정액을 지급 받을 것이 확정되어 있는 경우(예 : 식대를 출근일에만 지급하는 경우〈대법 2016.2.18., 2012다62899〉)
3) 현물급식으로서 식사를 제공하거나 식권을 제공하면서 식사를 하지 않거나 식권을 사용하지 않은 근로자에게 그에 상당하는 금품을 제공하거나 물품을 구매할 수 있는 권리를 주는 경우(대법 2003.2.11., 2002다50828)

[통상임금에 해당하지 않은 경우]

1) 추가적인 조건이 있는 경우 : 임금지급일 기준으로 1개월 내에 15일 이상을 근무해야 지급한다고 되어 있는 경우(근로자가 소정근로를 제공하더라도 추가적인 조건을 충족해야 지급되는 것이므로, 고정성을 부인〈대법 2016.3.24., 2015다14075〉)
2) 월 근무일수가 15일 이상인 경우에는 월정액 전액을 지급하고, 근무일수가 15일 미만인 경우에는 15일에 미달하는 1일 마다 1/15에 해당하는 금액을 감액하여 지급한 경우에는 통상임금으로 봄(출근 일수에 따라 차등 지급한 경우에도 소정근로를 제공하면 일정액 이상의 임금이 지급될 것이 확정되어 있다고 봄(대법 2016.2.18., 2012다62899)

[임금이 아닌 경우 : 실비변상적인 금품]

◦ 현물급식으로서 식사를 제공하거나 식권을 제공하면서 식사를 하지 않거나 식권을 사용하지 않은 근로자에게 식사비에 상당하는 금품이 제공되지 않는 경우(실비변상적금품〈대법 2006.5.26., 2003다54322〉)
◦ 영업사원이 업무수행과정에서 식사하는 비용을 사후에 정산하는 경우(실비변상적금품)

(10) 가족수당

[통상임금에 해당하는 경우]

◦ 일정한 직급의 근로자 전원에게 매월 정기적 · 일률적으로 지급하여 온 가족수당 중 본인분은 통상임금에 해당한다(대법 2015.11.27., 2012다10980).

◦ 부양가족이 있는 근로자에게 가족수당이 지급되고 있고 미혼자 등 가족이 없는 근로자에게도 그 절반을 '본인수당'으로 지급하고 있다면, 이는 근로의 질이나 양에 대하여 지급되는 기본급에 준하는 수당으로서 고정적 · 평균적으로 매월 일률적으로 지급되는 임금이라 할 것이므로 통상임금의 범위에 속한다(대법 1992. 7.14., 91다5501).

[통상임금에 해당하지 않은 경우]

◦ 부양가족이 있는 근로자에게만 지급되는 가족수당과 같이 소정근로의 가치평가와 무관한 사항을 조건으로 하여 지급되는 임금은 그것이 그 조건에 해당하는 모든 근로자에게 지급되었다 하더라도, 일률성의 조건인 일정한 조건 또는 기준에 따른 것이라 할 수 없어 통상임금에 속한다고 볼 수 없다.

(11) 하계휴가비

하계휴가비가 단체협약에 의하여 근로자가 소정근로를 했는지 여부와는 무관하게 그 지급기준일에 재직 중인 근로자에게만 지급하기로 정해져 있다면, 이처럼 불확실한 조건이 그 지급의 자격요건이 되는 것으로 통상임금의 징표로서의 고정성이 결여되었다고 할 것이므로, 이러한 하계휴가비는 고정성 등을 결여하여 통상임금에 해당하지 않는다(대법 2018.7.12., 2013다60807).

(12) 회사가 대납해주는 개인연금보험료, 직장단체보험료

계속적 · 정기적으로 지급되었다면 통상임금에 해당한다(대법 2013.12.18., 2012다89399). 그러나 지급일 그 밖의 특정시점에 재직 중인 사람에게만 지급하고 기왕에 근로를 제공하였더라도 위 시점에 재직하지 않는 사람에게는 지급하지 않기로 하는 노사합의가 이루어졌거나 그러한 관행이 확립된 것으로 볼 여지가 있는 개인연금보험료·직장단체보험료는 통상임금에 해당한다고 볼 수 없다(대법 2015.11.27., 2012다10980).

(13) 고정 연장근로수당

고정 연장근로수당이 통상임금인지 여부는 이 수당이 소정근로의 대가인지 아니면 소정근로시간을 초과한 초과근로의 대가인지에 대한 판단이다. 연장근로수당을 고정으로 지급하는 경우 실제 연장근로를 하고 있고 이것을 전제로 지급하는 것이라면 소정근로의 대가로 볼 수 없으므로 통상임금으로 볼 수 없으나, 실제 연장근로를 하지 않음에도 불구하고 **단지 명칭만**을 고정연장수당으로 하여 지급하고 있다면 이것은 소정근로의 대가로 인정되어 통상임금으로 볼 수 있다.

고정연장근로수당을 신규채용자·중도입사자·병가자·휴직자·퇴직자 등에게 일할 계산하여 지급한다고 하더라도, 단지 이를 이유로 고정연장근로수당을 소정근로의 대가로 지급되었다고 단정할 수는 없다(대법 2021.11.11., 2020다224739).

[통상임금에 해당하는 경우]

1) 고정연장수당이 근로시간단축으로 인한 보전수당 성격인 경우
보전수당이 법정근로시간 단축으로 인하여 주당 4시간의 연장근로가 계속적으로 필요함에 따라 소위 '고정OT수당'등 **그 연장근로에 대한 대가**의 일환으로 지급되는 금품이라면 소정근로에 대하여 지급하기로 정해진 통상임금으로 볼 수 없을 것이며, **연장근로와 관계없이** 근로시간 단축에 따른 임금보전 차원에서 지급될 경우 원칙적으로 노사간의 약정에 따라야 할 것이나, 노사간 별도의 약정이 없을 경우 일정시기까지만 한시적으로 지급되는 것이 아니라 근로자에게 정기적·일률적으로 계속 지급된다면 달리 볼 사정이 없는 한 통상임금에 해당한다고 볼 수 있을 것이다(근로기준과-4504, 2005.8.29.).

[통상임금에 해당하지 않은 경우]

1) 현실적인 시간외근로를 전제로 지급되는 경우

◦ 사업장의 임금체계에 있어서 기본 근로시간당 일정액을 정하고 연장근로에 대하여 고정급으로 지급하기로 정한 경우, 이 연장근로수당은 통상임금에 포함되지 않는다(근기 01254-19181, 1987.12.4.).
◦ 연장근로수당을 사용자가 근로자 1인당 월 30시간으로 계산하여 일률적으로 지급한다 하더라도 이를 통상임금 산정에 포함시킬 수 없다(법무 811-15193, 1980.6.25.).
◦ 근로자들이 현실적으로 시간외 근로를 하고 있다는 전제 아래, 다만, 영업직 근로자들의 업무특성상 실제 시간외 근로시간을 측정하기 곤란한 사정을 고려하여 시간외 근로수당을 정액제 내지 정률제로 지급하기로 한 점, 그 금액산출 기준도 현실적인 시간외근로를 전제로 하는 근기법 규정을 기초로 하고 있는 점 등에 비추어, 시간외 근로수당은 실제 시간외 근로에 관계없이 정기적 · 일률적으로 지급하기로 정하여진 고정급인 통상수당으로 볼 수 없다(대법 2002.4.12., 2001다72173).

(14) 소정근로시간 내의 야간근로수당

[통상임금에 해당하는 경우]

◦ 사업장의 생산기능직 근로자들은 교대조 근무가 원칙이고 교대조에 속한 근로자들은 주간조로 배치가 조정되지 않는 한 계속 교대조에서 근무한 것으로 보이므로, 야간교대수당의 지급조건인 교대조 근무는 고정적 조건에 해당하여 통상임금에 해당한다(대법 2012.9.30., 2019다288904).

[통상임금에 해당하지 않은 경우]

◦ 소정근로시간에 야간근로시간(오후 10시~익일 오전 6시)이 포함되어 있어 야간근로 가산임금을 지급받았다 하더라도, 이는 소정근로의 대가가 아닌 근기법 제56조에 의하여 지급의무가 부여된 법정수당을 지급받은 것이므로, 통상임금에는 포함되지 않는다(근로기준정책과-5975, 2019.11.27.).

4. 통상임금의 판단기준 변경(2024.12.19.이후)

통상임금은 "근로자에게 정기적이고 일률적으로 소정(所定)근로 또는 총근로에 대하여 지급하기로 정한" 금액임(근기법시행령 제6조제1항)

통상임금을 "근로자에게 정기적이고 일률적으로 소정근로 또는 총 근로에 대하여 지급하기로 정한 시간급금액, 일급금액, 주급금액, 월급금액 또는 도급금액"이라고 정의한다. 여기서 '지급하기로 정한"이라는 문언은 지급이 미리 정해진 상태, 즉 '소정성(所定性)'을 의미한다. 그러한 소정성은 모든 공통된 징표이지 통상임금에 특유한 개념적 징표라고 볼 수 없다(대법 2024.12.19., 2020다247190).

대법원은 통상임금을 "소정근로의 대가로서 **정기적, 일률적**으로 지급하기로 정한 임금"이며**(판례 변경)** 통상임금 여부는 임금의 명칭이나 지급 주기의 장단 등 형식적인 기준이 아니라 임금의 객관적 성질이 통상임금의 법적인 요건을 갖추었는지 여부에 따라 판단하여야 한다고 판시하였다.

통상임금은 소정근로의 대가로서 정기적, 일률적으로 지급하기로 정한 임금을 말한다. … 정기성과 일률성은 그 임금이 소정근로의 대가인 임금임을 뒷받침하는 개념적 징표이다. 근로자가 소정근로를 온전하게 제공하면 그 대가로서 정기적, 일률적으로 지급하도록 정해진 임금은 그에 부가된 조건의 존부나 성취가능성과 관계없이 통상임금에 해당한다. 임금에 부가된 조건은 해당 임금의 객관적 성질을 판단하는 과정에서 소정근로 대가성이나 정기성, 일률성을 부정하는 요소 중 하나로 고려될 수 있지만, 단지 조건의 성취여부가 불확실하다는 사정만으로 통상임금성이 부정된다고 볼 수는 없다(대법 2024.12.19., 2020다247190).

2024.12.19. 대법원 전원합의체 판결에 의한 통상임금 판단기준이 변경됨에 따라 이와 관련한 사항은 근로자나 사용자 모두에게 중요한 내용으로서 반드시 숙지할 필요가 있다고 할 것입니다.

이에 2024.12.19. 대법원 전원합의체 판결 요지에 따라 2014년 이후 11년만에 새롭게 개정된 고용노동부 '통상임금 노사지도지침'과 주요 'Q&A' 자료를 수록하였는 바, 동 자료가 유용하게 활용될 수 있기를 바랍니다.

03-3-1. (개정) 고용노동부 '통상임금 노사지도지침'

(개정) 고용노동부 '통상임금 노사지도지침'(근로기준정책과-445, 2025.2.6.)

1. 지침 변경 배경

과거 대법원은 2013.12.18. 전원합의체 판결을 통해 그간의 통상임금에 관한 법원의 해석을 종합적으로 정리해 제시한 바 있으나, 어떠한 임금이 통상임금에 속하는지 여부는 그 임금이 소정근로의 대가로 근로자에게 지급되는 금품으로서 정기적·일률적·고정적으로 지급되는 것인지를 기준으로 그 객관적인 성질에 따라 판단하였다.

특정 시점에 재직 중인 근로자에게만 지급하기로 정해져 있는 임금은 '소정근로'에 대한 대가의 성질을 가지는 것이라고 보기 어려우며 지급조건이 성취될지 여부가 불확실하므로 **고정성도 결여된다고 보았다**.

통상임금의 개념적 징표에 법령상 근거가 없는 고정성을 포함함에 따라 특정시점 재직 등 추가적인 조건이 부가된 임금의 통상임금 판단을 둘러싼 논란이 계속 있어 온 상황이었다.

이에 대법원은 2024.12.19. 전원합의체 판결을 통해 소정근로의 대가를 중심으로 도출되어야 하는 통상임금의 범위를 부당하게 축소시키는 고정성 개념을 제외하고 통상임금의 개념을 재정립하는 새로운 법리를 제시하였다.

통상임금의 개념적 징표에서 **고정성을 제외**하고, 근로자가 소정근로를 온전하게 제공하면 그 대가로서 정기적, 일률적으로 지급하도록 정해진 임금은 그에 부가된 **조건의 존부나 성취 가능성과 관계없이 통상임금**에 해당한다고 판시하였다.

다만, 임금체계의 근간이 되는 통상임금의 개념을 재정립하는 것은 임금 지급에 관한 수많은 법률관계에 중대한 영향을 미치는 만큼, 법적 안정성과 신뢰 보호를 위하여 새로운 법리는 이 판결 선고일(2024.12.19.) 이후의 통상임금 산정부터 적용토록 하였다.

이번 대법원 판결에서 통상임금의 고정성 개념이 제외됨에 따라, 고용노동부에서는 현장의 혼란과 갈등을 줄이기 위해 「통상임금 노사지도 지침(2014년)」을 개정하였다. 아울러 노사가 상호 신뢰와 대화를 바탕으로 임금구조를 재정비하고 미래 지향적 임금체계로 개편해 나갈 수 있도록 일선현장의 적극적인 지원이 필요하다고 할 것이다.

2. 2024년 대법원 전원합의체 판결 요지

◦ **법리변경**

2013년 대법원 판결 上 통상임금의 '고정성' 개념 제외 → '재직 · 근무일수 조건 부과' 정기상여금 등의 통상임금은 인정한다.

◦ **효력범위**

통상임금 개념 재정립(판례 변경)에 따른 파급효과, 법적 안정성과 신뢰 보호를 위해 동 판결(2024.12.19.)이후 통상임금 산정부터 적용한다(장래효).

1) 통상임금 개념의 재정립 필요성

2013년 대법원 전원합의체 판결상 통상임금의 개념적 징표(소정근로의 대가, 정기성, 일률성, 고정성)에서 **'고정성'**을 제외한다.

(1) 통상임금은 법적 개념이며 강행적 개념이다.

고정성은 ① 법령에 근거가 없고, ② 통상임금 범위를 부당하게 축소, ③ 지급조건 부가 등을 통해 쉽게 통상임금에서 제외하는 것은 강행성을 잠탈하는 것이다.

근로기준법 시행령 제6조(통상임금) 근로자에게 정기적이고 일률적으로 소정(所定)근로 또는 총 근로에 대하여 지급하기로 정한 … (이하생략)

(2) 통상임금은 소정근로의 가치를 평가한 개념이다.

실 근로와 무관하게 소정근로 그 자체의 가치를 온전하게 반영하였다.

월 200만원인 기본급의 600% 상여금을 격월마다 200만원씩 수령 → 20년 동안 120회 지급 → 기본급 200만원에 정기상여금 월 단위 환산액 100만원을 더한 300만원이 온전한 소정 근로의 가치이다.

(3) 통상임금은 법정수당 산정을 위한 도구 개념이다.

연장근로 등을 제공하기 전에 산정될 수 있어야 하나, 사전 확정하는 것이 불가능한 재직・근무일수 조건 등은 고려하지 않는 것이 타당하다.

(4) 통상임금은 연장근로를 억제하려는 근로기준법 목표에 부합한다.

고정성은 ① 법령상 근거없이 통상임금 범위를 부당하게 축소시켜 ② 연장근로 억제 등 법 취지에 부합하지 않다.

→ **2024.12.19.부터는** 재직 또는 근무일수 등 **조건(고정성)을 이유로 통상임금에서 제외할 수 없고,** 소정근로 대가성, 정기성, 일률성을 고려하여 통상임금 해당 여부를 판단해야 한다.

check point 통상임금 판단기준 변화(2013년 → 2024년)

<table>
<tr><th colspan="2">구분</th><th>2013년</th><th>2024년</th></tr>
<tr><td colspan="2">통상임금</td><td>소정근로의 대가로 지급되는 금품으로서 정기적 · 일률적 · 고정적으로 지급된 것인지를 기준으로 객관적인 성질에 따라 판단</td><td>〈판례 변경〉
소정근로의 대가로서 정기적, 일률적으로 지급하기로 정한 임금</td></tr>
<tr><td rowspan="4">개념적 징표</td><td>소정근로 대가성</td><td>근로자가 소정근로시간에 통상적으로 제공하기로 정한 근로에 관하여 사용자와 근로자가 지급하기로 약정한 금품</td><td>〈판례 유지〉
'근로자가 미리 정해진 소정근로를 온전하게 제공할 것'이라는 전제에 충실하게 판단 → 따라서, 실제 임금지급 여부는 고려사항이 아님</td></tr>
<tr><td>정기성
(지급시기)</td><td>어떤 임금이 통상임금에 속하기 위해서 정기성을 갖추어야 한다는 것은 그 임금이 일정한 간격을 두고 계속적으로 지급되어야 함</td><td>〈판례 유지〉</td></tr>
<tr><td>일률성
(지급대상)</td><td>어떤 임금이 통상임금에 속하기 위해서는 그 것이 일률적으로 지급되는 성질을 갖추어야 함
* '일률적' : '모든 근로자'에게 지급되는 것뿐만 아니라 '일정한 조건 또는 기준(소정근로의 가치 평가와 관련된 조건)에 달한 모든 근로자'에게 지급되는 것도 포함
* '일정한 조건'이란 고정적이고 평균적인 임금을 산출하려는 통상임금의 개념에 비추어 볼 때 고정적인 조건이어야 함</td><td>〈판례 유지〉</td></tr>
<tr><td>고정성</td><td>근로자가 임의의 날에 소정근로를 제공하면 추가적인 조건의 충족 여부와 관계없이 당연히 지급될 것이 예정되어 지급 여부나 지급액이 사전에 확정된 임금은 고정성을 갖춘 것임
근로자가 소정근로를 제공하더라도 추가적인 조건을 충족하여야 지급되는 임금이나 그 조건 충족 여부에 따라 지급액이 변동되는 임금 부분은 고정성을 갖춘 것이라고 할 수 없음
* 특정 시점에 재직 중인 근로자에게만 지급하는 임금, 일정 근무일수를 충족하여야만 지급하는 임금은 조건 성취 여부가 불확실하므로 고정성이 부정</td><td>〈판례 변경 : 제외〉
단, 소정근로의 제공과 관계없이 일시적이거나 변동적으로 지급되는 금품, 법정수당, 순수한 의미의 성과급, 소정근로를 초과한 근로에 대한 대가 등은 고정성을 제외하더라도 여전히 통상임금에서 제외</td></tr>
</table>

노동권의 구제제도

개별적 노동관계법

집단적 노동관계법

사업장 감독 관련

2) 통상임금의 개념

통상임금은 "근로자에게 **정기적**이고 **일률적**으로 **소정(所定)근로** 또는 총 근로에 대하여 **지급하기로 정한**" 금액이다(시행령 제6조제1항).

> 통상임금을 "근로자에게 정기적이고 일률적으로 소정근로 또는 총 근로에 대하여 지급하기로 정한 시간급 금액, 일급 금액, 주급 금액, 월급 금액 또는 도급 금액"이라고 정의한다. 여기서 '지급하기로 정한'이라는 문언은 지급이 미리 정해진 상태, 즉 '소정성(所定性)'을 의미한다. 그러한 소정성은 모든 임금에 공통된 징표이지 통상임금에 특유한 개념적 징표라고 볼 수 없다(대법 전원합의체 2024.12.19., 2020다247190).

대법원은 통상임금을 "소정근로의 대가로서 **정기적, 일률적**으로 지급하기로 정한 임금"이며**(판례 변경)**

통상임금 여부는 임금의 명칭이나 지급주기의 장단 등 형식적인 기준이 아니라 임금의 객관적 성질이 통상임금의 법적인 요건을 갖추었는지 여부에 따라 판단해야 한다.

> 결국 어떠한 임금이 통상임금에 속하는지 여부는 그 임금이 소정근로의 대가로 근로자에게 지급되는 금품으로서 정기적 · 일률적 · 고정적으로 지급되는 것인지를 기준으로 그 객관적 성질에 따라 판단하여야 하고, 임금의 명칭이나 그 지급주기의 장단 등 형식적 기준에 의해 정할 것은 아니다(대법 2012다89399., 2013.12.18.).
>
> ⇩
>
> 통상임금은 소정근로의 대가로서 정기적, 일률적으로 지급하기로 정한 임금을 말한다. … 정기성과 일률성은 그 임금이 소정근로의 대가인 임금임을 뒷받침하는 개념적 징표이다. 근로자가 소정근로를 온전하게 제공하면 그 대가로서 정기적, 일률적으로 지급하도록 정해진 임금은 그에 부가된 조건의 존부나 성취 가능성과 관계없이 통상임금에 해당한다. 임금에 부가된 조건은 해당 임금의 객관적 성질을 실질적으로 판단하는 과정에서 소정근로 대가성이나 정기성, 일률성을 부정하는 요소 중 하나로 고려될 수는 있지만, 단지 조건의 성취 여부가 불확실하다는 사정만으로 통상임금성이 부정된다고 볼 수는 없다(대법 전원합의체 2024.12.19., 2020다247190).

3) 통상임금의 역할

(1) 법정수당 산정을 위한 도구이다.

통상임금은 그 자체가 독자적 의미를 가지기보다 법정수당 산정 등의 기준으로서 의미를 가진다는 점에서 도구 개념이다.

연장근로 등에 대하여 법이 정한 정당한 보상을 하도록 한 강행법규로서, 당사자가 그 의미나 범위를 임의로 변경할 수 없다.

(2) 실 근로 제공이 아닌 소정근로의 가치를 반영한 것이다.

통상임금은 소정근로의 가치를 평가한 개념으로 소정근로를 실 근로 또는 실제 임금과 분리함으로써 소정근로의 가치를 온전하게 반영한 것이다.

실 근로와 관계없다는 점에서 근로자에게 실제 지급된 임금의 총액을 기초로 하여 사후적으로 산정되는 평균임금과 구별된다.

(3) 사전적 산정 가능성이 있어야 한다.

통상임금은 사용자와 근로자의 연장근로 등 제공 여부에 대한 의사결정을 위해 연장근로 등을 제공하기 전에 산정될 수 있어야 한다.

> 통상임금은 그 자체가 독자적 의미를 가지기보다 법정수당 산정 등의 기준으로서 의미를 가진다는 점에서 도구개념이다.
> 임금의 지급 시기와 지급 대상이 미리 일정하게 정해지도록 요구함으로써 통상임금의 범위를 사전에 합리적으로 결정하도록 하는 역할을 담당한다.
> 통상임금은 법정수당 산정의 도구로서 연장근로 등에 대하여 법이 정한 합당한 보상을 하도록 한 강행법규와 관련되어 있다.
> 통상임금은 소정근로의 가치를 평가한 개념이므로, 실근로와 무관하게 소정근로 그 자체의 가치를 온전하게 반영하는 것 … 사후적으로 산정되는 평균임금과 구별된다.
> 통상임금은 가상의 도구개념 … 통상임금은 연장근로 등을 제공하기 전에 산정될 수 있어야 한다. 그래야 사용자와 근로자는 연장근로 등에 대한 비용 또는 보상의 정도를 예측하여 연장근로 등의 제공 여부에 관한 의사결정을 할 수 있고…(대법 전원합의체 2024.12.19., 2020다247190).

4) 통상임금의 판단기준

(1) 소정근로의 대가와 정기성 · 일률성과의 관계

통상임금은 소정근로시간에 제공하기로 한 근로의 가치를 평가하는 기준임금이며(소정근로의 대가) **정기성과 일률성은 소정근로의 대가인 통상임금 여부의 판단을 뒷받침하는 개념적 징표이다.**

> 통상임금은 근로기준법이 규정한 여러 임금을 산정하는 기준이 되므로, 그 본질은 근로자가 소정근로시간에 제공하기로 정한 근로의 가치를 평가한 기준임금이라는 데에 있다. 정기성과 일률성은 그 임금이 소정근로의 대가인 임금임을 뒷받침하는 개념적 징표이다. 근로자가 소정근로를 온전하게 제공하면 그 대가로서 정기적, 일률적으로 지급하도록 정해진 임금은 그에 부가된 조건의 존부나 성취 가능성과 관계없이 통상임금에 해당한다(대법 전원합의체 2024.12.19., 2020다247190)

또한, 정기성과 일률성은 임금의 지급 시기(정기성)와 지급 대상(일률성)이 미리 일정하게 정해지도록 요구(사전적 산정가능성)함으로써 통상임금의 범위를 사전에 결정하도록 하는 역할이다.

> 통상임금은 소정근로의 가치를 임금으로 전환한 개념으로, 법령상 정의된 통상임금의 본질적인 판단 기준은 '소정근로 대가성'이다. '정기성'과 '일률성'은 이러한 '소정근로 대가성' 있는 임금의 전형적 속성으로서, 임금의 지급 시기와 지급 대상이 미리 일정하게 정해지도록 요구함으로써 통상임금의 범위를 사전에 합리적으로 결정하도록 하는 역할을 담당한다(대법 전원합의체 2024.12.19., 2020다247190).

(2) 소정근로의 대가이다.

소정근로의 대가는 소정근로시간에 통상적으로 제공하기로 정한 근로에 대해 지급하기로 정한 금품이다.

> 소정근로의 대가라 함은 근로자가 소정근로시간에 통상적으로 제공하기로 정한 근로에 관하여 사용자와 근로자가 지급하기로 약정한 금품을 말한다(대법 2013.12.18., 2012다89399).

통상임금은 연장근로수당 산정 등을 위한 기준임금이므로, 사전에 확정되어야 하고 소정근로 그 자체의 가치를 온전하게 반영하는 것이어야 한다.

통상임금은 소정근로의 가치를 평가한 개념이므로, 실근로와 무관하게 소정근로 그 자체의 가치를 온전하게 반영하는 것이라야 한다.
통상임금에서 고려할 것은 소정근로를 온전하게 제공한 경우에 지급되는 임금이 얼마로 정해졌는가이다. '실제로 조건을 충족하여 그 임금을 지급받을 가능성'은 통상임금에서 고려할 필요가 없다. 가령 1개월의 소정근로일수가 22일인데 그중 20일 이상을 근무하면 지급하도록 정해진 임금의 경우 실제 20일 이상 근무할 가능성은 통상임금에서 고려할 필요가 없다.
근로자의 인간다운 생활을 보장하기 위하여 연장근로 등을 억제하고 연장근로 등의 가치에 상응하는 금전적 보상을 해 주려는 데에 그 취지…(대법 전원합의체 2024. 12.19., 2020다247190).

[소정근로의 대가로 볼 수 없는 임금은 아래와 같다]

가) 근로자가 소정근로시간을 초과하여 근로를 제공하여 지급받는 임금
나) 근로계약에서 제공하기로 정한 근로 외의 근로를 특별히 제공함으로써 사용자로부터 추가로 지급받는 임금
다) 소정근로의 제공과 관계없이 일시적이거나 변동적으로 지급되는 금품
라) 통상임금을 기초로 산정되는 주휴수당 등과 같이 개념적으로 통상임금이 될 수 없는 법정수당

무사고수당은 무사고라는 조건의 성취 여부가 불확실하기 때문이 아니라 소정근로 제공 외에 무사고라는 추가적인 자격요건 달성에 대한 보상으로서 지급되는 것이어서 소정근로 대가성이 결여되어 통상임금성이 부정된다.
이러한 통상임금을 이루는 개념에는 '임금 지급에 관한 일정한 사전적 규율'의 의미가 내포되어 있으므로, 소정근로의 제공과 관계없이 일시적이거나 변동적으로 지급되는 금품은 여전히 통상임금에서 제외된다. 고정성을 통상임금의 개념적 징표에서 제외하더라도 성질상 통상임금을 기초로 산정되는 주휴수당(대법 2010.1.28., 2009다74144) 등과 같은 법정수당은 개념적으로 통상임금이 될 수 없으므로, 통상임금에 속하지 않는다(대법 전원합의체 2024.12.19., 2020다247190).

(3) 정기성을 갖추어야 한다.

정기성은 미리 정해진 일정한 기간마다 정기적으로 지급되는지 여부에 관한 것으로서, 1개월을 초과하는 기간마다 지급되더라도 일정한 간격을 두고, 계속적으로 지급되는 것이면 통상임금이 될 수 있다.

> 어떤 임금이 통상임금에 속하기 위해서 정기성을 갖추어야 한다는 것은 그 임금이 일정한 간격을 두고 계속적으로 지급되어야 함을 의미한다. 통상임금에 속하기 위한 성질을 갖춘 임금이 1개월을 넘는 기간마다 정기적으로 지급되는 경우, 이는 노사간의 합의 등에 따라 근로자가 소정근로시간에 통상적으로 제공하는 근로의 대가가 1개월을 넘는 기간마다 분할지급되고 있는 것일 뿐, 그러한 사정 때문에 갑자기 그 임금이 소정근로의 대가로서 성질을 상실하거나 정기성을 상실하게 되는 것이 아님은 분명하다. 따라서 정기상여금과 같이 일정한 주기로 지급되는 임금의 경우 단지 그 지급주기가 1개월을 넘는다는 사정만으로 그 임금이 통상임금에서 제외된다고 할 수는 없다(대법 2013.12.18., 2012다89399).

대법원은 **'1임금지급주기'**를 통상임금의 요건으로 볼 수 없는 근거를 아래와 같이 제시하고 있다.

check point 1임금지급주기가 통상임금의 요건이 아님을 판단한 근거

① 근로기준법 제43조제2항의 정기불 지급원칙은 근로자의 생활안정을 도모하려는 것이므로 이를 근거로 1개월 넘는 기간마다 지급되는 임금을 통상임금에서 제외된다고 해석할 수 없다.

② 시행령 제6조제1항의 정의규정 중 시간급 · 일급 · 주급 · 월급 금액 등은 다양한 기간을 단위로 산정 · 지급되는 임금의 형태를 예시한 것에 불과하다.

③ 최저임금은 근로자의 생활안정 등을 위하여 매월 1회 이상 정기적으로 지급하는 임금 이외의 임금은 최저임금 비교대상 임금에서 제외하고 있으나 이를 근거로 통상임금을 1임금지급기로 한정하여야 한다고 볼 수 없다.

따라서 1개월을 넘어 2개월, 분기(3개월), 반기(6개월), 년 단위로 지급되더라도, 정기적으로 지급되는 것이면 '정기성' 요건은 충족된다.

(4) 일률성이 있어야 한다.

일률성은 '모든 근로자'에게 지급되는 것뿐만 아니라 '일정한 조건 또는 기준에 달한 모든 근로자'에게 지급되는 것도 포함하는 개념으로서, 일률적으로 지급되어야 통상임금이 될 수 있다.

일정한 조건 또는 기준'은 작업 내용이나 기술, 경력 등과 같이 소정근로의 가치 평가와 관련된 조건이어야 한다. '일정한 조건'이란 시시때때로 변동되지 않는 고정적인 조건이어야 한다.

어떤 임금이 통상임금에 속하기 위해서는 그것이 일률적으로 지급되는 성질을 갖추어야 한다. '일률적'으로 지급되는 것에는 '모든 근로자'에게 지급되는 것뿐만 아니라 '일정한 조건 또는 기준에 달한 모든 근로자'에게 지급되는 것도 포함된다(대법 2013.12.18., 2012다89399).
'일정한 조건'이란 고정적이고 평균적인 임금을 산출하려는 통상임금의 개념에 비추어 볼 때 고정적인 조건이어야 한다.
'일정한 조건 또는 기준'은 통상임금이 소정근로의 가치를 평가한 개념이라는 점을 고려할 때, 작업내용이나 기술, 경력 등과 같이 소정근로의 가치 평가와 관련된 조건이라야 한다(대법 2013.12.18., 2012다89399).

check point '일률성' 요건의 구체적 적용

① 단체협약이나 취업규칙 등에서 휴직이나 복직자, 징계대상자에 대한 지급제한 사유를 규정한 임금이라도 이는 해당 근로자의 개인적 특수성을 고려한 것일 뿐이므로 정상적인 근로관계를 유지하고 있는 근로자에 대하여 그 해당 임금의 일률성이 부정되지 아니한다.

② 가족수당 : 부양가족 수에 따라 차등 지급되는 경우는 근로와 관련된 일정한 조건 또는 기준에 따른 것이라 할 수 없어 일률성이 부정된다(眞性 가족수당). 다만, 기본금액을 동일하게 지급하면서 부양가족 수에 따라 추가적으로 지급하는 경우 그 기본금액은 통상임금에 해당한다. 모든 근로자에게 일정금액을 기본금액으로 지급하는 가족수당은 통상임금에 포함된다.

5) 통상임금에 관한 노사 합의 효력

(1) 통상임금성과 임금 결정의 자율성 의미

노사가 「근로기준법」이 정한 기준보다 낮은 임금 등으로 불리하게 근로계약을 하는 것은 무효(근로기준법 제15조)이며, 통상임금은 당사자가 그 의미나 범위를 임의로 변경할 수 없는 강행적 개념이다. 한편, 노사는 임금 구조・체계, 임금 항목의 유형・내용, 임금 총액 등을 자유롭게 정할 수 있고, 임금에 관한 조건도 자유롭게 부가할 수 있다.

노사가 자유롭게 정해 부가한 조건은 강행규정 위반이나 탈법행위에 해당하는 등 별도의 무효 사유가 존재하지 않는 한 효력을 가진다.

특정시점 재직 조건 등을 부가하는 것은 해당 임금의 지급기준이나 지급대상을 정하는 것으로 그 임금을 포기하게 하거나 박탈하는 것이라 보기 어려우므로 원칙적으로 유효하다.

> 통상임금은 당사자가 그 의미나 범위를 임의로 변경할 수 없는 강행적 개념이다. 사용자와 근로자는 임금 구조와 체계, 개별 임금 항목의 유형과 내용, 임금 총액 등을 자유롭게 정할 수 있고, 임금에 관한 조건도 자유롭게 부가할 수 있다. 그 조건은 강행규정에 위반되거나 탈법행위에 해당하는 등 별도의 무효 사유가 존재하지 않는 한 효력을 가진다. 그러나 조건의 효력 문제와 그 조건이 부가된 임금 항목의 통상임금성 문제는 구별하여야 한다. … 가령 어떤 임금 항목에 재직조건이 부가되어 있어 그에 따를 때 기준 시점에 재직하지 않는 근로자에게는 해당 임금이 지급되지 않더라도, 그 임금 항목이 다른 법정수당의 산정 기초를 이루는 통상임금인지는 이와 별도로 판단할 문제이다.
> 설령 근로자의 실제 근무일수가 소정근로일수에 미치지 못하여 근로자가 근무일수 조건부 임금을 지급받지 못하더라도, 그 임금이 소정근로 대가성, 정기성, 일률성을 갖추고 있는 한 이를 통상임금에 산입하여 연장근로 등에 대한 법정수당을 산정하여야 한다(대법 전원합의체 2024.12.19., 2020다247190).
> 노사가 어떤 임금의 내용을 형성하는 과정에서 그 임금을 지급받기 위하여 특정 시점에 재직 중이어야 한다는 조건을 부가하는 것은 원칙적으로 그 임금이 지급되기 위한 기준 내지 임금의 지급대상을 정하는 것이지 이미 지급하기로 정해져 있는 임금을 특정 시점에 재직하지 않는다는 이유로 포기하게 하거나 박탈하는 것이라고

보기 어려우므로, 특별한 사정이 없는 한 무효라고 볼 수 없다(대법 2025.1.23., 2019다204876).

(2) 법정 통상임금과 약정 통상임금

노사 합의로 법정 통상임금에 산입될 수당을 통상임금에서 제외하기로 한 경우 그 전부가 무효가 아니라, 근로기준법에서 정한 기준과 전체적으로 비교하여 그에 미치지 못한 근로조건이 포함된 부분에 한해 무효이다.

통상임금의 범위를 별도로 정한 단체협약이나 취업규칙 등이('약정 통상임금') 근로자에게 불리한 면과 유리한 면이 있는 경우 법정 통상임금과 약정 통상 임금을 비교하여 미달하는 범위 내에서 무효이다.

임금 항목별로 법정 통상임금과 약정 통상임금의 유리한 부분만을 취사선택하여 법정수당을 산정하는 것은 허용되지 않는다.

근로기준법 제15조는 제1항에서 "이 법에서 정하는 기준에 미치지 못하는 근로조건을 정한 근로계약은 그 부분에 한하여 무효로 한다."라고 규정하고, 제2항에서 "제1항에 따라 무효로 된 부분은 이 법에서 정한 기준에 따른다."라고 규정하고 있다. 위 각 규정은 근로기준법의 목적을 달성하기 위하여 개별적 노사 간의 합의라는 형식을 빌려 근로자로 하여금 근로기준법에서 정한 기준에 미치지 못하는 근로조건을 감수하도록 하는 것을 저지함으로써 근로자에게 실질적으로 최소한의 근로조건을 유지시켜 주기 위한 것이다. 이러한 위 각 규정의 문언과 취지에 비추어 보면, 근로기준법에서 정한 통상임금에 산입될 수당을 통상임금에서 제외하기로 하는 노사 간의 합의는 그 전부가 무효가 되는 것이 아니라, 근로기준법에서 정한 기준과 전체적으로 비교하여 그에 미치지 못하는 근로조건이 포함된 부분에 한하여 무효로 된다. 통상임금의 범위를 정한 단체협약이나 취업규칙 등이 성질상 근로기준법상의 통상임금에 속하는 임금을 법정수당 산정기준이 되는 임금에 포함시키지 아니함으로써 근로자에게 불리한 면이 있는가 하면, 성질상 근로기준법상의 통상임금에 속하지 않는 임금을 법정수당 산정기준이 되는 임금에 포함시키고 있어 근로자에게 유리한 면이 있는 경우에는 근로기준법상 통상임금과 단체협약이나 취업규칙 등에 따른 통상임금을 비교하여 후자가 전자에 미달하면 그 미달하는 범위 내에서 근로기준법에 위반되어 무효라고 보아야 한다. 근로자가 통상임금의 범위에 관하여 임금 항목별로 근로기준법과 단체협약, 취업규칙 등 중에서 자신에게 유리한 것만을 개별적으로 취사선택하여 법정수당을 산정하는 것은 허용되지 않는다(대법 2025.1.23., 2019다204876).

6) 새로운 법리의 효력 범위

2013년 대법원 전원합의체 판결 상 '고정성' 개념이 제외됨에 따라, 판례 변경에 따른 파급효과와 종전 판례 법리에 대한 신뢰보호를 고려하여 판결 선고일(2024.12.19.)이후의 통상임금 산정부터 적용한다. 따라서 2024.12.19. 이후 제공한 연장근로 등에 대한 법정수당은 새로운 법리에 따른 통상임금의 범위를 기초로 그 지급액을 산정한다.

위와 같은 판례변경은 임금체계의 근간이 되는 통상임금 개념을 재정립하는 것이어서 집단적 법률관계인 임금 지급에 관한 근로관계에 중대한 영향을 미친다. 새로운 법리를 전면적으로 소급 적용하면 종전 판례를 신뢰하여 형성된 수많은 법률관계의 효력에 바로 영향을 미침으로써 법적 안정성을 해치고 신뢰보호에 반하게 된다. 따라서 새로운 법리는 이 판결 선고일 이후의 통상임금 산정부터 적용하는 것이 타당하다. 다만 이 사건 및 이 판결 선고 시점에 이 판결이 변경하는 법리가 재판의 전제가 되어 통상임금 해당 여부가 다투어져 법원에 계속 중인 사건들(이하 '병행사건'이라 한다)에는 구체적 사건의 권리구제를 목적으로 하는 사법의 본질상 새로운 법리를 소급 적용하여야 한다. 따라서 이 판결 선고일인 2024.12.19. 이후 제공한 연장근로 등에 대한 법정수당은 새로운 법리에 따른 통상임금의 범위를 기초로 그 지급액을 산정하여야 하고, 2024.12.18.까지 제공한 연장근로 등에 대한 법정수당은 이 사건 및 병행사건을 제외하고는 종래 법리에 따른 통상임금을 기초로 산정하여야 한다. 다만 새로운 법리의 효력 범위를 제한하는 것은 극히 예외적인 경우에 한하여야 한다. 어떤 사건이 여기에 해당하는지는 종전 판례의 배경과 내용, 그 명확성과 구체성, 종전 판례에 대한 신뢰의 강도와 보호가치, 그러한 신뢰 아래 형성된 다른 법률관계의 내용과 중요성, 판례변경의 영향을 받는 당사자들 및 이해관계의 범위와 규모, 판례변경으로 발생하는 파급효나 사회적 비용 등을 종합적으로 고려…(대법 전원합의체 2024.12.19., 2020다247190).

check point 임금유형별 통상임금 여부 정리

임금명목	임금의 특징	통상임금 해당여부	
		2013년	2024년
기술수당	기술이나 자격보유자에게 지급되는 수당(자격수당, 면허수당 등)	통상임금○	통상임금○
근속수당	근속기간에 따라 지급여부나 지급액이 달라지는 임금	통상임금○	통상임금○
가족수당	부양가족 수에 따라 달라지는 가족수당	통상임금× (근로와 무관한 조건)	통상임금× (근로와 무관한 조건)
	부양가족 수와 관계없이 모든 근로자에게 지급되는 가족수당 분	통상임금 ○ (명목만 가족수당, 일률성 인정)	통상임금 ○ (명목만 가족수당, 일률성 인정)
성과급	근무실적을 평가하여 지급여부나 지급액이 결정되는 임금	통상임금× (조건에 좌우됨, 고정성 인정×)	통상임금× ('소정근로 대가성'을 갖추었다고 보기 어려움)
	최소한도가 보장되는 성과급	그 최소한도 만큼만 통상임금○ (그 만큼은 일률적, 고정적 지급)	최소한도의 일정액은 통상임금○ (근무실적과 무관하게 최소한도의 일정액을 지급하기로 정한 경우 그 금액은 소정근로의 대가에 해당)
상여금	정기적인 지급이 확정되어 있는 상여금(정기상여금)	통상임금○	통상임금○
	기업실적에 따라 일시적, 부정기적, 사용자 재량에 따른 상여금(경영성과분배금, 격려금, 인센티브)	통상임금× (사전 미확정, 고정성 인정×)	통상임금× ('소정근로 대가성'을 갖추었다고 보기 어려움)
특정시점 재직시에만 지급되는 금품	특정시점에 재직 중인 근로자만 지급받는 금품(명절귀향비나 휴가비의 경우 그러한 경우가 많음)	통상임금× (근로의 대가×, 고정성×)	통상임금○ (명절귀향비, 휴가비도 소정근로의 대가성이 인정되고 정기성, 일률성을 갖춘 경우 통상임금○)
	특정시점이 되기 전 퇴직 시에는 근무일수에 비례하여 지급되는 금품	통상임금○ (근무일수 비례하여 지급되는 한도에서는 고정성○)	통상임금○

03-3-2. (개정) 통상임금 노사지도지침 관련 주요 Q&A

2025.2.6. (개정) 통상임금 노사지도지침관련 주요 Q&A

Q1. 통상임금이 무엇인지?

현행 근로기준법 시행령 제6조는 통상임금을 "근로자에게 정기적이고 일률적으로 소정근로 또는 총 근로에 대해 지급하기로 정한 시간급·일급·주급·월급 또는 도급 금액"이라고 정의하고 있다.

대법원은 통상임금을 "소정근로의 대가로서 정기적, 일률적으로 지급하기로 정한 임금"이며 통상임금 여부는 임금의 명칭이나 지급주기의 장단 등 형식적인 기준이 아니라 임금의 객관적 성질이 통상임금의 법적인 요건을 갖추었는지 여부에 따라 판단해야 한다고 판시하고 있다.

> 통상임금을 "근로자에게 정기적이고 일률적으로 소정근로 또는 총 근로에 대하여 지급하기로 정한 시간급 금액, 일급 금액, 주급 금액, 월급 금액 또는 도급 금액"이라고 정의한다. 여기서 '지급하기로 정한'이라는 문언은 지급이 미리 정해진 상태, 즉 '소정성(所定性)'을 의미한다. 그러한 소정성은 모든 임금에 공통된 징표이지 통상임금에 특유한 개념적 징표라고 볼 수 없다.
> 법령의 정의와 취지에 충실하게 통상임금 개념을 해석하면, 통상임금은 소정근로의 대가로서 정기적, 일률적으로 지급하기로 정한 임금을 말한다. 통상임금은 근로기준법이 규정한 여러 임금을 산정하는 기준이 되므로, 그 본질은 근로자가 소정근로시간에 제공하기로 정한 근로의 가치를 평가한 기준임금이라는 데에 있다. 정기성과 일률성은 그 임금이 소정근로의 대가인 임금임을 뒷받침하는 개념적 징표이다. 근로자가 소정근로를 온전하게 제공하면 그 대가로서 정기적, 일률적으로 지급하도록 정해진 임금은 그에 부가된 조건의 존부나 성취 가능성과 관계없이 통상임금에 해당한다.(대법 전원합의체 2024.12.19., 2020다247190).

Q2. '소정근로의 대가'의 의미는?

대법원 전합 판결은 통상임금에 속하는지 여부는 우선 그 임금이 소정근로의 대가로 지급되는 금품이어야 한다고 판시하고 있다.

여기서 말하는 '소정근로의 대가'라 함은 근로자가 소정근로시간에 통상적으로 제공하기로 정한 근로에 관하여 사용자와 근로자가 지급하기로 약정한 금품으로 정의하고 있다.

> 여기서 소정근로의 대가라 함은 근로자가 소정근로시간에 통상적으로 제공하기로 정한 근로에 관하여 사용자와 근로자가 지급하기로 약정한 금품을 말한다. 근로자가 소정근로시간을 초과하여 근로를 제공하거나 근로계약에서 제공하기로 정한 근로 외의 근로를 특별히 제공함으로써 사용자로부터 추가로 지급받는 임금이나 소정근로시간의 근로와는 관련 없이 지급받는 임금은 소정근로의 대가라 할 수 없으므로 통상임금에 속하지 아니한다.
> 위와 같이 소정근로의 대가가 무엇인지는 근로자와 사용자가 소정근로시간에 통상적으로 제공하기로 정한 근로자의 근로의 가치를 어떻게 평가하고 그에 대하여 얼마의 금품을 지급하기로 정하였는지를 기준으로 전체적으로 판단하여야 하고…(대법 2013.12.18., 2012다89399).

어떠한 임금이 소정근로의 대가인지는 소정근로시간에 통상적으로 제공하기로 정한 근로자의 근로의 가치를 어떻게 평가하고 그에 대하여 얼마의 금품을 지급하기로 정하였는지를 기준으로 전체적으로 판단하여야 한다.

> 통상임금은 소정근로의 가치를 평가한 개념이므로, 실근로와 무관하게 소정근로 그 자체의 가치를 온전하게 반영하는 것이라야 한다. 이 점에서 통상임금은 법정 기간 동안 근로자에게 실제 지급된 임금의 총액을 기초로 하여 사후적으로 산정되는 평균임금과 구별된다. 통상임금은 가상의 도구개념이고 그 개념이 전제하는 근로자는 '소정근로를 온전하게 제공하는 근로자'이다. '소정근로의 온전한 제공'이라는 요건이 충족되면 이를 이유로 지급되는 가상의 임금이 통상임금이다(대법 전원합의체 2024.12.19., 2020다247190).

Q3. '소정근로의 온전한 제공'의 의미는?

(사례) 운수회사에서 일정 기간 동안 사고없이 운전한 운전기사에게만 무사고수당(월 20만원)을 지급하는 경우,

☞ 소정근로 제공 외에 무사고라는 추가적인 요건 달성에 대한 보상으로 지급되는 금품 → 소정근로의 대가가 아니므로 통상임금이 아니다.

표준국어대사전에 따르면 '온전하다'는 '본바탕 그대로 고스란하다'를 뜻한다. 이러한 맥락에서 소정근로의 대가는 근로자가 소정근로일수를 모두 근무, 즉 온전하게 근무한다는 전제에서 출발한다. 따라서 어떤 임금이 단체협약, 취업규칙 등으로 사전에 소정근로의 대가로서 정기적, 일률적으로 지급하기로 하였다면, 재직이나 근무일수 조건 등의 충족 여부 및 실 근로와 무관하게 그대로 통상임금에 해당함을 의미한다.

통상임금은 소정근로의 가치를 평가한 개념이므로, 실근로와 무관하게 소정근로 그 자체의 가치를 온전하게 반영하는 것이라야 한다. 이 점에서 통상임금은 법정 기간 동안 근로자에게 실제 지급된 임금의 총액을 기초로 하여 사후적으로 산정되는 평균임금과 구별된다. 통상임금은 가상의 도구개념이고 그 개념이 전제하는 근로자는 '소정근로를 온전하게 제공하는 근로자'이다. '소정근로의 온전한 제공'이라는 요건이 충족되면 이를 이유로 지급되는 가상의 임금이 통상임금이다. 바꾸어 말하면 소정근로가 온전하게 제공되었다는 이유만으로 지급되는 것이 아닌 임금 항목(예컨대 순수한 의미의 성과급)은 통상임금이 아니다.
통상임금에서 고려할 것은 소정근로를 온전하게 제공한 경우에 지급되는 임금이 얼마로 정해졌는가이다. '실제로 조건을 충족하여 그 임금을 지급받을 가능성'은 통상임금에서 고려할 필요가 없다. 가령 1개월의 소정근로일수가 22일인데 그중 20일 이상을 근무하면 지급하도록 정해진 임금의 경우 실제 20일 이상 근무할 가능성은 통상임금에서 고려할 필요가 없다. 조건으로 부여된 근무일수가 소정근로일수 이내라면 근로자가 소정근로일수를 모두 근무한다는 전제에서 통상임금을 산정하면 충분하다(대법 전원합의체 2024.12.19., 2020다247190).

Q4. 재직자에게만 지급하는 임금이 통상임금에 해당하는지?

> (사례) 회사는 정기상여금을 분기 1회 지급하며(연 4회, 4월 · 7월 · 10월 · 12월 임금지급일) 지급 조건은 임금지급일에 재직중인 근로자에게만 지급하고 있다.
> ☞ 통상임금에 해당하며 연 4회의 정기상여금을 합산하여 시간급으로 환산해야 한다.

이번 대법원 전합 판결은 통상임금 판단에 있어 계속적인 소정근로의 제공이 전제된 근로관계를 기초로 해야 하며 '퇴직'은 근로자와 사용자가 소정근로시간에 제공하기로 정한 근로의 대가와는 관련이 없음을 명확히 하였다.

> 통상임금은 실근로와 구별되는 소정근로의 가치를 반영하는 도구개념이므로, 계속적인 소정근로의 제공이 전제된 근로관계를 기초로 산정하여야 한다. 근로자가 재직하는 것은 근로계약에 따라 소정근로를 제공하기 위한 당연한 전제이다. '퇴직'은 정년의 도래, 사망, 해고 등과 함께 근로관계를 종료시켜 실근로의 제공을 방해하는 장애사유일 뿐, 근로자와 사용자가 소정근로시간에 제공하기로 정한 근로의 대가와는 개념상 아무런 관련이 없다. 따라서 어떠한 임금을 지급받기 위하여 특정 시점에 재직 중이어야 한다는 조건이 부가되어 있다는 사정만으로 그 임금의 소정근로 대가성이나 통상임금성이 부정되지 않는다(대법 전원합의체 2024.12.19., 2020다247190).

따라서 위 사례와 같이 정기상여금이 소정근로의 대가로 사전에 확정되고 정기성, 일률성을 갖추었을 경우에는, 설령 특정 시점에 재직 중일 조건이 있더라도 통상임금 산정에 영향을 미치지 못하기 때문에 통상임금에 해당될 것이다.

Q5. 일정한 근무일수를 충족한 경우에만 지급하는 임금이 통상임금에 해당하는지?

(사례) 회사에서 소정근로일(20일이 소정근로일이라고 가정)을 만근으로 정하고 만근할 경우에만 30만원 지급 → A 근로자가 9월에는 만근하여 30만원을 받았으나 10월에는 결근이 있어 받지 못함 ☞ 통상임금에 해당한다.

통상임금은 정해진 소정근로를 모두 근무한다는 전제하에 사전에 임금이 얼마로 정해졌는지를 판단하면 되고 실제 지급조건 충족에 따른 사후적인 임금 지급 여부는 통상임금 판단의 고려 사항이 아니다.

위 사례와 같이 만근수당이 소정근로의 대가로 사전에 확정되고 정기성, 일률성을 갖추고 있는 경우에는 소정근로일수를 모두 채우지 못해 실제 만근수당을 지급받지 못하더라도 통상임금 산정 시에는 포함(여기서는 30만원)하여야 한다.

통상임금은 소정근로의 가치를 평가한 개념이므로, 실근로와 무관하게 소정근로 그 자체의 가치를 온전하게 반영하는 것이라야 한다. 이 점에서 통상임금은 법정 기간 동안 근로자에게 실제 지급된 임금의 총액을 기초로 하여 사후적으로 산정되는 평균임금과 구별된다.
통상임금에서 고려할 것은 소정근로를 온전하게 제공한 경우에 지급되는 임금이 얼마로 정해졌는가이다. '실제로 조건을 충족하여 그 임금을 지급받을 가능성'은 통상임금에서 고려할 필요가 없다. …조건으로 부여된 근무일수가 소정근로일수 이내라면 근로자가 소정근로일수를 모두 근무한다는 전제에서 통상임금을 산정하면 충분하다.
가) 소정근로를 온전하게 제공하는 근로자라면 충족할 근무일수 조건, 즉 소정근로일수 이내로 정해진 근무일수 조건의 경우, 그러한 조건이 부가되어 있다는 사정만으로 그 임금의 통상임금성이 부정되지 않는다. 설령 근로자의 실제 근무일수가 소정근로일수에 미치지 못하여 근로자가 근무일수 조건부 임금을 지급받지 못하더라도, 그 임금이 소정근로 대가성, 정기성, 일률성을 갖추고 있는 한 이를 통상임금에 산입하여 연장근로 등에 대한 법정수당을 산정하여야 한다(대법 전원합의체 2024. 12.19., 2020다247190).

따라서 각종 수당이 통상임금에 해당하는지는 개별적・구체적 사정을 종합적으로 고려하여 위 기준에 따라 판단하면 될 것이다.

Q6. 하계휴가비나 체력단련비도 통상임금에 포함되는지?

(사례 1) 회사에서 하계휴가비(8월)와 체력단련비(1월)를 매년 기본급의 50% 각 지급하는 경우 ☞ 통상임금에 해당한다.

(사례 2) 회사에서 기말수당으로 연 2회(7월초와 12월말), 입사 후 3개월 이상 근무하고 지급일 현재 재직중인 근로자에 대해 기본급의 50%를 지급하는 경우 ☞ 통상임금에 해당한다.

명칭이나 형식에 관계없이 소정근로의 대가, 정기성, 일률성을 갖춘 경우에는 통상임금에 해당될 것이다.

상여금 세칙은 격월 상여금(각 100%)은 지급 전월 1일부터 지급 월 말일까지 2개월, 설상여금(50%)은 직전 추석 당일부터 해당 설날 전일까지, 추석상여금(50%)은 직전 설날 당일부터 해당 추석 전일까지, 하기상여금(50%)은 전년도 하기휴가 시작일부터 당해 연도 하기휴가 시작 전일까지를 기준기간으로 한다고 정하였다.
이 사건 상여금은 통상임금의 750%에 해당하는 일정한 금액을 일정한 주기로 분할하여 지급하는 임금이므로, 근무일수 조건에도 불구하고 소정근로의 대가로서 정기적, 일률적으로 지급하기로 정한 통상임금에 해당한다(대법 전원합의체 2024.12.19., 2023다302838).

Q7. 새로 입사하여 정기상여금을 아직 한 번도 지급받지 못했으나, 해당 정기상여금이 통상임금에 포함되는지?

(정기상여금 지급조건) 단체협약에 정기상여금은 기본급의 750%를 지급, 짝수달 5일에 각 100%, 설날, 추석 및 하기휴가 각 50% 지급함

(사례) 상여금 지급일(2024.12.5) 이후에 입사(12.10)하여 12.20부터 12.30까지 연장근로를 한 경우,

☞ 통상임금에 해당하며 정기상여금 750%를 통상시급으로 환산하여 12.20부터 12.30까지의 연장근로수당을 계산해야 한다.

이번 대법원 전합 판결은 어떤 임금이 지급 시점에 근무를 하지 않아 해당 임금이 지급되지 않은 경우에도 해당 임금이 소정근로의 대가, 정기성, 일률성을 갖춘 경우라면 통상임금에 해당한다고 보았다. 따라서 정기상여금이 통상임금에 해당할 경우, 실제 지급 시기에 따라 정기상여금을 받지 못한 경우에도 이를 포함하여 통상임금을 산정해야 한다.

통상임금에서 고려할 것은 소정근로를 온전하게 제공한 경우에 지급되는 임금이 얼마로 정해졌는가이다. '실제로 조건을 충족하여 그 임금을 지급받을 가능성'은 통상임금에서 고려할 필요가 없다.
설령 근로자의 실제 근무일수가 소정근로일수에 미치지 못하여 근로자가 근무일수 조건부 임금을 지급받지 못하더라도, 그 임금이 소정근로 대가성, 정기성, 일률성을 갖추고 있는 한 이를 통상임금에 산입하여 연장근로 등에 대한 법정수당을 산정하여야 한다(대법 전원합의체 2024.12.19., 2020다247190).

Q8. 정기상여금의 통상임금 산정 방법은?

「근로기준법」 시행령 제6조제2항제5호에는 일・주・월 외의 일정한 기간으로 정한 임금은 제2호부터 제4호까지의 규정에 준하여 산정된 금액으로 산정토록 하고 있다.

따라서 정기상여금도 이에 따라 산정한 후 같은 항 제7호에서 정한 방식으로 시간급 금액을 산정하면 될 것이다.

◦ (토요일 무급 전제)
  - 월 환산시간은 208.56시간=(40+8시간)×약 52.14주÷12월
  - 연 환산시간은 2,502.72시간=(40+8시간)×약 52.14주

◦ (상여금) 지급률 : 600% / 지급액 : 기본급의 50%(여기서는 기본급 200만원 가정)

- (월환산) 6,000,000원÷12월÷208.56h=시급 2,397원39전
- (연환산) 6,000,000원÷2,502.72h=시급 2,397원39전

제6조(통상임금) ② 제1항에 따른 통상임금을 시간급 금액으로 산정할 경우에는 다음 각 호의 방법에 따라 산정된 금액으로 한다.

1. 시간급 금액으로 정한 임금은 그 금액
2. 일급 금액으로 정한 임금은 그 금액을 1일의 소정근로시간 수로 나눈 금액
3. 주급 금액으로 정한 임금은 그 금액을 1주의 통상임금 산정 기준시간 수(1주의 소정근로시간과 소정근로시간 외에 유급으로 처리되는 시간을 합산한 시간)로 나눈 금액
4. 월급 금액으로 정한 임금은 그 금액을 월의 통상임금 산정 기준시간 수(1주의 통상임금 산정 기준시간 수에 1년 동안의 평균 주의 수를 곱한 시간을 12로 나눈 시간)로 나눈 금액
5. 일・주・월 외의 일정한 기간으로 정한 임금은 제2호부터 제4호까지의 규정에 준하여 산정된 금액
6. (생략)
7. 근로자가 받는 임금이 제1호부터 제6호까지의 규정에서 정한 둘 이상의 임금으로 되어 있는 경우에는 제1호부터 제6호까지의 규정에 따라 각각 산정된 금액을 합산한 금액

③ 제1항에 따른 통상임금을 일급 금액으로 산정할 때에는 제2항에 따른 시간급 금액에 1일의 소정근로시간 수를 곱하여 계산한다.

Q9. 가족수당을 부양가족 수에 따라 차등적으로 지급하는 경우 통상임금인지?

2013년 대법원 전합 판결에서 가족수당 중 부양가족이 있는 근로자에게만 지급되는 가족수당은 통상임금이 아니라고 판시하였다.

통상임금은 소정근로의 가치를 평가한 개념이므로 '일정한 조건 또는 기준'은 근로와 관련된 조건이어야 하는데, 가족수당은 소정근로의 가치와 무관한 사항을 조건으로 지급되는 임금이므로 일반적으로 통상임금에 해당하지 않는다. 다만, 모든 근로자에게 기본금액을 가족수당 명목으로 지급하면서 실제로 부양가족이 있는 근로자에게 일정액을 '추가'로 지급하는 경우 그 기본금액은 통상임금에 해당하는 것으로 판시하였다.

이번 대법원 전합 판결도 통상임금 요소 중 '고정성'이 제외되었을 뿐, 가족수당에 대한 종전 판결에는 영향을 미치지 않는다.

부양가족이 있는 근로자에게만 지급되는 가족수당과 같이 소정근로의 가치 평가와 무관한 사항을 조건으로 하여 지급되는 임금은 그것이 그 조건에 해당하는 모든 근로자에게 지급되었다 하더라도 여기서 말하는 '일정한 조건 또는 기준'에 따른 것이라 할 수 없어 '일률성'을 인정할 수 없으므로, 통상임금에 속한다고 볼 수 없다. 그러나 모든 근로자에게 기본금액을 가족수당 명목으로 지급하면서 실제 부양가족이 있는 근로자에게는 일정액을 추가적으로 지급하는 경우 그 기본금액은 소정근로에 대한 대가나 다름 아니므로 통상임금에 속한다(대법 2013.12.18., 2012다89399).

Q10. 회계연도 기준으로 연차휴가제도를 운영할 경우, 연차유급휴가 미사용수당 산정방법은?

(사례) 회계연도 기준으로 연차유급휴가제도를 운영하는 甲사업장에서 A근로자가 2024년도 연차유급휴가(사용기간 : 2024.1.1~2024.12.31) 15일 중 10일 미사용하여 수당을 지급(2025.1.10)할 경우

☞ 새로운 통상임금 법리를 적용하여야 한다.

연차유급휴가 미사용수당 청구권은 연차유급휴가 청구권이 소멸하면 발생하므로 회계연도 기준으로 연차휴가제도를 운영할 경우, 매년 초일에 연차유급휴가 미사용수당 청구권이 발생할 것이다. 근로자의 입사 시기 또는 개별사업장별 달리 정할 수 있다는 점은 고려하여야 할 것이다. 따라서, 연차유급휴가 미사용수당은 새로운 법리를 적용한 2024.12월의 통상임금으로 산정하여 지급하면 될 것이다.

Q11. 고정시간외수당을 지급해 온 경우, 12.19.이후 어떻게 계산해야 하는지?

(사례) 25시간에 대해 고정시간외수당을 지급하며 이를 초과하여 연장근로를 한 경우 추가 지급

- 통상시급 13,000원 가정 : 13,000원×1.5배×25시간=487,500원
- 새로운 법리로 산정한 통상시급 15,000원 가정

check point 12월 일자별 연장근로시간

일자	1일	2일	3일	4일	5일	6일	7일	8일	9일	10일	11일
예시①	–	1	1	2	0.5	0.5	–	–	1	1	1
예시②	–	3	3	2	2	–	–	–	2	2	2
예시③	–	–	–	–	–	–	–	–	–	–	–
예시③-1	3	3	3	3	3	3	–	–	–	–	–

예시④	–	2	2	2	2	1	–	–	2	2	1
예시⑤	–	–	–	–	2	–	–	–	–	–	–
일자	12일	13일	14일	15일	16일	17일	18일	19일	20일	21일	22일
예시①	1	2	–	–	1	2	1	1	2	–	–
예시②	4	4	–	–	1	–	–	–	–	–	–
예시③	–	–	–	–	–	–	–	2	2	–	–
예시③-1	–	–	–	–	–	–	–	–	–	–	–
예시④	4	4	–	–	2	2	2	2	2	–	–
예시⑤	–	2	–	–	–	–	–	3	3	–	–
일자	23일	24일	25일	26일	27일	28일	29일	30일	31일	연장근로 합계	
										~12.18	12.19~
예시①	1	–	–	1	2	–	–	3	–	15h	10h
예시②	–	–	–	–	–	–	–	–	–	25h	0
예시③	2	2	–	2	2	–	–	3	3	0	18h
예시③-1	–	–	–	–	–	–	–	–	–	18h	0
예시④	2	1	–	–	1	–	–	2	1	28h	11h
예시⑤	3	3	–	3	3	–	–	3	3	4h	24h

(1) 12.19. 이후에는 새로운 법리가 적용되므로 고정시간외근로(25시간)에 관계없이 실제 연장근로 발생일을 확인하여 산정해야 한다.

(2) 〈예시①과 ④ 및 ⑤〉는 종전 법리와 새로운 법리를 구분하여 통상시급을 산정하여 연장근로수당을 지급해야 한다.

(3) 〈예시②〉의 경우에는 종전 법리(12.19.이후 연장근로 없음)에 따라 연장근로수당을 지급해야 한다.

(4) 〈예시③〉의 경우에는 18시간은 새로운 법리에 따라 지급하고 지급하기로한 고정연장시간(25시간) 중 잔여 7시간분에 대해서는 종전 법리에 따라 지급해도 법 위반으로 보기는 어렵다.

(5) 〈예시③-1〉의 경우에는 종전 법리에 따라 지급하더라도 법 위반으로 보기 어렵다.

Q12. 재직 또는 근무일수 조건이 있는 임금에 대해 앞으로 근무한 기간에 비례하여 지급해야 하는지?

(사례) 단체협약, 취업규칙 등을 개정하지 않고 정기상여금이나 각종 수당의 재직조건 또는 근무 일수 조건을 유지하는 경우,

- 정기상여금은 격월 지급(홀수달 초일부터 짝수달 말일, 2개월의 기준기간)이나 지급일은 홀수달 5일이며 지급일 이전에 퇴직하는 경우 미지급한다.

☞ A 근로자가 11.2. 퇴사하여 상여금을 받지 못하였으나 9~10월에 근로한 경우

이번 대법원 전원합의체 판결 및 후속 대법원 판결(2019다204876)에서 노사는 임금에 대한 조건을 자유롭게 부가할 수 있으며, 그 조건이 강행규정에 위반되거나 탈법 행위에 해당하는 등 별도의 무효 사유가 존재하지 않는 한 유효하다고 판시하였다.

고정성 요건 제외로 재직 또는 근무일수 등 조건부 정기상여금 등이 통상임금의 범위에 포함되는 것과는 별개로 정기상여금 등에 부가된 '지급' 조건은 특별한 사정이 없는 한 유효하다. 따라서, 퇴직 등으로 '지급조건'을 성취하지 못한 경우 해당 정기상여금 등에 대한 사용자의 임금 지급 의무는 발생하지 않는다고 볼 것이다.

사용자와 근로자는 임금 구조와 체계, 개별 임금 항목의 유형과 내용, 임금 총액 등을 자유롭게 정할 수 있고, 임금에 관한 조건도 자유롭게 부가할 수 있다. 그 조건은 강행규정에 위반되거나 탈법행위에 해당하는 등 별도의 무효 사유가 존재하지 않는 한 효력을 가진다. 그러나 조건의 효력 문제와 그 조건이 부가된 임금 항목의 통상임금성 문제는 구별하여야 한다(대법 전원합의체 2024.12.19., 2020다247190). 노사가 어떤 임금의 내용을 형성하는 과정에서 그 임금을 지급받기 위하여 특정 시점에 재직 중이어야 한다는 조건을 부가하는 것은 원칙적으로 그 임금이 지급되기 위한 기준 내지 임금의 지급대상을 정하는 것이지 이미 지급하기로 정해져 있는 임금을 특정 시점에 재직하지 않는다는 이유로 포기하게 하거나 박탈하는 것이라고 보기 어려우므로, 특별한 사정이 없는 한 무효라고 볼 수 없다(대법 2025.1.23., 2019다204876).

Q13. 모성보호급여 지급 시, 통상임금 산정시점은?

(사례) 2024.10.1. 육아휴직을 시작하여 육아휴직급여를 2024.12.20. 신청한 경우

육아휴직급여는 육아휴직 시작일의 통상임금에 해당하는 금액으로 지급하도록 되어 있다(고용보험법 시행령 제95조제1항). 따라서 2024.12.19. 이후 육아휴직을 시작 하는 경우에만 새로운 법리에 따라 통상임금을 산정하여 지급한다.

고용보험법 시행령 제95조(육아휴직 급여) ① 법 제70조제1항에 따른 육아휴직 급여는 다음 각 호의 구분에 따른 금액을 월별 지급액으로 한다.

① 육아휴직 시작일부터 3개월까지 : 육아휴직 시작일을 기준으로 한 월 통상임금에 100%에 해당하는 금액〈월 상한액 250만원〉

② 육아휴직 4개월째부터 6개월째까지 : 육아휴직 시작일을 기준으로 한 월 통상임금에 100%에 해당하는 금액〈월 상한액 200만원〉

③ 육아휴직 7개월째부터 종료일까지 : 육아휴직 시작일을 기준으로 한 월 통상임금의 80%에 해당하는 금액〈월 상한액 160만원〉

출산전후휴가 급여, 유산・사산휴가 급여, 배우자 출산휴가 급여, 난임치료휴가 급여, 육아기 근로시간 단축 급여의 경우에도 휴가 시작일을 기준으로 통상임금을 산정한다(고용보험법 제76조, 고용보험법 시행령 제104조의2).

03-4. 상여금과 성과급

1. 의의

상여금・성과급이란 기업의 성과나 이익배분, 근로자의 공헌에 대한 공로보상, 또는 장래 근무의 인센티브 부여, 생계비 보전 등의 차원에서 지급하는 금품이라고 할 수 있다.

일반적으로 상여금이란 관련 규정에서 그 지급조건(지급액・지급시기 등)이 사전에 명확히 확정되어 있는 것(예 : 회사는 통상임금의 600%를 격월마다 급

여지급일에 100%씩 지급한다)으로서 근로기준법상 임금에 해당하나, 특별상여금(예 : 성과급, 성과상여금, 인센티브)의 임금성 여부에 대하여 다툼이 있다.

상여금 · 성과급에 대하여는 정함이 없으므로, 그 지급액 · 지급조건 · 지급대상 · 지급방법 등에 대하여는 단체협약 · 취업규칙 등의 규정에 따른다.

상여금 · 성과급의 지급 요구와 관련된 진정 등 신고사건이 노동청에 상당수 제기되고 이와 관련한 법리적 다툼도 치열하게 전개되고 있다.

2. 정기 상여금

1) 상여금 지급여부 판단

(1) 지급대상 · 지급조건 등을 달리 정한 경우

단체협약 · 취업규칙 등에 지급기간 · 지급대상을 정한 경우에는 그 기간 또는 그 대상자에게만 지급하여도 된다(법무 811-26824, 1978.12.5.).

근속연수에 따라 지급률을 달리하거나 제재수단으로 차등지급할 수 있으며 대기발령자에게는 지급하지 않는다고 취업규칙 등에 정할 수 있다(근기 1455-34373, 1982.12.24. ; 임금 32240-6549, 1989.5.2.).

성적불량자나 경영실적이 좋지 않을 경우에는 감액 지급한다고 정할 수 있으며(대법 2003.7.11., 2003다11387), 직급이나 직위별로 달리 정할 수 있다(근기 68207-2145, 1999.9.11.).

상여금 지급대상 기간을 정해놓고 그 기간을 계속 근무한 자에게만 상여금을 지급하기로 한 경우에는 해당자에게만 상여금을 지급해도 무방하다(임금 68207-351, 1994.6.13.).

(2) 퇴직자에 대한 상여금 지급

상여금이 일정금액 또는 일정비율로 일정한 기간마다 고정적 · 정기적으로 지급되는 것이라면 별도의 정함이 없는 한 상여금 지급기간 도래 전에 퇴직한 근로자도 이미 근무한 기간에 해당하는 상여금을 근로의 대가로 청구할 수 있다(대법 1981.11.24., 81다카174 ; 임금 68220-137, 1993.3.15.).

고정적·정기적으로 지급되는 상여금에 대하여 단체협약·취업규칙·근로계약 등에 명시적으로 지급대상자를 지급기간 말일 현재 재직자로 한정한다고 정한 경우에 대하여, 판례는 이 규정이 지급기간 중에 퇴직한 자에 대해 그 근무기간에 해당하는 상여금의 지급을 배제하는 규정으로 볼 수 없다고 판시(대법 1982.4.13., 81다카137)한 반면,

고용노동부 행정해석은 상여금 지급조건은 노사의 자율적인 의사결정에 따라야 하므로 '재직 중인 자에 한한다'는 규정은 유효하다는 입장이다(임금 68207-249, 1993.4.29.).

특별상여금이라 하더라도 지급조건으로서 사기진작·생산성 향상 등을 위해 미리 선 지급되는 것임을 명확히 하였다면, 특정일 이전에 퇴직한 근로자에 대해 일부를 공제하더라도 강제근로금지 또는 전차상쇄금지 등에 저촉되지 않는다(근기 68207-871, 1997.7.3.).

(3) 요양 중인 산재환자의 경우

업무상 부상이나 질병으로 인한 요양기간 중 근로기준법상의 휴업보상이나 산업재해보상보험법상의 휴업급여를 지급하고 있다면, 동 보상이나 급여는 평균임금을 기준으로 지급되는 것으로서 상여금은 평균임금에 이미 포함되어 있기 때문에 단체협약이나 취업규칙 등에 특별한 정함이 없다면 별도의 상여금 지급의무는 발생하지 않는다(임금 68027-499, 1997.8.6.).

(4) 출산전후휴가기간 중 또는 육아휴직기간 중 상여금 지급의무

출산전후휴가기간 중 또는 육아휴직기간 중 상여금 지급여부도 취업규칙 등에서 정한 바에 따른다(여원 68240-536, 2001.12.4.).

육아휴직의 경우 상여금 산정기준을 총 근속년수로 정할 때에는 육아휴직기간을 이에 포함하여야 하나, 일정기간 동안 근로의 대가(출근성적)로 지급되고

육아휴직기간이 그 기간의 일부 또는 전부 포함되어 있는 경우 상여금 지급의 일부 또는 전부를 지급하지 않는다 하더라도 남녀고용평등법 위반이라 할 수 없다(근정 68240-285, 1998.8.17.).

2. 성과급의 임금성 판단

1) 의의

기업의 경영성과 또는 부서나 개인의 업무성과에 따라 지급여부가 결정되는 이른바 성과급은 원칙적으로 임금으로 보기 어렵다는 것이 그동안 판례의 입장이었다(대법 2004.5.14., 2001다76328 ; 대법 2015.2.26., 2014다227546 등).

그 이유는 지급조건과 지급시기가 취업규칙·단체협약 등에 정해져 있더라도 지급조건의 충족여부는 성과에 따라 달라지는 것이므로 해당 근로자의 근로제공 자체의 대상으로 볼 수 없다고 본 것이다.

이러한 판례의 입장은 최근 성과급 중 개인의 업무실적에 따라 지급하는 개인성과급에 대해서는 임금성을 인정하고 있으나(대법 2011.7.14., 2011가23149 등), 회사의 경영실적에 따라 지급하는 경영성과급의 임금성 여부에 대해서는 다툼이 있다.

경영성과급에 있어서 그 동안 판례는 업무성적이나 경영성과라는 변동성을 이유로 근로의 대가성을 부인해오다, 지급확정성을 고정성으로 보고 변동성이 있더라도 계속성이나 정기성이 있으면 근로의 대가성을 인정하는 입장이다(대법 2018.10.12., 2015두36157 등).

2) 개인 성과급

개인의 업무실적에 따라 지급되는 성과급의 임금성에 대해 최근 판례는 성과급의 명목으로 지급된 금품이 지급조건이 불확정적이거나 일시적으로 지급된 경우에는 임금으로 볼 수 없으나, 지급조건(지급기준, 지급시기, 지급액 등)이 미리 정해져 있어서 근로자가 지급받을 것이 예측 가능하다면 비록 지급액이 일정하지 않더라도 임금성을 인정하고 있다.

대법원은 구두회사에서 상품권을 판매한 직원에게 일정한 비율로 지급되는 개인포상금(대법 2002.5.31., 2000다18127), 병원소속 의사가 지급받은 진료포상비(대법 2011.3.10., 2010다77514), 자동차수입판매 회사의 영업사원이 매월 자신이 판매한 자동차 금액의 일정비율로 지급받은 인센티브(대법 2011.7.14., 2011다23149)의 경우처럼, 일정한 기본임금 외에 주된 업무수행의 정량적 성과로 인해 산출되는 성과급(실적급)을 이미 정해진 지급조건과 지급액 등에 의해 지급하는 경우에는 해당 성과급(실적급)을 임금으로 보았다.

3) 경영성과급, 집단성과급

집단적 성과에 대한 성과상여금에 대해 2018년 중반까지 판례는 임금성을 부인하였으나, 2018.10.12. 대법원 판결 이후로는 집단적 성과에 대한 성과상여금에 대해서도 임금성을 인정하는 입장이다(대법 2018.10.12., 2015두36157 등).

check point **임금성을 인정한 예 – 한국감정원 사례**

경영평가성과급이 계속적·정기적으로 지급되고 지급대상·지급조건 등이 확정되어 있어 사용자에게 지급의무가 있다면 이는 근로의 대가로 지급되는 임금의 성질을 가지므로 평균임금 산정의 기초가 되는 임금에 포함된다고 보아야 한다. 경영실적 평가결과에 따라 그 지급여부나 지급률이 달라질 수 있다고 하더라도 그러한 이유만으로 경영평가성과급이 근로의 대가로 지급된 것이 아니라고 볼 수 없다(대법 2018.10.12., 2015두36157).

성과상여금 중 150%는 2월 첫 영업일에 지급하며 잔여 성과상여금은 정부 경영평가결과에 따라 차등 지급하는 것으로 규정한 경우, 잔여 성과상여금의 평균임금해당 여부에 대해 대법원은 성과상여금은 2008년까지 계속적·정기적으로 지급되었고 지급대상과 지급조건이 확정돼 있어 회사에게 지급의무가 지워져 있었다고 보아, 근로의 대가로 지급되는 임금으로 인정하였다.

03-5. 연봉제

1. 의의

연봉제란 통상 1년 단위로 하여 능력과 실적을 기준으로 임금을 결정하는 형태를 말한다. 연공급에서는 매년 정기승급을 통해 임금상승이 자동으로 이루어지는데 반해 연봉제에서는 개개인의 전년도 업적・성과・공헌도 등에 따라 연간임금 총액이 결정된다.

2. 연봉제 도입시 주의사항

1) 근로계약상 문제

근기법은 임금의 구성항목・계산방법・지불방법을 근로계약에 명시토록 규정하고 있으므로, **연봉제 계약**의 경우에도 인적사항, 개인연봉액, 연봉의 계산・결정・지급방법, 연봉의 산정기간, 지급시기 및 승급에 관한 사항, 연봉외 법정수당과 각종수당의 계산・지급방법, 퇴직금의 처리, 상여 및 최저연봉액, 연봉계약의 이의절차 등에 관한 사항을 근로계약에 명시해야 한다.

근로자에게 공동으로 적용되는 사항에 대해서는 취업규칙으로 규정하고, 근로계약에는 '그러한 사항에 대하여는 취업규칙에 따른다'라는 방식으로 규정할 수 있다.

2) 취업규칙과 단체협약의 문제

연봉제를 도입하기 위하여는 해당근로자와 근로계약을 체결하는 것 외에 취업규칙과 단체협약에 근거를 설정해야 한다.

노동조합이 있는 경우 단체협약에는 포괄적인 사항을 규정하고 세부내용은 취업규칙과 근로계약에 위임하는 것이 바람직하다.

3) 연장・휴일・야간근로 및 연차휴가의 문제

연봉제를 실시한다 하더라도 근기법상 근로시간・휴일・휴가관련 조항은 그대로 적용되므로 연봉액에 연장·휴일·야간근로수당, 연차휴가 미사용수당이 포함되어 있는 것으로 책정하는 것은 원칙적으로 근기법 위반이다. 다만, 근기법상 근로시간·휴일·휴가규정의 적용제외자, 재량근로시간 적용자, 포괄산정임금제 적용자에 대해서는 예외이다.

4) 근로자가 연봉제계약서에 서명을 거부하는 경우

(1) 동의 또는 서명을 받아야 하는지

근기법 제17조에서는 근로계약을 체결할 때에 서면명시·교부의무를 규정하고 있으나, 근로자의 **동의**나 **서명**을 받아야 할 의무까지 명시하고 있지는 않다. 따라서 근로자가 연봉계약서 서명을 거부할 경우 서명을 하지 않았더라도 직접 교부하거나 이메일로 발송하는 등 교부절차를 거쳤다면 법적인 문제는 없다.

해당연도 연봉을 새로 정하는 과정에서 근로자 개인 또는 조직의 성과부진에 따라 연봉이 삭감되는 경우, 이것은 기존 근로조건의 저하에 해당되어 근로자의 동의를 얻어야 한다.

취업규칙 등에 연봉제를 준용한다는 규정이 있다고 하여 연봉삭감에 대해 근로자가 동의하였다고 볼 수 없으므로 개별 동의를 받아야 하는데, 만약 근로자의 동의를 받지 못한다면 삭감된 연봉이 근로조건으로 될 수 없어 회사는 기존에 적용되었던 연봉을 계속 지급해야 된다.

취업규칙 불이익 변경절차를 거쳐 평가결과에 따라 임금이 삭감될 수 있는 연봉제를 도입하고 근로계약서에도 이에 따른다는 규정을 두고 있는 경우에는 연봉이 삭감되더라도 해당 근로자의 동의를 받을 필요는 없다.

(2) 근로계약을 해지할 수 있는지

근로자가 회사가 제시한 연봉금액을 받아들일 수 없다는 이유로 계약서 서명을 할 경우, 사용자가 근로자의 연봉계약 거부를 이유로 해당 근로자에 대해 근로계약 해지를 통보한다면 이는 해고에 해당하는데(근로기준팀-973, 2005.11.4.), 해고는 정당한 이유가 있어야 하므로 단순히 근로자가 연봉계약에 동의하지 않았다는 이유만으로는 해고의 정당한 이유가 있다고 인정될 수 없다(중노위 2006부해756, 2007.1.24.).

03-6. 포괄(산정)임금제

포괄임금제 관련하여 근로자가 노동청에 연장근로수당, 야간근로수당, 휴일근로수당 등 차액을 청구하는 진정 등 사건이 제기되는 경우도 있고, 노동청에서 근로감독관이 사업장 근로감독이나 사업장점검 시, 적발되어 문제가 되는 경우도 있습니다.

이 경우 다툼이 되는 것은 근로시간이 정확히 산정되느냐의 문제입니다. 일반적으로 요즘 사업장에서는 출퇴근에 대하여 명확하게 체크를 하지 않고 있는 회사들이 많습니다.

출근시간은 지문인식이나 출근카드를 찍거나 컴퓨터 체크 등의 방식으로 출근시간을 체크하고 있으나, 퇴근시간은 명확하게 체크를 하지 않는 회사들이 많습니다. 이 경우에 출퇴근 시간을 어떠한 기준에 의해 산출해 낼 것인가가 문제가 되고 결국 이 부분에 대하여 근로자와 사용자간의 다툼이 발생하게 됩니다.

또한, 근로자가 1일 8시간 이후에 근로(연장근로 등)를 얼마나 충실히 하였는지 여부, 즉 개인적인 일을 하거나 인터넷 검색을 하는 등으로 시간을 헛되이 소비한 것이 아니고 실제로 회사업무를 하였는지에 대하여도 다툼이 있습니다. 그러므로 근로자나 사용자는 위 출퇴근 시간문제, 연장근로 등 문제들에 대하여 사건조사 시 다툼이 발생하고 문제가 된다는 점을 충분히 인식하시길 바라며, 회사에서는 노무관리 차원에서 이점을 사전에 점검하여 명확히 해 둘 필요성이 있다고 할 것입니다.

1. 의의

사용자와 근로자가 근로계약을 체결함에 있어서는 기본임금을 정하고 이를 기초로 각종수당을 가산하여 지급하는 것이 원칙이다.

그러나 근로시간, 근로형태와 업무의 성질을 고려할 때 근로시간 산정이 어려운 경우가 있을 수 있고, 이러한 경우에는 사용자와 근로자 사이에 기본임금을 정하지 않은채 법정수당(연장 · 휴일 · 야간근로수당 등)까지 포함된 금액을 월급여액이나 일당임금으로 정하거나(정액급제), 기본임금을 미리 정하면서도 법정 제수당을 구분하지 아니한 채 일정액을 법정 제수당으로 정하여 이를 근로시간 수에 상관없이 지급하기로 약정하는 내용(정액수당제)의 임금지급계약이나 단체협약을 체결할 수 있는데, 이를 이른 바 **'포괄임금제'**라고 한다(대법 2010.5.13., 2008다6052 ; 대법 2016.8.24., 2014다5104).

포괄임금제는 법정수당의 산정방식과 관련된 합의일 뿐, 근로시간에 관한 규제의 적용을 배제하려는 합의가 아니다. 판례도 '포괄임금제에 의한 임금 지급계약은 근기법상 근로시간 · 휴게와 휴일에 관한 규정이 그대로 적용됨을 전제로 기본임금을 미리 산정하지 아니한 채 근기법상의 연장 · 휴일 · 야간근로수당 등에 대한 제수당을 합한 금액을 포괄임금으로 지급하려는 것이지, 근기법상의 근로시간 · 휴게와 휴일에 관한 규정의 적용을 배제하려는 것은 아니다'라고 판시하고 있다(대법 2005.8.19., 2003다66523).

2. 포괄임금제의 유형

구분	정액급제	정액수당제
개념	기본급을 별도로 정하지 않은 채 법정수당을 합한 금액을 월급여액 또는 일당으로 지급	기본급을 정하지만 근로시간 수에 상관없이 법정수당을 일정액으로 지급
사례	〈예1〉 1일 24시간씩 격일로 근무하고 월 임금을 300만원으로 한다.	〈예1〉 기본급을 200만원으로 하고 기본급의 20%는 연장 · 야간 · 휴일수당으로 한다.
	〈예2〉 9시부터 21시까지 근무하고 일당을 10만원으로 한다.	〈예2〉 매월 연장 · 야간 · 휴일수당으로 20만원을 지급한다.

3. 포괄임금약정의 유효성 판단

감시단속적근로 등과 같이 '근로시간의 산정이 어려운 경우'가 아니라면 달리 근기법상의 근로시간에 관한 규정을 그대로 적용할 수 없다고 볼만한 특별한 사정이 없는 한 근기법상의 근로시간에 따른 임금지급의 원칙이 적용되어야 할 것이므로, 이러한 경우에도 근로시간 수에 상관없이 일정액을 법정수당으로 지급하는 내용의 포괄임금제 방식의 임금지급계약을 체결하는 것은 그것이 근기법이 정한 근로시간에 관한 규제를 위반하는 이상 허용될 수 없다(대법 2010. 5.13., 2008다6052).

4. 포괄임금계약이 무효인 경우 임금체불 여부 판단

1) 정액급제

연장·야간·휴일수당이 포함되었다고 계약하였더라도 이는 무효이므로, 지급된 임금총액을 소정근로시간에 대한 임금으로 보고 통상임금을 계산하여 실근로시간에 따른 수당을 지급해야 한다. 다만, 근로시간이 **명확하게 정해져 있다면** 명시된 근로시간을 기준으로 **역산하여** 통상임금을 산정한다.

check point **정액급제(월 통상임금산정기준시간수 209시간, 월소정근로일수 23일)**

〈사례 1〉 근무시간을 따로 정하지 않고 월 200만원을 지급한 경우
- 근로자가 1개월 20시간의 연장근로를 한 경우 체불금액
  (실근로에 따라 발생한 연장근로 20시간에 대한 연장근로수당)
  (200만원÷209시간)×20시간×1.5=**287,081원**

〈사례 2〉 근무시간을 9시부터 21시까지로 정하고 월 300만원을 지급한 경우
- 1일 10시간 근무, 휴게시간 2시간, 2시간 연장근로 약정
  (근로자가 1개월 50시간의 연장근로를 한 경우 체불금액) 실근로에 따라 초과된 연장근로 4시간에 대한 연장근로수당 (50시간- 46시간〈2시간×23일〉=4시간)
  300만원/[209시간+(2시간×23일×1.5)]×**4시간**×1.5시간=**64,748원**

〈사례 3〉 근무시간을 오전 근무조(8시~17시), 오후 근무조(15시~00시)로 정하고, (각 휴게시간 1시간), 일급 10만원을 지급한 경우
- 오전 근무조는 문제가 없으나 **오후 근무조**는 야간근로 2시간에 대한 야간근로수당을 지급해야 함. 계속근로일 경우 주휴수당 10만원을 추가 지급
야간근로수당은 (10만원÷8시간)×2시간×0.5시간=**12,500원**

2) 정액수당제

정액으로 지급한 수당이 실근로시간에 따라 산정된 법정수당 이상이어야 한다. 다만, 각 수당 항목이 법정수당을 지급한 것처럼 보이기 위해 단순히 수치를 맞춘 것에 불과하다면, 해당 임금의 총액을 소정근로시간에 대한 것으로 간주하고 실근로시간에 따른 법정수당을 지급해야 한다.

check point **정액수당제(월 통상임금산정기준시간수 209시간, 월소정근로일수 23일)**

〈사례 1〉 근무시간을 8시간(9시~18시, 휴게시간)으로 정하고, 기본임금 월 200만원, 매월 40시간 고정OT 지급
- 근로자가 1개월 50시간의 연장근로를 한 경우 체불금액
(실근로에 따라 초과된 연장근로 10시간에 대한 연장근로수당)
(200만원÷209시간)×10시간×1.5=**143,541원**

〈사례 2〉 근무시간을 8시간(9시~18시, 휴게 1시간)으로 정하고, 기본임금 월 200만원, 기본임금의 20%(40만원)를 연장근로수당으로 지급
- 근로자가 1개월 20시간의 연장근로를 한 경우 체불금액
(200만원÷209시간)×20시간×1.5=287,081원, 연장근로수당이 40만원이므로 **체불금액 없음**
- 근로자가 1개월 40시간의 연장근로를 한 경우 체불금액
(실근로에 따라 연장 40시간에 대한 연장근로수당에서 기 지급된 연장근로수당을 뺀 금액)
[(200만원÷209시간)×40시간×1.5=574,162원]- 40만원=**174,163원**

04 근로시간 관련 실무

1. 근로시간의 구체적 판단

근로시간에 대하여는 노사간에 다툼이 많다. 따라서 노동청에 진정 등 신고사건도 다양하게 많은 사건이 제기된다. 예를 들어 대기시간, 휴게시간, 교육시간, 출장시간 등이 근로시간과 명확하게 구분되지 않아, 근로자는 위 대기시간 등이 근로시간이므로 임금을 지급해야 한다고 주장하고, 사용자는 근로시간이 아니므로 임금을 지급할 수 없다는 입장이다.

이와 관련하여 근로시간, 대기시간 등의 개념을 알아보고 이에 대한 사례를 들어 보고자 한다.

1) 근로시간의 개념

근기법에 의한 근로시간이란 단지 사업장에 체류한 시간을 의미하는 것이 아니라, 사용자의 지휘・감독을 받으면서 근로계약에 따른 근로를 제공한 실근로시간을 말한다(대법 2019.7.25., 2018도16228).

근로자가 사용자의 지휘・명령 아래 있었는지 여부는 근로계약・취업규칙 및 당해 활동의 업무관련성 등을 종합하여 사회통념에 의하여 객관적으로 판단해야 한다. 사용자의 지휘・감독은 명시적인 것 뿐만 아니라 묵시적인 것도 포함한다.

근로시간 해당 여부는 사용자의 지시 여부, 업무수행(참여) 의무정도, 수행이나 참여를 거부한 경우 불이익 여부, 시간과 장소 제한의 정도 등 구체적 사실관계를 따져 사례별로 판단한다.

근로시간은 구속시간(시작시간에서 종료시각 즉, 근로자가 사용자에게 근로를 제공하기 시작한 시각부터 종료한 시각)에서 휴게시간을 공제한 시간으로 산정한다.

check point **근로시간 여부의 입증책임**

> 원고 근로자들이 연장근로 내지 야간근로의 근거로 제시하고 있는 야근시계 애플리케이션의 기록들 다수가 피고 사업장 밖에 소재한 기록들이 있었고, 위치조작 애플리케이션을 다운받아 실행시킬 경우 퇴근장소를 임의로 조작시킬 수 있음이 확인됨에 따라, 원고들이 제시한 증거들만으로는 원고들이 연장근로 내지 야간근로를 하였음을 인정하기에 부족하고 달리 인정할 증거가 없다(대법 2015.12.10., 2015다236578).

2) 대기시간

대기시간이란 근로자가 작업시간 도중에 현실적으로 작업을 하지 않고 다음 작업을 위하여 대기하고 있는 시간을 말한다.

근로시간을 산정함에 있어 작업을 위하여 근로자가 사용자의 지휘·감독 아래에 있는 대기시간 등은 근로시간으로 본다(근기법 제50조제3항).

근로자가 작업시간 도중에 현실적으로 작업에 종사하지 않은 대기시간이나 휴식·수면시간 등이라 하더라도 그것이 휴게시간으로서 근로자에게 자유로운 이용이 보장된 것이 아니고 실질적으로 사용자의 지휘·감독 하에 놓여 있는 시간이라면, 이를 당연히 근로시간에 포함시켜야 한다(대법 2017.12.13., 2016다243078).

현실적으로 작업은 하고 있지만 단시간 내에 근무에 임할 것을 근로자가 예상하면서 사용자로부터 언제 취로 요구가 있을지 불명한 상태에서 기다리고 있는 시간, 이른 바 대기시간은 사용자로부터 취로하지 않을 것을 보장받고 있지 못하기 때문에 휴게시간으로 볼 수 없고 근로시간으로 보아야 한다(법무 811-28682, 1980.5.15.).

사용자의 지휘·감독을 받지 않고 근로자가 자유롭게 이용할 수 있는 대기시간은 휴게시간으로 볼 수 있다(대법 2019.7.25., 2018도16228)

check point 버스기사들이 대기시간을 근로시간으로 볼 수 있는지 여부

근로자가 작업시간 도중에 실제로 작업에 종사하지 않는 휴식시간이나 대기시간이라 하더라도 근로자의 자유로운 이용이 보장되지 않고 실질적으로 사용자의 지휘 · 감독을 받는 시간은 근로시간에 포함된다고 보아야 한다.

근로계약에서 정한 휴식시간이나 대기시간이 근로시간에 속하는지 휴게시간에 속하는지는 특정 업종이나 업무의 종류에 따라 일률적으로 판단할 것이 아니다. 이는 근로계약의 내용이나 해당 사업장에 적용되는 취업규칙과 단체협약의 규정, 근로자가 제공하는 업무내용과 해당 사업장의 구체적 업무방식, 휴게 중인 근로자에 대한 사용자의 간섭이나 감독 여부, 자유롭게 이용할 수 있는 휴게장소의 구비 여부, 그 밖에 근로자의 실질적 휴식이 방해되었다거나 사용자의 지휘 · 감독을 인정할 만한 사정이 있는지와 그 정도 등 여러 사정을 종합하여 개별사안에 따라 구체적으로 판단하여야 한다. 버스기사들의 버스운행 사이 대기시간 중에는 사용자의 지휘 · 감독이 미치지 않고 근로자의 자유로운 이용이 보장된 시간(휴게시간)도 포함되어 있으므로, 대기시간 전부를 근로시간으로 볼 수는 없다(대법 2018.6.28., 2013다28926 ; 대법 2021.8.12., 2019다266485)

3) 휴식시간, 수면시간

휴식시간(휴게시간)이란 근로시간 도중에 사용자의 지휘감독으로부터 해방되어 근로자가 자유로이 이용할 수 있는 시간을 말하며, 근로시간에 포함되지 않는다(대법 2017.12.15., 2014다74254).

근로자가 작업시간 도중에 실제로 작업에 종사하지 않은 대기시간이나 휴식 · 수면시간이라 하더라도, 근로자에게 자유로운 이용이 보장된 것이 아니라 실질적으로 사용자의 지휘감독을 받고 있는 시간이라면 근로시간에 포함된다(대법 2021.7.21., 2021다225845).

근로계약에서 정한 휴식이나 수면시간이 근로시간에 속하는지 휴게시간에 속하는지 여부는 근로계약 내용이나 사업장에 적용되는 취업규칙과 단체 협약의 규정, 근로자가 제공하는 업무의 내용과 해당 사업장에서의 구체적 업무방식, 휴게 중인 근로자에 대한 사용자의 간섭이나 감독여부, 자유롭게 이용할 수

있는 휴게장소의 구비 여부, 그 밖의 근로자의 실질적 휴식을 방해하거나 사용자의 지휘·감독을 인정할 만한 사정이 있는지와 그 정도 등 여러사정을 종합하여 개별사안에 따라 구체적으로 판단해야 한다(대법 2017.12.5., 2014다74254).

노동청에 휴식시간 관련하여 제기되는 사건의 대부분의 내용은 휴식시간에 휴식을 하지 못하고 근로를 하였으므로 임금을 달라는 것과 휴식시간을 제대로 부여받지 못하였으므로 이에 대하여 사업주의 처벌을 요구하는 것이다.

이러한 유형의 사건이 제기되면 근로자 입장에서는 CCTV를 증거자료로 제시하나, 통상 사업장에서 CCTV 녹화자료는 1개월이상은 보관하고 있지 않는 경우가 많다. 따라서 증인 진술 등 이를 입증할 증거가 제시되지 않는다면 사건 해결이 매우 어렵게 된다.

휴식시간 관련 사건은 요식업(음식점)에서 브레이크타임을 제대로 쉬지 못하고 근로하였음에 따라 임금 지급을 요구하는 경우와 커피숍 등에서 주로 많이 발생하고 있다.

4) 실제 근무에 부수된 작업

실근로에 부수된 작업이 단체협약·취업규칙 등에 의무화되어 있으면, 이에 소요된 시간은 근로시간이다.

check point **실근로에 부수된 작업 예(대법 1993.3.9., 92다22770)**

① 옷을 갈아 입는 시간 ② 작업도구 준비 · 점검 · 정비 · 교체 시간 ③ 보안교육 · 작업지시 · 작업조 편성을 위한 작업전 회의 ④ 교대 시간 ⑤ 작업 후 목욕 시간 ⑥ 작업 후 정돈 시간 등

5) 교육시간

근로자가 직무와 관련된 법령 또는 단체협약·취업규칙 등의 규정이나 사용자의 지시에 따라 소정근로시간 외에 교육을 받는 경우, 그러한 교육시간이 근

로시간에 해당하는지 여부는 관련법령 또는 단체협약·취업규칙 등의 내용과 취지, 해당 교육의 목적 및 근로제공과의 관련성, 교육의 주체가 누구인지, 사용자에게 이를 용인해야 할 법령상 의무가 있는지 여부, 근로자의 귀책사유로 말미암아 교육을 하게 되었는지 여부, 근로자가 교육을 이수하지 않을 때에 받을 불이익의 존부와 그 정도 등 여러 사정을 종합적으로 고려하여 판단해야 한다(대법 2022.5.12., 2022다203798).

교육이 소정근로시간 내외를 불문하고 사용자의 지시·명령에 의해 이루어지고 그러한 지시·명령을 근로자가 거부할 수 없다면 근로시간에 해당한다(법무 811-11278, 1978.5.31.).

여객자동차운수사업법 제25조제1항에 근거를 둔 운수종사자에 대한 보수교육시간은 근로자인 운전종사자와 사용자인 운송사업자 모두에게 부과된 법령상 의무로서 근로시간에 포함된다(대법 2022.5.12., 2022다203798).

여객자동차운수사업법 및 자동차운수규칙에 의거하여 서울시버스운송사업조합이 운수사업종사자에 대하여 실시하는 합숙교육은 그 교육내용이 업무 및 자기개발 목적이 복합된 교육으로서 정상근로에서와 다르므로, 동 교육기간 중 주휴일에 대하여는 교육 당일의 통상임금(단체협약 제31조 교육일은 출근으로 간주)과 유급 주휴수당만 지급하면 될 것이며, 실근로의 제공이 아닌 교육에 대하여는 휴일근로 가산수당은 적용되지 않는다(근기 01254-20810, 1989.12.15.).

운전면허증 소지자가 소양교육을 받아야 하는 것과 같이 개인적인 사유로 인한 교육은 근로시간에 포함되지 않는다. 음주운전으로 인한 소양교육·예비군훈련 불참 으로 인한 보충교육 등(근기 01254-14835, 1988.9.29.)

근무시간 이외의 과외시간에 실시되는 근로자의 교육이 사용자의 지휘·감독하에 실시되는 경우에 근로시간으로 볼 수 있다(근기 1455-12429, 1970.12.29.).

예를 들어, 오전 시업시간 1시간 전에 ○○교육을 실시하는 경우 참가가 의무화되어 있다면 근로시간에 포함되어야 하고, 참가 여부가 근로자 개인의 자유의사에 맡겨져 있다면 근로시간으로 볼 수 없다.

6) 출장 등의 사업장 밖 근로시간

출장 등 사업장 밖의 근로는 그 성격상 근로시간에 대해 사용자의 직접적이고 구체적인 통제가 이루어지기 어려워 정확한 근로시간 산정이 곤란하므로, 근기법 제58조에 통상적인 소정근로시간을 초과하여 근로하는 경우를 제외하고는 소정근로시간을 근로한 것으로 보며, 통상적으로 소정근로시간을 초과하는 경우에도 사용자와 근로자 대표가 서면합의로 정한 때에는 그 정한 시간을 근로한 것으로 본다고 규정하고 있음을 알려드림(근기 68207-3345, 2002.12.12.)

A/S 업무수행에 통상 필요한 시간이 소정근로시간을 초과하는 경우라면 노사 서면합의가 없는 한 그 업무수행에 통상 필요한 시간을 근로시간으로 보아야 할 것임(근기 68207-1909, 20016.14)

2. 법정기준 근로시간

'법정기준근로시간' 이란 법률(근기법 제50조, 제69조, 산안법 제139조제1항)에 의해 1주 또는 1일을 단위로 제한되는 근로시간을 말한다.

'1주'란 휴일을 포함한 7일을 말한다(근기법 제2조제1항제7호). 근기법은 근로시간을 산정하는 1주의 기산점에 대해 규정하고 있지 않으므로 노사가 협의하여 취업 규칙 · 단체협약 등으로 정할 수 있으며, 특별한 정함이 없다면 사업장에서의 노무관리 · 근로시간 · 급여산정 등을 위해 사실상 산정단위로 적용하고 있는 기간이 될 것이다.

'1일'은 원칙적으로 오전 0시부터 오후 12시까지를 말한다. 하나의 근로가 2일에 걸쳐 계속적으로 행해지는 경우에도 1일 근로로 보아, 8시간 근로원칙을 적용한다(근기 01254-20752, 1989.12.14.)

법정기준근로시간 규정은 법이 정한 시간을 초과하여 근로를 시킬수 없다는 절대적 금지조항은 아니며, 기준을 초과하여 근로하는 경우 연장근로 가산수당을 지급하는 기준이 되는 시간을 말한다.

3. 소정근로시간

'소정근로시간'이란 법정기준근로시간(근기법 제50조, 제69조, 산안법 제139조)의 범위내에서 취업규칙 · 근로계약 등에서 근로자와 사용자간에 정한 근로시간(예 : 1주 40시간, 1일 8시간 또는 1주 35시간, 1일 7시간 등)을 말한다(근기법 제2조제1항제8호). 임금은 근로의 대가이므로 소정근로시간은 원칙적으로 임금의 지급대상인 시간을 의미한다.

소정근로시간은 취업규칙의 필수적 기재사항으로(근기법 제93조제1호), 일반적으로 회사 취업규칙 등에서 정하고 있는 업무의 시작 시각부터 종료 시각(휴게시간은 제외)까지의 근로시간을 말한다.

'소정근로시간'은 법정기준근로시간에 따른 근로시간의 범위에서 근로자와 사용자 사이에 정한 근로시간을 말하므로 '통상임금 산정기준시간 수'와는 구별된다. 따라서 주급제 또는 월급제에서 지급되는 유급휴일에 관한 임금인 이른바 주휴수당 관련 근로시간은 소정근로시간 산정시 고려할 필요가 없다(대법 2019.2.28., 2018도19836).

1) 1일 소정근로시간

주40시간제가 시행되면서 주5일 근무 또는 주6일 근무 여부에 따라 1일 소정근로시간이 다양한 형태로 나타난다.

통상임금 산정의 기초가 되는 '1일의 소정근로시간'이란 근로자와 사용자가 근기법 제50조, 제69조 본문 또는 산안법 제46조에 따른 기준근로시간의 범위 안에서 정한 시간을 의미하므로 그 약정근로시간은 이 기준근로시간에 우선하여 시간급 통상 임금 산정의 기초가 된다(대법 1991.7.26., 90다카11636).

주휴수당으로 지급되는 임금의 범위는 당해 사업장의 근로시간이 법정근로시간을 초과하는 경우에는 법정근로시간에 대한 임금을, 근로시간이 법정근로시간보다 적은 경우에는 소정근로시간에 대한 임금으로 한다(근기 01254-5392, 1987.4.2.).

매일의 소정근로시간이 다른 경우에는 정상근로의 소정근로시간을 기준으로 주휴수당을 산정한다(임금정책과-2492, 2004.7.7.)

일반적으로 소정근로시간은 1주 40시간, 1일 8시간의 범위내에서 근로관계 당사자가 임의로 정할 수 있으며, 1주 40시간을 근로할 경우에도 반드시 1일 8시간씩 5일간 근무를 해야 하는 것은 아니므로, 주40시간 근로제가 반드시 주5일 근무제를 의미하는 것은 아니라고 할 것임. 다른 4일은 1일 8시간으로 정하여 1주 40시간을 근로케 하더라도 반드시 근기법 위반이라 보기는 어려울 것임(근로기준과- 4615, 2005.9.7.)

2) 주, 월 소정근로시간

'주 소정근로시간'이란 1주 법정기준근로시간(40시간) 안에서 일하기로 정한 근로시간을 말한다. 따라서 1주 40시간으로 정했다면 40시간이 주 소정근로시간이 된다.

'월 소정근로시간'이란 1주 소정근로시간에 1년간의 평균주수를 곱한 시간을 12로 나눈 시간을 말한다. 따라서 주40시간제라면 40시간×(365일÷7일)÷12월≒174시간이 된다.

4. 연장근로(시간외 근로), 초과근로

'연장근로'란 근기법 제50조・제69조에서 정한 법정기준근로시간(1주 40시간, 1일 8시간/ 연소자의 경우 1주 35시간, 1일 7시간)을 초과한 근로를 말한다. 따라서 1주 40시간 또는 1일 8시간(연소자는 1일 7시간)을 초과한 경우 연장근로가 된다.

연장근로 여부는 실근로시간을 기준으로 1일 8시간・1주 40시간을 초과한 시간을 의미하므로 지각・조퇴・휴일・휴가 등 실제 근로하지 않은 시간은 실근로시간 산정에 포함되지 않는다(근기 01254-16100, 1991.11.6.).

연장근로는 법에서 정한 한도 내에서 이루어져야 하며, 연장근로에 대해서는 통상임금의 50% 이상을 가산 지급해야 한다(근기법 제56조제1항).

1) 합의 연장근로

(1) 연장근로 한도

18세 이상 근로자의 경우 1주 12시간 한도에서 당사자간의 합의에 의해 연장근로를 할 수 있으며(1일 연장근로 한도는 없음. 따라서 1일 20시간〈8시간+12시간〉 근로도 가능, 근기 01254-1135, 1988.1.25.), 18세 미만 연소자는 1주 5시간(1일 1시간 초과 금지) 한도에서 가능하다(근기법 제69조).

출산후 1년이 경과되지 아니한 여성근로자의 경우 1주 6시간(1일 2시간, 1년 150시간 초과금지) 한도에서 연장근로를 할 수 있으며(근기법 제70조), 임신중인 여성근로자에 대하여는 시간외근로를 시키지 못한다(근기법 제74조제5항).

유해위험작업은 법정근로시간(주34시간)을 초과하여 연장근로를 할 수 없으므로(산안법 제139조), 연장근로 자체가 금지된다.

단시간 근로자에 대하여 소정근로시간을 초과하여 근로하게 하는 경우에는 당해 근로자의 동의를 얻어야 하며, 이 경우 1주간에 12시간을 초과하여 근로하게 할 수 없다(기간제법 제6조제1항).

사업주가 근로자에게 육아기 근로시간 단축을 허용하는 경우 단축 후 근로시간은 주당 15시간 이상이어야 하고 30시간을 넘어서는 안된다(남녀고용평등법 제19조의2제3항). 이 경우 연장근로는 근로자가 명시적으로 청구하는 경우 주 12시간 이내에서 가능하다(동법 제19조의3제3항).

출산 후 1년이 경과되지 않은 여성근로자・연소근로자에 대해서는 1일 연장근로 제한이 있으나(각각 2시간, 1시간) 18세 이상 근로자에 대해서는 1일 연장근로 제한이 없으므로, 1주 12시간을 초과하지 않는다면 1일의 제한은 없는 것으로 본다(근기 01254-13641, 1990.9.27.).

(2) 연장근로의 실시요건(당사자간 합의)

연장근로는 '당사자간의 합의'가 있어야 하는데(근기법 제53조제1항), '당사자간의 합의'는 근로관계의 당사자 즉, 사용자와 근로자 개인간의 합의를 의미한다.

현행법에서는 연장근로시 당사자간의 합의방법에 대해 구체적으로 명시하고 있지 않으므로 서면합의가 아닌 구두 합의도 가능하다.

연장근로 합의는 근로자 개인의 합의권을 박탈하지 않는 범위에서 노동조합 또는 노사협의회 등의 근로자 대표와 합의할 수도 있다(대법 1993.12.21., 93누5796). 이 경우 서면으로 연장근로 사유, 근로일수, 연장시간, 업무종류, 근로자 수와 유효기간을 명시해야 한다.

단체협약에서 '법정기준근로시간을 초과하는 근무는 조합과 사전 협의한다'고 규정하고 있는 경우, 이 규정은 연장근로시 노사협의 절차를 규정한 것으로서 연장근로에 대한 '집단적합의'로 보기는 어렵다(근로기준정책과-1911, 2015. 5.6.).

개별근로자와의 연장근로 합의는 연장근로를 할 때마다 할 필요는 없으므로 근로계약 등으로 미리 약정할 수 있다(대법 2000.6.23., 98다54960).

사용자의 근무지시 없이 근로자가 자발적으로 소정근로시간 이외에 근무한 경우에는 연장근로 가산임금을 지급하지 않더라도 법 위반으로 볼 수 없다(근기 68207-1036, 1999.5.7.). 만약 근로관계의 특성상 관행적으로 사용자의 지시나 승인없이 연장근로가 이루어져 온 경우에는 통상적으로 사용자의 묵시적인 승인이 있었다고 볼 여지가 있으므로, 사용자가 연장근로에 대한 임금지급의무를 면하기 위해서는 명시적으로 연장근로를 금지하고 노무제공의 수령을 거부하는 적극적인 조치를 취해야 할 것이다(노조 68107-1140, 2001.10.11.)

근기법 제53조제1항은 강행규정이므로 당사자가 합의하여 연장근로 한도를 초과하여 근로한 경우에는 이 법상의 처벌을 받게 된다(근로기준과-161, 2004. 1.7.).

(3) 연장근로시간의 판단 및 산정방법

근기법 제53조의 '연장근로'는 법정기준근로시간(1주 40시간, 1일 8시간)을 초과한 시간을 의미하므로, 1주 40시간을 초과하지 않더라도 1일 8시간을 초과하거나, 1일 8시간을 초과하지 않더라도 1주 40시간을 초과한 시간은 연장근로에 해당한다. 이 경우 연장근로시간을 계산할 때 1일 단위와 1주 단위가 경합하는 경우에는 중복되지 않게 어느 쪽이든 근로자에게 유리한 것을 기준으로 산정해야 한다(근기 01254-3558, 1988.3.9.).

소정근로일이나 소정근로시간 중에 휴가나 휴일(법정・약정 불문), 결근, 파업, 지각, 조퇴 등으로 인해 근로하지 못한 시간은 근로시간 수 산정에서 제외한다. 따라서 대기시간을 포함하여 실제 근로한 시간이 1일 8시간 또는 1주 40시간을 초과해야 근기법 제53조・제56조의 연장근로에 해당한다(대법 1992.10.9., 91다14406).

특정주의 토요일에 8시간을 근로하였다고 하더라도 주중에 휴일 또는 휴가기간이 있어 당해 1주간의 총 근로시간이 40시간을 초과하지 않은 경우에는, 당해 토요일에 행해진 8시간 근로에 대하여는 연장근로수당을 지급하지 않더라도 근기법 위반 문제는 발생하지 않는다(근기 68207-2990, 2000.9.28.).

연장근로가 역일을 달리하여 계속적으로 이어지는 경우 전일 근로의 연장으로 보아 연장근로를 판단한다. 이 때 다음날 소정근로시간대까지 계속 이어지는 경우에는 익일 시업시간까지를 연장근로로 보며, 시업시간 이후의 근로는 근로계약・취업규칙 등에 의하여 당초 근로제공 의무가 있는 소정근로이므로 이를 전일 근로의 연장으로 볼 수 없다(즉 당일 근로의 시작으로 본다 / 근기 68207-402, 2003.3.31.).

주휴일 전일에 근로를 개시하여 역일상 휴일까지 근로를 한 경우에는 이를 연속된 하나의 근로로 보아 휴일근로수당을 지급하지 않아도 무방하며, 다만 8시간을 초과한 부분에 대한 연장가산수당과 야간가산수당은 지급되어야 한다(근기 01254-9341, 1990.7.3.).

사용자가 명시적으로 연장근로를 지시하지 않았다 하더라도 사용자가 근로자의 노무를 수령함으로써 연장근로에 대한 묵시적 동의 또는 추인이 있었던 것으로 볼 수 있는 경우에는 연장근로에 해당한다(근기 68207-1314, 1997.10.1.).

사용자와 근로자의 합의에 의하여 연장근로가 이루어진 것이 아니라, 사용자의 요구와 관계없이 근로자가 자기의 의사에 의하여 연장근로를 했다면, 이에 대해서는 연장근로가산수당을 지급할 의무가 없다(근로기준과-4380, 2005.8.22.).

(4) 연장근로시간의 증명 방법

노동청에 연장근로와 관련하여 진정 등 신고사건이 많이 제기 되고 있는게 현실이다. 판례는 권리의 존재를 주장하는 사람이 권리발생사실에 대해 증명책임을 진다고 판시하고 있다(대법 2009.3.26., 2007다63012).

이에 따라, 근로자들이 노동청에 신고사건을 제기하거나 소송 등을 통해 연장근로를 인정 받기 위해서는 근로계약 체결 사실, 통상임금액, 연장근로시간 등을 증명해야 하는데, 근로자가 이러한 사실을 제대로 증명하지 못하면 연장근로시간을 인정받기 어려운 점이 있다.

실무적으로는 근로자의 사업장 입·출입기록, 출·퇴근 기록 시스템, 같은 부서 또는 유사업무 종사자의 출·퇴근 기록, 관리자의 업무지시 근거, 임금대장, 노무관리 부서 내부 생성자료 등이 근로시간 증명의 주요 증거가 된다.

2) 초과근로

'법내 초과근로'는 근기법 제50조, 제69조, 산안법 제139조에서 정한 법정기준근로시간 범위 내에서 사업장의 소정근로시간을 초과하여 근로한 시간을 말한다(대법 1995.6.29., 94다18553).

〈예〉 소정근로시간이 1주 35시간(1일 7시간)인 사업장에서 1시간 연장근로를 한 경우, 7시간을 초과한 1시간을 의미한다.

'법내 초과근로'는 법정기준근로시간을 초과한 시간이 아니므로, 근기법 제56조의 연장근로 가산수당 지급대상이 아니다(근기 01254-3951, 1989.3.14. / 대법 1995.6.29., 94다18553).

사용자는 단시간근로자에 대하여 소정근로시간을 초과하여 근로하게 하는 경우에는 해당근로자의 동의를 얻어야 한다. 이 경우 1주간에 12시간을 초과하여 근로하게 할 수 없다(기간제법 제6조제1항).

단시간근로자는 사용자가 근로자의 동의를 얻지 아니하고 초과근로를 하게 하는 경우에는 이를 거부할 수 있다(동조 제2항).

단시간근로자가 소정근로시간을 초과하여 근로한 경우에는 법정기준근로시간을 초과하지 않아도 통상임금의 100분의 50 이상을 가산하여 지급해야 한다(동조 제3항).

3) 연장근로와 가산임금

사용자는 연장근로・휴일근로에 대하여는 통상임금의 50% 이상을 가산하여 지급해야 한다(근기법 제56조제1항). 다만, 사용자가 '8시간 이내의 휴일근로'에 대하여는 통상임금의 100분의 50 이상을, '8시간을 초과한 휴일근로'에 대하여는 통상임금의 100분의 100 이상을 가산하여 지급해야 한다(동조 제2항).

'가산임금'이란 연장근로・야간근로・휴일근로에 대하여 통상임금의 100분의 50 이상을 가산하여 지급하는 임금을 말한다.

연장근로・야간근로・휴일근로가 중복된 경우 각각 가산하여 지급한다(대법 1991.3.22., 90다6545). 다만, 8시간 이내의 휴일근로에 대하여는 비록 주40시간을 초과하는 연장근로에 해당하더라도 휴일근로 가산수당만 지급하면 되고, 연장근로 가산수당을 지급할 필요가 없다.

가산임금 지급사유가 중복되어 일부 가산금은 초과 지급되고 일부 가산금은 과소 지급된 경우에는 초과 지급된 만큼 과소 지급된 부분에 충당한 것으로 본다(대법 1993.10.12., 93다28737).

소정근로시간을 초과하더라도 법정기준근로시간을 초과하지 않는 한 가산임금 지급대상에 해당하지 않는다(법내초과근로/대법 1991.6.28. 90다카1458). 다만, 단시간근로자의 경우에는 법정기준근로시간을 초과하지 않더라도 소정근로시간을 초과하면 가산임금 지급대상에 해당한다(기간제법 제6조제3항).

사용자는 근로자 대표와의 서면합의에 따라 연장근로 · 야간근로 · 휴일근로에 대하여 임금을 지급하는 것에 갈음하여 휴가를 줄 수 있다(선택적 보상휴가제/근기법 제57조).

4) 고정 연장근로수당

연장근로수당은 실제 근로를 제공한 시간에 따라 지급하는 것이 원칙이나, 노사합의 등으로 일 또는 월 단위의 고정적인 수당으로 지급하는 것도 가능하다. 다만, 이러한 정액수당이 실제 제공된 근로시간에 따라 산정된 법정수당보다 부족할 경우에는 그 차액을 지급해야 한다(대법 2020.11.26., 2017다239994 / 근기 68207-1377, 1994.9.1.).

노사간에 실제 연장근로시간 또는 휴일근로시간과 관계 없이 일정시간을 연장근로시간 또는 휴일근로시간을 간주하기로 합의한 경우, 실제의 연장근로시간 또는 휴일근로시간이 합의한 시간에 미달하더라도 합의한 시간을 기준으로 수당을 산정해야 한다(대법 2019.8.14., 2018244631).

5. 야간근로

'야간근로'란 오후 10시부터 익일 오전 6시까지 사이의 근로를 말한다(근기법 제56조제1항)

사용자는 18세 이상의 여성을 오후 10시부터 오전 6시까지의 사이 및 휴일에 근로시키고자 하는 경우에는 당해 근로자의 동의를 얻어야 한다(근기법 제70조제1항).

사용자는 임산부(임신중인 자와 산후 1년 이하 자)와 18세 미만자를 오후 10

시부터 오전 6시까지 사잉 및 휴일에 근로시키지 못한다. 다만, 다음에 해당하는 경우로서 고용노동부장관의 인가를 얻은 경우에는 그러하지 아니하다.(동조 제2항)

1) 18세 미만자의 동의가 있는 경우
2) 산후 1년이 경과되지 아니한 여성의 동의가 있는 경우
3) 임신 중의 여성이 명시적으로 청구하는 경우
4) 사용자는 고용노동부장관의 인가를 얻기 이전에 근로자의 건강 및 모성 보호를 위하여 그 시행 여부와 방법 등에 관하여 당해 사업 또는 사업장의 근로자 대표와 성실하게 협의해야 한다(동조 제3항).

[야간근로와 가산임금]

소정근로시간 이내의 근로일지라도 야간근로일 경우에는 가산임금을 지급해야 한다(근기법 제56조제3항).

근기법 제63조(근로시간・휴게・휴일규정 적용제외)에 열거한 사업에 대해서는 연장근로・휴일근로에 대한 가산임금의 지급문제는 발생하지 않으나, 야간근로에 대해서는 가산임금을 지급해야 한다(근기 68207-3172, 2001.9.20.).

여성・연소자에 대해서는 원칙적으로 야간근로가 금지되나(근기법 제70조 제1항, 제2항), 근로자의 동의와 고용노동부장관의 인가를 얻어 야간근로를 시킨 경우에는 가산임금을 지급해야 한다.

경비직 야간근로자에 대해서 처음부터 가산임금을 포함하여 임금을 정한 것이 확실한 경우에는 별도로 가산임금을 지급하지 않을 수 있다(대법 1983.10.25., 83도1050).

상시근로자 수 4명 이하(5인 미만)인 사업장에는 근로기준법 제56조의 규정이 적용제외 됨에 따라, 연장근로・야간근로 및 휴일근로에 대한 가산임금(수당)이 지급되지 않는다.

6. 일 · 숙직(당직) 근로

근로자가 본래의 담당업무 이외의 시간에 일 · 숙직(당직) 근로를 할 경우 근로기준법 제56조의 규정에 의한 휴일 · 연장 · 야간근로로 볼 것인가에 대한 다툼이 있다.

1) 유형

(1) 전형적인 일 · 숙직 근로

전형적인 일 · 숙직근로라 함은 본래 담당업무와 별개의 근로로서 근로의 내용이 사업장 시설의 정기적 감시, 긴급문서 또는 전화의 수수, 기타 돌발사태 발생에 대비한 준비 등 경미한 내용의 근로를 단속적으로 수행하는 것을 말한다(근기 68207-2665, 2002.8.8.).

본래의 업무와 다른 일 · 숙직 근로는 휴일 · 연장 · 야간근로로 볼수 없으므로, 근기법 제56조의 가산수당 지급대상에 해당하지 않으며, 일 · 숙직기간이 장기간인 경우에는 근로기준법 제63조에 따라 근로시간 · 휴일 · 휴게적용 제외 인가를 받아야 할 것이다.

(2) 유사 일 · 숙직 근로

일 · 숙직 시간 중에 수행하는 업무의 노동강도가 본래의 업무와 유사하거나 상당히 높은 '유사 일 · 숙직근로'에 대하여는 통상의 근로에 준하여 처리하는 것이 원칙이다.

구체적으로 어느 것이 유사 일 · 숙직 근로인가는 통상의 근로시간과 근로양태에서 완전히 벗어나는지, 근로의 내용이 계속 그대로 유지되는지, 수면이나 휴식이 얼마나 보장되는지, 본래의 업무 비중이 어느정도 되는지를 살펴서 판단한다(대법 1990.12.26., 90다카13465).

2) 일 · 숙직 근로에 대한 임금지급 여부

(1) 전형적인 일 · 숙직 근로

일반적으로 일·숙직근로라 함은 정기적 순찰, 전화와 문서의 수수, 기타 비상사태 발생 등에 대비하여 시설 내에서 대기하고 있는 경우로서, 이러한 업무는 원래 근로계약에 부수되는 의무로 이행되어야 하는 것이어서 정상근무에 준하는 임금을 지급할 필요가 없으며, 연장·야간·휴일근로수당 등이 지급되어야 하는 것도 아니다(대법 1995.1.20., 93다46254).

(2) 유사 일 · 숙직 근로

일·숙직근로가 여러 가지 사정에 비추어 통상의 근로에 해당하는 경우에는 근기법 제56조 소정의 가산임금을 지급해야 할 것이다. 즉, 일·숙직시의 근로가 통상의 근로시간의 구속으로부터 완전히 벗어난 것인가 또는 통상의 근로의 태양이 그대로 계속되는 것인가, 일·숙직 근로 중 본래의 업무에 종사하게 되는 빈도 내지 시간의 장단, 숙직근로 시 충분한 수면시간이 보장되는지의 여부 등을 충분히 심리하여 일·숙직근로의 태양이 그 내용과 질에 있어서 통상근로의 태양과 마찬가지라고 인정될 때에 한하여 일·숙직근로를 통상의 근로로 보아 이에 대하여 가산임금을 지급해야 할 것이고, 일·숙직근로가 전체적으로 보아 근로의 밀도가 낮은 대기성의 단속적 업무에 해당하는 경우에는 일·숙직근로 중 실제로 업무에 종사한 시간에 한하여 가산임금을 지급해야 할 것이다(대법 1990.12.26., 93다카13465).

3) 일 · 숙직수당이 임금인지 여부

회사의 보수규정에 규정된 수당이 아니라 일·숙직 당일의 식비 등으로 소비되는 실비보상의 성질을 띤 일·숙직 근무수당은 보수에 포함시킬 성질이 아니다(대법 1990.1.27., 90다카10312).

일·숙직근로에 대하여 일정액의 수당을 지급하는 경우에는 그것이 실비변상이라고 할 만한 특별한 사정이 없는 한 이는 일·숙직근로의 대가인 임금으로 본다(임금근로시간정책팀-3230, 2007.10.25.)

7. 감시·단속적 근로

감시적 근로자란 감시업무를 주 업무로 하면서 상태적으로 정신적·육체적 피로가 적은 업무에 종사하는 자를 말하며, 단속적 근로자란 근로가 간헐적·단속적으로 이루어져 휴게시간이나 대기시간이 많은 업무에 종사하는 자를 말한다(근기법 시행규칙 제10조).

감시적근로에 해당하는 자에는 수위, 경비원, 물품감시원, 계수기감시원, 보일러공, 청원경찰 등이 있고 **단속적근로**에 해당하는 자로는 간헐적·단속적 업무로서 업무시간 중에 대기시간이 많고 실 근무시간이 적은 업무에 종사하는 승용차·통근버스의 전용운전원, 통상업무는 한가하나 돌발적인 사고 발생에 대비하는 업무에 종사하는 기계수리공·전기수리공, 실근무시간이 대기시간의 반 정도 내지 그 이하인 업무에 종사하는 보일러공·취사부·화물적하종사자, 생산업체의 고압보일러실에 종사하는 자 등이 있다.

1) 승인요건

감시 또는 단속적으로 근로에 종사하는 자로서 근기법 제4장(근로시간과 휴식) 및 제5장(여성과 소년)의 근로시간·휴게·휴일에 관한 규정의 적용을 배제하기 위해서는 고용노동부장관의 승인을 얻어야 한다(근기법 제63조).

근로감독관집무규정 제68조제1항 및 제2항에서 감시·단속적 근로자에 대한 적용제외 승인요건을 정하고 있으며(2021.10.25. 개정) 근로의 성격이 감시·단속적이라 하더라도 근기법 제63조에 의한 적용제외 승인을 얻지 못한 경우라면(효력요건), 근기법에 의한 근로시간·휴게와 휴일에 관한 규정이 적용되어야 한다.

감시·단속적 근로의 적용제외 승인은 근로형태에 따른 **근로자수를 대상으로**

하는 것으로 승인신청에 근로자의 동의를 요하는 것은 아니므로, 승인 당시의 근로형태 및 업무성질, 근로자수가 변경되지 않았다면 승인의 효력은 유효하다(근로개선정책과-3369, 2014.6.13.).

적용제외 승인을 받았으나 감시·단속적 근로로 볼 수 없는 경우에는 적용제외 승인 권한이 있는 관할 지방노동관서에 적용제외 승인 취소를 요청할 수 있으며, 취소로 인한 효력은 취소사유가 발생한 시점부터 발생한다(근기 68207-779, 2003.6.26.).

2) 임원운전기사 근로시간 적용제외 여부

(1) 승인 사례

○○은행 임원 운전원 2명, 근로가 간헐적·단속적으로 이루어져 대기시간이 많고, 실근로시간이 대기시간의 반 정도 이하로 8시간 이내이며, 대기시간에 근로자가 자유로이 이용할 수 있는 휴게시설이 확보되어 있는 등 인가요건 충족함

○○건설 본사 운전원 23명, 실근로시간이 3시간 미만으로 대기시간(8시간~10시간)의 반 정도 이하이고, 대상근로자들이 승인요건에 적합하다는 확인서를 제출하였으며 대기시간에 근로자가 자유로이 이용할 수 있는 휴게시설이 확보되어 있는 등 인가요건 충족함

(2) 불승인 사례

○○대학 부총장 운전원 1명, 해당 운전업무는 사고예방을 위하여 집중을 요하는 업무로 판단되고, 실근로시간이 대기시간의 반을 상회하며, 대기시간 중에도 휴게시설을 자유로이 이용할 수 없는 시간이 많아 인가요건 미충족함.

check point **실무사례**

1) 적용제외승인을 받은 감시 · 단속적근로자의 근로시간이 실근로시간과 다른 경우

감시 · 단속적 근로자에 대한 적용제외승인을 받은 근로시간과 현재 실근로시간이 달라서 결과적으로 감시 · 단속적 근로형태로 변경되었거나, 당사자 합의가 불필요한 1일 12시간 이하 교대제에서 당사자 간 합의가 요구되는 24시간 격일제로 전환되는 경우 등 승인요건에 미달하게 된 경우에는 기존 승인의 효력이 상실되므로 요건을 갖추어 재승인을 받아야 할 것임. 한편, 감시 · 단속적 근로자에 대한 적용제외 승인기준(근로감독관 집무규정)중 근로시간에 대해서는 격일제(24시간 교대)근무의 경우 공동주택 경비원에 있어서는 휴게시간이 8시간 이상 확보되어 있지 않더라도 당사자 간의 합의가 있고 다음날 24시간의 휴무가 보장되면 될 것임(근로기준과-1445, 2005.3.10.)

2) 감시 · 단속적근로로 승인을 받지 않은 24시간 격일제 근무

근기법 제63조에 의한 감시 · 단속적 근로자로 승인을 받지 않은 경우에는 근기법상 근로시간 및 휴게 · 휴일에 관한 규정이 적용되므로, 24시간 격일제 근무는 근기법에 위반될 수 있음(근기 68207-1096, 2003.9.1.)

3) 감시 · 단속적 근로자로 승인을 받은 경우 기존의 근로조건을 사용자가 일방적으로 변경할 수 있는지

감시 · 단속적 근로자로 고용노동부장관의 승인을 얻은 경우에도 이를 근거로 기존의 근로조건을 사용자가 일방적으로 변경할 수 없으므로, 1일 8시간 근로하기로 한 근로자를 1일 12시간 근로하는 형태로 변경하기 위해서는 당해 근로자의 동의를 얻어야 할 것으로 사료됨(근기 68207-3332, 2002.12.9.)

4) 감시 · 단속적근로로 승인을 얻은 후 교대제 형태가 변경된 경우

감시 · 단속적 근로시 특정한 형태의 교대제를 금지하는 규정은 근기법은 없음. 따라서 2조 2교대에 의한 1일 12시간 근무형태로 운영하더라도 감시 · 단속적 근로 승인요건을 갖추면 승인 받을 수 있음. 감시 · 단속적 근로의 승인 요건을 갖추어 승인을 받은 경우라면 그 요건을 충족하는 범위 내에서 교대제 형태를 변경했더라도 다시 승인받아야 할 의무는 없다고 사료됨(근기 68207-2505, 2001.8.6.)

5) 적용제외 승인요청 시 대상근로자의 동의 여부 및 대상 인원이 증가된 경우 별도로 승인을 받아야 하는지

사용자가 감시적 근로에 종사하는 자에 대한 근로시간 등의 적용제외 승인을 얻고자 하는 경우 근로자의 동의를 필요로 하지 않음. 다만, 감시 또는 단속적 근로에 종사하는자에 대한 근로시간 등의 적용제외 승인은 근로형태 업무성질, 근로자수가 변경되지 않는 한 승인의 효력은 계속 유효하나, 종전에 승인받은 근로자 수 보다 동일 업무에 종사하는 근로자 수가 증가되었다면 증가된 근로자에 대하여는 별도로 승인을 받아야 함(근기 68207-3297, 2000.10.25.)

check point 감시 · 단속적 근로자의 근로시간 · 휴게시간 구분 가이드라인

(고용노동부, 2016.10)

1. 근로시간으로 인정되는 경우

(1) 근로계약 등에 근로시간으로 규정되어 있으며 실제 업무를 수행하는 경우

(2) 업무를 수행하지 않으나, 근로계약 등에 근로시간으로 규정되어 있는 경우

(3) 근로계약 등에 근로시간으로 규정되어 있지 않더라도 근로시간으로 인정되는 경우

가. 업무수행의 책임이 부과되거나 업무수행이 강제되는 시간

나 휴게시간 도중 돌발상황 수습을 위해 대응한 시간

다. 제재나 감시 · 감독 등에 의해 근무장소에서 강제로 대기하는 시간

라. 업무와 관련된 교육 · 회의 시간

2. 휴게시간으로 인정되는 경우

(1) 근로자가 사전에 휴게시간을 알고 있으며, 휴게는 근로행위로부터 완전히 이탈하여 자유로이 이용할 수 있는 시간

(2) 근무장소에서 쉬더라도 근로자가 스스로 휴게 장소로 선택한 경우

(3) 일정구역을 벗어날 수 없는 등 다소 장소적 제약이 있더라도 사용자의 지휘 · 감독에서 벗어나 자유로운 이용이 가능한 시간

(4) 긴급상황 발생에 대비하여 비상연락체계를 유지하는 상태에 불과하고 사용자의 지휘 · 감독에서 벗어나 자유로이 쉴 수 있는 시간

(5) 근로자가 자유롭게 이용하는 식사 시간 또는 아침 체조 시간

05 휴일과 휴가관련

05-1. 휴게시간

1. 의의

휴게시간이란 근로시간 도중에 사용자의 지휘·감독으로부터 해방되어 근로자가 자유로이 이용할 수 있는 시간을 말한다(대법 2021.8.12., 2019다266485).

근로자가 작업시간 도중에 실제로 작업에 종사하지 않는 휴식시간이라 하더라도 근로자의 자유로운 이용이 보장되지 않고 실질적으로 사용자의 지휘감독을 받는 시간은 근로시간에 포함된다.

사용자의 지휘감독 아래에 있는 대기시간은 휴게시간으로 볼 수 없으므로 근로시간으로 본다(근기법 제50조제3항).

근로계약에서 정한 휴식시간이나 대기시간이 근로시간에 속하는지, 휴게시간에 속하는지는 특정 업종이나 업무의 종류에 따라 일률적으로 판단할 것이 아니다. 이는 근로계약의 내용이나 해당 사업장에 적용되는 취업규칙과 단체협약의 규정, 근로자가 제공하는 업무내용과 해당 사업장의 구체적 업무방식, 휴게 중인 근로자에 대한 사용자의 간섭이나 감독여부, 자유롭게 이용할 수 있는 휴게장소의 구비여부, 그 밖의 근로자의 실질적 휴식이 방해되었거나 사용자의 지휘감독을 인정할 만한 사정이 있는지와 그 정도 등 여러사정을 종합하여 개별사안에 따라 구체적으로 판단하여야 한다(대법 2021.8.12., 2019다266485).

휴게시간은 근로시간에 포함되지 않는다. 따라서 임금도 지급되지 않는다. 다만, 단체협약이나 취업규칙 등에서 휴게시간을 근로시간에 포함하기로 한 경우에는 근로시간으로 본다.

휴게는 시업시간과 종업시간인 구속시간 내에서 근로시간 도중에 휴식하는 것이고, 휴일은 24시간을 연속해서 휴식하는 개념이다.

2. 휴게시간

4시간 근로에 30분 이상, 8시간 근로에 1시간 이상의 휴게시간을 근로시간 도중에 주어야 한다(근기법 제54조제1항). 따라서 근로시간이 4시간 미만은 휴게시간의 부여 대상이 아니다.

휴게시간은 시업시간과 종업시간 중에 주어야 하므로 일하기 전이나 일이 끝난 후에 주어서는 안된다.

휴게제도는 적절한 휴식을 부여함으로써 근로자의 건강보호·작업능률의 증진 및 재해방지에 그 목적이 있는 것이므로 휴게시간을 일시적으로 부여하는 것이 휴게제도의 취지에 부합되나, 작업의 성질 또는 사업장의 근로조건 등에 비추어 사회통념상 타당한 범위 내에서 휴게시간을 분할하여 주어도 무방하다(근기 01254-884, 1992.6.22.).

근로시간 도중에 장시간의 휴게시간을 정하는 경우 이것이 업무상 형편에 의하여 필요하다면 일정한 조건 아래 허용될 수 있다(근기 01254-1344, 1992.8.11.).

check point **실무사례**

1) 대기시간이 근로시간인지, 휴게시간인지

근로기준법상 휴게시간이란 근로자가 근로시간 도중에 사용자의 지휘·명령으로부터 완전히 해방되고 또한 자유로운 이용이 보장된 시간을 의미하므로, 만일 대기시간이 위와 같은 휴게시간에 해당한다면 근로시간에 포함될 수 없으나 그렇지 않다면 위 대기시간이 근로시간에 해당하여 법정기준 근로시간을 초과한 것이 되고, 이러한 기준근로시간을 초과하는 운행시간의 배치지시는 법령에 위반한 것으로서 정당한 작업지시라고 볼 수 없다(대법 1992.4.14., 91다20548).

작업의 진행상황에 따라 근로자가 미리 작업개시 전에 휴게시간을 명백히 구분할 수 있는 상황에 있고 그 시간 중에 사용자의 지휘감독을 벗어나 자유로이 사용할 수 있다면 휴게시간으로 보아야 할 것이나, 사용자로부터 언제 취로요구가 있을지 불명한 상태에서 대기하는 시간은 휴게시간으로 볼 수 없고 근로시간으로 보아야 할 것임(근기 01254

-12495, 1987.8.5.)

버스운행을 마친 후 다음 운행 전까지 대기하는 시간에는 근로시간에 해당하지 않는 시간이 포함되어 있다고 보아야 하므로, 이 사건 대기시간 전부가 근로시간에 해당한다고 볼 수는 없다(대법 2021.8.12., 2019다266485).

2) 아파트 경비원들이 야간휴게시간에 경비실에서 휴식을 취하는 대기시간

피고(아파트입주자대표회의)가 관리소장을 통해 문서로 지시한 특별지시, 직원 중요 숙지 사항 등은 경비원들에게 별도의 취침시간과 취침 장소가 없다는 전제에서, 야간휴게시간에 근무초소(경비실)내의 의자에 앉아 가면상태를 취하면서 급한 일이 발생할 시 즉각 반응하도록 지시한 점, 야간휴게에 근무초소(경비실) 내의 조명을 켜 놓도록 한 점, 야간휴게시간에 피고의 지시로 시행된 순찰업무는 경비원마다 매번 정해진 시간에 이루어지지 않았고, 이로 인하여 나머지 휴게시간의 자유로운 이용이 방해된 것으로 보이는 점 등을 종합하여 보면, 원고(아파트경비원)들의 야간휴게시간은 자유로운 이용이 보장되는 휴식 · 수면시간으로 보기 어렵고, 혹시 발생할 수 있는 긴급상황에 대비하는 대기시간으로 볼 여지가 충분하다. 또한, 피고가 원고들을 포함한 경비원들에게 휴게장소를 제공하였다거나 휴게장소의 자유로운 이용을 보장하였다고 보기 어렵고, 경비원들의 휴게시간을 보장하기 위한 별다른 노력을 기울이지 않았다. 결국 원고들의 휴게시간 중 상당시간은 실질적으로 피고의 지휘 · 감독을 벗어나 자유로운 휴식 · 수면시간의 이용이 보장되었다고 보기 어렵다(대법 2017.12.13., 2016다243078).

3) 휴게시간을 분할하여 부여하는 경우

휴게시간을 일시적으로 부여함이 휴게제도의 취지에 부합되나, 작업의 성질 또는 사업장의 근로조건 등에 비추어 사회통념상 필요하고 또한 타당성이 있다고 일반적으로 인정되는 범위 내에서 휴게제도 본래의 취지에 어긋나지 않는 한 휴게시간을 분할하여 주어도 무방할 것임(근기 01254-884, 1992.6.25.)

4) 근로자가 업무상의 이유로 휴게시간을 이용하지 못한 경우

노사가 휴게시간을 지정하지 아니하고 자유롭게 사용하기로 합의하였음에도 근로자가 업무상의 이유로 휴게시간을 사용하지 못하였다면, 이는 휴게시간을 미부여한 것으로 볼 수 있어 근기법 위반책임은 사용자에게 귀속됨(근로개선정책과-4279, 2012.8.23.)

5) 휴게시간을 점심시간에 30분 부여하고, 1일 8시간 근로가 종료된 후 나머지 30분의 휴게시간을 부여하는 경우

휴게시간을 근로시간 도중이 아닌 업무의 시작 전 또는 업무가 끝난 후에 부여하는 것은 근기법에 위반될 소지가 있다 할 것임(근로개선정책과-1773, 2013.3.19.)

05-1-1. 휴게시간 근로관련 신고사건 처리사례

휴게시간에 대한 임금 미지급 신고사건 인정(기소) 사례

- 진정인 : 경비원 ○○○
- 피진정인 : ㈜○○ 대표이사 ○○○
- 업종 : 경비용역업

[쟁점사항]

진정인이 약정한 휴게시간 10시간 중 석식 1시간을 제외하고 휴게시간을 제대로 보장 받지 못하고 근로를 하였다는 주장에 대한 실제 근로제공 인정여부

[인정되는 사실]

- ◦ 피의자는 2015년부터 ○○ 소재 ㈜○○와 경비용역계약을 체결하고, 경비용역서비스업을 제공하였음
- ◦ 피의자는 2015년 ○○지청에 ㈜○○ 사업장에 근무중인 경비원을 대상으로 근로기준법 第63조에 따른 감시적근로종사자에 대한 적용제외 승인을 신청하였으나, 불승인되었고, 이후 재신청한 이력 없음
- ◦ 진정인은 2017.9.1. 피의자와 근로계약을 체결하면서 근로시간은 1일 24시간 격일제, 휴게시간은 8시간(주간 1시간 12:00~12:30, 18:00~18:30 야간 7시간 22:00~24:00, 03:00~06:00)으로 약정하고 이를 명시하였음

[판단]

가. 휴게시간 보장 여부

- 피의자는 진정인과 약정한 휴게시간 중 진정인에게 별도로 부여한 업무가 없고, 야간 휴게시간 중 ○○○차량이 방문하더라도 휴게시간을 방해하지 않는 범위이므로, 진정인과 약정한 휴게시간이 보장되었다고 주장하고 있음
- 그러나 피의자 사업장 소속으로 진정인과 같이 ㈜○○에서 진정인과 같은 근로조건으로의 경비원으로 근무한 ○○○이 2020.9.2. 피의자를 상대로 진정(휴게시간 임금 미지급)을 제기하여, 진정인 및 피의자 진술조사와 사업장 출장조사(근무자 면담 등), 관련 증빙자료(순찰일지, 출입일지 등)를 조사한 결과
- 피의자는 진정인의 근로계약서상 명시된 휴게시간 중 사업장 순찰 및 방문차량 출입관리 등의 업무를 부여하였다고 볼 수 있고, 야간 휴게시간 중 차량 방문은 피의자의 주장처럼 그 횟수가 적더라도 어쩌다 발생하는 돌발 상황이 아니라, 평상 근로시 늘 발생되는 상황으로 실질적인 휴게시간이 방해받았다고 볼 수 있으며, 또한 피의자는 오랜 기간 경비용역업을 해왔고, 소속 경비원들의 다른 근무지에 대하여 ○○지청으로부터 근로기준법 제63조 제3호 및 같은 법 시행규칙 제10조에 따른 근로시간 등의 적용제외 승인을 받은 바 있어,
- 진정인과 같이 감시적 업무에 종사하는 근로자들의 휴게시간 보장의 중요성을 사전에 충분히 알 수 있는 상태에서, 진정인을 포함한 경비원들의 휴게시간이 제대로 보장받고 있지 않음을 인지했음에도 별도의 휴게 장소를 제공하거나, 휴게 시간을 보장하기 위한 별다른 노력을 기울이지도 않았으므로, 결국 진정인의 근로계약서상 명시된 휴게시간은 실질적으로 피의자의 지휘 감독을 벗어나 자유로운 이용이 보장되었다고 보기 어렵고 사업장 순찰 및 방문차량 출입관리 등을 위한 대기시간으로 볼 수 있어 근로

시간에 속한다고 판단한 바 있음

◦ 다만, 근로계약서상 명시된 휴게시간 중 18시부터 19시까지의 석식시간은 진정인도 진술 조사 당시 보장받았다고 진술하였고, 진정인이 제출한 방문일지와 사업장 방문조사 당시 확인한 경비순찰일지 및 출입일지에도 해당 시간에는 방문 및 출차 차량이 없었던 것으로 확인되어 동 시간은 휴게시간으로서 보장되었다고 판단한 바 있음

◦ 위 진정사건에 대하여 진정인 ○○○의 실 근로시간(1일 23시간 격일제 근무)에 대하여 근로기준법상의 근로시간, 휴게, 휴일에 관한 규정을 적용하여 최저임금액을 산정하고, 피의자가 기 지급한 임금과 비교하여 확인된 체불금품에 대하여 피의자가 변제의사가 없어 범죄인지 후, ○○검찰청 ○○지청으로 기소 의견으로 송치한 바 있음

◦ 진정인 ○○○도 피의자와 약정한 휴게시간(석식 1시간 제외)에 대하여 위 근로자 ○○○과 같은 취지로 진술하고 있으므로, 위 진정사건 조사 결과에 따라, 사업장 순찰 및 방문차량 출입관리 등을 위한 대기시간으로서 근로시간에 속한다고 판단됨

나. 휴게시간에 대한 임금 미지급

◦ 진정인은 위 사업장 근로기간 중 피의자와 약정한 휴게시간(1일 10시간)을 제대로 보장받지 못하였음에도 피의자는 이에 대한 임금을 지급하지 않았음

◦ 또한 피의자는 ○○지청으로부터 (주)○○에서 근무 중인 소속 경비원들에 대하여 근로기준법 제63조제3호 및 같은 법 시행규칙 제10조에 따른 근로시간 등의 적용 제외 승인을 받은 바 없음에도, 진정인의 임금 지급 시 근로기준법상의 근로시간, 휴게, 휴일에 관한 규정을 적용하지 않고, 기본급과 야간수당만을 지급하였음에 따라 연장근로수당 등 차액이 발생함

◦ 진정인의 실 근로시간(1일 23시간 격일제 근무)에 대하여 근로기준법상의 근로시간, 휴게, 휴일에 관한 규정을 적용하여 최저임금액을 산정하고, 피

의자가 진정인에게 기 지급한 임금과 비교하여 차액을 산정함

◦ 진정인의 체불금액을 산정해보면, 2020.8월 임금 3,316,067원을 비롯하여, 2019.9월부터 2020.8월까지 임금 합계 000,000,000원이 체불된 것으로 확인되었으므로, 피의자가 근로기준법 제43조(재직자, 정기임금지급일에 임금 미지급)를 위반한 사실이 확인됨.

◦ (의견) 위의 사실을 종합하여 판단컨대, 피해근로자 및 피의자의 진술과 관련 증거자료로 볼 때 그 범증이 충분하나, 피의자가 현재 위 범죄사실 일체를 부인하고 있고, 체불금품에 대한 변제 의사도 없으므로 기소 의견임

휴게시간에 대한 임금 미지급 신고사건 불인정(내사종결) 사례

- 진정인 : 경비원 ○○○
- 피진정인 : ㈜○○ 대표이사 ○○○
- 업종 : 경비용역업

[쟁점사항]

휴게시간 미 보장에 따른 임금지급요구

[인정되는 사실]

◦ 아래의 내용은 진정인과 피진정인의 진술, 증빙자료(근로계약서, 감시적 근로자 적용제외 승인 관련 서류 등) 등을 확인한 결과 인정되는 사실임.

◦ (근무기간) 진정인은 2016.4.1. 위 사업장에 입사하여 2022.12.31.까지 ○○ 소재 ○○ 공장'에서 경비원으로 근무하였음.

◦ (근로계약) 진정인은 입사일로부터 3개월마다 피진정인과 근로계약을 새로이 체결하여 근로조건을 서면으로 명시하였으나, 24시간 격일제 근무(주간 4시간, 야간 6시간 휴게) 조건에는 변동이 없었고, 마지막 근로계약

을 기준으로 진정인의 주요 근로조건은 아래와 같음.

* 근로계약서(일부 발췌)

◦ (적용제외 승인) 피진정인은 2015.9.15. ○○ 지청으로부터 ○○ 공장'에서 근무중인 소속 경비원들(진정인 포함)에 대하여 근로기준법 제63조(적용의 제외)제3호 및 같은 법 시행규칙 제10조(근로시간 등의 적용제외 신청 등)에 따른 근로시간 등의 적용제외 승인을 받았음.

[참고인 및 기타 자료 조사]

◦ (참고인 유선확인) 2016.4.5.부터 진정인과 함께 위 사업장에서 근무한 경비원(○○○)에게 유선확인(2023.2.27. 17시경)한 결과,

◦ 참고인은 '근로계약서상 명시된 10시간의 휴게시간을 인지하고 있고, 피진정인으로부터 휴게시간 중 업무를 부여받거나 경비실에서 대기할 것을 지시받은 적이 없고, 휴게시간 중 별도의 휴게장소에서 휴식을 취하거나 경비실에 TV가 있어 TV를 시청하기도 한다. 휴게시간에 휴게를 방해할 만한 특별한 사정이 없다.'는 취지로 답변하였음.

◦ (근무상황기록부) 피진정인이 제출한 진정인의 근무상황기록부를 확인한 결과, 날짜별 출근여부만 근로자가 서명하도록 되어 있었고 구체적인 근로시간은 확인할 수 없었음.

[판단]

◦ 위 진정 사건에 대하여 근로기준법 제109조 및 같은 법 제36조 위반 혐의로 조사한 결과, 진정인은 근로계약서상 명시된 휴게시간 중 4시간의 휴게시간을 보장받지 못하고, 실 근로를 제공하였으나, 이에 대한 임금을 지급받지 못하였다고 주장하나,

◦ ① 진정인은 위 사업장에서 2016.4.1.부터 2022.12.31.까지 근무하여 재직기간이 상당하고, 재직기간 중 3개월마다 피진정인과 근로계약을 새로이

체결하여 근로시간과 휴게시간에 대하여 충분히 인지하고 있었을 것으로 보이는 점, ② 피진정인이 진정인의 휴게시간 중 별도의 업무를 부여하거나 경비실에서 대기할 것을 지시한 적이 없는 점, ③ 근무 장소 외에 별도의 휴게를 취할 수 있는 휴게장소가 구비되어 있는 점, ④ 사업장 출입구에 출입차단기가 설치되어 있지 않고, 그 밖에 진정인의 휴식을 방해할만한 사정이 있어 보이지 않는 점, ⑤ 진정인의 재직기간 중 진정인과 같은 근로조건으로 근무한 경비원이 '근로계약서상 명시된 휴게시간을 보장받고 있고, 피진정인으로부터 휴게시간 중 업무를 부여받거나 대기할 것을 지시받은 적이 없다.'는 취지로 유선 진술한 점, ⑥ 진정인의 재직기간이 상당함에도 재직기간 중 피진정인에게 휴게시간을 보장받지 못한 것에 대하여 이의를 제기한 적이 없는 점, ⑦ 진정인이 근로기간 중 휴게시간을 보장받지 못하였다는 주장에 대한 별도의 입증자료가 없는 점, ⑧ 가사 진정인의 주장처럼 휴게시간 중 경비실에서 대기하였다 하더라도 이는 진정인의 진술과 같이 피진정인의 지시가 아닌 경비실을 비우면 안 될 것 같은 본인의 판단에 따른 것인 점 등을 종합하여 살펴보면,

◦ 진정인은 근로기간 중 근로계약서상 명시된 휴게시간에 실질적으로 휴식을 방해받거나 피진정인의 지휘・감독을 인정할만한 사정이 없어, 휴게시간을 보장받은 것으로 판단됨

◦ (의견) 위 진정요지에 대하여 법 위반사항을 확인할 수 없어 내사종결 의견임

05-2. 휴일(1) : 주휴일

1. 의의

휴일이란 소정근로일이 아닌 날 즉, 근로의 의무가 없는 날을 말한다. 휴일로 정하였는지 여부는 단체협약이나 취업규칙 등에 있는 휴일 관련규정의 문언

과 그러한 규정을 두게 된 경위, 해당 사업장과 동종업계의 근로시간에 관한 규율 체계와 관행, 근로제공이 이루어진 경우 실제로 지급된 임금명목과 지급금액, 지급액의 산정방식 등을 종합적으로 고려하여 판단해야 한다(대법 2020.6.25., 2016다3386).

휴일・휴가는 그 부여가 법률에 근거하느냐에 따라 법정휴일・휴가(법률에 근거)와 약정휴일・휴가(취업규칙, 단체협약 등에 근거)로 나뉘고, 임금지급 여부에 따라 유급휴일・휴가와 무급휴일・휴가로 나뉜다.

유급휴일이란 휴식을 하더라도 통상적인 근로를 한 것처럼 임금이 지급되는 날을 말한다(대법 2013.11.28., 2011다39946).

근기법상 휴일은 법정휴일과 약정휴일로 구분되며 **법정휴일**은 같은 법 제55조의 주휴일과 '근로자의 날 제정에 관한 법률'의 '근로자의 날'이 해당되고, **약정유급휴일**은 노사당사자 간 단체협약 및 취업규칙 등으로 정한 휴일을 의미하며, **공휴일**은 '관공서의 공휴일에 관한 규정'에 규정된 날로서 관공서가 쉬는 날을 의미하며, 단체협약 등으로 휴일로 명시한 경우에 한하여 약정유급휴일에 해당함(근로개선정책과-4792, 2014.8.27.)

check point 휴일 · 휴가의 구분

구분	법정	약정
의의	법에 근거하여 의무적 부여	부여여부・조건 등이 취업규칙・단체협약 등을 통해 결정
휴일	1) 주휴일(개근시 유급), 근기법 제55조제1항 2) 공휴일(유급), 근기법 제55조제2항 3) 근로자의날(유급) - 5월 1일, 근로자의날제정에관한법률	회사창립기념일, 노조창립기념일 등
휴가	1) 연차휴가(유급), 근기법 제60조 2) 생리휴가(무급), 근기법 제73조 3) 출산전후휴가(근기법 제74조제1항) 4) 유사산휴가(근기법 제74조제3항)	경조휴가, 하계휴가, 포상휴가 등

	5) 배우자출산휴가(유급)(남녀고용평등법 제18조의2) 6) 난임치료휴가(일부 유급)(남녀고용평등법 제18조의3) 7) 가족돌봄휴가(무급)(남녀고용평등법 제22조의2)	
휴직	1) 육아휴직(남녀고용평등법 제11조) 2) 육아기근로시간단축(남녀고용평등법 제19조의2) 3) 가족돌봄휴직(남녀고용평등법 제22조의2) 4) 가족돌봄근로시간단축(남녀고용평등법 제22조의3)	상병휴직, 직권휴직 등

2. 주휴일

사용자는 근로자에게 1주일에 평균 1회 이상의 유급휴일을 보장해야 하는데 이때 주 1회의 유급휴일을 가질 수 있는자는 1주간의 소정근로일수를 개근한 자에 한한다(근기법시행령 제30조제1항).

유급휴일이란 근로를 제공하였더라면 지급 받을 수 있었던 금액을 지급 받으면서 근로제공 의무는 없는 것으로 정해진 날을 말한다((근로기준과-2156, 2004.4.30.)

check point 주휴일이 다른 유급휴일과 중복될 경우

1) 주휴일이 근로자의 날과 중복될 경우

유급휴일과 주휴일이 중복될 경우 취업규칙 또는 단체협약 등에 별도의 정함이 없는 한 근로자에게 유리한 하나의 휴일만 인정하면 될 것이며, 근로자의 날은 '근로자의 날 제정에 관한 법률'에 의하여 소정근로일의 개근 여부와 관계없이 부여되는 유급휴일이므로, '근로자의날'과 '주휴'가 중복될 경우 1주간의 소정 근로일을 개근하지 못한 근로자에 대해서는 '근로자의날'인 유급휴일이 부여되어야 할 것임(근로기준과-4267, 2005.8.17.)

2) 주휴일이 약정휴일과 중복될 경우

단체협약이나 취업규칙에서 주휴일이 당해 회사의 유급휴일과 중복되는 경우 그 익일을 휴일로 한다는 등 별도의 정한바가 없다면 1회의 휴일을 실시함이 타당하다고 사료됨(근기 68207-2016, 1999.8.18.)

3. 주휴수당

주휴수당은 정상근로일의 소정근로시간을 기준으로 1일분을 지급해야 한다(근로기준과-5560, 2009.12.23.).

주휴수당은 근로자가 휴일에 실제로 근무를 하지 않음에도 불구하고 근무를 한 것으로 간주하여 지급되는 임금이므로 그 성질상 통상임금을 기초로 산정한다(대법 2010.1.28., 2009다74144).

4주 동안(4주 미만으로 근로하는 경우에는 그 기간)을 평균하여 1주 동안의 소정근로시간이 15시간 미만인 근로자는 주휴일 및 주휴수당 적용대상이 되지 않는다(근기법 제18조제3항).

check point 시급제 · 일급제 근로자의 고정수당에 주휴수당 포함여부 판단

1) 고정수당이 1개월을 초과하는 일정기간을 '산정주기'로하여 지급되는 경우

시급제 사원이 기본시급과 함께 매월 고정수당을 월급의 형태로 지급받는 경우, 그 고정수당 중에는 근기법 제55조제1항 소정의 유급휴일에 대한 임금의 성격을 갖는 부분도 포함되어 있는 것으로 봄이 상당하므로, 그 통상임금을 산정함에 있어서도 매월 지급받는 고정수당 중 유급휴일에 대한 임금부분을 공제해야 한다(대법 1998.4.24., 97다28421).

2) 고정수당이 1개월 또는 1개월을 초과하는 일정기간마다 지급되더라도 그 산정주기가 '시간 또는 일' 단위인 경우(주휴수당 미포함)

시급제 또는 일급제 근로자가 기본시급 또는 기본일급 외에 매월 또는 1개월을 초과하는 일정기간마다 지급 받는 고정수당 중에는 근로계약 · 단체협약 등에서 달리 정하지 않는 한, 구 근기법 제55조에 따라 부여되는 유급휴일에 실제로 근무를 하지 않더라도 근무를 한 것으로 간주하여 지급되는 법정수당인 주휴수당이 포함되어 있지 않다. 따라서 시급제 또는 일급제 근로자로서는 근기법상 통상임금에 속하는 매월 또는 1개월을 초과하는 일정기간마다 지급되는 고정수당을 포함하여 새로이 산정한 시간급 통상임금을 기준으로 계산한 주휴수당액과 이미 지급받은 주휴수당액의 차액을 청구할 수 있고 이를 주휴수당의 중복청구라고 할 수 없다(대법 2018.12.27., 2016다39538, 2016다39545).

check point **유형별 유급주휴 발생 여부(주5일 근무제, 월~금 소정근로일, 일요일 주휴일 전제)**

1) 주중에 결근한 경우(예 : 결근 1일, 4일 정상근무)

결근한 날의 임금과 그 주의 주휴수당 미발생(근기 01254-12890, 1987.8.11.)

2) 주중에 지각 · 조퇴 · 외출을 여러번 한 경우

지각 · 조퇴 · 외출(이하 '지각등")은 결근이 아니므로, 지각 등의 횟수에 관계없이 개근으로 보고 유급주휴는 정상적으로 발생함. 근로자가 지각 등으로 근무하지 않은 시간이 총 8시간이라고 하더라도 결근한 것이 아니므로, 유급주휴는 정상적으로 발생함(근로기준과-5560, 2009.12.23.)

따라서 '주 3회 이상의 지각 · 조퇴는 결근으로 본다'고 규정하고 있고, 이에 해당할 경우 1일 결근으로 처리하면서 주휴수당을 지급하지 않는 것은 법위반에 해당함(근기 1451-21279, 1984.10.20)

3) 주중에 휴일이 있는 경우(예 : 화요일 광복절, 나머지는 정상근무)

휴일은 5월 1일처럼 법정휴일이거나 공휴일처럼 약정휴일이거나 관계없이 근로제공 의무가 없는 날(결근이 아님) 이므로, 나머지 4일을 개근하면 유급주휴가 발생함

4) 휴일 · 휴가 · 파업 등으로 인해 주 소정근로일 전부를 출근하지 않은 경우

주휴의 성질에 비추어 주의 전부를 출근하지 아니한 경우에는 이를 부여하지 않아도 됨(연차유급휴가 등의 부여시 소정근로일수 및 출근여부 판단기준, 임금근로시간정책팀 -3228, 2007.10.25.)

5) 주 소정근로일을 개근하였으나 다음 주 근무가 예정되어 있지 않은 경우

(1) 근로관계가 종료되는 경우(사직, 해고, 기간만료 등)

1주간의 근로관계가 존속되고 그 기간 동안의 소정근로일에 개근하였다면, 1주를 초과한 날 8일째)의 근로가 예정되어 있지 않더라도 주휴수당이 발생한다(주휴수당 및 연차휴가 산정방법 변경지침, 임금근로시간과-1736, 2021.8.4.)

(2) 근로관계가 종료되지 않지만 근로자의 귀책사유(휴직, 정직, 병가 등) 또는 미리 정해진 근로 미제공기간(방학 등)에 의해 일정기간 동안 근로제공의무가 면제되는 경우

위 1과 같음

(3) 근로관계가 종료되지 않지만 보장된 근로자의 권리를 행사하거나(연차휴가 등) 당초 근로제공 의무가 없는 날로 정해진(휴일 등) 경우 위 1과 같음

〈소정근로일이 월~금이고, 주휴일이 일요일인 경우(개근 전제)〉

- 월~금요일 까지 근로관계 유지하고 토요일에 퇴직 → 주휴수당 미발생
- 월~토요일 까지 근로관계 유지하고 일요일에 퇴직 → 주휴수당 미발생
- 월~일요일 까지 근로관계 유지하고 월요일에 퇴직 → **주휴수당 발생**

6) 휴업을 한 경우(근기법 제46조)

(1) 주중에 2일의 휴업이 있는 경우

사용자의 귀책사유에 의한 휴업은 결근이 아니므로, 나머지 소정근로일을 개근하면 유급주휴 발생(근기 14559-1455, 1971.2.12.)

(2) 5일 전부를 휴업한 경우

사용자의 귀책사유로 인한 휴업은 근로자의 사정으로 출근하지 않은 것이 아니므로, 유급주휴 발생. 단, 이 경우 주휴수당은 주휴일도 휴업으로 보아 휴업수당으로 산정(평균임금의 70%, 평균임금의 70%가 통상임금 보다 높으면 통상임금으로 지급), (근로개선정책과-5243, 2012.10.25.)

7) 방학인 경우

(1) 한 주 전부가 방학인 경우

해당 주의 전부가 방학인 경우에는 유급주휴 미발생

(2) 방학이 시작되는 주

(예 : 월, 화, 수 근무 후 목요일부터 방학인 경우 다음주 근무가 예정되어 있지 않더라도 유급주휴 발생), (임금근로시간과-1736, 2021.8.4.)

(3) 방학이 끝나는 주(개학하는 주)

(예 : 월, 화, 수까지 방학 후 목요일부터 개학인데 목, 금을 개근한 경우 유급주휴 발생), (근기 68207-3372, 2002.12.7.)

8) 병가를 사용한 경우

(1) 병가 1일을 사용한 경우

병가는 개인의 귀책사유로 보아 별도의 특약이 없는 한 결근에 해당하므로 유급주휴

미발생. 다만, 취업규칙이나 단체협약 등에서 병가를 결근으로 보지 않는다는 특약이 있는 경우에는 나머지 소정근로일을 개근한 경우 유급주휴 발생(근로개선정책과-3833, 2014.7.8.)

(2) 5일 전부 병가를 사용한 경우

미발생

(3) 병가기간 중의 주휴일

병가기간 중에 포함된 유급주휴일에 대해서는 단체협약이나 취업규칙 등에서 병가기간 중 임금 지급에 관해 이를 규정하거나 그 지급에 관한 당사자 사이의 약정이나 관행이 있다고 인정되지 아니하는 한 임금을 지급할 의무는 없음(근로개선정책과-2759, 2013.5.8.)

4. 주휴일의 적용제외

근기법 제63조(적용의 제외)에 명시된 적용제외 근로자에게는 주휴일이 적용되지 않으므로, 1주일에 1회 이상의 휴일을 부여하지 않아도 법 위반이 아니며 4주 동안을 평균하여 1주 동안의 소정근로시간이 15시간 미만인 근로자에 대하여는 근기법 제55조 주휴일 규정이 적용되지 않는다(근기법 제18조제3항).

상시근로자 4명 이하 사업장의 경우 근기법 제55조 주휴일은 적용되지만, 휴일에 근무하더라도 휴일근로 가산수당은 적용되지 않는다(근기법 제56조).

토요일과 일요일 2일만 9시간씩 총 18시간을 근무하는 경우,
주휴수당 발생여부 및 규칙적 연장근로 발생 시 소정근로시간 포함 여부

근로자가 1주일에 토요일과 일요일 각각 9시간씩 2일 근무하기로 약정하고 개근한 경우, 소정근로시간이 1주 15시간 이상이므로 다음 주의 근로가 예정되어 있는 경우에는 주휴수당이 발생할 것으로 사료되며, 단시간 근로자가 규칙으로 연장근로를 하였다 하더라도 주휴수당 계산에 관하여는 연장근로를 제외한 소정근로시간으로 주휴수당을 계산함이 타당하다고 사료됨(근로개선정책과-4640, 2011.11.21.)

check point **법정 휴일 비교**

구분	주휴일	공휴일	근로자의 날
근거	근기법 제55조제1항	근기법 제55조제2항	근로자의날제정에관한법률
적용대상	1인 이상	5인 이상	1인 이상
적용제외 근로자	소정근로시간 1주 15시간 미만 근기법 제63조 적용제외 근로자		공무원, 교원
유급여부	유급 (주 소정근로 개근시)	유급	유급
대체휴일 여부	가능 (개인간의 합의)	가능 (근로자대표 합의)	불가 (대체휴가는 가능)

05-2-1. 주휴수당 관련 신고사건 처리 사례

주휴수당 미지급 신고사건 불인정(내사종결) 사례

- 진정인 : 요가 강사 ○○○
- 피진정인 : ○○ 대표 ○○○
- 업종 : 스포츠시설

[쟁점사항]

주휴수당 미지급에 따른 지급요구

[인정되는 사실]

◦ (근무기간) 진정인은 2023.1.3.부터 2023.12.31.까지 요가 강사로 근로하였음.

◦ (근로계약) 피진정인은 진정인과 근로계약 체결 시 근로조건을 서면 명시하였고, 주요 근로조건은 아래와 같음

- 근로시간 및 근로일, 업무

요일	근로시간	주요업무	비고
화~금	18시~22시 근무시간 중	요가 레슨	

- 근로수당

월급(시급)	추가연장수당	수습기간 급여	그 외 수당(추가수업)	계
35,000원/수업 30,000원/안전	–	–	–	–

* **기본급은 주휴수당을 포함한 금액이다.**

* 연장수당은 소정근로시간을 초과한 월 ○○ 시간의 약정 연장근로에 대하여 지급하는 수당이다.

* 연차수당은 해당년도 1년간의 발생연차를 12분할하여 연차휴가에 갈음하여 지급하는 수당이다.

◦ (근무시간) 진정인은 화, 목요일은 4시간 수업을 하며, 수, 금요일은 3시간 수업, 1시간 안전 업무를 수행함.

◦ (근태관리) 소속 근로자들이 출·퇴근 시 출퇴근기록부를 작성하도록 하여 근태관리를 하고 있음.

[판단]

◦ 위 진정 요지에 대하여 진정인과 피진정인의 진술 및 기타 증거자료(근로계약서, 근태자료, 급여명세서)를 통하여, 근로기준법 제109조 및 같은 법 제36조 위반 혐의로 조사한 결과,

◦ 진정인은 근로계약서의 "기본급은 주휴수당을 포함한 금액"이라 명시되어 있는 부분은 시급제 근로자인 진정인에게 해당되는 내용이 아니기 때문에 근로기간 중 개근하여 발생하는 주휴일에 대하여 월급 외의 별도의 주휴수당을 지급받지 못하였다고 주장하고 있고,

◦ 대법원은 '사용자는 근로계약을 체결함에 있어서 근로자에 대하여 기본임금을 결정하고 이를 기초로 제 수당을 가산하여 이를 합산 지급함이 원칙이라 할 것이나 근로시간, 근로형태와 업무의 성질 등을 참작하여 계산의 편의와 직원의 근무 의욕을 고취하는 뜻에서 기본임금을 미리 산정하지 아니한 채 제 수당을 합한 금액을 월급여액이나 일당 임금으로 정하거나 매월 일정액을 제 수당으로 지급하는 내용의 이른 바 포괄임금제에 의한 임금지급계약을 체결한 경우에 그것이 근로자에게 불이익이 없고 제반 사정에 비추어 정당하다고 인정될 때에는 그 계약은 유효하다고 할 것이다.' 고 판시(대법 1999.6.11., 98다26385)하고 있으므로,

◦ 피진정인과 진정인이 임금을 약정하면서 지급 방식으로 체결한 포괄임금계약이 유효한지에 대하여 우선 살펴보면,

◦ 피진정인은 진정인과 근로계약 체결 시, 별도의 근로기간 약정 없이 근로시간에 대하여 화~금 1일 4시간(18시~22시)으로 약정하였고, 이에 대한 임금으로 '시급 (35,000원/수업, 30,000/안전)을 약정하되, 기본급은 주휴수당을 포함한 금액한 금액이다.'라는 단서를 기재한 것으로 보아,

◦ 진정인이 근로기간 동안 근로기준법상 주휴일에 대한 지급요건을 충족하여 근로할 경우 당연 주휴수당이 발생할 것으로 예상하고 이를 포함하여 계약한 것으로 보이고, 시급제인 임금은 단순 임금산정방식의 하나일 뿐으로 보이며,

◦ 진정인과 약정한 임금 수준 또한 주휴수당을 포함한 금액으로 보여, 달리 진정인에게 불이익하다고 볼만한 사정도 없는 것으로 판단되는 바,

◦ 피진정인과 진정인이 체결한 포괄 임금 계약은 유효하다고 볼 것이므로,

◦ 진정인이 매월 임금정기지급일에 피진정인과 약정한 임금 조건에 따라 발생한 임금액을 전액 지급받았다면, 해당 근무기간 동안 발생한 주휴일 또한 유급으로 보장받았다고 보아야 할 것이며,

◦ 피진정인의 급여명세서와 진정인의 통장거래내역 확인 결과, 피진정인이

해당 기간 진정인의 근로기간에 대한 임금을 모두 지급한 것으로 확인되었으므로,

◦ (의견) 동 진정 요지에 대하여 내사종결(법위반 없음) 의견임

05-3. 휴일(2) : 공휴일, 근로자의 날, 약정휴일

1. 공휴일

1) 의의

사용자는 근로자에게 '관공서의 공휴일에 관한 규정' 제2조의 공휴일 및 제3조의 대체공휴일을 유급으로 보장해야 한다. 다만, 근로자 대표와 서면으로 합의한 경우 특정한 근로일로 대체할 수 있다(근기법 제55조제2항, 동시행령 제30조제2항).

근기법 제55조제2항의 공휴일에 관한 규정은 상시 5명 미만인 사업장과 소정근로시간이 주 15시간 미만인 근로자에 대해서는 적용되지 않는다(근기법 제11조제2항, 제18조제3항).

2) 공휴일의 범위(공휴일에관한법률 제2조)

(1) 국경일에관한법률에따른 국경일중 3.1절, 광복절, 개천절, 한글날

(2) 1월 1일

(3) 설날 전날, 설날, 설날 다음날(음력 12월말일, 1월1일, 2일)

(4) 부처님 오신 날(음력 4월 8일)

(5) 어린이날(5월 5일)

(6) 현충일(6월 6일)

(7) 추석 전날, 추석, 추석 다음날(음력 8월14일, 15일, 16일)

(8) 기독탄신일(12월 25일)

(9) 공직선거법 제34조에 따른 임기만료에 의한 선거의 선거일

(10) 기타 정부에서 수시 지정하는 날

3) 대체공휴일제

대체공휴일제란 공휴일 중 명절 등 공휴일이 토요일・일요일 또는 다른 공휴일과 겹칠 경우 그 공휴일 다음의 첫 번째 비공휴일(다음 소정근로일)을 대체휴일로 지정하는 것을 말한다(공휴일에관한법률 제3조제1항).

check point 대체공휴일이 인정되는 경우

국경일 중 3.1절 · 광복절 · 개천절 · 한글날, 어린이날이 토요일이나 일요일과 겹치는 경우

(예) 소정근로일이 월~금인 사업장에서 어린이날이 토요일 또는 일요일과 겹친 경우, 소정근로일인 월요일을 휴일로 한다.

check point 실무사례

〈관공서 공휴일과 휴무일 중복 시 유급휴일수당 지급 여부〉

만약 휴무일 등과 같이 애초부터 근로제공이 예정되어 있지 않은 날이 관공서 공휴일과 겹칠 경우에 추가 휴일수당을 지급해야 한다고 해석 할 경우, 법개정 취지를 넘어 근로자가 실질적으로 누리는 휴일 수는 동일함에도 추가적인 비용부담만 강제하게 되는 불합리한 결과가 발생함. 따라서 휴무일 등 애초부터 근로제공이 예정되어 있지 않은 날이 관공서 공휴일과 겹칠 경우 해당일을 유급으로 처리해야 하는 것은 아님(임금근로시간과-743, 2020.3.30.)

기존 약정휴일(관공서공휴일 등)과 휴무일이 중복되었을 경우에도 단체협약 · 취업규칙 또는 근로계약이나 노동관행 등에 의해 유급휴일수당 등을 지급함으로써 이미 근로조건화 된 경우에는 이를 지급치 않거나 삭감하려면 근로조건의 변경의 절차를 거쳐야 할 것으로 사료됨(임금근로시간과-1129, 2021.5.25.)

〈격일제 사업장에서 공휴일에 근로를 제공하지 아니한 경우, 만근일 수 산정 시 포함 여부〉

관공서 공휴일이 소정근로일과 겹치는 경우에 근로자가 해당 일에 휴식을 취했다 하더라도 출근한 것과 동일하게 인정하여 만근 여부를 판단하는 것이 타당할 것임. 즉, 관공서 공휴일에 근로를 제공하지 않는 근로자를 출근하지 않은 것으로 본다면, 해당 근로자는 법률에 따라 휴식을 취하고도 임금이 감소하게 되므로, 이는 관공서 공휴일을 유급휴일로 보장한 법개정 취지에 부합하지 않는다고 할 것임(임금근로시간과-600, 2021.3.16.)

2. 근로자의 날

근로자의 날은 근로자의날제정에관한법률(1994.3.9.)에 의해 매년 5월 1일로 지정되어 있으며 유급휴일이다.

근로자의 날은 근기법에 따른 휴일이 아니므로 근기법 제63조에 따른 근로시간 및 휴게・휴일 적용제외 근로자 및 상시근로자수가 5명 미만인 사업장의 근로자에게도 근로자의날은 유급휴일로 보장된다. 다만, 근로시간 적용제외 근로자에게는 근기법 제56조의 가산임금 규정은 적용되지 않으므로 적용 제외자가 근로자의날에 근로를 하더라도 휴일근로에 대한 가산수당은 지급할 의무가 없다.

근로자의 날은 법률로서 특정한 날을 유급휴일로 정하고 있으므로 휴일의 대체가 적용되지 않는다(근기 68207-806, 1994.5.16.).

4주간 평균하여 1주간 15시간 미만의 단시간 근로자에 대해서는 주휴일은 부여할 필요가 없으나 근로자의 날은 유급휴일로 처리해야 하고 근로자의 날에 근로한 경우에는 가산수당을 지급해야 한다.

일일단위로 근로계약이 체결되는 일용근로자의 경우, 근로자의 날이 근로계약 기간 내에 있다고 할 수 없으므로 원칙적으로 유급휴일을 부여할 의무가 없으며(대법 2010.7.15., 2008다33399), 비록 근로자의 날에 근로를 한 경우에도 휴일가산수당을 지급할 의무가 없다.

다만, 일용근로자라고 하더라도 근로계약을 반복·갱신하여 일정기간을 계속 근로해 온 경우라면, 그 기간내에 포함된 근로자의 날에 대해서는 유급휴일로 부여해야 한다.

check point **근로자의 날 관련 근로기준법 적용지침**(임금근로시간정책팀-3356, 2007.11.13.)

1) 근로자의날의 근로에 대하여는 휴일근로수당을 지급하거나 보상휴가제를 실시할 수 있음

근로자의 날은 주휴일과 같이 근로자에게 적용되는 휴일이므로 해당일에 근로제공을 한 때에는 근로기준법 제56조에 따라 휴일근로수당으로 통상임금의 100분의 50 이상을 가산하여 지급하여야 함(대법 1991.5.14., 90다14089). 또한, 근로기준법 제57조에서 같은법 제56조의 야간·휴일·연장근로에 대하여 보상휴가제를 실시할 수 있다고 규정하고 있을 뿐 근로자의 날을 제외하고 있지 않으므로 근로자의 날의 근로에 대하여 임금을 지급하는 것을 갈음하여 휴가를 부여할 수 있음(임금근로시간정책팀-2363, 2007. 7.13.)

2) 근로자의 날은 휴일대체가 불가함

근로자의 날은 법률로서 5월 1일을 특정하여 유급휴일로 정하고 있으므로 다른 날로 대체 할 수 없다고 보아야 함(근기-829, 2004.2.19.)

3) 감시·단속적 근로자의 적용방법

(1) 감시·단속적 근로자 등 에게도 근로자의 날은 보장됨

(2) 감시·단속적 근로자 등 에게는 근로기준법상 보상휴가제는 적용되지 아니하나 당사자 합의로 실시 가능함.

(3) 근로기준법 제63조의 적용제외 근로자는 제4장과 제5장에서 정한 휴일에 관한 규정은 적용되지 않으므로 제57조의 보상휴가제도는 적용되지 않는 것임. 다만, 당사자 간의 합의로 제도를 도입하여 운영 할 수는 있음

(4) 통상 하루에 지급하는 임금을 추가 지급하여야 함

근로기준법 제63조의 적용제외 근로자가 근로자의 날에 근로제공을 하지 않고 쉬더라도 통상 하루에 지급하는 소정임금을 추가로 지급하여야 함

〈예〉 1일 2교대 10시간 근무자 : 10시간분의 임금 지급

* 단, 격일제 근무자는 근무일 다음의 휴무일(비번일)은 전일의 근무를 전제로 주어지는 것이므로 격일제 근무자에게 지급하여야 할 통상 하루의 소정임금은 근무일의 절반에 해당하는 근로시간의 소정임금으로 함(임금근로시간정책팀-3961, 2006. 12.27.)

〈예〉 24시간 격일제 근무자 : 근무일의 절반에 해당하는 12시간의 임금 지급

* 만약, 제63조 적용제외 근로자가 격일제 근무 등을 이유로 근로자의 날 당일을 쉬지 못하고 근로를 제공한 경우에도, 휴무자(비번자)와 동일하게 통상 하루의 소정임금을 추가로 지급하면 됨.

3. 약정휴일

약정휴일이란 회사 창립기념일 · 노조설립기념일 등 단체협약 · 취업규칙 등에서 회사의 휴일로 정한 날을 말한다.

휴일로 정한 날인지는 단체협약이나 취업규칙 등에 있는 휴일관련 규정의 문언과 그러한 규정을 두게 된 경위, 해당 사업장과 동종업계의 근로시간에 관한 규율체계와 관행, 근로제공이 이루어진 경우 실제로 지급된 임금의 명목과 지급금액, 지급액의 산정방식 등을 종합적으로 고려하여 판단해야 한다(대법 2020.1.30., 2016다236407).

약정휴일의 성격에 대해서는 취업규칙 등에서 정하기 나름이므로 유급으로 한다는 별도의 근거가 없는 한 무급이 원칙이다.

4. 휴일근로와 가산임금

휴일근로가산수당을 지급해야 하는 휴일이란 법정휴일(주휴일, 근로자의날)뿐만 아니라, 단체협약 · 취업규칙 등에 의해 휴일로 정해진 약정휴일도 포함되며(대법 2018.9.28., 2016다212876), 유급휴일 · 무급휴일 구분 없이 모두 포함된다.

8시간까지의 휴일근로에 대해서는 통상임금의 50% 이상을, 8시간을 초과하는 휴일근로에 대해서는 통상임금의 100% 이상을 가산하여 지급해야 한다(근기법 제56조제2항), 즉 8시간을 초과하지 않는 휴일근로는 주 40시간을 초과하는 경우 연장근로시간에는 포함하되, 연장근로 가산수당 지급대상에는 해당하지 않는다.

check point 예시

〈주 소정근로일에 40시간 근무를 하고 휴무일인 토요일에 10시간을 근무한 경우〉

1) (예 : 월~금 소정근로일, 토요일 휴무일, 일요일 주휴일) 휴무일 10시간 근무는, 주 40시간을 초과한 연장근로에 해당하여 연장근로수당 150% 지급대상임(통상시급이 1만원인 경우 15만원 지급)
2) 휴일인 일요일에 10시간 근무하는 경우, 8시간까지는 150%(즉, 8만원×1.5=12만원), 8시간을 초과한 2시간에 대하여는 200%(2만원×2=4만원)가 지급되어야 함

특별한 사정이 없는 한 휴일근로에 따른 가산임금과 연장근로에 따른 가산임금은 중복하여 지급될 수 없다(대법 2019.5.10., 2015다56383).

격일제 근무형태에서 근무가 없는 날 근로를 제공한 경우, 이러한 비번일은 근로제공 의무가 없는 날이지만 단체협약이나 취업규칙 등에서 휴일로 정한 바가 없다면 비번일에 근로를 하더라도 휴일근로에 해당하지 않아 휴일근로수당이 지급되어야 하는 것은 아니다(대법 2020.6.25., 2016다3386).

휴일과 휴일이 중복되는 경우 별도의 정함이 없는 한 근로자에게 유리한 하나의 휴일로 인정된다(임금근로시간과-637, 2021.3.19.).

check point 근로기준법 제56조의 규정 적용 제외

상시근로자 수 **4명 이하(5인 미만)**인 사업장에는 근로기준법 **제56조의 규정이 적용 제외** 됨에 따라, **연장근로 · 야간근로 및 휴일근로에 대한 가산임금(수당)이 지급되지 않는다**.

check point 실무 사례

1) 당일 근로가 익일까지 걸치는 경우 휴일근로 산정방법

(1) 휴일근로가 소정근로일인 다음날까지 이어지는 경우

주휴일에 시작된 근로가 역일을 달리하여 계속되어 익일의 소정근로시간 종료 후 퇴근한 경우, 그 익일의 소정근로 시업시간 전까지에 대하여는 전일(휴일)의 근로의 연장으로 보아 근기법 제56조에 의한 휴일근로수당(휴일근로와는 별도로 연장 및 야간근로에 해당되는 경우에는 연장 · 야간수당은 별도로 산정)을 지급해야 하며, 월요일 시업시간 이후의 근로는 이를 휴일근로와 연장근로로 볼 수 없음(근기 68207-402, 2003.3.31.)

(2) 정상근로가 휴일인 다음날까지 이어지는 경우

격일제 근로자가 주휴일 전일에 근로를 개시하여 역일상 휴일까지 근로를 하였더라도 이를 전일의 근로로 보아 휴일근로수당을 지급치 않아도 무방할 것임. 따라서 격일제 근로자가 근로자의 날 전일에 근로를 개시하여 익일까지 근로를 하였더라도 그 익일의 사업 시작 이전까지는 전일 근로자의 연장으로 보아 휴일근로수당을 지급하지 않아도 무방할 것임(근로개선정책과-4304, 2012.8.25.)

2) 휴일과 휴일이 중복된 경우

주휴일이 다른 유급휴일과 중복될 경우 취업규칙이나 단체협약 등에 별도의 정함이 없는 한 근로자에게 유리한 하나의 휴일만 인정하면 될 것임. 다만, 근로자의 날은 '근로자의 날 제정에 관한 법률'에 의하여 소정근로일의 개근 여부와 관계없이 부여되는 유급휴일이므로, 근로자의 날과 주휴가 중복될 경우 1주간의 소정근로일을 개근하지 못한 근로자에 대해서는 근로자의 날에 유급휴일이 부여되어야 할 것임(임금근로시간과-637, 2021.3.19.)

5. 휴일근로의 제한

사용자는 18세 이상의 여성을 야간근로 및 휴일에 근로시키면 그 근로자의 동의를 받아야 한다(근기법 제70조).

사용자는 임산부와 18세 미만자를 야간근로 및 휴일에 근로시키지 못한다. 다만, 다음에 해당하는 경우로서 고용노동부장관의 인가를 받은 경우에는 그러하지 아니하다.

1) 18세 미만자의 동의가 있는 경우

2) 산후 1년이 지나지 아니한 여성의 동의가 있는 경우

3) 임신중의 여성이 명시적으로 청구하는 경우

인가기간에 대하여는 별도의 제한규정은 없으나 통상 노동청에서 18세 미만자는 1년 이내의 범위에서 18세 도래일 전일까지로 하고, 임산부의 경우에는 산후 1년이 되기 전까지 승인하고 있다.

05-3-1. 휴일근로수당 등 관련 신고사건 처리 사례

휴일근로수당 미지급 신고사건 인정(기소) 사례

- 고소인 : 차량 운전기사 ○○○
- 피고소인 : ㈜○○ 대표이사 ○○○
- 업종 : ○○배송업

[쟁점사항]

휴일근로수당 미지급 여부

[인정되는 사실]

- 아래의 내용은 고소인과 피의자의 진술, 증빙자료(근로계약서, 입금거래내역, 카카오톡 단체대화방 등)을 확인한 결과, 인정되는 사실임
- (근무기간 등) 고소인은 위 사업장에서 2023.10.6.부터 2024.3.16.까지 ○○배송차량 운전기사로 근무하였음
- (임금수준) 고소인은 월급제 근로자로서 피의자와 매월 기본급으로 ○,○○○,○○○원을 받기로 약정하였으며, 기타 수당은 별도로 없음
- (소정근무일) 고소인은 주6일(월요일 ~ 토요일) 근무였으며, 주휴일은 일

요일이었음

◦ (근무방식) 피의자 사업장의 배차담당자가 카카오톡 단체채팅방에 하루 전날 각 근로자들별로 운송 출발지를 알려주고 근로자들은 출발지로 출근하여 운송을 마친 뒤 각 차량의 차고지에 주차를 한 뒤 퇴근함

◦ (우천시) 피의자는 ○○배송 특성상 우천시 근무를 하지 못하게 되므로 카카오톡 단체채팅방에 전날 우천으로 작업이 없을 것을 통보한 후 각자 차량을 정비할 것을 지시함. 이때 개인차량 정비에 대한 보고는 별도로 하지 않음

◦ (2023년 12월 근무상황) 고소인은 2023.12.15. 우천으로 작업이 취소되어 개인차량을 정비하였고 주휴일인 2023.12.17., 2023.12.24.에 근무를 함. 원래 근무일인 2024.12.25.에도 근무를 하였으며, 주휴일에 근무한 휴일근무수당을 제외한 약정한 월 임금 3,800,000원을 지급받음

[판단]

◦ 위 고소 요지에 대하여 고소인과 피의자의 진술, 증빙자료를 토대로 근로기준법 제109조 및 같은 법 제36조 위반여부에 대하여 조사한 결과,

◦ 고소인은, 주휴일 일요일인 2023.12.17., 2023.12.24. 양일간 근무를 하였으므로 이에 대한 휴일근로수당을 지급받아야 한다고 주장하는 반면,

◦ 피의자는, 휴일에 근무하는 대신 평일에 쉴 수 있도록 하는 휴일대체근무제를 실시하였으므로 고소인에게 별도의 휴일근로수당을 지급할 의무를 지지 않는다고 주장하고 있으므로, 휴일대체근무가 적법하였는지 살펴보고자 함

◦ 대법원은, '단체협약 등에서 특정된 휴일을 근로일로 하고 대신 통상의 근로일을 휴일로 교체할 수 있도록 하는 규정을 두거나 그렇지 않더라도 근로자의 동의를 얻은 경우, 미리 근로자에게 교체할 휴일을 특정하여 고지하면, 다른 특별한 사정이 없는 한 이는 적법한 휴일대체가 되어, 원래의

휴일은 통상의 근로일이 되고 그 날의 근로는 휴일근로가 아닌 통상근로가 되므로 사용자는 근로자에게 휴일근로수당을 지급할 의무를 지지 않는다고 할 것이다.'고 판시하고 있음(대법 2008.11.13., 2007다590 판결 참조).

◦ ① 피의자는 2023.12.15.을 주휴일 2023.12.17.과 대체하였다고 주장하나, 2023.12.15.은 우천으로 인해 작업이 취소되어 개인차량 정비를 지시하였으므로 근로제공으로 볼 수 있고, 이에 대한 임금이 지급되었으며, ② 고소인 뿐만 아니라 다른 근로자들도 모두 개인차량 정비를 하였고, ③ 근로자에게 교체할 휴일을 특정하여 고지한 적이 없어 적법한 휴일대체라고 보기 어렵다고 판단되며, ④ 피의자가 주장하는 주휴일 2023.12.24.을 2023.12.25.로 대체하였다는 주장을 살펴보면, 2023.12.25.은 고소인이 통상적으로 근무하는 날이었고 이에 대한 임금도 이미 지급이 되었으므로, 대체근로였다는 피의자의 주장은 인용할 수 없다고 판단됨

◦ (의견) 위의 사실을 종합하여 판단해 볼 때, 피의자는 고소인 ○○○에게 2023년 12월 임금 285,619원(휴일근무수당)을 지급하지 않은 범증이 충분하여 기소 의견임

휴일근로, 연장근로, 야간근로수당 미지급 신고사건 인정(기소) 사례

- 진정인 : ○○○
- 피진정인 : ㈜○○ 대표이사 ○○○
- 업종 : 제조업

[쟁점사항]

휴일근로, 연장근로, 야간근로수당 미지급 여부

[인정되는 사실]

- 진정인은 2024.1.22. 피의자를 상대로 연장, 휴일, 야간근로수당 등을 지급받지 못했다며 진정을 제기함
- ○○지청은 2024.2.7. 피의자에게 근로기준법 제43조(재직자, 정기임금지급일에 임금미지급) 위반으로 연장, 휴일, 야간근로수당 합계 1,837,825원을 2024.2.21.까지 지급하라고 시정지하였고, 피의자는 2024.2.8. 체불금품을 진정인에게 전액 지급하여 ○○지청은 시정완료로 진정 사건을 종결함
- 진정인은 2024.5.13. 피의자를 상대로 ① 근로시간 위반, ② 연장근로한도 위반, ③ 휴게시간 일부 미부여, ④ 연장, 휴일, 야간근로수당을 임금정기지급일 미지급(근로기준법 제56조 적용), ⑤ 감독기관에 대한 신고를 이유로 해고 등 불리한 처우에 대한 진정을 제기하여, ○○지청은 근로시간 위반, 휴게시간 일부 미부여, 감독기관에 대한 신고를 이유로 해고 등 불리한 처우는 '법위반없음'으로 내사종결하였고, 연장근로한도 위반 및 연장, 휴일, 야간근로수당을 임금정기지급일 미지급에 대하여는 2024.7.17. 범죄인지함
- 근로계약서상 진정인의 휴게시간은 점심시간 1시간(12:00~13:00), 저녁시간 1시간(18:00~19:00), 5시간(05:00~10:00) 등 7시간으로 되어 있으나, 진정인은 실질적으로 점심시간 30분, 저녁시간 30분, 5시간(05:00~10:00) 등 총 6시간의 휴게시간을 사용함
- 진정인이 출근하여 실근무한 기간은 2023.10.9.~2024.1.4.이고, 피의자는 2023. 10월 연장, 휴일, 야간근로수당 698,125원, 2023년 11월 연장, 휴일, 야간근로수당 569,850원, 2023년 12월 연장, 휴일, 야간근로수당 569,850원을 2023.11.10., 2023.12.10., 2024.1.10.에 각각 지급하지 않았고, 2024.2.8.자에 전액 지급함
- 참고인 ○○○ 지배인은 2024.6.18. 출석하여 2024.1.1.자에 피의자와 근로

자 대표 ○○○과 체결한 근로시간 연장에 관한 합의서를 제출함

◦ 진정인은 2023.10.9.~2023.12.31. 매주 63시간을 근무함

  *** 주 63시간 근무[1일 근무시간 18시간, 휴게시간 6시간, 격일제 근무, 18시간×3.5일=63시간]**

◦ 2024.7.18. 참고인 ○○○ 지배인은 피의자와 체결한 2022년 및 2023년 근로시간 연장합의서를 추가로 제출함

[판단]

1) 피의자는 참고인 ○○○ 지배인에게 인사노무관리를 일괄 맡겼기 때문에 연장근로한도 위반과 연장, 휴일, 야간근로수당을 정기지급일 미지급한 것에 대해 잘 모르겠다고 주장하나,

  ◦ 피의자는 ㈜○○ 대표로서 소속 근로자에 대한 근로기준법에 따른 책임을 부담하는 사용자에 해당하므로, 참고인 ○○○ 지배인에게 인사노무관리를 일괄 맡겼다 하더라도 ㈜○○의 업무를 총괄하는 지위에 있어 근로기준법상 사용자로서 관리책임과 의무를 다해야 함

  ◦ 따라서 피의자가 연장근로한도 위반과 연장, 휴일, 야간근로수당을 정기지급일에 미지급한 것에 대해서 잘 모르겠다고 부인한 것만으로 형사처벌을 면할 수가 없음

2) 연장, 휴일, 야간근로수당을 정기지급일에 미지급에 대해서

  ◦ 피의자측은 진정인에게 연장, 휴일, 야간근로수당에 대해 정기지급일에 미지급한 것은 사실이나, 2024.2.8. 전액 지급하여 근로기준법 제43조 위반에 대해 시정완료로 진정 사건이 종결되었으므로 근로기준법 제56조로 처벌하는 것은 부당하다고 주장하나,

  ◦ ① 피의자는 2023.10월 연장, 휴일, 야간근로수당 698,125원, 2023년 11월 연장, 휴일, 야간근로수당 569,850원, 2023년 12월 연장, 휴일, 야간근로수당 569,850원을 2023.11.10., 2023.12.10., 2024.1.10. 진정인에게 각각 미지

급한 점, ② 진정인은 2024.1.22.자에 제기한 진정 사건에 대해서 처벌불원의 취하서를 제출하지 않았던 점, ③ 근로기준법 제43조와 근로기준법 제56조는 구성요건이 다른 실체적 경합 관계인 점 등 종합하여 볼 때, 피의자가 연장, 휴일, 야간근로수당을 진정인에게 정기지급일에 미급한 것에 대해서 근로기준법 제56조로 처벌할 수 있다고 판단됨

◦ 대법원은 "사용자에게 부과된 의무의 내용 및 이행시기와 그 입법취지 등을 종합하며 근로기준법 제36조(퇴직자) 위반죄와 43조(재직자) 위반죄는 실체적 경합관계에 있는 것으로 보아야 한다."라고 판시(대법 2006.5.11., 2005도8364)

◦ (의견) 위 범죄사실에 대하여 근로기준법 제56조 및 같은 법 제109조 위반 혐의로 각각 수사한 결과, 진정인의 진술, 참고인의 진술, 피의자의 진술, 기타 거증자료 등에 의거 그 범증이 충분하므로 기소 의견임

연장근로, 휴일근로수당 미지급 신고사건 불인정(불기소) 사례

- 고소인 : 일용직 근로자 ○○○
- 피고소인 : ○○㈜ 대표이사 ○○○
- 업종 : 제조업

[쟁점사항]

연장근로, 휴일근로수당 미지급 인정 여부

[인정되는 사실]

◦ 고소인은 근로계약서상에서 정한 2시간 중 점심시간 40분을 사용한 것을 제외하고는 실제 매일 20분씩 휴게시간에 근로하여 1일 8시간을 초과근로(①)하였고, 2023.11.20.부터 같은 해 11.25.까지는 총 48시간으로 1주 40

시간을 초과하여 근로하였으며(②), 2023.11.26.과 같은 해 12.10. 일요일에 근로하였음에도(③) 합계 546,250원을 받지 못하였다고 주장하고 있고

◦ 피의자는 이미 고소인과 포괄임금, 즉 기본일당에 연장 및 토・일 할증수당(휴일근로수당), 주휴수당, 유급휴일수당(관공서 공휴일수당)을 포함하여 지급하기로 약정하였고, 이에 따라 12.15.과 1.15., 11.26.과, 12.10. 고소인에게 전액 지급하였다고 진술

[판단]

◦ 휴게시간에 대해 양 당사자는 근로계약서상에 2시간으로 정하였던 점, 고소인의 주장과 달리 피의자는 고소인에게 휴게시간을 부여하였다고 진술하여 양 당사자 매우 상반된 주장을 하고 있고, 그 외 달리 고소인의 주장을 입증할 만한 객관적인 자료는 일체 없는 점에서,

◦ 피의자가 고소인에게 매일 20분의 휴게시간을 미부여 하고 그로 인해 고소인이 1일 8시간 20분을 근로하여 연장근로수당 체불이 있다고 단정하기 어려운 점,

◦ 근로계약서상에는 명백하게 "'포괄일당 23만원'으로 하고, 포괄 일당은 주 6일 근무를 전제로 토・일 할증 등 제수당을 포함하여 을은 이러한 포괄 역산 임금방식에 동의한다"로 명시되어있는 점,

◦ 또한 고소인과 피의자는 2023.11.15. 근로계약을 할 당시 일당에 휴일근로수당 등 제수당을 포괄하여 일당 23만원을 지급하기로 당사자가 합의한 점,

◦ 2023. 11월, 12월의 일용노무비지급명세서상 이미 피의자는 고소인이 주장한 기간의 근로와 일요일을 포함하여 11월에 190,660원, 12월에 86,010원의 토・일 할증수당으로 각 지급한 것으로 확인되는 점에서,

◦ 따라서 고소인이 2023.11.20.부터 같은 해 11.25.까지는 1주 40시간을 초과한 근로에 대한 연장근로수당을 추가 지급해야 할 것은 아니며,

◦ 현장출입기록에 의거 고소인은 11.26.과 12.10.에 근로한 사실은 확인되나,

또한 현장출입기록만으로 고소인이 실제 해당 기간에 48시간을 근로하였다고 보기도 어려운 점 등을 종합하여 볼 때 피의자에게 연장 및 휴일근로수당을 체불한 법위반이 있다고 보기 어려움

◦ (의견) 위 범죄사실에 대해서 근로기준법 제109조 제1항 및 같은 법 제56조 위반 혐의로 수사한 결과, 피의자의 범죄 혐의를 인정할 증거가 없고, 임금을 체불한 것으로 볼 수 없으므로 불기소(혐의없음) 의견임

05-4. 휴일 · 휴무 · 휴가의 대체

1. 의의

근기법 제55조의 주휴일은 반드시 주 1일 이상을 부여해야 하고, 원칙적으로 정해진 날에 부여해야 한다. 또한 휴일근로에 대해서는 법정휴일 · 약정휴일, 유급휴일 · 무급휴일을 불문하고 가산수당(통상임금의 50%)을 지급해야 한다.

이러한 이유로 기업에서는 노무관리측면에서 휴일을 조정하거나 휴가 등으로 대체함으로써 비용절감과 생산성 향상을 도모하게 되는데, 휴일의 사전대체나 대체휴가제도 등이 이에 해당한다고 볼 수 있다.

휴일의 사전대체(휴일대체 또는 대체휴일이라고도 함) 당초 정해진 휴일에 근로를 하고 대신 다른 소정근로일에 휴일을 부여하는 제도를 말한다(근로개선정책과-875, 2013.1.30.).

대체된 휴일에 근로하면 이는 휴일근로가 되어 가산임금을 지급해야 하며, 대체에 의하여 근로일이 된 날에 근로를 제공하지 않으면 결근에 해당한다(근기법 1455-22853, 1982.8.18.). 사업장 감독 시, 이 부분을 간과하거나 착오하여 가산임금을 미지급하는 회사들이 간혹 적발되는 경우가 있는 바, 주의가 요구된다.

2. 휴일대체(휴일을 다른날로 조정하는 방안)

1) 주휴일 대체

check point 예시

1) 이번 주 일요일(주휴일)에 근무하는 대신, 다음 주 소정근로일(월~금) 중에 하루 휴일을 부여하거나
2) 이번 주 소정근로일(월~금) 중에 미리 휴일을 부여하는 방안

근기법상 주휴일은 1주일에 평균 1회 이상 부여하면 반드시 특정일에 부여해야 할 필요는 없으므로, 필요 시 노사당사자가 법령에 어긋나지 않는 범위 내에서 단체협약이나 취업규칙 등에 근거하여 휴일을 다른 날로 변경하는 것이 반드시 위법한 것이라고 보기는 어렵다(근로기준과-894, 2004.2.20.).

휴일대체 제도는 특정된 휴일에 근무하고 그 대신 소정근로일을 휴일로 하는 것이 근로자들의 사정에 따라 불이익이 될 수 있으므로 미리 취업규칙・단체협약・근로계약 등에 그러한 규정을 두거나 근로자의 동의를 얻어야 한다(근기 01254-9675, 1990.7.10.).

단체협약 등에서 특정된 휴일을 근로일로 하고 대신 통상의 근로일을 휴일로 교체할 수 있도록 하는 규정을 두거나 그렇지 않더라도 근로자의 동의를 얻은 경우, 미리 근로자에게 교체할 휴일을 특정하여 고지하면 다른 특별한 사정이 없는 한, 이는 적법한 휴일대체가 되어 원래의 휴일은 통상의 근로일이 되고 그 날의 근로는 휴일근로가 아닌 통상근로가 되므로, 사용자는 근로자에게 휴일근로수당을 지급할 의무를 지지 않는다(대법 2008.11.13., 2007다590).

취업규칙・단체협약 등에 근거하여 휴일의 사전대체를 하고자 할 때에는 그러한 사유를 밝히면서 사전에 이러한 사실을 적어도 24시간 이전에 근로자에게 통보해 주어야 한다(근기 68207-806, 1994.5.16.).

따라서 사전에 통보치 않고 휴일근로를 시킨 후 사후에 대체되는 휴일을 주더라도 휴일근로가산수당 지급문제가 발생한다(근로기준정책과-7347, 2016.11.18.).

근로자가 대체된 휴일 이전에 퇴직하여 대체휴일을 사용하지 못한 경우에는 결과적으로 근기법 제55조에 의한 1주일에 평균 1일의 유급휴일(주휴일)을 주지 않는 법 위반의 문제가 발생할 수 있으므로, 사용자는 1일분의 유급휴일수당(주휴수당)을 지급해야 한다.

2) 공휴일 대체

공휴일의 대체란 공휴일에관한법률에 의한 공휴일에 근무하는 대신 다른 소정근로일에 휴일을 부여하는 것을 말한다.

주휴일 대체방법에 대해서는 법에서 정한 바가 없으므로 취업규칙·단체협약 등에 근거규정을 두거나 개별 근로자의 합의로도 가능하나(근기 01254-9675, 1990.7.10.), 공휴일의 대체에 대해서는 근로자 대표와 서면합의를 요건으로 한다(근기법 제55조제2항).

주휴일 대체는 적어도 다음 주휴일 이전에 휴일이 부여되어야 하지만 공휴일 대체는 꼭 다음 주 이전에 휴일이 부여되어야 하는 것은 아니므로, 당사자 간 합의에 의해 사용기한을 정할 수 있다(예 : 12.31까지, 대체일로부터 1년 이내 등).

특정일로 지정하여 공휴일 대체를 하였는데 그 전에 퇴직하는 경우 미사용 휴일에 대해 사용자가 휴일근로수당을 지급할 의무는 발생하지 않는다(임금근로시간과-2571, 2021.11.12.).

3) 근로자의 날의 대체

근로자의 날(5월 1일)은 법정휴일로서 특정사실을 기념하기 위해 특정일로 정해져 있으므로, 노사가 합의하더라도 다른 날로 휴일을 대체할 수 없다(근로기준과-829, 2004.2.19.).

주휴일과 공휴일은 휴일대체가 가능하지만 근로자의 날은 휴일대체가 인정되지 않으므로 5월 1일 근로하는 대신 다른 날에 휴일을 부여하더라도 5월 1일 근로에 대해서는 휴일근로(가산) 수당이 지급되어야 한다(근로기준과-894, 2004.

2.20.). 사업장 감독 시, 이 부분을 간과하거나 착오하여 가산임금을 미지급하는 회사들이 간혹 적발되는 사례가 있는 바, 주의가 요구된다.

check point **주의사항(예시)**

- 5월 1일에 근무한 경우 통상임금의 **150%를 추가로 지급**해야 한다.
- 5월 1일에 근무하는 대신에 다른 날에 휴일을 부여하더라도 휴일대체가 인정되지 않으므로 5월 1일 근무에 대한 150% 임금이 지급되어야 하지만,
  - 1일의 휴일을 부여하였으므로 150%가 아닌 **휴일가산 50%만 지급**하면 된다.

근로자의 날은 대체휴일은 인정되지 않지만 휴일근로에 대해 수당을 지급하는 대신 대체휴가 부여는 가능하다(근기법 제57조).

4) 약정휴일의 대체

회사 창립기념일, 노조설립기념일 등 취업규칙이나 단체협약 등에서 회사의 휴일로 정한 약정휴일도 주휴일 대체와 마찬가지로 취업규칙 등에서 대체휴일의 근거를 두거나 개별 근로자의 동의를 얻어 휴일대체를 실시할 수 있다.

약정휴일의 대체휴일은 언제까지 부여해야 한다는 법적 제한은 없으므로, 공휴일과 마찬가지로 당사자 간 합의에 의해 사용방법을 정할 수 있다.

check point **주휴일 대체와 공휴일 대체 시 연장근로 판단**

구분	공휴일 대체	주휴일 대체
예	소정근로일(월~금)중 현충일(6.6)인 화요일에 근무하고 대신 7월15일(월)에 쉬는 것으로 노사가 합의한 경우	소정근로일(월~금)에 정상근무한 후, 주휴일인 일요일에 근무하고 대신 다음주 화요일에 쉬는 것으로 노사가 합의한 경우
휴일근로 해당여부	당초 휴일인 현충일이 휴일대체로 통상의 근로일이 되었으므로, 휴일근로가 가산수당 지급대상이 아님(대법 2008.11.13., 2007다590)	당초 주휴일인 일요일이 휴일대체로 통상의근로일이 되었으므로, 휴일근로 가산수당 지급대상이 아님

<table>
<tr><td rowspan="2">연장근로
해당여부</td><td>휴일인 현충일에 근무하더라도 1주 40시간을 초과하지 않는다면 연장근로 아님</td><td>◦ 적법한 휴일대체가 이루어진 경우 (월~금) 동안 40시간을 근무한 상태에서 주휴일인 일요일에 8시간을 근무하는 경우 휴일근로는 아니지만 1주 40시간을 초과한 8시간은 연장근로에 해당하여 연장근로 가산수당은 발생.
◦ 이 경우 대체휴일 부여를 다음주가 아닌 이번주에 부여한다면 일요일에 근무한다고 하더라도 주40시간을 초과하지 않는다면 연장근로에 해당하지 않음</td></tr>
<tr><td colspan="2">◦ 주휴일 대체근로를 하더라도 주40시간을 초과하면 연장근로에 해당하여 가산수당을 지급해야 하므로, 주휴일 근무가 불가피할 경우 대체휴일을 다음주가 아닌 이번주에 미리 부여하는 방안이 합리적임
◦ 만약, 납기 등으로 이번주에 대체휴일을 부여하는 것이 어려울 경우 휴일대체 대신 그냥 휴일근무를 하는 것이 바람직함</td></tr>
<tr><td>1주근로
시간한도</td><td colspan="2">휴일대체 근무의 경우에도 1주 최대 근로시간은 52시간을 초과할 수 없음</td></tr>
</table>

check point **실무사례**

1) 휴일대체 후 대체된 휴일이 도래하기 전에 퇴직한 경우

휴일대체가 이루어진 경우에는 원래의 휴일은 통상의 소정근로일이 되고 이날의 근로는 휴일근로가 아닌 평상일의 근로가 되며, 그 대신 **대체된 날**(대체 전의 소정근로일)이 휴일이 된다 할 것임. 따라서 휴일대체 이후에 대체된 휴일을 부여하고자 하나 그 전에 퇴직을 한 경우에는 특별한 사정이 없는 한 대체전의 휴일(원래의 휴일)이 소정근로일이 되었으므로, 그 날에 근로한 시간에 해당하는 임금(가산수당 없이 실근로시간분만)을 지급하면 될 것으로 사료됨

휴일에 불가피하게 근로가 필요한 경우 특정한 근로일과 휴일을 대체하여 휴식권을 보장하도록 한 휴일대체제도의 입법취지를 감안할 때 원래의 휴일과 지나치게 떨어져 있는 특정한 근로일을 대체된 휴일로 지정하는 것은 지양해야 할 것으로 보임(임금근로시간과-2571, 2021.11.12.)

2) 적법한 휴일 대체 없이 휴일근로를 시키고 사후에 대체휴일을 부여한 경우

적법한 휴일대체인 경우에는 원래의 휴일은 통상의 근로일이 되어 휴일근로가 아닌 통상근로가 되므로 사용자는 근로자에게 휴일근로수당을 지급할 의무를 지지 않을 것이나(대법 2000.9.22., 99다7367), 적법한 휴일대체 없이 휴일근로를 시킨 경우라면 사후에 대체휴일을 주더라도 휴일근로 가산수당은 발생할 것임(근로기준과-7347, 2016. 11.18.)

3) 휴일대체시 근로자의 동의를 요건으로 정한 단체협약의 효력

근로자의 동의를 휴일대체의 요건으로 단체협약에 규정하고 있음에도 근로자의 동의 없이 휴일을 다른 날로 대체하는 것은 휴일대체의 효력이 없으므로 당초의 휴일에 근로한 경우에는 휴일근로수당을 지급해야 하나, 근로자의 동의가 있었거나 있었다고 볼 수 있는 경우에는 별도의 휴일근로수당을 지급할 필요가 없을 것임

휴일대체에 관하여는 근로자의 동의가 있었는지 여부에 대하여는 사업장에서 휴일대체를 위해 부서별로 작성하는 근무스케쥴 작성행위에 개별근로자가 참여하였다면 개별근로자의 명시적 의사표시가 없었다 하더라도 휴일대체에 대한 동의가 있었던 것으로 볼 수 있을 것임(근로기준과-894, 2004.2.20.)

3. 휴가대체제도(휴일근로 임금지급 대신 휴가를 부여하는 방안)

휴가대체란 휴일의 사전대체를 하지 않은 채 정상적인 휴일근로를 실시하고 휴일근로(가산) 수당을 지급하는 대신 **휴가**를 부여하는 것을 의미한다.

근기법 제57조에서 사용자는 근로자 대표와의 서면합의에 따라 근기법 제56조에 따른 연장근로·야간근로 및 휴일근로에 대하여 임금을 지급하는 것을 갈음하여 휴가를 줄 수 있다고 규정하고 있으며, 임금을 지급하는 대신 휴가로 보상한다고 하여 **보상휴가제**라고 한다.

주휴일의 대체는 근로자의 개별 동의로 가능하지만, 대체휴가는 근로자 대표와의 서면합의가 있어야 한다.

4. 휴무일 대체(휴무일을 다른 날로 조정하는 방안)

휴무일의 사전대체란 당초 정해진 휴무일(예 : 월~금 소정근로일, 토요일 휴무일인 경우)에 근로를 하는 대신 다른 소정근로일에 휴무를 부여하는 제도를 말한다. 휴무일 근로로 인해 1주 실근로시간이 40시간을 초과하는 경우에는 가산임금을 지급해야 하는 연장근로에 해당한다.

check point 휴일대체, 휴무대체, 휴가대체 정리

구분		근 거	가능여부	실시요건	부여기한
휴일대체	주휴일	취업규칙 근로계약 등	가능	◦ 취업규칙 · 단체협약 등에 규정 ◦ 근로자의 동의	이번 주 또는 다음주
	공휴일	근기법 제55조제2항	가능	◦ 근로자대표 서면합의	당사자간 합의기한
	근로자의 날	휴일대체 불가(판례) 휴가대체는 가능		◦ 근로자대표 서면합의	당사자간 합의기한
	기타 약정휴일	취업규칙, 근로계약 등	가능	◦ 취업규칙 · 단체협약 등에 규정 ◦ 근로자의 동의	당사자간 합의기한
휴무대체		취업규칙, 근로계약 등	가능	◦ 취업규칙 · 단체협약 등에 규정 ◦ 근로자의 동의	당사자간 합의기한
휴가대체		근기법 제57조	가능	◦ 근로자대표 서면합의	당사자간 합의기한

05-5. 선택적 보상휴가제

1. 의의

사용자는 근로자 대표와의 서면합의에 따라 연장근로 · 야간근로 및 휴일근로 등에 대하여 임금을 지급하는 것을 갈음하여 휴가를 줄 수 있다(근기법 제57조).

선택적보상휴가제는 근로자와 사용자로 하여금 임금과 보상 휴가에 대한 선택의 폭을 넓히고 실근로시간 단축에 기여하기 위한 제도라고 볼 수 있다.

2. 보상휴가제 도입 및 실시 방법

1) 보상휴가제 도입요건

근로자대표와 서면합의가 있어야 하며 노사 당사자가 서명한 문서의 형태로 작성되어야 하고, 근로자대표는 근로자 과반수로 조직된 노동조합이 있으면 그 노동조합, 근로자 과반수로 조직된 노동조합이 없으면 근로자 과반수를 대표하는 자이다(근기법 제24조제3항).

근로자대표는 사업 또는 사업장 단위로 선정되어야 하므로 특정 사업장이 서로 다른 단체협약 또는 취업규칙을 적용받거나 노무관리・회계 등이 독립적으로 운영되는 경우에는 별개의 사업장으로 볼 수 있으나, 이와 달리 사업 운영의 독립성 등이 인정되지 않는 경우라면 당해 사업 단위로 근로자대표를 선정해야 한다.

2) 보상휴가 부여기준 및 방법

연장・야간・휴일근로에 대한 임금과 이에 갈음하여 부여하는 휴가사이에는 동등한 가치가 있어야 하므로, 근기법 제51조의3, 제52조제2항제2호, 제56조에 의한 가산임금까지 감안되어야 한다(임금근로시간과-376, 2020.2.20.), 따라서 휴일근로를 2시간 한 경우 가산임금을 포함하면 총 3시간분의 임금이 지급되어야 하므로 3시간의 휴가가 발생한다.

연장・휴일・야간근로가 중복된 경우에는 각각의 가산임금을 포함하여 산정된 임금에 해당하는 휴가가 발생한다.

보상휴가제의 적용대상을 연장근로 등에 대한 가산임금을 포함한 전체 임금으로 할 지, 가산임금 부분만 할 지는 노사 서면합의로 정한 바에 따른다.

보상휴가는 소정근로시간 중에 부여되어야 하며 휴가를 시간단위로 부여할지 이를 적치하여 일단위로 부여할 지는 노사 서면합의로 정하는 바에 따르며,

부여되는 휴가는 유급이다.

3) 노사 서면합의에 포함되어야 할 사항

법규정에는 노사 서면합의로 보상휴가를 도입할 수 있는 근거만 있으므로(근기법 제57조), 세부적인 사항은 노사 서면합의에 의해 노사가 자율적으로 정할 수 있다.

(1) 부여방식

근로자의 청구에 의할 것인지, 사용자가 지정할 것인지, 전근로자에게 일률적으로 적용할 것인지, 희망자에 한하여 적용할 것인지 등

(2) 임금청구권

휴가청구권과 임금청구권을 선택적으로 인정할 것인지, 임금청구권을 배제하고 휴가청구권만 인정할 것인지 등

(3) 보상휴가 부여기준

어느 정도의 기간동안 연장·야간·휴일근로시간을 적치하여 언제까지 휴가로 사용할 수 있는지, 보상휴가제의 적용부분을 연장근로 등에 대한 가산수당을 포함한 전체 임금으로 할지, 가산수당 부분만 할 지 등

4) 휴가를 사용하지 않을 경우 임금지급 의무

보상휴가제는 임금지급에 갈음하여 휴가를 부여하는 제도로서 근로자가 휴가를 사용하지 않을 경우에는 그에 대한 임금이 지급되어야 하므로, 연차유급휴가와는 달리 사용자가 휴가사용 촉진조치를 통해 임금지급의무를 면제받을 수 없다(근로기준과-6641, 2004.12.10.).

휴가를 사용할 수 없게 된 날이 확정된 날의 다음날부터 임금청구권을 행사

할 수 있으며, 위반 시에는 근로기준법 제56조 위반이 된다. 다만, 휴가를 사용할 수 없게 된 것이 확정된 날의 다음 날부터 최초로 도래하는 임금정기지급일에 위 임금을 지급한 경우에는 법 위반으로 보지 않는다(근로기준과-779, 2005. 2.14.).

휴가를 사용할 수 없게 된 것이 확정된 날은 노사 서면합의에 정한 바에 따라 판단하며, 휴가를 전부 사용하지 못하고 퇴직한 경우에는 14일 이내에 잔여 휴가분에 대한 임금을 청산해야 한다(근기법 제36조).

check point 실무사례

1) 근로자가 자신의 귀책사유로 인해 보상휴가를 사용하지 않은 경우

보상휴가제는 임금 지급대신 휴가를 부여하는 제도이므로, 근로자가 자신의 귀책사유로 인해 휴가를 사용하지 않은 경우에도 그에 대한 임금을 지급해야 한다(임금근로시간과-376, 2020.2.20.).

2) 근로자가 사용하지 않은 보상휴가에 대해 임금지급 의무가 없다고 합의한 경우

노사가 보상휴가 사용기간 내에 사용자의 귀책 사유 없이 근로자가 사용하지 않은 보상휴가에 대해 사용자는 임금지급 의무가 없다고 합의하더라도, 그러한 합의는 효력이 없으므로 사용자는 미사용 휴가에 해당하는 임금을 지급해야 할 것임(근로기준과-6641, 2004.12.10.)

3) 1년간의 연장 · 야간 · 휴일근로시간을 다음 연도에 선택적 보상휴가를 부여하는 경우

보상휴가의 대상이 되는 연장근로 · 야간근로 및 휴일근로의 범위와 보상휴가를 부여하는 기간 등에 대하여는 노사가 서면합의로 정할 수 있다고 보아야 할 것이므로, 사용자가 근로자 대표와의 서면합의에 의하여 1년간 연장근로 · 야간근로 및 휴일근로 시간을 계산하여 다음 연도에 1년간 휴가를 사용하게 하고, 미사용 휴가에 대하여 그 다음 연도에 첫 번째 달의 임금정기 지급일에 금전으로 보상하기로 합의한다 하더라도 이를 반드시 위법하다고 보기는 어려울 것임(근로기준과-779, 2005.2.14.)

05-6. 연차유급휴가

1. 의의

연차휴가란 1년을 단위로 하여 근로자에게 휴가를 부여함으로써 근로자에게 정신적·육체적 휴양을 제공하여 노동의 재생산을 도모하고, 근로자가 일과 가정을 양립시킬 수 있도록 하는 제도를 말한다(대법 1966.6.11., 95누6649).

2. 연차휴가일수의 산정

1) 1년 미만 근무

사용자는 계속하여 근로한 기간이 1년 미만인 근로자에게 1개월 개근시 1일의 유급휴가를 주어야 한다(근기법 제60조제2항).

1년 미만 근속기간 중 발생하는 휴가는 입사일로부터 1년간 사용하지 않으면 휴가청구권은 소멸되고, 미사용휴가 일수가 남아 있는 경우에는 미사용수당을 지급해야 한다(근기법 제60조제7항), 이 경우 사용자가 연차휴가사용촉진조치를 시행한 경우 수당지급 의무가 없다(근기법 제61조제2항).

최초 1년 미만자에 대해 개근 시 발생하는 월 1일의 휴가는 당초 휴가발생일로부터 1년간 사용할 수 있었고 미사용 시 수당으로 지급되었으며 또한 휴가사용촉진대상이 아니었으나, 2020.3.31. 법개정으로 최초 입사일로부터 1년간 사용하지 않으면 소멸되고, 휴가사용촉진대상에 포함되었다. 따라서 사용자가 휴가사용촉진 조치를 시행한 경우에는 수당지급 의무가 없으며, 촉진조치를 취하지 않은 경우에는 수당을 지급해야 한다.

1년 미만 근속기간 중 발생한 휴가를 사용하지 못하고 1년 미만 근속기간 중 퇴직하는 경우에는 휴가사용촉진 대상이 아니므로, 미사용한 휴가에 대해 연차휴가미사용수당을 지급해야 한다.

입사일로부터 1년간 근무하는 경우에는 1년 미만에 대해 발생하는 11일의 휴가에 대해 사용촉진대상이 되지만, **1년간 근무하지 않고 중도에 퇴직**하는 경우(예 : 1.1 입사자가 12.30까지 근무하고 퇴직하는 경우)에는 휴가사용촉진 대상이 되지 않으므로 휴가미사용수당을 지급해야 한다.

2) 1년간(365일) 근무

1년 근무 후 기간만료, 사직, 해고 등으로 근로관계가 종료되는 경우 연차휴가일수는 1년 미만에 대한 휴가일수 11일이 발생한 것으로 본다(대법 2021.10.14., 2021다227100).

1년간 80% 이상 출근에 대한 15일의 휴가(근기법 제60조제1항)는 1년이 지난 다음 날에 발생하는 것이므로, 1년만 근무하고 근로관계가 종료하는 경우 15일의 휴가는 발생하지 않는다.

check point **1년 근무 후 퇴직 시 연차휴가 일수**

연차휴가를 사용할 권리는 연차수당청구권은 근로자가 전년도에 출근율을 충족하면서 근로를 제공하면 당연히 발생하는 것으로서, 연차휴가를 사용할 해당연도가 아니라 그 전년도 1년간의 근로에 대한 대가에 해당한다.

근기법 제60조제1항이 규정한 유급연차휴가는 1년간 80% 이상 출근한 근로자에게 부여되는 것으로, 근로자가 연차휴가에 관한 권리를 취득한 후 1년 이내에 연차휴가를 사용하지 아니하거나 1년이 지나기 전에 퇴직하는 등의 사유로 인하여 더 이상 연차휴가를 사용하지 못하게 될 경우에는 사용자에게 그 연차휴가일수에 상응하는 임금인 연차휴가수당을 청구할 수 있다(대법 2017.5.17., 2014다232296 등 참조).

다만, 연차휴가를 사용할 권리는 다른 특별한 정함이 없는 한 그 전년도 1년간의 근로를 마친 다음날 발생한다고 보아야 하므로 **그 전에 퇴직** 등으로 **근로관계가 종료**한 경우에는 연차휴가를 사용할 권리에 대한 보상으로서의 연차휴가수당도 청구 할 수 **없다**(대법 2021.10.14., 2021다227100).

1년 근무 후 퇴직하는 경우 연차휴가 일수에 대해 당초 고용노동부 지침에서는 1년 미만에 대한 11일(근기법 제60조제2항) 외에 1년간 80% 이상 출근에 대한 15일(동조 제1항)도 추가로 발생한다고 보아 총 26일로 해석하였으나(임금근로시간정책팀-2820, 2006.9.21.) **위 판결로 지침을 변경하였다**(임금근로시간과-2861, 2021.12.15.).

3) 1년 초과 근무

(1) 의의

사용자는 1년간 80% 이상 출근한 근로자에게 15일의 유급휴가를 주어야 한다(근기법 제60조제1항).

1년간 80% 이상 출근에 대한 15일의 휴가는 1년이 지난 다음 날에 발생한다(대법 2021.10.14., 2021다227100).

check point 1년을 초과 2년 이하의 기간 동안 근로한 경우 총 휴가일수

1년을 초과하되 2년 이하의 기간 동안 근로를 제공한 근로자에 대하여는 최초 1년 동안의 근로제공에 관하여 근기법 제60조제2항에 따른 11일의 연차휴가를 발생하고, 최초 1년의 근로를 마친 다음 날에 제1항에 따른 15일의 연차휴가까지 발생함으로써 최대 연차휴가일수는 총 26일이 된다(대법 2022.9.7., 2022다245419).

(2) 80% 이상 출근

근로자가 80% 이상 출근했는지 여부는 1년간의 총 역일에서 법령·단체협약 및 취업규칙 등에 따라 근로의무가 없는 날로 정해진 날(휴일, 휴무일)을 제외한 나머지 일수, 즉 연간 근로의무가 있는 일수(연간 소정근로일수)를 기준으로, 그 중 근로자가 현실적으로 근로를 제공한 출근일수의 비율, 즉 출근율을 기준으로 판단한다(대법 2014다232296, 2014다232302 등).

check point 외근업무 종사자의 출근율 계산

외근업무의 특성상 소정근로일, 시업 및 종업시간, 소정근로시간 등에 관하여 노사가 사전에 특정하지 않은 경우 특별한 사정이 없는 한, 연차유급휴가 산정을 위한 출근율 계산 시 개근한 것으로 보아야 할 것임(근기 68207-287, 2003.3.13.)

4) 월 단위로 산정해야 하는 경우

사용자는 계속하여 근로한 기간이 1년 미만인 근로자 또는 1년간 80% 미만 출근한 근로자에게 1개월 개근 시, 1일의 유급휴가를 주어야 한다(근기법 제60조제2항).

연차휴가는 연 단위의 휴가이므로, 월단위로 산정하는 것이 아니다. 다만, 입사 후 1년이 되지 않았거나 1년 이상을 근무했다 하더라도 1년간 출근율이 80% 미만인 경우에는 연차휴가가 발생하지 않게 되는 것을 감안하여 근로자 보호차원에서 월단위의 휴가를 인정하고 있는 것이다.

check point 1년 미만, 1년 이상, 1년 초과 근무 시 연차휴가일수

계속근로기간	휴가 일수
1년 미만	◦ 월 개근시 다음날에 1일 발생 - (예) 1개월 근무하고 근로관계 종료시 휴가 미발생, 2개월 근무 후 그만두는 경우 1일 발생
1년	◦ 1년 근무 후 근로관계 종료시(11개월 개근 전제) - (예) 1년 근무 후 퇴직하는 경우 1년 미만 근무에 대한 11일 휴가발생
1년 초과	◦ 1년 초과 근무시(366일째 출근-1년간 80% 이상 출근 전제) - 1년에 대한 15일 추가발생, 따라서 366일째 발생하는 휴가일수는 11일+15일=**26일** ◦ 1년간 출근율이 80% 미만인 경우 월개근시 1일씩 휴가 발생
2년 근무	◦ 2년 근무(예 : 2023.1.1.~24.12.31)후 근로관계 종료시 366일째 발생한 휴가 26일만 인정.

	- 2년차(2024.1.1.~2024.12.31.) 연차휴가는 다음해 2025.1.1. 발생하므로, 2년만 근무 후 근로관계가 종료하는 경우에는 2년차 연차휴가(연차휴가미사용수당 청구권)는 미발생 - 즉, 1년 1일 근무하고 퇴직하는 경우나, 2년 근무하고 퇴직하는 경우나 연차휴가일수는 26일로 동일함

5) 회계연도 단위로 연차휴가를 부여하는 경우

(1) 연도 중 입사자의 경우

연차휴가는 근로자의 입사일을 기준으로 산정하는 것이 원칙이나, 판례와 행정해석은 노무관리 편의상 회계연도 기준으로 모든 근로자에게 일괄 부여하는 것도 가능한 것으로 해석하고 있다.

연도중 입사자의 경우 다음연도에 대하여 발생하는 휴가일수는 전년도 근속기간에 비례하여 산정한다.

근로자가 퇴직시 입사일을 기준으로 한 연차유급휴가일수보다 근무기간 중 회계연도를 기준으로 한 연차유급휴가일수가 적으면 부족한 일수만큼 수당으로 보상해야 한다.

회계연도 단위로 부여하는 연차휴가대상은 연단위 휴가를 대상으로 하는 것으로(1년간 80% 이상 출근에 대한 기본일수 15일과 가산일수), 입사 후 1년 미만에 대해 월 1일씩 발생하는 휴가는 회계연도 단위 부여와 관계없이 입사일부터 월단위로 1일씩 부여하면 된다.

check point 연도 중 입사자의 경우 다음 회계연도까지 발생하는 휴가일수

- 다음 회계연도에 발생하는 연차휴가일수(15일×근속기간 총일수/365)+입사일부터 1년간 1월 개근시 1일씩 발생한 휴가일수
  - 여기서 근속기간 총일수에는 결근기간, 정직기간, 개인적인 사유에 의한 병가기간 등도 포함됨
- 2년차에 근로자가 실제로 사용할 수 있는 휴가일수는 26일이 아니라 **15일**임. 왜냐하

면 입사후 1년 미만에 대한 11일의 휴가는 다음 해로 이월되는 것이 아니라 **1년이 종료되는 시점에** 수당으로 지급되어야 하기 때문임

check point 산정 예) 2023.7.1 입사자의 회계연도 기준(1.1~12.31) 연차기준

구분	23.8	23.9	23.10	23.11	23.12	24.1
제60조제1항						7.5일
제60조제2항	1일	1일	1일	1일	1일	1일
누계	1일	2일	3일	4일	5일	13.5일
구분	24.2	24.3	24.4	24.5	24.6	24.7
제60조제1항						
제60조제2항	1일	1일	1일	1일	1일	
누계						18.5일

(2) 퇴직시 잔여휴가일수 산정방법

가) 입사시점을 기준으로 하여 계산한 휴가일수보다 부족할 경우

회계연도를 기준으로 휴가를 계산할 경우 퇴직시점에서 총 휴가일수가 근로자의 입사일을 기준으로 산정한 법정휴가일수에 미달하는 경우에는 그 미달하는 일수에 대하여 연차휴가미사용수당을 정산해야 한다(근기 68207-620, 2003. 5.23.).

check point 산정 예

2023.9.1.~2024.8.31.까지 1년간 근무하고 퇴사하는 근로자에게 회계연도 단위로 휴가를 부여한 상태에서(2024.1.1.에 9일 발생). 즉, 15일×4개월/12개월=15일, 1년 미만 월 1일씩 4일) 2024.8.31.까지 근무하고 퇴사하는 경우, 이 근로자는 입사일을 기준으로 산정한 휴가일수(1년 근무에 대한 11일)보다 발생한 휴가일수가 부족하므로,

부족한 일수 2일을 더하여 총 11일의 휴가일수에 대한 미사용휴가수당을 지급해야 한다(사용휴가 일수가 있을 경우 제외한다).

나) 입사시점을 기준으로 하여 계산한 휴가일수보다 많을 경우

회계연도를 기준으로 휴가를 계산한 경우, 퇴직시점에서 총 휴가일수가 근로자의 입사일을 기준으로 산정한 법정휴가일수보다 많은 경우에는, 그 초과하는 일수에 대해서는 퇴직시점에 입사일을 기준으로 재산정한다는 별도의 단서가 없는 한, 발생한 휴가일수 전체를 부여해야 한다(임금근로시간정책팀-489, 2008.2.28.).

연차유급휴가를 회계연도 기준에서 개별 근로자의 입사일을 기준으로 변경하거나 퇴사시점에 입사일을 기준으로 재산정한다는 것으로 기존의 취업규칙을 변경하는 것은, 회계연도 중에 입사한 일부 근로자에게는 연차유급휴가 일수가 줄어들게 되는 결과를 가져올 수 있으므로, 이것은 근로조건의 불이익 변경에 해당되고 따라서 취업규칙의 불이익 변경절차를 거쳐야 한다(임금근로시간정책팀-489, 2008.2.28.).

check point 산정 예

연차유급휴가를 회계연도(1.1~12.31) 기준으로 부여하고 있는 사업장에서 2021.9.1. 입사한 근로자가 2023.1.31.까지 근무하고 퇴직하는 경우, **입사일을 기준으로 할 경우** 26일의 휴가가 발생하지만 (이 경우 최초 1년 미만에 대한 휴가일수 11일은 입사일부터 1년간 사용하지 않으면 휴가청구권은 소멸하므로, 2022.9월. 11일에 대한 연차휴가미사용수당 지급. 휴가사용촉진조치 미실시 전제), **회계연도로 산정할 경우**에는 2022.1.1.자로 5일+2022.8.30.까지 1년 미만에 대한 11일=16일, 2023.1.1.자로 15일이 발생하여 총 31일의 휴가가 발생한다.

이 경우 취업규칙에서 퇴직시점에 입사일을 기준으로 재산정한다는 별도의 단서가 없는 이상 연차유급휴가는 총 31일(2022.9월. 1년 미만에 대한 11일분의 수당을 했으므

로 실제는 20일)이 발생한 것으로 보고 미사용휴가수당을 지급해야 한다(사용휴가일수가 있으면 제외한다)

다) 정직기간이 있는 경우(1년 전체로 보면 출근율이 80%이상이지만, 회계연도로 구분하여 산정하면 출근율이 80%미만인 경우)

예를 들어, 정직 20일(2023.8월에 정직 20일)이 있는 경우, 2023.7.1.~ 2024. 6.30까지 1년으로 보면 80% 이상 출근하였으나, 2023.7.1.~2023.12.31.까지 6개월 단위로 산정하면 결근으로 보아 80% 이상 출근에 해당하지 않을 경우, 회계연도인 2024.1.1.자로 부여해야 하는 휴가일수

check point 산정 예

정직기간은 연차휴가 산정시 결근으로 처리되므로 정직기간을 반영하여 출근율을 따져서 80% 미만이면 개근한 월에 대한 휴가일수만을 부여하고, (예 : 정상적으로 개근한 월이 3개월이면 3일), 그 후 2024.6.30.까지 1년을 기준으로 했을 때 80% 이상 출근에 해당하면 7.5일의 휴가가 발생한 것으로 보아야 하므로 나머지 일수 4.5일을 추가로 부여하면 될 것임

라) 가산휴가 일수

사용자는 3년 이상 계속하여 근로한 근로자에게는 기본휴가일수에 최초 1년을 초과하는 계속근로연수 매 2년에 대하여 1일을 가산한 유급휴가를 주어야 한다. 이 경우 가산휴가를 포함한 총 휴가일수는 25일을 한도로 한다(근기법 제60조제4항).

check point **산정 예**

◦ 연차휴가 가산일수는 입사 후 3년을 계속근로 한 경우 비로소 1일이 가산됨.
- 예를 들어 2021.1.1. 입사한 경우 2021.12.31.까지 최초 1년이 지나고 그 다음부터 매 2년 마다 즉, 2022.1.1.~2023.12.31.이 지난 2024.1.1.자로 가산일수 1일이 발생하여 15일+1일=16일이 된다.

전년도의 출근율은 기본휴가 산정시에는 기준이 되지만(예 : 1년간 80% 이상 출근시에는 15일, 80% 미만 출근시에는 월 개근시 각 1일), 가산휴가 산정을 위한 계속근로연수 계산의 경우에는 출근율과 직접 관계가 없다. 기본휴가 자체가 발생하지 않는 경우(예 : 해당연도 정부를 출근하지 않거나 또는 해당연도에 80% 미만 출근하였으나 월 개근이 하나도 없는 경우)에는 가산휴가도 발생하지 않는다(근기 01254-1488, 1989.1.28.).

check point **산정 예**

◦ 2023.1.1.~2023.12.31.까지 1년중 6개월(1.1~6.30)을 불법파업 후 나머지 6개월(7.1~12.31)은 출근한 경우(1년중 80% 미만 출근자에 해당)

1) 6개월(7월~12월) 모두 개근을 하지 못한 경우
2023년에 대한 연차휴가 기본일수 미발생. 따라서 가산일수도 미발생 → 2024년 연차휴가일수는 없음(0일)

2) 6개월(7월~12월)을 개근한 경우
2023년도에 대한 연차휴가 기본일수 6일 발생. 따라서 가산일수도 정상적으로 발생 → (예 : 계속근로연수가 10년일 경우) 2024년도 연차휴가일수는 기본일수 6일+가산일수 4일=10일

가산휴가를 포함한 연차휴가일수는 25일을 초과할 수 없으며, 초과일수의 인정여부와 보상방법 등에 대하여는 근기법에서 규정하고 있지 아니하므로 회사의 취업규칙과 단체협약 등에서 정한 바에 따른다.

3. 연차휴가와 임금

1) 연차유급휴가수당

연차휴가는 유급휴가이므로 근로자가 휴가사용으로 근로를 제공하지 못하더라도 임금이 지급되어야 하는데, 이를 연차유급휴가수당이라고 한다.

연차유급휴가수당은 평균임금 또는 통상임금으로 지급하도록 규정하고 있으므로(근기법 제60조제5항), 사용자는 이 둘중 어느 하나의 임금으로 지급하면 된다.

2) 연차유급휴가 미사용수당

연차휴가를 1년간 사용하지 못하여 휴가청구권이 소멸되더라도 임금청구권은 소멸하지 않는데, 이를 연차휴가 미사용수당이라고 한다.

연차유급휴가 미사용수당은 사용하지 못한 휴가일수에 해당하는 통상임금으로 계산하며 가산수당은 발생하지 않는다(대법 2019.10.18., 2018다239110).

연차유급휴가 미사용수당은 연차유급휴가권이 소멸된 날의 다음날에 발생하며, 그 지급액은 취업규칙 등에서 정한 바에 따라 통상임금 또는 평균임금으로 지급하고, 별도의 규정이 없으면 통상임금으로 지급하되 휴가청구권이 있는 마지막 달의 통상임금으로 지급한다(근로개선정책과-4218, 2013.7.19.).

연차유급휴가 미사용수당청구권은 휴가청구권이 소멸된 직후의 임금지급일에 발생하며(근기법시행령 제33조), 청구권의 소멸시효는 휴가청구권이 소멸한 때로부터 3년이다.

check point 실무사례

1) 연차유급휴가를 사용하기 전 근로관계가 종료된 경우 받을 수 있는 연차휴가수당 일수

유급(연차휴가수당)으로 연차휴가를 사용할 권리는 근로자가 1년간 소정의 근로를 마친 대가로 확정적으로 취득하는 것이므로, 근로자가 일단 연차유급휴가권을 취득한 후에 연차유급휴가를 사용하기 전에 퇴직 등의 사유로 근로관계가 종료된 경우, 근로관계의 존속을 전제로 하는 연차휴가를 사용할 권리는 소멸한다 할지라도, 근로관계의 존속을 전제로 하지 않는 연차휴가수당을 청구할 권리는 그대로 잔존하는 것이어서, 근로자는 근로관계 종료 시까지 사용하지 못한 연차휴가일수 전부에 상응하는 연차휴가수당을 사용자에게 청구할 수 있다(대법 2005.5.27., 2003다48549, 2003다48556)

2) 일급제근로자의 일급금액에 연차유급휴가수당을 포함하여 지급하는 근로계약의 효력

일당은 근본적으로 하루의 근로에 대한 대가로 발생할 수 있는 내역을 포함하여 지급할 수 있는 것으로서 연차휴가수당을 포함하여 지급할 수 없고 이러한 것이 근로기준법에 위배되므로(근기 68207-1844, 2006.6.16.), 일당 속에 연차유급휴가수당을 포함하여 지급하는 근로계약을 체결하였다 하더라도 근로자에게 연차휴가수당을 지급하였다고 볼 수 없으므로, 실제 휴가를 사용하지 않고 근로를 제공한 것에 대한 연차유급휴가 미사용수당을 추가로 지급하여야 할 것임(근로기준과-3118, 2004.6.23.)

3) 실근로를 조건으로 지급키로 한 약정수당을 연차휴가 사용을 이유로 미지급한 경우

노사당사자가 단체협약 등으로 매월 일정한 일수 이상을 실제 근로한 자에게 수당(예 : 만근수당 등)을 지급키로 약정하였다면, 특정월의 실근로일이 약정한 일수에 미달함을 이유로 수당을 지급하지 아니한다 하더라도 반드시 위법하다고 단정하기는 어려울 것으로 사료됨(근로기준과-1378, 2004.3.20.)

4) 연차유급휴가미사용수당을 선 지급했는데, 나중에 통상임금이 상승하여 차액이 발생한 경우

사용자는 근로자가 연차유급휴가 청구권이 발생한 때로부터 1년간 연차유급휴가를 모두 소진하지 아니하였을때에는 연차유급휴가 청구권이 소멸된 날의 다음날에 연차유급휴가 미사용수당을 지급해야 함(임금근로시간정책팀-3295, 2007.11.5.)

사용자가 근로자들에게 연차유급휴가미사용수당을 미리 지급하였더라도, 이후 임금인상 등의 이유로 통상임금이 상승하여 연차유급휴가청구권이 소멸된 날의 다음날 기준으로 산정한 연차유급휴가미사용수당과 차액이 발생할 경우에는 그 차액만큼은 지급해야 할 것임(근로개선정책과-3077,2012.6.13.)

5) 미사용 연차유급휴가에 대한 금전보상 대신 이월하여 사용토록 할 수 있는지

미사용 연차유급휴가에 대한 금전보상 대신 이월하여 사용토록 당사자 간 합의하는 것은 무방할 것으로 보이고, 이 경우 퇴직금 산정을 위한 평균임금에는 퇴직 전전년도 출근율에 의하여 퇴직 전년도에 발생한 연차유급휴가 중 미사용하고 근로한 일수에 대한 연차유급휴가 미사용수당액의 3/12만 포함되어야 할 것임(근로조건지도과-1047, 2009.2.20.)

6) 격일제, 교대제 근무자의 연차휴가 사용과 수당산정

(1) 격일제 근무자가 근무일과 바로 다음날 휴가를 사용한 경우

격일제 근로자에 대해서도 사용자는 근로자의 청구가 있는 시기에 연차휴가를 부여해야 하는 바, 격일제 근무의 경우 1일 근무를 전제로 그 다음날 1일의 휴무를 부여하는 것이므로 근무일과 바로 다음날(당초 비번일) 휴가를 사용한다면 연차휴가를 2일 사용한 것으로 보아도 되고, 근무일만 휴가를 사용하고 그 다음날(당초 비번일)에 근무를 하면 1일의 휴가를 사용한 것으로 보아야 할 것임(근기 68207-3288, 2001.9.26.)

(2) 2근무일 1휴무일 형태의 교대제 근로인 경우

연차휴가는 근로자가 청구하는 시기에 주어야 하므로 근로자가 휴가사용을 청구한 날에 한하여 휴가를 사용한 것으로 보아야 함. 따라서 2근무일 1휴무일 형태의 교대제 근로인 경우 휴가사용일을 특정한 경우에는 그 특정한 날에 대해서만 휴가로 처리해야 하며, 근기 68207-3288 (2001.9.26.)은 격일제 근로자의 경우에만 적용됨을 알려드림. 결근 여부에 대해서도 위에 준하여 판단하기 바람(근기 68207-3014, 2002.10.7.)

(3) 복격일제(2일근무 1일휴무) 근로형태를 도입하면서 휴무일을 유급으로 처리하여 연차휴가와 대체키로 한 경우

적법한 유급휴가의 대체를 하고 대체 휴무일을 유급으로 한 경우에는 그 대체된 휴가일수 만큼은 다시 휴가를 부여하거나 연차휴가근로수당을 지급할 필요가 없음. 귀 회사와 특약을 체결한 당사자인 상조회 대표자들을 근로자의 과반수를 대표하는 근로자대표로 볼 수 있다면 동 특약서에 적법한 유급휴가 대체가 이루어진 것으로 볼 수 있다고 사료됨(근기 68207-2649, 2002.8.5.)

(4) 격일제 근로자의 연차유급휴가미사용수당 지급을 위한 1일 소정임금

격일제 근로자가 근기법 제63조에 따른 '근로시간 등의 적용제외승인'을 얻은 경우, 연차유급휴가 미사용수당 지급을 위한 통상 하루의 소정임금은 근무일의 절반에 해당하는 근로시간분의 임금을 지급함이 타당할 것으로 사료됨(근로개선정책과-2445, 2014.

4.22.)

7) 지각 · 조퇴 · 외출시간을 합하여 연가사용으로 간주할 수 있는지

지각 · 조퇴 · 외출 등의 사유로 소정근로일의 근로시간 전부를 근로하지 못하였다 하더라도 소정근로일을 단위로 그날에 출근하여 근로를 제공하였다면 이를 결근으로 처리할 수 없는 것이므로, 단체협약 · 취업규칙 등에 지각 · 조퇴 · 외출을 몇회 이상하면 결근 1일로 규정하고, 일정 횟수 이상의 지각 · 조퇴 · 외출시 결근 1일로 취급하여 주휴일 · 연차유급휴가 등에 영향을 미치게 하는 것은 근기법 취지에 비추어 타당하지 않음.

다만, 단체협약 또는 취업규칙 등에서 질병이나 부상외의 사유로 인한 지각 · 조퇴 및 외출은 누계 8시간을 연가 1일로 계산한다라는 규정을 두는 것은 당해 사업장 근로자의 인사복무관리 차원에서의 노사간 특약으로 볼 수 있으며, 해당자가 부여 받을 수 있는 연가일수에서 공제하는 것이므로 근기법에 위반된다고 볼 수 없음(근기 68207-157, 2001.1.22.)

4. 연차휴가 사용촉진제도

1) 의의

연차휴가 사용촉진제도란 사용자가 법에 따른 연차휴가 사용을 촉진하였음에도 불구하고 근로자가 휴가를 사용하지 않아 소멸된 경우, 그 미사용 연차휴가에 대한 금전보상의무를 면제하는 제도이다.

사용자가 연차유급휴가의 사용을 촉진하기 위하여 근기법 제61조의 조치를 하였음에도 불구하고 근로자가 1년간 휴가를 사용하지 아니하여 소멸된 경우 사용자는 그 사용하지 아니한 휴가에 대하여 보상할 의무가 없고, 근기법 제60조제7항 단서에 따른 사용자의 귀책사유에 해당하지 아니하는 것으로 본다(근기법 제61조).

연차휴가사용촉진 조치는 강제사항이 아니므로 사용자가 실시 여부를 선택할 수 있으며 일부 부서나 직종에 한하여 실시할 수도 있다.

2) 사용촉진 연차휴가 유형

(1) 사용촉진 대상이 되는 경우

가) 지난 1년간 80% 이상 출근한 근로자에게 부여되는 연차휴가(가산휴가 포함), 근기법 제60조제1항, 제4항, 제61조제1항

나) 근로계약기간이 1년 이상 근로자가 입사 후 1년 미만 기간중에 1개월 개근시 1일씩 발생하는 연차휴가(총11일), 근기법 제60조제2항, 제61조제2항

다) 지난 1년간 80% 미만 출근한 근로자가 그 기간 중 1개월 개근시 발생하는 연차휴가(근기법 제60조제2항, 제61조제1항)

(2) 사용촉진 대상이 되지 않는 경우

가) 연차휴가가 발생하였으나 업무상 재해, 출산전후휴가, 육아휴직 등으로 사용하지 못한 연차휴가

나) 근로계약기간이 1년 미만인 근로자가 1개월 개근시 1일씩 발생하는 연차휴가

다) 취업규칙·단체협약 등에 따라 법정 연차휴가일수를 초과하여 부여되는 연차휴가(예 : 총 26일이 발생한 경우 25일을 초과하는 1일)

(3) 사용촉진대상에 해당되나 수당지급의무가 발생하는 경우

가) 개정 근기법 제61조에 따른 사용촉진을 하지 않은 경우

나) 사용촉진을 실시하였으나 제61조의 요건에 부합하지 않는 경우

(가) 사용자가 촉진조치를 서면으로 하지 않는 경우

(나) 사용촉진을 근로자별로 하지 않고 사내공고 방식으로 한 경우

(다) 1차·2차 촉진을 서면으로 하였으나, 법에서 요구하는 통보일을 준수하지 않는 경우(예 : 연차사용기간 만료 6개월 전을 기준으로 10일 이내에 하여야 하나 이를 준수하지 않은 경우)

(라) 1차 촉진 이후 2차 촉진을 하지 않는 경우(1차 촉진 이후 근로자의 사용시기 지정이 없다면, 사용자가 2차 촉진을 해야 하나 하지 않은

경우)

다) 사용촉진을 실시하였으나 촉진제도에 의하여 연차휴가가 소멸된 것으로 볼 수 없는 경우

(가) 사용자가 사용촉진을 실시하였으나 근로자의 퇴직 · 해고, 사업장의 폐업 등으로 근로관계가 종료된 경우

(나) 사용촉진에 의해 휴가를 사용하기로 한 날에 근로자가 출근하였으나 사용자가 노무수령 거부를 하지 않아 정상적인 근로를 제공한 경우(대법 2020.2.27., 2019다279283)

3) 사용촉진 방법

(1) 1년 미만 근무 11일에 대한 촉진 방법

사용자가 계속하여 근로한 기간이 1년 미만인 근로자의 연차유급휴가 사용을 촉진하기 위하여 다음 각호의 조치를 하였음에도 불구하고 근로자가 휴가를 사용하지 아니하여 휴가청구권이 소멸된 경우, 사용자는 그 사용하지 아니한 휴가에 대하여 보상할 의무가 없고, 제60조제7항 단서에 따른 사용자의 귀책 사유에 해당하지 아니한 것으로 본다(근기법 제61조제2항).

(대상) 계속근로기간 1년 미만 기간동안 1개월 개근시 1일씩 발생하는 연차휴가로써 개정 법 시행일인 2020.3.31.이후 발생한 휴가

1차 촉구(시기지정 촉구)	2차 촉구(휴가사용 촉구)
◦ 최초 1년간 근로가 끝나기 3개월 전을 기준으로 10일 이내에 근로자별로 사용하지 않은 휴가일수를 알려주고, - 근로자가 그 사용시기를 정하여 사용자에게 통보하도록 서면으로 촉구할 것 * 사용자가 서면 촉구한 후 발생한 휴가에 대해서는 최초 1년의 근로기간이 끝나기 1개월 전을 기준으로 5일 이내에 촉구	◦ 휴가사용 촉구에도 불구하고 근로자가 촉구를 받은 때부터 10일 이내에 사용하지 아니한 휴가의 전부 또는 일부의 사용시기를 정하여 사용자에게 통보하지 아니하면, - 최초 1년간 근로가 끝나기 1개월 전까지 사용자가 사용하지 아니한 휴가의 사용시기를 정하여 근로자에게 서면으로 통보할 것 * 서면 촉구한 후 발생한 휴가에 대해서는 최초 1년간 근로가 끝나기 10일 전까지 서면으로 통보

(2) 1년 이상 근무에 대한 촉진 방법

(대상) 전년도 1년간 출근율에 따라 발생한 연차휴가(80% 이상이면 15일 +@, 80% 미만이면 개근한 개월 수에 해당하는 일수)

1차 촉구(시기지정 촉구)	2차 촉구(휴가사용 촉구)
◦ 1년의 휴가사용기간이 끝나기 6개월 전을 기준으로 10일 이내에 근로자별로 사용하지 아니한 휴가일수를 알려주고, - 근로자가 그 사용시기를 정하여 사용자에게 통보하도록 서면으로 촉구	◦ 근로자가 연차휴가사용 촉구를 받은때부터 10일 이내에 휴가사용시기를 정하여 사용자에게 통보하지 않으면, - 1년의 기간이 끝나기 2개월 전까지 사용하지 않은 휴가의 사용시기를 정하여 근로자에게 서면으로 통보

check point 연차사용촉진 절차(1.1~12.31 기준)

촉진대상		1차 사용촉진		2차 사용촉진
		(사용자 → 근로자)	(근로자 → 사용자)	(사용자 → 근로자)
		연차미사용일수 고지 및 사용시기 지정·통보요구	사용시기 지정통보	근로자의 사용시기 미통보 시, 사용자가 사용시기 지정·통보
1년 이상 근무자 (1년 80% 미만 출근자 포함)		7.1~7.10 (6개월 전, 10일간)	촉구받은 날로부터 10일 이내	10.31까지 (2개월 전)
1년 미만 근무자	연차휴가 9일	10.1~10.10 (3개월 전, 10일간)	10일 이내	11.31까지 (1개월 전)
	연차휴가 2일	12.1~12.5 (1개월 전, 5일간)	10일 이내	12.21까지 (10일 전)

4) 근로자가 지정된 휴가일에 출근하는 경우

사용자는 지정된 휴가일에 근로자가 출근한 경우 노무수령 거부의사를 명확히 표시해야 하며, 명확한 노무수령 거부의사에도 불구하고 근로를 제공한 경우에는 연차휴가 미사용수당을 지급할 의무가 없다.

사용자가 노무수령 거부의사를 명확히 표시하지 않았거나 근로자에 대하여 업무지시 등을 하여 근로자가 근로를 제공한 경우에는 휴가일 근로를 승낙한 것으로 보아야 하므로, 연차휴가 미사용수당을 지급해야 한다(대법 2020.2.27., 2019다279283, 임금근로시간정책팀-285, 2005.10.21.).

check point 노무 수령 거부

근로자가 지정된 연차휴가일에 휴가를 사용하지 않고 출근한 경우, 사용자는 노무수령을 거부해야 함. 사용자는 근로자가 노무수령 거부 의사를 명확히 알 수 있도록 해야 함.
〈예〉 출입을 거부하거나, 근로자 책상 위에 노무수령 거부 통지서를 올려놓거나, 컴퓨터에 노무 수령 거부 통지 화면이 나타나도록 하는 등 근로자가 사용자의 노무수령 거부 의사를 확실하게 인지할 수 있도록 해야 함.

check point 실무사례

1) 연차유급휴가 사용촉진조치를 의무적으로 실시해야 하는지

사용자가 연차유급휴가 사용촉진조치를 반드시 실시해야 할 의무가 있는 것은 아니므로, 사용자가 동법에 의한 휴가사용촉진 조치를 하지 아니하고 근로자도 휴가사용시기를 지정하지 아니하여 휴가를 사용하지 않았을 경우, 사용자는 미사용 휴가에 대하여 연차휴가근로수당을 지급해야 할 것임(근로기준과-161, 2004.1.7.)

2) 사용자가 휴가사용촉진절차를 준수하지 않은 경우

근로자가 휴가사용 촉구를 받은 때부터 사용하지 아니한 휴가의 일부의 사용시기만을 사용자에게 통보하였을 경우, 근기법 제61조제2호에 따라 근로자의 휴가청구권이 끝나기 2개월 전까지 사용자는 사용하지 아니한 나머지 휴가의 사용시기를 정하여 근로자에게 서면으로 통보해야 하므로, 사용자가 동 절차를 준수하지 아니하였다면 미사용 휴가에 대한 보상의무가 면제되지 않는다 할 것임(근로조건지도과-44, 2009.1.5.)

3) 휴가사용 촉구시 전자문서(e-mail, 사내게시판 등)를 서면으로 볼 수 있는지

연차휴가 사용촉진을 취할 때 사용자로 하여금 서면으로 촉구 또는 통보하도록 규정한 것은 휴가사용촉진 조치가 명확하게 이행되도록 하여 근로자의 권리보호를 보다 충실하게 하고 불명확한 조치로 인한 당사자간의 분쟁을 방지하려는 취지로 볼 수 있는 것임. 따라서 회사 내 e-mail을 활용하여 통보하거나 근로자별 미사용 휴가일수를 게재한 공문을 사내 게시판에 게재하는 것은 그러한 방법이 근로자 개인별로 서면촉구 또는 통보하는 것에 비하여 명확하다고 볼 수 없는 한 인정되기 어렵다고 할 것임(근로기준과-3836, 2004.7.27.)

기존의 종이로 된 문서 외에 전자문서로서 연차유급휴가 사용촉진이 가능하기 위해서는 회사가 전자결재 체계를 완비하여 전자문서로 모든 업무의 기안, 결재, 시행과정이 이루어져 근로자 개인별로 명확하게 촉구 또는 통보되는 경우에 한하여 서면촉구 또는 통보로 인정될 수 있음(근로기준과-1983, 2010.11.6.)

4) 특정집단의 근로자에 대해서만 휴가사용촉진 조치를 취할 수 있는지

휴가사용촉진 조치는 동일한 사업 또는 사업장 내의 모든 근로자를 대상으로 실시함이 바람직하나, 직종 또는 근로형태 등을 감안하여 특정집단의 근로자에 대해서는 휴가사용촉진 조치의 적용을 제외할 수 있다고 사료됨(근로기준과-407, 2004.1.26.)

5) 취업규칙 등 개정 절차없이 연차유급휴가를 사용촉진 조치를 할 수 있는지

휴가사용촉진 조치는 사용자가 노사간의 합의없이 임의로 행할 수 있는 것인 바, 단체협약으로 사용자의 일방적인 휴가사용촉진 조치를 금지하거나 노사간의 합의 또는 협의를 전제로 하는 규정 등이 있는 경우에는 그에 따라야 할 것이지만, 그러한 규정 등이 없는 경우에는 사용자는 근기법 제61조에 의거 임의로 휴가사용촉진 조치를 할 수 있음(임금근로시간정책팀-3353, 2007.11.13.)

4. 연차유급휴가의 대체

1) 의의

연차휴가의 대체란 소정근로일을 특정하여 연차휴가를 사용하게 함으로써, 특정 근로일의 근로제공의무를 면하는 제도를 말한다.

연차휴가의 대체사용은 휴일과 휴일 사이에 근무일이 끼워져 있거나 집단적으로 휴가를 갖게 되는 명절이나 하계휴가 등에 연결하여 사용하거나 경영상의 사정으로 일정기간 작업을 중지해야 할 필요성이 있는 경우 등에 활용할 수 있다.

2) 근로자 대표와의 서면합의에 의한 대체사용

사용자는 근로자 대표와의 서면합의에 따라 연차유급휴가일을 갈음하여 특정한 근로일에 근로자를 휴무시킬 수 있다(근기법 제62조), 휴무란 근로의무가 있는 소정근로일에 근로제공 의무를 면하는 것을 의미한다.

근기법 제62조의 취지는 개별근로자의 청구나 동의에 관계없이 노사합의에 의거 사용자가 일방적으로 연차휴가에 갈음하여 휴무일을 지정 대체할 수 있다는 것이다(근기 68207-1432, 2002.4.4.).

근로자대표란 당해 사업장에 근로자의 과반수로 조직된 노동조합이 있는 경우에는 그 노동조합, 그러한 노동조합이 없는 경우에는 근로자의 과반수를 대표하는 자이다(근기법 제24조).

서면합의는 법정 유효 요건이므로 반드시 근로자 대표와 서면에 의한 합의가 필요하다.

특정한 근로일이란 근로의무가 있는 소정근로일 중의 특정일을 의미하므로 원칙적으로 대체할 근로일을 특정해야 하며(근로기준과-5454, 2004.10.12.), 소정근로일이 아닌 법정휴일·휴가나 약정휴일·휴가일에 연차휴가를 대체할 수 없다(임금근로시간정책팀-3295, 2007.11.5. ; 대법2019.10.18., 2018다239110).

근로자 대표와의 서면합의 없이 사용자가 일방적으로 연차휴가를 대체한 경우에는 원칙적으로 무효이지만(임금근로시간과-336, 2019.5.29.), 근로자가 이에 대하여 이의를 제기하지 않은 채 출근하지 않았다면, 연차휴가를 사용한 것으로 볼 수 있다(근로조건지도과-2364, 2008.12.29.).

휴가대체 적용대상 근로자를 전체 근로자가 아닌 특정집단(예 : 직군별, 직급별 등)에 대해서만 적용하거나 대상별로 달리 적용할 수도 있다.

근기법 제62조의 연차휴가의 대체는 사용자가 근로자 대표와 합의하여 집단적으로 시행하는 것이므로 대체를 반대한 근로자에게도 적용한다.

3) 취업규칙에 근거한 대체사용

연차유급휴가 대체에 있어 근로자대표와의 서면합의는 법에서 정하고 있는 요건으로 근로자대표와의 서면합의 없이는 허용되지 않는다고 할 것이어서, 취업규칙 변경 시 사용자측의 개입이나 간섭이 배제된 상태에서 전 직원의 자유로운 의사에 기한 서면 동의를 받는 등 근기법 제94조에 따른 적법한 취업규칙 변경절차를 거쳐 유급휴가 대체를 취업규칙에 규정하였다고 하더라도, 근로자대표와의 서면합의가 없다면 적법한 연차유급휴가 대체로 볼 수 없다(임금근로시간과-687, 2019.7.9.).

4) 개별적 서면동의에 의한 대체 사용

연차유급휴가일을 갈음하여 특정한 근로일에 근로자를 휴무시키려면 사용자는 근로자대표와의 서면합의를 법적요건으로 하고 있으므로, 유급휴가의 대체를 도입하면서 근로자대표와의 서면합의가 아닌 근로자의 개별적 서면동의를 받는 경우에는 법적요건을 충족하지 못한 것으로 보아야 할 것이다(임금근로시간과-336, 2019.5.29.).

check point **근로기준법 제60조, 제61조, 제62조 규정 적용 제외**

상시근로자 수 **4명 이하(5인 미만)**인 사업장에는 근로기준법 **제60조**(연차유급휴가), **제61조**(연차유급휴가의 사용촉진), **제62조**(유급휴가의 대체)의 규정이 **적용 제외**됨에 따라, **연차유급휴가는 발생하지 않는다**.

check point 실무사례

1) 결근을 연차휴가 사용으로 대체하는 경우

근로자가 결근일을 연차휴가 사용일로 대체해 줄 것을 요구한 경우 이를 인정해야 할 사용자의 법적의무는 없다. 그런데 사용자가 대체사용을 인정한다면 대체된 결근일 등을 연차휴가일로 보아야 한다(대법 1992.4.10., 92누404).

2) 복격일제(2일근무 1일휴무) 근로형태를 도입하면서 휴무일을 유급으로 처리하여 연차휴가와 대체키로 한 특약

근로기준법 제60조에 의하여 유급휴가의 대체를 하고 대체휴무일을 유급으로 한 경우에는 그 대체된 휴가일 수 만큼은 다시 휴가를 부여하거나 연차휴가근로수당을 지급 할 필요가 없음(근기 68207-2649, 2002.8.5.)

3) 사용자가 일방적으로 연차휴가 대체사용을 지시한 경우

사용자가 근로자대표와의 서면합의 없이 일방적으로 소정근로일인 '관공서의 공휴일에 관한 규정상의 공휴일'을 연차유급휴가로 갈음하여 쉬도록 한 것은 근기법 제62조에 따른 유급휴가의 대체로 보기는 어렵다 할 것임. 다만, 근로자가 이에 대한 이의 제기 없이 출근하지 않고 쉰 경우라면 근로자의 청구에 의한 연차유급휴가의 사용으로 볼 수도 있을 것임(근로조건지도과-2364, 2008.12.29.)

4) 휴일 · 휴무일을 대체휴가일로 정할수 있는지

근기법상 휴일은 근로의무가 없는 날이므로 소정근로일이 아니다. 근기법 제62조는 '사용자는 근로자대표와의 서면 합의에 따라 제60조에 따른 연차유급휴가일을 갈음하여 특정한 근로일에 근로자를 휴무시킬 수 있다'라고 규정하고 있다. 대체휴가일을 근로일로 한정한 이러한 규정 내용과 취지 및 휴일의 의의 등을 고려하면, 휴일을 대체휴가일로 정할 수는 없다(대법 2019.10.18., 2018다239110).

'특정한 근로일이라' 함은 근로의무가 있는 소정근로일 중 특정일을 의미하므로, 연차휴가를 근로제공 의무가 없는 휴무일이나 휴일과 대체하는 것은 불가하다할 것임(임금근로시간과-179, 2023.1.25.)

05-6-1. 연차수당 청구 신고사건 처리 사례

연차유급휴가수당 미지급 신고사건 인정(기소) 사례

- 진정인 : ○○○
- 피진정인 : ○○ (주) 대표이사 ○○○
- 업종 : 판매 및 유통업

[쟁점사항]

연차유급휴가 미사용수당 지급 대상 여부

[인정되는 사실]

1) 진정인 담당 업무 및 출퇴근 관리

- 영업 업무를 담당하였기에 출장이 빈번하였음
- 양 당사자의 진술에 의하면 별도의 근태 관리는 하지 않음
- 피의자는 "직원 수가 적어 출퇴근 관리가 필요하지 않았다."라고 진술함
- 피진정인 대리인 ○○○는 사업장에 '세콤 출퇴근 지문인식기'가 존재하나 직원들이 성실하게 출퇴근 등록을 하는 편은 아니라고 진술함

2) 임금 등 근로조건

- 주 5일제 근무로 월요일부터 금요일까지 09:00에 출근하여 18:00에 퇴근함
- 임금 정기지급일은 매월 10일이며 임금 산정 기간은 전월 10일에서 당월 9일까지이고, 진정인의 재직기간에 임금은 2회 인상됨

3) 상시근로자 5인 여부

- 진정인의 재직기간 동안 상시근로자는 5인임

4) 연차 관련 제도 시행 여부

- 사업장에 2023.2.10. 이전까지 연차사용대장이 존재하지 않아 연차휴가 실시내역을 알 수 없음

- ◦ 사업장에서 근로기준법 제60조 규정에 따른 연차유급휴가 미사용 수당 제도, 근로기준법 제61조에 규정에 따른 연차 사용 촉진제도, 근로기준법 제62조 규정에 따른 연차휴가 대체제도 등을 시행한 적 없음

[판단]

1) 피의자는 진정인의 출퇴근 현황과 출장경비 영수증 등을 통해 진정인이 재직기간 41일을 결근하였고 이는 모두 연차유급휴가로 사용하였다고 주장하나,
   - ◦ 근태관리를 하지 않았다는 양 당사자의 진술이 일치하는 점, 사업장에 출퇴근 지문인식기는 있으나 성실하게 출퇴근 등록하는 직원이 없다고 진술한 점, 진정인의 업무 특성상 출장이 잦아 사무실에 매일 출근하지 않은 점, 결근에 의한 임금 삭감 등 징계 조치가 시행된 사실이 없어 진정인이 결근 없이 계속 근로한 것으로 보이는 점, 근로자의 근태관리는 사용자의 책임인 점 등을 종합하면, 출퇴근 지문등록을 하지 않고 출장경비 영수증이 없다는 사실만으로 진정인이 연차유급휴가를 사용하였다는 결정적인 근거는 될 수 없고,
   - ◦ 피의자는 진정인의 사용 연차일을 처음부터 특정하지 못하고 여러 차례 진술을 번복 후, 본건 진정 제기 이후 3개월 지난 2024.3.18.에서야 증거자료로 제출한 출퇴근 현황은 편집본이므로 신뢰하기 어려움
2) 피의자는 사규 및 근로계약서를 근거로, 진정인에게 연차유급휴가 미사용 수당을 지급할 의무가 없다고 주장하나,
   - ◦ 근로기준법 제15조 이 법에서 정하는 기준에 미치지 못하는 근로조건을 정한 근로계약은 그 부분에 한정하여 무효로 한다.'에 의해 근로기준법 제60조에 미달하는 위 근로계약은 무효가 되며,
   - ◦ 근로기준법 제42조 및 같은 법 시행령 제22조에 의해 '휴가에 관한 서류'는 사용자가 보관해야 할 서류에 해당하므로 연차유급휴가에 대한 양 당사자의 주장이 다를 경우 이에 대한 증명책임은 사용자가 진다고 봄이 타

당하므로,

◦ 피의자가 진정인의 연차유급휴가 사용 내용에 대한 자료를 제출하지 못하는 이상, 약 3년 3개월의 재직기간 발생한 연차 57개 중 진정인이 자백하여 주장하는 사용 연차 일수 8개를 제외한 49개의 연차유급휴가 미사용 수당이 체불되었다고 볼 수 있음

◦ 근로기준법 제60조의 규정에 따른 연차유급휴가를 1년간 사용하지 아니하여 휴가 청구권이 소멸하면 사용기간 종료된 다음 날(임금지급일)에 미사용 수당을 지급하여야 하므로(근기 01254-3999, 1990.3.19.), 피의자가 진정인에게 퇴직 후 14일 이내에 지급하지 않은 연차유급휴가 미사용 수당은 6,384,570원으로 확인됨

◦ (의견) 위 범죄사실에 대하여 피의자를 근로기준법 제109조 제1항 및 같은 법 제36조 위반 혐의로 수사한 결과, 피의자는 진정인에게 퇴직 후 14일 이내에 연차유급휴가 미사용 수당을 지급하지 않았다는 혐의에 대해 부인하고 있으나, 진정인인 피해근로자의 진술, 진정인에게 지급된 급여지급내역, 피의자의 진술, 진정인이 연차유급휴가를 사용하였다는 입증자료를 피의자가 제출하지 못하는 등 양 당사자 진술 및 관계 거증자료에 의거 피의자의 범증이 충분하다고 판단되므로 기소 의견임

연차유급휴가일수 관련 신고사건 불인정(내사종결) 사례

• 진정인 : ○○○

• 피진정인 : ㈜○○ 대표이사 ○○○

• 업종 : 통신장비설치업

[쟁점사항]

진정인이 2023년에 사용할 수 있는 연차 개수가 21일인지 36일인지 여부

[인정되는 사실]

1) 연차 개수 관련 기초사실

◦ 위 사업장에서는 신규 근로자들의 연차사용 개수가 적어 연차를 사용하지 못하는 것을 감안하여 이전 회사에서의 경력이 있을 경우 경력을 인정하여 연차 개수를 더해 주는 경력연차 제도를 2021년부터 도입해옴

◦ 취업규칙에 의거, 이전 회사의 경력 2년 이상일 경우 매 2년마다 1개씩 연차 개수를 가산해줌

◦ 진정인 ○○○의 건강보험자격득실확인서 상, 이전 회사의 경력은 총 12.7년이므로 회계연도 기준으로 2023년 발생하는 연차의 개수는 총 21개*임

* 회계연도 상 15개(2021.6.1. 입사)+경력연차 6개(12.7년÷2년)

◦ 연차관리 프로그램(○○○ 스페이스)를 활용하여 연차를 사용하였고, 상급자 또는 대표이사의 승인을 받지 않고 프로그램에 본인이 원하는 날짜를 등록한 후 자유롭게 연차를 사용함

◦ 사업장에서는 진정인이 연차 개수를 초과하여 사용하는 것을 뒤늦게 확인한 후 2023년 6월 임금 지급 시 6월에 진정인이 사용한 연차를 무급처리 하였고,

◦ 진정인이 2023년 4월・5월에 사용한 연차 초과 사용분에 대해 사업장에서 부정수령 급여 반환 요청서(반환액 1,534,495원)를 진정인에게 전달하자, 진정인이 2023년 6월 급여 미지급 및 퇴직금 재산정 요청에 대한 진정을 제기함

2) 퇴직금 관련 기초사실

◦ 피진정인은, 진정인이 2023년 6월 병가 등을 사용하여 근무를 전혀 하지 않았으므로 2023년 6월 임금이 발생하지 않았다고 판단하였으나,

◦ 근무일이 없는 2023.6.1.부터 2023.6.30.까지의 기간을 계속근로기간으로 인정해줌과 동시에 퇴직전 3개월 간 임금 총액에서 제외해 주었고, 2023.4.1.부터 2023.5.31.까지의 통상임금이 평균임금을 상회하여 통상임금 기

준으로 퇴직금을 계산하는 등 진정인에게 유리하게 퇴직금을 산정해줌

[판단]

1) 관련 판례

◦ 사용자는 3년 이상 계속하여 근로한 근로자에게는 제1항에 따른 휴가에 최초 1년을 초과하는 계속 근로 연수 매 2년에 대하여 1일을 가산한 유급휴가를 주어야 한다. 이 경우 가산휴가를 포함한 총 휴가 일수는 25일을 한도로 한다. 근로기준법 제60조(연차 유급휴가)

◦ 일반적으로 임금은 직접 근로자에게 전액을 지급하여야 하는 것이므로 사용자가 근로자에 대하여 가지는 채권으로서 근로자의 임금채권과 상계를 하지 못하는 것이 원칙이나, 계산의 착오 등으로 임금이 초과지급 되었을 때 그 행사의 시기가 초과 지급된 시기와 임금의 정산, 조정의 실질을 잃지 않을 만큼 합리적으로 밀접되어 있고 금액과 방법이 미리 예고되는 등 근로자의 경제생활의 안정을 해할 염려가 없는 경우나 근로자가 퇴직한 후에 그 재직중 지급되지 아니한 임금이나 퇴직금을 청구할 경우에는 사용자가 초과 지급된 임금의 부당이득반환청구권을 자동채권으로 하여 상계할 수 있다(대법 1993.12.28., 93다38529).

2) 판단

◦ 진정인은 본인이 부여받은 36개의 연차를 정상적으로 사용했음에도 불구하고 사업장에서 임금을 지급하지 않는다고 주장하나,

① 취업규칙 상 경력연차는 경력이 2년 이상일 경우 매 2년마다 연차 1개씩 추가되므로 진정인의 이전 회사 경력이 12.7년임을 감안하였을 때 경력연차로 받을 연차는 6개이므로 진정인에게 실제로 발생한 연차는 21개인 점,

② 취업규칙, 근로기준법 제60조 모두 가산휴가를 포함한다 하더라도 25일을 한도로 정하고 있는 점,

③ 진정인이 연차를 사용할 때 상급자 또는 대표이사의 승인을 득하지 않고 연차사용프로그램에 등록한 후 연차를 자율적으로 사용하여 진정인이 연차를 25개 초과하여 사용할 수 있었던 점, 연차를 사용한 후 다음날 취소하여 연차를 없었던 것으로 하였던 점 등으로 미루어 보아 진정인이 연차사용프로그램을 악용했다는 피진정인의 진술이 신빙성이 없지는 않은 점,

④ 진정인은 대표이사와 임원 간 대화에서 경력연차를 25개 이상 부여하겠다는 대화를 확인했다고는 하나, 이는 임원회의에서 나온 하나의 안건에 불과하고 이에 대한 내용이 규정화되어 근로자들에게 실제로 전달되거나 적용되지 않았으며 경력연차에 대한 규정이 취업규칙 외에 별도로 없는 등 연차를 36개를 실제로 사업장에서 공식적으로 부여하였다고 보기 힘들며, 2023년 5월까지 진정인이 연차를 25개 사용했으므로 2023년 6월에 사용한 연차 11개를 지급할 의무는 없다고 판단됨

◦ (의견) 위 진정사건에 대하여 근로기준법 제109조제2항 및 같은 법 제36조 위반 여부에 대하여 내사한바, 진정인이 연차를 36개를 부여 받았다고 볼 만한 사정이 없어 2023년 6월 임금을 재정산하여 지급할 필요가 없고, 이에 따라 퇴직금 또한 재정산할 필요가 없다고 판단되므로 내사종결(혐의없음) 의견임

06 근로자의 사용과 근로관계 변동

06-1. 취업규칙

1. 의의

취업규칙이란 각 사업장에서 근로자가 준수해야 하는 취업상의 규율과 직장 질서 및 근로조건에 대한 구체적인 사항을 정한 규칙을 말한다.

판례와 행정해석에는 취업규칙이란 사용자가 근로자의 복무규율과 임금 등 당해 사업의 근로자 전체에 적용될 근로조건에 관한 준칙을 규정한 것(대법 2004.2.12., 2001다63599), 사업장의 근로자들에게 적용될 근로조건과 복무 규율에 관한 통일적인 준칙이라고 정의한다(근로기준팀-1387, 2006.3.29.).

오늘날 다수의 근로자를 고용하고 있는 기업은 개개의 근로자들과 일일이 계약내용을 약정하기보다는 근로계약의 내용이 되는 근로조건 등을 단체협약 · 취업규칙에 정하여 근로관계를 정형화하고 집단적으로 규율하는 것이 보통이므로, 근로계약 체결 시 계약의 내용을 취업규칙의 내용과 달리 약정하는 등 특별한 사정이 없는 한 근로계약을 체결한 근로자와 사용자 사이에는 취업규칙에 정하는 바에 따라 근로관계가 성립한다(대법 1999.1.26., 97다53496).

2. 취업규칙의 내용과 형식

1) 근로조건과 복무규율에 관한 내용

근로조건은 사용자와 근로자 사이에 근로관계에서 임금, 근로시간, 해고, 그 밖에 근로자의 대우에 관하여 정한 조건을 말한다.

복무규율은 근로자가 근로를 제공하는 과정에서 지켜야 할 작업질서에 관한 규칙과 이를 위반한 경우에 대한 제재를 포함하는 개념이다.

취업규칙은 복무규율과 임금 등 근로조건에 관한 준칙의 내용을 담고 있으면 그 명칭을 불문하는 것이므로, 개별 근로계약에서 복무규율과 근로조건에 관한 준칙의 내용을 담고 있으면 이 또한 취업규칙에 해당한다(대법 1997.11.28., 97다24511).

취업규칙에서 정한 복무규율과 근로조건은 근로관계의 존속을 전제로 하는 것이지만, 사용자와 근로자 사이의 근로관계 종료 후의 권리·의무에 관한 사항이라고 하더라도 사용자와 근로자 사이에 존속하는 근로관계와 직접 관련되는 것으로서 근로자의 대우에 관하여 정한 사항이라면, 이 역시 취업규칙에서 정한 근로조건에 해당한다(대법 2022.9.29., 2018다301527).

check point **실무사례**

〈근로관계 종료 후의 권리·의무에 관한 사항이 취업규칙에서 정한 근로조건에 해당하는지〉

취업규칙에서 정한 복무규정과 근로조건은 근로관계의 존속을 전제로 하는 것이지만, 사용자와 근로자 사이의 근로관계 종료 후의 권리·의무에 관한 사항이라고 하더라도 사용자와 근로자 사이에 존속하는 근로관계와 직접 관련되는 것으로서 근로자의 대우에 관하여 정한 사항이라면, 이 역시 취업규칙에서 정한 근로조건에 해당한다. 이 사건 재채용 부분에 따른 피고의 특별퇴직자들에 대한 재채용 행위 자체는 특별퇴직자와 피고 사이의 종전 근로관계가 종료된 후에 이루어지는 것이기는 하나, 이 사건 재채용 부분은 특별퇴직하는 근로자와 피고 사이에 존속하는 근로관계와 직접 관련되는 것으로서, 특별퇴직하는 근로자의 대우에 관한 조건을 정한 것이므로 취업규칙으로서 성질을 가진다고 봄이 타당하다(대법 2022.9.29., 2018다301527).

2) 명칭 불문

사규, 인사규정, 복무규정, 퇴직금 규정 등 그 명칭에 관계없이 규율하고 있는 내용이 근로조건이나 복무규율에 관한 것이라면 취업규칙에 해당한다(대법 1994.5.10., 93다30181 등).

사업 또는 사업장의 근로자 전체에게 통일적으로 적용될 근로조건 등에 관한 준칙을 규정하고 있는 표준근로계약서도 취업규칙에 해당한다(대법 1998.

3.24., 96다24699).

기업의 자구계획서, 학교법인의 정관, 이사회결의서, 지역의료보험조합 운영규정, 유휴인력 활용지침 등도 근로자의 근로조건 또는 복무규율에 관한 사항을 규정하고 있는 경우에는 취업규칙에 해당한다.

3) 사업 또는 사업장의 근로자 전체에게 적용

취업규칙은 사용자가 근로자 집단에게 근로조건을 통일적으로 적용하여 작성하는 것이 원칙이지만 그렇다고 하여 반드시 모든 근로자에게 하나의 취업규칙이 적용되어야 하는 것은 아니다(대법 1992.2.28., 90다30828).

사용자는 같은 사업장에 소속된 모든 근로자에 대하여 일률적으로 적용되는 하나의 취업규칙만을 작성해야 하는 것이 아니고, 근로자의 근로조건・근로형태・직종 등의 특수성에 따라 근로자 일부에 적용되는 별도의 취업규칙을 작성할 수 있으며, 이 경우 여러개의 취업규칙을 합한 것을 근기법 제93조 소정의 1개의 취업규칙으로 본다(대법 2007.9.6., 2006다83246 등).

근로자 일부만을 적용대상으로 하는 취업규칙을 여러 개 작성하는 경우에는 성별, 국적, 신앙, 사회적신분 등을 이유로 차별적 근로조건을 정해서는 안된다(근기법 제6조).

기간제법의 목적・체계・취지・제정경위에 비추어 볼 때 특별한 사정이 없는 한 무기계약직에게도 정규직 근로자에게 적용되는 취업규칙이 적용되어야 한다(대법 2019.12.24., 2015다254873).

check point **실무사례**

1) 부서별 · 직급별 정원기준 등도 취업규칙에 해당하는지

직제규정이나 그 시행내규 중 근로조건에 관한 사항은 취업규칙으로서의 성격을 가진다고 할 것이나, 이 사건 정원표 또는 기능직 정원표는 피고가 인력수급관리 등의 편의를 위하여 내부적으로 정해놓은 지침에 불과하여(피고는 위 정원표의 기재에 불구하고 정원표에 정원이 정하여져 있는 직급의 근로자를 전혀 고용하지 아니할 수도 있고, 정원표에 정원이 정하여져 있지 아니한 직급의 근로자를 고용할 수도 있다), 근로조건에 관한 사항을 규정한 것이라고 볼 수 없어 취업규칙에 해당한다고 할 수 없다(대법 1992.6.23., 91다19210).

2) 일용근로자의 계속근로가 인정되어 퇴직금이 지급된 경우, 상용근로자의 취업규칙이 모두 적용되어야 하는지

일용근로자라 하더라도 사실상 기간단절 없이 계속 근로한 경우 퇴직금에 관하여는 그 근로기간을 계속근로연수로 보아 상용근로자에 준하여 취업규칙 등의 규정에 따라 퇴직금을 청구할 수 있을 뿐, 계속근로로 인하여 일용근로자가 상용근로자로 직종 자체가 변경되어 취업규칙 등을 적용함에 있어서 모든 면에서 상용근로자와 동일하게 취급되는 것은 아니다(대법 1996.2.27., 95누15698).

3. 취업규칙의 작성, 변경 및 신고

1) 취업규칙의 작성

(1) 상시 10명 이상의 근로자를 고용하는 사업주

취업규칙을 작성하여 고용노동부장관에게 신고하여야 한다(근기법 제93조)

상시근로자수는 취업규칙의 작성·신고의무 적용여부를 판단해야 하는 사유발생일 전 1개월 동안 사용한 근로자의 연인원을 가동일수로 나누어 판단한다.

이때 근로자에는 당해 사업장에 근무하는 근로자(임시직, 일용직, 상용직 등) 모두를 포함한 근로자 수를 기준으로 산정한다(근기법시행령 제7조의2).

(2) 상시 10명 미만의 근로자를 고용한 사업주

취업규칙의 작성·신고의무는 없으나, 일단 작성된 경우에는 법에서 정한 취업규칙에 관한 모든 규정이 적용되므로, 작성·변경 등에 관한 법규정을 적용받게 된다(서울고법 2005.9.15., 2004누2362).

다만, 상시근로자 4명 이하인 사업장에서는 법 제9장(취업규칙)이 적용되지 않으므로, 해당 사업장에서 임의로 취업규칙을 작성・운영하고 있더라도 취업규칙의 변경절차와 취업규칙의 효력규정은 적용되지 않는다(근로기준팀-2046, 2005.12.28.).

하나의 사업장에서 노무직과 사무직을 나누어 별도의 취업규칙을 작성할 수도 있고, 하나의 사업에 수 개의 사업장이 있는 경우 모든 사업장에 적용할 통일된 취업규칙을 작성할 수도 있다(대법 1992.12.24., 92도2341).

취업규칙에서 정하고 있지 아니한 근로조건 또는 복무규율에 관한 사항을 새롭게 추가하여 정하는 것은 취업규칙의 변경이 아닌 취업규칙의 작성(제정)에 해당한다(대법 1994.6.24., 92다28556).

그러나 사용자가 취업규칙을 처음 작성하더라도 과거에 실질적으로 해당 사항에 관한 내용을 근로계약 관행 등을 통해 적용하고 있었다면, 이는 기존의 근로조건 또는 복무규율에 관한 사항이 존재하는 것으로 볼 수 있어 취업규칙 변경에 해당한다(대법 2004.7.22., 2002다59702).

check point 실무사례

1) 관행화된 근로조건을 변경하는 경우에도 취업규칙 변경절차를 거쳐야 하는지

회사급여규정에서 "상여금은 별도의 지침에 따른다"고 규정하였으나, 별도의 지침을 규정함이 없이 그동안 상여금을 500%씩 관행적으로 지급하였다면 동 관행은 근로조건화 되었다고 볼 수 있으므로 관행으로 근로조건화된 상여금 지급률 등 근로조건을 변경하고자 하는 경우에는 취업규칙의 변경절차를 거쳐야 된다. 따라서 급여규정 변경은 물론 별도지침의 제정 또는 변경 등으로 상여금 지급률 등 주요 근로조건이 변경된다면 이는 취업규칙의 변경으로써, 근로자에게 유・불리 여부를 판단하여 근로자 집단의 의견을 청취하거나 동의를 얻어야 할 것이다(근기 68207-1873, 2000.6.20.).

2) 사립학교에서의 근로자 수 산정

학교법인이 사립학교법 및 사립학교교직원연금법을 적용받고 있는 교직원 등을 포함하여 상시 10명 이상의 근로자를 사용하는 경우에는 취업규칙 신고를 해야 한다(근로기준팀-5649, 2007.7.27.).

2) 취업규칙의 기재내용

(1) 기재사항

check point 취업규칙의 기재사항(근기법 제93조)

1. 업무의 시작과 종료시각 · 휴게시간 · 휴일 · 휴가 및 교대근로에 관한 사항
2. 임금의 결정 · 계산 · 지급방법, 임금의 산정기간 · 지급시기 및 승급에 관한 사항
3. 가족수당의 계산 · 지급방법에 관한 사항
4. 퇴직에 관한 사항
5. 근로자퇴직급여보장법 제4조에 따라 설정된 퇴직급여, 상여 및 최저임금에 관한 사항
6. 근로자의 식비 · 작업용품 등의 부담에 관한 사항
7. 근로자를 위한 교육시설에 관한 사항
8. 출산전후휴가 · 육아휴직 등 근로자의 모성보호 및 일 · 가정양립지원에 관한 사항
9. 안전과 보건에 관한 사항

9의2. 근로자의 성별 · 연령 또는 신체적 조건 등의 특성에 따른 사업장 환경의 개선에 관한 사항

10. 업무상과 업무 외의 재해부조에 관한 사항
11. 직장내 괴롭힘의 예방 및 발생시 조치 등에 관한 사항
12. 표창과 제재에 관한 사항
13. 그 밖에 해당사업 또는 사업장의 근로자 전체에 적용될 사항

위 열거된 사항 중 임금 · 근로시간 · 휴게시간 · 휴일 등과 같이 근로자 보호를 위하여 법에 정한 기준이 있고 지켜야 하는 필수적인 근로조건은 반드시 그 내용을 취업규칙에 구체적으로 기재해야 한다.

근로자의 채용, 인사고과에 관한 사항은 취업규칙의 의무적 기재사항에 해당하지 않는다.

(2) 법정기재사항 미비 효과

법정기재사항 중 일부가 빠진 경우, 작성 · 신고의무 위반에 해당하더라도 취업규칙으로서의 효력은 존재한다.

기재되지 않은 부분은 관련법령·단체협약·근로계약 등에서 정한 조건에 따르게 된다(근기 01254-8855, 1991.6.21.). 이 경우 고용노동부장관은 취업규칙의 변경을 명할 수 있다(근기법 제96조제2항).

check point **취업규칙의 기재사항 중 일부를 기재하지 않은 경우의 효력**

외근 노동조합원의 징수처리업무에 관하여 필요한 사항을 규정한 징수업무처리규정이 근로조건에 관한 사항을 규정하고 있다면, 근기법 제94조에서 정한 기재사항 중 일부가 기재되어 있지 아니하더라도 취업규칙으로서의 효력이 있다고 보아야 할 것이며, 기재되지 않은 부분에 대해서는 근기법, 단체협약, 근로계약 등의 정함에 따라야 할 것임(근기 01254-8835, 1991.6.21.)

3) 취업규칙의 신고

취업규칙을 작성·신고해야 할 의무가 있는 사용자는 직장규율이나 근로조건의 결정 등 취업규칙의 내용을 이루는 사항에 관해서 실질적인 권한과 책임을 갖는 자를 의미한다(대법 1992.12.24., 92도2341).

취업규칙을 신고해야 하는 기간은 법령에서 별도로 정한 바는 없으나, 상시 근로자수가 10명 이상인 때부터 취업규칙을 작성해야 하며, 근로자들의 의견을 듣는 데에 소요되는 최소한의 시간이 지나면 지체없이 작성한 취업규칙을 신고해야 한다.

신고하지 않은 취업규칙은 벌칙적용을 받는 것은 별론으로 하고, 법령·단체협약에 위배되지 않는 근로조건은 그 효력이 유지된다(근기 01254-8855, 1991.6.21.).

지점과 공장, 본사와 지사 등이 2곳 이상의 지방노동관서 관할 내에 소재하고 있는 경우에는 그 본사와 지점 등의 근로자가 각 10명 이상이면 각각의 관할 지방노동관서에 신고하는 것이 원칙이다(법무 811-6228, 1980.3.14.).

취업규칙을 신고하면서 사용자가 노동조합에 대해 의견서 제출을 요구하였음에도 불구하고 노동조합이 의견서를 제출하지 않아 부득이 다른 근로자의 의견서를 첨부하였을 때에는 이를 근기법 위반으로 처리할 수 있다(근기 1455-7516, 1970.8.11.).

check point 본사 또는 주된 사업장의 관할 지방노동관서에서만 신고하면 되는 경우

1) 본사 또는 주된 사업장에서 근로조건을 일괄하여 결정하고 소속지점 등이 동일한 취업규칙의 적용을 받는 경우
2) 본사 또는 주된 사업장에서 동일한 취업규칙의 적용을 받는 소속지점 등이 소속사업장의 명칭과 소재지 현황을 첨부하여 취업규칙을 신고하는 경우

check point 실무사례

1) 사내전산망을 통한 의견청취 시 취업규칙 신고방법

취업규칙을 작성 또는 변경 시 근로자 과반수의 의견을 청취하거나 동의를 얻음에 있어 그 구체적인 방법은 집단적 의사결정방식에 따라야 함이 원칙이다. 다만, 그와 같은 의견청취 방식이 사업장의 실정에 맞지 아니하는 경우 그에 맞는 적절한 방법을 활용할 수 있을 것이나, 이 경우에도 근로자 과반수의 의견을 들었음을 객관적으로 입증할 수 있어야 할 것이다. 따라서 사내전산망을 통하여 취업규칙의 내용을 게시하고 의견을 들은 경우에도 근로자 과반수의 의견을 청취하였다는 것을 입증할 수 있도록 서면으로 작성(또는 출력)하여 취업규칙을 신고할 때 첨부해야 할 것이다(근기 68207-121, 2003.9.25.).

2) 노동조합이 의견서에 서명을 못하겠다고 하는 경우

처우개선이 반영된 취업규칙의 변경에 노동조합이 서명을 거부하는 경우, 그러한 취지와 사유를 첨부하여 신고하면 된다(근기 68207-790, 1996.6.11.).

3) 취업규칙을 신고하지 않은 경우의 효력

종업원의 근로조건 변경을 내용으로 하는 자구계획서가 명칭에 관계없이 취업규칙에 해당하고 자구계획서의 내용이 회사 내 홍보매체를 통하여 전 종업원에게 알려지고, 회사

근로자 과반수가 가입한 노조도 위와 같은 취업규칙의 변경에 동의하였다면, 회사가 이미 존재하던 취업규칙의 개정 절차를 거치지 않았다거나 변경된 취업규칙에 대한 신고의무, 게시 및 비치의무를 이행하지 않았다고 하더라도 위 변경된 취업규칙의 효력은 발생한 것이다(대법 2004.2.12., 2001다63599).

4) 취업규칙의 심사

고용노동부장관은 법령 또는 단체협약에 저촉되는 취업규칙의 변경을 명할 수 있다(근기법 제96조제2항).

취업규칙의 심사사항은 법령 또는 단체협약에 저촉되는지 여부가 되나, 사회통념상 극히 부당하다고 판단되는 내용도 포함된다.

취업규칙의 신고를 접수한 때에는 근로감독관이 20일 이내에 심사하게 되며, 심사결과 법령・단체협약에 위배되면 심사종료 후 3일 이내에 변경명령을 하게 된다(근로감독관집무규정 제51조).

4. 취업규칙의 작성, 변경 절차

1) 취업규칙 작성・변경의 의미

취업규칙의 변경이란 기존의 복무규율이나 근로조건에 대해 그 내용을 바꾸는 것 뿐만 아니라 삭제하거나 적용을 배제하는 것을 포함하는 것으로, 취업규칙에서 정하고 있지 아닌한 근로조건 또는 복무규율에 관한 사항을 새롭게 추가하여 정하는 작성(제정)과 구별된다(대법 1994.6.24., 92다28556).

사용자가 취업규칙을 처음 작성하더라도 과거에 실질적으로 해당사항에 관한 내용을 근로계약이나 관행 등을 통해 적용하고 있었다면, 이는 기존의 근로조건 또는 복무규율에 관한 사항이 존재하는 것으로 볼 수 있어 취업규칙 변경에 해당한다(대법 2004.7.22., 2002다59702).

2) 의견청취 또는 동의의 주체

사용자는 취업규칙의 작성 또는 변경에 관하여 해당 사업 또는 사업장에 근로자의 과반수로 조직된 노동조합이 있는 경우에는 그 노동조합, 근로자의 과반수로 조직된 노동조합이 없는 경우에는 근로자의 과반수의 의견을 들어야 한다. 다만, 취업규칙을 근로자에게 불리하게 변경하는 경우에는 그 동의를 받아야 한다(근기법 제94조제1항).

노동조합이 있는 경우라도 해당 노동조합이 근로자의 과반수로 조직되어 있는지 여부를 확인해야 하며, 과반수로 조직되지 않은 경우에는 근로자 과반수의 의견청취 또는 동의를 얻어야 한다.

(1) 근로자의 과반수의 판단

가) 취업규칙이 통일적으로 적용되는 경우

근로자의 과반수 여부는 기존의 취업규칙을 적용받는 근로자, 장래 변경된 취업규칙을 적용받는 것으로 예상되는 근로자를 포함한 근로자 집단을 기준으로 판단한다(대법 2008.2.29., 2007다85997).

취업규칙 변경시점에는 특정 근로자 집단만이 직접적인 적용대상이지만 다른 근로자 집단에게도 앞으로 변경된 취업규칙의 적용이 예상되는 경우에는 해당 집단을 포함한 전체 근로자 집단을 기준으로 판단한다.

> 간부사원 급여체계 변경은 당장에는 간부사원만이 직접적인 불이익을 받더라도 일반사원도 승진에 따라 장래에는 변경된 간부사원 급여체계의 적용이 예상되므로, 간부사원과 일반사원을 포함한 전체 근로자 과반수의 동의가 필요하다(대법 2009. 5.28., 2009두2238)

전체근로자 중 일부에게만 영향을 주게 되는 취업규칙 변경이 있을 경우에도 전체근로자 과반수 또는 전체근로자 과반수 대표 노동조합의 의견청취나 동의를 받아야 한다.

나) 근로자 집단간 근로조건이 다르고 각각 별개의 취업규칙을 적용받는 경우

> 근로자 집단 사이에 인사이동 등에 의한 교류가 없고 입사 시부터 별도의 근로조건을 적용받는 등 근로조건이 이원화되어 둘 이상의 집단으로 구분되는 상황에서 특정 집단을 대상으로 취업규칙이 변경되는 경우, 전체 근로자가 아닌 해당집단의 근로자를 대상으로 과반수 여부를 판단한다(대법 1990.12.7., 90다카19647).

(2) 근로자의 과반수로 조직된 노동조합

가) 과반수 노동조합의 의미

근로자의 과반수로 조직된 노동조합은 조합원 자격 유무와 관계 없이 기존 취업규칙의 적용을 받고 있던 전체 근로자의 과반수로 조직된 노동조합을 의미하며, 노동조합에 가입할 수 있는 자격을 가진 근로자의 과반수로 조직된 노동조합을 의미하는 것은 아니다(대법 2009.11.12., 2009다49377).

조합원의 자격이 인정되지 않는 근로자 간부 직원 등에게만 불이익하게 변경하는 경우라도 일반 근로자들에게도 장래에 변경된 근로조건의 적용이 예상된다면, 변경된 근로조건의 적용이 예상되는 근로자를 포함한 전체 근로자의 과반수로 조직된 노동조합이 동의의 주체가 된다(대법 2009.11.12., 2009다49377).

나) 산업별 노동조합 지부 또는 분회 주체 여부

근로자의 과반수로 조직된 노동조합이란 노조법에 따른 노동조합을 말하므로 원칙적으로 기업별 또는 산업별 노동조합에 관계없이 설립신고된 노동조합을 의미한다.

산업별 노동조합의 지부 또는 분회의 경우 설립신고를 하지 않았거나 산업별 노동조합으로부터 위임을 받지 않았다면 의견청취 또는 동의의 주체가 될 수 없다. 그러나 해당 지부 또는 분회가 설립신고를 하였거나 독자적인 규약이나 집행기관을 가지고 있고 독립된 조직체로서 활동하는 경우에는 산업별 노동

조합으로부터 위임을 받지 않았다고 하더라도 의견청취 또는 동의의 주체가 될 수 있다(대법 2001.2.23., 2009도4299).

다) 노조법상 교섭대표 노동조합과의 관계

교섭대표 노동조합은 창구단일화 절차에 참여한 노동조합들을 대표하는 것으로, 전체 근로자 수의 과반수로 조직된 노동조합과는 다른 의미이다. 따라서 교섭대표 노동조합인 노동조합 자체의 조합원수가 전체 근로자의 과반수가 아니라면, 교섭대표 노동조합이 동의한 경우에는 근로자 과반수로 조직된 노동조합이 동의한 것을 볼 수 없다(근로개선정책과-3008, 2012.6.8.).

check point **실무사례**

1) 산별노조인 경우 동의 또는 의견청취의 대상

취업규칙의 변경에 대한 동의 또는 의견청취의 대상인 당해 사업장의 근로자의 과반수로 조직된 노동조합은 노조법상의 노동조합을 말하므로, 귀 질의의 산별노조인 전국 ○○노조가 그에 해당된다고 보아야 할 것이다. 따라서, 특정직 근로자에 대한 성과지표 및 등급 도입이 취업규칙 불이익 변경이 아니라면 사용자는 달리 볼 사정이 없는 한, 당해 사업장 근로자의 과반수로 조직된 해당 산별노조인 전국○○노조의 의견을 청취하면 될 것으로 사료된다(근로기준팀-1387, 2006.3.29.).

2) 과반수노조 판단시 규약상 노조가입 자격이 없는 자의 포함 여부

취업규칙 변경 시 동의 또는 의견청취의 주체가 되는 당해 사업 또는 사업장에 근로자의 과반수로 조직된 노동조합인지 여부 판단을 위한 근로자의 과반수란 근로기준법 제2조에 의한 근로자에 해당하는 자 중에서 사용자에 해당하는 자를 제외한 자의 과반수를 의미한다고 볼 수 있을 것이며(근기 68207-4269, 2001.12.8. 참조),

이때 사용자에 해당하는 자 인지 여부는 근기법 제2조의 취지에 따라 판단되어야 하는 것으로서, 노조법 제2조제2호 및 제4호 가, 목 소정의 사용자 또는 그의 이익 대표자에 해당하는지 여부와 직접적인 관계가 없을 뿐만 아니라, 노동조합의 규약 등에 의거 노동조합 가입 대상자인지 여부와도 관계가 없는 것이므로, 귀 질의의 전문직에 대하여 규약상 노동조합 가입자격이 없거나 규약상 가입자격이 있더라도 실제 노동조합에 가입되어 있지 않다는 이유만으로 근기법 제93조의 근로자의 과반수 계산에서 제외할 수 없는 것이다(근로기준과- 6634, 2004.12.10.).

3) 산별노조인 경우 동의 또는 의견청취의 대상

복수의 노조와 임금 등 근로조건에 관하여 단체협약을 체결하고 있다 하더라도 전체 근로자에게 적용되는 취업규칙이 있는 경우, 동 취업규칙 변경 시에는 그 중 전체 근로자의 과반수로 조직된 노동조합이 있다면 동 노조의 의견을 듣거나 동의를 얻으면 될 것이다(근기 68207-1276, 2003.10.27.).

4) 근로자의 과반수 판단 시 기간제 근로자 포함 여부

근로자의 과반수는 기존 취업규칙의 적용을 받는 근로자, 장래 변경된 취업규칙의 적용이 예상되는 근로자를 포함한 근로자집단을 기준으로 판단함. 따라서 임금피크제가 기간제 근로자에게도 사업장의 규정이나 관행 등을 통해 당연히 장래에 적용이 예상되는 경우가 아니라면 실제 임금피크제가 적용되는 해당사업장의 정규직 · 무기계약직 전체근로자의 과반수로 조직된 노동조합이 존재하는지 유무에 따라 취업규칙 변경의 주체를 판단해야 할 것임(근로기준정책과- 7164, 2015.12.23.)

5) 복수노조 사업장에서 중복 가입자가 있는 경우, 과반수 노조 판단방법

2개 이상의 노동조합에 가입한 근로자가 있는 경우의 과반수 노동조합을 판단하는 방법에 대해서는 노조법과 같이 명시적으로 규정하고 있지는 않음. 따라서, 1개의 사업 또는 사업장에 2개 이상의 노동조합이 있고 중복하여 가입한 근로자가 있는 경우에 그 사업장의 취업규칙 변경 시 근로자 과반수로 조직된 노동조합 여부는 노동조합마다 가입한 근로자수를 각각 세어 판단해야 할 것으로 사료됨(근로기준정책과-4436, 2016.7.15.)

3) 불리하지 않게 작성 · 변경하는 경우(의견 청취)

취업규칙을 근로자에게 불리하지 않게 작성 · 변경하는 경우에는 근로자 과반수로 조직된 노동조합이 있는 경우에는 그 노동조합, 그러한 노동조합이 없으면 근로자 과반수의 의견을 들어야 한다.

의견청취는 노사간 합의와 의견교환을 하는 것이며, 합의에까지 도달해야 하는 것은 아니다. 사용자는 취업규칙 내용과 개정 이유 등을 충분히 설명하고 근로자 집단에게 검토할 시간을 부여한 다음 의견을 표명할 기회를 보장해야 하며, 사내전산망 등 온라인 방식으로 의견을 청취하는 등 사업장 사정에 맞게 적절한 방법을 활용할 수 있으나, 이 경우에도 근로자의 과반수의 의견을 들었음을 객관적으로 입증할 수 있어야 한다.

취업규칙의 작성 또는 변경 권한은 원칙적으로 사용자에게 있고 사용자는 그 의사에 따라 취업규칙을 작성 변경할 수 있으므로, 의견청취 절차를 거치지 않고 취업규칙을 작성 또는 변경하였다고 하더라도 근로조건을 근로자에게 불리하게 변경하는 것이 아닌 한, 해당 취업규칙의 효력이 무효로 되는 것은 아니다(대법 1994.12.23., 94누3001).

check point **실무사례**

1) 의견제시를 거부하는 경우와 반대하는 경우의 효력

취업규칙의 작성과 변경에 의견 청취는 동의 · 합의를 뜻하는 것이 아니므로 근로자대표의 의견에 구속받지 않는다. 따라서 의견제시를 거부하거나 반대한다고 하더라도 적절한 절차를 거쳐 의견을 들었다면 의견 청취의 효력은 인정된다(근기 01254-9222, 1991.6.27.).

노동조합이나 근로자가 의견서에 서명하지 않은 경우, 그 취지와 사유를 입증해서 신고하면 행정관청은 의견청취 사실이 객관적으로 증명되면 그 신고를 수리하게 된다(근기 68207-790, 1996.6.11.).

2) 반대의견을 표시한 자가 더 많은 경우

의견을 표시한 자 중 반대의사 표시를 한 자가 더 많다 하더라도 적법하게 의견을 청취하였다면 의견청취의 효력은 유지된다(근기 01254-9222, 1991.6.27.).

3) 취업규칙 신고시 의견서를 첨부하지 않은 경우 효력

취업규칙을 신고할 때 의견서를 제출하지 않으면 500만원 이하의 벌금에 처한다. 그러나 근기법 제97조제2항은 행정감독상의 편의를 고려한 훈시규정이므로 절차적인 책임은 별론으로 하고, 법령이나 단체협약에 위배되지 않는 한 취업규칙 자체의 효력은 인정된다(대법 1991.4.9., 90나22624).

4) '노동조합의 의견을 들어야 한다'는 의미

'노동조합의 의견을 들어야 한다'는 것은 노동조합 대표자의 의견을 듣는 것을 말하고, 개별조합원의 의견을 들어야 하는 것은 아니다(대법 2008.2.29., 2007다85997).

5) 취업규칙 변경 신고시 의견서를 첨부해야 하는지

사내전산망을 통하여 취업규칙의 내용을 게시하고 의견을 들을 경우에도 근로자 과반수의 의견을 청취하였다는 것을 입증할 수 있는 서면을 작성(또는 출력)하여 취업규칙 신고시 첨부해야 함(근기 68207-1213, 2003.9.25.)

4) 불리하게 작성 · 변경하는 경우(동의)

취업규칙의 불이익한 변경이란 사용자가 종전 취업규칙 규정을 개정하거나 새로운 규정을 신설하여 근로조건이나 복무규율에 관한 근로자의 권리나 이익을 박탈하고 근로자에게 저하 된 근로조건이나 강화된 복무규율을 일방적으로 부과하는 것을 말한다. 여기서 근로조건이나 복무규율에 관한 근로자의 권리나 이익이란 종전 취업규칙의 보호영역에 따라 보호되는 직접적이고 구체적인 이익을 말한다(대법 2022.4.14., 2021다280781).

취업규칙의 불이익 변경은 기존의 규정을 변경하여 근로조건을 낮추는 것이 일반적이지만, 기존의 근로조건에 관한 규정을 삭제하는 경우, 일정기간 그 적용을 배제하는 경우, 이전에 적용되던 근로조건보다 불리한 규정을 신설하는 경우도 포함된다(대법 1989.5.9., 88다카4277).

취업규칙 불이익 변경 여부의 판단시점은 취업규칙 변경이 이루어진 시점이다(대법 1997.8.26., 96다1726).

취업규칙을 근로자에게 불리하게 변경하는 경우에는 근로자 과반수로 조직된 노동조합이 있는 경우에는 그 노동조합, 그러한 노동조합이 없으면 근로자 과반수의 동의를 받아야 한다(근기법 제94조 제1항).

동의를 받지 않은 취업규칙의 변경은 적법한 변경으로서 효력이 인정되지 않으므로, 종전의 취업규칙이 규범으로서 작용하고 변경된 취업규칙은 무효가 된다.

취업규칙 불이익 변경여부의 입증책임은 불이익 변경임을 주장하는 자 즉, 근로자측에 있다. 따라서 사용자가 근로자의 동의 없이 취업규칙을 변경하였고 이에 대해 근로자측이 불이익 변경임을 주장·주장 입증할 경우, 사용자는 그 변경이 사회통념상 합리성이 있다는 점을 증명하여야 한다.

(1) 동의의 방식

가) 근로자 과반수로 조직된 노동조합이 있는 경우(노동조합 동의)

근로자 과반수의 노동조합이 있는 경우 단위노동조합의 대표가 서명하면 효력이 발생한다. 여기서의 노동조합은 기업별 노조이든 초기업별 노조(산업별, 지역별 등) 이든 관계가 없으며, 단위노동조합(기업별, 산업별, 지역별노조 등)의 지부·분회·지회 등 산하조직은 권한을 위임받지 않은 한 의견청취·동의의 주체가 될 수 없다. 따라서 단위노동조합의 산하조직이 근로자의 과반수로 조직된 경우 단위노동조합의 의견청취·동의를 받아야 하며, 산하조직이 근로자 과반수에 미달하는 경우에는 근로자 과반수의 의견청취·동의가 있어야 한다. 노동조합 대의원회의 위임을 받은 운영위원회의 의견이나 동의도 유효하다(대법 1984.11.3., 84다카414).

나) 근로자 과반수로 조직된 노동조합이 없는 경우(근로자 과반수의 동의)

(가) 동의방식

근기법은 근로자의 과반수 동의방식에 대해 명확히 규정하고 있지 않은데, 근로자 과반수의 동의를 얻는 방법에 대해 판례는 '사용자의 개입이나 간섭이 배제된 상태에서 근로자들의 자주적인 의견의 집약(회의방식)에 의한 과반수(집단적 의사결정방법)'라고 해석한다(대법 1993.3.12., 92다15086).

근로자 상호간 충분한 의견교환을 위하여 모든 근로자가 장소적으로 한 자리에 집합하여 회의를 개최하는 것이 원칙이다. 그러나 업무의 특성, 사업의 규모 또는 산재한 사업장 등의 사정으로 모든 근로자가 일시에 한 자리에 집합하여 회의를 하는 방식이 어려울 경우, 사용자의 개입이나 간섭이 배제된 상태에서 기구별 또는 부서별 단위로 모이거나 SNS, 온라인 게시판 등을 통해 근로자 상호간에 충분히 의견을 교환하여 찬반의견을 집약한 후 이를 전체적으로 취합하는 방식도 허용될 수 있다(대법 2004.5.14., 2002다23185).

(나) 동의의 효력을 인정한 경우

전 직원들을 한 장소에 모이게 하거나 사업장별 또는 기구별 단위부서별로 모이게 한 후 개정 내용을 충분히 설명하고 근로자 상호간에 의견교환 과정이 있거나 충분한 시간이 있었다면, 회람하는 문서에 서명하는 방식도 회의방식에 의한 동의로 볼 수 있다(대법 2003.11.14., 2001다18322).

(다) 동의의 효력을 부정한 경우

취업규칙 불이익 변경에 대하여 적법한 동의가 있으려면 불이익 변경 내용에 대하여 근로자들이 주지할 수 있도록 적당한 방법에 의한 공고 및 설명 절차가 존재해야 하고, 근로자들이 회의를 개최하여 불이익 변경 내용에 대하여 찬반의견을 교환해야 한다. 따라서 취업규칙 불이익 변경 시 근로자 과반의 변경 찬성 동의가 있었더라도 찬반의사의 집단토의 기회를 부여하지 않았다면, 변경된 취업규칙은 효력이 없다(대법 2017.5.31., 2017다209129).

회의방식에 의한 동의가 있었다고 하기 위해서는 사용자의 개입이나 간섭이 배제된 상태에서 사용자가 개정 내용에 대해 설명하고 근로자 상호간 충분한 의견을 교환하는 과정이 있어야 한다. 이러한 과정이 생략된 채 개정 내용만을 회람하거나 개별적 통지 후 동의서 등에 단순히 서명하는 방식은 회의방식에 의한 적법한 동의절차를 거친 것으로 볼 수 없다(대법 2003.11.14., 2001다18322).

동의 과정에서 사용자가 근로자의 자율적이고 집단적인 의사결정을 저해할 정도로 명시 또는 묵시적인 방법으로 동의를 강요하는 경우에는 근로자 과반수의 동의가 있었다고 볼 수 없다. 그러나 명시 또는 묵시적인 방법으로 동의서에 서명을 강요한 것이 아니라 사용자가 단지 변경될 취업규칙의 내용을 근로자들에게 설명하고 홍보하는데 그친 경우에는 사용자의 부당한 개입이나 간섭이 있었다고 볼 수 없다(대법 2004.5.14., 2002다23185).

사용자가 단시간 내에 집단적 회의 등을 거쳐 취업규칙을 변경하는 것이 어렵다는 이유로 근로자의 과반수의 동의를 받지 않고 이사회 의결만으로 취업규칙을 불리하게 변경한 경우에는 그 취업규칙의 효력은 인정되지 않는다(대법 1995.7.11., 93다26168).

사용자가 참석하여 기본급 동결을 제의하고 근로자가 이에 대하여 이의를 제기하지 아니하였다 하여, 근로자들의 회의방식에 의한 동의가 있었다고 볼 수는 없다(대법 2005.6.9., 2005도 1089).

회람이나 개별적 통지의 방법으로 소속 직원들에게 급여 규정의 개정사실을 알린 바는 있으나, 전 직원들을 한 장소에 모이게 하거나 사업장별로 모이게 한 후 규정의 개정 내용을 설명하고 직원들의 동의여부를 묻는 절차를 취한 바는 없었다면, 적법한 근로자 과반수 동의 절차가 없었다고 보아야 한다(대법 2001.6.26., 2000다65239).

check point **실무사례**

1) 노동조합의 동의는 조합원 과반수의 동의를 얻어야 하는지

노동조합의 동의는 법령이나, 단체협약 또는 노동조합의 규약 등에 의하여 조합장의 대표권이 제한되었다고 볼만한 특별한 사정이 없는 한, 조합장이 노동조합을 대표하여 하면 되는 것이지, 노동조합 소속 근로자의 과반수의 동의를 얻어서 해야 하는 것은 아니다(대법 1997.5.16., 96다2507).

2) 개인적으로 찬성한 근로자와 찬성하지 않은 근로자에 대한 효력 여부

취업규칙의 불이익 변경에 근로자 집단의 동의를 얻지 않은 경우에는 개인적으로 이에 찬성한 근로자에게도 구속력이 없고, 반대로 집단의 동의를 얻은 경우에는 이에 찬성하지 않은 근로자에게도 구속력이 미친다(대법 1992.12.8., 91다38174).

3) 근로자가 이의를 제기하지 않은 경우, 이를 근로자의 동의로 볼 수 있는지

피고인은 교과과정 개편을 앞두고 추진한 교사 신축 · 이전으로 인하여 재정적 어려움에 시달리던 중 신학기 교무회의에서 교사들에게 이와 같은 사정을 설명하고 호봉인상은 하되 일반학교 교사들의 본봉을 기준으로 하는 기본급(본봉) 인상은 동결하자고 제의하였고, 그 자리에 참석한 교사들이 이에 대하여 이의를 제기하지 아니하였다 하여 근로자들의 회의방식에 의한 동의가 있었다고 볼 수는 없다(대법 2005.6.9., 2005도 1089).

4) 노조대표자가 노조동의권을 행사하기 전에 조합원의 동의를 얻어야 하는지

근로자 과반수로 조직된 노동조합이 있는 회사에서 취업규칙을 근로자에게 불리하게 개정하는 경우에는 그에 대한 노동조합의 동의를 얻어야 하고, 이 경우 노동조합의 동의는 법령이나 단체협약 또는 노동조합의 규약 등에 의하여 조합장의 대표권이 제한되었다고 볼만한 사정이 없는 한, 조합장이 노동조합을 대표하여 하면 되는 것이지 노동조합 소속 근로자의 동의를 얻어서 해야 하는 것은 아니다(대법 2003.6.13., 2002다65097).

5) 취업규칙 불이익 변경 시 근로자 과반수가 아닌 근로자대표의 동의만으로 가능한지

단체협약이 실효되었음에도 불구하고 실효된 단체협약 내용 중 근로조건에 관한 부분은 실효 이전과 같이 계속 적용하여 온 경우, 이러한 근로조건에 관한 부분을 취업규칙의 개정으로 불이익하게 변경하기 위해서는 근기법 제94조에 규정된 변경절차를 거쳐야 할 것이다. 취업규칙을 불이익하게 변경하는 경우, 근로자 대표의 동의만으로는 불이익 변경의 절차를 이행한 것으로 볼 수 없다(근기 68207-1987, 2003.8.26.).

(2) 동의의 시기

취업규칙 불이익 변경에 대한 근로자 또는 노동조합의 동의는 그 변경된 취업규칙을 시행하기 전에 이루어져야 한다. 그러나 노동조합 또는 근로자의 사전 동의 없이 취업규칙이 변경되어 시행되다가 이후에 과거의 불이익 변경에 소급적으로 동의한 경우에는 그 효력이 소급하여 인정될 수 있다(대법 2005.3.11., 2003다27429). 다만 소급적 동의가 있기 전에 이미 퇴직한 근로자에게는 동의의 효력이 미치지 않는다(대법 1992.11.2., 91다31753).

5. 불이익 변경의 판단과 그 효력

1) 불이익 변경의 판단기준

(1) 주관적 기준과 객관적 기준

주관적 기준은 근로자가 불리하다고 생각하여 과반수가 반대한 경우에는 근로자에게 불이익한 변경이라고 보는 것을 말한다.

객관적 기준은 불이익 변경 여부는 사회통념상 합리성이 있는지에 따라 판단해야 된다는 것을 말한다. 불이익변경 여부의 판단은 사회통념상 합리성이 있는지 여부, 그 변경의 취지와 경위, 해당 사업체의 업무성질, 취업규칙 각 규정의 전체적인 체제 등 제반사정을 종합해서 판단한다(근로기준팀-4711, 2006.9.5.).

근로자가 주관적으로 불이익한 변경이라고 느끼더라도 사회통념상 그 변경이 합리적인 것이라면 불이익 변경으로 취급할 수 없으며, 불이익 변경인지 여부는 객관적 기준으로 판단해야 한다(대법 2001.1.5., 99다70846).

(2) 개별적 판단과 종합적 판단

취업규칙의 불이익 변경 여부를 판단함에 있어 복수의 유사한 근로조건 간에 근로조건 저하와 근로조건 개선이 섞여 있을 때는 각 근로조건의 성격 등을 종합적으로 고려하여 불이익한지를 따져야 한다(대법 1992.2.28., 91다30828).

취업규칙의 변경이 일부 근로자에게는 유리하고 일부 근로자에게는 불리한 경우에는 '종다수의 원칙'과 같은 종합적 판단기준을 사용하는 것은 타당하지 못하며, 개별적 판단기준을 활용하여 적용대상 근로자 중 한 사람에게라도 불이익하다고 판단된다면 근로자의 집단적인 동의가 필요할 것이다(대법 1993.11.28., 92다50416).

2) 불이익 변경의 구체적 판단기준

(1) 취업규칙 변경사항이 여러 개인 경우

취업규칙에 규정된 임금·근로시간·퇴직금 등 여러항목을 변경하는 경우에는 개별 근로조건별로 불이익 여부를 판단하는 것이 원칙이다. 그런데 변경되는 하나의 근로조건을 결정짓는 각 요소 사이에 대가관계나 연계성이 인정된 경우에는 불이익 변경 여부를 각각의 개별 요소별로 판단하는 것이 아니라 전체적으로 종합하여 판단해야 한다(대법 2004.1.27., 2002다 42301).

check point 실무사례

1) 일부수당은 낮아지고 기본급은 인상된 경우, 불이익 변경여부

피고 공사는 2급 이상 직원에 대하여 연봉제를 도입하고, 연봉제 적용을 받지 않은 직원들의 경우 일부 기본급 성격의 수당을 기본급으로 편입하는 등 기본급 비중을 강화하는 내용으로 보수체계를 개편하면서, 그에 맞추어 명예퇴직수당에 관한 보수규정과 보수시행세칙도 개정한 사실을 인정할 수 있는 바, 이로 미루어 보면 보수체계의 개편으로 인하여 명예퇴직수당 산정의 기초임금이 변화되는 상황이 오자, 이에 맞추어 그 지급률을 낮춘 것이 아닌가 하는 짐작이 가나, 명예퇴직수당의 지급률이 낮아져 그 자체로는 불리해졌다고 하더라도 기초임금이 인상된 경우 반드시 불이익한 변경이라고 단정할 수는 없다(대법 2004.1.27., 200다42301).

2) 성과급 지급방식 도입이 취업규칙 불이익 변경에 해당하는지

특정직 근로자들에게만 적용되는 보수체계(종전 보수체계는 고정급과 성과급으로 구성되어 있고, 성과급은 근로자 개인별 성과에 따라 비례하여 지급) 중 성과급 지급방식을 개정하여 다양한 성과지표에 따른 등급(14등급)을 기준으로 성과급을 지급하되, 새로운 방식을 적용하면 성과가 우수한 근로자에 대한 보상은 종전보다 줄어들 수 있고, 성과가 낮은 근로자들의 보상은 종전보다 나아질 수 있지만 특정직 근로자 전체의 성과급 총액은 종전 수준을 유지하게 되는 경우, 그러한 성과지표 및 등급은 특정직 근로자들의 '장래의 성과에 대한' 보수지급기준을 정한 것인 바, 성과급 총액이 종전보다 줄어들지 않으므로 전체적으로는 기득의 권리나 이익을 침해하는 것이라고 보기는 어려울 것임(근로기준팀-1387, 2006.3.29.)

(2) 일부 근로자에게 유리하고, 일부 근로자에게는 불리한 경우

취업규칙의 일부를 이루는 급여 규정의 변경이 일부 근로자에게는 유리하고 일부 근로자에게는 불리한 경우 그러한 변경에 근로자 집단의 동의를 요하는지 판단하는 것은 근로자 전체에 대하여 획일적으로 결정되어야 할 것이고, 또 이러한 경우 취업규칙의 변경이 근로자에게 전체적으로 유리한지 불리한지를 객관적으로 평가하기 어려우며, 같은 개정에 의하여 근로자 상호간의 유·불리에 따른 이익이 충돌되는 경우에는 그러한 변경은 근로자에게 불이익한 것으로 취급하여 근로자들 전체의 의사에 따라 결정하게 하는 것이 타당하다(대법 1993. 5.14., 93다1893).

개인업적평가에 따른 상여금 차등지급(plus-sum방식)으로의 변경이 일부 근로자에게 유리하고 일부 근로자에게는 불리한 것인 때에는 불이익 변경으로 보아야 할 것임(근기 68207-2775, 2002.8.20.).

(3) 규정의 세분화 · 구체화 차원에서 취업규칙이 변경되는 경우

종래의 규정이 불명확하거나 포괄적이어서 그 내용을 개념적으로 세분화하여 구체화하는 차원에서 취업규칙 내용을 변경하는 경우에는 해석상의 논란을 해소하기 위한 것으로서, 불이익한 변경으로 볼 수 없다(대법 2015.6.24., 2013다22195).

인사규정에서 각 호로 규정된 징계사유와 징계종류를 세목화하여 상세히 규정하는 경우 불이익한 변경으로 보기 어렵다(대법 1999.6.22., 98두6647).

인사운영지침의 세분화과정에서 그 구체적 내용이 다소 상이하여도 제도의 성격이 본질적으로 같고 합병에 따른 제도의 통합 등 구체적인 사정에 대응하여 전체 근로자에 대한 통일적 적용을 위한 것이라면 불이익한 변경으로 보기 어렵다(대법 2009.3.26., 2007다54498).

(4) 새로운 직급체계를 도입하는 경우

가) 불이익 변경으로 볼 수 없는 경우

취업규칙이란 명칭과 형식에 관계없이 근로자에 대한 근로조건과 복무규율에 관한 기준을 집단적이고 통일적으로 적용하기 위해 사용자가 일방적으로 제정한 것으로, 기업의 인사(승진, 평가, 시험)・경영권(정원, 직제개편 등)에 속하는 사항은 근로자의 근로조건・복무규율 등을 직접적으로 규정하는 취업규칙에 포함되는 사항은 아니라고 할 것임. 다만, 직제변경 방식일지라도 근로자의 근로조건에 영향을 미쳐 임금 등 기존의 근로조건이 직접적으로 저하된다면 취업규칙을 불이익하게 변경하는 경우로 볼 수 있어 근기법 제94조의 제한을 받을 것이나, 신 직급체계 시행으로 현재 재직하고 있는 근로자의 직급이 하향되지 않고 임금 및 수당 등이 감소되지 않는다면 근로조건 불이익 변경으로 보기 어려울 것임(근로개선정책과-314, 2015.2.12.)

나) 불이익 변경으로 볼 수 있는 경우

사용자가 취업규칙으로 볼 수 있는 인사규정(직급규정)을 개정하여 일정 직위(예 : 소속장급)를 담당할 수 있는 직무등급(A1,A2,B1,B2)에 그보다 연봉액이 낮은 새로운 등급(Ba)을 추가하여 기존의 직무등급에 소속된 근로자를 신설된 등급으로 배치할 수 있도록 정하고, 실제로도 특정한 근로자가 회사측이 정한 일정한 사유(업적부진, 능력부족 등)에 해당한다는 이유만으로 구체적인 징계절차 등이 없이 해당 신설 직무등급으로 발령하여 결과적으로 임금이 삭감(약 14%)되었다면, 그와 같은 인사규정(직급규정)의 개정은 취업규칙의 불이익 변경으로 볼 수 있을 것임(근로기준팀-750, 2006.2.16.)

(5) 소정근로시간이나 연장근로를 축소하는 경우

가) 1일 소정근로시간을 연장하면서 근무일수를 단축하는 경우, 불이익 변경여부

총 소정근로시간을 유지하면서 1일 소정근로시간을 20분 연장하여 7시간 20분으로 하면서 토요일을 휴무로 하는 것은 변경된 1일 근로시간이 법정근로 시간 이내로서 변경폭이 크지 않고 근무일수를 축소하는 것이므로, 다른 사정이 없는 한, 근로자에게 불이익한 취업규칙 변경으로 보기는 어렵다고 사료됨. 또한 부서별로 사정에 따라 자율적으로 총 소정근로시간 범위 내에서 근로시간 조정을 통해 토요일 휴무 등을 결정토록 하는 것은 원칙적으로 가능할 것으로 사료됨(근기 68207-3019, 2002.10.7.)

나) 연장근로 축소가 불이익 변경에 해당하는지

사용자가 경영상의 이유 등으로 법정근로시간을 초과하는 연장근로를 축소 또는 폐지하는 것은 근로조건의 불이익 변경에 해당하지 않으므로, 그에 따른 취업규칙 변경 시 근기법 제94조 단서에 의해 근로자의 집단적 동의를 얻을 필요가 없고 의견만 청취하면 될 것으로 사료됨(근기 68207-286, 2003.3.13.)

다) 고정연장근로수당을 실제 연장근로수당 지급방식으로 변경하는 경우

월 60시간의 연장근로시간을 고정적으로 지급하는 방식을 실제 연장근로한 시간에 따라 근로수당을 지급하는 방식으로 변경하고자 하는 것이 근기법상 연장근로 제한시간 규정을 위반하지 않고, 실제 연장근로시간을 줄이면서 연장근로수당을 법 규정에 맞게 지급하려는 취지라면 불이익 변경으로 보기 어려울 것임(근로개선정책과-369, 2011.3.18.)

check point 사회통념상 합리성의 판단요소

1. 기본원칙

취업규칙의 변경에 사회통념상 합리성이 있다고 인정되려면 실질적으로는 근로자에게 불리하지 않는 등 근로자를 보호하려고 하는 근기법의 입법취지에 어긋나지 않아야 한다.

사회통념상 합리성의 유무는 취업규칙을 변경할 당시의 상황을 토대로 근로자가 입게 되는 불이익의 정도, 취업규칙 변경 필요성의 내용과 정도, 변경 후 내용의 상당성, 대상조치 등을 포함한 다른 근로조건의 개선상황, 노동조합 등과의 교섭경위와 노동조합이나 다른 근로자의 대응, 동종 사항에 관한 국내 일반적인 상황 등을 종합적으로 고려하여 판단해야 한다.

판례는 사회통념상 합리성을 제한적으로 엄격하게 해석하고 있으므로 취업규칙 개정의 필요성만 강조하여 사회통념상 합리성이 있다고 판단해서는 안된다.

[실무사례] 근로자 집단의 동의를 대신할 만한 사회통념상 합리성이 있는지를 판단함에 있어서는 개정 당시의 상황을 근거로 해야 하므로 개정 후 8년여가 경과하였고, 원고들이 퇴직한 후에 노동조합의 인정을 받았다는 것은 원고들에 대한 관계에 있어서의 퇴직금규정 개정의 효력을 판단함에 있어서는 고려할 사정이 못된다(대법 1993.9.14., 92다45490).

2. 판단요소

1) 취업규칙 변경으로 근로자가 입게 되는 불이익의 정도

임금조정 퇴직금 개편 등을 함에 있어 근로조건의 저하가 근로자가 받아 들이기 어려울 정도로 현저하게 불이익하지 않으면, 다른 판단요소 등을 종합적으로 고려하여 사회통념상 합리성이 인정될 수 있다.

2) 사용자의 취업규칙 변경 필요성의 내용과 정도

취업규칙 변경내용이 근로자의 기존 근로조건과 비교하여 불이익한 경우 그 내용이 기업의 경영사정이나 조직운영의 측면에서 필요한 것이어야 한다. 합병 등 기업조직의 변동 시 근로조건의 통일을 위하여 취업규칙을 변경하는 경우, 그 필요성이 인정될 수 있다.

[실무사례] 위 개정은 불이익한 취업규칙의 변경이라고 할 것이지만, 통신사업이 무선통신과 인터넷 위주로 변화하면서 종래 유선통신 사업을 주도하던 피고 회사의 수익성이 약화되고 경쟁업체에 비하여 매출액 대비 인건비 부담비율은 높은 반면 종업원 1인당

매출액은 뒤떨어짐에 따라 피고 회사의 조직을 축소 개편해야 할 필요성이 제기된 점 등을 보아, 인사규정 제13조제2항의 개정은 사회통념상 합리성이 있었다고 봄이 상당하다(대법 2005.6.23., 2004다68953).

3) 취업규칙 변경 후 내용이 상당성을 갖추었는지

취업규칙 변경의 경위나 내용 등을 종합적으로 고려하였을 때 법적 규범성을 인정할 수 있는 정도인지를 판단한다.

불이익한 근로조건의 적용을 완화할 수 있는 경과조치가 있거나 상황변화에 따라 규정을 합리적으로 변경하는 경우 상당성이 인정될 수 있다.

[실무사례] 당시 3개 기관의 통합이 요구되면서 사전에 각 기관별 구조조정에 따른 인력감축이 불가피하였을 뿐만 아니라, 3개 기관의 정년을 일치시킬 필요가 있었기에 인사규정의 변경이 요망되었던 점은 알 수 있지만, 그 변경의 결과 정년을 2년씩 일률적으로 단축한 때로부터 얼마 지나지 않아 정년에 도달하여 퇴직하게 될 원고들에 대한 관계에서는 아무런 대상조치나 경과조치를 두지 않음으로써 원고들이 입게되는 불이익이 다대하였던 사정 또한 알 수 있으니, 근로자 집단의 동의를 대신할 만한 사회통념상의 합리성이 있다고 하기 어렵다(대법 2004.7.22., 2002다57362).

4) 대상조치 등을 포함한 다른 근로조건의 개선사항이 존재하는지

근로자에게 일방적으로 불이익만을 감수하도록 하는 것이 아니라 불이익하게 변경된 근로조건에 상응하여 다른 근로조건의 개선 또는 그 밖에 이익이 되는 보완조치가 있는 경우에는 사회통념상 합리성이 인정될 수 있다.

5) 노동조합 등과의 교섭경위와 노동조합이나 근로자의 대응

사용자는 불이익 변경에 대하여 근로자들에게 변경의 필요성과 내용 등에 관한 충분한 설명을 해야 하며, 근로자의 과반수로 조직된 노동조합(과반수로 조직된 노동조합이 없는 경우에는 근로자의 과반수)의 동의를 받기 위하여 최선의 노력을 다하여야 한다.

교섭경위나 근로자측의 대응에 대한 고려없이 사용자가 취업규칙 변경의 필요성만으로는 무조건 사회통념상 합리성을 인정하기는 어려우며 또한 변경된 취업규칙이 전체 근로자에게 적용이 예상되는 상황에서 일부 근로자들의 동의를 얻었다는 사정만으로는 사회통념상 합리성을 인정하기는 어렵다.

6) 다른 동종 업종 회사의 근로조건과 비교하여 상당한지

변경된 근로조건이 동종업계와 비교할 때 특히, 불리하다고 평가할 수 없는 상황에서 경영상의 어려움 등으로 인하여 불가피하게 이를 변경하고자 하는 경우, 다른 판단요소 등을 종합적으로 고려하여 사회통념상 합리성이 인정될 수 있다.

3. 실무사례

1) 기간의 정함이 없는 근로계약을 기간의 정함이 있는 계약으로 변경하는 경우

구두로 체결한 근로계약에 따라 기간의 정함이 없는 계약기간이 당해 사업장의 노사간의 관행이 된 것으로 볼 수 있는 경우, 취업규칙으로 정하여 기간의 정함이 없는 계약을 기간의 정함이 있는 계약으로 변경하는 것은 사실상 근로자에게 불리한 취업규칙의 불이익 변경으로 볼 수 있으므로 근로기준법 제93조에 규정된 동의 절차를 거쳐야 할 것으로 사료됨(근로기준과-5027, 2004.9.20.)

2) 정원표상의 직급을 일부 하향 조정한 경우, 불이익변경 여부

직제규정상의 직급을 일부 하향 조정하였음에도 불구하고 기존의 현원은 변동이 없을 뿐만 아니라 인사 · 급여 등 근로조건이 직급조정의 직접적인 영향을 받지 아니하였다면 이를 취업규칙의 불이익 변경으로 보기는 어려울 것으로 봄(근로기준과-3516, 2004. 7.9.).

3) 승진평가시험 등 노무관리에 필요한 사항을 도입하는 경우

승진평가시험 · 인사고과 등 노무관리운용에 필요한 사항으로 사회통념상 합리성이 인정되는 경우 근로자의 집단적인 동의를 얻어야 하는 불이익 변경으로 보기는 어렵다(근기 68207-132, 2002.2.3.).

4) 특정직군에 대하여 임금상한제를 추가로 도입하는 경우

사업장에서 업무성과 등을 고려한 실질적인 연봉제를 시행하고 있고 취업규칙에서 임금조정(인상, 동결, 삭감)의 규정을 두고 있으며 그동안 임금삭감이나 동결없이 관행적으로 작은 수준이라도 임금인상이 되어 온 경우라고 볼 수 있으므로, 특정직군에 대하여 임금상한제를 추가로 도입하는 경우에는 취업규칙을 근로자에게 불리하게 변경하는 것으로 볼 수 있는 바, 적법한 취업규칙의 불이익변경 절차를 거치지 아니하면 그 효력이 인정될 수 없다고 사료됨(근로기준과-508, 2010.2.1.)

5) 직무평가의 횟수와 기간을 줄인 경우

직무평가의 횟수와 기간을 줄인 부실근무자 관리방안은 취업규칙 불이익 변경에 해당하고 근로자 과반수로 노동조합의 동의를 받지 않아 무효이다(대법 2016.8.17., 2016두38280).

3) 동의를 받지 않은 불이익 변경의 효력

(1) 원칙

취업규칙을 근로자에게 불이익하게 변경하는 경우 근로자 집단의 동의가 없으면 변경된 부분은 전체 근로자에게 효력이 없다.

(2) 개인적으로 동의한 근로자

취업규칙을 불이익하게 변경함에 있어 근로자 집단의 동의를 받지 못한 이상, 개인적을 동의한 근로자에게도 취업규칙 변경의 효력이 발생하지 않는다(대법 1992.12.8., 91다38174).

(3) 신규입사자 및 재입사자

정년제 운영과 관련하여 근로자의 동의 없이 사용자가 일방적으로 변경한 취업규칙은 변경 전 취업규칙의 적용을 받는 근로자들에게는 효력이 없으나, 신규입사자에게는 변경된 취업규칙이 적용된다(근기 01254-1099, 1993.5.25.).

퇴직금 지급규정을 누진지급제에서 단수지급제(법정퇴직금)로 변경하는 것과 같이, 근로자 집단의 동의 없이 불리하게 변경된 취업규칙이라 하더라도 신규입사자에게는 효력이 있다(대법 1992.12.22., 91다45165).

취업규칙(보수규정)이 근로자 집단의 동의없이 불이익하게 변경될 당시에 근로자가 다른 직종으로의 전직을 위하여 자유로운 의사에 따라 사직하고 그 다음날 신규채용 형식으로 재입사함으로써 근로관계가 단절된 경우, 그 재입사한 근로자에게 적용되는 취업규칙은 그 근로자의 최초 입사일에 관계없이 개정된 취업규칙이 적용된다(대법 1996.10.15., 95다53188).

4) 불이익 변경의 소급추인

근로자집단의 동의 없이 불이익하게 변경된 취업규칙이 나중에 근로자 과반수로 조직된 노동조합이나 근로자 과반수로부터 소급해 추인을 받은 경우에는 그 효력을 인정할 수 있다(대법 1993.5.11., 92다49294).

다만, 불이익하게 변경된 취업규칙에 관하여 근로자들이 이의를 제기하지 않았다는 사정만으로 추인하였다고 볼 수 없다(대법 1993.6.11., 92다19316).

6. 취업규칙의 주지의무와 효력발생시기

1) 취업규칙의 주지의무

사용자는 취업규칙을 근로자가 자유롭게 열람할 수 있는 장소에 항상 게시하거나 갖추어 두어 근로자에게 널리 알려야 한다(근기법 제14조제1항).

주지의 방법은 취업규칙의 내용을 직접 설명하거나 사무실에 비치하거나 또는 사내통신망 등에 게시하여 항상 열람이 가능하도록 하는 방법이 있다.

2) 효력발생 시기

새롭게 작성되거나 불리하지 않게 변경된 취업규칙의 효력발생 시점은 별도의 효력발생 기일을 정하지 않는 한 작성·변경시점이 된다.

취업규칙이 불이익하게 변경된 것이라면 근로자의 과반수나 과반수 노동조합의 동의를 받은 시점이 효력발생 시점이 된다.

check point 실무사례

〈사무실에 비치된 컴퓨터를 통해 취업규칙을 열람할 수 있게 한 경우〉

원고가 사무실에 비치 된 컴퓨터를 통해 회사의 취업규칙을 쉽게 접근할 수 있을 정도였다면 원고의 취업규칙 열람신청에 대하여 별도의 조치를 취하지 않았다 해도 사용자의 취업규칙 게시·비치의무에 위반된 것이라고 단정짓기 어렵다(대법 2001.4.10., 2000두10151).

7. 취업규칙과 법령, 단체협약, 근로계약과의 관계

1) 법령과의 관계

취업규칙은 법령에 반할 수 없으며, 법령에 반한 부분은 무효이다(근기법 제96조). 취업규칙의 내용 중 법령에 위반되어 무효로 된 부분은 법령에 의해 보충되고, 단체협약에 위반되어 무효로 된 부분은 단체협약에 의해 보충된다.

취업규칙이 법령보다 유리한 경우에는 취업규칙의 효력이 인정된다(대법 1990.11.27., 90다카15939).

check point 실무사례

〈취업규칙의 일부규정이 다소 불합리한 경우, 당연 무효로 볼 수 있는지〉

취업규칙은 사용자가 기업경영권에 기하여 사업장에서의 근로자의 복무규율이나 근로조건의 기준을 획일적 · 통일적으로 정립하기 위하여 작성한 자체 규범으로 볼 수 있으며, 그 내용이 근로기준법이나 단체협약에 반할 경우에는 그 부분에 한하여 무효가 되고, 무효가 된 부분에 대하여는 근로기준법이나 단체협약의 규정이 적용되는 것임. 이와 같이 취업규칙은 사업장내의 자체규범으로 일차적인 해석의 권한은 취업규칙의 작성권한을 가진 사용자나 당해 사업장의 노사당사자에게 있다고 사료되며, 취업규칙의 일부 규정이 다소 불합리하다고 하더라도 직접 법령을 위반한 경우 등이 아니라면 이를 당연히 무효로 볼 수는 없다고 사료됨(근기 68207-942, 2003.8.28.)

2) 단체협약과의 관계

취업규칙은 해당 사업 또는 사업장에 대하여 적용되는 단체협약에 어긋나서는 안된다(근기법 제96조).

단체협약에 정한 근로조건 기타 근로자의 대우에 관한 기준을 위반하는 취업규칙의 부분은 무효로 되고, 그 무효로 된 부분은 단체협약에 정한 기준에 따른다(노조법 제33조제1항).

조합원이 아닌 근로자에 대하여는 취업규칙이 적용되지만, 동종 근로자 반수 이상이 하나의 적용을 받을 때에는 비조합원에 대해서도 취업규칙이 아닌 단체협약이 적용된다. 단체협약의 일반적 구속력(노조법 제35조)

check point 실무사례

1) 단체협약에서 '상여금지급은 보수규정에 정한대로 한다'고 되어 있는 경우

단체협약에서 '상여금 지급은 공단이 보수규정에서 정하는 바에 의한다'고 규정되어 있고, 공단보수규정은 일정한 상여금 지급제한을 규정하고 있으므로, 취업규칙에 해당하는 공단보수규정상의 상여금 지급제한규정이 단체협약의 내용과 취지에 위배된다고 볼 수 있음(근기 68207-685, 1994.4.25.)

2) 단체협약에 징계조항이 있는 경우, 취업규칙 징계조항의 효력

단체협약에는 징계처분의 경우 징계위원회를 개최하도록 규정되어 있음에도 징계위원회규정이 징계위원회의 의결 없이 징계처분을 할 수 있는 예외를 인정하고 있다면, 그 규정은 단체협약에 반하는 것으로서 무효이다(대법 1993.10.22., 92다49935).

단체협약에서 해고사유와 해고 이외의 징계사유를 나누어 구체적으로 열거하고 있다 하더라도, 취업규칙에서 이와 다른 해고사유로 규정하는 것이 단체협약에 반하는 것은 아니다(대법 1993.3.26., 98두4672).

단체협약에서 '조합원에 대한 회사측 징계는 본 협약에 의한다'고 규정한 것은 동일한 징계사유나 징계절차에 관하여 단체협약상의 규정과 취업규칙 등의 규정이 상호 저촉될 경우에는 단체협약이 우선 적용된다는 취지이고, 노동조합의 조합원인 종업원에 대한 징계를 함에 있어서는 어떠한 경우라 하더라도 징계에 관한 사항을 정한 취업규칙 등의 규정이 독자적인 징계규정이 될 수 없다는 취지를 밝힌 것은 아니다(대법 1993.1.15., 92누13035).

06-2. 기업내 인사이동(전직, 전보 등)

1. 의의

사용자는 조직변경, 업무의 효율성 제고 등을 위해 기업 내에서 근로자의 근무장소와 업무내용 등을 변경할 수 있다(기업내 인사이동). 또한 사용자는 업무상 필요한 경우 근로자를 다른 기업에 일정기간 파견하여 근무하게 하거나 소속을 다른 기업으로 변경하도록 할 수도 있다(기업간 인사이동).

동일한 기업 내에서의 인사이동에는 전직, 전보, 전배, 전근 등이 있는데 근기법 제23조에서는 이러한 행위를 전직이라는 용어로 포괄하여 사용하고 있다(광의의 전직).

판례에서도 근기법 제23조(사용자는 근로자에게 정당한 이유없이 해고, 휴직, 정직, 전직, 감봉 그 밖의 징벌을 하지 못한다)의 전직의 범위를 근로의 종류와 내용의 변경은 물론 근로장소의 변경(전근)도 포함한다고 보고 있다.

2. 기업내 인사이동의 유형

1) 전직

협의의 전직이란 다른 직종의 업무를 부여하는 것을 말한다. 다른 직종의 업무인지 여부의 판단은 사업체 규모, 사업의 종류 등에 따라 판단할 수 있다.

근로계약서에 직종이 특정되어 있는데 그 직종과 다른 직종의 업무를 부여하는 것은 전직으로 볼 수 있으며, 직종이 특정되어 있지 않은 경우에는 취업규칙과 인사관행 등을 종합하여 판단해야 할 것임

2) 전보

전보란 간부사원 등 직책이 부여된 근로자에게 기존 직책과 동일수준의 다른 직책을 부여하는 것을 말하는데, 노동위원회와 법원에서는 전배 · 전근 · 전직을 포괄하는 의미로 사용하기도 하며, 일반기업에서도 혼용하여 사용하고 있다.

전보가 근무장소의 변경, 업무성격의 변경을 포함하여 이루어지는 경우에는 업무상의 필요성 외에 근로자와의 성실한 협의, 생활상 불이익과의 형평성을 고려해야 할 것임

3) 전배

전배란 같은 사업장 내에서 직종의 변경 없이 이동배치하는 것을 말한다.

전배는 업무성격과 업무장소의 변동이 없으므로 사용자의 재량권이 광범위하게 인정된다. 따라서 업무상 필요성이 인정된다면 권리남용에 해당하는 등 특별한 사정이 없는 한 정당한 인사조치로 볼 수 있다(대법 1995.8.11., 95다10778).

4) 전근

전근이란 직종의 변경은 없으나 생활권이 달라질 수 있는 근무장소의 변경이 수반되는 인사조치를 말한다. 근로계약에서 근무장소를 특정한 경우 근무지의 변경은 근로자의 동의를 얻어야 하지만, 장소를 특정하였다고 볼 수 없다면 근로자의 동의를 반드시 얻어야 하는 것은 아니다.

3. 기업내 인사이동의 정당성 판단

근로자에 대한 전보나 전직은 원칙적으로 인사권자인 사용자의 권한에 속하므로 업무상 필요한 범위 내에서 사용자는 상당한 재량을 가지며, 그것이 근기법 등에 위반되거나 권리남용에 해당되는 등의 특별한 사정이 없는 한 무효라고 할 수 없다(대법 2015.10.29., 2014다46969).

전보・전직처분의 업무상 필요성이 입증되지 않고 근로조건의 불이익 변경을 수반하거나, 인사발령의 근거가 된 사유가 징계사유에도 해당되는 경우 취업규칙에서 정한 징계절차를 거치지 않은 채 이루어진 인사발령은 위법하다(대법 2021.12.10., 2020두44213).

1) 정당성 판단의 기준

(1) 업무상의 필요성

업무상의 필요성은 업무능률의 증진, 직장질서의 유지나 회복, 근로자간의 인화 등의 사정(대법 2013.2.28., 2010다52041), 노동력 재배치를 통한 근로의욕 증대, 인사교류를 통한 업무운영 원활화 및 경영능률 증진(대법 1992.1.21., 91누

5204), 다른 근로자와의 형평성이나 대체가능성, 정기적인 인사명령서 시기 여부 등으로 판단한다.

전직처분이 보복의 목적으로 이루어지거나(대법 1991.5.28., 90다8046), 근로자의 불이익이 업무상의 필요성에 비해 통상적으로 감수해야 할 정도로 벗어나 현저한 경우에는 정당성이 인정될 수 없다.

check point 실무사례

1) 업무상 필요성이 크다고 인정된 사례

통상근무자를 탄력적근로시간제를 실시부서로 배치한 경우, 사용자가 통상근무자(오전 출근, 오후 퇴근을 반복하는 근로자)를 정당하게 탄력적근로시간제를 실시하는 부서로 일시적으로 근무지시하였다면, 취업규칙 등에 근무지정자의 근로조건 등에 대하여 별도의 규정이 없는 한, 해당 근로자는 본인의 동의 여부와 관계없이 탄력적근로시간제의 적용대상에 포함된 것으로 봄이 타당함(근로기준팀-1418, 2006.3.29.)

보일러공을 영업부로 전직 처분한 경우(회사가 생산부 보일러공으로 종사하여 온 근로자에 대해 서울출장소의 영업부에서 근무하도록 한 조치는 중대한 근로조건의 변경으로서 근로자의 사전 동의가 없는 한 무효이며, 개인적인 사정을 이유로 이를 거절하였다고 하더라도 근로제공의 거부라고 할 수 없다(대법 1994.2.8., 92다893).

2) 업무상 필요성이 작거나 부인된 사례

전보발령 직전에 신규직원을 채용한 경우(대법 2000.4.11., 99두2963)

약제과장에서 약사로 보직이 변경되어 직무와 정년 등의 점에서 현저한 불이익을 받는 반면에 경영혁신의 차원에서 인원을 감축하기 위한 방편으로 근로자의 정년을 단축하려고 하였다는 회사의 사유만으로는 그 처분을 해야 할 업무상의 필요성이 있었다고 인정하기 어려운 경우(대법 1998.1.20., 97다29417)

(2) 생활상의 불이익

전직 처분으로 인하여 근로자에게 생활상의 불이익이 일부 발생하더라도, 이것이 근로자가 통상 감수해야 할 정도를 현저히 벗어난 것이 아니라면, 이것은 정당한 인사권의 범위 내에 속하는 것으로 부당하다고 보기 어렵다(대법 1997.7.22., 97다18165).

근로자의 입장에서는 원거리 발령으로 인하여 생활상의 불이익이 크다고 주장하는 경우가 많은데, 법원에서는 교통수단의 발달을 생활상의 불이익 여부를 판단하는데 있어서 중요한 고려요소로 보고 있다(대법 1995.10.13., 94다52928).

(3) 신의성실의 원칙

신의성실의 원칙은 전직처분을 하는 과정에서 대상 근로자와 성실한 협의, 생활상의 불이익을 해소하기 위한 노력 등을 의미한다(대법 2006.1.27., 2005구16772).

전보처분 등을 함에 있어서 근로자 본인과 성실한 협의 절차를 거쳤는지의 여부는 정당한 인사권의 행사인 지의 여부를 판단하는 하나의 요소라고 할 수 있으나, 그러한 절차를 거치지 아니하였다는 사정만으로 전보처분 등이 권리남용에 해당하여 당연히 무효가 된다고는 볼 수 없다(대법 2004.2.12., 2003두13250).

2) 근로자의 동의가 필요한 경우

동일기업 내에서의 통상적인 인사이동에 있어서는 근로계약 직종이 특정되어 있지 않고, 취업규칙 또는 인사관행에 따라 직종이나 직군간 순환배치를 해왔다면 해당 근로자와 성실한 협의만으로 가능하다고 보아 근로자의 동의가 필요하지 않지만, 근로계약에서 근무장소나 업무내용을 특정한 경우에는 원칙적으로 근로자의 동의를 얻어야 한다(대법 1994.2.8., 92다893).

(1) 업무내용이 특정된 경우

근로계약에서 근로자가 수행해야 하는 업무내용을 특별히 정한 경우, 당해 근로자에 대한 전직 처분은 근로자의 동의를 얻어야 한다.

(2) 근무장소가 특정된 경우

근로계약에서 근무장소를 특별히 지정한 경우 당해 근로자에 대한 전직처분은 근로자의 동의를 얻어야 한다.

근무장소를 특정하지 않았더라도 현지에서 채용되어 관행상 근무지 변경 없이 근무해 온 경우, 대형 할인마트 파트타임 근로자처럼 생활 본거지를 근거로 하여 취업한 경우에는 근무장소가 사실상 특정되어 있다고 볼 수 있으므로, 근로자의 동의를 얻어야 하는 것으로 본다(대법 1992.1.21., 91누5204).

(3) 노동조합과의 동의 절차가 있는 경우

단체협약에 조합원에 대해 인사명령을 할 때에는 노동조합의 사전 동의를 얻도록 규정되어 있다면, 동의를 얻지 않은 인사명령은 원칙적으로 무효이다(대법 1993.7.13., 92다50263).

사전동의 조항을 두고 있더라도 노동조합이 동의권을 남용하거나 동의권을 포기했다고 인정되는 경우에는 노동조합의 동의를 얻지 않았더라도 유효하다(대법 2003.6.10., 2001두3136).

사전동의권의 남용이라 함은 사용자측의 절차흠결이 노조측의 중대한 배신행위로 인한 경우, 사용자가 노조측과 사전협의를 위해 성실하고 진지한 노력을 다했음에도 노조측이 합리적 근거나 이유없이 무작정 인사처분에 반대한 경우 등을 의미한다(대법 2012.6.28., 2010다38007).

06-3. 기업간 인사이동(전출, 전적 등)

1. 전출

전출이란 근로자가 원래 기업과 근로계약상의 근로자의 지위를 그대로 유지하면서 일정기간 다른 기업(계열사, 협력사 등)으로 옮겨 그 기업의 지휘·명령을 받아 노무를 제공하는 것을 말한다.

전출기간 근로자는 원사용자에서 휴직상태가 되어 구체적인 근로제공의무를 면하고, 원사용자의 노무지휘 명령권은 전출사용자에게 이전된다.

전출은 상대적으로 장기간이고 전출기업의 지휘・명령을 받는 점에서, 단기간이고 원래 기업으로부터 지휘・명령을 받는 출장과 구분되고, 원래 기업의 근로자 신분을 그대로 유지하고 있는 점에서 근로계약을 해지하고 새로이 고용되는 전적과 구별된다.

1) 근로자 파견과의 차이점

파견법 제2조제1호에 따른 근로자파견이라 함은 파견사업주가 근로자를 고용한 후 그 고용관계를 유지하면서 근로자파견계약의 내용에 따라 사용사업주의 지휘・명령을 받아 사용사업주를 위한 근로에 종사하게 하는 것을 말한다.

전출은 원래 기업과 고용관계를 유지하면서 타 기업에 근무를 한다는 점에서 근로자파견과 유사하나, 전출이 원래 기업에서 근무하던 근로자를 다른 기업에 보내는 것과 달리 근로자파견은 처음부터 다른 기업에 보낼 것을 전제로 채용한다는 점에서 다르다.

2) 전출의 유효요건

근로자를 여타 사업장으로 전출시키는 것은 노무제공을 하는 상대방의 변경을 수반하는 중요한 근로조건의 변경에 해당하므로, 특별한 사정이 없는 한, 당사자의 동의가 있어야 한다(근기 68207-683, 1997.5.24.).

전출시점에서 근로자의 개별적 동의를 받은 것이 아니라 사전 포괄적인 동의를 받은 경우 그 효력이 문제되는데, 전출할 기업을 특정하고 전출기업에서 수행해야 할 업무에 관한사항 등의 기본적인 근로조건을 명시하여 동의를 얻어야 유효하며(근기 68207-1549, 2000.5.20.), 단순히 취업규칙 등에서 전출에 관한 포괄적인 근거규정이 있다는 것만으로는 정당화될 수 없음

2. 전적

전적이란 근로자가 속한 원래의 기업으로부터 다른 기업으로 적을 옮겨 전적된 기업의 업무에 종사하게 하는 것을 말한다. 판례에서는 전적을 근로계약을 해지하고 다른 사용자와 새로운 근로계약을 체결하거나, 근로계약상 사용자의 지위를 양도하는 것으로 구분한다.

1) 전적의 유효요건

(1) 근로자의 동의

가) 개별적 동의

전적은 특별한 사정이 없는 한 대상 근로자의 동의를 얻어야 효력이 발생한다. 대법원은 '사용자가 기업체의 경영자로서 근로자의 노동력을 업무목적을 위해 이용 · 처분할 권리는 그 근로자와의 근로계약에 의해 비로소 취득하는 것이어서, 그 계약관계를 떠나서는 근로자의 노동력을 일방적으로 처분할 수 있는 권한이 사용자에게 있다고 볼 수 없을 뿐더러, 민법 제657조제1항이 사용자는 노무자의 동의 없이 그 권리를 제3자에게 양도하지 못한다고 규정하고 있는 점 등에 비추어 보더라도 근로자의 동의를 얻어야 되는 것이기 때문이다. 또한 근로관계에 있어서 업무지휘권의 주체가 변경됨으로 인해 근로자가 받을 불이익을 방지하려는데 있다'고 판시하였다(대법 1993.1.26., 92누8200).

나) 포괄적 사전동의

판례는 근로자가 전적 당시 사용자에게 개별적으로 동의를 하지 않더라도, 입사할 때 또는 근무하는 동안 기업그룹 내부의 전적에 대해 사전에 포괄적으로 동의를 한 경우 그 효력을 제한적으로 인정하고 있다(대법 1993.1.26., 92다11695).

이 경우 사전 포괄적 동의가 유효하기 위해서는 전적할 기업을 특정하고, 그 기업에서 종사해야 할 업무에 관한 사항 등의 기본적인 근로조건을 명시해 근로자의 동의를 얻어야 한다.

대법원은 '회사가 사원을 일괄 채용해 신입사원 연수를 마친 뒤 각 계열회사의 인원수급 사정과 본인의 희망을 고려해 각 계열회사로 배정하고, 직원도 회사에 채용되기 전에 계열회사 간의 인사이동에 대한 설명을 들어서 이를 알고 입사했으며, 회사가 취업규칙과 단체협약에서 근로자를 계열회사에 인사이동시킬 수 있는 규정을 두고 있더라도, 그와 같은 사유만으로는 회사가 전적에 관한 사항을 명시해 직원의 포괄적인 사전동의를 얻은 것이라고 보기 어렵다'고 판시하였다(대법 1993.1.26., 92누8200).

다) 묵시적 동의

종전 회사로부터 퇴직금을 정산받는 등 퇴직절차를 마치고 다른 회사에 취업서류를 작성·제출하고 상당기간 동안 그 회사로 출근해 근무한 경우에는 전적에 묵시적인 동의를 한 것으로 볼 수 있다.

다만, 근로자가 그 과정에서 전적에 대해 동의를 보류하는 의사를 표시하거나 이의를 유보한 경우 또는 전적을 거부하면 징계 등의 제재를 받게 될 것이라는 위협을 받아 부득이 전적한 것이라는 등의 특별한 사정이 있는 경우에는 전적에 동의한 것으로 볼 수 없다(대법 1993.1.26., 92누8200).

(2) 노사관행에 의한 전적

대법원은 기업그룹 등과 같이 그 구성이나 활동 등에 있어서 어느 정도 밀접한 관련성을 갖고 사회적 또는 경제적 활동을 하는 일단의 법인체 사이의 전적에 있어서, 그 법인체들 내에서 근로자의 동의를 얻지 아니하고 다른 법인체로 근로자를 전적시키는 관행이 있어서, 그 관행이 근로계약의 내용을 이루고 있는 경우에는 구체적인 동의가 없더라도 전적의 효력이 인정될 수 있다는 입장이다(대법 1993.1.26., 92다11695).

다만, 그와 같이 동의를 얻지 않고 전적시키는 관행은 그 법인체들 내에서 일반적으로 근로관계를 규율하는 규범적인 사실로서 명확히 승인되거나, 그 구성원이 일반적으로 아무런 이의도 제기하지 아니한 채 당연한 것으로 받아들여 기업 내에서 사실상의 제도로서 확립되어 있어야 한다(대법 2006.1.12., 2006두9873).

2) 전적의 효력

check point **근로관계의 단절로 본 경우**

유효한 전적이 이루어진 경우에 있어서는 당사자 사이에 종전 기업과의 근로관계를 승계하기로 하는 특약이 있거나 이적하게 될 기업의 취업규칙 등에 종전 기업에서의 근속기간을 통산하도록 하는 규정이 있는 등의 특별한 사정이 없는 한 당해 근로자의 종전 기업과의 근로관계는 단절됨(근기 68207-2579, 200.8.26)

06-4. 휴직

1. 개요

휴직이란 근로자가 근로관계를 유지하면서 일정기간 근로제공 의무가 면제되는 상태에 있는 것을 말한다.

휴직의 원인이 근로자의 책임이거나 사용자의 책임이거나 또는 업무상의 유무를 떠나 휴직 자체의 성격은 근로관계의 정지를 의미하므로, 근로자는 근로의무를 면하고 사용자는 임금지급 의무를 면한다. 다만, 사용자의 귀책 사유로 인한 휴직, 즉 휴업에 있어서는 근기법 제46조에 의해 평균임금의 70% 이상의 휴업수당을 지급해야 한다.

휴직제도는 근로자에게 근로관계를 종료하지 않으면서 자신을 위해 시간을 활용할 수 있는 기회가 되고, 사용자에게는 근로자의 이직을 방지하고 조직몰입을 할 수 있는 계기가 된다.

2. 휴직의 유형

휴직은 근로자의 신청에 의한 휴직, 사용자의 명령에 의한 휴직, 노사쌍방의 책임으로 볼 수 없는 휴직 등으로 구분된다.

1) 근로자의 신청에 의한 휴직

근로자의 신청에 의한 휴직이란 근로자 본인의 사정으로 근로자가 휴직을 신청하고 사용자가 승낙하여 실시하는 휴직을 말한다(의원휴직).

근로자의 신청에 의한 휴직사유로는 주로 학업이나 자격취득을 위한 연수, 본인이나 가족의 요양, 조합전임으로 인한 휴직, 군입대로 인한 휴직, 공직 취임으로 인한 휴직 등이 있다.

노동관계법상 근로자가 휴직을 신청하는 경우 사용자가 당연히 휴직을 승낙해야 하는 의무가 있는 휴직을 취업규칙 등에서 휴직사유(육아휴직, 가족돌봄휴직, 업무상 재해로 인한 산재휴직 등)로 규정하고 있는 경우가 있다.

이러한 사유는 회사의 규정에 관계없이 근로자가 신청하는 경우 당연히 휴직이 인정되는 것인데, 법에서 정한 휴직기간이나 휴직급여보다 더 좋은 조건으로 정한 경우에는 이 규정에 따라야 한다.

의원휴직은 근기법 제46조의 사용자의 귀책사유에 의한 휴업에 해당하지 않으므로 휴업수당의 지급대상이 되지 않는다. 따라서 휴직기간, 휴직기간 중 급여지급 등은 회사의 규정에서 정한 바에 따라 결정된다.

2) 사용자의 명령에 의한 휴직

사용자의 명령에 의한 휴직이란 근로자가 휴직을 신청하지 않음에도 불구하고 사용자가 일정한 사유를 이유로 근로자에게 휴직을 명하는 것을 말한다(명령휴직 또는 직권휴직).

판례는 이러한 성격의 휴직을 사용자가 근로자를 직무에 종사하게 하는 것이 불가능하거나 불합리한 경우 근로계약을 해지하지 않고 일정기간 근로제공을 면하거나 금지하는 처분이라고 정의한다(대법 2009.9.10., 2007두10440).

사용자의 명령에 의한 휴직사유로는 주로 업무 외의 사유로 인한 부상이나 질병으로 인한 질병휴직, 형사사건으로 구속 기소된 경우의 기소휴직, 회사의 경영상 사정으로 인한 휴직 등이 있다.

check point 실무사례

〈휴직명령의 정당한 이유〉

근기법 제23조제1항에서 '사용자는 정당한 이유없이 근로자에게 휴직을 하지 못한다' 하고 있으므로, 사용자에 의한 휴직명령은 정당한 이유가 있어야 한다.

(경영상의 필요를 이유로 해 휴직명령이 취해진 경우) 그 휴직명령이 정당한 인사권의 범위 내에 속하는지 여부는 당해 휴직명령 등의 경영상의 필요성과 그로 인해 근로자가 받게 될 신분상·경제상의 불이익을 비교·교량하고, 휴직명령 대상자 선정의 기준이 합리적이어야 하며, 근로자가 속하는 노동조합과의 협의 등 그 휴직명령을 하는 과정에서 신의칙상 요구되는 절차를 거쳤는지 여부를 종합적으로 고려해 결정해야 한다(대법 2009.9.10., 2007두1044).

06-5. 휴업

1. 개요

근기법 제46조에 규정된 휴업이란 함은 근로계약을 존속시키면서 사업의 전부 또는 일부를 사용자의 결정에 의하여 일정기간 정지하는 것으로, 개개의 근로자가 근로계약에 따라 근로를 제공하려고 함에도 불구하고 그 의사에 반하여 그 제공이 불가능하거나 사용자에 의해 수령이 거부된 경우를 의미한다(대법 2013.10.11., 2012다12870 등).

근기법 제46조에서 정하는 휴업에는 개개의 근로자가 근로계약에 따라 근로를 제공할 의사가 있는데도 그 의사에 반하여 취업이 거부되거나 불가능하게 된 경우도 포함되므로, 이는 휴직을 포함하는 광의의 개념이다(대법 2013.10.11., 2012다12870).

사용자의 귀책사유로 휴업하는 경우에 사용자는 휴업기간 동안 그 근로자에게 평균임금의 100분의 70 이상의 수당을 지급해야 한다. 다만, 평균임금의 100분의 70에 해당하는 금액이 통상임금을 초과하는 경우에는 통상임금을 휴업수당으로 지급할 수 있다.

이때 부득이한 사유로 사업을 계속하는 것이 불가능하여 노동위원회의 승인을 받는 경우에는 이 기준에 못 미치는 휴업수당을 지급할 수 있다(근기법 제46조).

휴업은 사업장 전체 또는 일부를 대상으로 실시할 수 있으며, 근무시간 전부 또는 근무시간 중 일부에 대해서도 실시할 수 있다(근기 68207-148, 2002.2.5.).

check point **실무사례**

1) 근로계약체결일부터 근무명령을 받은 때까지의 기간을 휴업으로 볼 수 있는지

근로계약을 체결할 때 근로관계 성립에 대해 따로 규정하지 않았다면 계약체결 자체로 근로관계가 성립한다고 보아야 될 것이며, 따라서 별도의 조건을 달지 않았다면 근로계약 체결시점부터 근기법의 적용을 받게 될 것이나, 만약 근로계약의 체결 시 근로계약의 효력발생시기를 정하였을 때에는 그 때부터 효력이 발생된다고 보아야 할 것임

근로계약 체결 시 근로계약서상에 근로계약기간을 근무명령을 받고 근무한 날부터 준공시까지라고 명시하고 근로계약 당사자 간에 합의한 경우라면 근로계약의 효력발생 시기를 따로 정한 것으로 볼 수 있다고 사료됨(근기 68207-259, 2002.1.21.)

2) 대체된 휴일에 휴업이 결정된 경우 근기법 제46조의 휴업에 해당하는지

휴일의 대체는 취업규칙 등에 정해진 휴일을 근로하고 대신 통상의 근로일을 휴일로 교체하는 것으로, 휴일이 적법하게 대체되면 원래의 휴일(A)은 통상의 근로일이 되고, 대체하기로 한 다른날(B)이 휴일이 됨. 적법하게 휴일로 대체된 다른 날(B)은 근로제공 의무가 없는 날이므로, 이날에 사업장 영업을 중단하였다고 하여 근기법 제46조의 사용자의 귀책사유에 의해 휴업한 날이 된다고 보기는 어려울 것임(근로기준정책과-4258, 2020.10.27.)

2. 사용자의 귀책사유

근기법 제46조제1항에서 의미하는 '사용자의 귀책사유'란 원칙적으로 사용자의 세력범위 안에서 생긴 경영장애로서, 자금난, 원자재 부족, 주문량 감소, 시장 불황과 생산량 감축, 모회사의 경영난에 따른 협력업체의 자재 및 자금난에 의한 조업단축 등으로 인한 휴업을 말한다.

다만, 천재지변·전쟁 등과 같은 불가항력, 기타 사용자의 세력범위에 속하지 않는 기업 외적인 사정과 통상 사용자로서 최대의 주의를 기울여도 피할 수 없는 사고 등 부득이한 사유로 인하여 사업계속이 불가능하게 된 경우에는 사용자에게 경영위험의 책임을 물을 수 없으므로 사용자의 귀책사유로 볼 수 없다(근기 68207-106, 1999.9.21.).

사용자의 귀책사유란 사용자가 기업의 경영자로서 불가항력이라고 주장할 수 없는 모든 경우로서(대법 2013.10.11., 2012다13491), 사용자의 고의·과실 이외에도 사용자의 세력범위 안에서 생긴 경영 장애를 모두 포함한다(근로기준정책과-741, 2015.3.9.).

귀책사유 유무의 입증책임은 사용자에게 있다(대법 1970.2.24., 69다1568).

3. 사용자의 귀책사유 유무 판단

check point **실무사례**

1) 부당한 사용자의 지시

운전자가 도로교통법규를 위반하여 운전면허 정지처분을 받았을 경우 사용자의 귀책사유가 있는지의 여부는 구체적인 사실에 의하여 판단할 것이나, 부당한 사용자의 지시에 따라 운전자가 도로교통법규를 준수할 의무를 저버리고 위반했다면, 그에 따라 휴업하는 경우 사용자는 휴업수당을 지급할 의무가 생기는 것임(근기1455-5468, 1973,5.31)

2) 눈, 비

갑작스런 폭설로 통근버스 운행이 불가능하여 당일을 휴일로 대체한 경우 휴업수당 지급 의무가 없음(해지 125-12623, 1984.6.1.)

3) 사용자의 배차중단 조치

사용자의 근로자에 대한 차량승무정지(배차중단) 조치가 부당한 것으로 판명된 경우라면, 이 때의 승무 정지기간은 근로관계가 유효하게 존속한 상태에서 근로자의 귀책사유 없이 그 의사에 반하여 즉, 사용자의 귀책사유로 인해 근로를 제공할 수 없게 된 경우에 해당된다고 할 것이므로 휴업수당을 지급해야 할 것임

다만, 사용자의 고의 · 과실로 인하여 근로를 제공하지 못한 것으로 인정되는 경우에는 민법 제538조제1항의 규정에 의한 임금전액에 대한 청구권도 동시에 발생되는 것으로 보아야 할 것임(임금근로시간정책팀-711, 2006.3.29.)

4) 제3자의 출근방해

직원들이 파업종료 후 직장에 복귀하려 하였으나 단체협약 체결 후 사용자인 조합장이 음독자살한 사실에 격분한 농협 대의원들이 중심이 된 지역 농업인들이 노조 출근 저지투쟁위원회를 구성, 출근을 저지하여 사실상 휴업상태에 이르게 된 사정은 비록 노조 출근 저지투쟁위원회가 농협대의원들을 중심으로 구성되었다고 하더라도 이들을 농협의 사용자(또는 사용자를 위하여 행위하는 자 등)로 볼 수는 없을 뿐만 아니라, 그러한 행위를 사용자가 지시하거나 제지할 수 있음에도 고의로 묵인하였다고 보기도 어렵다면, 실질적으로 이들의 행위를 사용자의 귀책사유로 보거나 사용자의 세력범위 안에서 생긴 경영장애로 볼 수도 없으므로 사용자가 그 기간에 대하여 휴업수당을 지급해야 할 의무는 없음(근로기준과-2855, 2004.6.9.)

5) 교섭타결 이후 업무속개 시 까지를 사업주의 귀책사유에 의한 휴업으로 볼 수 있는지

파업 당일 교섭이 타결되었더라도 전체적으로 보아 파업으로 인하여 사용자가 당일 사업을 수행하지 못한 것으로 인정되는 경우에는 교섭타결 이후 시간에 대하여도 사용자 귀책사유에 의한 휴업으로 볼 수 없다고 사료됨

다만, 교섭 타결 이후 조합원들이 출근하여 사업속개에 필요한 노무제공 준비를 완료하고 사용자가 이를 수령하여 사업수행을 속개할 수 있는 경우라면, 그 시점 이후부터의 휴업은 사용자의 귀책사유로 인한 휴업에 해당할 수 있다고 사료됨(근기 68207-2060, 2001.6.28.)

> **6) 원청업체에 대한 작업중지명령으로 인한 휴업**
> 크레인 충돌사고로 중대재해가 발생한 원청업체에 내려진 작업중지명령에 따라 하청업체가 휴업을 하게 되었고, 원청업체로부터 휴업수당 목적의 돈 일부를 지급받아 일부근로자들에게 휴업수당을 지급하였으나 일부근로자에게는 휴업수당을 지급하지 않았는바, 이는 불가항력이라고 주장할 수 없는 사유로 휴업한 것으로 나머지 근로자들에게도 휴업수당을 지급할 의무가 있다(대법 2019.9.10., 2019도9604 등).

4. 휴업수당의 산정

1) 산정 · 지급 방법

사용자의 귀책사유로 휴업하는 경우에 사용자는 휴업기간 동안 그 근로자에게 평균임금의 100분의 70 이상의 수당을 지급해야 한다. 다만, 평균임금의 100분의 70에 해당하는 금액이 통상임금을 초과하는 경우에는 통상임금을 휴업수당으로 지급할 수 있다.

이때 부득이한 사유로 사업을 계속하는 것이 불가능하여 노동위원회의 승인을 받은 경우에는 이 기준에 못 미치는 휴업수당을 지급할 수 있다(근기법 제46조).

사용자의 귀책사유로 해고된 근로자가 해고기간에 다른 직장에 종사하여 이익을 얻은 경우 이는 민법 제538조제2항에서 말하는 채무를 면함으로써 얻은 이익에 해당한다.

사용자가 해당 근로자에게 해고기간 중의 임금을 지급할 경우 그러한 이익을 중간 수입으로 공제할 수 있다. 다만, 근로자가 지급 받을 수 있었던 해고기간의 임금액 중 근기법 제46조제1항에서 정한 휴업수당 한도 내의 금액은 중간수입으로 공제할 수 없고, 그 한도를 초과하는 금액만을 중간 수입으로 공제할 수 있다(대법 2022.8.19., 2021다279903).

2) 휴업수당의 산정 예

(1) 평균임금의 70%가 통상임금의 100%보다 적은 경우

→ 평균임금 70%로 지급

근로자의 1일 평균임금이 10만원이고 통상임금이 8만원인 경우, 평균임금 70% 이상인 최소 7만원을 휴업수당으로 지급해야 함

월 평균임금이 400만원, 통상임금이 300만원인 경우, 휴업 1개월에 대한 휴업수당은 400만원×70%=280만원〈통상임금 300만원. 따라서 휴업수당은 평균임금 280만원으로 지급한다.

(2) 평균임금의 70%가 통상임금의 100%보다 많은 경우

→ 통상임금 100%로 지급

근로자의 1일 평균임금이 10만원인 경우, 70% 이상인 최소 7만원을 휴업수당으로 지급해야 하는데, 이 근로자의 1일 통상임금이 6만원인 경우 6만원을 휴업수당으로 지급한다.

월 평균임금이 400만원, 통상임금이 250만원인 경우 휴업 1개월에 대한 휴업수당은 400만원×70%=280만원〉통상임금 250만원. 따라서 휴업수당 통상임금 250만원으로 한다.

(3) 평균임금이 통상임금 보다 적은 경우

근로자의 1일 평균임금이 8만원이고 통상임금이 10만원인 경우에는 평균임금이 아닌 통상임금의 70%인 7만원을 지급해야 한다.

(4) 휴업기간 중 임금의 일부가 지급된 경우

근로자의 1일 평균임금이 10만원인데 회사가 2만원을 지급한 경우 10만원-2만원=8만원, (8만원×70%=56,000원을 휴업수당으로 지급)

만약, 근로자의 통상임금이 5만원이면 5만원-2만원=3만원을 지급

(5) 휴업기간 중 임금이 인상된 경우

휴업수당 산정 시 평균임금 사유발생일은 휴업을 한 시점이므로, 별도의 약정이 없는 한 최초 휴업 당시의 평균임금으로 산정 지급한다.

check point **실무사례**

1) 휴업기간 중 유급휴일이 포함되었을 경우, 휴업수당 산정방식

사용자의 귀책사유로 휴업하는 휴업기간 중 유급휴일이 포함되었을 경우의 휴업수당은 해당 휴일을 포함하여 산정해야 할 것임(근로조건지도과-1418, 2009.3.10.)

2) 휴업기간 중 무급휴무일이 포함된 경우, 휴업수당 지급 여부

휴업이라 함은 근로자가 근로계약에 따라 근로를 제공할 의사가 있음에도 불구하고 그 의사에 반하여 근로를 제공하지 못한 경우(대법 2013.10.11., 2012다12870)를 말하는 것이므로, 토요일이 무급휴무일로서 근로제공 의무가 없는 날인 경우라면 근기법 제46조의 휴업에 해당하지 않으므로, 달리 정한 바가 없다면 휴업수당 지급의무는 발생하지 않을 것임(근로기준정책과-1448, 2015.4.10.)

3) 체당금 지급 시 휴업수당 산정방법

근로자가 휴업기간 중 다른 회사에서 근로하여 임금을 지급받았을 때의 휴업수당 산정은 휴업수당의 한도에서는 이익공제의 대상으로 삼을 수 없고, 그 휴업수당을 초과하는 금액에 대해서만 중간수입을 공제할 수 있을 것으로 사료됨, 다만, 체당금으로 휴업수당이 지급되기 위해서는 휴업이 근기법 제46조에 따른 사업주의 귀책사유로 볼 수 있는 사정으로 발생하여 사용자의 휴업 결정이 있어야 하며, 사업주의 휴업 원인에 대한 치유노력 및 휴업 전후의 경영상황 등을 확인할 수 있는 객관적인 자료 등이 확인되어야 할 것임(근로복지과-511, 2013.3.6.)

3) 휴업수당의 감액

부득이한 사유로 사업을 계속하는 것이 불가능하여 노동위원회의 승인을 받은 경우에는 법정기준에 못 미치는 휴업수당을 지급할 수 있다(근기법 제46조).

사용자가 노동위원회로부터 기준미달 휴업수당 지급 승인을 얻은 경우에는 평균임금의 70% 이하로 휴업수당을 지급하거나 수당을 전혀 지급하지 않을 수도 있다(대법 2000.11.24., 99다4280).

천재지변・전쟁 등과 같은 불가항력적인 사유로 휴업하는 경우에는 노동위원회의 승인 여부와 관계없이 근기법상의 휴업수당 지급대상이 아니므로, 근기법 제46조제2항의 규정에 의해 휴업수당을 감액하여 지급할 수 있는 경우는 사용자의 귀책사유에도 불구하고 '부득이한 사유'로 사업계속이 불가능하여 노동위원회의 승인을 얻은 경우를 말한다(근기 68207-598, 2000.2.28.).

(1) 부득이한 사유로 사업계속이 불가능한 경우

부득이한 사유로 사업 계속이 불가능하다는 것은 사용자의 지배범위를 벗어나 불가항력적인 사유만을 의미하는 것이 아니고, 기업도산이나 폐업에 이르지 않더라도 지속적인 손실누적, 재무구조 악화, 부도발생 등으로 구조조정이 불가피한 사업장에서 경영상 해고회피 노력의 일환으로 일시 혹은 부분적・잠정적으로 조업을 중단할 수밖에 없는 정도를 말한다(중노위 중앙2018휴업1, 2018.8.10.).

(2) 노동위원회의 승인

부득이한 사유로 사업을 계속하는 것이 불가능하여 노동위원회의 승인을 받은 경우에는 휴업수당을 지급하지 않거나 감액하여 지급할 수 있다(근기법 제46조).

부득이한 사유로 사업을 계속하는 것이 불가능하더라도, 노동위원회의 승인을 받지 못하면 휴업수당을 감액 지급할 수 없다(대법 1993.1.9., 93누1671).

check point 실무사례

1) 천재지변 등의 경우에도 노동위원회의 승인을 받아야 하는지

천재지변 · 전쟁 등과 같은 불가항력적인 사유로 휴업하는 경우에는 노동위원회의 승인 여부와 관계 없이 근기법상의 휴업수당 지급대상이 아니므로, 노동위원회의 승인을 받을 필요가 없음(근기 68207-598, 2000.2.28.)

2) 휴업수당을 감액지급할 수 있는 경우

근기법 제46조에서 규정한 휴업수당제도의 취지는 사용자의 귀책사유로 인하여 근로자가 근로를 제공하지 못함으로써 임금을 받지 못하는 경우, 임금상실의 위험으로부터 근로자를 보호하기 위하여 휴업으로 인한 위험을 사용자가 평균임금의 100분의 70이상 부담토록 한 것임. 따라서 천재지변 · 전쟁 등과 같은 불가항력적인 사유로 휴업하는 경우에는 노동위원회의 승인 여부와 관계없이 근기법상의 휴업수당 지급대상이 아니므로, 근기법 제46조제2항의 규정에 의해 휴업수당을 감액하여 지급할 수 있는 경우는 사용자의 귀책사유에도 불구하고 부득이한 사유로 사업계속이 불가능하여 노동위원회의 승인을 얻은 경우로 해석함이 타당하다고 사료됨(근기 68207-598, 2000.2.28.)

3) 사용자의 귀책사유에 의한 휴업일 경우, 기준미달의 휴업수당 지급 승인 여부

이 사건 휴업은 이 사건 사용자의 귀책사유에 의한 것이고, 영업수익이 대폭 증가하면서 흑자를 기록하고 있는 점, 재무구조 악화원인이 해당 사업장 운영에 따른 것이라 볼 수 없는 점, 휴업에 대하여 근로자들과 사전협의도 하지 아니한 점, 휴업수당 지급시 감액받으려는 금액이 사업장 운영에 지장을 초래할 만큼 크다고 볼 수 없는 점을 종합해 볼 때, 이 사건 휴업은 부득이한 사유로 사업계속이 불가능한 경우에 해당하지 않아 법정기준에 못 미치는 휴업수당 지급승인 요건에 해당하지 않는다(중노위 중앙2018휴업1, 2018.8.10.).

4) 휴업수당 지급을 면하기 위해서는 노동위원회의 승인을 받아야 하는지

아무리 객관적으로 부득이한 사유로 인하여 사업계속이 불가능하다 할지라도, 노동위원회로부터 승인을 받지 못하면 그 수당의 지급을 면할 수 없다(대법 1993.11.9., 93누1671).

5. 휴업과 인사노무관리

1) 휴업기간 중 주휴일, 유급휴일, 휴무일의 처리

1주간의 소정근로일 전부를 휴업한 경우에는 그 소정근로일 개근시 부여하는 유급주휴일도 휴업기간에 포함해 휴업수당(평균임금의 70%)을 산정해야 한다(근로개선정책과-5243, 2012.10.25.).

사용자의 귀책사유로 휴업하는 휴업기간 중 유급휴일(예 : 근로자의날, 공휴일, 기타 회사의 약정유급휴일)이 포함되었을 경우 해당 휴일을 휴업기간에 포함 하여 휴업수당을 산정해야 한다(근로조건지도과-1418, 2009.3.10.).

토요일이 무급휴일로서 근로제공 의무가 없는 날인 경우라면, 근기법 제46조의 휴업에 해당하지 않으므로, 달리 정한바가 없다면 휴업수당 지급의무는 발생하지 않는다(근로기준정책과-1448, 2015.4.10.).

2) 연차휴가의 산정과 사용

사용자의 귀책사유에 의한 휴업기간, 업무상 재해로 인한 휴업기간은 연차유급휴가 산정을 위한 소정근로일수 산정 시 출근한 기간으로 본다(근기 01254-10376, 1987.6.27.).

근로자들이 전년도(1997년) 출근율에 의하여 발생된 연차유급휴가를 사용해야 할 다음 연도(1998년도) 사업주 귀책사유로 인한 휴업으로 실근로일이 하루도 없게 되어 사용하지 못하였다면 연차휴가청구권이 소멸되었다고 볼 수 없으며, 이 경우 소멸시효가 중단되었다고 보아야 한다.

따라서 동 휴가 청구권의 1년간의 소멸시효도 사용자의 귀책사유가 종료(예 : 1998.12.31. 휴업종료) 되어 정상조업을 실시할 경우(예 : 1999.1.1.)부터 기산된다고 보아야 한다.

동 휴가미사용에 따른 수당청구권도 휴가청구권이 소멸 된 직후(예 : 2000.1.1.)의 임금지불일에 발생한다(근기 68207-687, 1999.11.22.)

3) 상여금, 성과급의 처리

상여금 지급에 대하여는 근기법상 따로 규정하고 있지 않으므로, 휴업기간 중 상여금을 지급할 것인지의 여부에 대하여는 당해 사업장의 단체협약이나 취업규칙의 규정에 따라 결정된다.

별도의 규정이 없는 경우에는 상여금은 상여금 지급기간에 대한 근로의 대상으로 볼 수 있으므로, 동 휴업기간에 대하여는 상여금 지급의무가 없으며(임금 32240-5247, 1990.2.29.), 휴업기간에 비례하여 상여금 등을 감액 지급할 수 있다(근로조건지도과-535, 2009.1.23.).

4) 휴업기간 중 출근명령

사용자의 귀책사유로 인한 휴업기간 중이라 하더라도 일시적으로 회사가동이 가능하게 되어 개별근로자에게 출근하도록 사전에 통지 하였고, 이를 알고 있음에도 불구하고 특별한 이유없이 출근을 거부한 경우에는 이를 결근으로 처리할 수 있을 것이다(근기 68207-4004, 2001.11.23.).

5) 일용직 근로자

1일 단위의 계약으로 채용되어 당일 약정된 근로의 종료와 동시에 자동적으로 근로계약도 종료되는 일용근로자의 경우 채용되지 않은 기간에 발생한 휴업에 대해서는 휴업수당 지급대상이 되지 않는다.

그러나 명목상 일용근로자라고 하더라도 '채용된 후 공사만료시까지' 등의 형태로 근로기간을 정하여 근로계약을 체결하고 일정기간 동안 계속근로가 예정되어 있는 경우라면, 그 기간 중 발생한 휴업에 대해서는 휴업수당 지급대상으로 봐야 한다(근로기준정책과-3534, 2018.5.30.).

6) 휴업기간 중 다른 회사에 취업하여 근무한 기간의 처리

'계속근로연수'라 함은 근로계약을 체결하여 사용종속관계가 종료될 때까지의 기간을 의미하므로, 근기법 제46조에 따라 사용자의 귀책사유로 휴업하였을 경우 근로자가 계속적으로 사용종속관계를 유지하고 있는 한 계속근로연수에 포함해야 한다(근로기준팀-5819, 2007.8.7.).

7) 휴업기간 중 근로자들이 회사 출입자를 통제한 경우

회사에서 휴업공고를 하였다 하더라도 비상대책위원회 의장이 근로자들로 하여금 작업을 거부하게 함과 아울러 회사로 통하는 모든 출입문에 바리케이드 등을 설치하고 다수의 근로자들로 하여금 위 회사의 관리직 사원을 포함한 모든 출입자의 출입을 통제하였다면 위력으로 회사의 업무를 방해한 것이며, 그 위법성이 조각되지 아니한다(대법 1991.6.11., 91도753).

07 해고

07-1. 부당해고 등의 제한

1. 해고의 제한

1) 의의

근로자에게 있어서 해고는 사용자가 행하는 가장 중한 징계(처벌)인 것이다. 따라서 이와 관련한 다툼에 있어서 소위 해고의 정당성 여부에 대한 사실관계 조사과정에서 근로자와 사용자 간에 첨예하게 대립하고 있는 실정이다.

check point 근로관계의 성립, 변동, 종료

구분		유형
근로관계 성립	근로 미제공	◦ 채용예정, 채용내정
	근로제공	◦ 시용, 수습

근로관계 변동	인사이동	◦ (기업내 이동) 전보, 전근, 전직, 배치전환 ◦ (기업간 변동) 전출, 전적, 파견 ◦ (기업변동) 합병, 영업양도
	징계처분	◦ 경고, 견책, 감급, 강등, 정직 등
	인사발령	◦ 직위해제, 대기발령
근로관계 종료	해고	◦ 징계해고, 경영상해고, 통상해고, 직권면직
	퇴직	◦ 임의사직, 합의해지, 정년퇴직
	자동소멸	◦ 계약기간 만료, 사업완료, 근로자 사망, 폐업

해고의 정당성 여부에 대한 판정과 구제관련 업무는 현재 **노동위원회**(1심 : 지방노동위원회, 2심 : 중앙노동위원회)에서 처리하고 있으며, **해고예고** 위반에 대하여는 **지방노동관서**에서 근로감독관들이 조사하여 처리하고 있어, 해고 등의 제한(근로기준법 제23조)과 해고예고(근로기준법 제26조)는 그 적용하는 법 조항이 다르고, 업무처리 기관도 **노동위원회**와 **지방노동관서**로 이원화 되어 있다.

우선 해고의 정당성 판단에 대하여 다루어 보고 그 다음으로 해고예고의 위반 여부 판단에 대하여 다루어 보고자 한다.

해고란 실제 사업장에서 불리는 명칭이나 절차에 관계없이 근로자의 의사에 반하여 사용자의 일방적 의사에 의하여 모든 근로관계의 종료를 의미한다(대법 2019.10.31., 2019다24679).

해고란 사용자의 일방적인 의사표시에 의하여 근로계약 내지 근로관계를 장래에 향하여 그 효력을 소멸시키는 법률행위이다.

check point **근로자가 사직서를 작성하여 회사에 제출한 경우**

지방노동위원회의 **부당해고 구제신청** 사건 및 지방노동관서의 **해고예고수당 청구** 신고 사건의 경우, 해고인지 아닌지에 대한 판단에 있어서, **근로자가 사직서를 작성하여 회사에 제출한 경우**에는, **해고로 인정받기가 어렵다는 점**을 간과해서는 안 될 것이다.

2. 해고의 정당성 판단

1) 실체적 요건

사용자는 근로자에게 **정당한 이유** 없이 해고·휴직·정직·전직·감봉 **그 밖의 징벌**(이하 '부당해고 등'이라 한다)을 하지 못한다(근기법 제23조제1항).

상시 4명 이하의 사업 또는 사업장은 정당한 사유 없이 해고를 할 수 없도록 한 근기법 제23조제1항이 적용되지 않고, 이 경우 민법 제660조제1항에 의해 사용자는 사유를 불문하고 언제든지 근로계약의 해지를 통고할 수 있다.

check point 정당한 이유 판단

근기법 제23조에서는 "정당한 이유없이 해고를 하지 못한다"고 추상적으로 규정하고 있는데, '정당한 이유' 즉 '사회통념상 근로관계를 계속할 수 없을 정도인지 여부'를 사용자의 인사경영권, 근로계약의 본질, 근로자의 귀책사유, 보호의 필요성, 노동시장 상황 등을 종합적으로 고려하여 사안별로 판단한다(대법 2002.5.8., 2001두10455), 각 사업장에서는 일반적으로 취업규칙이나 단체협약 등에서 해고의 정당사유를 구체적으로 정하고 있다.

사회통념상 당해 근로자와 고용관계를 계속할 수 없을 정도인지 여부는 당해 사용자의 사업의 목적과 성격, 사업장의 여건, 당해 근로자의 지위 및 담당직무의 내용, 비위행위의 동기와 경위, 이로 인하여 기업의 위계질서가 문란하게 될 위험성 등 기업질서에 미칠 영향, 과거의 근무태도 등 여러 가지 사정을 종합적으로 검토하여 판단하여야 한다(대법 2017.5.17., 2014다13457).

(1) 부당해고 등에서 '그 밖의 징벌'(근기법 제23조제1항)의 범위

근기법 제23조제1항의 '그 밖의 징벌'이라 함은 그 문언 자체의 뜻과 근기법 해석원칙에 비추어 보면 해고·휴직·정직·전직·감봉을 제외한 처분으로서 사용자가 당해 근로자에게 제재로서 가하는 불이익한 처분만을 의미하고 근로계약관계에서 일반적으로 일어날 수 있는 모든 불이익한 처분을 의미하는 것은 아니라고 할 것이고(대법 2010.2.11., 2009두20977), 죄형법정주의 원칙상 근기법 제23조제1항의 '그 밖의 징벌'은 단체협약 또는 취업규칙 등에서 정하고 있는 징계의 종류 중 하나에 해당하는 징계처분을 의미한다고 한정적으로 해석해야 할 것이다(대법 2001.4.10., 2001두2365).

(2) 인사고과 등이 '그 밖의 징벌'(노동위원회의 구제대상)에 해당하는지

사용자의 인사고과가 헌법·근기법 등에 위반되거나 객관적이고 공정한 평정기준을 현저하게 위반하여 정당한 인사권의 범위를 벗어난 때에는 인사고과의 평가결과는 사법심사의 대상이 되어 그 효력을 부인할 수 있다.

피고가 부진 인력 관리계획을 수립한 후 원고들이 포함된 부진 인력 대상자에게 인사고과·업무분담 등에서 불이익을 주는 차별정책을 시행하였고 원고들에게 합리적인 이유 없이 부당한 인사고과를 하였으므로, 원고들에 대한 인사고과는 재량권을 남용한 것으로서 위법하다(대법 2015.6.24., 2013다22195).

2) 절차적 요건

경영상 해고를 제외한 통상해고·징계해고의 경우 해고의 사전적인 절차에 대해 근로기준법에서 정하지 있지 않으므로, 회사의 관련규정에서 정한 바에 따라야 한다. 따라서 취업규칙이나 단체협약 등에 해고절차에 관한 규정이 없다면, 절차를 거치지 않더라도 해고의 정당사유가 존재한다면 해고가 무효가 되는 것은 아니다(대법 1982.10.26., 82다카298).

경영상 해고의 경우 근기법 제24조에서 사전적인 절차를 규정하고 있으며, 해고가 확정된 후 사용자는 적어도 30일 전에 예고를 해야 하고(근기법 제26조), 해고사유와 해고시기를 서면으로 통보해야 한다(근기법 제27조).

(1) 당연퇴직 규정의 효력여부

근로자에 대한 퇴직조치가 단체협약이나 취업규칙에서 정한 당연퇴직으로 규정되어 있다 하더라도, 이 퇴직조치가 유효하기 위해서는 근로기준법 제23조

제1항의 정당한 이유가 있어야 한다(대법 1993.10.26., 92다54210).

(2) 근로자가 해고수당과 퇴직금을 수령한 경우 해고를 수용한 것으로 볼 수 있는지

해고처분을 받은 근로자가 사용자가 공탁한 해고수당과 퇴직금을 이의를 유보함이 없이 수령하였고, 다른 회사에 취업하였더라도 해고 처분 즉시 부당노동행위라고 하여 지방노동위원회에 구제신청을 하여 위 위원회에서 구제명령이 있었고, 이에 대한 사용자의 불복으로 계속 다투고 있으면서 위 공탁금을 수령하였다면 위 근로자가 해고를 적법한 것으로 인정하였다고 볼 수 없다(대법 1991.11.25., 90누4952).

3. 해고시기의 제한

근기법 제23조제2항, 남녀고용평등법 제19조제3항에서는 해고의 정당한 사유가 존재하더라도 일정기간 동안은 해고를 금지하는 대상을 정하고 있다.

근로자가 업무상 재해 또는 출산으로 인하여 노동력을 상실하고 있는 법정 휴업기간과 노동력을 회복하기 위한 일정기간까지 근로자를 실직의 위협으로부터 보호해야 할 사회적 책임을 사용자에게 부담시킨 것이다.

1) 해고시기의 제한대상

(1) 업무상 부상 또는 질병의 요양을 위하여 휴업한 기간과 그 후 30일 동안

업무상 재해가 아닌 업무 외의 재해로 인한 휴업기간과 업무상 재해로 인한 휴업기간이라고 하더라도 요양목적을 위한 휴업이 아니라면 이에 해당하지 않는다(대법 1991.8.27., 91누3321).

요양을 위하여 휴업이 필요한지 여부는 업무상 부상 등의 정도, 부상 등의 치료과정 및 치료방법, 업무의 내용과 강도, 근로자의 용태 등 객관적인 사정을 종합하여 판단해야 한다(대법 2021.4.29., 2018두43958).

업무상 재해로 요양보상을 받고 있는 자가 2년을 경과하여도 부상 또는 질병이 완치되지 않아 일시보상(평균임금의 1,340일분)을 한 경우에는 해고가 가능하다(근기법 제23조제2항).

업무상 부상 또는 질병의 요양을 위하여 휴업기간과 그 후 30일간은 해고를 할 수 없으나 해고예고까지 할 수 없는 것은 아니며, 사용자는 정당한 이유가 있을 경우 동 기간 중에 해고예고를 하여 동 기간 완료 후에 해고를 하는 것은 가능하다(근로기준과-5784, 2004.8.18.).

가) 입원치료와 통원치료를 병행하고 있는 경우

요양을 위하여 필요한 휴업에는 정상적인 노동력을 상실하여 출근을 전혀 할 수 없는 경우뿐만 아니라, 노동력을 일부 상실하여 정상적인 노동력으로 근로를 제공하기 곤란한 상태에서 치료 등 요양을 계속하면서 부분적으로 근로를 제공하는 부분휴업도 포함된다(대법 2021.4.29., 2018두43958).

나) 시용근로자도 해고제한 대상인지

근로자의 노동력 회복을 도모하고 생계를 유지하도록 일정기간 해고를 절대적으로 제한하는 근기법 제23조제2항의 내용과 취지 및 판단기준 등에 비추어 볼 때, 업무상 재해를 입은 근로자를 보호하기 위한 해고제한의 필요성은 시용근로자에 대하여도 동일하게 인정되므로, 시용 근로관계에 있는 근로자가 업무상 부상 등으로 요양이 필요한 휴업기간 중에는 사용자가 사용근로자를 해고하거나 본 계약 체결을 거부하지 못한다(대법 2021.4.29., 2018두43958).

(2) 출산휴가 기간과 그 후 30일 동안

(3) 육아휴직 기간(남녀고용평등법 제19조제3항)

check point 해고예고 통보 후 육아휴직 신청 시 육아휴직 허용 여부

육아휴직 허용 예외는 육아휴직을 시작하려는 날의 전날까지 해당 사업에서 계속근로한 기간이 **6개월 미만**인 근로자가 신청한 경우만으로 한정하고 있으므로, 육아휴직을 신청 근로자에게 해고예고를 통보했다는 이유가 육아휴직을 허용하지 않을 수 있는 사유는 아님. 따라서, 육아휴직을 신청 전 예정된 해고일이 육아휴직 기간 중 도래하였다고 하더라도 육아휴직 중인 근로자는 해고 할 수 없음(여성고용정책과-4112, 2020.10.27.)

07-2. 징계의 정당성 판단

07-2-1. 징계사유의 정당성

1. 의의

징계란 근로자의 복무규율이나 기업질서의 위반행위에 대하여 해고 등의 불이익 조치를 취하는 사용자의 행위를 말한다.

징계해고(해임, 면직, 파면 등)는 근로자의 징계사유를 이유로 근로관계를 종료시키는 사용자의 일방적인 의사표시로서, 징계양정 중 가장 중한 징계처분에 해당한다.

징계를 하려면 근기법 제23조제1항의 정당한 사유가 있어야 하는데, 정당한 이유는 **1) 사유의 정당성, 2) 양정의 정당성, 3) 절차의 정당성**을 갖추어야 한다.

2. 징계해고 사유의 정당성

1) 근거규정의 존재

취업규칙이나 단체협약 등에서 해고가 제한적으로 열거되어 있는 경우 '그 밖의 사유'로는 해고할 수 없는 것이 원칙이다(대법 2002.5.28., 2001두10455).

근로자에게 다른 비위행위가 있었다 하더라도 사용자가 이를 징계사유로 삼지 아니한 경우, 징계양정에 있어서 참작사유로 삼을 수는 있지만, 그 것을 징계해고의 사유로 할 수 없다(대법 1999.11.23., 99다45246).

〈징계사유를 징계의결서나 징계처분서에 기재된 취업규칙이나 징계규정에서 정한 징계근거 사유만으로 한정해야 하는지〉
근로자의 어떤 비위행위가 징계사유로 되어 있는지 여부는 구체적인 자료들을 통하여 징계위원회 등에서 그것을 징계사유로 삼았는지 여부에 의하여 결정하며, 반드시 징계의결서나 처분서에 기재된 취업규칙이나 징계규정이 정한 징계근거 사유만으로 징계사유를 한정할 것은 아니다(대법 2016.5.12., 2014두922).

2) 정당한 이유의 존재

정당한 이유는 개별사안에 따라 구체적으로 판단되어야 하는데, 판례에서는 근로자의 기업질서 위반행위가 사회통념상 더이상 근로관계를 유지할 수 없을 정도의 근로자에게 책임있는 사유가 있는 경우에 한하여 그 정당성을 인정한다(대법 1998.11.10., 97누18189 등).

해고의 정당성 여부의 판단은 사용자가 근로자에게 서면으로 통지한 사유만으로 해야 하며, 징계규정을 확대하여 해석하는 것은 금지된다(대법 2005.2.17., 2004두12582).

(1) 정당성이 부인된 사례

피고인이 열람·복사한 피해자들 사이의 메신저 대화내용은 정보통신망에 의해 처리·보관 또는 전송되는 타인의 비밀에 해당하고, 피고인이 피해자가 잠시 자리를 비운 틈을 타 피해자의 컴퓨터에서 이 사건 대화 내용을 열람·복사한 다음 복사된 전자파일을 다른 사람에게 전송한 행위는 타인의 비밀을 침해·누설한 행위에 해당한다(대법 2018.12.27., 2017도15226).

(2) 정당성이 인정된 사례

피해자의 범죄혐의를 구체적이고 합리적으로 의심할 수 있는 상황에서 피고인이 긴급히 확인하고 대처할 필요가 있었던 점, 열람범위를 범죄혐의와 관련된 범위로 제한했던 점, 피해자는 입사시 회사 소유의 컴퓨터를 무단 사용하지 않고 업무관련 결과물을 모두 회사에 귀속시키겠다고 약정했고, 위 컴퓨터에 혐의와 관련된 자료가 저장돼 있을 개연성이 컸던 점, 검색결과 고객들을 빼돌릴 목적으로 작성된 견적서·계약서와 계약을 빼돌렸다는 취지의 메신저 대화자료, 이메일 송신자료 등이 발견된 점, 회사의 모든 업무가 컴퓨터로 처리되고 그 업무에 관한 정보가 컴퓨터에 보관되고 있는 현재의 사무환경 하에서 부하직원의 회사에 대한 범죄혐의가 드러나는 경우 피고인과 같은 감독자에 대해서는 회사의 유지·존속 및 손해방지 등을 위해 그러한 정보에 대한 접근이 허용될 필요가 있는 점 등에 비춰, 피고인의 행위는 형법 제20조의 정당행위에 해당한다(대법 2009.12.24., 2007도6243).

3) 권리남용에 해당하지 않은지

취업규칙 등에 징계사유가 규정되어 있다고 하더라도, 해당사유가 법에 위반되거나 권리남용에 해당하는 경우에는 해고의 정당성이 부인될 수 있다.

check point 노동위원회에서 징계해고 사유의 정당성 판단 절차

1. **해고의 존부를 다툰다면**, 해고의 의사표시가 있었는지 여부
2. **해고가 존재한다면**, 해고사유가 실제 존재하는지 여부
3. **취업규칙 · 단체협약** 등에서 정한 해고사유에 해당하는지 여부를 기준으로 판단한다.

3. 징계처분사유에 따른 정당성 판단

1) 직무태만, 근무성적 불량

직무태만이란 업무에 전념하지 않아 업무의 효율성이나 생산량을 저하시키는 행위를 말한다. 지각·조퇴·결근을 반복하는 경우, 불성실한 근무태도로 인해 업무실적이 저조한 경우, 복무규정상의 근로자의 의무를 해태한 경우, 근로계약상의 성실의무를 위반하는 경우 등이 해당된다.

업무실적 부진의 경우 그 원인이 업무능력 부진인지 아니면 불성실한 근로에 기인한 것인지를 구분해야 한다. 성실하게 근무했음에도 업무능력이 부족해 업무실적이 부진한 경우라면 이를 이유로 징계하기는 어렵다.

2) 무단결근

결근 여부는 무단결근 행위의 시기, 양태, 원인, 결과 등 구체적인 사정을 고려하여 판단해야 한다(대법 1989.3.14., 87누980). 따라서 산술적, 형식적 무단결근 일수만을 고려해 징계해고한 것은 재량권의 범위를 일탈·남용한 것으로 본다(대법 2009.1.15., 2008두16094).

취업규칙 등에 결근에 관한 특별한 규정이 없는 경우에도 결근이 정당화되려면, 객관적인 소명자료를 제시하는 등 적절한 방법으로 사전 또는 사후에 사용자의 승인을 받아야 한다(대법 1992.4.24., 91다17931).

3) 폭행, 폭언, 욕설.

해고의 정당한 이유가 있는지 여부는 폭력행위가 발생한 장소(직장 내 또는 직장 외), 폭력행위의 대상(동료 또는 상사, 부하), 폭력행위의 동기 및 경위, 사업장의 규모, 전후의 여러 사정을 종합적으로 고려하여 구체적·개별적으로 판단해야 한다(대법 2012.1.27., 2011두29823).

근기법 제8조의 폭행이란 업무와 관련하여 사용자가 근로자에 대하여 행하는 모든 형태의 물리적 힘의 사용을 의미한다. 따라서 업무와 관계없이 사적으로 발생한 폭행은 근기법이 아닌 형법에 의한 일반형사 문제로 처리된다.

사고발생이란 사업장에서 발생한 사고를 말하는데, 고의 여부나 발생원인에 대해서는 묻지 않는다.

폭행을 한 자가 당해 사업의 근로자에 관한 사항에 대하여 사업주를 위하여 행위한 대리인·사용인 기타의 종업원인 경우에는 사업주에게 대하여도 이 조의 벌금형에 과한다(양벌주의).

4) 지시명령 위반

사용자의 업무지시나 명령에 불응한 이유로 한 해고처분이 정당하려면 첫째, 사용자의 업무명령이 근로계약의 범위 내의 것으로서 정당하고 유효한 것이어야 하고 둘째, 사용자의 명령에 근로자가 따르지 않은 것에 부득이한 사유가 존재하지 않아야 하며 셋째, 명령위반에 대한 징계해고처분이 상당한 것이어야 한다.

5) 진정, 고소, 고발, 비방, 폭로, 비밀유지위반 등

근로자는 사용자의 이익을 배려해야 할 근로계약상의 성실의무를 지고 있으므로 근로자가 직장의 내부사실을 외부에 공표하여 사용자의 비밀·명예·신용 등을 훼손하는 것은 징계사유가 되고, 구체적인 경우에 있어서 그 해당여부는 공표된 내용과 그 진위, 그 행위에 이르게 된 경위와 목적, 공표방법 등에 비추어 판단한다(대법 1999.9.3., 97누2528).

6) 겸업(겸직, 이중취업)·경업금지 위반

'겸직금지'란 근로자가 재직 중 다른 사업장에서 일을 하거나 다른 업무에 종사하는 것을 제한하는 것을 말하며, '경업금지'란 재직 중 또는 근로관계 종류 후에 사용자와의 경쟁업종에 종사하거나 경쟁업체를 설립하지 않는다는 것을 말한다.

취업규칙에서 이중 취업을 해고사유로 규정하지 않았더라도 동종회사에의 이중취업은 사용자와 근로자 사이에 신뢰 관계를 파괴하는 행위로서 특별한 사정이 없는 한 징계해고 사유가 될 수 있으나(대법 2011.10.27., 2011두20208), 취업규칙에서 겸직금지 의무를 규정하고 있더라도 상급자가 겸직을 승인했다면 징계사유로 삼을 수 없다(대법 2013.6.13., 2013두6060).

'경업금지약정'의 효력은 근로자의 권리와 자유에 대한 합리적인 제한으로 인정되는 범위 내에서만 유효한 것으로 제한적으로 해석되어야 한다(대법2016. 10.27., 2015다221903).

7) 회사시설의 무단사용

영업상의 필요에 의하여 조직을 축소 개편함에 대하여 비록 회사가 원고들에 대하여 사전에 충분한 시간을 두고 통고하지는 않았다고 하더라도 원고가 다수의 물리력을 사용하여 장기간에 걸쳐 회사 시설을 무단점거 농성했다면 그러한 사유로 징계해고함은 정당하다(서울고법 1999.1.8., 98나1).

8) 업무방해

업무방해죄의 성립요건은 업무방해의 결과가 실제로 발생함을 요하는 것이 아니라 업무방해의 결과를 초래할 위험이 발생하면 족하다(대법 1992.4.10., 91도3044).

회사로서는 근로시간을 연장하여 생산량 감소를 보충한 필요성이 있는데도 근로자가 작업반장들에게 만약 회사로부터 연장근로 요구가 있을 때에는 이를 수락하지 말고 연장근로에 임하지 말라고 한 것은 결국 회사의 업무를 방해하거나 방해하려고 할 경우에 해당된다(대법 1992.12.7., 90다6095).

9) 사생활, 업무 이외의 비행(불륜, 풍기문란, 도박 등)

기업의 사회적 평가를 훼손할 염려가 있다고 하기 위하여는 반드시 구체적인 업무저해의 결과나 거래상의 불이익이 발생해야 하는 것은 아니고 당해 행위의 성질과 정상, 기업의 목적과 경영방침, 사업의 종류와 규모 및 그 근로자의 기업에 있어서의 지위와 담당업무 등 제반사정을 종합적으로 고려하여 그 비위행위가 기업의 사회적 평가에 미친 악영향이 상당히 중대하고 객관적으로 평가될 수 있어야 한다(대법 2001.12.14., 2000두3689).

10) 횡령 · 착복 · 배임 · 뇌물수수, 공금유용 등

횡령, 배임, 뇌물수수 등의 행위와 관련하여 징계를 할 때에 대상이 되는 업무의 범위는 근로계약상의 업무에 한정되는 것이므로, 근로자가 노동조합 간부로서 조합비를 횡령한 행위는 근로계약상의 업무에 해당하지 않아 원칙적으로 노동조합 내부의 징계대상이 될 뿐 회사의 징계사유로 삼을 수는 없다(대법 2014.10.16., 2014두37900).

07-2-2. 징계양정의 적정성

1. 의의

기업에서는 일반적으로 비위유형과 비위정도에 따른 징계양정의 기준을 정하고 있는데 징계권자가 징계양정의 기준을 정하고 그에 따라 징계처분을 했을 경우 정해진 징계양정의 기준이 전혀 합리성이 없다거나 특정의 근로자만을 해고하기 위한 방편이라는 등의 특별한 사정이 없는 한, 그 징계처분이 형평의 원칙에 반하여 위법하다고 할 수는 없다(대법 2007.10.12., 2007두7093).

2. 징계양정의 적정성 판단

1) 징계권자의 재량과 사회통념상 타당성

징계처분이 사회통념상 현저하게 타당성을 잃어 재량권의 범위를 벗어난 위법한 처분이라고 할 수 있으려면 구체적인 사례에 따라 징계의 원인이 된 비위

사실의 내용과 성질, 징계에 의하여 달성하려고 하는 목적, 징계양정의 기준 등 여러 요소를 종합하여 판단할 때에 그 징계내용이 객관적으로 명백히 부당하다고 인정할 수 있는 경우라야 한다(대법 2018.10.4., 2016다242884).

2) 형평의 원칙

합리적인 사유 없이 같은 정도의 비행에 의하여 일반적으로 적용하여 온 기준과 어긋나게 공평을 잃은 징계처분은 평등의 원칙에 반한다. 다만 징계양정의 기준을 정하고 그에 따라 징계처분을 한 경우 이 기준이 전혀 합리성이 없다거나 특정 근로자만을 징계하기 위한 방편이라는 등의 사정이 없는 한, 단순히 다른 근로자들보다 무거운 징계가 내려졌다는 사실만으로는 당해 징계처분이 형평의 원칙에 반하여 위법하다고 보기는 어렵다(대법 2014.11.27., 2011다41420).

3) 공익의 원칙, 비례의 원칙

징계권 행사가 공익의 원칙에 반하거나 징계사유와 징계처분 사이에 사회통념상 상당하다고 인정되는 비례의 원칙을 위반한 징계처분은 재량권의 한계를 벗어난 처분으로서 위법하다(대법 2000.6.9., 98두16613).

3. 징계양정의 종류

1) 경고

경고를 징계처분을 설정할 것인지는 사용자의 재량에 속하며, 징계처분의 하나로서 근기법 제23조의 그 밖의 징벌에 해당하는지 여부에 대해서는 관련규정에 경고가 징계양정의 하나로 규정되어 있지 않더라도 그로 인한 불이익이 있는지에 따라 판단한다(대법 2002.9.24., 2002두3959).

2) 견책

견책이란 사용자가 근로자의 위법, 부당한 행위에 대하여 이를 반성하게 하고 장래에 다시 반복되지 않도록 하는 행위로서, 일반적으로 시말서를 제출하게 하는 방식으로 이루어진다.

3) 감급, 감봉

근기법 제95조에서 정한 '감급의 제재'라 함은 취업규칙에서 근로자의 복무규율 위반에 대하여 정한 징벌적 제재의 일종으로서, 근로계약 관계가 존속하고 종래의 직무에 따라 근로를 제공하는 것을 전제로 근로제공의 대가로 근로자가 받아야 할 임금의 일부를 감액하는 것을 말한다(근로개선정책과-3035, 2011.9.19.).

4) 정직, 출근정지, 승무정지

정직 또는 출근정지의 기간에 대해서는 법에 규정이 없으므로 사회통념에 따라 합리적인 범위 내에서 취업규칙 등에 규정해야 하고, 그 정한 기간 내에서 비위 유형과 비위 정도 등에 따라 정직 또는 출근정지기간을 정해야 한다.

5) 강급, 강등, 강격 등

강급이란 직급을 상위 직급에서 하위직급으로 내리는 처분을 말하며, 강등, 강임, 강직이라고도 한다.

강격이란 일정한 직위나 자격을 상위에서 아래로 내리는 처분을 말하며 강위라고도 한다.

6) 권고사직

징계처분의 하나로 이루어지는 권고사직이란 징계해고를 할 수 있는 정도의 중징계대상자에게 사직을 권고하여, 만약 사표를 제출하면 의원사직으로 처리하되 사표를 제출하지 않으면 징계처리함으로써, 징계대상자에게 불이익 조치를 면하게 하고 원만하게 근로관계를 종료시키고자 하는 제도이다.

7) 징계해고

경영질서에 대한 침해행위가 매우 중대하여 근로자를 경영 외로 배제하지 않으면 경영질서를 유지하기 어렵다고 판단되어 근로자와의 근로관계를 단절하는 것으로 가장 중한 징계처분에 해당한다.

07-2-3. 징계절차의 적법성

1. 의의

사용자의 징계처분이 정당성을 인정받으려면 징계사유의 실체적 정당성뿐만 아니라 절차적 정당성도 갖추어야 한다.

근기법에서는 해고 이외의 징계절차에 대해 특별히 규정하고 있지 않다. 다만, 동법 제96조제11호에서 취업규칙의 필수적 기재사항으로 제재에 관한 사항을 규정하고 있는데, 취업규칙에 징계절차에 관해 규정할 지 여부는 사용자의 재량에 속한다.

취업규칙이나 단체협약 등에서 별도의 징계절차를 정하지 않은 경우에는 징계절차를 거치지 않고 징계를 하더라도 그 징계는 유효하지만(대법 2008.9.25., 2006두18423), 징계절차를 정한 경우에는 절차상의 하자로 인하여 정당성이 부인될 수 있다.

2. 징계절차 규정의 유무에 따른 법적효과

1) 징계절차 규정이 있는 경우

징계대상자에게 징계위원회에 출석하여 변명과 소명자료를 제출할 기회를 부여하도록 되어 있음에도 이러한 징계절차를 위반하여 징계해고를 하였다면, 이러한 징계권의 행사는 징계사유가 인정되는 여부와 관계 없이 절차에 있어서의 정의에 반하여 무효라고 보아야 한다(대법 2012.1.27., 2010다100919).

2) 징계절차 규정이 없는 경우

징계위원회를 개최하거나 소명기회를 부여하도록 하는 등의 절차규정이 없는 경우에는 그러한 절차없이 근로자에게 일방적으로 해고를 통보하더라도, 절차상의 잘못은 없는 것으로 본다.

일용직 근로자에 대한 사규에는 정규직원에 대한 사규와는 달리 징계절차에 대하여 아무런 규정도 두고 있지 아니하다면 정규직원과는 달리 일용직 근로자들에게 변명의 기회를 부여하는 등의 절차를 밟지 않았다고 하더라도 그 징계해고가 위법하지 않다(대법 1996.2.27., 96누15698).

3. 징계절차의 적법성 판단

1) 징계위원회

(1) 위원회 구성

징계위원회는 취업규칙 · 단체협약 등의 관련규정에 근거하여 구성하되, 관련 규정이 없는 경우 사용자가 합리적인 기준을 정해서 구성할 수 있다. 회의개최 정족수가 정해져 있는 경우 또는 노사 동수로 구성된 징계위원회에서 심의 · 의결하도록 규정되어 있음에도 사용자측 인사위원들로만 징계위원회를 구성한 경우 등, 취업규칙 · 단체협약 등에서 징계위원회 구성방법을 규정하고 있음에도 이를 위반하여 구성된 징계위원회의 결정은 무효이다(대법 1998.12.8., 98다31172).

(2) 위원의 제척 · 기피

인사위원회 위원 중 징계사유와 관계있는 자는 징계의결에 참여하지 못한다고 규정하고 있는 경우, 그 위반은 중대한 절차상 하자로 무효이다. 이때 자격이 없는 위원을 제외하고서도 의결정족수가 충족된다 하더라도 그 상벌위원회의 구성 자체에 위법이 있는 이상 그 징계는 무효이다(대법 1996.6.23., 94다53716). 다만, 징계사유와 관계 있는 자가 의결권이 있는 인사위원회 위원이 아닌 간사 등으로 참여하는 것은 무방하다(대법 2013.1.29., 2014두42827).

(3) 위원회의 운영

단체협약에서 조합원이 증인을 신청할 때 징계위원회는 이를 받아들여야 하고 이를 위반할 경우 징계는 무효로 한다는 규정이 있는 경우, 징계위원회가 근로자를 징계해고하면서 징계대상 근로자가 신청한 증인 중 일부를 채택하지 않은 것은, 특별한 사정이 없는 한 징계절차에 관한 단체협약의 규정을 위반한 것으로 무효이다(대법2008.9.11., 2007두10174).

2) 소명기회 부여

취업규칙이나 단체협약 등에 징계대상자의 출석 및 진술기회 부여 절차가 규정되어 있음에도 소명기회를 주지 않은 경우에는 징계내용이 비록 정당하더라도 징계의 절차적 정의를 결한 것으로서 무효이며(대법 2004.6.25., 2003두15317), 그러한 규정이 없다면 절차를 거치지 않고 징계처분을 하더라도 위법이 아니다.

소명 관련 규정에 의해 징계대상자에게 부여되는 것은 소명 그 자체가 아니라 소명의 기회이므로, 해당 근로자에게 소명의 기회를 주었음에도 불구하고 소명하지 않은 경우에는 소명의 기회를 부여한 것으로 볼 수 있으며(대법 1993.9.28., 91다30620), 각각의 징계사유에 대하여 징계대상자가 빠짐없이 진술할 수 있도록 조치해야 하는 것은 아니다(대법 2014.11.27., 2011다41420).

07-3. 해고의 통지

1. 의의

사용자는 근로자를 해고하려면 해고사유와 해고시기를 서면으로 통지해야 하며, 서면으로 통지해야 효력이 있다 사용자가 해고예고를 해고사유와 해고시기를 명시하여 서면으로 한 경우에는 서면으로 통지를 한 것으로 본다(근기법 제27조).

해고의 서면통지의 취지는 해고사유 등의 서면통지를 통하여 사용자로 하여금 근로자를 해고하는 데 신중을 기하도록 하고, 해고의 존부·시기와 그 사유를 명확하게 하여 나중에 이를 둘러싼 분쟁이 적정하고 용이하게 해결 될 수 있도록 하며, 근로자에게도 해고에 적절히 대응할 수 있도록 하려는데 그 목적이 있다(대법 2021.7.29., 2021두36103).

서면통지에 의하지 않은 해고에 대하여 근로자가 노동위원회에 구제신청을 제기한 경우에는 즉시 해고를 취소하고 해고기간 동안의 임금상당액을 지급한 후 다시 서면통지에 의한 해고조치를 취해야 한다.

2. 서면통지 의무의 대상

해고의 서면통지 대상은 징계해고, 경영상 해고, 통상해고는 물론 당연퇴직, 직권면직 등 사실상 해고로 볼 수 있는 모든 근로관계의 종료에 적용된다. 따라서 사용자가 해고로 보지 않아 서면통지를 하지 않았으나, 추후 해고로 인정된 경우에도 서면통지 위반에 해당한다. 예를 들어 사용자는 근로자가 자진 사직하였다고 주장하나 사실상 해고인 경우(대법 2002.6.14., 2001두 11076), 기간제 근로자의 계약갱신거절에 합리적인 이유가 없는 경우(대법 2011.4.14., 2007두 1729), 인사규정에 의한 당연퇴직(면직)처분이 해고로 인정된 경우(대법 1992. 4.10., 91다43138), 시용근로자에 대한 본채용 거절(대법 2015.11.27., 2015두48136) 등이 여기에 해당한다.

해고가 아닌 퇴직, 근로관계의 합의해지, 기간만료에 의한 근로관계종료(대법 2021.10.28., 2021두45114), 기업소멸에 따른 퇴직의 경우에는 서면통지의 대상이 아니다.

3. 서면통지의 기재내용

1) 해고사유

해고의 서면통지에는 **해고사유**와 **해고시기**가 기재되어야 한다(근기법 제27조 제1항).

해고사유란 해고의 동기 또는 원인을 말하며 진정한 해고사유가 기재되어야 한다. 해고사유가 어느 정도 구체적으로 기재되어야 하는지에 대해서 대법원은 해고 대상자가 이미 해고사유가 무엇인지 구체적으로 알고 있고 그에 대해 충분히 대응할 수 있는 상황이었다면, 해고통지서에 해고사유를 상세하게 기재하지 않았더라도 근기법 제27조제1항을 위반한 것이라고 볼 수 없다는 입장이다(대법 2015.7.9., 2014다76434).

해고대상자가 해고사유가 무엇인지 알고 있고 그에 대해 대응할 수 있는 상황이었다고 하더라도, 사용자가 해고를 서면으로 통지하면서 전혀 기재하지 않았다면 이는 근기법 제27조에 위반한 해고통지에 해당한다(대법 2021.2.25., 2017다226605).

2) 해고시기

해고의 시기는 구체적인 날짜로 서면에 기재되어야 하는데, 날짜가 기재되지 않거나 구체적이지 않으면 해고의 효력이 인정되지 않는다.

초심징계위원회의 결과에 따라 해고통지를 하면서 해고시기를 기재하지 않았다가, 재심징계위원회의 결과에 따라 해고통지를 하면서 해고시기를 기재했다면 흠이 치유된 것으로 본다(대법 2012.9.13., 2012두12266).

징계해고의 경우 징계통지서 내지 징계위원회 개최결과 통보서에 징계해고의 확정과 해고사유만 기재되어 있고 해고시기의 기재가 누락되어 있다고 하더라도 문서의 작성일자가 기재되어 있다면 그 날짜를 해고시기로 볼 수 있으므로 해고의 서면통지가 유효하다(대법 2012.1.27., 2011두27843).

4. 서면통지의 방법과 시기

서면이란 종이로 된 문서를 의미하므로, 이메일이나 휴대폰 문자메시지(서울행법 2010.4.16., 2009합31878), 전송이나 복사(대법 2011.10.27., 2011다42324) 등을 이용한 통지는 원칙적으로 서면통지로 볼 수 없다.

다만, 회사가 전자결재 체계를 완비하여 전자문서로 모든 업무의 기안·결재·시행과정 등을 관리하는 경우에는(서울행법 2014.3.6., 2013구합79), 근로자가 원거리에 있는 등의 사정으로 이메일을 통하여 모든 업무를 처리한 경우와 같이 장소적·기술적으로 이메일 외의 의사 연락 수단이 마땅히 없는 등의 특별한 사정이 있는 경우(대법 2010.8.6., 2010다33279)에는 이메일 등 전자문서를 이용한 해고의 서면통지를 인정할 수 있다.

5. 해고의 효력발생 시기

해고의 통지는 상대방 있는 의사표시에 해당하므로, 해고의 효력은 서면이 근로자에게 도달해야 발생한다(민법 제111조제1항), 여기서 도달이란 근로자가 직접 수령한 것뿐만 아니라, 근로자가 사회통념상 통지 내용을 알 수 있는 객관적 상태에 놓인 것도 포함한다.

따라서, 근로자가 상당한 사유 없이 고의적으로 수령을 거절하거나 통지내용을 알 수 있는 객관적 상태에 놓여 있었다면 도달한 것으로 볼 수 있다(대법 2012.6.28., 2012두6957 등).

해고통지가 서면에 기재된 해고시기보다 늦게 도달하였더라도 도달 시점이 아닌 **기재된 시점을** 해고의 효력발생일로 보는 것이 판례의 태도이다(대법 2012.1.17., 2011두17843).

07-4. 부당해고 구제신청 사건처리 사례

지방노동위원회 부당해고 구제신청(인정) 사례

1) 해고가 존재하고, 2) 해고절차상 하자가 있어 부당해고라고 판정한 사례

- 근로자(신청인) : ○○○
- 사용자(피신청인) : ○○ 회사 대표 ○○○
- 업종 : 제조업

[쟁점사항]

해고 존재 여부 및 해고가 정당한지 여부

[주문]

1. 이 사건 사용자가 2024.7.22. 이 사건 근로자에게 행한 해고는 부당해고임을 인정한다.
2. 이 사건 사용자는 이 사건 근로자에게 이 판정서를 송달받은 날부터 30일 이내에 2024.7.2.(해고일)부터 2024.8.15.(근로계약기간 만료일)까지 정상적으로 근로하였다면 받을 수 있었던 임금 상당액을 지급하라

[판단]

◦ 이 사건에 관한 당사자의 주장 요지가 위와 같으므로 이 사건의 주요 쟁점은 첫째, 해고가 존재하는지 여부, 둘째, (해고가 존재한다면) 해고가 정당한지 여부, 셋째, (해고가 부당하다면) 구제명령의 내용에 있다.

◦ 이러한 쟁점 사항에 대하여 이 사건 당사자의 주장과 ○○ 위원회에 제출된 각종 입증 자료의 기재 내용 및 이를 토대로 ○○위원회가 심문한 사항 등을 종합하여 다음과 같이 판단한다.

가. 해고가 존재하는지 여부

〈구체적 판단〉

- 위 법원의 판단 법리와 아래와 같은 사정을 종합하여 보면, 이 사건 사용자가 2024.7.22. 이 사건 근로자에게 전화로 일방적으로 근로관계 종료 의사를 통지함으로써 이 사건 당사자의 근로계약 관계가 종료된 것으로 보인다. 따라서 이 사건 해고는 존재한다.
- 이 사건 사용자는 2024.7.22. 07:37경 이 사건 근로자와 통화를 하던 중 이 사건 근로자에게 "야, 나 진짜 너무 무서워 회사에 나오지 마. 나 진짜 그냥 저기 다 내가 해결하게. 진짜야.", "미안해, 회사에 나오지 마. 진짜 너는 해고야 우리 직원 아니야."라며 일방적으로 근로관계를 종료하겠다는 의사표시를 하였고, 2024.7.31. 이 사건 근로자에게 19일분(2024.7.1.~2024.7.19.) 임금을 지급한 사실에는 당사자 간 다툼이 없다.
- 이 사건 사용자는 2024.7.22. 이 사건 근로자에게 전화로 해고라고 발언한 것은 공포와 충격에서 한 발언으로 진정으로 이 사건 근로자를 해고하기 위해서 한 발언이 아니었고, 이후 이 사건 근로자에 전화와 카카오톡 메시지로 출근을 독려하였으나, 이 사건 근로자가 연락을 받지 않고 무단결근 하였던 것이라고 주장한다.
- 그러나 이 사건 사용자가 이 사건 근로자에게 전화를 걸었다는 사정만으로 이 사건 근로자에게 업무복귀 명령을 하였다고 보기 어렵고, 이 사건 사용자가 2014.7.26., 2014.7.28. 이 사건 근로자에게 "월요일 오전에 회사로 와.", "넓은 마음으로 해결해줄 테니까.", "반성하고 와.", "내일 잠깐 왔다가.", "넓은 마음으로 해결해줄 테니.", "와서 죄송하다고 한마디 하고 가."라고 보낸 카카오톡 메시지 내용을 보면, 이 사건 사용자가 이 사건 근로자에게 사과를 요구하는 내용으로만 보일 뿐, "해당 카카오톡 메시지가 이 사건 근로자의 출근을 독려하기 위해 보낸 것이었다."라는 이 사건 사용자의 주장을 받아들이기 어렵다.

나. 해고가 정당한지 여부

〈구체적 판단〉

◦ 위 법원의 판단 법리와 아래와 같은 사정을 종합하여 보면, 이 사건 사용자는 이 사건 근로자를 해고하면서 근로기준법 제27조에 명시된 해고사유와 시기를 서면으로 통보하지 아니하였으므로 이는 명백한 절차상 하자로 이 사건 해고는 부당하다. 따라서 이 사건 해고의 사유가 정당한지 여부는 더 나아가 살펴볼 필요가 없다.

다. 구제명령의 내용

〈구체적 판단〉

◦ 위 법원의 판단 법리 및 아래와 같은 사정을 종합하여 보면, 이 사건 해고가 부당해고이므로 이 사건 사용자에게 구제명령을 하되, 이 사건 당사자의 근로계약은 2024.8.15. 자로 만료되었으므로 이 사건 근로자에게 2024.7.22.(해고일)부터 2024.8.15.(근로계약기간 만료일)까지의 임금 상당액을 지급하는 것이 타당하다.

◦ 이 사건 근로자는 원직복직을 희망하고 있으나, 이 사건 당사자가 체결한 근로계약서에 따른 이 사건 근로자의 근로계약 만료일이 2024.8.15.이므로 판정일 현재 원직복직의 구제이익은 없는 것으로 판단된다. 그러나 근로기준법 제30조제4항에 따르면 원직복직이 불가능한 경우에도 해고기간 동안 근로를 제공하였더라면 받을 수 있었던 임금 상당액은 구제이익으로 인정된다. 따라서 이 사건 사용자가 이 사건 근로자에게 해고일인 2024.7.22.부터 이 사건 근로자의 근로계약기간 만료일인 2024.8.15.까지의 임금 상당액을 지급하는 것이 타당하다고 판단된다.

◦ 한편 이 사건 사용자는 이 사건 근로자와 2024.7.31.까지만 근무하고, 그 후에는 무급휴가를 사용한 후, 계약만료일(2024.8.15.)에 근로계약을 종료하기로 합의하였다고 주장한다. 그러나 이 사건 근로자는 이에 동의한 사실이 없다고 주장하고 있고, 이에 대해 이 사건 사용자도 이를 입증할 객

관적인 증거자료는 제출하지 못하였다. 이 사건 근로자가 2024.7.18.경 이 사건 사용자에게 근로계약기간 만료일까지 계속근무 의사를 밝히기도 하였던 점을 고려하면, 이 사건 근로자가 2024.8.1.~2024.8.15. 무급휴무에 동의하였다고 보기에도 어렵다.

라. 소결

◦ 이 사건 해고가 존재하고, 이 사건 사용자가 2024.7.22. 이 사건 근로자에게 해고를 통보하면서 해고의 서면통지 절차를 준수하지 않아 이 사건 해고는 부당해고에 해당한다. 다만 이 사건 근로자는 2024.8.15. 자로 계약기간이 만료되어 이 사건 회사에 원직복직이 불가능하므로 해고일로부터 근로계약기간 만료일까지의 임금 상당액을 지급하는 것으로 구제명령하는 것이 타당하다.

[결론]

이 사건 근로자의 구제신청을 인용하기로 하여 근로기준법 제30조 및 노동위원회법 제15조제3항에 따라 주문과 같이 판정한다.

지방노동위원회 부당해고 구제신청 불인정(기각) 사례

1) 근로기준법상 근로자이고, 2) 근로계약관계가 종료된 후 구제신청이 제기되어 구제이익이 존재하지 않는다고 판정한 사례

- 근로자(신청인) : ○○○
- 사용자(피신청인) : ○○ 회사 대표 ○○○
- 업종 : 제조업

[쟁점사항]

근로자에 대한 근로계약의 갱신기대권이 인정되는지 여부 및 갱신거절의 합

리적 이유가 있는지 여부

[주문]

이 사건 근로자의 구제신청을 **기각**한다.

[판단]

- 이 사건에 관한 당사자의 주장 요지가 위와 같으므로 이 사건의 주요 쟁점은 첫째, 이 사건 근로자에게 근로계약의 갱신기대권이 인정되는지 여부, 둘째, (갱신기대권이 인정된다면) 갱신거절의 합리적 이유가 있는지 여부에 있다.
- 이러한 쟁점 사항에 대하여 이 사건 당사자의 주장과 ○○위원회에 제출된 각종 입증 자료의 기재 내용 및 이를 토대로 ○○ 위원회가 심문한 사항 등을 종합하여 볼 때, 이 사건 근로자에게 근로계약의 갱신기대권이 인정되지 않는다. 따라서 갱신거절의 합리적 이유가 있는지 여부에 대하여는 더 나아가 살펴볼 필요가 없다.
- ○○ 위원회가 근로계약의 갱신기대권이 없다고 판단한 구체적인 이유를 아래와 같이 살펴본다.

〈구체적 판단〉

- 위 법원의 판단 법리와 아래와 같은 사정을 종합하여 보면, 근로계약서와 취업규칙에 근로계약 갱신의 근거 규정이 없고 이 사건 사용자가 이 사건 근로자에게 계약기간 만료 이후 근로계약에 대한 갱신을 약속한 사실도 확인되지 않으며, 이 사건 근로자는 사직서를 제출하였다. 따라서 이 사건 근로자에게 근로계약 갱신기대권이 인정된다고 보기 어렵다.
- 이 사건 사용자와 이 사건 근로자 간 체결한 3차례의 근로계약서 제1조제1항에 근로계약기간이 명시되어 있고, 제1조제2항에는 '계약기간의 만료 또는 만 60세 정년 도달 시에 별도의 예고없이 종료된다.'고 명시되어 있으

며, 이 사건 회사의 취업규칙 제52조(퇴직 및 퇴직일)제4호에는 '근로계약이 만료되고 계약갱신이 되지 아니한 경우'를 퇴직 사유로 정하고 있을 뿐 근로계약 갱신의 요건이나 절차에 대해 명시적으로 규정하고 있지 않다.

◦ 이 사건 근로자는 심문회의에서 "이 사건 사용자가 근로계약 갱신 시 최소 3년 이상은 계속 근무할 수 있다고 하였다."라고 주장하나, 이 사건 사용자는 이 사건 근로자에게 근로계약이 갱신되어 계속 근무할 수 있다고 말한 적이 없다고 주장하는 등 다툼이 있으며, 달리 이 사건 근로자에게 근로계약 갱신기대권이 있음을 객관적으로 인정할만한 입증자료도 확인되지 않는다.

◦ 이 사건 근로자는 2023.12.22. 이 사건 사용자에게 계약기간 만료로 인하여 2023년 12월 31일 자로 퇴직하고자 한다고 자필로 기재하여 사직서를 제출하였다. 이 사건 근로자는 사직서 작성 시 관리부장이 실업급여를 받으려면 사직서를 작성해야 한다고 거짓말하고 강요하여 사직서를 제출하였다고 주장하나, 그러한 사정만으로 사직의 의사표시를 무효로 할 정도의 강요에 의해 이루어졌다고 보기 어렵고 객관적인 근거도 확인되지 않는다. 또한 이 사건 근로자가 제출한 관리부장과의 녹취록 및 관리부장이 심문회의에서 이 사건 근로자가 제출한 사직서를 경리직원이 결재를 올려 사직처리한 이후에 이 사건 근로자가 사직서를 돌려달라고 하였다는 취지로 진술한 점 등을 종합하여 보면, 이 사건 근로자가 사직 철회 의사를 표시한 시점이 사직서가 수리된 이후로 보이는 바, 사직 의사표시 철회는 효력이 없다고 판단된다.

[결론]

이 사건 근로자의 구제신청을 기각하기로 하여 근로기준법 제30조 및 노동위원회법 제15조제3항에 따라 주문과 같이 판정한다.

08 해고의 예고(해고예고수당)

사업장에서 근로자가 해고를 당하여 노동청에 해고예고수당 지급을 요구하는 진정 등 신고사건을 제기하는 경우가 많이 있습니다.

이 경우 30일 전에 해고에 대한 예고를 하지 않았다는 점과 해고로 인정될 수 있는지 여부가 쟁점이 됩니다. 문제는 사용자가 근로자를 해고하였다는 것을 인정하는 경우도 있지만 해고 사실을 부인하는 경우도 많습니다.

이 경우 근로자는 어떻게 대처해야 하는지 몰라 난감해합니다. 왜 이러한 문제가 발생할까요? 근로자가 해고를 당하여 분하고 억울하다는 주장에 대하여 이를 입증할 증거자료를 제시하지 못하면, 사건을 조사하는 근로감독관의 입장에서 안타까움을 금할 수 없습니다.

[해고예고수당 청구 신고사건 처리의 실례를 들어 보고자 합니다]

예를 들어 사업장에서 일을 하다보면 근로자의 근무태만, 불성실 등의 사유로 사용자의 입장에서 일하는 근로자가 마음에 들지 않을 수 있습니다. 이 경우 사용자(예 : 부장, 팀장 등 관리자)가 근로자에게 "그런 식으로 일하려면 그만두고 내일부터 나오지 마세요"라고 말하였습니다. 이때 근로자는 기분이 확 상하여 앞뒤 가리지 않고 곧바로 집으로 와 버립니다. 그리고 다음날 회사에 출근하지 않고 노동청에 와서 해고예고수당의 지급을 청구하는 진정서를 제출하게 됩니다.

여기서 중요한 것은 부장, 팀장 등 소위 **'사용자를 위하여 행위하는 자'**의 위와 같은 언행이 해고로 인정될 수 있느냐의 문제입니다. 엄격히 말하면 부장, 팀장 등은 회사의 인사권의 최종 책임자가 아닙니다. 따라서 부장, 팀장이 위와 같이 말했다 하더라도 사실상 해고로 단정하기 어려운 부분이 있습니다.

다만, 부장, 팀장 등이 회사의 인사권(해고)자의 최종 결재(구두 포함)를 받아 해고의사를 전달한 경우라면 해고가 성립할 수 있습니다. 그러므로 이 경우 근로자는 회사의 인사권(해고)자인 대표자의 결재(승낙)가 있었는지를 반드시 확인받아야 합니다.

왜냐하면 나중에 사건 조사 시 당사자인 부장, 팀장 등 사용자들이 그러한 사실을 인정하는 경우도 있지만 부인하는 경우가 많기 때문입니다. 근로자 입장에서는 당시 상황에 대하여 해고를 입증할 수 있는 근거를 마련해 두어야 합니다.

통상적으로 이 경우 당사자인 부장, 팀장 등 사용자들은 "근로자의 근무태도가 불량하여 성실하게 근무를 잘 하라는 훈계 차원에서 말한 것이지 해고를 한 것이 아니며 해고한 사실이 없다"고 부인할 수도 있기 때문입니다.

물론 근로자의 입장에서 이러한 말을 들으면 순간적으로 감정이 상하여 이것 저것 따지지 않고 홧김에 회사를 나와 집으로 와 버리는 그 심정은 충분히 이해가 됩니다.

그러나, 회사가 그렇게 쉽게 해고하였다는 것을 인정하지 않는다는 점과 회사의 최종 인사권자가 해고를 결재(승낙)하였다는 사실에 대한 증거자료(녹음, 문자 등)를 확보하여야 사건조사 시 해고로 인정받기에 유리하다는 점을 반드시 알아두시기 바랍니다.

물론, 반대의 경우도 있습니다. 회사측에서 근로자를 해고한 사실이 없는데도 불구하고 근로자가 해고라고 주장하면서 노동청에 해고예고수당 지급을 요구하는 진정사건을 제기하는 경우에 사업주(사용자)도 난처한 입장에 처할 수 있습니다. 이러한 경우 사업주도 근로자의 주장을 반박할 수 있는 증거자료를 확보하여 제시할 필요가 있다고 할 것입니다.

1. 의의

사용자는 근로자를 해고하려면 적어도 30일 전에 예고를 하여야 하고, 30일 전에 예고를 하지 아니하였을 때에는 30일분 이상의 통상임금을 지급하여야 한다(근기법 제26조).

해고예고의 제도는 해고의 정당성 여부와 관계 없이 적용되고, 부당해고와 달리 별도의 조항이 적용된다.

- 해고 등의 제한〈부당해고〉(근로기준법 제23조)
- 해고의 예고(근로기준법 제26조)

부당해고에 대하여는 **노동위원회**에 구제신청을 하여 부당해고 여부에 대하여 판정을 받아야 하고, 해고의 예고에 대하여는 **지방노동관서** 민원실(고객지원실)에 진정 등을 제기하여 근로감독관의 조사에 따른 판단을 받아야 한다.

2. 해고예고의 대상

해고예고 제도는 근기법 제23조의 해고에 적용되는 것이므로, 해고가 아닌 근로관계 종료(퇴직, 계약기간 만료, 자동소멸 등)에 대해서는 적용되지 않는다. 이 경우 해고는 정당해고·부당해고 여부를 불문하므로, 부당한 해고에 대해서도 해고예고의 의무가 존재한다(근로기준정책과-5950, 2015.11.18.).

사업양도로 고용이 승계되는 경우에는 해고예고의 대상이 아니지만(기준 14559-2981, 1969.3.17.), 기업시설 전체가 경매로 양도되는 것처럼 근로관계 승계가 이루어지지 않는 사업양도의 경우에는 해고예고의 대상이다(대법 1988.2.9., 87도2509).

근로자가 장기간 결근하여 소식이 없는 경우 등 단체협약·취업규칙 등에 의하여 근로관계가 자동소멸되는 경우에는 해고예고 의무가 없지만(근로기준팀-8048, 2007.11.20.), 법인해산·폐업의 경우에는 해고예고 대상이다.

3. 해고예고의 방법

근기법 제27조의 **해고**의 통지는 반드시 서면으로 해야 효력이 발생하지만, 이와 달리 같은 법 제26조 **해고의 예고**는 예고의 방식을 언급하고 있지 않으므로 문서 외에 구두로도 가능하다.

해고예고는 반드시 해고일을 특정해서 해야 한다. 따라서 '공사준공예정일' 등과 같이 불확정기한이나 조건을 붙이거나(법무 811-14939, 1979.6.22.), '당분간 근무하면서 업무인수인계를 하고 난 후 그만둔다'(대법 2010.4.15., 2009도13833)고 하는 것은 해고예고로 볼 수 없다.

4. 예고기간의 산정

해고예고 기간은 통지가 상대방에게 도달한 다음 날부터 역일로 계산하여 30일 만에 만료되며, 휴일・휴무일이 있더라도 연장되지 않는다.

계산에 있어 첫날은 산입되지 않고 그 익일부터 계산한다(근기 01254-2186).

해고의 효력은 통지가 상대방에 도달한 때에 발생한다(도달주의)(민법 제111조).

◦ 6월 30일자로 해고하려면 **해고예고**는 적어도 30일 전에 해야 하므로,
  - 늦어도 소급해서 30일째가 되는 전날 즉, 5월 30일 까지는 예고를 해야 한다.

5. 해고예고수당

근로자를 해고하면서 30일 전에 예고를 하지 않은 때에는 30일분 이상의 통상임금을 지급해야 하는데 이것을 '해고예고수당'이라고 하며, 예고를 할지 아니면 수당을 지급할지는 사용자의 선택사항이다.

해고예고제도는 근로자로 하여금 해고에 대비하여 새로운 직장을 구할 수 있는 시간적・경제적 여유를 주려는 것으로, 해고의 효력 자체와는 관계가 없다. 즉, 해고예고 또는 해고예고수당 지급여부가 해고의 사법상 효력에 영향을 미치지 않는다(헌재 99헌바663, 2001.7.19.).

해고예고나 해고예고수당의 지급없이 이루어진 해고에 대해 노동위원회가 부당해고로 판정하여 원직복직 또는 금전보상이 이루어진 경우 벌칙 적용은 별론으로 하고 해고를 둘러싼 금전문제는 해소된 것이므로, 사용자의 해고예고수

당 지급의무는 없다(고용노동부, 해고예고 미이행에 따른 진정사건 처리지침, 2016.11.7.).

6. 해고예고 위반과 철회

1) 해고예고의무의 위반

해고의 예고는 정당한 해고 사유가 있을 때 가능하나(대법 1992.3.31., 91누6184), 해고예고를 하지 아니하였다 하더라도 해고의 정당한 이유를 갖추고 있는 이상 해고의 효력에는 영향이 없다(대법 1998.11.27., 97누14132). 다만 이 경우 해고의 정당성 여부에 관계없이 해고예고 의무를 이행하지 않은데 대한 근기법 제26조 위반의 책임을 물을 수는 있다(근로기준정책과-5950, 2015.11.18.).

사용자가 해고예고 의무 미이행에 대해 벌칙을 적용받는다면 해고예고수당 지급의무는 지지 않는다.

2) 해고예고의 철회

해고예고는 사용자에 의한 일방적인 근로계약의 의사표시이므로 원칙적으로 철회가 인정되지 않는다(민법 제543조). 다만 근로자의 동의를 얻은 경우에는 철회가 가능하다.

7. 해고예고의 적용 제외(즉시해고)

다음 각호의 어느 하나에 해당하는 경우에는 30일 전에 예고를 하거나 30일분 이상의 통상임금을 지급하지 않아도 된다(근기법 제26조 단서).

1) 근로자가 계속 근로한 기간이 3개월 미만인 경우

해고예고제를 적용하는 것이 적절하지 않은 단기 또는 임시직 근로자에 대해서 해고예고제의 적용을 배제하기 위한 것이다.

2) 천재 · 사변, 그 밖의 부득이한 사유로 사업을 계속하는 것이 불가능한 경우

부득이한 사유란 건물 · 기계 · 장비 등의 소실과 같은 돌발적이고 불가항력적인 경우를 말하며, 불황이나 경영난은 이에 해당하지 않는다.

사업 계속이 불가능한 경우란 기업의 부도나 도산(근기 68207-2320, 2000. 8.2.), 사업의 전부 또는 대부분을 계속하는 것이 불가능한 경우로 사회통념상 사업주로서 취할 수 있는 조치를 다한 경우 등을 말하며, 그 입증책임은 사용자에게 있다(대법 1970.2.24., 69다1568).

3) 근로자가 고의로 사업에 막대한 지장을 초래하거나 재산상 손해를 끼친 경우로서 고용노동부령으로 정하는 사유에 해당하는 경우(근기법 시행규칙 제4조 별표)

(1) 납품업체로부터 금품이나 향응을 제공하고 불량품을 납품받아 생산에 차질을 가져온 경우

(2) 영업용 차량을 임의로 타인에게 대리운전하게 하여 교통사고를 일으킨 경우

(3) 사업의 기밀이나 그 밖의 정보를 경쟁관계에 있는 다른 사업자 등에게 제공하여 사업에 지장을 가져온 경우

(4) 허위사실을 날조하여 유포하거나 불법집단 행동을 주도하여 사업에 막대한 지장을 가져온 경우

(5) 영업용 차량 운송수입금을 부당하게 착복하는 등 직책을 이용하여 공금을 착복 · 장기유용 · 횡령 또는 배임한 경우

(6) 제품 또는 원료 등을 몰래 훔치거나 불법 반출한 경우

(7) 인사 · 경리 · 회계담당 직원이 근로자의 근무상황 실적을 조작하거나 허위 서류 등을 작성하여 사업에 손해를 끼친 경우

(8) 사업장의 기물을 고의로 파손하여 생산에 막대한 지장을 가져온 경우

(9) 그 밖에 사회통념상 고의로 사업에 막대한 지장을 가져오거나 재산상 손해를 끼쳤다고 인정되는 경우

08-1. 해고예고수당 청구 신고사건 처리 사례

08-1-1. 해고예고수당 미지급 (인정) 사례

(사례 1) 피의자는 해고할 의사가 없었다고 하나, 관계자 진술 등을 통해 해고라고 본 사례

피의자는 해고 대상을 특정하지 않고 단순히 감정적으로 화가 나서 소리친 것일 뿐 사건을 제기한 근로자를 해고할 진의가 없었다고 주장하나, 사건 관계자 진술 및 증거자료, 당시 정황상 해당 근로자를 해고한 것으로 판단하고, 해고예고수당 미지급 혐의가 상당하다고 판단한 사례

- 진정인 : ○○○(종업원),
- 피진정인 : ○○음식점 대표
- 업종 : 요식업

[쟁점사항]

진정인은 해고라고 주장하는 반면, 피진정인은 당시 화가나서 진정인 등 직원 모두에게 한 말이었으며 진의가 아니었음을 주장하면서 진정인이 스스로 그만두었기에 해고가 아니라고 주장한 바, 해고의 성립 여부

[인정되는 사실]

◦ 피의자가 2019.4.12. 09:00경 진정인에게 '그렇게 안믿었는데 얼굴 들고 나오는 거 보면 참 무서운 사람이다', '나같으면 나가겠다'라고 발언한 점
◦ 피의자가 참고인 ○○○에게 '진정인 ○○○하고 얘기 섞지 마라. 아무말도 하지마라'라고 발언한 점

- 2019. 4월초 국민건강보험공단에서 현지 조사를 나온 후에 진정인을 대하는 피의자의 태도와 언행이 좀 지나친 점이 있었던 점
- 피의자가 진정인에게 '밥에 약을 탈까봐 무섭다', '우리 식자재 손끝도 대지 마라'는 등의 발언을 한 적 있었던 점,
- 2019. 4월 둘째주 피의자가 진정인에게 사업장 1층 식당의 물건들 일체를 손도 못대게 하고 가만히 앉아 있으라고 지시한 적도 있었던 점
- 또한, 진정인이 사직서를 제출한 적이 없었고, 동료직원과 작별 인사나 전별금 수령이 없었으며, 재직기간 1년 미만 근로자로서 퇴직금은 발생하지 않았으나 약 1개월 11일을 추가근무하면 퇴직금 대상이 되므로 자진퇴사를 할 만한 상당한 이유가 없는 사정, 2019.4.19. 이후 피의자가 진정인에게 출근하라는 연락을 취한 점이 없는 등도 참작할 필요가 있음

[판단]

- 2019.4.19. 10:30경 피의자는 진정인 ○○○에게 '얼굴 꼴보기 싫으니 나가라'는 발언을 한 사실이 있으며, 진정인은 다음과 같은 사정으로 이를 근로관계 종료에 대한 피의자의 진의로 받아들이기에 충분하다고 보이는 바,
- 이 사건 근로관계 종료는 피의자가 진정인의 의사를 묻지 않은 일방적인 '해고'에 해당하는 것으로 판단되고, 30일 이상의 예고기간을 부여하거나, 30일분의 통상임금을 수당으로 지급하지 않은 혐의가 상당함
- 사건 당사자 및 참고인 진술, 증거자료 등에 의거하여 진정인의 의사와 무관하게 피의자는 일방적인 의사에 의하여 근로관계를 종료시키는 것이어서 해고라고 판단되고, 30일 이상의 예고기간을 부여하거나 이를 갈음하여 30일분의 통상임금을 지급하지 않은 혐의가 인정되므로 기소 의견임

(사례 2) 해고의 진의가 없었다고 하나, 피의자의 행태 등을 볼 때 해고라고 본 사례

피의자는 감정적인 상태에서 진정인에게 '나가'라는 등 소리친 것 뿐 해고의 의사가 없었다고 주장하는 사건으로 구두 통보 내용, 업무 대체자를 채용한 정황 등으로 해고로 판단하고, 수사지휘에 따라 해고예고수당 미지급 혐의가 있다고 본 사례

- 고소인 : ○○○ 금형기능공
- 피고소인 : ○○회사 대표 ○○○
- 업종 : 제조업

[쟁점사항]

사업주 해고사실 부인, 해고 성립여부

[인정되는 사실]

◦ 2021.3.29. "내일부터 나오지 마라고 얘기해라"고 하여 고소인에게 해고통보를 전달하였다는 참고인 진술과 "○○○ 니 짐 싸서 나가란다. 다음날부터 나오지 마란다"는 해고 통보를 2021.3.29. 20시경 참고인으로부터 전달받았다는 고소인의 진술이 일치하고, 피의자 본인도 "내일부터 나오지 마라고 해라"는 말을 하였음을 인정하고 있는 점

◦ 다음날인 2021.3.30. 출근한 고소인을 보자 참고인에게 "나가라고 말 안했어?"라고 해고통보를 전달했는지 확인하였고, 이에 고소인이 "저 짜르시게요"라며 해고 의사를 재확인하는 물음에 "어"라고 답하여 고소인을 해고하겠다는 의사를 분명히 한 점

◦ 또한, 2021.3.31. 15시경 내지 16시경 출근한 고소인의 "저 짤렸으니까 가보겠습니다"라고 한 물음에 피의자가 "어. 알겠다" 내지 "그래"라고 대답한 사실이 당사자 진술에서 일치됨을 볼 때, 피의자가 고소인에 대한 해고 철회 의사가 없음을 확실히 한 점

- 피의자는 고소인이 2021.3.31. 이후로는 출근하지 않았고, 고소인이 노동청에 고소 제기한 것을 알고 2021.4.5.에 고소인과 사업장에서 만나 "다시 들어와서 일해라"고 했지만 고소인은 다시 들어와서 일할 생각이 없다고 하고 전달한 점
- 2021.4.12.경 고소인의 작업 수행을 위해 대체 근로자 채용한 점

[판단]

- 피의자는 2명이 작업을 하다보니 고소인에게 따로 전화할 틈이 없어 출근 독려를 하지 못했다고 진술하나, 위 인정되는 사실과 같이 고소인이 노동청에 고소장을 접수한 것을 알고 연락을 취하였을 당시에도 2명이 일하고 있었고,
- 대체인력 채용을 위해서 이전 근무자에게 연락할 당시에도 2명이 일하고 있었음에도 전화 연락한 것을 볼 때, 전화할 틈도 없이 정신없이 작업이 이루어져 출근독려를 하지 못했다는 것은 피의자의 진술은 수긍하기 어려우며
- 고소인에게는 아무런 연락도 취하지 않고, 대체인력을 고용하기 위해 이전 근무자에게 전화한 것을 볼 때, 피의자의 내심은 고소인과의 근로관계를 계속 유지할 의사가 있었다기 보다는 새로운 직원을 고용하여 고소인을 대체할 의사를 가지고 있었던 것으로 보여 고소인을 해고한 것이 명백한 것으로 판단됨
- 따라서, 고소인이 수차에 걸쳐 피의자에게 해고 의사를 확인하였고 그때마다 피의자가 고소인에게 해고 의사를 피력한 사실이 당사자 주장 및 참고인 진술에서 확인되므로, 고소인이 최종적으로 출근한 2021.3.31. 해고일로 봄이 타당하고,
- 그렇다면, 피의자는 고소인에게 30일 전에 해고예고를 하거나, 통상임금의 30일분에 해당하는 해고예고수당 4,880,380원을 지급하지 않은 혐의가 인정됨

  * (해고예고수당 산정) 월급 4,250,000원÷209시간×8시간×30일=4,880,380원

(사례 3) 사직서를 제출하였으나, 사실상 해고된 것으로 판단한 사례

사직서를 작성 · 제출토록 하여 이를 수리하는 형식으로 근로관계를 종료시켰더라도 근로자의 사직서 제출 경위, 사직서의 기재내용, 사용자의 형태 등을 고려하여 근로관계 종료 사유가 '해고'에 해당하고, 해고 시점까지 30일 이상의 예고기간이 부여하지 않고 해고예고수당을 지급하지 않은 혐의가 인정된다고 판단한 사례

- 진정인 : ○○○
- 피진정인 : ○○회사 대표 ○○○
- 업종 : 제조업

[쟁점사항]

근로자의 사직서 제출에 대하여 해고가 성립되는지 여부

[인정되는 사실]

◦ 피의자는 2019. 8월 중순 진정인에게 '회사가 힘드니 여기서 정리하자'고 했으나, 진정인은 계속 근무를 해야 한다고 말한 적이 있는 점

◦ 진정인을 제외한 나머지 피의자를 포함한 근무자들이 2019.9.5. 진정인을 해고 대상으로 정하여 논의하고, 그와 관련한 논의 대화 내용을 진정인이 볼 수 있는 모니터 화면에 띄어놓아 이를 진정인이 열람한 점

◦ 피의자와 동업관계인(A)가 2019.9.10. 진정인을 불러 '서로 정리하자'고 하였으나, 진정인은 거부한 점

◦ 진정인의 반복되는 근로계약 유지 의사에 피의자와 동업관계인(A)는 2019. 9.30.까지 근무를 하더라도 임금은 전부가 아닌 1,000,000원만 지급할 수 있다는 불이익을 제시하였고, 그 불이익은 월 임금이 최저임금에 미달할 뿐만 아니라 약 44.4%의 임금삭감인 점

◦ 진정인은 근로관계가 종료된 2019.9.11. 이후 추석 연휴기간(2019.9.12~15)

이 지나자마자 진정을 제기한 점

◦ 피의자는 진정인이 근로 유지 의사가 있는 경우 계속 근로관계를 유지했을 것이라고 주장하지만 진정인이 먼저 기본급 삭감 제의를 했음에도 피의자, 피의자와 동업관계인(A) 및 피의자와 동업관계인(B)가 진정인을 해고 대상으로 언급한 점

[판단]

◦ 사직의 의사가 없는 근로자로 하여금 어쩔 수 없이 사직서를 작성・제출하게 한 후 이를 수리하는 이른바 의원면직의 형식을 취하여 근로계약 관계를 종료시키는 경우는 실질적으로 사용자의 일방적인 의사에 의하여 근로계약 관계를 종료시키는 것이어서 해고에 해당하고,

◦ 이때 의원면직이 실질적으로 해고에 해당하는지는 근로자가 사직서를 제출하게 된 경위, 사직서의 기재 내용과 회사의 관행, 사용자 측의 퇴직권유 또는 종용의 방법, 강도 및 횟수, 사직서를 제출하지 않은 경우 예상되는 불이익의 정도, 사직서 제출에 따른 경제적 이익의 제공 여부, 사직서 제출 전후의 근로자의 태도 등을 종합적으로 고려하여 판단하여야 함

* 대법 2001.1.19., 2000다51919, 51926 / 대법 2003.4.11., 2002다60528 / 대법 2015.2.26., 2014다52575 참조

◦ 진정인은 2019.9.11. 퇴사하겠다는 의사표시를 피의자와 동업관계인(A)에게 전달하였지만 다음 사정들을 종합할 때, 진정인은 사직의 의사가 없었으나 피의자와 동업관계인들의 계속되는 퇴직 권유와 종용, 사직하지 않을 시 월 임금 삭감(1,800,000원 → 1,000,000원)의 불이익 등으로 어쩔 수 없이 퇴직권유에 응한 것으로 사실상 해고에 해당한다고 판단되고, 30일 이상의 예고없이 진정인을 해고하였으므로 해고예고수당 2,066,986원을 지급하여야 함

* (해고예고수당 산정) 180만원÷209시간×8시간×30일=2,066,986원

◦ 위의 사실을 종합해 볼 때 피의자가 진정인을 해고하면서 예고기간을 부여하지 않고, '해고예고수당 2,066,986원을 지급하지 않은 혐의가 인정되므로 기소 의견임

08-1-2. 해고예고수당 미지급 (불인정) 사례

**(사례 1) 해고일자의 특정이 없고,
근로관계 종료 경과로 볼 때 해고가 아니라고 본 사례**

신고인은 피의자가 감정이 격해진 상태에서 구두상으로 전달한 내용이 해고통보라고 주장하나, 해고일자의 특정이 없고, 당시 대화가 오간 정황상 근로관계 종료 사유가 사용자의 일방적 의사인 '해고'가 아닌, 고소인의 자의에 따른 사직으로 판단하여 해고예고수당 미지급 혐의가 없다고 본 사례

- 고소인 : ○○○ (홀써빙)
- 피고소인 : ○○음식점 대표 ○○○
- 업종 : 요식업

[쟁점사항]

고소인의 자의에 의한 사직에 대한 해고 성립 여부

[인정되는 사실]

◦ 당사자 및 참고인 진술, 통화기록 및 퇴직금 등 금품청산 내역 등 증거자료를 근거로 다음의 사실들이 인정됨

◦ 피의자와 참고인의 진술에 따르면, 피의자는 고소인의 주장처럼 '같이 일을 못하겠다'라고 발언한 것이 아니라 '이런 식으로 일하면 어떻게 당신이랑 같이 하겠냐, 고쳐야 한다'고 발언한 점

◦ 위 발언이 나온 배경이 2019.5.6.일경 있었던 고소인과 타 직원과의 다툼

을 피의자와 양 당사자의 상황을 확인하고자 고소인을 면담하는 자리였을 뿐 고소인과 피의자 간의 직접적인 다툼을 하는 자리가 아니었던 점

- 참고인의 진술에 따르면, 고소인이 흥분하여 '그러면 내가 더러워서 나간다. 니가 사장이면 다냐, 어린 놈의 새×'라고 하면서 사무실을 나간 점
- 고소인이 참고인에게 '나 나갈테니 급여를 다 달라, 당장 입금해라'고 함
- 고소인이 나가면서 본인의 소지품을 직접 챙겨서 가지고 나간 사실
- 2018. 12월경에도 고소인은 직원과의 불화로 저녁 영업시간에 사업장 내부에서 손님들 보는 앞에서 본인의 옷을 찢고 폭언을 한 바 있으며, 손님과의 시비로 큰 싸움도 있었으나 그때에도 피의자가 고소인에게 해고 등을 통보하지 않고 고소인을 잘 다독여서 정리한 적이 있었던 점
- 2019.5.13. 19시경 피의자가 고소인에게 연락하여 만났으며 그 자리에서 고소인도 오해가 있었다면서 피의자에게 사과하고 퇴직금 및 잔여급여 지급을 요청하면서 서로 인사를 나눈 점

[판단]

- 2019.5.8. 11:30경 매장 뒤편 3층 사무실에서 피의자가 고소인에게 삿대질을 하면서 '같이 일을 못하겠다'고 발언하였고, 고소인은 위 발언이 피의자의 일방적인 해고 통보임을 주장하나,
- 사건 관계자 진술내용을 종합하여 보면 피의자가 '같이 일을 못하겠다'는 발언은 없었던 것으로 보이고, 피의자가 고소인을 해고했다는 정황증거 등을 찾기 어려우며,
- '그러면 내가 더러워서 나간다. 니가 사장이면 다냐, 어린 놈의 새×', '나 나갈테니 급여를 다 달라, 당장 입금해라' 등 고소인 발언을 사직의 비진의 의사표시로 볼 만한 정황도 부족함
- 설사, 고소인의 주장처럼 피의자가 '같이 일을 못하겠다.'고 발언하였다 하더라도 이는 해고일자가 특정되어 있지 않아 해고의 통보로 보기 어려움

◦ 따라서, 고소인의 근로관계 종결 사유는 피의자의 해고가 아닌, 고소인 자의에 따른 사직으로 봄이 상당하다고 판단됨에 따라 법위반으로 보기 어려워 불기소(혐의없음) 의견임.

(사례 2) 근로관계 종료 사유가 해고가 아닌 고소인의 사직이라고 판단한 사례

고소인은 근로관계 종료사유가 해고라고 주장하나, 피의자는 배치전환을 통해 근로관계를 계속적으로 유지할 의사가 있었으나, 고소인이 자의로 사직이라고 판단한 사례

- 고소인 : ○○○ (재가요양보호사)
- 피고소인 : ○○○홈케어 대표 ○○○
- 업종 : 서비스업

[쟁점사항]

고소인의 자의에 의한 사직에 대한 해고 성립 여부 판단

[인정되는 사실]

◦ 당사자 간 진술, 문자메시지, 근로계약서, 임금명세서, 구인신청서 등 거증자료 등을 종합하여 볼 때, 다음 사실이 인정됨

◦ 고소인은 2023.3.15.부터 2023.9.26.까지 6개월 이상 재가요양보호사로 근무하였고, 주 6일제(월~토요일)로 매일 09:00부터 12:00까지 근무하였으며, 월 임금은 시급 9,620원을 기준으로 산정되었고, 임금산정 기간은 당월 1일부터 말일까지고, 임금 지급일은 당월 말일임

◦ 2023.9.24. 11시경에 피의자는 전화로 고소인에게 대상자 보호자가 케어(돌봄) 중단요청을 전달하였고, 2023.9.24.(금) 18:28경 고소인이 피의자에게 "센터장님 기록지 이렇게 써서 내일 ○○○에게 맞겨 놓을께요"라고

문자메시지를 보냈음

◦ 2023.9.25. 1:21경 고소인은 피의자에게 "센터장님, 늦은밤까지 아무리 좋게 생각해도 억울함을 지울 수 없는데, 내가 사정이 있어서 더 일해야 합니다. 이렇게 일방적으로 예고도 없이 다음날 해고하시는 겁니까"라고 문자를 보냈고, 피의자는 같은 날 9:47경에 "근무 끝나고 전화주셔요"라고 문자를 남겼으나, 고소인은 이에 아무런 응답을 하지 않았음

◦ 2023.9.27. 고소인은 피의자를 상대로 "해고예고수당 미지급"관련으로 신고사건을 제기한 상태였음

◦ 2023.9.28. 11:48경 피의자는 고소인에게 "선생님 맘이 안좋네요, 2호선 라인이면 오전일 가능하시죠 연락드릴께요"라고 문자메시지를 보내자, 같은 날 22:11경 고소인은 "저는 다른 계획이 있습니다."라고 문자를 보냈음

[판단]

◦ 고소인은 피의자가 해고예고 의무(퇴사일로부터 30일 이전에 해고통지)를 위반한 것이므로, 해고예고수당(30일분 통상임금) 000,000원을 지급해야 한다고 주장하나,

◦ 피의자는 요양보호 대상자의 보호자를 통해 전달받은 '케어 중단' 요청에 대해 고소인에게 전달한 사실은 확인되나, 고소인의 주장과 같이 해고통보를 했다는 사실은 확인되지 않는 점

◦ 2023.9.24. 18:28경 고소인이 피의자에게 "센터장님 기록지 이렇게 써서 내일 ○○○에게 맞겨 놓을께요"라고 문자메시지를 보낸 사실을 통해 볼 때, 고소인도 피의자를 통해 전달받은 '케어 중단' 요청에 이의가 없었던 것으로 보이는 점

◦ 2023.9.25. 1:21경 고소인이 "센터장님, 늦은 밤까지 아무리 좋게 생각해도 억울함을 지울 수 없는 데, 내가 사정이 있어서 더 일해야 합니다. 이렇게 일방적으로 예고도 없이 다음 날 해고하시는 겁니까"라고 문자를 보내

었고,

- 이에 같은 날 9:47경에 피의자는 고소인 "근무 끝나고 연락주셔요"라고 문자를 보냈을 뿐이며, 해고와 관련하여 언급하지 않은 점
- 피의자의 위 연락 요청에 대해 연락을 하지 않은 사실을 통해 볼 때, 고소인의 계속 근로 의사가 있었는지도 의심되는 점
- 2023.9.28. 11:48경 피의자가 고소인에게 "선생님 맘이 안 좋네요, 2호선 라인이면 오전일 가능하시죠, 연락드릴께요"라고 문자메시지를 보내자, 이에 같은 날 22:11경 고소인이 "저는 다른 계획이 있습니다."라고 문자를 보낸 사실 등을 통해 볼 때, 피의자는 근무장소를 달리하여 일할 것을 제의하였음에도 근로제공 제의를 사실상 거부한 점
- 피의자는 고소인에게 기존 수급자 케어중단 요청을 한 때(9.24.)로부터 얼마 지나지 않은 9.28.에 다른 근무지에서 근로할 것을 요청한 사실이 있는 점
- 위의 사실을 종합하여 볼 때, 고소인의 근로관계 종료 사유는 피의자의 해고가 아닌 고소인 본인의 사직 의사에 기인한 것으로 판단됨에 따라, 피의자의 혐의사항에 대해 혐의가 있다고 보기 어려워 불기소(혐의없음) 의견임

(사례 3) 사용자의 사직서 작성요청에 따라 작성한 사직서가 비진의가 아니라고 본 사례

고소인의 무단결근으로 사용자의 요청에 따라 작성한 사직서가 비진의가 아니므로 해고가 성립하지 않아 해고예고수당 미지급에 대한 혐의가 없다고 판단한 사례

- 고소인 : ○○○ (생산직)
- 피고소인 : ○○(주) 대표이사 ○○○
- 업종 : 제조업

[쟁점사항]

고소인이 작성한 사직서에 대한 해고 성립 여부 판단

[인정되는 사실]

◦ (퇴사 경위) 2021.8.5.과 8.7. 무단결근 후 8.9. 11:00경 출근하였으며 평소 잦은 결근, 지각으로 직원들의 피해가 많았음

◦ (사직서 작성 사유) 사직서 작성 시 기망이나 협박 등으로 공포심을 일으키게 하는 행위 및 사직서 작성 의사가 없었으나, 작업반장의 작성요구에 따라 작성하였으며, 고소인은 이전에 '또 다시 지각 시 사직서를 쓰겠다.'는 내용으로 시말서 작성한 사실이 있었음

* (사직서에 기재 내용) '개인적 질병에 의해 근무에 지장을 초래할까하여 사직서를 제출하오니 재가하여 주시기 바랍니다.'

◦ (해고예고수당 지급 요구 등) 고소인이 퇴직 시나 퇴직 이후로 해고예고수당을 지급해 달라고 하거나, 계속 근무하고 싶다는 의사표시를 한 사실은 없고, 2022. 7월 말 또는 8월 초에 지각한 적이 있는데, 당시에 작업반장이 시말서나 사직서를 쓰라고 하여 실업급여를 받을 수 있냐고 물어본 사실이 있으며, 사직서 작성 시에 부당하다고 항의하거나 이의를 제기한 사실이 없고, 사직서 제출 후 출근한 사실도 없으며, 사직서 작성에 대해 철

회를 요구한 사실은 없음

[판단]

◦ 근로기준법상 해고는 근로의사가 있는 근로자와의 사용종속관계를 사용자가 일방적으로 단절시키는 행위로서, 근로자에게는 계속 근로의사가 있어야 할 것이고, 사용자에게는 일방적으로 사용종속관계를 단절시키는 행위가 있어야 할 것임

◦ 본 건에 살펴보면 2022.8.5.경 회사측은 신고인의 무단결근과 직장 이탈 등 근태 불량을 이유로 사직서 작성을 요청하였고, 이는 사용자의 합의해지 청약의 의사표시로 보이며,

◦ 이에 대해 신고인은 별다른 계속근로의 의사표시 없이 사직서를 작성하여 제출한 점에 비추어 보면 “해고”가 아닌 “합의해지”에 근로관계의 종료로 보는 것이 타당해 보임

◦ 한편, 신고인은 내심의 의사는 사직서를 작성하고 싶지 않았고, 사측에서 사직서 작성을 요구했기 때문에 실질적으로 “해고”라고 주장하나,

◦ 신고인이 사직을 진정으로 마음속으로 바라지는 않았을지 몰라도 무단결근 등으로 사직서를 제출하지 않을 경우 불이익이 예상되는 당시의 상황에서 진의에 기초하여 퇴직의 결과를 받아 들이려는 의사가 있었던 것으로 보임

◦ 위의 사실을 종합하여 볼 때 근로관계 종료 사유가 사용자의 권고사직을 신고인이 수용한 “합의해지”로 보이고, 해고를 전제로 한 해고예고수당 또한 발생될 수 없는 것이라 판단되기에 불기소(혐의없음) 의견임

09 직장내 괴롭힘

2024.10월 국정감사에서 ○○○ 멤버 ○○가 소속사의 모회사 ○○○로부터 직장내 괴롭힘을 당하였다고 문제 제기하여, 국정감사에 증인(참고인)으로 출석하여 언론에 크게 이슈가 된 바 있고, 최근 ○○○방송사 아나운서의 사망과 관련하여 직장내 괴롭힘이 사회적 이슈가 되고 있습니다.

지방노동관서에 신고・접수되는 직장내 괴롭힘 사건은 매년 지속적으로 증가 추세 있으며, 현업에서 근로감독관들이 사건 조사 및 처리에 많은 시간과 행정력이 소요되고 있습니다.

임금체불 등 다른 진정사건 등과 달리 직장내 괴롭힘 사건은 당사자의 감정대립이 심하고 난해한 측면이 있어 근로감독관들이 조사과정에서 상당히 어려움을 겪고 있는 실정입니다.

근로자, 사용자 모두 아래 직장내 괴롭힘 관련 규정을 숙지하고 이해할 필요가 있으며 우리가 일하는 작업공간에서 직장내 괴롭힘이 발생하지 않도록 우리 모두 관심을 가지고 그 예방에 노력하여야 할 것입니다.

check point 제언

◦ 사업주의 근로자에 대한 직장내 괴롭힘 예방을 위한 교육실시 의무 법제화
  - 근로기준법에 직장내 괴롭힘 예방을 위한 교육실시 의무 법조항 신설
  * (효과) 직장내 성희롱 금지는 남녀고용평등법에 예방 교육을 의무 법제화하여 실시하여 옴으로써 어느 정도 소기의 성과를 거두었다고 평가할 수 있는 바, 직장내 괴롭힘 예방교육 의무를 법제화 함으로서 이와 관련한 다툼 및 사건도 줄어들 것으로 판단된다.

1. 배경 및 연혁

정부차원에서 '직장내 괴롭힘 근절'을 정책과제로 선정, 관계부처 합동 「**직장등에서 괴롭힘 근절대책**」 수립(2018.7.18.)하였으며 후속 입법조치로 2019.1.15. 근로기준법 개정을 통해 최초로 '직장 내 괴롭힘' 개념을 법률에 규정하고 2019. 7.16.부터 시행하였다.

본 제도는 직장내 괴롭힘 없는 업무환경에서 안전하게 근무하고 피해를 당한 경우에는 조치를 통한 조속한 회복을 목표로 하고 있다.

기존 법 제도는 사업주 등 사용자가 괴롭힘 가해자인 경우, 사용자가 이행하여야 할 조치의무가 이행되지 않을 우려가 있었으며, 사업장에서 조사 등 조치의무를 이행하지 않더라도 제재하는 규정이 없어 제도 실효성이 부족하다는 지적이 제기되었다.

이에 **2021.10월** 실효성 강화를 내용으로 하는 **개정 근로기준법 시행**(2021. 10.14. 시행) 되었다.

사용자 및 사용자의 친족(시행령 : 배우자, 4촌이내 혈족, 인척)인 근로자가 괴롭힘을 한 경우 과태료(최고 1천만원)부과(근기법 제116조제1항)하고,

사용자에 대한 의무강화로서 직장내 괴롭힘 발생 시 사용자에게 당사자 등을 대상으로 객관적인 조사를 하도록 하며(법 제76조의3제2항), 직장내 괴롭힘 발생 사실을 조사한 사람 등에게 조사과정에서 알게 된 비밀을 피해근로자의 의사에 반하여 다른 사람에게 누설하지 않도록 하였다(법 제76조의3제7항).

사용자 제재 신설로서 직장내 괴롭힘 행위의 조사, 피해근로자 보호, 행위자 징계 등 사용자의 조치의무를 이행하지 않는 경우 과태료(최고 5백만원)를 부과(법 제116조제2항)하였다.

2. 직장내 괴롭힘 요약편

1) 근로기준법상 직장내 괴롭힘 개념 판단

> **근로기준법 제76조의2** 사용자 또는 근로자는 직장에서의 지위 또는 관계 등의 우위를 이용하여 업무상 적정범위를 넘어 다른 근로자에게 신체적·정신적 고통을 주거나 근무환경을 악화시키는 행위(이하 "직장 내 괴롭힘"이라 한다)를 하여서는 아니된다.

직장내 괴롭힘이란 사용자 또는 근로자가 직장에서의 지위 또는 관계 등의 우위를 이용하여 업무상 적정범위를 넘어 다른 근로자에게 신체적·정신적 고통을 주거나 근무환경을 악화시키는 행위이다.

check point 직장 내 괴롭힘 요건 요약

> **(1) 괴롭힘 행위자** : 사용자 또는 근로자일 것
> - 고객 등 제3자에 의한 괴롭힘은 산업안전보건법상 사업주의 보호조치 의무
>
> **(2) 괴롭힘 대상** : 다른 근로자
>
> **(3) 가해자의 행위가 아래의 내용을 충족해야 한다.**
> - 직장에서의 지위 또는 관계 등의 우위를 이용할 것
> - 업무상 적정범위를 넘을 것
> - 신체적·정신적 고통을 주거나 근무환경을 악화시키는 행위일 것

2) 주요 판단 요소

(1) 행위자

직장내 괴롭힘 행위자는 사용자 또는 근로자이다.

가) 사용자

(가) 근로기준법 제2조제1항제2호에 따른 사용자를 말한다.

> 「근로기준법」 제2조(정의) ① 이 법에서 사용하는 용어의 뜻은 다음과 같다.
> 2. "**사용자**"란 사업주 또는 사업 경영 담당자, 그 밖에 근로자에 관한 사항에 대하여 사업주를 위하여 행위하는 자를 말한다.

(나) 사업주

법인기업의 경우 법인 자체를 말하고, **개인사업의 경우** 기업주 개인을 말한다.

(다) 사업경영담당자

대표이사, 등기이사, 지배인 등을 말한다. 즉, 사업주가 아니면서 사업경영 일반에 관하여 책임을 지는 자로서, 사업주로부터 사업경영의 전부 또는 일부에 대하여 포괄적인 위임을 받고 대외적으로 사업을 대표하거나 대리하는 자를 말한다.

(라) 근로자에 관한 사항에 대하여 사업주를 위하여 행위하는 자

인사노무담당이사, 공장장 등을 말한다.

사업주·사업경영담당자로부터 권한을 위임받아 자신의 책임 아래 채용·해고 등 인사처분할 수 있고, 직무상 근로자의 업무를 지휘·감독하며 근로조건에 관한 사항을 결정하고 집행할 수 있는 자를 말한다. 형식적인 직위나 직급에 따라 판단하는 것이 아니라 구체적인 직무내용에 의해 판단하여야 한다.

나) 근로자

(가) 원칙

피해자의 사용자와 근로관계를 맺고 있는 근로자를 말한다.

근로기준법 제2조제1항제1호의 근로자란 직업의 종류와 관계없이 임금을 목적으로 사업이나 사업장에 근로를 제공하는 사람을 말한다.

(나) 파견

사용사업주 소속 근로자는 행위자이고 → 파견근로자는 피해자로 본다.

판례는 파견법에 따라 파견사업주는 물론이고, 사용사업주도 파견근로자에 대한 보호 의무를 인정한다. 사용사업주도 사용자로서 근로기준법상 조치의무 등을 부담한다. 파견사업주와 사용사업주가 공동으로 조사·조치하는 것이 가장 바람직하나, 공동 조사・조치가 어려운 경우 사용사업장에서 근로를 제공하는 과정에서 발생한 괴롭힘이므로, 사용사업장에서의 예방・대응 체계에 따라 처리할 것을 권고한다.

(2) 피해자

직장내 괴롭힘 피해자는 근로자이다(고용형태, 근로계약기간 등은 무관).

임금을 받고 사업장에서 근로를 제공하는 자는 정규직, 임시직, 계약직, 시간제 등 명칭, 고용형태, 계약기간 관계없이 모두 근로자 → 기간제, 단시간, 파견근로자 등도 적용한다.

이 외에도 직접 근로관계에 있지 않은 하청근로자, 특수형태근로종사자 등은 근로기준법 적용대상으로는 볼 수 없으나, 산업안전보건법상 사업주의 제3자의 폭언에 의한 건강장해 보호조치 의무는 고객 응대 근로자뿐만 아니라 모든 근로자를 대상으로 하고 있어, 근로자는 사업주에게 예방조치를 요구할 수 있고, 사업주의 미조치 또는 불리한 처우에 대해서 제재도 가능하다(산업안전보건법 제41조 제2항・제3항 등).

공무원은 「근로기준법」에 따른 직장내 괴롭힘 금지 제도는 공무원에게 직접 적용되지 않고, 「국가공무원법」 및 「공무원행동강령」, 「공무원고충처리규정」, 「공무원 징계령」 등이 우선 적용된다. 따라서 공무원이 괴롭힘 피해를 받았거나, 혹은 그 사실을 알게 된 경우에는 「국가공무원법」 제76조의2에 따라 인사혁신처 및 각 기관에 설치된 고충처리심사위원회 등에 신고하여야 한다.

(3) 행위 장소

외근・출장지 등 업무수행 과정 등의 장소, 회식이나 기업 행사 등의 장소에서 발생한 경우, 사내 메신저・SNS 등 온라인에서 발생한 경우도 인정 가능하다.

check point 익명성이 보장되는 온라인에서의 폭언의 직장 내 괴롭힘 여부

> 익명성이 보장되는 게시판 등에 특정 인물에 대한 폭언을 하는 등의 행위는 행위자 특정도 어렵고 '우위성'을 이용한 행위라고 보기 어려워, 근로기준법상 직장 내 괴롭힘에 해당된다고 보기는 곤란한다.

직장내 성희롱에 대한 판례나 인권위 결정례를 참고하면, 근무시간 외 직장 밖에서 만난 경우, 퇴근길에서 일어난 경우도 가능하다.

(4) 행위요건

가) 직장에서의 지위 또는 관계 등의 우위를 이용할 것

우위성은 피해 근로자가 저항 또는 거절하기 어려울 개연성이 높은 상태가 인정되어야 하며, 행위자가 이러한 상태를 이용해야 한다.

우위의 이용은 직장에서의 지위나 관계 등의 우위를 이용하여 행위한 것이 아니라면 직장 내 괴롭힘에 해당하지 않는다.

복합적 우위는 지위, 관계 중 여러 요소가 복합적으로 우위성을 형성할 수도 있으며, 명확히 구분되지 않을 수도 있다.

[지위의 우위]

기본적으로 지휘명령 관계에서 상위에 있는 경우를 말하나, 직접적인 지휘명령 관계에 놓여있지 않더라도 회사 내 직위・직급 체계상 상위에 있음을 이용한다면 지위의 우위성 인정 가능하다.

직장내 성희롱 관련 판례의 입장을 통해 볼 때, 사용자가 행위자인 경우 지위의 우위성이 쉽게 인정 가능하다. 사실상 관리・감독적 관계에서 지위를 이용하거나 업무와 관련하여 영향력을 행사할 수 있는 경우도 지위의 우위성이 인정될 수 있다.

[관계의 우위]

상대방이 저항 또는 거절하기 어려울 개연성이 높은 상태로 인정되는 경우로써, 사실상 우위를 점하고 있다고 판단되는 모든 관계가 포함될 수 있다.

구분	예시
수적측면	◦ 개인 對 집단 등
인적속성	◦ 연령 · 학벌 · 성별 · 출신지 · 인종 등
업무역량	◦ 근속연수 · 전문지식 등
근로자 조직 구성원 여부	◦ 노동조합, 직장협의회 등
업무의 직장 내 영향력	◦ 감사 · 인사부서 등
정규직 · 계약직 여부	◦ 정규직 여부 등

행위자가 피해자와의 관계에서 우위성이 있는지는 특정 요소에 대한 사업장 내 통상적인 사회적 평가를 토대로 판단하되, 관계의 우위성은 상대적이므로 행위자-피해자 간에 이를 달리 평가해야 할 특별한 사정이 있는 지도 함께 확인이 필요하다.

나) 업무상 적정범위를 넘을 것

사용자가 모든 직장내 인간관계의 갈등 상황에 대하여 근로기준법에 따른 조치를 취해야 하는 것은 아니므로, 행위자가 피해자에 비하여 우위성이 인정되더라도 문제된 행위가 업무관련성이 있는 상황에서 발생한 것일 필요가 있다.

> 사용자 또는 근로자가 직장에서의 지위 또는 관계 등의 우위를 이용하여 업무상 적정 범위를 넘어 다른 근로자에게 신체적 정신적 고통을 주거나 근무환경을 악화시켰다면, 이는 위법한 '직장 내 괴롭힘'으로서 피해 근로자에 대한 민사상 불법행위책임의 원인이 된다. '직장 내 괴롭힘'에는 '폭행 상해 등의 신체적 공격행위'나 '폭언 협박 등의 정신적인 공격행위'와 같이 명백히 업무 범위를 벗어나는 행위 뿐만 아니라 '업무상 명백히 불필요한 것이거나 수행 불가능한 것을 강제하는 행위', '업무상의 합리성이 없이 능력이나 경험에서 동떨어진 정도의 낮은 업무를 명령하는 행위' 등 외견상으로 업무 범위 내의 행위로 보이는 행위도 포함된다(대구지법 2022. 6.15., 2021나314644 판결).

다만, 여기에서 업무관련성은 '포괄적인 업무관련성'을 의미한다고 보아야 할 것이므로, 직접적인 업무수행 중에서 발생한 경우가 아니더라도 업무수행에 편승하여 이루어졌거나 업무수행을 빙자하여 발생한 경우 업무관련성 인정 가능하다.

개인적 용무 중에 발생한 갈등 상황은 그것이 직장 내 구성원 간에 벌어진 일이라 하더라도 업무수행에 편승하여 이루어졌거나 업무수행을 빙자하여 이루어졌다는 특별한 사정이 없는 한 사용자에 법상 조치의무를 부담하는 직장내 괴롭힘에 해당한다고 보기는 어렵다.

'성희롱'을 정의한 구 남녀차별금지 및 구제에 관한 법률 제2조제2호에서의 '지위를 이용하거나 업무 등과 관련하여'라는 요건은 포괄적인 업무관련성을 나타낸 것으로, 업무수행의 기회나 업무수행에 편승하여 성적 언동이 이루어진 경우 뿐 아니라 권한을 남용하거나 업무수행을 빙자하여 성적 언동을 한 경우도 이에 포함되고, 어떠한 성적 언동이 업무관련성이 인정되는지 여부는 쌍방 당사자의 관계, 행위가 행해진 장소 및 상황, 행위의 내용 및 정도 등의 구체적 사정을 참작하여 판단하여야 한다 (대법 2006.12.21., 2005두13414).

문제된 행위가 업무상 적정범위를 넘는 것으로 인정되기 위해서는 ① 그 행위가 사회 통념에 비추어 볼 때 업무상 필요성이 인정되지 않거나, ② 업무상 필요성은 인정되더라도 그 행위 양태가 사회 통념에 비추어 볼 때 상당하지 않다고 인정되어야 한다. 따라서 업무상 지시, 주의·명령에 불만을 느끼는 경우라도 그 행위가 사회 통념상 업무상 필요성이 있다고 인정될 경우에는 직장내 괴롭힘으로 인정하기는 곤란하다. 다만, 지시, 주의·명령의 양태가 폭행이나 과도한 폭언을 수반하는 등 사회통념상 상당성을 결여 하였다면, 업무상 적정범위를 넘었다고 볼 수 있으므로 직장 내 괴롭힘에 해당될 수 있다.

또한, 업무상 필요가 인정되더라도 사업장 내 동종 유사업무를 수행하는 근로자에 비하여 합리적 이유 없는 문제 행위라면, 사회통념적으로 상당하지 않은 직장내 괴롭힘으로 볼 수 있다.

업무상 필요성이 있는지 여부는 근로계약, 단체협약, 취업규칙 및 관계법령에서 정한 내용에 비추어 판단한다.

다) 신체적 · 정신적 고통을 주거나 근무환경을 악화시키는 행위일 것

'근무환경 악화'란, 그 행위로 인하여 피해자가 능력을 발휘하는 데 간과할 수 없을 정도의 지장이 발생하는 것을 의미한다.

근무 공간을 통상적이지 않은 곳으로 지정(예 : 면벽근무 지시)하는 등 인사권의 행사범위에는 해당하더라도 사실적으로 볼 때 근로자가 업무를 수행하는 데 적절한 환경 조성이 아닌 경우 근무환경이 악화된 것으로 볼 수 있다.

행위자의 의도가 없었더라도 그 행위로 신체적 · 정신적 고통을 받았거나 근무환경이 악화되었다면 인정 가능하다.

[종합적 판단]

남녀고용평등법상 직장내 성희롱에 관한 판례를 참고해 볼 때, 직장내 괴롭힘이 성립되는지에 대하여는, 당사자의 관계, 행위가 행해진 장소 및 상황, 행위에 대한 피해자의 명시적 또는 추정적인 반응의 내용, 행위의 내용 및 정도, 행위가 일회적 또는 단기간의 것인지 또는 계속적인 것인지 여부 등의 구체적인 사정을 참작하여 종합적으로 판단하되,

객관적으로 피해자와 같은 처지에 있는 일반적이고도 평균적인 사람의 입장에서 신체적 · 정신적 고통 또는 근무환경 악화가 발생할 수 있는 행위가 있고, 그로 인하여 피해자에게 신체적 · 정신적 고통 또는 근무환경의 악화의 결과가 발생하였음이 인정되어야 한다.

> 손해배상책임의 요건에 해당하는 '직장 내 괴롭힘'은 당사자의 관계 · 행위가 행해진 장소 및 상황 · 행위에 대한 피해자의 반응 · 행위의 내용 및 정도 · 행위가 지속된 기간 등과 같은 사정을 종합적으로 살펴 판단하되, 피해자와 비슷한 처지에 있는 보통의 사람 입장에서 보아 신체적 · 정신적 고통 또는 근무환경 악화가 발생할 수 있는 행위가 있고, 그로 인하여 피해자에게 신체적 · 정신적 고통 또는 근무환경의 악화라는 실제 결과가 발생하였음이 인정되어야 한다(수원지방법원안산지원 2021. 1.29., 2020가단68472).

3. 유형별 직장내 괴롭힘

1) 「사용자」의 직장내 괴롭힘

사용자의 직장내 괴롭힘은 행위자가 사용자, 사용자의 배우자 및 4촌이내의 혈족·인척으로 해당 사업 또는 사업장의 근로자인 경우이고, 여기서 사용자는 근로기준법 제2조의 사업주 또는 사업 경영 담당자, 그 밖에 근로자에 관한 사항에 대하여 사업주를 위하여 행위하는 자이다.

(혈족 : 민법 제768조)
자기의 직계존속과 직계비속을 **직계혈족**이라 하고 자기의 형제자매와 형제자매의 직계비속, 직계존속의 형제자매 및 그 형제자매의 직계비속을 **방계혈족**이라 한다.
〈예〉 부·모·자녀(1촌), 형제자매(2촌 : 언니, 동생, 형, 오빠), 형제자매의 직계비속(3촌 : 조카), 직계존속의 형제자매(3촌 : 이모, 고모, 백부, 숙부, 외삼촌 등), 직계존속의 형제자매의 직계비속(4촌 : 이모·고모·백부·숙부 등의 자녀)

(인척 : 민법 제769조)
혈족의 배우자, 배우자의 혈족, 배우자의 혈족의 배우자를 인척으로 한다.
〈예〉 '4촌 이내 혈족의 배우자', '배우자의 4촌 이내 혈족', '배우자의 4촌 이내 혈족의 배우자' → 모두 4촌 이내의 인척에 해당함

괴롭힘 행위자가 사용자의 배우자, 4촌 이내의 혈족·인척이라 할지라도 해당 사업 또는 사업장의 근로자가 아닌 경우에는 근로기준법상 직장내 괴롭힘 조항이 적용되지 않는다.

행위자 개인에 대해 즉시 과태료 부과한다(시정기간 미부여).

괴롭힘 행위가 인정되는 경우 → 행위자인 사용자, 사용자의 배우자, 4촌 이내의 혈족·인척에게 1천만원 이하 과태료* 부과한다.

* 근로기준법 시행령 [별표 7]에 따라 200만원~1,000만원

〈제76조의2(사용자 괴롭힘 과태료)와 제76조의3 ④·⑤ (조치위반 과태료) 관계〉
제76조의2에 따라 사용자(배우자, 4촌이내 혈족·인척 포함)의 괴롭힘 행위에 대한 과태료 부과 후, 사용자가 제76조의3제4항 및 제5항의 '피해근로자 보호조치, 행위자에 대한 징계 등 조치'를 이행하지 않는 경우 별도 과태료 부과 가능하다.

2) 파견근로자에 대한 직장내 괴롭힘

(1) 원칙

> 파견사업주는 근로자와 근로계약을 체결하는 당사자로 당연히 사용자이며, 사용사업주는 근로자파견계약에 따라 파견근로자를 사용하는 자로, 파견근로자는 사용사업주의 지휘·명령을 받아 사용사업주를 위한 근로에 종사하는 자로서 파견법에서 사업주로 규정한다.

파견근로는 파견사업주·사용사업주 모두 근로기준법의 사용자로 보아 근로기준법을 적용한다(파견법 제34조제1항).

근로기준법 '직장내 괴롭힘' 규정(제76조의2, 제76조의3)의 사용자 의무·책임도 파견사업주 및 사용사업주 모두에게 있다. 따라서, 파견사업주·사용사업주가 공동으로 조사·조치하는 것이 가장 바람직하다. 다만, 피해자 보호조치와 가해자에 대한 징계 등 조치는 해당 조치를 이행할 권한이 있는 사업주가 해야 할 것이다.

공동 조사·조치가 어려운 경우 사용사업장에서 근로를 제공하는 과정에서 발생한 괴롭힘이므로, 사용사업주가 사용사업장의 예방·대응 체계에 따라 조사·조치하고 조치의 성격상 파견사업주가 이행해야 할 내용은 파견사업주에게 통보하고, 파견사업주는 취업규칙 등 사내 규범에 따라 적절한 조치를 해야 한다.

(2) 조치 대상

파견사업주 및 사용사업주 모두에게 직장내 괴롭힘 규정의 사용자 의무·책임이 있으므로 사용자의 조사·조치 의무 관련 시정지도·시정지시(불응시 과태료) 등의 조치는 원칙적으로 파견사업주·사용사업주 모두에게 할 수 있다. 다만, 조사·조치 의무 위반에 대한 과태료 부과는 그 조치를 할 권한과 책임이 있는 사용자에게 부과해야 할 것이다.

행위자에 대한 징계 등 조치는 행위자가 파견근로자인 경우에는 파견사업주에게 권한이 있으므로 파견사업주에게 과태료 부과하고, 행위자가 사용사업주 소속 근로자인 경우에는 사용사업주에게 권한이 있으므로 사용사업주에게 과태료 부과해야 한다.

(3) 사례별 사용자 의무 · 책임 주체

피해근로자 등에 대한 근무장소 변경 등 보호조치, 가해자에 대한 징계 등 필요 조치는 피해자 및 피해 상황, 사업장의 개별적 상황에 따라 의무 · 책임의 주체가 달라질 수 있다.

〈파견근로자가 피해자이고, 사용사업주 소속 근로자가 가해자인 경우〉

◦ (가해자에 대한 징계, 근무장소 변경 조치)
가해자에 대한 징계 등 조치는 사용사업주만이 할 수 있으므로 사용사업주에게 조치 의무 이행 책임이 있다.

◦ (피해자 보호를 위한 근무장소 분리 조치)
피해자 보호를 위한 근무장소 분리 책임은 원칙적으로 사용사업주에게 있으나, 피해자 보호를 위해 근무장소 분리가 불가피하나 사용사업장의 상황이 장소 분리가 불가능하다면 피해자의 동의 하에 파견사업주가 다른 사용사업장으로 파견을 보낼 수 있을 것이다.

〈파견근로자가 가해자이고, 사용사업주 소속 근로자가 피해자인 경우〉

◦ (가해자에 대한 징계, 근무장소 변경 조치)
파견근로자에 대한 징계 등 조치는 파견사업주만이 할 수 있으므로 징계 등 조치 의무 이행 책임은 파견사업주에게 있다.

◦ (피해자 보호를 위한 근무장소 분리 조치)
피해자에 대한 근무장소 변경, 유급휴가 명령 등 보호조치는 사용사업주만이 할 수 있으므로 조치 의무 이행 책임은 사용사업주에게 있다.

3) 원 · 하청 관계에서의 직장내 괴롭힘

원청근로자와 하청근로자는 같은 사용자를 대상으로 근로계약을 체결한 것이 아니므로, 원・하청 근로자・사용자 사이의 괴롭힘은 원칙적으로 근로기준법상 직장내 괴롭힘 규정이 적용되지 않는다.

다만, 형식은 원하청 관계이나 원청이 하청 직원에 대해 인사권한 행사, 구체적 업무지시 등으로 불법파견으로 인정되는 경우에는 원청사업주에게 사용사업주 지위가 인정되므로 파견근로자와 동일하게 직장내 괴롭힘 규정이 적용될 수 있다.

check point 사내하도급 근로자 가이드라인(2020.11, 일부 발췌)

3. 괴롭힘 및 성희롱 예방 · 대응조치

가. 도급사업주 조치사항

(1) 도급사업주는 소속 근로자가 사내하도급 관계에서의 우위를 이용하여 업무상 적정한 범위를 넘어 사내하도급 근로자에게 신체적 · 정신적 고통을 주거나 근무환경을 악화시키는 행위(이하 "괴롭힘"이라 한다)와 성희롱을 예방하고 괴롭힘이나 성희롱이 발생하는 경우 조치 등에 관한 내용을 취업규칙에 규정한다.

(2) 도급사업주는 소속 근로자에게 사내하도급 근로자에 대한 성희롱 금지와 예방 등을 위한 사항을 포함하여 교육을 실시한다.

(3) 도급사업주 소속 근로자와 사내하도급 근로자 간의 괴롭힘 또는 성희롱이 문제되어 수급사업주가 조사를 실시하는 경우에 도급사업주는 이에 적극적으로 협조하고, 필요한 경우 수급사업주와 공동조사를 실시한다.

(4) 도급사업주는 사내하도급 근로자에 대한 소속 근로자의 괴롭힘 또는 성희롱 발생 사실이 확인된 때에는 해당 소속 근로자에 대한 근무장소 변경 등 필요한 조치를 한다.

(5) 도급사업주는 괴롭힘 또는 성희롱에 대한 신고 또는 주장을 이유로 해당 사내하도급 근로자 및 수급사업주에 대하여 불이익한 조치를 하지 않는다.

나. 수급사업주 조치사항

(1) 수급사업주는 사내하도급 근로자에 대한 괴롭힘 또는 성희롱 발생 사실의 신고가 접수되거나 그 사실을 인지한 경우에는 지체 없이 그 사실에 대한 조사를 실시한다.

(2) 수급사업주는 조사 기간 동안 괴롭힘 또는 성희롱과 관련하여 피해를 입었거나

입었다고 주장하는 사내하도급 근로자에 대해서는 본인의 의사에 반하지 않는 범위에서 업무의 일시적 중단, 휴게시간 연장, 근무장소 변경, 유급휴가 명령 등 적절한 보호조치를 한다.

(3) 수급사업주는 조사 결과 괴롭힘 또는 성희롱 발생 사실이 확인된 때에는 즉시 이를 도급사업주에게 통보하고, 피해 사내하도급 근로자에 대해서는 본인이 요청하면 근무장소 변경, 유급휴가 명령 등 적절한 조치를 한다.

4) 고객 등 제3자의 근로자에 대한 직장내 괴롭힘

고객 등 제3자의 폭언은 근로기준법상 직장 내 괴롭힘 규정이 적용될 수 없다. 다만, 산업안전보건법에 따른 처리를 원하는 경우, 진정을 제기할 수 있다.

check point **고객 등 제3자 괴롭힘으로부터의 근로자 보호를 위한 사업주 의무**

산업안전보건법 제41조(고객의 폭언등으로 인한 건강장해 예방조치 등)

① 사업주는 주로 고객을 직접 대면하거나 「정보통신망 이용촉진 및 정보보호 등에 관한 법률」 제2조제1항제1호에 따른 정보통신망을 통하여 상대하면서 상품을 판매하거나 서비스를 제공하는 업무에 종사하는 고객응대근로자에 대하여 고객의 폭언, 폭행, 그 밖에 적정 범위를 벗어난 신체적 · 정신적 고통을 유발하는 행위(이하 이 조에서 "폭언등"이라 한다)로 인한 건강장해를 예방하기 위하여 고용노동부령으로 정하는 바에 따라 필요한 조치를 하여야 한다.

② 사업주는 업무와 관련하여 **고객 등 제3자의 폭언등으로** 근로자에게 건강장해가 발생하거나 발생할 현저한 우려가 있는 경우에는 업무의 일시적 중단 또는 전환 등 대통령령으로 정하는 필요한 조치를 하여야 한다.

③ **근로자는** 사업주에게 제2항에 따른 조치를 요구할 수 있고, **사업주**는 근로자의 요구를 이유로 해고 또는 그 밖의 불리한 처우를 해서는 아니 된다.

제170조(벌칙) 다음 각 호의 어느 하나에 해당하는 자는 1년 이하의 징역 또는 1천만원 이하의 벌금에 처한다.

1. 제41조제3항(제166조의2에서 준용하는 경우를 포함한다)을 위반하여 해고나 그

밖의 불리한 처우를 한 자

제175조(과태료) ④ 다음 각 호의 어느 하나에 해당하는 자에게는 1천만원 이하의 과태료를 부과한다.

3. 제41조제2항(제166조의2에서 준용하는 경우를 포함한다), 제42조제1항 · 제5항 · 제6항, 제44조제1항 전단, 제45조제2항, 제46조제1항, 제67조제1항, 제70조제1항, 제70조제2항 후단, 제71조제3항 후단, 제71조제4항, 제72조제1항 · 제3항 · 제5항(건설공사도급인만 해당한다), 제77조제1항, 제78조, 제85조제1항, 제93조제1항 전단, 제95조, 제99조제2항 또는 제107조제1항 각 호 외의 부분 본문을 위반한 자

산업안전보건법 시행령 제41조(제3자의 폭언등으로 인한 건강장해 발생 등에 대한 조치)

법 제41조제2항에서 "업무의 일시적 중단 또는 전환 등 대통령령으로 정하는 필요한 조치"란 다음 각 호의 조치 중 필요한 조치를 말한다.

1. 업무의 일시적 중단 또는 전환
2. 「근로기준법」 제54조제1항에 따른 휴게시간의 연장
3. 법 제41조제1항에 따른 폭언등으로 인한 건강장해 관련 치료 및 상담 지원
4. 관할 수사기관 또는 법원에 증거물 · 증거서류를 제출하는 등 법 제41조제1항에 따른 인한 고소, 고발 또는 손해배상 청구 등을 하는 데 필요한 지원

산업안전보건법 시행규칙 제41조(고객의 폭언등으로 인한 건강장해 예방조치)

사업주는 법 제41조제1항에 따라 건강장해를 예방하기 위하여 다음 각 호의 조치를 해야 한다.

1. 법 제41조제1항에 따른 폭언등을 하지 않도록 요청하는 문구 게시 또는 음성 안내
2. 고객과의 문제 상황 발생 시 대처방법 등을 포함하는 고객응대업무 매뉴얼 마련
3. 제2호에 따른 고객응대업무 매뉴얼의 내용 및 건강장해 예방 관련 교육 실시
4. 그 밖에 법 제41조제1항에 따른 고객응대근로자의 건강장해 예방을 위하여 필요한 조치

5) 불리한 처우 금지 위반

불리한 처우 금지(제76조의3제6항) 위반에 대해서는 형사처벌 규정이 있으므로 진정 또는 고소·고발 모두 가능하다.

제76조의3제6항 외 직장내 괴롭힘 규정에는 형사처벌 규정이 없으므로 그 외 조항 위반에 대해서는 진정을 제기해야 한다.

사용자는 직장내 괴롭힘 사실을 신고하였거나 피해를 주장하였음을 이유로 해고나 그 밖의 불리한 처우를 하여서는 아니된다.

위반 시 3년 이하의 징역 또는 3천만원 이하의 벌금에 처하며, 민사적으로 손해배상 청구 가능하다.

〈괴롭힘이 불 인정된 경우에도 불리한 처우로 처벌 가능〉
신고한 내용이 직장내 괴롭힘으로 인정되지 않았어도, 신고한 근로자·피해근로자 등에 불리한 처우를 하면 처벌될 수 있다.

[판단 기준]

사용자의 조치가 피해근로자 등에 대한 불리한 조치로서 위법한 것인지 여부는 아래의 사항들을 종합적으로 판단하여야 한다.

(가) 불리한 조치가 직장 내 괴롭힘에 대한 문제 제기 등과 근접한 시기에 있었는지

(나) 불리한 조치를 한 경위와 과정, 불리한 조치를 하면서 내세운 사유가 피해근로자 등의 문제 제기 이전부터 존재하였던 것인지

(다) 피해근로자 등의 행위로 인한 타인의 권리나 이익 침해 정도와 불리한 조치로 피해근로자 등이 입은 불이익 정도

(라) 불리한 조치가 종전 관행이나 동종 사안과 비교하여 이례적이거나 차별적인 취급인지 여부

(마) 불리한 조치에 대하여 피해근로자 등이 구제신청을 한 경우, 그 경과 등

check point 불리한 처우 여부의 판단 기준(예시)

근로기준법 제76조의2제6항과 유사하게 규정되어 있는 남녀고용평등법 제14조제6항과 관련한 **판례**(대법 2017.12.22., 2016다202947 판결)에서 **제시한 '불리한 처우' 판단 기준**을 참조

◦ 직장내 괴롭힘을 신고한 근로자 및 피해근로자 등에게 해고나 그 밖의 불리한 처우를 한 경우 근로기준법 제76조의2제6항 위반에 해당. 다만 아래의 경우에는 법 위반에 해당하지 않는다.

- 사업주의 조치가 직장 내 괴롭힘 피해나 그와 관련된 문제 제기와 무관한 경우
- 사업주의 조치가 직장 내 괴롭힘과 별도의 정당한 사유가 있는 경우

◦ 사업주의 조치가 피해근로자 등에 대한 불리한 조치로서 위법한 것인지 여부는 아래 기준을 종합적으로 고려하여 판단한다.

① 불리한 조치가 직장 내 괴롭힘에 대한 문제 제기 등과 근접한 시기에 있었는지
② 불리한 조치를 한 경위와 과정
③ 불리한 조치를 하면서 사업주가 내세운 사유가 피해근로자 등의 문제 제기 이전부터 존재하였던 것인지
④ 피해근로자 등의 행위로 인한 타인의 권리나 이익 침해 정도와 불리한 조치로 피해근로자 등이 입은 불이익 정도
⑤ 불리한 조치가 종전 관행이나 동종 사안과 비교하여 이례적이거나 차별적인 취급인지 여부
⑥ 불리한 조치에 대하여 피해근로자 등이 구제신청 등을 한 경우에는 그 경과
  * 불리한 처우의 예는 **남녀고용평등법 제14조제6항**을 참조

◦ 남녀고용평등법 제14조(직장 내 성희롱 발생 시 조치) ⑥ 사업주는 성희롱 발생 사실을 신고한 근로자 및 피해근로자 등에게 다음 각 호의 어느 하나에 해당하는 불리한 처우를 하여서는 아니 된다.

1. 파면, 해임, 해고, 그 밖에 신분상실에 해당하는 불이익 조치
2. 징계, 정직, 감봉, 강등, 승진 제한 등 부당한 인사조치
3. 직무 미부여, 직무 재배치, 그 밖에 본인의 의사에 반하는 인사조치
4. 성과평가 또는 동료평가 등에서 차별이나 그에 따른 임금 또는 상여금 등의 차별 지급
5. 직업능력 개발 및 향상을 위한 교육훈련 기회의 제한
6. 집단 따돌림, 폭행 또는 폭언 등 정신적 · 신체적 손상을 가져오는 행위를 하거나 그 행위의 발생을 방치하는 행위
7. 그 밖에 신고를 한 근로자 및 피해근로자등의 의사에 반하는 불리한 처우

6) 직장내 괴롭힘 관련 취업규칙 신고

제93조(취업규칙의 작성 · 신고) 상시 10명 이상의 근로자를 사용하는 사용자는 다음 각 호의 사항에 관한 취업규칙을 작성하여 고용노동부장관에게 신고하여야 한다. 이를 변경하는 경우에도 또한 같다.
11. 직장 내 괴롭힘의 예방 및 발생 시 조치 등에 관한 사항
→ 500만원 이하의 과태료 부과 (제116조 제2항)

(1) 취업규칙 개정 시기

원칙적으로 개정 법 시행일인 2019.7.16.까지 취업규칙에 '직장내 괴롭힘의 예방 및 발생 시 조치 등에 관한 사항'을 필수적으로 기재한다.

법 시행일 이후 취업규칙에 동 필수기재 사항이 규정되어 있지 않은 경우, 근로감독관집무규정 별표3에 따라 시정지시(25일 이내) 및 미시정시 과태료(500만원 이내)를 부과한다.

(2) 심사 기준

가) 내용심사

종합적으로 보아 직장내 괴롭힘 예방 및 발생 시 조치가 구체적 · 체계적으로 갖추어졌는지 확인한다.

징계사유에 직장내 괴롭힘을 징계사유로 추가하는 것은 근로기준법 제93조 제11호에 따른 필수기재사항은 아니므로, 징계사유가 추가되지 않은 것은 변경명령 대상 아니다. 다만, 징계사유를 명확히 하는 측면에서 징계사유에 명시하도록 시정지도는 가능하다.

나) 요건 심사

직장내 괴롭힘 행위자에 대한 사내 징계규정을 신설 또는 강화하는 경우에는 근로조건의 불이익한 변경으로 근로자 과반수의 동의를 얻을 필요가 있다.

다만, 개정 인사규정이 포괄적 · 추상적으로 규정되어 있던 개정 전 인사규정의 징계사유와 징계종류를 세목화하여 상세히 규정한 것에 불과한 경우에는 불이익하게 변경된 것이 아님(대법 1999.6.22., 98두6647)

그 외의 '직장내 괴롭힘 예방과 발생 시 조치 사항' 관련 내용은 근로자 과반수의 의견을 들어 정하면 된다.

check point 실무사례

성희롱이 성립하기 위해서는 행위자에게 반드시 성적 동기나 의도가 있어야 하는 것은 아니지만, **당사자의 관계**, 행위가 행해진 장소 및 상황, 행위에 대한 **상대방의 명시적** 또는 **추정적인** 반응의 내용, 행위의 내용 및 정도, 행위가 **일회적** 또는 **단기간의** 것인지 아니면 **계속적인** 것인지 여부 등의 구체적 사정을 참작하여 볼 때, **객관적으로** 상대방과 같은 처지에 있는 **일반적**이고도 **평균적인** 사람으로 하여금 성적 굴욕감이나 혐오감을 느낄 수 있게 하는 행위가 있고, 그로 인하여 행위의 상대방이 성적 굴욕감이나 혐오감을 느꼈음이 인정되어야 한다(대법 2018.4.12., 2017두74702).

직장 내 괴롭힘이나 직장상사의 폭언, 모욕적인 언행 등이 불법행위가 되기 위해서는, 이로 인해 상대방이 다소 기분이 상한다거나 스트레스를 받는 정도로는 부족하고 상대방으로 하여금 **감내할 수 없는 정신적 고통을** 초래할 만한 행위이거나 **인격권을 침해**하는 수단으로 한 경우에까지 이르러야 할 것이며, 또한 그러한 정도에 이르렀는지 여부에 관하여는, 상대방이 개별적인 기질 내지 특성 등으로 위와 같은 상황에 취약하다는 점을 가해자가 미리 알고 있었거나 알 수 있었다는 등의 특별한 사정이 없는 이상, **일반적이고 평균적인 사람이 기준**이 되어야 한다고 할 것인바…(광주지방법원 2021.8.24., 2020가단506023)

손해배상책임의 요건에 해당하는 **'직장 내 괴롭힘'**은 당사자의 관계 · 행위가 행해진 장소 및 상황 · 행위에 대한 피해자의 반응 · 행위의 내용 및 정도 · 행위가 지속된 기간 등과 같은 사정을 종합적으로 살펴 판단하되, 피해자와 비슷한 처지에 있는 **보통의 사람 입장**에서 보아 신체적 · 정신적 고통 또는 근무환경 악화가 발생할 수 있는 행위가 있고, 그로 인하여 피해자에게 신체적 · 정신적 고통 또는 근무환경의 악화라는 실제 결과가 발생하였음이 인정되어야 한다(수원지방법원안산지원 2021.1.29., 2020가단68472).

4. 유형별 사건처리 절차

1) 사업장에 신고하지 않고 지방관서에 처음 신고한 경우

(1) 진정인에게 진정사건 처리절차 안내 후, 처리 의사 확인한다.

(2) 진정인이 직접 사업장에 신고할 의사를 표하고 지방관서의 별도 조치 등을 원하지 않는 경우 : 제도 안내 후 종결처리한다.

(3) 지방관서 조치를 원하는 경우

가) 괴롭힘 행위자가 근로자인 경우

(가) 사용자에게 사업장 내 자체 조사·조치 후 결과 보고토록 시정지도한다. 행위자에 대해 징계, 배치전환, 피해자에 대한 사과 등의 조치 여부 및 피해자에 대해서는 배치전환, 유급휴가 등의 조치를 취하였는지를 확인한다.

(나) 사용자가 괴롭힘 발생사실을 신고받은 바 없고 인지하지도 못한 경우는, 조사 미실시가 법 위반이 아니므로 시정지시가 아닌 시정지도 조치한다.

(다) 시정지도 후 이행결과를 보고받아 조사·조치의무 미이행 등 법 위반이 확인된 경우에는 시정지시(불응시 과태료) 실시

(라) 법 위반 확인 과정에서 신고인의 진술·주장과 다른 내용이 있다면 사실관계를 확인하여 조사·조치의 법 위반 판단한다.

나) 괴롭힘 행위자가 사용자인 경우

사용자의 직장내 괴롭힘 사건의 경우와 같이 사업장 내 자체조사 시정 지도와 근로감독관 직접 조사 병행한다. 괴롭힘 행위자가 사용자의 배우자 및 4촌 이내의 혈족·인척으로 해당 사업 또는 사업장의 근로자인 경우를 포함한다.

〈근로감독관 직접조사와 사업장 자체 조사를 병행하는 이유〉
근로기준법 제76조의3 제2항에 의거 모든 직장내 괴롭힘에 대해 사용자에게 조사 의무가 있으므로 근로감독관이 직접 조사한다고 하여 사용자의 조사 의무가 면제될 수 없다.

2) 사업장에 신고하였으나, 사용자가 조사 · 조치를 실시하지 않음을 이유로 지방관서에 신고한 경우

(1) 조사 미실시가 사실로 확인된 경우, 동 사업장에서 최근 3년 동안 직장 내 괴롭힘 조사의무 위반으로 시정지시 또는 과태료를 부과받은 이력이 있는지 확인하여,

가) (괴롭힘 행위자가 근로자 · 사용자인 경우) 모두 3년 내 조사의무 위반으로 시정지시 또는 과태료를 부과받은 이력이 있는 경우, 제76조의3 제2항 위반으로 즉시 과태료 부과(근로감독관집무규정 별표3)하고, 근로감독관이 직접 조사한다.

나) 조사의무 위반의 경우에만 즉시 과태료를 부과하고, 피해자 · 행위자에 대한 조치의무 위반으로 시정지시 · 과태료를 부과받은 경우에는 즉시 과태료 부과 대상이 아니다.

다) 사업장 내 자체조사토록 시정지시 병행 → 시정지시 불응 시, 이미 조사의무 위반에 대해 즉시 과태료가 부과되어 추가적으로 과태료를 부과할 수 없으나, 피해자 · 행위자에 대한 조치 미이행에 대해 추가 과태료를 부과할 수 있다.

라) 3년 내 조사의무 위반으로 시정지시 또는 과태료를 부과받은 이력이 없는 경우

(가) 괴롭힘 행위자가 근로자인 경우

사용자에게 해당 사건을 조사 · 조치하도록 시정지시한다(불응 시 과태료 부과 및 근로감독관 직접조사).

(나) 괴롭힘 행위자가 사용자인 경우

사업장 내 자체조사 시정지시와 근로감독관이 직접 조사를 병행한다.

(2) 사용자 조사를 통해 괴롭힘이 인정되었으나, 행위자 및 피해자에 대해 조치하지 않음을 진정한 경우

사용자에게 해당 사건에 대한 적절한 조치를 취하도록 시정지시 → 미이행 시 과태료를 부과한다.

가) 행위자에 대해 징계, 배치전환, 피해자에 대한 사과 등 조치

나) 피해자에 대해 배치전환, 유급휴가 등 조치

3) 사용자가 자체 조사·조치하였으나 사용자 조사·조치 결과에 불복하여 지방관서에 신고한 경우

(1) 진정인이 제시하는 주장·증거를 통해, 사업장에서 실시한 조사·조치 결과를 확인하여 명백히 불합리한 사정이 있는지 검토한다.

check point 명백히 불합리한 사정이 있는지 여부의 판단 기준(예시)

① 조사·조치 과정에서 근기법 76조의3제2항부터 제5항, 또는 취업규칙에 규정된 절차를 위반한 사실이 확인된 경우
- 제2항(조사 실시) 당사자 등을 대상으로 사실 확인을 위한 객관적 조사 실시
- 제3항(조사기간 중) 피해근로자 등에 대한 적절한 조치는 피해근로자등의 의사에 반해서는 안됨
- 제4항 및 제5항(괴롭힘 판단 이후) 피해근로자가 요청할 경우 피해근로자에게 적절한 조치, 피해근로자의 의견을 청취하여 행위자를 조치한다.

② 조사과정에서 진정인이나 주요 참고인에게 진술기회가 주어지지 않거나, 진정인이 제시하는 주장이나 증거가 합리적인 이유 없이 배제된 것이 확인된 경우

③ 판단과정에서 행위자가 개입하였다는 사정이 확인된 경우

④ 판단의 사실관계를 확정하는 증거가 허위임이 입증된 경우 등

(2) 사업장의 조사가 명백히 불합리한 경우

근로감독관이 **직접 조사**, 동시에 사업장에 **재조사**를 하도록 시정지시한다.

(3) 사용자는 재조사로 괴롭힘을 불인정하고, 근로감독관은 직접 조사하여 괴롭힘을 인정한 경우

가) 근로감독관 직접 조사 결과와 사용자의 재조사 결과가 다르다는 사유만으로는 객관적 조사 미이행으로 볼 수 없으나, 명백히 불합리한 사유가 있음에도 괴롭힘을 불인정한 것은 객관적 조사 미이행이므로 사용자에게 명백히 불합리한 사정 등 근로감독관의 조사 결과 및 근거를 구체적으로 통보하고 제76조의3 제2항 위반으로 과태료를 부과한다.

* 명백히 불합리한 사정이 있는지 여부의 판단 기준(예시) 등 참조

나) 제76조의3 제2항 위반에 대해 과태료 부과 이후, 제4항 및 제5항 피해근로자 및 행위자에 대한 조치에 대해 시정지시 및 과태료를 부과한다.

check point **사용자 재조사 결과 괴롭힘 불인정시(과태료 부과 근거)**

(근로기준법) 제76조의3

② 사용자는 제1항에 따른 신고를 접수하거나 직장내 괴롭힘 발생 사실을 인지한 경우에는 지체 없이 당사자 등을 대상으로 그 사실 확인을 위하여 객관적으로 조사를 실시하여야 한다.

(근로기준법 시행령 [별표 7]) 제60조 과태료의 부과기준

◦ 사용자가 법 제76조의3제2항을 위반하여 직장내 괴롭힘 발생 사실 확인을 위한 조사를 실시하지 않은 경우
  - '시행령 별표7'은 '제76조의3제2항을 위반하여 사실 확인을 위한 조사를 실시하지 않은 경우'라고 규정, 이는 단순히 조사를 실시하지 않은 경우만 과태료를 부과할 수 있는 것이 아니라, 객관적으로 조사를 실시하지 않은 것도 제76조의3제2항에 규정된 '객관적 조사'의무를 위반한 것이므로 과태료 부과 대상임
  * 상위법령인 법률(근로기준법 제76조의3제2항 및 제116조제2항)에서 객관적 조사 의무를 규정하고 위반시 과태료를 부과하도록 규정한 것을 하위법령인 시행령 [별표 7]을 근거로 객관적 조사 의무 위반에 대해 과태료를 부과할 수 없다고 해

석하는 것은 근로기준법의 문언과 입법 취치 · 목적, 제 · 개정 연혁, 법질서 전체와의 조화 등을 고려한 해석이라고 하기 어려울 것임

[관련 판례 : 대법 2010.12.23., 2010다81254]

법 해석의 목표는 어디까지나 법적 안정성을 저해하지 않는 범위 내에서 구체적 타당성을 찾는 데 두어야 한다. 그리고 그 과정에서 가능한 한 법률에 사용된 문언의 통상적인 의미에 충실하게 해석하는 것을 원칙으로 하고, 나아가 법률의 입법 취지와 목적, 그 제 · 개정 연혁, 법질서 전체와의 조화, 다른 법령과의 관계 등을 고려하는 체계적 · 논리적 해석방법을 추가적으로 동원함으로써, 위와 같은 법해석의 요청에 부응하는 타당한 해석이 되도록 하여야 한다.

(4) 사업장의 조치가 명백히 불합리한 경우

사용자에게 해당 사건에 대한 적절한 조치*를 취하도록 시정지시 → 미이행시 과태료 부과한다.

가) 행위자에 대해 징계, 배치전환, 피해자에 대한 사과 등 조치

나) 피해자에 대해 배치전환, 유급휴가 등 조치

(5) 사업장의 조사 · 조치 등이 합리적인 범위 내에서 이루어진 경우

직장내 괴롭힘에 해당하는 경우, 향후 직장내 괴롭힘 예방 또는 재발방지 등을 위한 시정지도 및 실시 후 종결처리한다.

직장내 괴롭힘에 해당하지 않는 경우에는 행정종결 처리한다.

〈제76조의3제4항 '피해자에 대한 적절한 조치', 제5항 '행위자에 대한 필요한 조치'의 범위 및 한계〉

근로기준법 제76조의3 제4항은 괴롭힘이 확인된 경우 '사용자에게 피해근로자가 요청하면 근무장소의 변경, 배치전환, 유급휴가 명령 등 적절한 조치를 하도록 규정' 하고, 제5항은 괴롭힘이 확인된 경우 '사용자에게 피해근로자의 의견을 들어 행위자에 대해 징계, 근무장소의 변경 등 필요한 조치를 하도록 규정'

〈제4항(피해자 보호조치) 위반으로 과태료 부과가 가능한 범위〉

'근무장소의 변경, 배치전환, 유급휴가 명령'은 보호조치의 예시이므로 사용자가 무조건 '근무장소의 변경, 배치전환, 유급휴가 명령'을 해야하는 것은 아니며 피해자 보호를 위한 적절한 조치를 하면 됨. 또한, 적절한 조치를 하기 위해서는 적절한 조치가 무엇인지에 대한 판단이 있어야 할 것이며, 그 판단은 피해의 중한 정도, 사업장이 처한 상황 등을 종합적으로 고려하여 사용자가 하는 것이므로 사용자에게 일정 정도의 재량권이 있다고 할 수 있음. 따라서, 피해자에 대해 근무장소 변경, 배치전환 등의 조치를 하지 않았다고 하여 법위반으로 과태료를 부과하려면 그 조치가 사용자가 해야 하는 필요한 조치이고 실현 가능한 조치*라는 것이 전제되어야 함

(예) 회사의 근무장소가 하나의 사무실만 있는 경우에는 근무장소 변경이 불가능하고, 병원에서 소아과 전문의를 산부인과로 배치전환할 수 없는 것처럼 실현 불가능한 조치를 하도록 사용자에게 강요할 수 없음

피해근로자에 대한 보호조치는 피해근로자 요청 시 할 수 있으므로, 피해근로자의 의사에 반하여 근무장소 변경, 배치전환 등이 이루어진 경우라면 특별한 사정이 없으면 제4항 위반으로 시정지시 및 불응시 과태료 부과가 가능할 것임, 또한, 피해근로자 의사에 반한 피해근로자에 대한 근무장소 변경, 배치전환 등은 제76조의3제6항의 신고자에 대한 불리한 처우에 해당될 수도 있으므로 그에 대해 조사하여 시정지시 및 불응 시 형사처벌도 가능할 것임

〈제5항(행위자 징계 등 조치) 위반으로 과태료 부과가 가능한 범위〉

괴롭힘 행위자에 대한 '징계, 근무장소 변경'도 필요한 조치의 예시임. 따라서 사용자가 무조건 '징계, 근무장소의 변경'을 해야 하는 것은 아니며 필요한 조치를 하면 되고, 필요한 조치가 무엇인지에 대한 판단은 피해의 중한 정도, 가해행위의 경중·양태, 사업장이 처한 상황 등을 종합적으로 고려하여 사용자가 하는 것이므로 사용자에게 일정 정도의 재량권이 있다고 할 수 있음

따라서, 괴롭힘 행위자에 대해 '징계, 근무장소 변경' 조치를 하지 않았다고 하여 법위반으로 과태료를 부과하려면 그 조치가 사용자가 해야 하는 필요한 조치이고 실현 가능한 조치라는 것이 전제되어야 함. 또한, 근무장소의 변경을 통한 피해자·가해자의 분리 조치가 필요하다고 인정되는 경우에는, 피해자의 동의가 없는 이상 괴롭힘 행위자의 근무장소를 변경해야 할 것임

check point **근로감독관이 직접 조사해야 할 사건**

1) 공통원칙

근로감독관 직접 조사 여부와는 관계없이 모든 직장 내 괴롭힘에 대해서는 근로기준법 규정에 의거 사용자에게 조사 · 조치 의무가 있다.

근로감독관 직접 조사와 관계없이 모든 사건에 대해 **사업장 내 자체 조사**토록 노동청에서 해당 사업장에 대해 **시정지도 · 시정지시 병행**하여야 한다.

2) 근로감독관이 직접 조사해야 할 사건

(1) 사용자의 괴롭힘 사건

조사 · 조치의 객관성을 담보하기 위해 근로감독관이 직접 조사 → 괴롭힘 확인 시 시정지시 없이 즉시 과태료를 부과한다.

(2) 최근 3년 이내 조사 의무 위반

최근 3년 이내 조사의무 위반으로 시정지시 또는 과태료를 부과받은 사업장이 다시 조사 의무를 위반한 사건

가) 해당

최근 3년 이내 조사의무 위반으로 시정지시 또는 과태료를 부과받은 사업장 소속 근로자가 괴롭힘을 신고하였으나 사용자가 조사 의무를 이행하지 않은 경우→시정지시 없이 즉시 과태료 부과한다.

나) 미해당

최근 3년 이내 조사 의무 위반으로 시정지시 또는 과태료를 부과받은 사업장 소속 근로자가 사용자에게 신고를 하지 않고 바로 근로감독관에게 신고한 경우는 사용자가 괴롭힘 발생 사실을 알 수 없었으므로 조사 의무 위반이 아니다.

(3) 괴롭힘으로 인한 사망자 발생 등 심각한 피해가 발생하거나 폭행 · 협박 등의 행위로 사회적으로 물의를 일으킨 사업장→근로감독 또는 근로감독관 직접 조사한다.

(4) 사용자가 조사를 거부하거나 시정지시에도 불구하고 사용자가 명백히 객관적인 조사를 하지 않는 경우 → 과태료 부과를 병행한다.

(5) 기관장 또는 부서장이 직접 조사가 필요하다고 판단한 사건

check point 직장내 괴롭힘 신고사건 처리절차

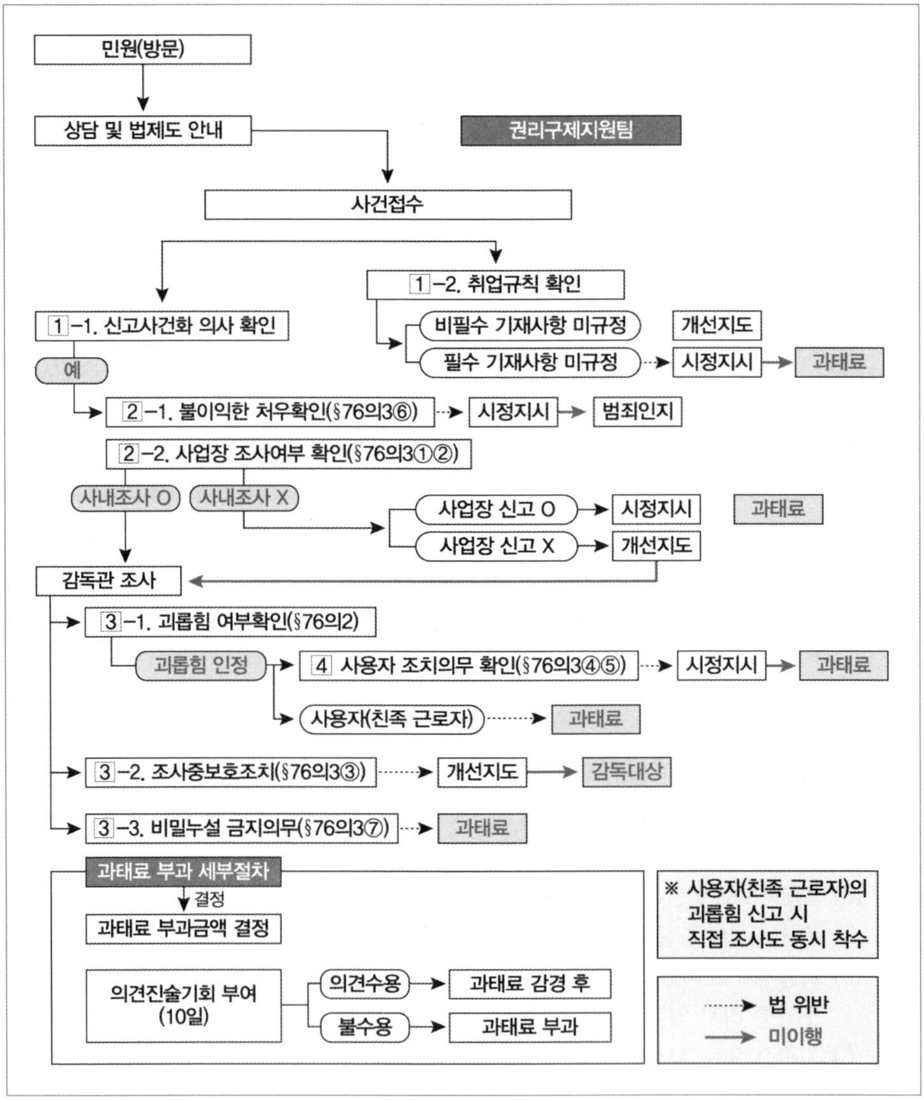

09-1. 직장내 괴롭힘 관련 주요 Q&A

1. 신고

1) 직장내 괴롭힘은 누가 어디에다 신고하는지?

근로기준법 제76조의3에 따라 **누구든지**(익명도 가능) 직장 내 괴롭힘 발생 사실을 알게 된 경우 **사용자**에게 **신고**할 수 있다. 또한, 고용노동부에 진정, 고소 · 고발*도 가능하다.

* **고소 · 고발**은 근로기준법 제76조의3제6항 **'불리한 처우'만 가능**, 다른 조항 위반은 형사처벌 대상인 아닌 과태료 부과 대상으로 **진정만 가능하다.**

2) 피해자나 가해자가 퇴직자인 경우도 신고가 가능한지?

피해자나 가해자가 **퇴직자인** 경우도 직장내 괴롭힘 **신고**가 **가능**하고, 근로기준법 직장내 괴롭힘 규정이 동일하게 적용된다.

신고자(피해자) 또는 행위자(가해자)가 퇴직자인 경우에도 재직자와 동일하게 공소시효(5년) 또는 과태료 부과 제척기간(5년)이 적용된다.

형사소송법 제249조(공소시효의 기간) ① 공소시효는 다음 기간의 경과로 완성한다.
5. 장기 5년 미만의 징역 또는 금고, 장기 10년 이상의 자격정지 또는 벌금에 해당하는 범죄에는 5년

질서위반행위규제법 제19조(과태료 부과의 제척기간) ① 행정청은 질서위반행위가 종료된 날(다수인이 질서위반행위에 가담한 경우에는 최종행위가 종료된 날을 말한다)부터 5년이 경과한 경우에는 해당 질서위반행위에 대하여 과태료를 부과할 수 없다.

따라서, 신고를 접수하거나 인지한 사용자는 재직자의 경우와 동일하게 객관적으로 조사하고 조치를 하여야 한다. 퇴사한 가해자가 조사에 불응하는 경우에는 피해자 · 참고인 조사 및 기타 증거자료 등을 바탕으로 조사하고, 피해근로자등을 보호하기 위한 적절한 조치를 해야 한다.

3) 사업장이 폐업했는데 직장내 괴롭힘 신고가 가능한지?

파산, 폐업 등 **사업장이 소멸**된 경우에도 **신고가 가능하다**.

사업장이 소멸되어도 사용자의 조사・조치 의무는 소멸되지 않으며, 공소시효(5년) 또는 과태료 부과 제척기간(5년)이 적용된다.

4) 사용자에게 신고했는데 사용자가 조사 또는 조치를 하지 않는 경우는 어떻게 하는지?

사용자가 근로기준법상 의무인 조사・조치를 하지 않는 경우, 고용노동부에 신고하시면 된다.

고용노동부(근로감독관)는 사용자가 조사・조치 의무를 미이행한 경우, 의무를 이행토록 시정지시하고 시정지시 불응 시 과태료 부과 등 필요한 조치를 한다.

5) 오래된 직장내 괴롭힘 피해도 처벌이 가능한지?

근로기준법 제76조의3제6항 불리한 처우 위반은 2019.7.16. 이후에 불리한 처우가 발생한 경우에만 형사처벌이 가능하다.

근로기준법 제76조의3제6항 불리한 처우 규정은 2019.7.16.부터 시행되었다. 사용자의 객관적 조사 의무, 괴롭힘 발생 확인 시 피해근로자 보호조치 의무, 괴롭힘 발생 확인 시 행위자 징계 등 조치 의무, 비밀 누설 금지 의무 위반은 2021.10.14. 이후에 발생한 경우에만 과태료 부과가 가능하다.

또한, 사용자의 직장내 괴롭힘 행위도 2021.10.14. 이후에 발생한 경우에만 과태료 부과가 가능하다. 직장내 괴롭힘에 대한 과태료 부과 규정은 2021.10.14.부터 시행되었다.

6) 가해자를 처벌・제재하는 방법은 없는지?

사용자(배우자, 4촌이내 혈족・인척인 근로자 포함)가 괴롭힘 가해자인 경우 1천만원 이하의 과태료를 부과할 수 있다. 또한, 가해자의 행위가 폭행, 협박, 명예훼손, 모욕 등 타 법령 위반으로 처벌이 되는 행위라면 경찰 등에 진정, 고소·고발을 할 수 있다.

아울러, 가해자의 행위가 불법행위에 해당되는 경우에는 손해배상 청구 등 민사상 책임을 물을 수 있을 것이다.

check point **민법의 손해배상 관련 규정**

민법 제750조(불법행위의 내용) 고의 또는 과실로 인한 위법행위로 타인에게 손해를 가한 자는 그 손해를 배상할 책임이 있다.

민법 제751조(재산 이외의 손해의 배상) ① 타인의 신체, 자유 또는 명예를 해하거나 기타 정신상고통을 가한 자는 재산 이외의 손해에 대하여도 배상할 책임이 있다.
② 법원은 전항의 손해배상을 정기금채무로 지급할 것을 명할 수 있고 그 이행을 확보하기 위하여 상당한 담보의 제공을 명할 수 있다.

민법 제756조(사용자의 배상책임) ① 타인을 사용하여 어느 사무에 종사하게 한 자는 피용자가 그 사무집행에 관하여 제삼자에게 가한 손해를 배상할 책임이 있다. 그러나 사용자가 피용자의 선임 및 그 사무감독에 상당한 주의를 한 때 또는 상당한 주의를 하여도 손해가 있을 경우에는 그러하지 아니하다.
② 사용자에 갈음하여 그 사무를 감독하는 자도 전항의 책임이 있다.
③ 전2항의 경우에 사용자 또는 감독자는 피용자에 대하여 구상권을 행사할 수 있다.

민법 제764조(명예훼손의 경우의 특칙) 타인의 명예를 훼손한 자에 대하여는 법원은 피해자의 청구에 의하여 손해배상에 갈음하거나 손해배상과 함께 명예회복에 적당한 처분을 명할 수 있다.

7) 직장내 괴롭힘을 인터넷으로 고용노동부에 신고하는 방법은?

(방법 1) 고용노동부 홈페이지 → 민원 → 민원신청 → 기타 진정 신고서
(방법 2) 노동포털 → 민원신청·조회 → 근로기준 분야 민원신청 → 진정서

(임금체불, 기타 근로기준 분야)

8) 노동청에 신고 후, 업무처리 과정 · 절차는 어떻게 되는지?

근로기준법은 직장내 괴롭힘에 대한 조사・조치 의무를 사용자에게 부과하고 있다. 이에, 노동청에 신고를 하면, 근로감독관은 사용자에게 법에 따라 조사・조치를 하고 그 결과를 제출하도록 시정지시를 하며 조사・조치 결과가 제출되면 법에 따라 이행이 되었는지 확인합니다. 이 경우 사용자가 법에 따른 조사・조치를 이행하지 않으면 사용자에게 과태료를 부과하게 된다.

괴롭힘 행위자가 사용자인 경우, 사용자가 조사를 거부하는 경우 등 근로감독관이 직접조사가 필요한 경우에는 시정지시와는 별개로 근로감독관이 직접조사를 하게 된다.

9) 허위로 직장 내 괴롭힘을 신고한 경우, 제재 규정은 없는지?

근로기준법에는 직장내 괴롭힘의 허위 신고에 대한 별도 규정이 없다. 따라서, 신고자의 행위가 무고, 명예훼손 등 타 법령에 위반되는 경우에는 경찰 등에 진정, 고소・고발을 할 수 있다.

형법 제156조(무고) 타인으로 하여금 형사처분 또는 징계처분을 받게 할 목적으로 공무소 또는 공무원에 대하여 허위의 사실을 신고한 자는 10년 이하의 징역 또는 1천500만원 이하의 벌금에 처한다.

형법 제307조(명예훼손) ① 공연히 사실을 적시하여 사람의 명예를 훼손한 자는 2년 이하의 징역이나 금고 또는 500만원 이하의 벌금에 처한다.
② 공연히 허위의 사실을 적시하여 사람의 명예를 훼손한 자는 5년 이하의 징역, 10년 이하의 자격정지 또는 1천만원 이하의 벌금에 처한다.

2. 적용 대상

1) 계약직 근로자도 근로기준법의 직장내 괴롭힘 규정이 적용되는지?

계약직 근로자도 직장내 괴롭힘 규정이 적용된다.

직업의 종류를 불문하고 임금을 받고 사업이나 사업장에 근로를 제공하는 자는 정규직, 임시직, 계약직, 시간제 등 명칭, 고용형태, 계약기간 관계없이 직장내 괴롭힘 규정이 적용된다(기간제, 단시간, 파견근로자 등도 적용).

2) 파견근로자도 근로기준법의 직장내 괴롭힘 규정이 적용되는지?

파견근로자도 근로기준법의 직장내 괴롭힘 규정이 적용된다.

파견법(제34조제1항)에 따라, 파견근로는 파견사업주 · 사용사업주 모두 근로기준법의 사용자로 보아 근로기준법이 적용된다. 따라서, 파견근로자와 사용사업주 소속 근로자 간의 또는 사용사업주의 파견근로자에 대한 직장내 괴롭힘에 대해서는 근로기준법상 직장내 괴롭힘 규정이 적용된다.

파견사업주와 사용사업주가 공동으로 조사 · 조치하는 것이 가장 바람직하며, 피해자 보호조치와 가해자에 대한 징계 등 조치는 해당 조치를 이행할 권한이 있는 사업주가 해야 할 것이다.

공동 조사 · 조치가 어려운 경우 사용사업장에서 근로를 제공하는 과정에서 발생한 괴롭힘이므로, 사용사업장에서의 예방 · 대응 체계에 따라 조사 · 조치하고 조치의 성격상 파견사업주가 이행해야 할 내용은 파견사업주에게 통보하고, 파견사업주는 취업규칙 등 사내 규범에 따라 적절한 조치를 해야 한다.

3) 하청근로자도 근로기준법의 직장내 괴롭힘 규정이 적용되는지?

원청근로자와 하청근로자는 같은 사용자를 대상으로 근로계약을 체결한 것이 아니므로 원 · 하청 근로자 · 사용자 사이의 괴롭힘은 원칙적으로 근로기준법상 직장내 괴롭힘 규정이 적용되지 않는다.

다만, 산업안전보건법상 사업주의 고객 등 제3자의 폭언에 의한 건강장해

보호조치 의무는 고객 응대 근로자뿐만 아니라 모든 근로자를 대상으로 하고 있어 근로자는 사업주에게 예방조치를 요구할 수 있고, 사업주의 미조치 또는 불리한 처우에 대해서 제재도 가능하다(산업안전보건법 제41조 제2항 · 제3항 등).

4) 5인 미만 사업장에도 직장내 괴롭힘 규정이 적용되는지?

근로기준법의 직장내 괴롭힘 규정은 5인 미만 사업 또는 사업장에는 적용되지 않는다. 現 「근로기준법」은 원칙적으로 5인이상 사업 · 사업장에 적용되고, 5인미만은 대통령령(시행령 제7조)에 따라 일부 규정만 적용되며 괴롭힘 조항인 제76조의2, 제76조의3의 규정은 적용되지 않는다.

근로기준법 제11조(적용 범위) ① 이 법은 상시 5명 이상의 근로자를 사용하는 모든 사업 또는 사업장에 적용한다(단서 생략). ② 상시 4명 이하의 근로자를 사용하는 사업 또는 할 수 있다. 다만, 가해자의 행위가 근로기준법 제7조(강제근로의 금지), 제8조(폭행의 금지)에 해당되는 경우에는 고용노동부에 신고가 가능하다.

제7조(강제 근로의 금지) 사용자는 폭행, 협박, 감금, 그 밖에 정신상 또는 신체상의 자유를 부당하게 구속하는 수단으로써 근로자의 자유의사에 어긋나는 근로를 강요하지 못한다.

제8조(폭행의 금지) 사용자는 (중략) 어떠한 이유로도 근로자에게 폭행을 하지 못한다.
가해자의 행위가 폭행, 협박, 명예훼손, 모욕 등 타 법령 위반으로 처벌이 되는 행위라면 경찰 등에 진정, 고소 · 고발을 할 수 있고, 아울러, 가해자의 행위가 불법행위에 해당되는 경우에는 손해배상 청구 등 민사상 책임을 물을 수 있을 것이다.

5) 공무원도 근로기준법상 직장내 괴롭힘 규정이 적용되는지?

공무원에게는, 「국가공무원법」 및 「공무원행동강령」, 「공무원고충처리규정」, 「공무원 징계령」 등이 적용된다. 공무원이 괴롭힘 피해를 받았거나, 혹은 그 사실을 알게 된 경우에는 「국가공무원법」 제76조의2에 따라 인사혁신처 및 각 기관에 설치된 고충처리심사위원회 등을 통해 괴롭힘, 갑질 등에 대한 구제를 받을 수 있다 (신고방법 등은 인사혁신처에 문의).

2019년 국무조정실 주관하에 관계부처 합동으로 마련한 「공공분야 갑질 종합대책」에 따라 기관별 갑질신고 센터가 설치되어 있음

6) 고객 등 제3자의 괴롭힘도 직장내 괴롭힘으로 신고할 수 있는지?

사업주의 배우자가 심부름을 시키거나, 고객이 회사에 와서 행패를 부리는 경우 등

고객 등 제3자의 폭언·폭행 등은 근로기준법상 직장내 괴롭힘 규정이 적용될 수 없다. 고객 등 제3자의 폭언 등으로 근로자에게 건강장해가 발생하거나 발생할 현저한 우려가 있는 경우, 산업안전보건법에 따라 사업주는 근로자에 대한 건강장해 보호조치를 해야 할 의무가 있다.

근로자는 사업주에게 업무의 일시적 중단 또는 전환 등 건강장해 예방조치를 요구할 수 있으며, 사업주가 건강장해 예방조치를 하지 않거나, 이를 이유로 불리한 처우를 하는 경우는 고용노동부에 진정 또는 고소·고발을 할 수 있다.

산업안전보건법 제41조(고객의 폭언등으로 인한 건강장해 예방조치 등)

② 사업주는 업무와 관련하여 고객 등 제3자의 폭언 등으로 근로자에게 건강장해가 발생하거나 발생할 현저한 우려가 있는 경우에는 업무의 일시적 중단 또는 전환 등 대통령령으로 정하는 필요한 조치를 하여야 한다.

↳ 〈위반시〉1,000만원 이하의 과태료 (산업안전보건법 제175조제4항)

③ 근로자는 사업주에게 제2항에 따른 조치를 요구할 수 있고, 사업주는 근로자의 요구를 이유로 해고 또는 그 밖의 불리한 처우를 해서는 아니 된다.

↳ 〈해고·불리한처우 위반〉 1년 이하 징역 또는 1천만원 이하 벌금 (산업안전보건법 제170조)

3. 사용자의 의무

1) 직장내 괴롭힘에서의 사용자는 누구인지?

사용자는 근로기준법 제2조제1항제2호에 규정된 **'사업주'**, **'사업경영담당자'**, **'근로자에 관한 사항에 대하여 사업주를 위하여 행위하는 자'**를 말한다.

사업주란 법인기업의 경우 **법인 자체**, 개인사업의 경우 **기업주 개인**을 의미한다.

사업경영담당자란 사업주가 아니면서 사업경영 일반에 관하여 책임을 지는 자로서, 사업주로부터 사업경영의 전부 또는 일부에 대하여 포괄적인 위임을 받고 대외적으로 사업을 대표하거나 대리하는 자를 의미한다.

근로자에 관한 사항에 대하여 사업주를 위하여 행위하는 자란 사업주·사업경영담당자로부터 권한을 위임받아 자신의 책임 아래 채용·해고 등 인사처분 할 수 있고, 직무상 근로자의 업무를 지휘·감독하며 근로조건에 관한 사항을 결정하고 집행할 수 있는 자를 의미한다.

2) 직장내 괴롭힘 관련 사용자의 의무는 무엇인지?

사용자는,

(1) 객관적 조사 의무(제76조의3제2항),

(2) 조사 기간 중 피해근로자 등 보호조치 의무(제76조의3제3항),

(3) 괴롭힘 확인 시 피해근로자 보호조치 의무(제76조의3제4항),

(4) 괴롭힘 확인 시 행위자 징계 등 조치 의무(제76조의3제5항),

(5) 신고한 근로자 및 피해근로자 등에 대한 불리한 조치 금지의무(제76조의3제6항)가 있다. 또한, 사용자가 직장 내 괴롭힘을 조사하거나, 조사 내용을 보고받거나, 조사 과정에 참여한 경우, 조사 과정에서 알게 된 비밀을 누설하지 않을 의무(제76조의3제7항)가 있다.

3) 사용자의 의무 위반에 대한 처벌은 어떻게 되는지?

(1) 사용자가 직장내 괴롭힘을 한 경우 → 1천만원 이하 과태료 부과 (제116조제1항)

사용자의 배우자, 4촌 이내 혈족·인척이 해당 사업·사업장의 근로자인 경우를 포함한다.

(2) 사용자의 객관적 조사 의무 불이행 → 500만원 이하 과태료 부과 (제116조제2항)

(3) 사용자의 조사 기간 중 피해근로자 등 보호조치 의무 불이행 → 처벌 조항 없음

피해자(피해를 입었다고 주장하는 자 포함)를 보호하기 위해 필요하면, 근무장소 변경, 유급휴가 명령 등 조치를 한다(피해근로자 등의 의사에 반하면 안됨).

(4) 사용자의 괴롭힘 확인 시 피해근로자 보호조치 의무 불이행 → 500만원 이하 과태료 부과 (제116조제2항)

피해근로자가 요청 시, 근무장소 변경, 배치전환, 유급휴가 명령 등 적절한 조치를 한다.

(5) 사용자의 괴롭힘 확인 시 행위자 징계 등 조치 의무 불이행 → 500만원 이하 과태료 부과 (제116조제2항)

행위자에 대해 징계, 근무장소 변경 등 필요한 조치를 한다(조치 전 피해근로자 의견 청취).

(6) 사용자의 신고한 근로자 및 피해근로자 등에 대한 불리한 조치 금지 의무 → 3년 이하 징역 또는 3천만원 이하 벌금 (제109조제1항)

(7) 조사 과정에서 알게 된 비밀 누설 금지 위반 → 500만원 이하 과태료 부과 (제116조제2항)

가) 처벌 대상

조사자, 조사 내용 보고받은 자, 조사 과정 참여자(비밀누설금지 예외),

나) 처벌 비대상

조사 관련 내용을 사용자에게 보고하거나 관계 기관의 요청에 따라 필요한 정보를 제공하는 경우는 과태료 부과 대상이 아니다.

(8) 사용자의 직장 내 괴롭힘 예방 · 발생 시 조치 관련 사항 취업규칙 작성 · 신고 의무 → 500만원 이하 과태료 부과 (제116조제2항)

4. 사용자의 직장 내 괴롭힘

1) 사용자의 친인척이 직장내 괴롭힘을 한 경우, 과태료를 부과한다고 하는데 과태료를 부과받는 친인척의 범위는 어떻게 되는지?

직장 내 괴롭힘 행위를 한 경우, 과태료를 부과받는 친인척은 사용자의 배우자, 4촌 이내의 혈족 · 인척이다.

근로기준법 제116조(과태료) ① 사용자(사용자의 「민법」 제767조에 따른 친족 중 대통령령으로 정하는 사람이 해당 사업 또는 사업장의 근로자인 경우를 포함한다)가 제76조의2를 위반하여 직장내 괴롭힘을 한 경우에는 1천만원 이하의 과태료를 부과한다.

근로기준법 시행령 제59조의3(사용자의 친족인 근로자의 범위) 법 제116조제1항에서

"대통령령으로 정하는 사람"이란 다음 각 호의 사람을 말한다.
1. 사용자의 배우자
2. 사용자의 4촌 이내의 혈족
3. 사용자의 4촌 이내의 인척을 말한다). 다만, 사용자의 배우자와 4촌이내의 혈족 · 인척이 해당 사업 또는 사업장의 근로자이어야 한다.

해당 사업 또는 사업장의 근로자가 아닌 사용자의 배우자와 4촌 이내의 혈족 · 인척이 괴롭힘 행위를 한 경우에는 직장 내 괴롭힘 규정이 적용되지 않는다.

혈족 : 부모와 자식, 형제자매 등 혈연관계를 맺고 있는 사람
(예시) ▲부모 · 조부모, ▲자식, 손자녀, ▲형제자매, ▲부모의 형제자매 등

인척 : 혼인에 의해 관련된 사람(혈족의 배우자, 배우자의 혈족, 배우자의 혈족의 배우자)
(예시) ▲배우자의 부모, ▲ 배우자의 형제자매, ▲형제자매의 배우자, ▲부모의 형제자매의 배우자, ▲자식의 배우자 등

2) 사용자(배우자, 4촌이내의 혈족 · 인척 포함)가 직장내 괴롭힘을 한 경우, 부과되는 과태료 금액은 얼마인지?

근로기준법 제116조제1항에 따라 1천만원 이하의 과태료가 부과된다.

3) 사용자(배우자, 4촌이내의 혈족 · 인척 포함)가 직장내 괴롭힘 행위를 한 경우, 과태료는 누구에게 부과되는지?

사용자(배우자, 4촌이내의 혈족 · 인척)가 직장내 괴롭힘 행위를 한 경우, 과태료는 가해행위를 한 사용자(친족) 개인에게 부과된다.

5. 조사 및 조치

1) 근로기준법 제76조의3제2항은 "지체 없이" 조사를 실시하도록 규정하고 있는데, 이 경우 "지체 없이"는 무엇을 의미하는지?

"지체 없이"는 시간적 즉시성이 강하게 요구되지만 정당하거나 합리적인 이유에 따른 지체는 허용되는 것으로 해석되며, 사정이 허락하는 범위에서 가장 신속하게 해야 한다는 뜻이다.

2) 피해자가 사용자가 조사를 이행하는 것을 반대하는 경우, 어떻게 해야 하는지?

피해자가 사용자의 조사를 원하지 않는 경우일지라도 사용자는 법률에 따른 조사의 의무를 이행하여야 한다.

특히, 피해자가 사용자의 조사를 원하지 않는 것이 회사의 조사에 대한 불신이 주된 이유인 경우, 제3의 조사기관・위원회 등을 구성하거나 위탁하는 방안을 고려함이 바람직할 것이다.

3) 피해자가 정식조사를 반대하는 경우, 사용자가 해야 할 조치는?

사용자가 신고를 접수하거나 직장내 괴롭힘 발생 사실을 인지한 경우, 사용자의 조사 의무는 근로기준법 제76조의3제2항에 따른 법적 의무이므로 조사 의무가 면제될 수 없다.

다만, 피해자가 정식 조사를 명시적으로 반대하는 경우까지 사용자가 조사를 강행하는 것은 피해자 보호 및 조속한 일상회복을 도모하고자 하는 입법 취지에 반하는 결과를 초래할 수 있으므로 피해자의 의사에 따라 약식 조사를 진행할 수 있을 것이다.

이 경우, 피해자의 의사에 따라 약식 조사를 진행하였다는 것은 사용자가 입증(피해자의 의사를 확인할 수 있는 서면・녹음 등 필요)해야 할 것이고, 약식 조사 이행 결과를 기록으로 남겨야 할 것이다.

4) 제3자 · 익명 신고, 인지(소문 등)를 통해 직장내 괴롭힘 발생 사실을 확인하였으나 피해근로자가 후속 조치를 반대하는 경우, 사용자가 해야 하는 조치는?

근로기준법 제76조의3제4항의 피해근로자에 대한 조치는 '피해근로자가 요청'하면 적절한 조치를 해야 한다고 규정하고 있어 피해근로자가 반대하는 조치를 할 수 없다고 해석되므로 사용자는 제76조의3제4항에 따라 근무장소 변경, 배치전환, 유급휴가 명령 등 적절한 조치를 하는 경우, 피해근로자가 반대하는 조치는 할 수 없다고 할 것이다.

근로기준법 제76조의3제5항의 행위자에 대한 징계 등 조치는 '조치 전 피해근로자의 의견을 들어야 한다'고 규정하고 있으므로, 피해근로자의 의사에 반하는 조치도 가능하다고 해석되므로 사용자는 피해근로자가 반대하는 경우에도 행위자에 대하여 징계, 근무장소 변경 등 필요한 조치를 할 수 있다.

다만, 피해자가 조치를 반대하는 사유 등을 고려하여 피해자의 보호 및 조속한 일상회복에 도움이 되는 방향으로 조치를 검토하는 것이 바람직할 것이다.

5) 근로기준법 제76조의3제4항에 따라 사용자가 피해근로자에게 유급휴가 명령을 할 때 연차휴가를 사용하게 할 수 있는지?

근로기준법 제76조의3제4항은 직장 내 괴롭힘 발생 사실이 확인된 때에 사용자에게 피해근로자 보호를 위한 조치 의무를 규정한 것이고, 유급휴가 명령은 보호조치의 예시이며 무급휴가의 경우에는 피해근로자에게 임금의 손실이 발생할 수 있으므로 유급휴가를 규정한 것이 법의 취지라 할 것이다.

피해근로자가 동의하지 않은 경우, 사용자가 피해근로자에게 연차휴가나 무급휴가를 사용토록 강제하는 것은 법 위반에 해당한다고 할 것이다.

6) 근로기준법 제76조의3제3항에 규정된 조사기간 동안 '피해근로자등의 의사에 반하는 조치를 하여서는 아니된다.'는 의미는?

'피해근로자 등의 의사에 반하는 조치를 하여서는 아니 된다'의 의미는 사용자가 조사 기간 중 피해근로자 등(피해를 입은 근로자 또는 피해를 입었다고 주장하는 근로자) 보호를 위한 적절한 조치를 함에 있어 피해근로자 보호라는 명목으로 피해근로자가 원하지 않는 조치를 하여서는 안된다는 것을 의미하는 것이고, 피해근로자가 원하는 조치를 해야 한다는 것은 아니다.

사용자가 피해자와 가해자 분리를 위해 피해자의 근무장소 변경이나 배치전환을 하고자 하는 경우, 피해근로자 등이 반대할 경우 실행하면 안된다.

적절한 조치의 판단 기준에 대해서는 법률에서 별도로 정한 바가 없으므로 피해의 정도 및 경과, 당사자 사이의 관계, 사업장이 처한 상황 등을 종합적으로 고려하여 필요한 경우 근무장소 변경, 유급휴가 명령 등 적절한 조치를 이행하면 될 것이다.

7) 근로기준법 제76조의3제4항은 사용자는 괴롭힘 발생 사실이 확인된 때에는 피해근로자가 요청하면 근무장소의 변경, 배치전환, 유급휴가 명령 등 적절한 조치를 하여야 한다고 규정되어 있는데, 이 경우 피해근로자가 반대하는 조치가 가능한지?

제76조의3제4항은 피해근로자가 요청하면 적절한 조치를 하도록 규정하고 있다.

피해근로자가 요청한 조치가 피해근로자가 반대한 조치일 수는 없으므로, 피해근로자가 반대하는 조치는 제76조의3제4항에 위반되는 조치라고 할 것이다.

또한, 피해근로자 의사에 반한 피해근로자에 대한 근무장소 변경, 배치전환 등은 제76조의3 제6항의 불리한 처우에 해당될 수도 있을 것이다.

8) 사용자 조사 결과 괴롭힘 발생 사실이 확인되어 피해근로자가 근로기준법 제76조의3제4항에 따라 배치전환을 요청하였는데 사용자가 배치전환을 거절하였음. 법 위반 아닌지?

제76조의3제4항의 '근무장소의 변경, 배치전환, 유급휴가 명령'은 보호조치의 예시이므로 피해근로자가 요청한 조치(근무장소의 변경, 배치전환, 유급휴가 명령 등)를 사용자가 반드시 이행해야 하는 것은 아니며, 사용자는 피해자 보호를 위한 적절한 조치를 하면 된다.

적절한 조치 여부는 피해의 경중・양태, 사업장이 처한 상황 등을 종합적으로 고려하여 판단해야 할 것이다.

(예시) 회사의 근무장소가 하나의 사무실만 있는 경우에는 근무장소 변경이 불가능할 것이고, 병원에서 소아과 전문의를 산부인과로 배치전환할 수 없는 것처럼 실현 불가능한 조치를 피해근로자가 요청한다고 하여 사용자에게 그 조치를 이행토록 할 수는 없다.

9) 괴롭힘이 확인된 경우, 근로기준법 제76조의3제5항에 따라 가해자에 대한 징계 조치를 반드시 해야 하는지?

근로기준법 제76조의3제5항에 규정된 괴롭힘 행위자에 대한 '징계, 근무장소 변경'은 필요한 조치의 예시이다. 따라서 피해근로자가 '징계'를 요청한다고 하여 사용자가 무조건 '징계,를 해야 하는 것은 아니며 필요한 조치를 하면 된다.

필요한 조치 여부는 피해의 중한 정도, 가해행위의 경중・양태, 사업장이 처한 상황 등을 종합적으로 고려하여 판단해야 할 것이다.

사용자가 피해자・가해자의 분리 조치가 필요하다고 판단하는 경우, 피해자의 동의가 없다면 가해자의 근무장소를 변경해야 할 것이다.

10) 근로기준법 제76조의3제5항은 사용자가 직장내 괴롭힘 행위자에 대한 조치 시 '피해근로자의 의견을 들어야 한다'고 규정하고 있는데 그 의미는?

근로기준법 제76조의3제5항의 '피해근로자의 의견을 들어야 한다'는 규정은 사용자가 행위자에 대해 필요한 조치를 하는 경우 피해근로자의 의사를 미리 듣고 그 의사를 참고하라는 의미이며, 피해근로자가 원하는 내용대로 조치하라는 것이거나, 피해근로자의 의사에 반한 조치를 할 수 없다는 의미는 아니다. 또한, 의견을 들어야 하는 시점은 법 규정에 따라 필요한 조치(징계, 근무장소의 변경 등)를 하기 전이면 될 것이다.

11) 직장내 괴롭힘으로 신고한 내용이 괴롭힘으로 인정되지 않았는데, 근로기준법 제76조의3제6항의 불리한 처우로 처벌이 가능한지?

직장내 괴롭힘이 불인정 된 경우에도, 신고한 근로자 및 피해근로자등에게 정당한 사유 없이 해고 등 불리한 처우를 하면 처벌 대상이다.

근로기준법 제109조(벌칙) ① (전략) 제76의3제6항을 위반한 자는 3년 이하의 징역 또는 3천만원 이하의 벌금에 처한다.

12) 근로기준법 제76조의3제7항의 "비밀"과 "누설"은 무엇을 의미하는지?

비밀이란 "일반적으로 알려져 있지 아니한 사실(비공지성)로서 다른 사람에게 알리지 않는 것이 본인에게 이익이 있는 것(보호필요성)"이라고 할 수 있다.

판례는 정보통신망법상 '타인의 비밀'을 "일반적으로 알려져 있지 않은 사실로서 이를 다른 사람에게 알리지 않는 것이 본인에게 이익이 있는 것을 의미한다."고 판시하였다(대법 2005도7309 등).

누설이란 아직 "비밀을 모르는 제3자에게 알리는 일체의 행위"로서 알리는 방법에는 제한이 없다.

13) 근로기준법 제76조의3제7항의 "비밀 누설"의 요건은 무엇인지?

근로기준법 제76조의3제7항의 요건은 아래와 같다.

(1) 누설 주체

괴롭힘 발생 사실을 조사한 사람, 조사 내용을 보고받은 사람, 그 밖에 조사 과정에 참여한 사람이다. 괴롭힘 행위자도 참고인 조사를 받는 등 조사 과정에 참여하고 조사 과정에서 알게 된 비밀을 누설하면 과태료 부과 대상이다.

(2) 누설 대상

조사 과정에서 알게 된 비밀을 말한다. 조사과정에서 알게 된 비밀이 아닌 기존에 알고 있던 비밀을 누설한 경우에는 동 조항으로 처벌할 수 없다.

(3) 누설 요건

피해근로자의 의사에 반하여 하는 행위를 말한다. '피해근로자 등'의 비밀 누설은 본인의 의사에 반할 수 없는 것이므로 근로기준법 제76조의3⑦의 과태료 부과 대상이 될 수 없다.

(4) 적용 제외

근로기준법 제76조의3 ⑦ 단서 규정에 따라 조사와 관련된 내용을 사용자에게 보고하거나 관계 기관의 요청에 따라 필요한 정보를 제공하는 경우는 처벌 대상이 아니다.

14) 신고서 내용 누설도 근로기준법 제76조의3제7항의 "조사과정에서 알게 된 비밀"에 해당되어 비밀누설로 처벌되는지?

누설한 "신고서 내용"이 조사 과정에서 알게 된 비밀에 해당되면 비밀 누설로 처벌될 수 있다.

6. 취업규칙

1) 취업규칙에 직장내 괴롭힘 관련 내용을 기재해야 하는 사업장은 어떻게 되는지?

직장 내 괴롭힘 관련 내용을 취업규칙에 기재해야 하는 대상은 상시 10명 이상의 근로자를 사용하는 사용자이다.

> **제93조(취업규칙의 작성 · 신고)** 상시 10명 이상의 근로자를 사용하는 사용자는 다음 각 호의 사항에 관한 취업규칙을 작성하여 고용노동부장관에게 신고하여야 한다. 이를 변경하는 경우에도 또한 같다.
> 11. 직장 내 괴롭힘의 예방 및 발생 시 조치 등에 관한 사항

2) 취업규칙에 포함되어야 하는 직장내 괴롭힘 관련 내용은 무엇인지?

근로기준법 제93조에 따라 직장 내 괴롭힘 '예방 및 발생 시 조치' 등에 관한 사항이 취업규칙에 포함되어야 한다.

취업규칙의 내용을 종합적으로 판단하여 직장내 괴롭힘 예방 및 발생 시 조치가 구체적 · 체계적으로 갖추어져야 한다.

3) 취업규칙에 직장내 괴롭힘 관련 내용은 언제부터 넣어야 하며, 위반 시 제재는 어떻게 되는지?

개정법 시행일인 2019.7.16.까지 취업규칙에 '직장내 괴롭힘의 예방 및 발생 시 조치 등에 관한 사항'이 필수적 기재되어야 한다.

2019.7.16. 이후 취업규칙에 규정되어 있지 않은 경우, 시정지시(25일 이내) 및 불응 시 과태료(500만원 이내)가 부과된다.

직장내 괴롭힘 행위자에 대한 사내 징계규정을 신설 또는 강화하는 경우에는 근로조건의 불이익한 변경으로 근로자 과반수의 동의를 얻을 필요하다.

7. 기타

1) 직장내 괴롭힘 입증을 위해 대화를 녹취해도 되는지?

대화에 참여하고 있는 사람이 녹취하는 것은 불법이 아니므로 입증자료로 활용할 수 있을 것이나, 대화에 참여하고 있지 않은 사람이 다른 사람 간의 대화를 녹취하는 것은 원칙적으로 통신비밀보호법 위반으로 형사처벌(제16조)을 받을 수 있고 증거로 사용할 수 없다(제4조)

[통신비밀보호법]

제3조(통신 및 대화비밀의 보호) ① 누구든지 이 법과 형사소송법 또는 군사법원법의 규정에 의하지 아니하고는 우편물의 검열 · 전기통신의 감청 또는 통신사실확인자료의 제공을 하거나 공개되지 아니한 타인 간의 대화를 녹음 또는 청취하지 못한다. 다만, 다음 각호의 경우에는 당해 법률이 정하는 바에 의한다.

제4조(불법검열에 의한 우편물의 내용과 불법감청에 의한 전기통신내용의 증거사용 금지) 제3조의 규정에 위반하여, 불법검열에 의하여 취득한 우편물이나 그 내용 및 불법감청에 의하여 지득 또는 채록된 전기통신의 내용은 재판 또는 징계절차에서 증거로 사용할 수 없다.

제16조(벌칙) ① 다음 각 호의 어느 하나에 해당하는 자는 1년 이상 10년 이하의 징역과 5년 이하의 자격정지에 처한다.

1. 제3조의 규정에 위반하여 우편물의 검열 또는 전기통신의 감청을 하거나 공개되지 아니한 타인 간의 대화를 녹음 또는 청취한 자
2. 제1호에 따라 알게 된 통신 또는 대화의 내용을 공개하거나 누설한 자

2) 행동으로 직장내 괴롭힘을 당한 경우, 입증자료 확보방법은?

괴롭힘 행위를 목격한 목격자 등으로부터 증언 · 진술을 확보하거나 그 행위가 녹화된 영상 등을 확보하는 방법이 있을 수 있다. 또한, 그 행위를 전화나 메시지 등으로 언급하면서 상대방이 인정하는 진술을 확보하는 방안도 있을 수 있다.

3) 지속되지 않는 1회성의 행위도 직장내 괴롭힘에 해당될 수 있는지?

근로기준법의 직장 내 괴롭힘 규정에는 지속성·반복성이 요건으로 규정되어 있지 않다.

직장 내 괴롭힘은 당사자의 관계·행위가 행해진 장소 및 상황·행위에 대한 피해자의 반응·행위의 내용 및 정도·행위가 지속된 기간 등과 같은 사정을 종합적으로 고려하여 판단해야 한다. 따라서, 지속성이나 반복성이 없는 행위가 직장내 괴롭힘에 해당하는지는 행위의 내용 및 정도, 행위 지속 기간 등에 따라 판단이 달라질 수 있다.

또한, 직장내 괴롭힘에 해당되기 위해서는 객관적으로 피해자와 같은 처지에 있는 일반적·평균적인 사람의 입장에서 보아 신체적·정신적 고통 또는 근무환경 악화가 발생할 수 있는 행위가 있어야 한다. 따라서, 폭행, 협박 등의 행위는 1회의 행위도 일반적·평균적인 사람의 입장에서 보아 직장내 괴롭힘에 해당될 수 있겠지만, 사적 용무 지시 등의 행위는 1회의 행위로는 일반적·평균적인 사람의 입장에서 보는 경우 신체적·정신적 고통 또는 근무환경 악화가 발생할 수 있는 행위라고 인정되기 어려울 것이다.

> 손해배상책임의 요건에 해당하는 '직장내 괴롭힘'은 당사자의 관계·행위가 행해진 장소 및 상황·행위에 대한 피해자의 반응·행위의 내용 및 정도·행위가 지속된 기간 등과 같은 사정을 종합적으로 살펴 판단하되, 피해자와 비슷한 처지에 있는 보통의 사람 입장에서 보아 신체적·정신적 고통 또는 근무환경 악화가 발생할 수 있는 행위가 있고, 그로 인하여 피해자에게 신체적·정신적 고통 또는 근무환경의 악화라는 실제 결과가 발생하였음이 인정되어야 한다(수원지방법원안산지원 2021. 1.29., 2020가단68472).

4) 퇴근 후 업무지시도 직장내 괴롭힘에 해당하는지? (다른 개별 행위에 대한 질문도 같은 답변 활용)

직장내 괴롭힘은 ① 직장에서의 지위 또는 관계 등의 우위를 이용하여 ②

업무상 적정범위를 넘어 다른 근로자에게 ③ 신체적·정신적 고통을 주거나 근무 환경을 악화시키는 행위이다.

따라서 개별적 행위가 직장 내 괴롭힘에 해당 되는지는 그 행위가 ① 직장에서의 지위 또는 관계 등의 우위를 이용한 것인지, ② 업무상 적정범위를 넘었는지, ③ 신체적·정신적 고통을 주거나 근무환경을 악화시켰는지 등 3가지 행위요건이 필요하다. 따라서, 괴롭힘 여부는 개별적 행위와 관련된 구체적인 상황을 종합적으로 고려하여 판단하여야 하므로 개별적 행위에 대해 일률적으로 괴롭힘 여부를 판단할 수 없다.

check point 퇴근 후 업무지시의 경우

(1) 업무지시를 하는 사람이 지위 또는 관계의 우위에 있어야 하며
(2) 업무지시가 업무상 적정범위를 넘어야 하므로, 퇴근 후에 업무지시를 해야 할 필요성 등이 있었는지 검토가 필요하며
(3) 업무지시가 객관적으로 피해자와 같은 처지에 있는 일반적·평균적인 사람의 입장에서 신체적·정신적 고통 또는 근무환경 악화가 발생할 수 있는 행위여야 하며, 그로 인해 피해자에게 신체적·정신적 고통 또는 근무환경의 악화라는 결과가 발생해야 한다.

5) 사업장 밖 또는 온라인에서 이루어지는 괴롭힘도 직장내 괴롭힘으로 볼 수 있는지?

외근·출장지 등 업무수행 과정 등의 장소, 회식이나 기업 행사 등의 장소, 사내 메신저·SNS 등 온라인에서 발생한 경우, 그 행위가 ① 직장에서의 지위 또는 관계 등의 우위를 이용한 것인지, ② 업무상 적정범위를 넘었는지, ③ 신체적·정신적 고통을 주거나 근무환경을 악화시켰는지 등 3가지 행위요건에 해당되는 경우에는 직장 내 괴롭힘으로 인정될 수 있다.

다만, **익명성이 보장되는 게시판** 등에 특정 인물에 대한 폭언을 하는 등의 행

위는 행위자 특정도 어렵고 '우위성'을 이용한 행위라고 보기 어려워 직장내 괴롭힘에 해당한다고 볼 수는 없을 것이다.

6) 3가지 행위요건 중 하나라도 충족하지 못하면 직장내 괴롭힘으로 볼 수 없는지?

① 직장에서의 지위 또는 관계 등의 우위를 이용, ② 업무상 적정범위 초과, ③ 신체적 · 정신적 고통을 주거나 근무환경 악화를 말한다.

직장 내 괴롭힘에 해당되기 위해서는 위 3가지 행위요건 모두 충족해야 한다.

따라서, 업무상 지시 · 주의 · 명령에 불만을 느끼는 경우라도 그 행위가 사회 통념상 업무상 필요성이 있다고 인정되는 경우에는 직장내 괴롭힘으로 인정하기는 곤란하다. 다만, 그 지시나 주의 · 명령 행위의 양태가 폭행 · 과도한 폭언 등을 수반하는 등 사회 통념상 상당성을 결여하였다면 업무상 적정범위를 넘었다고 볼 수 있어 직장내 괴롭힘이 될 수 있다.

7) 직장내 괴롭힘 관련 참고자료 및 교육자료는 어디에서 구하는지?

(교육 자료) 고용노동부 홈페이지에 직장내 괴롭힘 관련 다양한 자료(매뉴얼 동영상 등)를 게시하고 있으니 자유롭게 활용하시면 된다.

고용노동부 홈페이지(www.moel.go.kr) → '정책자료' → '정책자료실'에서 '직장 내 괴롭힘'으로 검색한다. 또는 '유튜브'에서 '고용노동부'를 검색 → '고용노동부' 계정에서 '직장내 괴롭힘'으로 검색한다.

8) 직장내 괴롭힘 예방교육의 의무 여부, 교육 대상 · 방식은?

직장내 괴롭힘 예방교육은 법정 의무교육은 아니다.

다만, 예방을 위한 실효적 방안으로 임직원 대상 교육을 필수적으로 고려할 필요가 있으며, 관리자 이상은 정기적으로 교육을 수료하는 것이 바람직하다.

교육방식은 다른 교육과정(성희롱 예방교육, 산업안전관리 교육 등)에 콘텐츠·시간 등을 확대·보완하여 진행하는 것도 가능하다.

9) 직장내 괴롭힘 예방교육 강사 지원 프로그램이 있는지, 직장내 괴롭힘 예방 교육 강사는 특별한 자격이 있어야 가능한지?

직장내 괴롭힘 예방교육 강사에 대한 법정 자격요건은 규정되어 있지 않으며, 이에 특별한 자격을 필요로 하는 것은 아니다.

다만, 한국고용노동교육원에서 무료로 '강사 지원 프로그램'과 '강사 양성 과정'을 운영하고 있으므로 활용하시기 바람

(1) 강사지원

중소기업(사업주·근로자)을 대상으로 전문강사가 무료로(전액 정부지원) 직장내 괴롭힘 예방교육을 실시하는 사업을 한국고용노동교육원(노사교육팀, 031-760-7777~9, shinhj@keli.kr)에서 운영하고 있다.

* (교육방법) 집합(사업장에서 교육)/실시간 화상/동영상 中 선택

(2) 강사 양성

직장내 괴롭힘 예방 및 발생 시 신속·적합한 조사·조치 대응을 할 수 있는 사내 전문가(강사) 양성 과정 무료 운영하고 있다.

* (교육대상) 사업장 내 인사·노무담당자 및 노·사 고충상담(처리)위원, 직장내 괴롭힘 예방 관련 사내 강사로서 활동을 희망하는 자

* (교육장소) 〈집합〉 서울·대전·부산 권역 〈화상〉 실시간 화상(Zoom)

10) 직장내 괴롭힘으로 인한 업무상 정신적 스트레스가 원인이 되어 발생한 질병은 업무상의 재해로 인정 받을 수 있는지?

직장내 괴롭힘, 고객의 폭언 등으로 인한 업무상 정신적 스트레스가 원인이

되어 발생한 질병에 대해 산업재해보상보험법은 업무상 질병에 포함하고 있다.

직장내 괴롭힘, 고객의 폭언으로 인한 업무상 재해 인정 관련 문의는 근로복지공단(1588-0075)에서 상담 가능하다.

> **산업재해보상보험법 제37조(업무상의 재해의 인정 기준)** ① 근로자가 다음 각 호의 어느 하나에 해당하는 사유로 부상·질병 또는 장해가 발생 없는 경우에는 그러하지 아니하다.
>
> 2. 업무상 질병
>
> 다. 「근로기준법」 제76조의2에 따른 직장내 괴롭힘, 고객의 폭언 등으로 인한 업무상 정신적 스트레스가 원인이 되어 발생한 질병을 말한다.

11) 피해근로자를 위한 치료·치유 프로그램이 있는지?

(1) 직업트라우마센터 (안전보건공단, 1588-6497)

가) 지원내용

직장내 괴롭힘, 성희롱, 성폭력 등으로 정신적 외상(직업적 트라우마)을 겪은 근로자에게 상담심리사, 임상심리사 등 전문인력이 심리교육, 검사, 상담, 전문치료 연계 등 무료 제공하고 있다.

나) 지원대상

사건을 직접 경험한 피해자, 사고 목격자, 1차 피해자의 가족·친구, 희생자의 유족, 사건에 책임이 있다고 생각하는 사람, 경찰·소방관 및 응급서비스직에 종사하는 사람 등이다.

다) 신청

사업장 또는 근로자 개인이 트라우마센터에 직접 상담 신청 또는 해당지역 안전보건공단에 신청한다.

(2) 근로자지원프로그램(근로복지공단, 070-4603-3042)

가) 지원내용

근로자가 업무수행 및 개인생활에서 발생하는 직무 스트레스 등 업무저해 요인을 해결하도록 전문가의 온·오프라인 상담·코칭 등을 무료 제공하고 있다(1인당 연 최대 7회).

나) 지원대상

상시근로자 수 300인 미만 중소기업 사업주·근로자이다.

다) 신청

'근로복지넷'에 회원 가입 후, 상담신청을 한다.

09-2. 직장내 괴롭힘으로 볼 수 있는 실제 사례

직장 내 괴롭힘은 그 양태가 매우 다양하고 여러 가지 사정을 종합적으로 판단해야 하는 만큼 직장내 괴롭힘을 볼 수 있는 행위를 일률적으로 열거하는 데에는 한계가 있으나, 언론 보도, 판례 등 우리나라에서 실제 발생한 사례를 토대로 법상 직장 내 괴롭힘으로 볼 수 있는 행위를 예시하면 아래와 같다.

해당 행위가 근로기준법상 직장내 괴롭힘의 개별요건에 부합하는지에 대하여 구체적 행위내용, 사실관계 등을 토대로 추가 판단할 필요가 있다.

* 아래 행위가 있었다는 사실만으로 직장내 괴롭힘으로 인정되는 것은 아니다.

(1) 업무배제 의도 하에 당사자 의사에 반하여 전공과 관련 없는 과목의 강의를 배정

대학교수는 자신의 전공분야에 대해 강의하고 이를 통해 자신의 학문연구를 보다 발전시키는 것이 인격권 실현의 본질적 부분에 해당하므로, 대학교수의 사용자인 학교법인이 그 업무지휘권 등의 행사에 지장을 초래하는 등의 특별한 사정이 없는데도, 오로지 소속 대학교수를 본연의 업무에서 배제하려는 의도 하에 그 의사에 반하여 전공분야와 관련 없는 과목의 강의를 배정함으로써 결국 강의할 수 없게 함(대법 2008.6.26., 2006다30730, 학교법인의 손해배상책임 인정)

(2) 육아휴직 복직자에 대한 따돌림, 차별, 험담 등

육아휴직 후 복직한 직원에게 전에 담당하던 업무가 아닌 보조업무를 주고, 직원을 퇴출시키기 위한 따돌림을 지시한 사건. 피해자를 제외한 다른 직원들만 참석한 회의에서 피해자를 내쫓기 위하여 따돌림을 할 것을 지시하는 취지의 내용을 전달하였으며, 이후 책상을 치우고 창구에 앉지 못하게 할 것을 지시, 그를 직원으로 생각하지 않는다는 취지의 발언을 하는 등 차별적인 대우를 함(광주지방법원 2012.10.24., 2012나10375 : 손해배상책임 인정)

(3) 회식 강요, 회식비 부담 강요 등

가해자인 선배가 후배인 피해자에게 술자리를 마련하지 않으면 인사상 불이익을 주겠다고 반복하여 말한 사건. "술자리를 만들어라", "아직도 날짜를 못 잡았느냐", "사유서를 써와라", "성과급의 30%는 선배를 접대하는 것이다" 등 반복적으로 술자리를 갖자는 발언을 하고 시말서, 사유서를 쓰게 한 행위(대전지방법원 2015.8.28., 2014고합207 : 강요미수죄 인정)

(4) 업무용 물품 및 ID 회수 및 사용금지, 따돌림 지시 등 차별적 대우

승진에서 누락되어 반발한 직원이 명예퇴직 권고대상자로 선정된 후 이에 항변하는 과정에서 괴롭힘을 당한 사건. 업무변경과 관련한 문제를 따지는 과정에서 폭행, 업무용 물품 및 ID를 회수, 자리를 회의용 탁자로 이동시키고 이후 회의용 탁자와 의자 회수, 피해자가 컴퓨터를 쓰지 못하게 하고, 직원들에게 전자우편 동시 발송 시 피해자를 제외하도록 지시하는 등 직장 내에서의 따돌림, 차별적 대우(서울행법 2000. 8.14., 2000구34224 판결 : 이로 인한 정신적 질환에 대한 산재보상 인정)

(5) 직접적인 체벌

공공일자리 사업으로 학교도서관에 근무하는 장애인에 대한 체벌사건. 피해자에게 컴퓨터 등 전자기기를 못 만지게 하고, 어기면 피해자의 손바닥을 플라스틱 자로 때리고 손을 들어 벌을 서게 함(인권위 진정사건 : 17진정0169100)

(6) 욕설, 비난, 비웃음 등 무시 및 냉난방 관련 차별대우

동료 간 피해자에 대한 따돌림 사건. 피해자를 의도적으로 무시하고, 피해자 면전에서 비웃음, 비난, 욕설 등 수시로 언어폭력을 가하고, 겨울, 여름에는 피해자에게 보일러나 에어컨 등을 제공하지 않고 가해자들끼리만 사용함(인권위 진정사건 : 16진정0186100)

(7) 욕설, 위협, '야', '너', 고함 / 고의적 업무지연 및 방해 / 해고등 불이익 위협

학교 교감이 같은 학교 소속 교사들을 상대로 욕설, 위협 등을 행한 사건. 학교 교감이 교사들에게 결재요청을 받자 책상을 내리치고 고함을 지르며, '야', '너' 등의 호칭을 사용하거나, 결재서류를 고의적으로 반려하고 지연시켜 업무를 방해하고, 해고 등을 언급하며 불이익으로 위협하는 등 폭언을 가함. 컨설팅을 받지 않겠다는 의견을 말하는 교사의 팔을 잡아끌고 고함을 지르는 등 위협을 함(인권위 진정사건 : 12진정0974000)

(8) 지속적 폭언, 욕설 및 폭행 / 고의적 업무방해

부회장이 운전기사에게 운전이 마음에 들지 않는다며 지속적으로 폭언, 욕설을 하고, 때로는 운전 중인 운전기사의 머리를 뒤에서 가격하며 마구 때리기도 함. 룸미러와 사이드미러를 접은 상태에서 운전하도록 하여 피해자는 극도의 스트레스 속에서 운전업무를 함

(9) 면벽근무 지시, 부당한 징계나 배치전환

기업 차원에서 명예퇴직을 거부하는 사무직 직원에게 사물함만 바라보도록 자리를 배치하는 일명 면벽근무를 지시함. 피해자는 회사가 명예퇴직 대상자로 통보한 20명 중 한 명이었으나, 피해자가 명예퇴직을 거부하자 이러한 면벽근무를 지시하였으며, 10분 이상 자리를 비우면 상급자에게 보고, 쉬는 시간 이외에 흡연, 개인전화 등을 금지시킴. 개인 노트북 사용을 이유로 보안규정 위반으로 감봉 징계를 하기도 하고, 사무업무와 아무런 관련 없는 자재관리로 배치전환을 하기도 함

(10) 부당해고 복직자 대상 차별적 대우 및 고의적 근무환경 악화

부당해고 판정으로 받고 복직한 직원에 대해 기업 차원에서 '복직자 관리방안'을 만들어 화장실 앞에서 근무하도록 지시, 다른 근로자들에 비하여 집중적인 근태 관리, 고강도의 업무지시를 시키는 계획을 수립하고 실제 해당 방안과 유사하게 피해자의 근무환경을 악화시키는 조치를 취함

(11) 물리적 위협, 신체 폭행, 종이 등 물건 던지기, 얼차려 등

회식자리에서 직장상사가 소주병을 거꾸로 쥐어 잡고 피해자를 가격하려고 위협하고, 고객들 앞에서도 피해자의 목을 짓누르는 신체적 폭력을 가하기도 함. 또한 부장님과 다른 직장동료가 한자리에 모인 자리에서 피해자에게 종이를 던지며 모욕을 주는 행위를 가하기도 하고, 차렷 자세로 인사를 반복적으로 시키는 등 지속적인 괴롭힘을 가함

(12) 적대적 근무환경 조성 및 부적절한 인사조치

창사 이래 60여년 동안 결혼하는 여성 직원을 예외없이 퇴사시키는 관행을 유지. 이로 인한 퇴사를 거부하는 여성 직원에게는 근무환경을 적대적으로 만들거나 부적절한 인사조치를 통해 퇴사를 강요함

(13) 신체 폭행, 급여삭감 지시 등 위협

요식업에 취업해 사장에게 일을 배우던 중 사장은 피해자의 배우는 태도가 마음에 들지 않는다며, 주먹으로 흉부나 팔 부분을 폭행하고 숨이 넘어갈 정도로 목을 조르기도 함. 사장은 피해자가 만든 요리를 맛보고 맛이 없어 버릴 때마다 월급에서 만원씩 제한다고 하면서 실제로 월급에서 49만원을 다시 사장 계좌로 보내라고 하여 그렇게 한 적도 있음

(14) 폭언 및 협박

재계약 결정권을 갖고 있는 지역본부 매니저는 기분에 따라 "능력 안 되면 몸빵이라도 해야지 씨ㅇ~~", "씨O, 대가리 안 쓰냐? 내가 입에 걸레를 물어야 돌아가냐?", "미친O 너네들 어차피 갈 데 없잖아"라는 등의 잦은 폭언과 협박을 함

(15) 복장 지적 등 모욕

피해자가 감기에 걸려 겉옷을 입거나 마스크를 착용하는 것에 대해 상사가 지속적인 비난을 하고, 직원들 앞에서 "패딩은 세탁해서 입고는 다니냐", "옷에서 냄새가 난다"는 등의 모욕적 발언을 함. 또한 직원들 앞에서 피해자가 입고 다니는 옷과 가방 등을 지적하며 "3천원 주고 산거냐", "시장에서 산 물건만 쓴다"는 등의 모욕감을 줌

(16) 폭언, 욕설, 모욕, 물건파괴 등 고의적 근무환경 악화

사내이사는 현장에 근무하는 외국인 근로자와 내국인 근로자에게 폭언과 욕설로 업무지시와 잔소리를 함. 뿐만 아니라 직원에게 몸에서 냄새가 난다고 근무할 때 창문을 활짝 열어놓고 근무하라고 모욕을 주는 등 폭언은 점점 심해짐. 또한 근무시간에 외부에서 술을 먹고 사무실에 와서 욕설을 하며 피해자에게 그만두라고 하고, 이에 반박하자 사무실 유리 테이블을 박살내고 모든 근로자를 욕설과 폭언으로 불러서 깨진 유리를 청소시킴. 또한 피해자를 위협하기 위해 산소절단기와 해머를 이용해 계단을 절단하거나, 음주상태에서 회사 포크레인을 직접 몰고 사무실을 손괴하는 등 비정상적 행동을 함

(17) 고함 및 근무시간 외 사적인 대화 강요

상사가 퇴근 이후 주말, 저녁 시간에 술에 취해서 팀 모바일메신저 단체채팅방에 하소연하는 글을 올리고 대답 안하면 대답 왜 안하냐고 답을 요구하여 팀원들이 힘들어 함. 상사 본인 의지대로 안되면 직원들에게 소리를 지르고 윽박지르는 등의 행위로 정신적 고통을 유발함

(18) 본래 업무 외 사적 용무지시

본래 업무에 더하여 대표의 개인적인 일까지 보며 운전기사, 수행비서 역할까지 하였고, 눈이 많이 온 날 맨손으로 대표의 부인 자동차 눈 제거 작업까지 시킴. 직원을 동원해 대표 개인 밭의 옥수수 수확과 판매까지 시키지만, 회사 분위기가 워낙 보수적인 곳이라 이에 대한 문제제기도 할 수 없는 분위기임.

(19) 물리적 위협

상사에게 업무를 보고하던 중 "왜 틀렸어?", "손 올려봐"라고 하면서 피해자의 왼손 중지를 잡고 커터칼로 피해자의 왼손 중지를 자르려는 행동을 하는 등 공포 분위기를 조성함

(20) 반대 의사와 관계없이 음주 강요

> 회사대표가 냉면사발에 술을 섞어서 마시도록 하는 등 직원들에게 폭음을 강요함. 이는 성별에 상관없이 무조건적임. 직원들의 개인 사정은 상관없고 무조건으로 오라고 하면 가야하고, 거절하면 회사생활을 힘들게 하는 등 어떤 식으로든지 보복을 하여 어쩔 수 없이 불려나갈 수밖에 없음. 실례로 중국집 회식에서 여직원들에게 짜장면을 먹고 난 그릇에 소주와 맥주를 섞어 마시도록 강요한 적도 있음

09-3. 직장내 괴롭힘 신고사건 처리 사례

직장내 괴롭힘 신고사건(인정) 사례

- 진정인 : ㈜○○○ 소속 근로자
- 피진정인 : ㈜○○○ 대표이사 ○○○
- 괴롭힘 행위자 : ㈜○○○ 소속 ○○○ 부장
- 업종 : 제조업

[쟁점사항]

진정인이 직장내 괴롭힘 행위자로 신고한 ○○○ 부장의 진정인에 대한 폭언, 연차휴가 사용제지 행위, 담배 연기를 진정인의 얼굴에 뿜는 행위가 직장내 괴롭힘에 해당하는지 여부

[판단]

◦ 직장내 괴롭힘이란 근로기준법 제76조의2(직장내 괴롭힘의 금지)에 따라 (1) 사용자 또는 근로자가 직장에서의 지위 또는 관계 등의 우위를 이용하여, (2) 업무상 적정 범위를 넘어, (3) 다른 근로자에게 신체적·정신적 고통을 주거나 근무환경을 악화시키는 행위이므로 이 세 가지 요건을 모두

충족해야 인정된다 할 것이므로,

◦ 진정인이 ○○○ 부장으로부터 당하였다고 주장한 직장내 괴롭힘 행위에 대하여 진정인과 피진정인, 참고인들의 진술과 녹취록 등의 증거자료를 통하여 살펴보면,

◦ (지위 또는 관계 등의 우위) ○○○ 부장은 진정인이 속한 관리부의 장으로서 진정인과 업무상 직접적인 지휘·명령 관계에 놓여있는 상급자에 해당하므로 직장에서의 지위 또는 관계 등의 우위는 인정된다 할 것임

◦ (직장내 괴롭힘 행위 존재) 진정인은 ○○○ 부장으로부터 '폭언·욕설, 연차휴가 사용제지, 담배 연기를 얼굴에 뿜는 행동'의 직장내 괴롭힘 행위를 당하였다고 주장하여, 진정인과 피진정인, 참고인 진술 및 녹취록 등의 증거자료를 조사한 결과, ○○○ 부장이 진정인에게 폭언과 욕설을 한 것은 확인되었으나, '연차휴가 사용제지나 담배 연기를 얼굴에 뿜는 행동'의 직장내 괴롭힘 행위는 확인할 수 없었음

◦ (업무상 적정범위) ○○○ 부장은, 진정인이 상급자로부터 업무지시를 받는 과정에서 지은 표정이나, 연차사용 신청, 조직문화서베이 결과, 업무상 실수를 지적하는 과정에서 폭언과 욕설을 하였으므로, 이는 업무수행 중 또는 업무수행과 관련하여 발생된 행위라 볼 수 있고, 이러한 행위가 업무상 적정 범위를 넘는 것인지 살펴보면,

◦ 어떠한 행위가 업무상 적정 범위를 넘는 것으로 인정되기 위해서는, 당사자와의 관계, 행위가 행해진 장소 및 상황, 행위에 대한 피해자의 명시적 또는 추정적인 반응의 내용, 행위의 내용 및 정도, 행위가 일회적 또는 단기간의 것인지 또는 계속적인 것인지 여부 등의 구체적인 사정을 참작하여 종합적으로 판단하되,

◦ 객관적으로 피해자와 같은 처지에 있는 일반적이고도 평균적인 사람의 입장에서 신체적·정신적 고통 또는 근무환경의 악화가 발생할 수 있는 행위가 있음이 인정되어야 함

◦ 피진정인은 '○○○ 부장이 대화 도중 욕설 등 부적절한 언행은 있었지만, 진정인을 괴롭히기보다는 입사 초반 진정인의 미숙한 업무수행을 지적하기 위한 지도성 발언의 성격이 크다.'며 직장내 괴롭힘 행위가 성립되지 않는다고 주장하나,

◦ ○○○ 부장이 진정인의 표정에 대하여, '니가 씨× 고참인데 신입이 너 앞에서 씨× 그런 얼굴 표정 지으면 너 기분 좋겠어? 인마!'라고 하거나, 진정인의 연차사용 신청에 대하여 '씨 연차도 없는 것들이 ×발. 허 참! 내년도 것 땡겨 써. 씨× 이것들 어디서 ×발 못된 것만 배운 것들이 씨'라고 하고, 조직문화서베이 결과에 대하여 '아니. 그렇게 그렇게 불만이야? 그렇게 잘 못 됐어요?, 너 나한테 엿 먹어 보라는 거야. 지금?'라고 하는 등 대화 과정에서 과도한 폭언과 욕설을 수반한 것은 사회 통념에 비추어 업무상 필요성이 인정된다고 보기 어렵고,

◦ ○○○ 부장이 관리자로서 진정인의 업무 실수를 지적하거나 주의를 주는 행위자체는 업무상 필요성이 인정되더라도, '너, 내가 ×나 화났어. 씨× 하나 ××한 것 갖고 왜 지랄이야? 어떻게 해줘야 돼? 야 ○○○(진정인)! 그냥 사람들이 얘기하면, 아, 그냥 씨× 이 새× 왜 나한테 지랄이지? 이런 생각이냐?' 등의 과도한 폭언과 욕설을 수반한 지적을 상당 시간 하였다면, 진정인의 인격을 심각하게 해쳤다고 볼 수 있고,

◦ 또한 이러한 폭언과 욕설이 사무실이나 흡연실 등 다른 근로자들이 볼 수 있는 공개된 장소에서 이루어져 다른 근로자들에게 전파되었다면, 진정인의 명예를 훼손할 수 있는 행위로 볼 수 있으며,

◦ 진정인이 ○○○ 부장의 폭언과 욕설에 대한 입증자료로 제출한 녹취록은 ○건에 불과하나, 참고인들이 ○○○ 부장의 평소 언행이 다소 거칠다고 진술한 점이나, 직속 리더의 대화나 행동 방식 등을 조사하는 조직문화서베이 결과가 최하위인 점, 녹취된 ○○○ 부장의 폭언이나 욕설의 양태, 이에 대한 진정인의 반응이 '…' 또는 '예…'로 별다른 답변을 하지 못하고

주눅들어있는 점, 진정인이 직장내 괴롭힘을 사유로 2019.10월부터 2021.8월까지 병원에서 상담 및 약물치료를 받아온 점 등을 봤을 때 진정인의 근로기간 중 상당기간 지속·반복적인 폭언과 욕설이 있어 왔을 것으로 짐작되는 바,

◦ ○○○ 부장의 폭언과 욕설 행위는 진정인의 인격을 심각하게 해치며 정신적 고통을 유발할 수 있는 업무상 적정 범위를 넘어선 직장 내 괴롭힘 행위로 판단됨

◦ (조치사항) 피진정인은 진정인을 ○○○ 부장과 다른 근무 장소로 배치하였고, 재발 방지 차원에서 ○○○ 부장에게 경고 조치를 완료하였으므로, 진정인의 직장내 괴롭힘 피해 신고 내용에 대한 조치를 완료하였다고 주장하고 있음

◦ 그러나 피진정인은 진정인의 피해 내용에 대한 조사 결과, ○○○ 부장에 대한 부적절한 행위(실내 흡연, 대화 도중 욕설 사용)를 확인했음에도 직장내 괴롭힘에 해당되지 않는다며, 피진정인 사업장 내 징계규정이 별도 존재함에도 ○○○ 부장을 징계위원회에 회부하지 않고, '인사·지원 담당' 명의로 '경고' 처분만 하였음

◦ (의견) 위 진정 사건에 대하여 근로기준법 제76조의2(직장내 괴롭힘의 금지) 및 같은 법 제76조의3(직장내 괴롭힘 발생 시 조치) 위반 혐의로 조사한 결과,

◦ 피진정인 사업장 소속 ○○○ 부장은 진정인의 업무수행 과정에서 지속·반복적인 폭언·욕설로 진정인에게 신체적·정신적 고통을 주거나 근무환경을 악화시키는 직장내 괴롭힘 행위를 한 것으로 확인되나, 피진정인은 진정인의 직장내 괴롭힘 피해 신고에 대하여 직장내 괴롭힘에 해당되지 않는 것으로 판단하고, 행위자에 대한 징계, 근무장소 변경 등의 필요한 조치를 취하지 않았으므로,

◦ **피진정인**에게 근로기준법 제76조의3에 따라 진정인의 의견을 들어 **행위자**

에게 필요한 조치를 취하도록 **개선지도**하고자 하며, 아울러, 피진정인이 진정인의 직장내 괴롭힘 피해 내용을 조사하는 과정에서 진정인의 업무 실수를 지적하거나 행위자의 행동을 옹호하는 등 부적절한 발언을 한 것으로 확인되었으므로, 향후 소속 근로자들의 직장내 괴롭힘 피해 내용 조사 시에는 조사자가 조사 과정에서 객관성과 공정성을 갖춘 태도를 유지하도록 **개선지도**하고자 함

직장내 괴롭힘 신고사건(불인정) 사례

- 진정인 : ○○병원 소속 근로자 ○○○
- 피진정인 : ○○병원 소속 병원장 등 상급자 3명
- 업종 : 의료서비스업
- 괴롭힘 행위자 : ○○병원 소속 병원장 등 상급자 3명

[쟁점사항]

진정인이 ○○○ 병원장, ○○○ 부원장, ○○○ 부장으로부터 직장내괴롭힘을 당하였다는 내용에 대한 직장내괴롭힘 인정 여부

[판단]

◦ '직장 내 괴롭힘'이란 사용자 또는 근로자가 직장에서의 지위 또는 관계 등의 우위를 이용하여 업무상 적정 범위를 넘어 다른 근로자에게 신체적·정신적 고통을 주거나 근무환경을 악화시키는 행위를 의미하며, (a) 당사자와의 관계, (b) 행위 장소 및 상황, (c) 행위에 대한 피해자의 반응, (d) 행위 내용 및 정도, (e) 행위기간(일회적인지, 단기간인지, 지속적인지 여부) 등의 구체적인 사정을 참작하여 종합적으로 판단해야 할 것임

◦ 진정인은 2022.2.1.에 입사하여 근무하던 중 ○○○ 병원장, ○○○ 부원

장, ○○○ 부장으로부터 ① 격리, 구분 보호조치 및 유급휴가 신청 무시·묵살, ② 집단 따돌림 : 2022.4월경 ○○○ 부장에게 찍히게 되어 집단 따돌림, ③ 특수폭행 발생, ④ 폭언 및 부당업무지시를 한 것은 업무상 적정 범위를 넘었을 뿐더러 신체적·정신적 고통을 주고, 근무환경을 악화시켰다고 주장하여 진정인과 행위자들의 진술을 종합하여 검토한 결과,

1) (행위자의 지위 관련) 행위자들은 진정인의 상관으로 직장에서 우위를 가지고 있음

2) (업무상 적정 범위 여부)

◦ (격리, 구분 보호조치 및 유급휴가 신청의 무시·묵살의 행위)에 대하여 진정인이 사업장에 직장내 괴롭힘 신고를 하였다고 주장하나, 부당해고 등 구제신청 후 부당해고가 인정되어 원직 복직을 하는 첫날인 2022.4.10. 14:00경 출근하였다가 "유급휴가 신청서"만을 제출하고 임의로 조퇴한 후 현재까지 출근을 하지 않고 있는 점, 절차에 따른 직장내 괴롭힘 신고로 보기 어려점 등을 볼 때 사업장에서 어떠한 조치를 취할 수 있는 상황이 아니었던 것으로 판단됨

◦ (집단 따돌림의 행위)에 대하여 진정인이 근무 중 야간에 간호사들에게 의료행위를 지시하는 상사이며 환자에 대한 직접적인 관찰과 진료보다는 간호사들의 노티(Noti)에 따라 전화로 지시하는 횟수가 많았고, 간호사들의 긴급 호출에도 대답이 없거나 전화를 받지 않았으며, 오히려 진정인이 직원(간호사, 간병인 등)에게 폭언을 하여 상대방에게 불쾌감을 주었다고 진술하고 있는 점 등을 볼 때 집단 따돌림이 있었다고 보기 어려움

◦ (신체에 유형력을 행사하는 폭행 및 폭언의 행위)는 사실관계만 인정되면 업무상 적정범위를 넘어선 행위로 인정이 가능하나, 위 사업장에서 진정인을 해고한 후 진정인이 거주지라고 주장하는 당직실에서 강제 퇴거시키는 중 발생된 것으로 보여지며 위법에 따른 폭행이 아님이 확인된 바 직장내 괴롭힘으로 보기 어려움

◦ (업무에 필요한 주요 비품〈컴퓨터, 사무용품 등〉을 제공하지 않음)에 대하여 부당해고가 인정되어 복직 후 당직실을 근무 공간으로 부여할 수 없는 사업장의 사정이 있고, 그 외 한방진료실에 마련된 휴게공간이 있는 점 등 합리적인 이유가 있으므로 업무상 적정 범위를 넘어선 행위로 보기 어려움

◦ (부당한 업무지시)에 대하여 진정인의 구체적 주장이 없어서 확인된 바 없음

3) (신체적, 정신적 고통을 받거나 근무환경이 악화되었는지 여부) 진정인이 사업장에서 행해진 폭행 및 근무장소 변경 등에 따른 급성 스트레스 장애(PTSD) 진단을 받을 정도로 힘들었고, 불안감과 큰 위압감을 느꼈다고 주장하는 것에 반해 2022.4.10. 14:00경 복직하여 첫 출근 이후 출근하고 있지 않아 간과할 수 없을 정도의 지장이 발생할 정도로 근무환경이 악화되었다고 보기 어려움

4) (직장내 괴롭힘 발생 시 조치 적정 여부)

◦ 2020.10.1. 병원 취업규칙 변경 신고(직장내 괴롭힘 대응체계가 구축)

◦ 진정인은 사업장에 2022.4.10. 부당해고 등 구제신청이 인정됨에 따라 복직하는 첫날 힘들어 유급휴가신청서를 제출하였으며 신청서 내용 중 직장내 괴롭힘이 포함되어 있다고 주장하고, 사업장은 유급휴가 신청서 처리 및 사실관계 확인을 위해 수차례 연락했음에도 연락이 되지 않았다고 하는 등 사실관계 확인이 어려움

◦ (의견) 위와 같이 조사한 내용을 종합해 볼 때, 진정인이 주장하는 괴롭힘 행위 ① 격리, 구분 보호조치 및 유급휴가 신청 무시・묵살, ② 집단 따돌림 : 2021. 4월경 ○○○ 부장에게 찍히게 되어 집단 따돌림, ③ 특수폭행 발생, ④ 폭언 및 부당업무지시에 대해서 직장내 괴롭힘으로 보기 어려워 내사종결(법위반 없음) 의견임

제5편 근로자퇴직급여 보장법

01 퇴직급여제도

1. 퇴직급여제도의 설정과 변경

사용자는 퇴직하는 근로자에게 급여를 지급하기 위하여 퇴직급여제도(기존의 퇴직금제도, 확정급여형 퇴직연금제도, 확정기여형 퇴직연금제도) 또는 개인형 퇴직연금제도(10명 미만 사업장) 중 하나 이상의 제도를 설정해야 한다.

다만, 계속근로기간이 1년 미만인 근로자, 4주간을 평균하여 1주간의 소정근로시간이 15시간 미만인 근로자에 대하여는 그러하지 아니하다(근퇴법 제4조).

사용자가 퇴직급여제도나 개인형 퇴직연금제도를 설정하지 아니한 경우에는 근퇴법 제8조의 퇴직금 제도를 설정한 것으로 본다(근퇴법 제11조). 다만, 근퇴법 전부개정법률 시행일(2012.7.26.) 이후 새로 성립(합병・분할된 경우는 제외)된 사업의 사용자는 근로자 대표의 의견을 들어 사업의 성립후 1년 이내에 확정급여형 퇴직연금제도나 확정기여형 퇴직연금제도를 설정해야 한다(근퇴법 제5조).

하나의 사업장내에서 기존의 퇴직금제도와 확정급여형・확정기여형 퇴직연금제를 동시에 시행하는 것도 가능하다.

사용자가 퇴직급여제도를 설정하거나 설정된 퇴직급여제도를 다른 종류의 퇴직급여제도로 변경하려는 경우에는 근로자 과반수가 가입한 노동조합이 있는 경우에는 그 노동조합, 근로자의 과반수가 가입한 노동조합이 없는 경우에는 근로자 과반수의 동의를 받아야 한다(근퇴법 제4조제4항).

사용자가 설정되거나 변경된 퇴직급여제도의 내용을 변경하려는 경우에는 근로자 대표의 의견을 들어야 한다. 다만, 근로자에게 불리하게 변경하는 경우에는 근로자 대표의 동의를 받아야 한다(근퇴법 제4조제4항).

check point **실무사례**

(1) 퇴직연금제도를 소급 적용할 수 있는지

퇴직연금제도의 설정시점은 퇴직연금규약에 명시된 시행일이므로, 노사합의에 따라 퇴직연금제도를 소급 적용하고자 한다면 이를 가입기간에 명시하면 될 것으로 판단됨. 가입기간은 시행일 이후에 가입자가 제공한 기간으로 하되, 과거 근로기간에 대하여 적용을 하고자 할 경우에는 이를 따로 명시하면 될 것으로 판단됨(퇴직급여보장팀-424, 2007.1.29.)

(2) 퇴직급여제도의 변경절차 및 회수

하나의 사업장에서 퇴직금 및 퇴직연금제도를 모두 도입할 수 있고 도입된 제도 내에서 근로자의 선택에 따라 당해 근로자의 퇴직급여제도가 결정되며, 근로자의 자유의사에 따라 타 퇴직급여 제도로 변경이 가능하고, 제도 간 변경절차 및 회수 등은 노사가 합의하여 도입된 퇴직연금규약에 정하는 것이 타당하다고 사료됨(퇴직급여보장팀-3723, 2006.10.2.)

(3) 계속근로기간이 1년미만인 근로자에 대한 퇴직연금적립금 처리

계속근로기간이 1년 미만인 근로자에 대한 퇴직연금적립금은 사용자에게 귀속되도록 규정되어 있음. 다만, 사용자가 1년 미만 근속자에 대해서도 퇴직급여를 지급하기로 규약 등에서 약정하고 있다면 그에 따라 지급하면 될 것임(퇴직급여보장팀-1517, 2006.5.4.)

(4) 근로자가 아닌 임원의 퇴직연금 가입 여부

근로자가 아닌 임원에 대하여 퇴직연금 적용대상으로 할 지 여부는 사업장별로 자유로이 정할 수 있을 것임. 이 경우 임원의 동의를 받아야 하는지 여부에 대해 퇴직연금규약에 근로자가 아닌 임원을 퇴직연금 적용대상으로 한다는 내용이 포함되어 있는 경우, 별도로 당해 임원의 동의를 받아야 할 필요는 없으며, 근로자 대표의 동의를 받아야 함(퇴직급여보장팀-846, 2006.3.16.)

2. 퇴직금제도

퇴직금제도를 설정하려는 사용자는 계속근로기간 1년에 대하여 30일분 이상의 평균임금을 퇴직금으로 퇴직근로자에게 지급할 수 있는 제도를 설정하여야 한다(근퇴법 제8조).

근퇴법 제8조의 퇴직금제도는 기존 근로기준법상의 법정퇴직금제도와 동일하므로, 기존의 제도를 그대로 두더라도 새로운 퇴직금제도를 설정한 것으로 볼 수 있다.

check point 실무사례

(1) 근로자의 채무액을 퇴직금에서 제할 수 있는지

근로자의 귀책사유에 의해 사용자에게 손해를 보게 한 책임과 사용자의 퇴직금 지급의무는 다르므로, 징계해고 등 어떠한 경우라도 그 지급을 제한하거나 손해배상액을 빼고 지급할 수 없다(대법 1975.7.22., 74다1840).

근로자가 받을 퇴직금은 임금의 성질을 가지는 것으로서 사용자는 그 수령권자에게 직접 전액을 지급해야 하는 것이므로, 사용자가 자기 직원으로 근무하다가 사망한 근로자의 퇴직금에 대하여 사용자의 동인에 대한 대출금 채권으로 상계 충당할 수 없다(대법 1990.5.8., 89다카26413).

(2) 계속근로기간의 판단

근로계약기간이 만료되면서 다시 근로계약을 맺어 그 근로계약 기간을 갱신하거나 동일한 조건의 근로계약을 반복하여 체결한 경우에는 갱신 또는 반복된 계약 기간을 합산하여 계속근로 여부와 계속근로연수를 판단해야 하고, 갱신되거나 반복 체결된 근로계약 사이에 일부 공백기간이 있더라도 그 기간이 전체 근로계약 기간에 비하여 길지 아니하고 계절적 요인이나 방학기간 등 당해 업무의 성격에 기인하거나 대기기간, 재충전을 위한 휴식기간 등의 사정이 있어 그 기간중 근로를 제공하지 않거나 임금을 지급하지 않을 상당한 이유가 있다고 인정되는 경우에는 근로관계의 계속성은 그 기간중에도 유지된다(대법 2006.12.7., 2004다29736).

임시직으로 근무하다 공개채용을 거쳐 정규직으로 채용된 경우, 정년퇴직 후 촉탁으로 새로 채용된 경우, 사원으로 근무하다 등기임원으로 승진한 경우는 계속근로로 볼 수 없고 계약종료 후 신규 채용된 것으로 보아야 한다.

(3) 기간제 근무 후 신규채용 절차를 거쳐 다시 기간제로 근무한 경우

유효하게 근로관계가 단절된 후 신규입사 절차를 거쳐 새로운 기간제 근로계약을 체결하고 근무하는 형태라면 각각 별도의 근로계약에 의한 근무기간으로 보아야 하는 것이 원칙이다.

다만, 근로계약이 만료됨과 동시에 근로계약 기간을 갱신하거나 동일한 조건의 근로계약을 반복하여 체결한 경우에는 갱신 또는 반복한 계약기간을 모두 합산하여 계속근로년수를 계산해야 하며(대법 1995.7.11., 93다26168),

근로관계의 단절이 있는 경우에는 일반적으로는 '계약기간 만료통보', '자의에 의한 퇴직원 제출', '퇴직금 및 4대보험 정산' 등을 거쳐 유효하게 근로관계가 단절된 후 신규입사 절차를 거쳐 새로운 기간제 근로계약을 체결하고 근무하는 형태라면 각각 별도의 근로계약에 의한 근무기간으로 보아야 하는 것이 원칙이지만, 기간의 단절이 있는 근로계약이 수년간 반복되어 계약을 계속 체결하는 것이 관행화 되어 있고 노사당사자 모두 그렇게 기대하면서 사실관계에 있어서도 특정기간이 도래하면 재계약을 한 후 동일한 근로를 제공하고 사용자는 그 대상으로서 임금을 지급하는 형태의 근로관계가 반복되었다면, 이 경우는 반복적으로 체결한 근로계약 전 기간을 계속 근로로 인정할 수도 있을 것임(고용차별개선과-2886, 2012.12.14.)

check point **퇴직급여제도의 비교**

구분	퇴직금	확정급여형(DB)	확정기여형(DC)
개념	계속근로기간 1년에 대하여 30일분 이상의 평균임금을 지급하는 제도	근로자가 받을 급여의 수준이 사전에 결정되어 있는 퇴직연금제도	급여의 지급을 위하여 사용자가 부담하여야 할 부담금의 수준이 사전에 결정되어 있는 퇴직연금제도
비용부담	사용자	사용자	사용자 (근로자 추가부담 가능)
적립방법 및 수급권보장	사내적립, 불안정	부분사외적립 (70%이상 부분보장)	전액 사외적립(연간임금 총액의 1/12이상), 완전보장

<table>
<tr><td>급여형태</td><td>일시금</td><td colspan="2">일시금 또는 연금</td></tr>
<tr><td>적립금 운용주체</td><td>-</td><td>사용자</td><td>근로자</td></tr>
<tr><td>위험부담</td><td>-</td><td>사용자</td><td>근로자</td></tr>
<tr><td>세 제</td><td>사내적립 25%
손비 인정</td><td>퇴직급여충당금 한도내
100% 사외적립 손비인정</td><td>납입부담금 전액
손비인정</td></tr>
<tr><td>적합기업 및 근로자</td><td>도산위험이 없고 임금상승률이 높은 사업장</td><td>임금상승률이 높은 사업장, 관리능력이 있는 기업</td><td>연봉제, 체불위험이 있는 기업, 직장이동이 빈번한 근로자</td></tr>
<tr><td>급여수준</td><td colspan="2">연간 30일분의 평균임금×근속연수</td><td>운용결과에 따라 변동</td></tr>
<tr><td>중간정산</td><td>가능
(일정요건하)</td><td>불가
(일정요건 하에 담보대출)</td><td>가능
(일정요건하)</td></tr>
</table>

제6편 남녀고용평등과 일·가정양립지원에관한법률

01 직장내 성희롱

1. 개요

직장내 성희롱이란 사업주, 상급자 또는 근로자가 직장 내의 지위를 이용하거나 업무와 관련하여 다른 근로자에게 성적인 언동 등으로 성적 굴욕감 또는 혐오감을 느끼게 하거나, 성적 언동 그 밖의 요구 등에 따르지 아니하였다는 이유로 근로조건 및 고용에서 불이익을 주는 것을 말한다(남녀고용평등법 제2조 제2호).

직장이란 1일 이상의 사업장을 말하고 직장 내는 업무를 매개로 형성되는 인간관계에서 일어나는 것이면 모두 직장내로 분류된다. 즉 사업장은 물론 회식이나 출장 중에 일어난 성희롱은 모두 이에 해당한다.

성적 언동이란 남녀간의 육체적 관계나 남성 또는 여성의 신체적 특징과 관련된 육체적・언어적・시각적 행위로서 사회공동체의 건전한 상식과 관행에 비추어 볼 때, 객관적으로 상대방과 같은 처지에 있는 일반적이고도 평균적인 사람으로 하여금 성적 굴욕감이나 혐오감을 느끼게 할 수 있는 행위를 의미한다(대법 2018.4.12., 2017두74702).

1) 직장내 성희롱 관련 용어 정리

(1) 성적 언동 등

상대방이 원하지 않는 성적 의미가 담긴 육체적・언어적・시각적 언어나 행동을 말한다.

(2) 성적 굴욕감 또는 혐오감

피해자가 느끼는 불쾌한 감정으로 행위자의 의도, 동기가 아닌 피해자의 관점에서 판단한다.

(3) 성적 언동 또는 그 밖의 요구 등

신체접촉이나 성적 의사 표현, 성적의미가 담긴 모든 언행과 요구를 뜻함. 행위자가 성적 의도를 가지고 한 행동이 아니었다고 해도 성희롱으로 인정될 수 있다.

(4) 고용에서 불이익을 주는 것

채용탈락, 감봉, 승진탈락, 징계, 강등, 전직, 정직, 휴직, 해고 등을 말한다.

2) 성희롱, 성추행, 성폭력, 성폭행 구분

(1) 성희롱

성희롱이란 사업주, 상급자 또는 근로자가 직장 내의 지위를 이용하거나 업무와 관련하여 다른 근로자에게 성적인 언동 등으로 성적굴욕감 또는 혐오감을 느끼게 하거나, 성적 언동 그 밖의 요구 등에 따르지 아니하였다는 이유로 근로조건 및 고용에서 불이익을 주는 것을 말한다(남녀고용평등법 제2조).

성희롱은 피해자가 가해자를 대상으로 민사상 손해배상을 청구할 수 있으나, 형사처벌의 대상은 되지 않는다.

성폭행, 성추행 등의 성범죄 행위는 형법 심사의 대상으로서 행위자의 적극적인 행동이 요구되는 반면, 성희롱은 소극적인 움직임과 외부로 표현된 애욕의 마음까지 법적 규제의 대상이 된다는 점에서 서로 차이가 있다.

성희롱은 남녀고용평등법, 남녀차별금지법, 국가인권법에 규정되어 있지만,

성폭행, 성추행 등의 성범죄는 형법과 성폭력특별법 위반으로 처벌된다.

(2) 성추행

성추행이란 성욕의 흥분, 자극 또는 만족을 목적으로 건전한 상식있는 일반인의 성적 수치나 혐오의 감정을 느끼게 하는 일체의 모든 행위를 말하며, 강제추행은 이러한 추행행위 시 폭행 또는 협박과 같은 강제력이 사용되는 경우를 말한다(형법 제298조).

강제추행이 성희롱과 다른 점은 폭행이나 협박을 수단으로 한다는 점과 형사처벌의 대상이 된다는 점이다.

성추행이 성폭행과 다른 점은 성폭행은 폭행 또는 협박을 가해 사람과 간음행위를 하는 것을 말하므로, 간음 행위에 이르지 못한 경우를 성추행으로 본다.

(3) 성폭행

성폭행은 강간과 강간미수를 의미한다. 강간은 폭행이나 협박을 가해 사람과 교접행위를 하는 것을 말한다(형법 제297조).

형법 개정 전에는 강간죄의 피해 대상을 **'부녀'**로 한정하였으나, **'사람'**으로 바뀜으로서 남자도 강간죄의 피해자가 될 수 있다.

(4) 성폭력

성폭력이란 성을 매개로 상대방의 의사에 반해 이루어지는 모든 가해행위를 말하는데, 성폭력이란 말은 성폭행, 성희롱, 성추행 등을 모두 포함하는 개념이다.

2. 직장내 성희롱의 성립요건

1) 개요

성희롱이 성립하기 위해서 행위자에게 반드시 성적 동기나 의도가 있어야 하는 것은 아니지만, 당사자의 관계, 행위가 행해진 장소와 상황, 행위에 대한 상대방의 명시적 또는 추정적인 반응의 내용, 행위의 내용과 정도, 행위가 일회적 또는 단기간의 것인지 아니면 계속적인 것인지 등 구체적인 사정을 참작하여 볼 때 성적 언동 등으로 상대방이 성적 굴욕감이나 혐오감을 느꼈다고 인정되어야 한다.

그러한 성적 언동 등에는 피해자에게 직접 성적 굴욕감 또는 혐오감을 준 경우뿐만 아니라 다른 사람이나 매체 등을 통해 전파하는 간접적인 방법으로 성적 굴욕감 또는 혐오감을 느낄 수 있는 환경을 조성하는 경우도 포함된다(대법 2021.9.16., 2021다219529).

2) 성립요건

(1) 직장내 성희롱의 행위자와 가해자

가) 행위자

사업주, 상급자, 동료근로자, 부하직원 모두 포함되나 거래처 관계자나 고객 등 제3자는 제외된다. 직장내 지위를 이용할 수 있는 위치에 있는 사람을 통칭하므로 대표이사, 등기이사, 비상근 임원도 해당된다.

나) 피해자

주로 여성근로자가 대상이지만 남녀근로자 모두 해당되며 파견근로자 및 협력업체 근로자, 모집과정에서의 구직자도 포함된다. 성희롱의 행위자와 피해자는 이성이 아닌 동성 간에도 성립될 수 있다. 즉, 남성이 여성에게, 여성이 남성에게, 남성이 남성에게, 여성이 여성에게 성적 언동을 하는 경우 직장내 성희롱에 해당된다.

(2) 직장내 지위 또는 업무관련성 여부 판단

가) 직장내 지위를 이용하거나, 업무와 관련이 있어야 함

행위자가 지휘명령 관계에서 상위에 있거나 직접적인 지휘명령 관계가 아니어도 직위·직급체계상 지위를 이용한다면 인정된다.

성희롱 행위가 업무관련성이 있는 상황에서 발생한 것이어야 하며, 업무수행에 편승했거나 빙자하여 이루어진 경우도 포함된다.

근무시간 외 근무지에서 성희롱을 한 경우도 인정될 수 있다. 예를 들어 출장 중인 차 안, 업무와 관련 있는 회식 및 야유회 장소, 업무협의를 위해 불러내 만난 장소, 사내메신저 SNS 등 온라인상의 공간 등이 해당될 수 있다.

나) 피해자가 원하지 않은 행위여야 함

행위자의 성적 언동 등을 직접적으로 분명하게 거부해야만 성희롱이 성립되는 것은 아니다. 행위자와 피해자가 위계적인 권력관계에 있을 경우 직접적으로 거부하기가 쉽지 않으므로 소극적·묵시적 거부도 포함된다.

check point **행위자의 의도와 성희롱의 성립 여부**

- 성희롱은 피해자가 성적 굴욕감 또는 혐오감을 느꼈는지의 여부가 중요함
  - 행위자에게 그러한 피해를 발생시킬 의도가 있었는지의 유무는 성희롱의 성립과 관계가 없다.

다) 문제행동이 성적 언동 또는 그 밖의 요구이어야 함

성적 언동이나 그 밖의 요구에 성적인(sexual)의 의미가 담긴 경우를 뜻한다.

여성비하, 고정관념적인 성별 역할 강요 등은 성차별적인 행동으로서 성적 언동으로 보기는 어렵다.

성적 언동이 단 1회 뿐이어도 성립되며, 특정인을 염두에 두지 않은 언동 이라도 듣는 사람에게 성적 굴욕감이나 혐오감을 준다면 성립된다.

라) 성희롱 행위로 인한 피해가 있어야 함

피해는 성적 언동 등으로 상대가 성적 굴욕감 또는 혐오감을 느낀 경우나, 성적 언동 또는 그 밖의 요구에 불응했다는 이유로 근로조건 및 고용에서 불이익을 받는 경우를 말한다.

근로조건 불이익은 임금, 근로시간, 휴게시간, 상여금이나 제 수당, 휴일·휴가, 직무배제나 직무재배치, 업무 과다 부여, 교육훈련 기회 제한, 복리후생이나 안전에 관한 사항, 인사평가 등을 말한다.

고용상 불이익은 채용탈락, 감봉, 승진탈락, 징계, 강등, 전직, 정직, 휴직, 해고 등이 해당된다.

성희롱 여부를 판단할 때는 피해자의 주관적인 사정을 고려하되, 사회통념상 합리적인 사람이 피해자의 입장이라면 문제 행동에 대해 어떻게 판단하고 대응했을 것인가를 함께 고려해야 하며, 결과적으로 위협적·적대적인 고용환경을 만들어 업무능률을 떨어뜨리게 되는 지를 검토해야 한다.

3. 직장내 성희롱 행위 유형(남녀고용평등법시행규칙 제2조)

1) 육체적 행위

① 입맞춤, 포옹 또는 뒤에서 껴안는 등의 신체적 접촉행위

② 가슴, 엉덩이 등 특정 신체 부위를 만지는 행위

③ 안마나 애무를 강요하는 행위

2) 언어적 행위

① 음란한 농담, 음탕하고 상스러운 이야기를 하는 행위(전화, 통신매체, 인터넷 매체 포함)

② 외모에 대한 평가나 성적인 비유, 신체 부위를 언급하는 행위

③ 성적인 사실관계를 묻거나 성적인 내용의 정보를 의도적으로 퍼뜨리는 행위

④ 성적인 관계를 강요하거나 회유하는 행위
⑤ 회식자리 등에서 무리하게 옆에 앉혀 술을 따르도록 강요하는 행위

3) 시각적 행위

① 음란한 사진, 그림, 낙서, 출판물 등을 게시하거나 보여주는 행위(문자, SNS, 팩스 등을 이용하는 경우를 포함)
② 성과 관련된 자신의 특정 신체 부위를 고의적으로 노출하거나 만지는 행위

4) 기타 성희롱 행위

그 밖에 사회통념상 성적 굴욕감 또는 혐오감을 느끼게 하는 것으로 인정되는 언어나 행동

5) 고용에서 불이익을 주는 것의 예시

채용탈락, 감봉, 승진탈락, 전직, 정직, 휴직, 해고 등과 같이 채용 또는 근로조건을 일방적으로 불리하게 하는 것

check point **실무사례**

1) 회사의 행사 리허설 장소에서 여성근로자의 목덜미를 잡은 행위

어떤 행위로 인해 피해자가 성적 굴욕감이나 혐오감을 느꼈다고 하더라도 이를 성희롱이 아닌 것으로 보려면 그 행위가 통상적인 업무관계에서 발생할 수 있는 것으로 사회통념상 용인될 수 있는 범위 내의 것이어야 할 것인 바, 남성근로자가 여성근로자의 목덜미를 잡는 행위는 이러한 범위를 벗어난 행위이므로 피해자가 성적 굴욕감을 느꼈다면 직장 내 성희롱으로 봐야 할 것임(여성고용정책과-3792, 2015.12.11.)

2) 조합원에 의한 성적인 욕설이 성희롱에 해당하는지

노동조합에서 탈퇴하였다는 이유로 다른 조합원에게 성적인 수치심과 모욕감을 주는

것은 업무와 관련한 것이라고 볼 수 없어 직장내 성희롱이라고 보기는 곤란하다고 사료됨 (여성고용팀-2024, 2006.5.18.)

3) 회식자리에서 술을 따르라고 권유한 행위의 성희롱 여부

성희롱의 전제요건인 성적언동 등이란 남녀 간의 육체적 관계나 남성 또는 여성의 신체적 특징과 관련된 육체적 · 언어적 · 시각적 행위로서 사회공동체의 건전한 상식과 관행에 비추어 볼 때 객관적으로 상대방과 같은 처지에 있는 일반적이고도 평균적인 사람으로 하여금 성적 굴욕감이나 혐오감을 느끼게 할 수 있는 행위를 의미한다고 할 것이고,

위 법 규정상의 성희롱이 성립되기 위해서는 행위자에게 반드시 성적 동기나 의도가 있어야 하는 것은 아니지만, 당사자간의 관계, 행위가 행해진 장소 및 상황, 행위에 대한 상대방의 명시적 또는 추정적인 반응의 내용, 행위의 내용 및 정도, 행위가 일회적 또는 단기간의 것인지 아니면 계속적인 것인지 여부 등의 구체적 사정을 참작하여 볼 때,

객관적으로 상대방과 같은 처지에 있는 일반적이고도 평균적인 사람으로 하여금 성적 굴욕감이나 혐오감을 느낄 수 있게 하는 행위가 있고, 그로 인하여 행위의 상대방이 성적 굴욕감이나 혐오감을 느꼈음이 인정되어야 할 것이다.

따라서 객관적으로 상대방과 같은 처지에 있는 일반적이고도 평균적인 사람으로 하여금 성적 굴욕감이나 혐오감을 느끼게 하는 행위가 아닌 이상 상대방이 성적 굴욕감이나 혐오감을 느꼈다는 이유만으로 성희롱이 성립될 수는 없다고 할 것이다.

(교감이 단지 여자교사들에게 대하여 교장에게 술을 따라 줄 것을 두 차례 권한 언행은 여자교사들로 하여금 성적 굴욕감 또는 혐오감을 느끼게 하는 성적 언동에 해당하지 않는다고 할 것이므로 이를 성희롱이라고 할 수 없다는 판결)(대법 2007.6.14., 2005두6461)

4) 직장내 성희롱에 해당한 경우

이사가 나뭇가지로 계약직 여직원의 엉덩이를 때린 행위(대법 2021.11.25., 2020다270503)과장이 신입사원에게 컴퓨터로 음란물을 보여주거나 성적인 농담을 일삼은 것은 업무상 위력 등에 의한 추행에 해당한다(대법 2020.5.14., 2019도9872).

5. 직장내 성희롱 피해자의 대응 및 유의사항

1) 피해자가 가져야 할 인식과 태도

① 성희롱은 행위자의 잘못이지 피해자의 탓이 아니라는 인식이 필요하다.

② 성희롱 뿐만 아니라 성희롱 여부가 애매한 언행에도 불쾌감을 느낀다면 문제 제기를 해야 한다.

③ 성희롱은 인권을 침해한 불법행위이므로 기본적으로 법적 문제라는 점을 인식해야 한다.

2) 성희롱 발생 시 대응요령

(1) 단호한 거부의사 표현하기

① 성희롱을 당하면 단호하게 거부의사를 표현하고 해결방안을 모색한다.

② 퇴사를 생각하는 것은 바람직하지 않다(성희롱으로 인한 피해 회복이 중요).

(2) 원하는 해결 방법 찾기

① 행위자의 사과와 재발방지 약속, 행위자 처벌, 행위자와 분리, 손해배상 등 조치를 취한다.

② 사내고충처리 부서, 여직원회, 노동조합, 외부 상담기관 및 법률지원단체 등을 찾아보고 전문적인 상담 등을 통해 해결방법을 모색한다.

(3) 증거 수집하기

① 성희롱 행위에 대한 직접 증거나 목격자의 증언을 확보한다.

* 행위 당시 녹화영상, 녹음파일, 행위자가 보낸 메시지 등 확보

② 직접증거나 목격자가 없다면 일기나 타인에게 전달한 증거·증언을 확보한다.

③ 행위자를 직접 만나거나 전화, 문자, 이메일 등을 통해 거부 의사 전달한다.

* 대화내용 녹음은 법적으로 허용되며 법적 분쟁 시 증거자료로 사용 가능하다.

④ 행위자를 직접 만날 경우 자신의 입장을 일목요연하게 말할 수 있도록 준비한다.

⑤ 행위자와 직접 만나기 어렵다면 가족이나 친구 등을 믿을 만한 사람과 동행한다.

(4) 직장내 해결절차 이용하기

① 직장내 성희롱 구제절차나 고충처리절차가 있다면 담당자에게 신고하고, 담당자가 없으면 사업주 또는 인사부서에 신고한다.

② 자신에 대한 보호 조치나 피해 구제를 위한 해결책을 요구한다.

③ 절차 진행 동안 행위자와 근무하기 어렵다면 근무장소 변경, 유급휴가를 요구한다.

(5) 외부기관을 통해 대응하기

구분	방법	구제내용
지방노동관서	진정	성희롱에 대한 사업주 조치요구 (행위자 징계, 피해자 보호조치 등)
	고소 · 고발	성희롱에 대한 사업주 처벌요구 (신고자 및 피해자 불이익 처분 등)
국가인권위원회	진정	성희롱 행위자와 책임자에 대한 사내 조치, 손해배상 등
법원	민사소송	성희롱으로 인한 발생한 손해배상 청구
노동위원회	시정신청	성희롱 피해자에 대한 적절한 조치요구, 불리한 처우에 대한 시정요구

6. 사업주의 직장내 성희롱 예방과 대응

1) 직장내 성희롱 예방교육 실시의무

사업주는 매년 1회 이상 전체 직원(정규직, 비정규직 모두 포함)을 대상으로 직장내성희롱 예방교육을 해야 한다(파견근로자는 사용사업주가 실시).

* 위반 시 500만원 이하의 과태료 부과대상이다.

직장내 성희롱 예방교육은 사업의 규모나 특성 등을 고려하여 직원연수, 조회, 회의, 인터넷 등 정보통신망을 이용한 사이버교육 등을 통해 실시할 수 있다.

직장내 성희롱 예방교육에는 다음의 내용이 포함되어야 한다.

① 직장내 성희롱에 관한 법령

② 해당 사업장의 직장내 성희롱 발생 시 처리절차와 조치 기준

③ 해당 사업장의 직장내 성희롱 피해근로자와 고충상담 및 구제절차

④ 그 밖에 직장내 성희롱 예방에 필요한 사항

◦ **상시 10인 미만의 근로자를 고용하거나 사업주 및 근로자 모두가 남성 또는 여성 중 어느 한 성(性)으로 구성된 사업의 사업주**
- 성희롱 예방 내용을 근로자가 알 수 있도록 홍보물을 게시·배포하는 방법으로 예방교육을 할 수 있다(남녀고용평등법 시행령 제3조제4항).

◦ **단순히 교육자료 등을 배포·게시한다든지, 메일 송부·게시판 공지에 그치는 등 교육내용이 근로자에게 전달되었는지, 확인하기 곤란한 경우**
- 직장내 성희롱 예방교육을 실시한 것으로 인정하지 않는다.

◦ **출장, 파견, 휴직 등의 경우 성희롱 예방교육**
- 교육기회는 교율실시일 기준 사업장 소속 모든 근로자에게 부여해야 하고, 교육당일 출장, 파견, 휴직 등의 경우 이는 해당자에게 교육기회를 부여하였다고 볼 수 없으므로 별도의 교육계획에 따라 교육을 실시해야 한다.
- 다만, 해당연도에 교육 미참석자를 상대로 별도의 교육계획을 수립하였음에도 교육이 사실상 불가한 경우에는 교육이 실시되지 않았다고 볼 수는 없을 것이나, 동 해당자에 대해서는 사이버학습, 교육자료 배포 및 서면교육 등의 방법으로 최대한 교육을 제공함이 바람직하다(여성고용정책과-3309, 2019.12.10.).

2) 직장내 성희롱 예방교육자료 게시의무

사업주는 직장내 성희롱 예방교육 내용을 근로자가 자유롭게 열람할 수 있는 장소에 항상 게시하거나 갖춰 두며 근로자에게 널리 알려야 한다.

* 위반 시 500만원 이하의 과태료 부과 대상이다.

3) 직장내 성희롱 예방지침 마련 및 게시 의무

사업주는 직장내 성희롱 예방지침을 마련하고 근로자가 자유롭게 열람할 수 있는 장소에 항상 게시하거나 갖춰 두어야 한다.

성희롱 예방지침에는 아래의 사항이 포함되어야 한다.

① 직장내 성희롱 관련 상담 및 고충처리에 필요한 사항

② 직장내 성희롱 조사 절차

③ 직장내 성희롱 발생 시 피해자 보호절차

④ 직장내 성희롱 행위자 징계절차 및 징계수준

⑤ 그 밖에 직장내 성희롱 예방 및 금지를 위하여 필요한 사항

〈예방지침 작성(고용노동부 홈페이지, www.moel.go.kr)〉
(자주찾는 자료실) → (성희롱예방대응 검색) → (직장내 성희롱 예방교육 실시방법, 직장내성희롱 예방지침 가이드라인(사업주용) 참조

4) 고객 등에 의한 성희롱 방지 및 피해자 불이익 금지

사업주는 고객 등 업무와 밀접한 관련이 있는 제3자의 성희롱으로 근로자가 고충해소를 요청하면 근무장소 변경, 배치전환, 유급휴가 명령 등 적절한 조치를 해야 한다.

* 위반시 300만원 이하의 과태료 부과 대상이다.

사업주는 고객 등 제3자로부터 성희롱 피해를 주장하거나 고객 등의 성적요구에 불응한 것을 이유로 근로자에게 해고나 그 밖의 불이익 조치를 하면 안 된다.

* 위반시 500만원 이하의 과태료 부과 대상이다.

5) 직장내 성희롱 발생 시 조치 의무

(1) 성희롱 발생 사실 확인 전

가) 조사의무

사업주는 직장내 성희롱 신고를 받거나 발생 사실을 알게 된 경우 지체 없이 사실 확인을 위한 조사를 해야 하며, 이 경우 피해근로자 등이 조사과정에서 수치심을 느끼지 않도록 해야 한다.

* 위반 시 500만원 이하의 과태료 부과 대상이다.

나) 피해자 보호의무

사업주는 조사기간 동안 피해근로자 등을 보호하기 위해 필요한 경우 근무장소 변경, 유급휴가 명령 등 적절한 조치를 해야 하며, 이 경우 피해근로자 등의 의사에 반하는 조치를 해서는 안된다.

(2) 성희롱 발생 사실 확인 후

가) 피해자 보호의무

사업주는 성희롱 발생 사실이 확인된 후 피해근로자가 요청하면 근무장소 변경, 배치전환, 유급휴가 명령 등 적절한 조치를 해야 한다.

* 위반 시 500만원 이하의 과태료 부과 대상이다.

나) 행위자 징계 등 조치의무

사업주는 성희롱 발생 사실이 확인되면 지체없이 행위자 징계, 근무장소 변경 등 필요한 조치를 해야 하며, 징계 등의 조치를 하기 전에 피해근로자의 의견을 들어야 한다.

* 위반 시 500만원 이하의 과태료 부과 대상이다.

다) 불리한 처우 금지 의무

사업주는 성희롱 신고근로자 및 피해근로자 등에게 불리한 처우를 하면 안 된다.

* 위반 시 3년 이하의 징역 및 3천만원 이하의 벌금 부과 대상이다.

라) 비밀누설 금지의무

성희롱 발생 사실을 조사한 사람, 보고 받은 사람, 조사과정에 참여한 사람 등은 조사과정에서 알게 된 비밀을 피해 근로자 등의 의사에 반해 다른 사람에게 누설하면 안된다.

* 위반 시 500만원 이하의 과태료 부과 대상이다.

7. 성희롱 없는 일터를 만들기 위한 노력방안

1) 평상시

① 공사를 구분해서 행동하고, 자신의 지위를 이용하여 사적 만남이나 사적 업무 등을 지시 또는 강요하지 않는다.

② 음담패설이나 음란물 보기 등 성적인 행동을 재미 삼아 하지 않도록 자제한다.

③ 타인의 신체, 외모, 사생활을 침해하거나 간섭하지 않는다.

④ 성희롱 행위자가 되었을 때 받게 될 법적, 사회적, 개인적 불이익을 인식한다.

⑤ 자신의 지위나 권한을 남용하고 있는 건 아닌지 항상 유의하고 점검한다.

⑥ 동료근로자, 상사 등과의 관계에서 예의는 지키되 인간적으로 대등하다는 생각으로 존중하는 태도를 가진다.

2) 성희롱 발생시

① 상대방이 불쾌감이나 거부 의사를 표현했을 때 즉각 멈추고, 상대방의 감

정이 이해되지 않더라도 그 감정 자체를 존중하여 사과하고 이해하려고 노력한다.

② 지나친 구애 행위는 범죄행위가 될 수 있다는 점, 상대방이 명시적인 거부의사를 표현하지 않은 것을 동의한 것으로 받아들이지 않도록 주의한다.

③ 다른 직원이 성희롱을 하는 경우 동조하지 않으며 이의를 제기한다.

8. 직장내 성희롱 예방을 위한 사업주 지원

1) 직장내 성희롱 예방교육 관련 자료 제공

고용노동부 홈페이지(http://www.moel.go.kr)에서 표준강의안, 리플릿(소책자), 포스터, 매뉴얼, 교육 동영상을 다운로드해서 활용 가능하다.

*[고용노동부 홈페이지]-[자주 찾는 자료실]에서 성희롱으로 검색

2) 직장내 성희롱 자가진단 앱 제공

자가진단 앱을 통해 직장내 성희롱 실태조사를 할 수 있다.

play스토어(안드로이드폰), App스토어(아이폰)에서 **'직장내 성희롱 자가진단 앱'** 검색

01-1. 직장내 성희롱 진정사건 처리절차 안내(여성고용정책과, 2025.1.3.)

1. 관련법 취지 안내

「남녀고용평등법」은 직장 내 성희롱을 금지하되, 행위자에 대한 직접 처벌보다는 침해된 권리를 회복·보장하고 조직 내 성희롱을 예방·근절하여 성평등하고 안전한 일터 구축에 중점을 두고 있다.

* 성폭력범죄에 해당 시, 「형법」·「성폭력범죄의 처벌 등에 관한 특례법」 위반으로 경찰·검찰에 고소하여 행위자에 대한 직접 처벌을 구할 수 있다.

2. 사업장에서의 조사 주요절차

① 신고		② 사업주 조사		③-1 피해자 보호조치
누구든지 직장내 성희롱 발생 사실을 사업주(인사팀 등)에게 신고	⇨	사업주는 지체 없이 사실 확인 조사 의무(조사기간 동안 피해근로자 등에 대해 근무장소 변경, 유급휴가 명령 등 적절한 조치 필요)	⇨	피해근로자가 요청하면 근무장소의 변경, 배치전환, 유급휴가 명령 등 적절한 조치 의무
				③-2 행위자 징계등
				성희롱 행위자에 대해 징계, 근무장소의 변경 등 필요한 조치 이행 의무(이 경우 징계 등 조치 전(前) 피해근로자 의견 청취)

3. 고용노동관서 사건처리 주요절차

1) 상급자(법인대표, 상급자, 근로자)가 행위자인 사건

(1) 사업주에게 '신고 없이' 진정을 먼저 제기한 경우

가) 진정인이 직접 사업주에게 신고할 수 있음을 안내한다.

나) 진정인이 요청하는 경우 지방고용노동관서에서 사업주에게 조사 등을 시행하도록 개선지도 한다.

① 개선지도 미 이행 시

사업주 미조사에 대해 과태료를 부과하고 근로감독관이 조사를 개시한다.

② 개선지도 이행 시

행정종결처리 한다. 다만 사업장의 조사 및 조치사항에 명백하게 불합리한 사정이 확인되면 미 조사로 간주 → 과태료 부과 및 근로감독관이 조사를 개시한다.

(2) 사업주에게 '신고 후' 진정을 제기한 경우

가) 사업주에게 직장내 성희롱을 신고했음에도 조사를 하지 않은 경우 사업주에게 즉시 과태료 부과하고, 근로감독관이 조사를 개시한다.

나) 사업주가 성희롱을 확인하고도 적절한 조치를 하지 않은 경우

행위자 및 피해자에 대해 적절한 조치를 취하도록 시정지시 → 미이행 시 과태료를 부과한다.

다) 사업주의 조치(조사)는 있었으나, 진정인이 불복하는 경우

① 적정한 경우 행정종결 처리, ② 사업장에서 실시한 '조사'에 명백하게 불합리한 사정이 확인되면 즉시 과태료 부과하고 근로감독관 조사 계속, ③ 사업장에서 시행한 '조치사항'에 명백하게 불합리한 사정이 확인되면 행위자 및 피해자에 대해 적절한 조치를 취하도록 시정지시 → 미이행 시 과태료를 부과한다.

2) 사업주가 행위자인 사건의 처리절차

근로감독관이 진정인, 피진정인, 목격자 등 참고인 조사를 통해 직장내 성희롱 해당 여부 등을 직접 조사·판단한다. 사업주는 법인의 경우 법인 그 자체이고, 개인사업의 경우 개인사업주이다.

(1) 직장내 성희롱에 해당하지 않을 경우 → 행정종결 처리한다.

(2) 직장내 성희롱에 해당하는 경우 → 사업주에게 과태료를 부과한다.

4. 노동위원회 구제제도 안내

1) 직장내성희롱 피해에 대한 직접구제를 희망하는 경우

(1) 지방노동위원회에 '차별적처우 등 시정신청'가능하다(2022.5.19 제도시행).

사건발생일(계속되는 경우에는 그 종료일)부터 6개월 이내 신청 가능

가) 신청내용

사업주가 진정인(피해근로자)에 대한 근무장소의 변경, 배치전환, 유급휴가 명령 등 적절한 조치의무를 이행하지 않거나, 해고·징계 등 불리한 처우를 한 경우에 신청가능하다(남녀고용평등법 제26조).

나) 시정명령 내용

적절한 조치 미이행, 불리한 처우등의 중지, 적절한 배상명령* 등의 시정명령을 한다.

* 사업주에게 명백한 고의가 인정되거나, 차별적 처우등이 반복되는 경우 손해액의 3배 이내의 (징벌적) 배상명령도 가능하다.

다) 미 이행시 과태료 부과

확정된 시정명령 미이행 시 지방고용노동관서에서 1억원 이하의 과태료 부과 가능하다.

(2) 지방노동위원회에 '부당해고 등 구제신청'가능하다(적용 : 상시근로자 5인 이상).

사건발생일(계속되는 경우에는 그 종료일)부터 3개월 이내 신청 가능하다.

가) 신청내용

직장내 성희롱 신고·조사 과정에서 사용자가 관계 근로자에 대하여 정당한 이유 없이 해고·휴직·정직·전직·감봉 기타 징벌을 한 경우 신청할 수 있다(근로기준법 제28조 이하).

나) 구제명령 내용

원직복직, 금전보상 명령 등의 구제명령을 한다. 노동위원회는 구제명령 후 이행기한까지 구제명령을 이행하지 아니한 사용자에게 2천만원 이하의 이행강제금을 부과 가능하다.

check point 직장내 성희롱 신고사건 처리지침(여성고용정책과-1480, 2022.5.16.)

〈신고사건 조사 시〉

사업주에게 신고 없이, **지방관서**에 처음 진정한 경우, 먼저 진정인에게 진정사건 처리 절차 안내 후, 처리 의사를 확인한다.

1) 진정인이 지방관서(근로감독관) 조치를 원하는 경우

사업주에게 조사 및 적절한 조치를 취하도록 개선지도를 병행한다.

2) 개선지도 미이행 시

위반사항 조치기준 및 과태료 부과기준에 따른 사업주가 조사를 하지 않은 경우에 해당하여 시정 지시 없이 즉시 과태료를 부과하고 근로감독관이 조사를 개시한다.

* 행위자 : 징계, 배치전환 등 / 피해자 : 배치전환, 유급휴가 등

3) 개선지도 이행 시

(1) 적정하게 이행한 경우 행정종결 처리한다.

(2) 사업장에서 실시한 조사 및 조치사항에 명백하게 불합리한 사정이 확인된 경우, 조사 의무 불이행으로 보아 즉시 과태료를 부과하고 근로감독관이 조사를 개시한다.

(3) 명백하게 불합리한 사정이 없는 경우에는 행정지도 후 사건을 종결처리한다.

〈명백하게 불합리한 사정 예시〉

사업주가 법령상 절차를 위반한 경우, 진정인 또는 주요 참고인에 대한 진술 기회 미부여, 합리적 이유 없이 증거자료 배제, 판단과정에서 행위자 개입, 허위 자료로 입증된 경우 등

check point 직장내 성희롱 신고사건 업무처리 흐름도

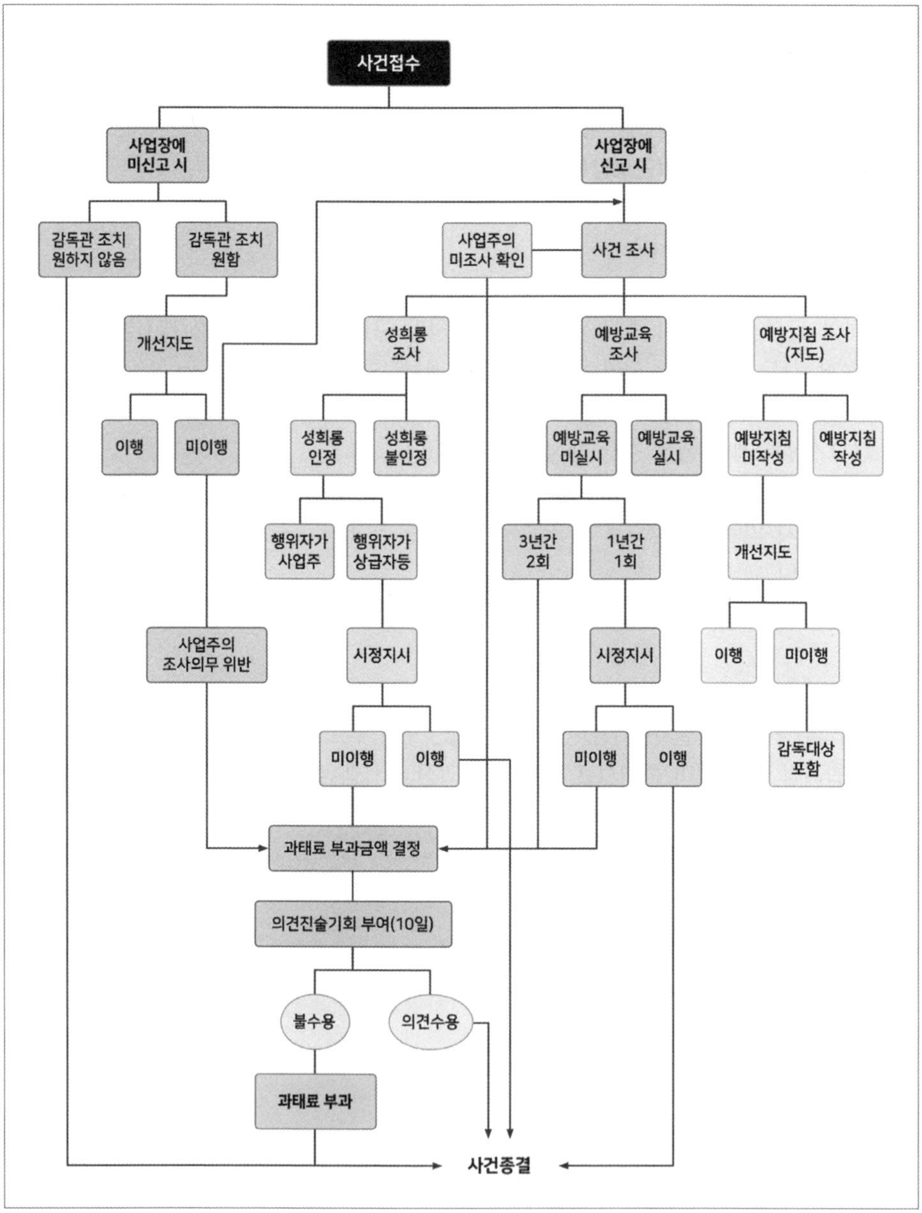

01-2. 참고 실무사례(직장내 성희롱, 고객등에 의한 성희롱)

1. 직장내 성희롱

1) 사업주가 성희롱한 사례(법 제12조)

사업주가 피해자들에게 결혼을 잘하려면 속궁합이 맞아야 한다는 등의 언어적 성희롱 및 신체접촉 등의 성희롱을 하여 과태료 500만원 부과

사업주가 피해자의 외모에 대한 평가 등을 다른 근로자에게 이야기 하거나 메시지를 보냈고, 나중에 피해자가 이를 알게 된 사안을 성희롱으로 인정하여 과태료 300만원 부과

2) 사업주가 직장내 성희롱을 조사하지 않은 사례(법 제14조제2항)

피해자가 사업주에게 직장내 성희롱을 신고했음에도, 사업주는 행위자가 친인척이라는 이유로 아무런 조치를 취하지 아니하여 과태료 500만원 부과

3) 사업주가 피해근로자에게 근무장소의 변경 등 적절한 조치를 하지 않은 사례(법 제14조제4항)

직장내 성희롱 피해로 3개월 이상 안정가료를 요한다는 의사의 소견에도 피해자의 유급휴가 요청을 거부하는 등 적절한 조치 의무를 이행하지 아니하여 과태료 500만원 부과

4) 사업주가 성희롱 행위자에게 징계 등 필요한 조치를 하지 않은 사례(법 제14제5항)

고용노동관서 조사결과 직장내 성희롱이 인정되어, 행위자에게 징계 등 필요한 조치를 하도록 시정지시 했음에도 이를 이행하지 아니하여 과태료 500만원 부과

5) 사업주가 성희롱 피해근로자에게 해고 등 불리한 처우를 한 사례(법 제14조제6항)

직장 상사로부터 성추행(성희롱) 피해를 입었음에도, 사업주는 피해자가 행위자의 정보를 유출하였다는 이유 등으로 피해자를 해고하여 법인, 대표자, 관리책임자를 전부 기소 의견으로 송치

2. 고객 등에 의한 성희롱

1) 피해근로자에게 적절한 보호조치를 미이행한 사례(법 제14조2제1항)

헬스트레이너인 피해자에게 회원이 카톡 메시지를 이용해 성희롱을 했고, 이 사실을 사업주에게 보고하였으나 피해자를 보호하기 위한 적절한 조치를 취하지 않아 과태료 300만원 부과

2) 피해근로자에게 해고 등 불이익한 처우를 한 사례(법 제14조의2제2항)

호프집 종업원인 피해자가 고객에게 성추행(성희롱)을 당해 경찰이 출동했고, 이 사실을 사업주에게 신고했음에도 사업주는 피해자가 경찰을 불렀다는 이유로 해고하여 과태료 500만원 부과

01-3. 직장내 성희롱 신고사건 처리 사례

지방노동관서 직장내 성희롱 신고사건(인정) 사례

- 진정인 3명 : ○○학원 소속 근로자
- 1진정인 : ○○○ 부장, 2진정인 : ○○○ 과장
- 피진정인(성희롱 행위자) : ○○학원 대표(원장)
- 업종 : 교육서비스업

[쟁점사항]

직원들과의 회식 중 발생한 피진정인에 의한 행위가 직장내 성희롱에 해당하는지 여부

[인정되는 사실]

◦ (2022.9.28. 회식) 피진정인의 제안으로 피진정인을 포함한 위 사업장 소속 근로자들은 근무시간(14시~17시) 중 사업장 인근에서 회식을 하였음
◦ 진정인들은 2022.9.28. 회식 당일 피진정인으로부터 직장내 성희롱을 당하였다고 주장함
◦ (조사 및 조치) 진정인들은 피진정인에게 직장내 성희롱 피해 내용을 알렸고, 피진정인은 공인노무사를 통하여 관련 내용을 조사하고, 진정인들에게 사과하였음
◦ 1진정인은 2022.10.4. ○○○ 부원장에게, 2022.9.28. 회식 당일 발생한 성희롱 피해 내용을 알렸고, 2022.10.7. 피진정인에게도 관련 내용을 알렸음
◦ 피진정인은 2022.10.11. 진정인들과의 격리 조치로 사업장에 출근하지 않았고, 공인노무사를 통하여 소속 근로자 전원에 대한 1대1일 면담 조사를 하였음
◦ 공인노무사는 2022.10.11. 진정인들과 면담 과정에서 계속 근로 의사 및 피진정인에 대한 조치를 물었고, 진정인들은 이에 대하여 퇴사 의사를 밝힘
◦ 피진정인은 2022.10.17. 1진정인에게, 2022.10.18. 2진정인에게 성희롱과 관련하여 사과하였음

[법의무 사항 실시 여부]

◦ (직장내 성희롱예방 교육실시 여부) 피진정인이 '남녀고용평등과 일・가정양립지원에 관한 법률'제13조(직장내 성희롱예방교육 등)에 따른 직장내 성희롱예방 교육을 실시하였는지 살펴보면,

◦ 진정인들은 진술 조사 당시, 근무기간 중 2020.6.24. 1회 직장내 성희롱예방 교육을 받았다고 진술하였으나, 피진정인이 2021.2.17.과 2022.2.17.에 직장내 성희롱예방 교육을 실시한 자료(교육수료증)를 제출하였고, 사업장 출장 문답 조사 시 답변자 4명 중 4명이 1년에 한 번씩 직장내 성희롱 예방교육을 실시하였다고 답변한 것으로 보아, 피진정인이 관련 교육을 매년 실시한 것으로 판단됨

◦ (직장내 성희롱 발생 시 조치 여부) 진정인들이 피진정인에게 직장내 성희롱 피해 내용을 알린 뒤, 피진정인이 '남녀고용평등과 일·가정양립지원에 관한 법률' 제14조(직장내 성희롱 발생 시 조치)에 따른 조치를 하였는지 살펴보면,

◦ 피진정인이 2022.10.11. 진정인들과의 격리 조치로 사업장에 출근하지 않았고, 공인노무사를 통하여 소속 근로자 전원에 대한 1대1일 면담 조사를 실시하면서, 진정인들의 의사를 확인하여 진정인들에게 사과한 것으로 보아, 피진정인이 관련 조치를 취한 것으로 판단됨

[판단]

◦ 위 진정 요지에 대하여 남녀고용평등과 일·가정 양립 지원에 관한 법률 제12조 위반 혐의로 내사한 결과,

◦ 진정인들은 2022.9.28. 회식 당일 피진정인으로부터 직장내 성희롱(회식 및 술 강요, 언어적 성희롱, 신체 접촉)을 당하였다고 주장하고 있고,

◦ 피진정인은 진정인들이 주장하고 있는 성희롱 피해 내용에 대하여, '회식 당일 술에 많이 취해서 기억이 안 난다.'는 취지로 혐의를 부인하고 있으나, 직장내 성희롱이란 '남녀고용평등과 일·가정 양립지원에 관한 법률' 제2조 제2호에 따라 '사업주·상급자 또는 근로자가 직장 내의 지위를 이용하거나 업무와 관련하여 다른 근로자에게 성적 언동 등으로 성적 굴욕감 또는 혐오감을 느끼게 하거나 성적 언동 또는 그 밖의 요구 등에 따르

지 아니하였다는 이유로 고용에서 불이익을 주는 것'을 말하고,

◦ 대법원은 '성희롱이 성립하기 위해서는 행위자에게 반드시 성적 동기나 의도가 있어야 하는 것은 아니지만, 당사자의 관계, 행위가 행해진 장소 및 상황, 행위에 대한 상대방의 명시적 또는 추정적인 반응의 내용, 행위의 내용 및 정도, 행위가 일회적 또는 단기간의 것인지 아니면 계속적인 것인지 여부 등의 구체적 사정을 참작하여 볼 때 객관적으로 상대방과 같은 처지에 있는 일반적이고도 평균적인 사람으로 하여금 성적 굴욕감이나 혐오감을 느낄 수 있게 하는 행위가 있고, 그로 인하여 행위의 상대방이 성적 굴욕감이나 혐오감을 느꼈음이 인정되어야 한다.'라고 판시(대법 2018.4.12., 2017두74702 참조)하고 있으므로,

◦ 2022.9.28. 회식 당일 상황을 살펴볼 수 있는 참고자료(메시지, 녹취파일, CCTV 영상 기록, 참고인 진술 등)를 통하여 피진정인에 의한 성희롱 행위가 있었는지를 우선 살펴보면,

◦ 2022.9.28. 회식 장소의 CCTV 영상기록을 통하여, ① 피진정인이 1진정인)에게 여러 번 악수를 청하고, 악수 과정에서 상당 시간 1진정인의 손을 잡고 있으며, 피진정인이 1진정인의 어깨에 손을 올리고, 상당 시간 1진정인에게 기대어 있는 모습이 확인되고, ② 2진정인이 서서 피진정인과 악수하거나, 피진정인이 2진정인의 허벅지에 손을 올린 상태에서, 2진정인의 등 뒤쪽으로 넘어진 모습이 확인되는 등 진정인들이 주장하고 있는 피진정인의 일부 성희롱(신체접촉) 행위가 확인되는 점

◦ 2022.11.15. 실시한 문답 조사 결과를 통하여, 회식 당일 피진정인이 '××아, ××아' 욕설을 하거나, '이혼을 하면 얼마를 주겠다.'는 발언을 한 것으로 볼 수 있어, 진정인들이 주장하고 있는 피진정인의 일부 성희롱 발언이 확인되는 점 등을 종합하여 살펴보면,

◦ 2022.9.28. 회식 당일, 진정인들의 주장과 같이 피진정인에 의한 성희롱 행위가 있었고,

◦ 회식 다음날인 2022.9.29. 진정인들과 참고인들이 주고받은 메시지를 통하여, 진정인들이 회식 당일 피진정인으로 인한 성희롱 피해 내용(욕설, 스킨십 등)을 주변인들과 피진정인에게 알렸다고 볼 수 있는 점,

◦ 진정인들이 2022.10.17.과 2022.10.18. 피진정인과의 면담 내용을 녹취한 자료를 통하여, 진정인들이 피진정인에게 2022.9.28. 회식 당일 있었던 성희롱 피해를 알리며, 사과를 요구하자, 피진정인이 이에 대하여 사과하고 있는 것을 볼 수 있는 점 등

◦ 위와 같은 상황을 고려했을 때, 2022.9.28. 회식 당일, 피진정인이 술에 취했다 하더라도, 진정인들은 사용자인 피진정인이 전 직원이 모인 회식 자리에서 피진정인과 서서 악수하도록 시키거나, 신체적인 접촉을 하거나, '××아, ××아' 또는 '이혼을 하면 얼마를 주겠다.'는 발언을 했을 경우, 진정인들과 같은 일반적인 근로자의 입장에서 성적 굴욕감이나 혐오감을 느낄 수 있을 것으로 판단되는 바, 피진정인에 의한 직장 내 성희롱이 성립한다고 판단됨

◦ (의견) 위 진정 사건에 대하여 진정인 및 피진정인, 참고인, 관련 입증자료를 조사한 결과, 피진정인에 의한 직장내 성희롱이 확인되었으므로, 피진정인에 대하여 '남녀고용평등과 일·가정 양립지원에 관한 법률' 제12조(직장내 성희롱의 금지) 위반으로 같은 법 제39조 제2항에 따라 과태료(500만원) 부과 조치를 함

지방노동관서 직장내 성희롱 신고사건(불인정) 사례

- 진정인 : ㈜○○ 소속 근로자
- 피진정인 : ㈜○○ 대표이사 ○○○
- 행위자 : ㈜○○ 인사팀 대리
- 업종 : 제조업

[쟁점사항]

진정인이 회사의 전 연인이자 직장 상사인 인사팀 대리 ○○○로부터의 직장내 성희롱을 당하였다는 주장에 대한 성희롱 인정 여부

[인정되는 사실]

◦ (발생 일시) 2024.3.11 월요일 퇴근길

◦ (발생 장소) 진정인과 행위자 둘이서 카풀 중이던 행위자의 차 안

◦ (행위자의 언동) 서로 말다툼을 하던 중 행위자가 진정인에게 '○○ 사진이나 찍고 다니는 주제'라고 함

◦ (당사자의 직장내 관계) 행위자는 진정인의 상급자임

◦ (사건발생 전 당사자의 친밀관계) 행위자는 진정인의 전 연인으로서, 진정인과 행위자는 연인관계를 유지하다 헤어졌으며, 헤어진 후에도 둘이 행위자의 차로 카풀을 지속적으로 하면서 출퇴근을 함께 함

◦ (직장내 성희롱을 인정할 만한 정황이 있는지 여부)

◦ 남녀고용평등법상 직장내 성희롱이 성립하려면, 직장상사인 행위자가 그 직위를 이용하거나 업무와 관련하여 부하 직원인 진정인에게 성적 굴욕감이나 혐오감을 느끼게 하거나 성적인 언동이나 그 밖의 요구에 대한 불응을 이유로 고용상의 불이익을 주었음이 인정되어야 할 것임

◦ 그러나, 위 인정사실과 사업주의 직장내 성희롱 조사 내용을 살펴보면, 행위자와 진정인의 교제가 행위자의 제의에 의하여 시작 및 지속된 사실은

인정되나 그 과정에서 행위자가 직장상사로서의 직위를 이용하거나 업무와 관련하여 성적인 모욕감을 주었다거나 행위자가 직장내 지위를 이용하여 진정인에게 고용상의 불이익을 주었다고 볼 만한 사정은 없음

◦ 문제가 된 행위가 있던 날, 진정인은 행위자와 업무적으로 다투면서 싸움이 시작되었다고 하나, 진정인과 행위자가 오랜기간 동안 연인관계였던 점, 연인관계가 종료된 이후에도 지속적으로 함께 카풀을 하면서 출퇴근하거나 온라인 게임을 공유해왔던 점, 진정인이 성희롱 발생 장소로 지목한 곳도 카풀 중이던 둘만의 사적인 행위자의 차 안에서 말다툼 중 행위자의 발언 점 등을 감안해 볼 때, 문제된 행위가 행위자가 직장내 지위를 이용 또는 업무와 관련하여 이루어진 것으로 보기 어려움

[판단]

◦ 사업주가 시행한 조치사항에 사업주가 진정인에 대한 직장내 성희롱 신고에 대한 조사를 적정하게 진행하였고, 조사 과정에서 사업주가 법령상 절차를 위반, 진정인 또는 행위자의 의견 진술 기회를 미부여, 합리적인 이유 없이 증거자료 배제, 판단 과정에서 행위자 개입이 있었다고 볼 만한 사정이 있는 등의 명백하게 불합리한 사정이 확인되지 않으며,

◦ 별도의 직장 내 성희롱을 인정할만한 정황 등을 발견되지 않은 바, 사업주에게 직장 내 성희롱 조사의무 위반을 인정할 수 없다고 판단함

◦ (의견) 위와 같이 직장내 성희롱 진정 사건에 대해 검토한 결과, 사업주가 직장내 성희롱 예방교육 실시 및 교육내용 상시 게시의무, 직장내 성희롱 예방지침 마련 및 게시 의무 이행하였음을 확인함

◦ 사업주의 직장내 성희롱 발생 사실 확인 조사 의무에 대하여는 사업주 자체적으로 성희롱 사건에 대한 조사를 적절하게 이행 및 조치하였고, 그 조치가 명백한 불합리하게 이루어졌다고 볼 만한 정황이 확인되지 않았으며, 성희롱을 인정할 만한 정황 등을 발견하기 어려운바,

◦ 남녀고용평등법 제14조제2항, 근로감독관집무규정 별표3 및 직장내 성희롱 신고사건 처리 지침에 의거, 직장내 성희롱 진정사건 처리절차 안내문을 발송하고 사업주의 직장내 성희롱 조사의무에 대해 행정종결(위반없음) 의견임

제7편 최저임금법

01 최저임금

1. 최저임금제의 개요

최저임금제는 노동시장의 자율적인 임금결정기구에 의해 해결되지 않는 부당한 저임금을 받는 연소근로자, 미숙련근로자 등을 보호하기 위한 제도이다.

그럼에도 불구하고 아직까지도 최저임금법 위반으로 노동청에 진정 등 신고사건이 종종 제기되고 있으며 근로감독관들이 사업장에 근로감독을 나가서 현장 점검을 하다 보면 간혹 최저임금에 미달하는 임금을 사업장들이 적발되기도 한다.

최저임금위원회가 심의・의결 과정에서 근로자위원과 사용자위원간에 진통을 겪고 있으며 이렇게 심의・의결된 최저임금안을 고용노동부장관은 매년 8월 5일까지 결정하여야 한다. 고시된 최저임금은 다음연도 1월 1일부터 효력을 발생한다.

최저임금법은 근로기준법의 적용을 받는 모든 사업 또는 사업장에 적용한다(1인 이상 전 사업장에 적용, 다만 동거의 친족만을 사용하는 사업과 가사 사용인 및 선원법에 의한 선박의 소유자는 적용제외 최저임금법 제3조, 영 제2조).

최저임금법에서 근로자・사용자 및 임금이라 함은 근로기준법 제2조에 규정된 근로자・사용자 및 임금을 말한다(최저임금법 제2조).

2. 최저임금에 산입되는 임금

근기법 제2조제1항제5호에 따른 임금으로서 매월 1회 이상 정기적으로 지급되는 경우에는 최저임금에 산입된다(최임법 제6조제4항). 따라서 근기법상 임금이 아니거나 임금에 해당하더라도 매월 지급되지 않는 임금은 최저임금에 산입되지 않는다.

3. 최저임금에 산입되지 않는 임금

매월 1회 이상 지급되는 임금이라고 하더라도 다음에 해당하는 경우에는 최저임금에 산입하지 않는다.

1) 소정근로시간 또는 소정근로일 외에 일부 임금

(1) 연장 · 휴일근로에 대한 임금 및 연장 · 야간 · 휴일가산수당

최저임금에 미산입되는 연장근로수당에는 소정근로시간이 법정근로시간 보다 적은 경우, 소정근로시간을 초과하였으나 법정근로시간 이내인 근로(예 : 1일 소정근로시간이 7시간인 회사에서 7시간을 초과한 1시간)에 대한 수당도 포함된다(즉, 1시간 초과수당은 최저임금에 미산입).

노사 간에 약정에 따라 실근로시간에 관계없이 지급하는 고정연장수당은 소정근로시간을 초과한 근로의 대가로서 최저임금에 산입하지 않는다.

(2) 연차유급휴가 미사용수당

근기법 제60조에 따라 부여되는 연차유급휴가에 대한 미사용수당은 소정근로일 외의 근로에 대한 임금으로서 최저임금에 산입되지 않는다.

(3) 법정휴일을 제외한 유급휴일(약정유급휴일 등)에 대한 임금

휴일에 대한 임금 중 법정주휴수당만 최저임금에 산입되고, 그 외 법정휴일(근로자의 날) 및 약정유급휴일에 대한 임금은 소정근로일 외의 임금으로서 최저임금에 산입되지 않는다.

월 단위로 정해진 임금(월급제)에는 법정주휴수당 등 법정휴일에 대한 임금뿐만 아니라 약정휴일에 대한 임금도 포함되어 있으므로(대법 1991.7.26., 90다카11636), 해당 월에 약정유급휴일이 있는 경우 약정유급휴일에 대한 임금부분만큼 월급에서 제외하고 나머지 부분만 최저임금에 산입한다.

이 경우 약정유급휴일에 대한 임금은 월급을 이를 구성하는 총시간(1월의 통상임금 산정기준시간수와 동일)으로 나누어 시급으로 환산한 후, 환산한 시급에 약정유급휴일 시간수를 곱하여 산정한다.

check point **(1주 소정근로시간+1주 유급처리시간)×365일÷7일÷12월**

〈예〉 소정근로시간이 1주 40시간, 1일 8시간, 주휴일이 일요일, 토요일 무급
(40시간+8시간)×365일÷7일÷12월=208.57시간**(209시간)**

1주 소정근로시간을 초과하여 매주 일정시간의 약정유급휴일이 있는 경우(예 : 매주 토요일 8시간이 약정유급휴일)에는 1주의 약정유급휴일 시간수를 1개월의 약정유급휴일시간수로 환산해서 곱하면 된다.

check point **1주 약정유급휴일시간×365일÷7일÷12월**

〈예〉 소정근로시간이 1주 40시간, 1일 8시간, 주휴일이 일요일, 토요일 약정유급휴일(4시간)인 경우
(40시간+8시간+4시간)×365일÷7일÷12월=222.95시간

〈예〉 소정근로시간이 1주 40시간, 1일 8시간, 주휴일이 일요일, 토요일 약정유급휴일(8시간)인 경우
(40시간+8시간+8시간)×365일÷7일÷12월=243.33시간

(4) 그 밖에 (가)~(다) 준하는 임금

명칭에 관계 없이 소정근로를 초과하여 지급되는 임금으로서 연장·휴일·야간근로수당 또는 연차유급휴가 미사용수당에 준하는 것으로서 인정되는 경우 최저임금에 산입되지 않는다.

노사 간 약정에 의해 매월 부여하는 월차휴가에 대한 미사용수당은 연차유급휴가 미사용수당에 준하는 것으로서 최저임금에 산입되지 않는다.

2) 통화 이외의 것으로 지급하는 복리후생비(최임법 제6조제4항제2호가목)

통화가 아닌 현물 등으로 지급하는 근로자의 생활보조 또는 복리후생을 위한 성질의 임금(복리후생비)은 최저임금에 산입되지 않는다(예 : 식사·기숙사·주택 제공, 출퇴근 차량제공 등).

check point 최저임금 산입범위 정리

<table>
<tr><th colspan="3">구분</th><th>산입여부</th></tr>
<tr><td rowspan="9">매월 지급</td><td rowspan="4">소정근로 외의 임금</td><td>1) 연장·휴일근로에 대한 임금 및 연장·야간·휴일근로가산수당</td><td rowspan="4">미산입</td></tr>
<tr><td>2) 연차유급휴가 미사용수당</td></tr>
<tr><td>3) 법정휴일을 제외한 유급휴일에 대한 임금</td></tr>
<tr><td>기타 1)2)3)에 준하는 임금(월차휴가 미사용수당 등)</td></tr>
<tr><td rowspan="2">상여금, 그밖에 이에 준하는 임금</td><td>산정단위가 1개월을 초과하는 상여금, 장려금, 능률수당, 근속수당</td><td rowspan="2">단계적 산입</td></tr>
<tr><td>1개월을 초과하는 기간의 출근성적에 따라 지급하는 정근수당</td></tr>
<tr><td rowspan="2">생활보조, 복리후생성 임금</td><td>통화 이외의 것으로 지급</td><td>미산입</td></tr>
<tr><td>통화로 지급</td><td>단계적 산입</td></tr>
<tr><td colspan="2">상기 임금을 제외한 나머지 임금</td><td>산입</td></tr>
<tr><td colspan="3">1개월을 초과하여 지급하는 임금</td><td>`미산입</td></tr>
</table>

4. 최저임금 위반 여부 판단

최저임금 위반 여부를 판단하려면 지급 받는 임금에서 최저임금에 포함되는 임금만을 가려내어 이를 시간급으로 환산하여 고시된 최저임금과 비교한다(최저임금법시행령 제5조).

check point 최저임금액

년도별	시간급	일급(8시간 기준)	월급(209시간 기준)
2025년	10,030원	80,240원	2,096,270원
2024년	9,860원	78,880원	2,060,740원
2023년	9,620원	76,960원	2,010,580원
2022년	9,160원	73,280원	1,914,440원
2021년	8,720원	69,760원	1,822,480원

1) 시간급인 경우

임금이 시간급인 경우에는 시간급 최저임금과 직접 비교한다(최저임금법 시행령 제5조).

check point 산정 예(2025년 기준)

〈최저임금 위반〉

◦ 시간당 9,900원을 받기로 하고 1일 5시간 근무에 49,500원을 받은 경우
(시간급 최저임금액이 **10,030원**인 경우)
〈시간당 임금산정〉 49,500원÷5시간=9,900원

〈최저임금 위반 아님〉

◦ 시간당 10,100원을 받기로 하고 1일 9시간 근무에 91,500원을 받은 경우
(시간급 최저임금액이 **10,030원**인 경우)
(**10,100원**×8시간)+(10,100원×1.5)=95,950원-기지급된 임금 91,500원

=4,450원 과소 지급
→ 시간급으로 10,100원을 지급하였으므로 최저임금법 위반으로 볼 수 없으나, 연장 근로수당을 적게 지급하였으므로 근기법 제56조 위반에 해당함

2) 일급인 경우

일단위로 정해진 임금은 그 금액을 1일의 소정근로시간수로 나눈 금액, 1일의 소정근로시간이 정해져 있으나 날짜마다 소정근로시간 수가 다른 경우에는 1주간의 1일 평균 소정근로시간수로 나눈 금액을 시간급 최저임금과 비교한다(최저임금법시행령 제5조제2호).

check point 산정 예(2025년 기준)

〈최저임금 위반〉
(1) 1일의 임금이 79,440원인 근로자가 1일 소정근로시간이 8시간인 경우
(시간급 최저임금액이 **10,030원**인 경우)
〈시간당 임금산정〉 79,440원÷8시간=**9,930원**
(2) 1일의 임금이 90,000원인 근로자가 1일 소정근로시간이 9시간인 경우
(시간급 최저임금액이 **10,030원**인 경우)
〈시간당 임금산정〉 90,000원÷(8시간+연장 1.5시간)=**9,474원**

〈최저임금 위반 아님〉
(1) 1일의 임금이 82,000원인 근로자가 1일 소정근로시간이 8시간인 경우
(시간급 최저임금액이 **10,030원**인 경우)
〈시간당 임금산정〉 82,000원÷8시간=**10,250원**
(2) 1일의 임금이 97,000원인 근로자가 1일 소정근로시간이 9시간인 경우
(시간급 최저임금액이 **10,030원**인 경우)
〈시간당 임금산정〉 97,000원÷(8시간+연장 1.5시간)=**10,210원**

3) 주급인 경우

임금이 주급인 경우에는 그 금액을 1주의 최저임금 적용기준시간 수(1주 동안의 소정근로시간 수와 근기법 제55조제1항(주휴일)에 따라 유급으로 처리되는 시간 수를 합산한 시간수)로 나눈 금액, 주에 따라 소정근로시간수가 다른 경우에는 4주간의 1주 평균 소정근로시간수와 유급주휴시간 수를 합산한 시간수로 나눈 금액을 시간급 최저임금과 비교한다.

check point 산정 예(2025년 기준)

〈최저임금 위반〉

◦ 1주의 임금이 470,000원이고 1주 소정근로시간이 40시간인 경우(주휴수당 포함)
(시간급 최저임금액이 **10,030원**인 경우)
〈시간당 임금산정〉 470,000원÷(40+유급주휴 8시간)=**9,792원**

〈최저임금 위반 아님〉

◦ 1주의 임금이 470,000원인 근로자가, 주의 소정근로시간이 1주째는 35시간(5일×7시간), 2주째는 42시간(6일×7시간), 3주째는 35시간(5일×7시간), 4주째는 42시간(6일×7시간)인 경우
(시간급 최저임금액이 **10,030원**인 경우)
〈시간당 임금산정〉 470,000원÷[(35+42+35+42)÷4주+(유급주휴 7시간)]
=**10,330원**

4) 월급인 경우

월급에서 최저임금의 적용을 위한 임금에 산입하지 않는 임금을 제외한 임금을 1개월의 최저임금 적용기준시간수(1주 동안의 소정근로시간수와 근기법 제55조제1항〈주휴일〉에 따라 유급으로 처리되는 시간수를 합산한 시간수에 1년 동안의 평균주의 수를 곱한 시간을 12로 나눈 시간수)로 나눈 금액을 시간급 최저임금과 비교한다(최저임금법시행령 제5조제4호).

check point **산정 예(2025년 기준)**

(1) 〈상시근로자 5명 이상 사업장〉

◦ 소정근로시간이 1주 40시간(월~금 8시간)인 근로자가 최저임금에 산입되지 않는 임금을 제외하고 205만원의 월급을 받은 경우

(시간급 최저임금액이 **10,030원**인 경우)

〈최저임금 적용기준시간수〉 (주40시간+유급주휴 8시간)×(365일÷7일)÷12월 =209시간

〈시간당 임금산정〉 205만원÷209시간=**9,809원[최저임금 위반]**

◦ 주5일 35시간(1일 7시간), 6일째는 5시간인 경우

〈최저임금 적용기준시간수〉 (주40시간+유급주휴 7시간)×(365일÷7일)÷12월 =204.23시간

〈시간당 임금산정〉 205만원÷204.23시간=**10,038원[최저임금 위반 아님]**

(2) 〈상시근로자 4명 이하 사업장〉 연장근로 가산임금 미 적용

◦ 소정근로시간이 1주 44시간(월~금 8시간, 토 4시간)인 근로자가 최저임금에 산입되지 않는 임금을 제외한 220만원의 월급을 받은 경우

(시간급 최저임금액이 **10,030원**인 경우)

〈최저임금 적용기준시간수〉 (주44시간+유급주휴 8시간)×(365일÷7일)÷12월 =225.95시간

〈시간당 임금산정〉 220만원÷225.95시간=**9,737원[최저임금 위반]**

집단적 노동관계법

제8편 | 노동조합 및 노동관계조정법

제9편 | 근로자 참여 및 협력증진에 관한 법률

제8편 노동조합 및 노동관계조정법

노동조합 및 노동관계조정법은 헌법에 의한 근로자의 **단결권 · 단체교섭권** 및 **단체행동권**을 보장하여 근로조건의 유지 · 개선과 근로자의 경제적 · 사회적 지위의 향상을 도모하고, 노동관계를 공정하게 조정하여 노동쟁의를 예방 · 해결함으로써 산업평화의 유지와 국민경제의 발전에 이바지함을 목적으로 합니다.

궁극적으로 노동조합 및 노동관계조정법은 헌법에 규정된 노동기본권 중에서 노동 3권을 근거로 노사자치주의를 실현하고자 하는 법이라고 할 수 있습니다.

저자는 본서를 통하여 노동조합의 운영 및 조합활동과 관련하여 노동조합과 회사간에 의견충돌이나 다툼이 발생하여 노동청에 진정 등 신고사건으로 제기되거나 논쟁거리가 되는 사항들 가운데서 노동조합 임원 및 조합원들과 회사 인사노무담당자들에게 실무적으로 필요한 주요 핵심내용을 요약하여 집중적으로 다루었습니다.

즉, **근로시간면제 관련** 파트타임 등 사용인원 한도, 면제대상 업무의 범위, 면제자의 유급인정 범위, 사용자와의 협의 · 교섭 업무, 근로시간면제자 적용 관련 조합원규모 산정기준, 근로시간면제 한도 사용절차 및 방법, **복수노조 교섭창구 단일화 절차 관련** 교섭요구 노동조합의 확정, 교섭대표 노동조합의 결정, 공동교섭대표단 구성, **부당노동행위 관련** 단체교섭의 해태, 노조의 조직운영에 지배 · 개입, 노조활동을 이유로 한 해고 등 징계처분, 노조활동 방해, 노조활동이 부적합한 부서로의 전보 및 배치전환 승진 등에 대하여 서술하였습니다.

또한, 노동조합의 설립과 해산 및 쟁의행위와 노동쟁의 조정 관련 파업의 시작부터 종료까지의 전과정과 저자가 근로감독관 시절 제조(생산)업, 유통 · 판매업, 병원, 버스, 택시, 건설현장, 레미콘노조, 타워크레인노조, 화물연대 등 수많은 사업장의 노사분규(파업) 현장에서 노사 양측을 지도하면서 생생하게 보고 느꼈던 점에 대하여 소회로 서술하였습니다.

뒷부분에 지방노동위원회의 부당노동행위 구제신청 사건과 지방노동관서(노동청)의 부당노동행위 진정, 고소·고발 등 신고사건의 처리 사례를 참고자료로 수록하였습니다.

앞서 말씀드린대로 본서는 노동조합의 운영 및 조합활동에 관하여 실무적으로 필요한 핵심만을 간추려 구성하였는 바, 본서가 노동조합 임원 및 조합원, 사업주, 회사 인사노무담당자, 공인노무사 등이 유용하게 활용하실 수 있는 지침서가 될 것이라고 생각합니다.

아무쪼록 노사 모두 본서의 활용을 통하여 노동조합과 회사간에 소모적인 다툼이나 논쟁이 줄어들고 노사분쟁이 사전에 예방됨으로써 사업장의 노사관계가 안정되기를 기대해 봅니다.

01 노동조합 조직률 및 조합원수

2023년 노동조합 조직률은 13.0%(2022년 13.1%), 조합원수는 273.7만명(2022년 272.2만명)이다. 2024.12.18. 고용노동부 발표자료(2023년 전국노동조합 조직현황)

총연합단체별 조합원 수는 한국노총 1,160천명, 민주노총 1,086천명, 미가맹 479명 순이고, 조직형태별 조합원 수는 초기업노조 소속이 1,625천명(59.4%), 기업별노조 소속이 1,112천명(40.6%)으로 나타났다.

기업별노조는 특정한 기업에 소속된 근로자가 구성원인 노동조합을 말하며, 초기업별노조는 소속 기업에 관계 없이 같은 지역, 업종, 산업단위에 종사하는 근로자가 구성원인 노동조합을 말한다.

부분별 노동조합 조직률은 민간부문 9.8%, 공공부문 71.6%, 공무원부문 66.6%, 교원부문 31.4%이고, 사업장 규모별 조직률은 근로자 300명 이상 사업장이 36.8%, 100~299명 5.6%, 30~99명 1.3%, 30명 미만 0.1%로 나타났다.

사업장 규모별 노조조직률은 사업장 규모가 확인되는 기업별 노조 중심으로 집계된 것이고 전체노조 대상 통계가 아니므로 추세 비교 등 한정적으로 활용할 필요하다.

전국노동조합 조직현황은 노동조합법에 따라 설립 신고된 노동조합이 같은 법 제13조에 따라 행정관청에 신고한 2023년말 기준 현황자료를 한국노동연구원에서 집계・분석한 결과이며, 노동조합이 신고한 조합원 수를 기준으로 조합원 수, 조직률 등 주요현황을 산정한 자료이다.

02 노동조합 설립신고

1. 노동조합 설립신고 관련

1) 노동조합 설립신고 절차

(1) 설립신고서 작성

(2) 설립신고서 행정관청에 접수

(3) 행정관청 내용검토(반려, 보완요구, 보완서류 제출)

(4) 신고증 교부

2) 설립신고서 관할 행정관청

노동조합을 설립하고자 하는 자는 노조법 시행규칙 별지 제1호 서식에 의한 노동조합 설립신고서(**규약첨부**)를 규약상 조직범위 등을 고려하여 관할 행정관청에 제출하여야 한다(노조법 제10조제1항 및 동법 시행령 제33조제1항).

(1) 단위노동조합 등의 관할 행정관청

가) 규약상 "전국단위"를 표방하는 노동조합

총연합단체를 상급단체로 하는 조직으로서 규약뿐만 아니라 실제 조합원이 지부 등의 형태로 전국 6개 지방고용노동청 관내에 모두 분포되어 있어 산업별 연합단체와 동등한 권한과 대우를 갖는 "전국규모의 산업별 단위 노동조합"은 고용노동부 본부 소관이다.

본부 소관에 속하지 않는 전국규모의 산업별 단위노동조합과 산업별 연합단체를 상급단체로 하는 전국단위 노동조합은 고용노동부 지방관서 소관이다(노동조합과-1395, 2008.6.24.).

나) 규약상 "지역"을 조직범위로 하는 노동조합

(가) 규약상 2이상 특별시 · 광역시 · 도(특별자치도)를 조직범위로 하면 지방고용노동관서 소관이다.

〈예〉 서울 · 경기지역 ○○노동조합, 충남지역 ○○노동조합

(나) 규약상 2이상 시 · 군 · 구를 조직범위로 하면 특별시 · 광역시 · 도 소관이다.

〈예〉 안양 · 군포지역 ○○노동조합 → 경기도청

(다) 1개 특별시 · 광역시 · 도(특별자치도) 및 1개 시 · 군 · 구만을 조직범위로 하면 당해 자치단체 소관이다.

〈예〉 서울지역○○노동조합 → 서울시청, 수원지역○○노동조합 → 수원시청

충북지역○○노동조합 → 충북도청, 종로지역○○노동조합 → 종로구청

다) 규약상 "사업(장)"을 조직범위로 하는 노동조합

(가) 1개 시·군·구내에 위치하고 있는 사업장들로 구성된 노동조합은 당해 시·군·구 소관이다.

〈예〉 종로구 관내에 단일 사업장으로 조직된 노조 → 종로구청

(나) 2이상의 특별시·광역시·도(특별자치도)에 걸치는 수개의 사업장으로 구성된 기업에 조직된 노동조합으로 조합원도 각 사업장에 분포되어 있는 경우에는 고용노동부 지방노동관서 소관이다.

〈예 1〉 서울과 부산에 공장이 있는 회사의 노동조합이 각 공장에 조합원을 두고 있는 경우 → 고용노동부 지방관서

〈예 2〉 증권·금융회사와 같이 전국에 지점을 두고 조합원들이 전국적으로 분포되어 있는 경우 → 고용노동부 지방관서

(다) 2이상의 특별시·광역시·도(특별자치도)에 걸치는 수개의 사업장의 근로자로 조직된 노동조합이지만, 조합원이 특정 사업장에만 분포되어 있는 경우에는 조합원이 있는 당해 사업장이 어떻게 분포되어 있는지에 따라 관할 행정관청이 달라진다.

〈예 1〉 서울, 용인, 이천에 공장이 있으며 조합원은 이천공장에만 있는 경우 → 이천시청

〈예 2〉 서울, 용인, 이천에 공장이 있으며, 조합원은 용인, 이천공장에 있는 경우 → 경기도청

〈예 3〉 서울, 용인, 이천에 공장이 있으며 조합원은 서울·용인공장에 분포되어 있는 경우 → 고용노동부 지방관서

(라) 2이상의 시·군·구(자치구)에 걸치는 사업장의 근로자로 조직된 노동조합으로 조합원이 각 사업장에 분포되어 있는 경우에는 특별시·광역시·도(특별자치도) 소관이다.

〈예〉 용인, 이천에 공장이 있으며 조합원이 각 공장에 분포되어 있는 경우 → 경기도청

(마) 2이상의 시 · 군 · 구(자치구)에 걸치는 사업장의 근로자로 조직된 노동조합이지만, 조합원이 1개 시 · 군 · 구(자치구) 내의 사업장에만 분포되어 있는 경우에는 조합원이 있는 당해 사업장 관할 행정관청 소관이다.

〈예〉 용인, 이천에 공장이 있으며 조합원은 이천공장에만 있는 경우 → 이천시청

(2) 총연합단체의 관할 행정관청

총연합단체는 고용노동부 본부 소관이다.

규약뿐만 아니라 실제 조합원이 단위노동조합 등의 형태로 전국 6개 지방고용노동청 관내에 모두 분포되어 있는 "전국규모의 산업별 연합단체"는 고용노동부 본부 소관이다.

산업별 연합단체라 하더라도 실제 조합원이 6개 지방고용노동청에 모두 분포되어 있지 않는 연합단체는 지방고용노동관서 소관이다.

(3) 지부 · 분회 등의 관할 행정관청

지역별 · 산업별 등 초기업 단위노동조합 산하의 지부 · 분회 등이 노조법 시행령 제7조에 따라 노동조합 설립신고를 하는 경우, 본조 관할 행정관청이 고용노동부 또는 지방고용노동관서인 경우에는 지부 · 분회 등 산하조직의 주된 사무소 소재지를 관할하는 지방고용노동관서가 관할 행정관청이며, 본조 관할 행정관청이 지자체인 경우로 지부 · 분회 등이 2이상의 시 · 군 · 구를 범위로 하는 경우에는 광역자치단체, 그렇지 않은 경우에는 기초자치 단체이다(노사관계법제과-2044, 2009.7.3.).

3) 설립신고서 검토

설립신고서 내용검토는 원칙적으로 행정관청에 제출된 설립신고서와 규약을 기초로 심사한다(노조법 제12조제2항). 다만, 노동조합 설립신고와 관련하여

이해관계인의 진정, 이의신청 등이 있는 경우에는 사실조사를 병행한다.

4) 설립신고증 교부

(1) 처리기한

가) 설립신고서 접수 시

접수일로부터 3일 이내에 처리하는 것이 원칙이다(노조법 제12조제1항).

설립신고서에 보완 및 반려 사유가 없는 경우에는 노조법 시행규칙 별지 제12호 서식에 따른 노동조합 설립신고증을 작성하여 교부한다(노조법 제12조제1항).

보완 사유가 있는 경우에는 보완요구 한다(노조법 제12조제2항, 시행령 제9조제1항). 반려 사유가 있는 경우에는 반려한다(노조법 제12조제3항).

나) 보완서류 접수 시

노조법 제12조제2항의 보완요구 기간 내에 보완된 서류를 접수한 때에는 3일 이내에 설립신고증을 교부한다. 노조법 제12조제2항의 보완요구 기간(최대 20일)은 처리기한 산정에서 제외한다.

(2) 설립신고증 교부 후의 행정처리

가) 신고증 교부사실을 관할 노동위원회와 해당 사업장의 사용자나 사용자단체에 통보한다(노조법 시행령 제9조제3항).

나) 노동단체카드(노조법 시행규칙 별지 제5호 서식) 작성한다(노조법 시행규칙 제7조제1항).

다) 행정관청은 매년 2월말까지 노동단체카드 사본을 고용노동부장관에게 제출한다(노조법 시행규칙 제7조제2항).

라) 노동조합관리대장 및 노동조합설립・변경신고증 교부대장에 기록유지한다.

만약, 설립신고증 교부 후 설립에 하자(예 : 설립총회 미개최 등)가 있다면 행정처분의 취소 법리에 따라 그 설립신고를 취소하는 것도 가능하다.

5) 보완요구

(1) 설립신고증 교부 전 보완요구

가) 보완요구 사유 : 노조법 제12조제2항, 시행령 제9조제1항

설립신고서에 규약이 첨부되어 있지 아니하거나 설립신고서 또는 규약의 기재사항 중 누락이나 허위사실이 있는 경우, 임원선거 또는 규약의 제정 절차가 노조법 제16조제2항부터 제4항까지 또는 제23조제1항의 규정에 위반되는 경우

(규약제정) 조합원 과반수의 출석과 출석조합원 2/3이상의 찬성, 조합원의 직접 · 비밀 · 무기명투표

(임원선거) 조합원 과반수의 출석과 출석조합원 과반수의 찬성(출석조합원 과반수의 찬성을 얻은 자가 없는 경우 규약이 정하는 바에 따라 결선투표를 실시하여 다수의 찬성을 얻은 자를 임원으로 선출가능), 조합원의 직접 · 비밀 · 무기명투표(단, 기업별 노동조합의 경우 사업장에 종사하는 조합원 중에서 선출)

나) 보완요구 기간 : 노조법 제12조제2항

보완 사유가 있는 경우에는 20일 이내에 기간을 정하여 보완 요구한다.

다) 방법 및 절차

보완요구를 하는 경우에는 노조법 시행규칙 별지13호 서식의 보완요구서에 신고인에게 발송하여야 하며, 신고인이 보완요구 사항을 명확히 알 수 있도록 관련 법조항과 그 내용을 구체적으로 기술한다.

(2) 설립신고증 교부 후 시정요구

가) 시정요구 사유

노동조합이 설립신고증을 교부 받은 후 노조법 제12조제3항제1호(노조법 제2조제4호 각목의 노동조합의 결격사유)에 해당하는 설립신고서의 반려 사유가 발생한 경우이다(노조법 시행령 제9조제2항).

나) 방법 및 절차

행정관청은 30일의 기간을 정하여 노조법 시행규칙 별지 제21호 서식의 시정요구서로 시정요구하여야 한다.

노동조합의 대표자는 노조법 시행규칙 별지 제22호 서식의 시정결과 보고서를 작성하여 시정결과를 보고 하여야 한다

다) '노조아님 통보' 삭제

노조법시행령 개정(21.7.6 시행) 전에는 행정관청이 노동조합에 시정을 요구하였음에도 노동조합이 기간내에 시정요구를 이행하지 않은 경우, 그 노동 조합에 대해 노동조합으로 보지 아니함을 통보할 수 있었으나, 대법원은 노조아님 통보제도가 법률유보 원칙에 위배되어 무효라고 판결하였고(대법 2020.9.3., 2016두32992), 이에 따라 노조법 시행령을 개정(2021.7.6 시행)하면서 노조아님 통보 규정을 삭제하였다.

노조아님 통보규정이 삭제되었지만 행정관청의 시정요구 권한은 여전히 유효하므로 사후적으로 결격사유가 발생한 노조에 대해서는 시정요구를 할 수 있으며, 행정관청의 시정요구에 대한 해당 노조의 이행 여부는 향후 행·사법적 구제절차에서 법적 판단의 고려 요소가 될 수도 있다.

6) 반려

(1) 반려사유

노동조합이 다음 사항에 해당하거나 보완요구 기간 내에 보완하지 아니하는 경우에는 설립신고서를 반려하여야 한다(노조법 제12조제3항).

check point 반려사유(노조법 제2조제4호)

- ◦ 사용자 또는 항상 그의 이익을 대표하여 행동하는 자의 참가를 허용하는 경우
- ◦ 경비의 주된 부분을 사용자로부터 원조 받는 경우
- ◦ 공제 · 수양 기타 복리사업만을 목적으로 하는 경우
- ◦ 근로자가 아닌 자의 가입을 허용하는 경우
- ◦ 주로 정치운동을 목적으로 하는 경우

가) 사용자 또는 항상 그의 이익을 대표하여 행동하는 자의 참가를 허용하는 경우

(가) 사용자의 범위 : 노조법 제2조제2호

① 사업주

법인인 경우에는 법인 그 자체이고, 개인기업인 경우에는 그 사업에 있어서 자본이나 시설을 투자하여 기업을 경영하는 자연인을 말한다.

② 사업의 경영담당자

그 사업의 경영관리에 대한 책임을 맡고 있거나 이에 직접 관여하고 있는 자를 말한다. 일반적으로는 법인의 대표이사, 이사회 또는 이와 유사한 기구의 구성원, 사업부서(본부)의 장 등을 의미한다.

③ 사업주를 위하여 행동하는 자

그 사업의 근로자에 관한 사항에 대하여 사업주를 위하여 행동하는 자를 말한다. 근로자의 인사, 급여, 후생, 노무관리 등 근로조건 결정 또는 업무상 명령이나 지휘·감독을 하는 등의 사항에 대하여 사업주로부터 일정한 권한과 책임을 부여받은 자를 의미한다.

사업주를 위하여 행동하는 자에 해당하는지 여부를 판단함에 있어 각 사업체마다 조직 · 편제, 분장업무가 다르므로 부장 · 차장 등 외형적인 직급 명칭보다는 실제 담당업무의 내용(예 : 위임전결 사항의 범위, 근무평정 권한 여부, 소속근로자의 지휘명령권한 등)에 따라 구체적으로 판단하여야 한다.

(나) 항상 사용자의 이익을 위하여 행동하는 자의 범위 : 노조법 제2조 제4호 가목

근로자에 대한 인사, 급여, 징계, 감사, 노무관리 등 근로관계 결정에 직접 참여하거나 사용자의 근로관계에 대한 계획과 방침에 관한 기밀사항 업무를 취급할 권한이 있는 자를 말한다. 다만, 업무 내용이 단순히 보조적 · 조언적인 것에 불과하여 업무수행과 조합원 활동 사이에 실질적인 충돌이 발생할 여지가 없는 자는 제외한다.

나) 경비의 주된 부분을 사용자로부터 원조 받는 경우

노동조합은 사용자로부터 지배 · 개입되는 것을 방지하기 위해 경비의 주된 부분을 사용자로부터 원조 받아서는 안된다.

다) 공제 · 수양 기타 복리사업만을 목적으로 하는 경우

노동조합은 소속 근로자의 근로조건의 유지 · 개선 기타 경제적 · 사회적 지위의 향상을 목적으로 하는 단체이므로 노동조합이 공제 · 수양 기타 복리사업만을 목적으로 하는 경우에는 노동조합의 결격사유에 해당한다. 단, 주된 사업이 아닌 부수적으로 하는 공제 · 수양 기타 복리사업은 가능하다.

라) 근로자가 아닌 자의 가입을 허용하는 경우

대법원 판결(대법 2004.2.27., 2001두8568)에 따라 초기업 단위 노조에서는 사업장에 종사하지 않는 근로자도 노조에 가입할 수 있었고, 현재는 초기업 · 기업단위 노조를 불문하고 노조의 규약에서 정하는 바에 따라 사업장에 종사하지 않는 근로자도 노조 가입이 가능하다. 다만, 기업별 노조의 임원은 사업장에 종사하는 조합원 중에서 선출되어야 하므로, 사업장에 종사하지 않는 조합원들만으로 구성된 기업별 노조를 설립할 수 없다.

프랜차이즈 점주 등 순수 자영업자는 근로자가 주체가 되어 근로조건의 개선을 목적으로 하는 노조법상 노동조합에 가입할 수 없다.

check point 해고된 조합원의 권리 유지기간(노조법 제5조제3항 신설)

- 종사근로자인 조합원이 해고되어 부당노동행위 구제신청을 한 경우에는 중앙노동위원회 재심판정 전까지는 종사근로자로 간주한다(노조법 제5조제3항).
- 이 경우 해당 조합원에 대해 사업장 내 노조활동, 노조 임원선거 출마, 각종 의사결정(근로시간 면제한도 결정, 교섭대표노조 결정, 쟁의행위 찬반투표) 등에서 불이익이 없도록 한다.
- 이 규정은 과거 노조법 제2조제4호 라목의 단서 규정(현재 삭제)과 유사하나, 해고자 등 비종사 근로자의 노동조합 가입 제한과는 전혀 무관함에 유의해야 한다.

마) 주로 정치운동을 목적으로 하는 경우

노조법 제2조제4호 '마'목은 주로 정치운동을 목적으로 하는 경우를 노조 결격 사유의 하나로 규정하고 있다. 따라서 노동조합의 주 목적이 근로자의 근로조건 개선 등이 아니라 정치활동에 있는지 노조설립 신고 단계에서 검토한다. 다만, '정치적 지위향상' 등 규약 문구만을 두고 노조결격 사유인 '주로 정치운동을 목적으로 하는 경우'로 단정할 수는 없다.

(2) 반려절차

노조설립신고서를 반려하는 경우 신고인에게 설립신고서 등 관계서류 일체를 반려하고 신고인이 반려 사유를 명확히 알 수 있도록 그 사유를 상세히 기재한다.

7) 노동조합 설립과 관련한 행정지도

(1) 노동조합의 설립

노동조합은 근로자 **2명** 이상이면 자유롭게 설립이 가능하다.

현실적으로 노동조합이 근로자 대표기관으로서의 기능을 다하기 위해서는 법 절차에 따라 설립총회에서의 규약제정, 규약에 정한 임원 등 집행기관이 구성되어야 한다.

(2) 근로자의 범위

노동조합을 조직하거나 이에 가입할 수 있는 근로자는 직업의 종류를 불문하고 임금, 급료 기타 이에 준하는 수입에 의하여 생활하는 자로(노조법 제2조제1호) 노조법상 사용자(사업주, 사업의 경영담당자 또는 그 사업의 근로자에 관한 사항에 대하여 사업주를 위하여 행동하는 자) 또는 항상 사용자의 이익을 대표하여 행동하는 자에 해당하지 않아야 한다(노조법 제2조제2호, 제2조제4호 가목).

노조법상 근로자는 근로기준법상 근로자에 한정되지 않고, **다음 요소들을 종합적으로 고려하여 노조법상 근로자 여부를 판단하여야 한다**(대법 2018.6.15., 2014두12598).

가) 노무제공자의 소득이 특정 사업자에게 주로 의존하는지 여부

나) 노무를 제공받는 특정 사업자가 보수를 비롯하여 노무제공자와 체결하는 계약내용을 일방적으로 결정하는지 여부

다) 노무제공자가 특정 사업자의 사업수행에 필수적인 노무를 제공함으로써 특정사업자의 사업을 통해서 시장에 접근하는지 여부

라) 노무제공자와 특정 사업자의 법률관계가 상당한 정도로 지속적・전속적인지 여부

마) 사용자와 노무제공자 사이에 어느 정도 지휘·감독관계가 존재하는지 여부

바) 노무제공자가 특정 사업자로부터 받는 임금·급료 등 수입이 노무 제공의 대가인지 여부

사) 노무제공 관계의 실질에 비추어 노동 3권을 보장할 필요성이 있는지 여부

따라서, 노조법상 근로자성 여부는 노무제공 실질에 따라 개별·구체적으로 판단할 필요가 있다. 근로기준법상 근로자라 할지라도 사용자에 해당하는 '근로자에 관한 사항에 대하여 사업주를 위하여 행위하는 자'(노조법 제2조제2호) 및 '항상 사용자의 이익을 대표하여 행동하는 자'(노조법 제4조제4호가목)는 노동조합을 조직하거나 이에 가입할 수 없다.

노조법에서 사용자 등이 노조에 가입하는 것을 제한한 것은 노조의 자주성을 보장하는 한편 사용자의 비밀사항 등이 지켜질 수 있도록 하여 노사의 대등성을 보장하기 위한 것이다. 따라서 노조법상 노조가입이 제한되는 자는 비록 규약상 조합원 가입범위에 포함되어 노조에 가입하였다 하더라도 조합원 자격이 없다.

(3) 노동조합의 조직형태

가) 우리나라의 노조형태

우리나라 노동조합은 총연합단체를 정점으로 산업별 연합단체, 단위노동조합(기업 또는 초기업) 등으로 구성되어 있다. 산업별 연합단체는 동종산업의 단위노동조합을 구성원으로 하고 총연합단체는 산업별 연합단체 또는 전국규모의 산업별 단위노동조합을 구성원으로 한다(노조법 제10조제2항).

나) 단위노동조합

(가) 기업단위 노동조합

기업단위 노동조합(=기업별 노동조합)은 일반적인 단위노동조합 형태로 특정기업(사업 또는 사업장)에 소속된 근로자가 직업(종)의 구별없이 개별 기업단위로 조직하는 노동조합을 말한다.

(나) 초기업단위 노동조합

① 산업별 노동조합

동종산업에 종사하는 근로자들이 직종과 기업을 초월하여 조직한다(예 : 전국금융산업노조, 금속노조, 전국철도노조).

② 지역별 노동조합

일정지역 내의 근로자들이 동일산업 또는 직종 단위로 노동조합을 조직한다(예 : ○○지역일반노조, ○○지역제화공노조). 지역단위 노동조합은 해당 노동조합의 특성과 설립취지, 단체교섭 가능범위, 경제생활 영역, 근로자분포 등의 요소를 고려하여 자율적으로 정하되 그 명칭은 조직 범위를 명확히 나타낼 수 있도록 행정지도 한다.

(다) 단위노조 지부・지회 구분

단위노동조합은 가입 범위에 일정한 차이가 있으나 그 자체로 독립된 단체성을 가진 노동조합이나, 지부・지회는 원칙적으로 단위노동조합의 산하조직(내부조직)을 의미한다.

〈예〉 전국○○노동조합 A기업지회, 전국○의료산업노동조합 B기업지회 등

다) 산업별 연합단체

산업별 연합단체 구성단위가 자연인(사람)이 아닌 노동조합(단체)인 경우로 동종 산업별로 조직된 단위노동조합의 연합조직을 의미한다. 따라서 그 구성원인 단위노동조합은 각각 독립된 노동조합의 자격을 가진다.

03 노동조합 해산

1. 노동조합 해산 관련

1) 해산신고서 처리

(1) 해산사유

노동조합은 노조법 제28조제1항에 규정된 해산 사유가 발생된 경우 해산된다.

check point 노동조합 해산사유

1. 규약에서 정한 해산 사유가 발생한 경우
2. 합병 또는 분할로 소멸한 경우
3. 총회 또는 대의원회의 해산 결의가 있는 경우
4. 노동조합의 임원이 없고 노동조합으로서의 활동을 1년 이상 하지 아니한 것으로 인정되는 경우로서 행정관청이 노동위원회의 의결을 얻은 경우

위 해산사유 중 1~3호는 노동조합이 스스로 해산하는 경우이고, 4호는 행정관청이 노동위원회의 의결을 얻어 노동조합을 해산처리하는 것이다.

(2) 해산신고서 작성(노조법 시행규칙 별지제7호 서식)

가) 해산일자

① 규약에 정한 해산 사유가 발생한 경우에는 그 사유가 실제로 발생(존재)한 날

② 합병・분할로 노동조합이 소멸한 날

③ 총회(대의원회)에서 해산결의가 있는 경우 해산하기로 정한 날

나) 해산사유

① 단순히 규약에서 정한 해산 사유라고 기재하지 말고 해당 사유를 명기한다. 예컨대 「규약 제○조에 '○○년 ○월 ○일이 도래하면 노동조합은 해산한다'라고 되어 있어 동 기일 도래로 인하여 해산됨」 등으로 기재한다.

② 합병 또는 분할 시 합병노동조합 등을 기재한다.

③ 해산결의를 한 경우 총회, 대의원회 구분 기재한다.

다) 첨부서류 : 회의록(노조법 시행규칙 제10조)

(3) 해산신고 절차

노동조합이 해산된 때(해산사유 1~3호)에는 노동조합 대표자가 노조법 시행규칙 별지 제7호 서식에 의거 노동조합 해산신고서에 회의록을 첨부하여 행정관청에게 15일 이내에 신고하여야 한다(노조법 제28조제2항, 노조법 시행규칙 제10조). 노동조합 해산업무 관할 행정관청은 노동조합 설립신고 관할 행정관청과 동일하다.

check point **해산신고 처리 절차**

1. 노동조합, 해산 신고서 작성
2. 행정관청에 접수
3. 행정관청, 해산 사유 존재 검토
   - 반려할 경우, 해산 절차 하자 및 사유 부존재 등 통보한다.
   - 해산 신고가 적법할 경우 행정처리 한다.

(4) 행정처리

노조법 제28조제2항에 의하여 해산신고를 받은 때에는 해산신고 관련 서류를 검토하여야 한다.

① 총회나 대의원회의 결의로 해산하는 경우 총회(대의원회) 소집, 의결정족수(재적조합원 과반수의 출석과 출석조합원 2/3의결 등) 검토한다.

② 해산에 하자가 없는 경우에는 해산신고 사실을 관할노동위원회와 해당 사업장의 사용자단체에 통보(노조법 시행령 제13조제4항)하고, 노동조합 관리대장 및 노동단체카드 정리한다.

③ 규약에 정한 해산사유가 발생하지 아니하였거나 해산결의에 하자가 있는 경우에는 동 내용을 노동조합에 통보하고 종결처리한다.

04 휴면노조의 직권해산 처리

1. 휴면노조의 직권해산 관련

1) 대상

(1) 단체협약 체결, 총회개최 등 외견상 조합활동이 1년 이상 중단된 노동조합

(2) 노동조합 활동유무에 대한 진정 등 민원이 제기된 경우 등이다.

check point 직권에 의한 해산처리절차(휴면노조정리)

1. 행정관청에서 노동위원회에 의결을 요청한다.
2. 노동위원회에서는 노조활동이 없는 해산 사유인지 여부 조사 및 확인한다.
3. 노동위원회에서 해산사유 의결시 결정서를 행정기관에 송부한다.
4. 행정기관에서 행정처리한다.

2) 요건(노조법 제28조제4호 및 동법 시행령 제13조제1항)

휴먼노조를 직권해산하려면 아래의 2가지 요건을 모두 충족하여야 한다.

① 노동조합으로서의 임원이 없을 것

임원이 일시 유고된 것은 임원이 없는 경우에 해당하지 아니한다.

② 노동조합으로서의 활동을 1년 이상 하지 아니하였을 것

'노동조합으로서의 활동을 1년 이상 하지 아니한 경우'라 함은 ① 계속하여 1년 이상 조합원으로부터 조합비를 징수한 사실이 없거나 ② 총회 또는 대의원회를 개최한 사실이 없는 경우를 말한다(노조법 시행령 제13조제1항).

3) 절차

노동조합 활동 유무에 대한 확인(조사)의 필요성이 인정되는 경우에는 조사시점 당시 해산사유가 존재하는지 여부에 대한 사실조사를 실시한다.

① 임원의 성명, 임기 등 확인

② 과거 1년간의 조합비 징수실적을 확인할 수 있는 수입・지출관계장부와 증빙서 등을 조사한다.

③ 필요한 경우 회사의 협조를 받아 노조활동 유무 확인한다.

위 해산 사유에 해당하는 것으로 인정되는 경우에는, 관할 지방노동위원회에 조사결과(의견)와 증빙서류를 첨부하여 그 사유에 관하여 의결을 요청하고, 동 사유에 관해 관할 지방노동위원회의 의결을 얻은 경우에는 노동단체카드 등 노동조합관리대장 등을 정리하고 그 결과를 해당 사업체의 사용자(사용자단체)에 통보한다.

4) 해산시기

해산사유가 정당하다는 관할 노동위원회의 의결을 얻은 때에 해당 노동조합은 해산된 것으로 본다.

05 근로시간 면제제도

1. 근로시간 면제제도 관련

1) 근로시간면제제도 관련 연혁

(1) 관련 규정 부재(1997년 이전)

기업별 노조가 지배적인 우리나라에서는 1990년대에 사용자가 노조의 전임자에게 급여를 지원하는 관행이 지속되었으며, 사업장 단위 복수노조 설립이 법적으로 금지되었다. 이러한 노사관계 관행 및 법제도의 개선을 위해 노동계는 복수노조 허용을 요구하였고, 경영계는 노조전임자 급여지급 금지를 주장하게 되었다.

(2) 관련 규정 마련 및 시행 유예(1997년 3월~2010년 6월)

노사관계의 특수성에서 1996년 노사관계개혁위원회는 노사 간 논의를 거쳐 사업장 단위 복수노조 허용과 전임자 급여지원을 연계한 노조법 개정 공익위원안을 마련하였다. 1996년 하반기 해당 안을 기반으로 국회 논의를 거쳐 노동조합 및 노동관계조정법 제정(1997.3.13 시행) 노조전임자 급여지급을 부당노동행위로 보아 금지하고 복수노조를 허용하도록 규정하면서 2001년까지 시행을 유예하였다.

그러나, 노사 간의 의견 불합치, 현장혼란에 대한 우려, 준비 부족 등으로 인해 해당 규정 시행은 2009년말까지 13년간 유예되었다.

(3) 근로시간면제제도 도입(2010년 7월 이후)

노사공동의 건전한 노동조합 활동을 보장하면서 불합리한 노조전임 관행을 개선하기 위해 2009.12.4 노사정 합의를 도출하고 노조전임자 급여지급 금지 규정의 2010.7.1 시행과 함께 근로시간면제제도를 도입하기로 결정하였다.

산업현장의 노사는 근로시간면제심의위원회(이하 '근면위')가 심의·의결한 바에 따라 고용노동부장관이 고시한 근로시간 면제한도 범위 내에서 근로시간 면제 수순을 자율적으로 정하게 되었다. 근로시간면제심의위원회 최초로 시행될 근로시간 면제한도를 2010.4.30까지 심의·의결하도록 정하였다.

(4) 노조전임자 관련 규정 삭제(2021년 7월)

복수노조 제도와 노조전임자 급여지급 규정의 시행 이후, 복수노조 제도는 현장에 안착하고 있으나, ILO는 노조전임자에 대한 급여 지급은 입법적 관여 대상이 아니라며 금지 규정의 폐지를 지속적으로 권고하였다.

이에 ILO 핵심협약 비준을 위해 노조전임자 급여지급 금지 규정 개정 필요성이 제기되었다. ILO 핵심협약 비준을 위해 노조전임자 급여지급 금지 규정은 삭제하되, 근로시간면제 제도의 기본 틀을 유지하는 방향으로 법 개정을 추진하였다. ILO가 개선을 권고한 노조전임자 급여 지급에 대한 국가의 직접적인 금지 및 형사처벌 등의 입법적 관여를 삭제하면서도 ILO도 인정한 근로시간면제 제도의 기본 틀은 유지하였다. 또한, 노조법 개정 단계에서 근로시간면제 심의의 중립성 확보를 위해 근로시간면제심의위원회를 경사노위로 이관하면서, 부칙에 위원위촉 등 준비절차를 사전 진행하고, 법 시행 즉시 근로시간 면제한도 심의에 착수하도록 규정하였다.

2) 근로시간면제 제도 개요

(1) 개념

노동조합 간부 등이 사용자의 동의하에 근무시간 중 일정 범주의 활동을 임금의 손실 없이 수행할 수 있도록 유급처리해 주는 제도이다.

(2) 대상업무 범위

교섭·협의, 고충처리, 산업안전활동 등 노조법 또는 다른 법률에서 정하는 업무(노사공동의 이해관계에 속하는 활동), 건전한 노사관계 발전을 위한 노동조합의 유지・관리업무를 말한다.

(3) 적용방식

단체협약 또는 사용자 동의가 있는 경우 노동조합 활동에 대해 근로시간 면제한도 내에서 유급처리가 허용된다.

(4) 권리보호

사용자는 노동조합 업무에 종사하는 자(근로시간면제자 포함)의 정당한 노동조합 활동을 제한해서는 아니되며, 노동조합 업무에 종사하는 자(근로시간면제자 포함)의 활동을 이유로 불이익을 주는 행위는 부당노동행위에 해당한다.

3) 근로시간면제 한도 결정절차 및 근로시간면제한도 고시내용

(1) 근로시간면제 한도 결정 주체 및 절차

근로시간면제자에 대한 근로시간 면제 한도를 정하기 위하여 근로시간면제심의위원회(이하 “위원회”)를 경제사회노동위원회에 두고 있으며(노조법 제24조의2제1항) 위원회는 근로시간면제 한도를 심의・의결하고, 3년마다 그 적정성 여부를 재심의하여 의결할 수 있다(노조법 제24조의2제2항).

위원회는 근로자를 대표하는 위원과 사용자를 대표하는 위원 및 공익을 대표하는 위원 각 5명씩 성별을 고려하여 구성한다(노조법 제24조의2제5항).

경제사회발전노동위원회 위원장은 위원회가 의결한 사항을 고용노동부장관에게 즉시 통보하여야 하며(노조법 제24조의2제3항) 고용노동부장관은 제3항에 따라 경제사회노동위원회 위원장이 통보한 근로시간면제 한도를 고시하여야 한다(노조법 제24조의2제4항).

근로시간면제 한도는 사업 또는 사업장의 전체 조합원 수와 법 제24조제2항에서 정한 업무의 범위 등을 고려하여 시간과 이를 사용할 수 있는 인원으로 정한다(노조법 시행령 제11조의2).

(2) 근로시간면제 한도 고시내용(고용노동부 고시 제2013-31호, 2013.6.25.)

<table>
<tr><th>조합원 규모</th><th>연간 시간 한도</th><th>사용가능 인원</th></tr>
<tr><td>99명 이하</td><td>최대 2,000시간 이내</td><td rowspan="5">◦ (조합원수 300명 미만의 구간)
- 파트타임으로 사용할 경우 그 인원은 풀타임으로 사용할 수 있는 인원의 3배를 초과할 수 없다.</td></tr>
<tr><td>100명~199명</td><td>최대 3,000시간 이내</td></tr>
<tr><td>200명~299명</td><td>최대 4,000시간 이내</td></tr>
<tr><td>300명~499명</td><td>최대 5,000시간 이내</td></tr>
<tr><td>500명~999명</td><td>최대 6,000시간 이내</td></tr>
<tr><td>1,000명~2,999명</td><td>최대 10,000시간 이내</td><td rowspan="5">◦ (조합원수 300명 이상의 구간)
- 파트타임으로 사용할 경우 그 인원은 풀타임으로 사용할 수 있는 인원의 2배를 초과할 수 없다</td></tr>
<tr><td>3,000명~4,999명</td><td>최대 14,000시간 이내</td></tr>
<tr><td>5,000명~9,999명</td><td>최대 22,000시간 이내</td></tr>
<tr><td>10,000명~14,999명</td><td>최대 28,000시간 이내</td></tr>
<tr><td>15,000명 이상</td><td>최대 36,000시간 이내</td></tr>
</table>

* 조합원 규모는 「(구) 노동조합 및 노동관계조정법」 제24조제4항의 '사업 또는 사업장'의 전체 조합원 수를 의미하며, 단체협약을 체결한 날 또는 동의한 날을 기준으로 산정한다.

check point 지역분포에 따른 근로시간면제 한도

<table>
<tr><th rowspan="2">대상</th><th colspan="2">추가 부여되는 근로시간면제 한도</th></tr>
<tr><th>광역자치단체 개수</th><th>시간</th></tr>
<tr><td rowspan="3">전체 조합원 1,000명 이상인 사업 또는 사업장</td><td>2~5개</td><td>(사업 또는 사업장 연간 근로시간면제한도)×10%</td></tr>
<tr><td>6~9개</td><td>(사업 또는 사업장 연간 근로시간면제한도)×20%</td></tr>
<tr><td>10개 이상</td><td>(사업 또는 사업장 연간 근로시간면제한도)×30%</td></tr>
</table>

(광역자치단체 개수 산정기준)
- 광역자치단체는 지방자치법 제2조제1항제1호에 따른 특별시, 광역시, 특별자치시, 도, 특별자치도를 말한다.
- 광역자치단체의 개수는 해당 사업 또는 사업장의 전체조합원 5% 이상이 근무하는 것을 기준으로 산정한다.

① **시행일 : 2013.7.1.**

② **적용특례**

2013.7.1. 당시 유효한 단체협약이 있는 경우(노조법 제24조제4항에 따라 사용자가 동의한 경우를 포함한다)에는 해당 단체협약의 유효기간이 끝나는 날부터 적용한다.

③ **재심의**

향후 근로시간면제 한도는 특별한 상황이 발생할 때 한하여 재심의할 수 있다.

4) 근로시간면제 한도 적용 기준

(1) 근로시간면제 시간 및 인원 한도

가) 시간 한도

노사 당사자는 종사근로자인 조합원 규모별로 정해진 근로시간면제 한도를 초과하지 않는 범위내에서 단체협약 또는 사용자의 동의하에 자율적으로 근로시간면제 시간 및 인원을 정하여야 한다. 시간 한도는 연간단위로 사용할 수 있는 최대시간이다.

> 근로시간 면제 시간한도는 연간 단위로 사용할 수 있는 최대시간을 의미하며, 그 기간에 대해서는 노사가 달리 정함이 없다면 단체협약 유효기간 기산일부터 1년간을 의미할 것임(노사관계법제과-1106, 2010.6.14.)

1일 단위의 면제 근로시간은 법정 근로시간의 범위 내에서 당해 사업장의 근로자와 사용자 사이에 정한 "1일 소정근로시간(예 : 8시간)" 이내로 이를 초과한 시간은 무급이 원칙이다. 다만, 교섭 · 협의시간 등이 1일 소정근로시간을 초과하여 계속되는 경우(예 : 10시간), 초과시간(2시간)을 유급으로 할지 여부는 노사가 자율적으로 정할 수 있다.

유급으로 정할 경우에는 이러한 유급 면제시간을 총량에 포함하여 근로시간면제 한도를 설정 · 운영하여야 한다.

나) 인원 한도

근로시간면제자의 수는 근로시간면제 한도 고시에 정한 사용가능인원(파트타임 사용가능 인원) 범위 내에서 사업특성에 따라 단체협약 등으로 정하여야 하며 근로시간면제 한도의 사용가능 인원(파트타임 사용가능 인원)보다 사용인원을 늘리는 것은 허용되지 않는다.

근로시간면제 한도를 파트타임으로 사용하는 경우 인원 한도는, 당해 사업장의 종사근로자인 조합원의 규모에 따른 법정 면제한도 시간을 당해 사업장의 연간 소정근로시간으로 나눈 숫자에 해당하는 인원(소숫점 이하는 1명으로 인정)의 2배(종사근로자인 조합원 300명 이상) 또는 3배(종사근로자인 조합원 300명 미만)의 인원이다.

연간 소정근로시간은 법정 근로시간 범위 내에서 노사가 연간 근로하기로 한 시간이다(예 : 2,000시간, 2,080시간 등).

연간 소정근로시간이라 함은 주휴일, 법정휴일(근로자의 날), 약정휴일 등 근로의무가 없는 날을 제외하고 법정 근로시간 범위내에서 노사가 연간 근로하기로 한 시간을 의미한다.

조합원이 150명이고 최대 시간한도가 3,000시간, 연간 소정근로시간이 2,000시간인 경우, 파트타임 사용가능 인원은 6명(3,000시간÷2,000시간=1.5 → 2명으로 산정)×3배=6명)이다.

근로시간면제 사용인원은 법정 한도 내에서 사업장 특성에 따라 노사가 자율적으로 정할 수 있다(한 사람 또는 일부 인원이 시간을 모아서 사용하는 것도 가능).

check point **예시**

연간 소정근로시간이 2,000시간인 사업장 종사 근로자인(조합원 350명)에서 시간한도를 4,500시간으로 정한 경우 사용가능 인원 산정은 법정 면제 한도(5,000시간)를 기준으로 산정한다.

> 1) 사용가능 인원(파트타임)은 6명(5,000÷2,000=2.5명 → 3명으로 산정)×2배=6명) 이내이다.
> 2) 이 경우, ① 풀타임인원 2명(2,000시간×2명), 파트타임인원 1명(500시간) 또는 ② 풀타임 인원 1명(2,000시간×1명), 파트타임인원 3명(1,000시간 2명, 500시간 1명), ③ 파트타임 인원 5명(1,000시간 4명, 500시간 1명) 등으로 사용가능하다.

(2) 근로시간면제 대상 업무의 범위

가) 업무범위

(가) 사용자와의 협의 · 교섭, 고충처리, 산업안전활동 등 노조법 또는 다른 법률에서 정하는 업무를 말한다.

노조법상 단체교섭 업무, 근참법상 노사협의회 업무, 근참법상 고충처리업무, 산안법상 산업안전보건위원회 업무, 근로자대표로서 동의 · 입회 · 의견청취 업무, 사내근로복지기금협의회 위원 등으로 활동하는 업무를 말한다.

(나) 건전한 노사관계 발전을 위한 노동조합의 유지 · 관리 업무를 말한다.

노조법 제2장 제3절의 노동조합 관리 업무(규약상 정기총회 · 대의원회, 임원선거, 회계감사), 그 밖의 생산성 향상 등을 위한 노사공동위원회, 사용자의 위탁교육 등 기타 사업장 내 노사 공동의 이해관계에 속하는 노동조합의 유지 · 관리업무를 말한다.

나) 근로시간면제자의 유급인정 범위

(가) 개요

사용자와의 교섭 · 협의, 고충처리, 산업안전 활동 등 사업장 내 근로시간 면제 대상 업무는 근로시간면제자로 지정된 자가 우선적으로 참여하는 것이 바람직하다.

근로시간면제자에 대한 유급처리가 인정되는 범위는 회의 참석 등 법에 정해진 소정의 업무를 직접 수행하는 시간과 이와 직접 관련된 시간이다.

쟁의행위, 공직선거 출마 등 사업장 내 노사공동의 이해관계에 속하는 업무와 무관한 활동은 근로시간면제 한도 이내라도 유급처리 받을 수 없다.

(나) 구체적 범위

[사용자와의 협의 · 교섭 업무]

① 근참법에 의한 노사협의회 위원으로 실제 회의에 참석하는 활동은 사용자와의 협의 · 교섭업무에 해당한다. 이동시간, 회의안건 준비 등 회의와 직접 관련된 활동을 말한다.

② 근로기준법에 의한 근로자대표로서의 탄력적 근로시간제 및 선택적 근로시간제 도입, 보상휴가제 실시, 재량근로제 실시 등 법률요건에 해당하는 협의 사유발생 시 사용자와 실제 협의하는 활동은 사용자와의 협의 · 교섭업무에 해당한다.

③ 단체협약 체결을 위해 사용자와 교섭하는 활동은 사용자와의 협의 · 교섭 업무에 해당한다. 협의 · 교섭 형태를 불문하고 본교섭, 실무교섭, 보충교섭 등 사용자와 실제 교섭하는 활동과 교섭안 마련, 교섭결과 설명회 등 교섭과 직접 관련된 활동을 말한다.

check point **고충처리 업무**

고충처리업무나 산업안전 활동 등 개별법령에 의해 설치 운영되는 회의체 업무도 근로시간면제 대상 업무에 해당하므로 근로시간면제자가 반드시 우선적으로 참여하여야 할 것임(노사관계법제과-407, 2010.8.6.)

근참법 및 사업장 내 관련 규정에 의해 정식 위촉된 고충처리위원으로서 단체협약 또는 취업규칙 등 공식 규정에 따라 제기된 고충을 처리하기 위해 협의하거나 근로자로부터 고충사항을 청취하고 이를 처리하기 위해 사용자와 협의하는 활동은 사용자와의 협의 · 교섭업무에 해당한다.

[산업안전 활동]

① 산업안전보건위원회 업무(산안법 제24조)

산업안전보건위원회 위원으로서 실제 회의에 참석하는 활동으로 회의안건 준비, 안전검토 등 이와 직접 관련된 활동은 사용자와의 협의 · 교섭업무에 해당한다.

② 근로자대표의 동의 · 입회 · 의견청취

근로시간면제자가 근로자대표로서 법률에 규정된 활동을 하는 경우 실제 참여한 시간은 사용자와의 협의 · 교섭업무에 해당한다.

check point **산안법상 근로자대표(노조) 예방활동 내역 예시**

관련조항	근로자대표 예방활동 내역
법 제26조	안전보건관리규정 작성 · 변경시 동의
법 제44조제2항, 제47조제3항 제49조제2항	작업환경측정 · 건강진단 · 안전보건진단에의 입회, 안전보건개선계획의 수립 · 시행

[사내근로복지기금협의회(근로복지기본법) 관련 업무]

사내근로복지기금협의회 위원 및 이사, 감사로서 기금(법인) 업무 수행 활동은 사용자와의 협의 · 교섭업무에 해당한다.

[건전한 노사관계 발전을 위한 노조 유지 · 관리 업무 범위]

① 노동조합의 관리업무(노조법 제2장제3절) : 노조규약에 정해진 정기총회 · 대의원회, 임원선거, 회계감사 등 노동조합의 유지 · 관리를 위한 정기적이고 필수적인 활동은 사용자와의 협의 · 교섭업무에 해당한다.

② 그 밖의 생산성 향상 등을 위한 노사공동위원회, 사용자의 위탁교육 등 기타 사업장 내 노사공동의 이해관계에 속하는 노동조합의 유지 · 관리 업무는

사용자와의 협의·교섭업무에 해당한다.

③ 근참법이나 단체협약 또는 사용자의 동의로 설치·운영되는 노사공동위원회 등의 활동은 사용자와의 협의·교섭업무에 해당한다.

④ 사용자의 위탁에 의한 조합원 교육, 직업능력개발훈련 등 노사공동의 이익과 관련된 교육 활동은 사용자와의 협의·교섭업무에 해당한다.

⑤ 기타 이에 상응하는 건전한 노사관계 발전을 위한 노동조합의 유지·관리 업무는 사용자와의 협의·교섭업무에 해당한다.

(다) 근로시간면제자가 아닌 조합원의 노조활동 관련 기준

근로시간면제자로 지정되지 않은 조합원의 노조활동은 근무시간 외에 하여야 하고 근무시간 중 노조활동은 무급이 원칙이며, 개별 법령에 의해 설치·운영되는 회의체는 근로시간면제자로 지정되지 않은 자가 활동하는 경우 유급처리하는 것은 가능하다.

이 경우 실제 소요된 시간보다 과다한 시간을 유급처리하거나 시간에 비해 과다한 임금을 지급하는 등 편법·변칙 운영하는 것은 부당노동행위에 해당한다. 또한, 조합활동이 상시적, 고정적으로 진행되어 실제로는 부분 전임형태로 활동하는 정도에 이르고 근로시간면제 한도를 초과한다면 이는 법에 위반된다 할 것이다.

[구체적 사례에 따른 기준]

① 근참법상 노사협의회 위원, 고충처리 위원으로 활동하는 경우

〈노사협의회 위원〉

노사협의회 회의 참석시간과 이와 직접 관련된 시간을 근참법에 의해 유급처리하는 것은 가능하다. 그러나, 편법적으로 협의회를 상설화하여 회의도 하지 않고 급여를 지급하는 것은 명칭에 관계없이 실제 전임자에게 급여를 지급하는 것과 같으므로 부당노동행위에 해당한다.

〈고충처리 위원〉

고충처리 위원을 법령에 따른 절차에 따라 정식으로 임명하고 단체협약 또는 취업규칙 등에서 노사가 정한 규정에 따라 제기된 고충처리에 직접 처리되는 시간은 유급인정 가능하다. 그러나, 고충처리위원 제도를 편법적으로 운영하여 고충처리 활동과 관계없이 노동조합 업무를 하도록 하면서 급여를 지급하여서는 아니된다.

② 산안법상 산업안전보건위원회 위원으로 활동하는 경우

산업안전보건위원회 회의 참석시간과 이와 직접 관련된 시간을 산안법에 의해 유급 처리하는 것은 가능하다. 그러나, 산업안전보건위원 제도를 편법적으로 운영하여 산업안전보건위원회 활동과 관계없이 노동조합 업무를 하도록 하면서 급여를 지급하여서는 아니된다.

(라) 상급단체 파견 업무

상급단체 파견자의 경우 상급단체(연합단체 등)도 노조법상 노동조합에 포함되며, 상급단체 파견활동이 사업장 활동과 무관하지 않으므로 상급단체 파견활동도 사업장별 근로시간면제한도 내에서 사용가능하다. 한편, 쟁의행위, 공직선거 출마 등 사업장 내 노사공동의 이해관계에 속하는 업무로 볼 수 없는 경우 원칙적으로 근로시간면제 대상 업무에 포함되지 않는다.

5) 근로시간면제자 적용 기준

(1) 조합원 규모 산정 기준

가) 산정원칙

근로시간면제는 기본적으로 근로계약 소정의 근로를 제공하지 않고 사용자로부터 급여를 지급받으며 노조활동에 전념하는 것을 허용하는 제도이므로 근로제공 의무를 면제받는 제도의 특성상 한도 배분의 기준은 종사근로자인 조합원이 되어야 한다.

근로시간면제 한도 적용을 위한 종사근로자인 조합원 수는 단체협약을 체결한 날 또는 사용자가 동의한 날을 기준으로 산정한다. 단체협약 등에 노사가 별도로 정한 기준이 있는 경우 그에 따라 정할 수 있다.

나) 산정기준

종사근로자인 조합원은 상용직, 일용직, 기간제, 단시간 근로자 등 고용 형태를 불문하고 사업체에 직접 고용된 자로서 노동조합에 가입된 자를 기준으로 한다. 종사근로자인 조합원 여부는 조합비 납부, 조합가입신청서 등 객관적인 자료를 근거로 판단한다.

다) 하나의 사업장에 2개 이상의 노조가 조직되어 있는 경우

각 노조의 종사근로자 조합원 수를 합하여 전체 종사근로자 조합원 규모에 따라 노사가 근로시간면제 한도 범위 내에서 면제시간 총량을 정한다.

check point **예시**

A사업장에 기업별 노조(종사근로자인 조합원 350명)와 산업별노조(종사근로자인 조합원 170명)가 있는 경우, 기업별 노조 및 산업별노조 종사근로자인 조합원 수 합계 520명을 기준으로 근로시간 면제한도를 적용한다.

전체 노동조합의 종사근로자 조합원 규모는 단체협약을 체결한 날 또는 근로시간면제 한도 관련 약정 체결일 등 사용자가 동의한 날을 기준으로 산정하되 예외적으로 노사 간 합의로 기준일을 변경하는 것은 가능하다.

교섭대표 노동조합은 각 노동조합과 협의를 통해 근로시간 면제한도를 정할 수 있다. 각 노조별 근로시간면제 시간 및 인원 배분은 노사 간에 정한 총량 한도(시간 및 인원) 범위 내에서 노사, 노노 간에 자율적으로 정하되, 종사 근로자인 조합원 수, 업무 등을 고려하여 노조 간 적정하게 배분하여야 한다.

(2) 사업 또는 사업장 판단 기준

사업이란 경영상의 일체를 이루는 기업체 그 자체를 의미하는 것으로 장소적 관념을 기준으로 판단하는 것이 아니라 일괄된 공정하에 통일적 업무가 수행되는지 여부에 따라 판단하여야 한다.

장소에 관계없이 경영상의 일체를 이루면서 유기적으로 운영되는 기업 조직은 하나의 사업으로 본다. 하나의 법인체는 원칙적으로 하나의 사업으로 인정한다.

법인 내 있는 수개의 사업장・사업부서는 인사・노무관리에 있어 일정부분 재량권이 위임되어 있다 하더라도 전사적인 방침이나 목표 등에서 제약이 있는 것이 일반적이므로 기업의 일부에 해당한다. 따라서 경영주체인 법인체는 하나이므로 모든 사업장・사업부서의 전체 종사근로자인 조합원 수를 고려하여 근로시간면제 한도를 정하여야 한다. 다만, 하나의 법인체라 하더라도 각 사업장별로 근로조건의 결정권이 있고, 인사・노무관리, 회계 등이 독립적으로 운영되는 등 각각의 사업장이 독립성이 있는 경우에는 각 사업장의 종사근로자인 조합원 수 규모에 따라 근로시간면제 한도를 각각 적용한다.

[구체적 적용방법]

가) 하나의 사업장으로 볼 수 있는 경우

원칙적으로 사업을 기준으로 종사근로자인 조합원 규모를 산정한다.

① 수 개의 공장・지점(영업소)・사무소 등이 장소적으로 독립되어 있으나 하나의 법인인 경우

check point 예시

> A사업(종사근로자인 조합원 50명), B공장(종사근로자인 조합원 150명)이 있으나 각 공장별을 별도의 사업장으로 볼 수 없는 경우 본사 및 각 공장의 종사근로자인 조합원 수 합계 200명을 기준으로 근로시간면제 한도를 적용한다.

하나의 사업에 각 공장별로 노동조합의 지회·분회 등 산하조직이 별도로 조직되어 있다 하더라도 해당 노동조합의 전체 종사근로자인 조합원 수에 따라 근로시간면제한도 적용한다.

② 사업장별로 조합원 규모를 산정하는 경우

하나의 법인이나 법인 내 각 사업장별로 근로조건의 결정권이 있고, 인사·노무관리, 회계 등이 독립적으로 운영되는 경우 각 사업장별로 전체 종사근로자인 조합원 수를 산정한다.

나) 하나의 사업장으로 볼 수 없는 경우

① 백화점, 호텔 등 동일그룹 계열사이나 각 별도의 법인체인 경우

② 본사와 공장 또는 생산공장과 영업장 등 업무의 관련성은 있으나 각 별도의 법인인 경우

③ 대표이사 또는 경영진은 동일하나 각 별도의 법인인 경우

6) 근로시간면제자에게 적용되는 급여 등 처우

근로시간면제자는 "임금의 손실 없이" 사용자와의 협의·교섭 등의 업무를 할 수 있는 바(노조법 제24조제2항), 이때 '임금'은 해당 근로자가 정상적으로 근로를 하였다면 받을 수 있는 급여를 말한다.

근로시간면제활동에 대하여 지급되는 급여는 근로기준법상의 임금에 해당하지 않는다.

사용자가 지급하는 급여기준은 사업장의 통상적인 급여 지급기준을 토대로 노사가 자율적으로 정할 수 있다. 그러나 통상적으로 받을 수 있는 급여보다 과도한 기준을 설정·지급하는 것은 노동조합에 대한 경비원조에 해당하므로 부당노동행위에 해당한다.

7) 근로시간면제 한도 사용방법

(1) 근로시간 면제한도 사용 절차 및 방법

개별 사업장에서 근로시간 면제제도를 효율적으로 활용하기 위해 근로시간 면제한도(고용노동부 고시 제2013-31호) 내에서 노사가 협의하여 총 사용시간과 사용인원을 확정한다.

check point 예시

> 조합원 35명(법정한도 5,000시간) 사업장에서 노사가 사업장 여건을 고려하여 근로시간면제 총량을 4,000시간으로 합의할 경우, 「총 사용시간 4,000시간, 사용인원 풀타임 2명(또는 풀타임 1명, 파트타임 3명)」으로 명확하게 정하여야 한다.

단체협약 또는 사용자의 동의하에 정한 근로시간 면제 사용인원에 대해 노동조합은 사용자에게 그 명단을 사전에 통보한다.

근로시간면제자로 통보된 자에 대한 변경은 특별한 사정이 없는 한 노사가 협의하여 변경하여야 하며, 사용자와 협의 없이 노조가 임의로 변경하거나 수시로 변경하여서는 아니된다.

사용자가 일정 수의 근로시간면제자를 두는데 동의하였다면 사용자는 노사간 정한 기준, 절차에 따라 인사발령하는 것이 필요하며, 방법은 회사의 취업규칙 등 내부규정에 따르는 것이 바람직하다. 한편, 사용자가 정당한 이유 없이 그 교체를 주장하면서 인사 발령을 지연하는 것은 부당하다.

근로시간면제자가 기간의 종료 또는 선정사유가 소멸된 때(근로자대표 변경, 상급단체 파견 종료 등)에는 회사의 규정에 따라 원직 등 회사업무에 복귀하여야 한다.

풀타임 또는 파트타임의 방식에 의해 정기적·고정적으로 면제시간을 사용하기로 정해진 근로시간면제자는 법에 정해진 소정의 대상 업무를 자유롭게 수행할 수 있다. 그러나 근로시간면제자로 지정된 자가 근로시간 중에 법에 정해진 소정의 근로시간면제 대상 업무 이외의 업무를 수행하거나 노사 당사자가 정한 시간 한도를 초과한 경우, 그 해당 시간에 대해서는 무급처리하여야 하며, 근로시간면제자의 활동업무 및 사용시간에 대하여 사후적으로 정산한다.

check point **실무사례**

노사당사자는 조합원 규모 등을 고려하여 근로시간면제 한도(시간 및 사용인원)를 초과하지 않는 범위 내에서 단체협약 또는 사용자의 동의하에 자율적으로 면제시간 및 인원을 정할 수 있으며, 사업장 단위 총량과 인원이 정해지면 노동조합에서는 근로시간면제자를 연간 사용시간을 사전에 사측에 통보하여야 할 것임(노사관계법제과-361, 2010.8.27.)

근로시간면제자가 면제대상 업무를 수행하는 방법은 사유발생 시 마다 사용자의 승인을 받고 사용하는 방식과 연간단위 또는 일정기간 단위로 사용자에게 통보하고 면제대상 업무를 자유롭게 사용하는 방식 등이 있을 수 있는 바, 귀 사업장 노사간에 협의를 통해 근로시간면제제도의 취지를 훼손하지 않는 범위 내에서 가장 효율적인 방법을 정할 수 있을 것임(노사관계법제과-588, 2010.8.27.)

근로시간면제한도에 대해 노사가 협의할 때 반드시 근로시간면제자를 특정해야 하는 것은 아니며, 시간 및 사용가능 인원에 대해서만 합의하고, 근로시간면제자를 추후에 특정하는 것도 가능하다 할 것임(노사관계법제과- 645, 2010.9.2.)

(2) 유의사항

근로시간면제제도 운영에 대한 노사 간 및 노노 간 갈등을 예방하기 위해서는 명확한 원칙 하에 근로시간면제 한도를 결정하고 운영할 필요가 있다.

근로시간면제 대상자가 근로시간면제한도를 초과하여 사용자가 급여를 지급하면 노조법 제81조제1항제4호 규정에 따라 부당노동행위에 해당하며, 면제한도를 초과하여 급여를 지급하는 내용의 단체협약은 해당 내용에 한하여 무효이다.

8) 노동조합으로부터 급여를 받으며 노동조합 활동에 전념하는 자 (구 노조법상 노조전임자를 말한다)

노조법 개정(2021.7.6시행) 전에는 급여지급 주체에 따라 노동조합 활동에 종사하는 자를 노조전임자와 근로시간면제자로 구분하였다.

노동조합이 급여를 지급하면 노조전임자로, 사용자가 급여를 지급하면 근로시간면제자로 규정하였다.

기존 「노조전임자」의 업무범위와 몇 명을 둘 것인가는 노사가 자율적으로 정할 수 있으나, 급여는 노조 자체 재정에서 부담하도록 정하고 이를 위반할 경우 부당노동행위로 처벌하였다.

구분	(구)노조전임자	근로시간면제자
근거	구 노조법 제24조제1항	현행 노조법 제24조제2항
업무범위	노동조합 업무로서 제한 없음	◦ 사용자와의 협의·교섭, 고충처리, 산업안전 활동 등 노조법 또는 다른 법률에서 정하는 업무 ◦ 건전한 노사관계 발전을 위한 노동조합의 유지·관리 업무 - 노조법 제2장제3절 규정에 의한 노동조합 관리업무 - 기타 사업장 내 노사공동의 이해관계에 속하는 노동조합의 유지·관리 업무
급여지급 주체	노동조합	사용자
인원수	노사가 협의 결정	근로시간면제 한도 내에서 노사가 결정

노조전임자에 대해 사용자의 급여 지급을 금지하고 있는 기존 노조법 체계가 ILO 결사의 자유협약에 위배된다는 지적에 대응하여, 노사관계에 대한 입법적 관여를 최소화하기 위해 관련 규정을 삭제하면서 노조전임자 개념은 노조법 체계에서는 존재하지 않게 되었다.

노동조합으로부터 급여를 받으며 노동조합 활동에 전념하는 자(구 노조전임자)는 노조법상 규율 대상이 아니므로, 관련 사항에 대해서는 노사합의에 의해 자율적으로 결정할 수 있을 것이나, 퇴직금 산정, 법적지위, 인사관리 등에 대해서는 기존 구 노조전임자에 대한 행정해석과 판례를 따르는 것이 바람직할 것이다.

check point 실무사례

노조전임자는 근로자로서의 신분은 그대로 유지하지만 근로계약상의 근로를 하지 않을 수 있는 지위에 있으므로 휴직상태에 있는 근로자와 유사한 지위를 가진다고 보아야 한다(대법 1995.11.10., 94누54566).

노조전임자가 근로계약상 본래 담당할 업무를 면하고 노동조합 업무를 전임하게 된 것이 사용자인 회사의 승낙에 의한 것이라면, 이러한 전임자가 담당하는 노동조합 업무는 그 업무 성질상 사용자의 사업과는 무관한 상부 또는 연합관계에 있는 노동단체와 관련된 활동이나 불법적인 노동조합 활동 또는 사용자와 대립관계로 되는 쟁의 단계에 들어간 이후의 활동 등이 아닌 이상, 전임자가 노동조합 업무를 수행하거나 이에 수반하는 통상적인 활동을 하는 과정에서 그 업무에 기인하여 발생한 재해는 업무상 재해에 해당된다(대법 1998.12.8., 98두14006).

노조전임자란 단체협약이나 노사간의 특약에 의하여 근로계약 소정의 근로를 제공하지 아니하고 노동조합의 업무에만 종사하는 자를 말하는 것으로서, 노조전임자라 할지라도 사용자와의 사이에 기본적 근로관계는 유지되는 것으로서 전임기간을 퇴직금 산정이나 근속가산금 산정 시 근속기간에 포함하여야 할 것임(노사관계법제과-565, 2010.6.24.)

파트타임 근로시간면제자는 면제된 근로시간 외에는 사업장에 근로를 제공하는 것이 원칙이나 그 시간에 대하여 노사가 합의한 경우 노동조합의 부분전임자로 종사할 수 있으며, 이 경우 노동조합의 부분전임자로서 노동조합 업무에만 종사하는 시간에 대해서는 노동조합 스스로 급여를 부담해야 할 것임(노사관계법제과-1203, 2010.6.24.)

06 복수노조 교섭창구 단일화 제도

1. 개요

교섭창구 단일화제도는 근로조건의 결정권이 있는 사업 또는 사업장 단위에서 복수 노동조합과 사용자 사이의 교섭절차를 일원화하여 효율적이고 안정적인 교섭체계를 구축하고, 소속 노동조합과 관계없이 조합원들의 근로조건을 통일하기 위한 제도이다.

* 2011.7.1.부터는 기업 단위에서 복수 노동조합을 설립할 수 있도록 허용되었다.

1) 교섭창구 단일화 제도

사업 또는 사업장 내에서 사용자와 교섭하기 위해서는 모든 노동조합은 교섭창구를 단일화하여 교섭대표 노동조합을 정해야 한다. 다만, 교섭대표 노동조합을 자율적으로 결정하는 기한 내에 사용자가 교섭창구 단일화 절차를 거치지 아니하기로 동의한 경우에는 예외이다.

교섭창구 단일화 기본단위는 사업 또는 사업장이나, 현격한 근로조건의 차이, 고용형태, 교섭관행 등을 종합적으로 고려하여 노동위원회의 결정으로 동일한 사업장에서 교섭단위를 분리할 수 있고 분리된 교섭단위의 통합도 가능하다.

2) 교섭창구 단일화 제도의 예외

(1) 개별교섭

교섭창구 단일화 제도를 원칙으로 하되, 교섭대표 노동조합을 자율적으로 결정하는 기한 내에 사용자가 교섭창구 단일화 절차를 거치지 아니하기로 동의한 경우에는 교섭창구 단일화를 하지 않을 수 있다(노조법 제29조의2제1항 단서). 개별교섭의 경우 사용자는 교섭을 요구한 모든 노동조합과 성실히 교섭하여야 하고 차별적으로 대우해서는 아니된다(노조법 제29조의23제2항).

(2) 교섭단위 분리 · 통합

교섭단위는 하나의 사업 또는 사업장이 원칙이나, 당사자의 신청에 의해 현격한 근로조건의 차이, 고용형태, 교섭관행 등을 고려하여 노동위원회 결정으로 교섭단위를 분리할 수 있으며 분리된 교섭단위를 통합하는 것도 가능하다(노조법 제29조의3제2항).

2. 교섭창구 단일화 절차

1) 교섭요구 노동조합의 확정

(1) 교섭요구(노조법 시행령 제14조의2)

가) 교섭을 요구할 수 있는 노동조합

해당 교섭단위의 근로자가 가입하거나 조직한 노동조합이라면 조직형태에 관계없이 교섭을 요구할 수 있다. 다만, 초기업단위 노동조합의 경우에는 해당 교섭단위 소속 근로자가 해당 노동조합에 가입한 것이 객관적으로 입증되어야 한다.

해당 사업장에 하나의 노동조합만 있다고 판단하더라도 노사가 알지 못하는 다른 노조가 있을 수 있으므로, 노조법 시행령 제14조의2 내지 제14조의 5에 따른 교섭창구 단일화 절차를 거쳐 교섭하는 것이 바람직할 것이다.

다만, 교섭창구 단일화 절차는 복수의 노동조합을 전제하므로 단수 노동조합은 교섭창구 단일화 절차를 거치더라도 교섭대표 노동조합의 지위는 인정되지 아니한다(대법 2017.10.31., 2016두36956).

나) 교섭요구 시기와 방법

노동조합은 단체협약 만료일 이전 3개월이 되는 날부터 사용자에게 노동조합 명칭, 종사근로자인 조합원 수 등을 기재한 서면으로 교섭요구 가능하다(노조법 시행령 제14조의2제1항, 제2항).

해당 사업장에 2개 이상의 단체협약이 있는 경우 먼저 도래하는 단협의 유효기간 만료일 이전 3개월이 되는 날부터 교섭요구 가능하다.

단체협약에 자동연장조항 또는 자동갱신조항이 있는 경우에도, 당해 단체협약의 만료일 전 3개월이 되는 날부터 어느 노조라도 교섭요구를 하게 되면 교섭창구 단일화 절차가 개시된다.

자동연장협정은 유효기간 만료 후의 무협약 상태를 피하기 위하여 '이 협약은 새 협약이 성립할 때까지 유효하다'는 내용의 협정을 말한다.

자동갱신협정은 예를 들어 '이 협약의 기간만료 30일 전까지 당사자의 일방이 단체협약 개폐의 의사표시 또는 변경안의 제시가 없는 경우에는 기간 만료일부터 다시 종전 단체협약과 동일한 기간(또는 노사간 합의한 기간) 동안 유효한 것으로 본다'라는 협정을 의미한다.

교섭을 요구할 수 있는 시기 이전에 교섭을 요구한 경우 사용자는 교섭요구 사실을 공고할 의무가 없으며, 설사 사용자가 그 교섭요구에 따라 교섭요구 사실을 공고한다고 하더라도 이는 적법한 교섭요구 사실공고가 될 수 없고, 이에 따라 이루어진 후속 절차 역시 효력이 없기 때문에 교섭요구 시기 도래 이전의 교섭요구에 의해 교섭창구 단일화 절차에 따라 교섭대표 노동조합을 정하였더라도 교섭대표 노동조합의 지위를 인정받지 못한다.

(2) 교섭요구 사실의 공고(노조법 시행령 제14조의3)

가) 사용자의 공고

교섭요구를 받은 사용자는 즉시 요구를 받은 날로부터 7일간 교섭요구 사실을 해당 사업장의 게시판 등에 공고하여 다른 노동조합과 근로자가 알 수 있도록 하여야 한다.

* 교섭요구(2021.7.1.) → 교섭요구 사실공고(7.1~7.8, 초입불산입)

사용자가 교섭요구를 받은 당일에 공고하지 않고 지연하여 공고한 경우 공고기간은 교섭요구 사실 공고를 한 다음날부터 7일간이다.

과반수노조 확인을 위한 조합원 수 산정기준이 되는 노조법 시행령 제14조의5 제1항에 따른 '확정공고일'은 적법한 교섭요구에 따라 시행령 제14조의3제1항에 의한 교섭요구사실 공고기간이 끝난 다음날에 유의하여야 한다.

* 교섭요구(2021.7.1) → [사용자의 공고지연]교섭요구 사실공고(2021.7.20~7.27, 초일불산입)

→ **조합원 수 산정 기준일은 사용자가 정상적으로 공고했어야 하는 날 기준임 (2021.7.9.)**

나) 노동위원회에 의한 시정조치

(가) 교섭요구 사실 공고의 시정신청(노조법 시행령 제14조의3제2항)

사용자가 노동조합의 교섭요구를 받았음에도 공고하지 않거나 사실과 다르게 공고한 경우에는 지방노동위원회에 시정을 요청할 수 있다.

(나) 노동위원회에서의 처리절차

① 지방노동위원회는 시정요청을 받은 날부터 10일 이내에 사실관계를 조사한 후 그에 대한 결정을 해야 한다(노조법 시행령 제14조의3제3항).

② 지방노동위원회 결정이 위법・월권인 경우 중앙노동위원회에 10일 이내에 재심신청이 가능하다(노조법 제69조제1항).

③ 중앙노동위원회 결정이 위법・월권인 경우 15일 이내에 행정소송 제기가 가능하다(노조법 제69조2항).

(다) 불복신청에 따른 효력

교섭요구 노동조합의 확정에 대한 지노위의 결정이나 중노위의 재심결정은 그에 대한 불복에도 불구하고 중노위의 재심절차 또는 행정소송에서 취소되지 않는 한 효력이 인정된다(노조법 제69조 및 제70조제2항 준용).

(3) 다른 노동조합의 참가 신청(노조법 시행령 제14조의4)

사용자와 교섭하려는 다른 노동조합은 교섭요구 사실에 대한 공고기간 내에 사용자에게 노동조합의 명칭, 종사근로자인 조합원 수 등을 적은 서면으로 교섭을 요구하여야 하며, 공고기간에 교섭을 요구하지 않을 경우에는 교섭창구 단일화 절차에 참여할 수 없다.

(4) 교섭요구 노동조합의 확정 공고 및 통지(노조법 시행령 제14조의5)

사용자는 교섭요구 사실에 대한 공고기간(7일)이 끝난 다음날에 교섭을 요구한 노동조합을 확정하여 통지하고 5일간 공고해야 한다.

* 교섭요구 사실요구(2021.7.1~7.8) → 교섭요구노동조합 확정공고(7.9~7.14, 초일불산입)

(5) 교섭요구 노동조합 확정 공고에 대한 이의신청

가) 사용자의 대한 이의신청(노조법 시행령 제14조의5제2항, 제3항)

교섭을 요구한 노동조합은 교섭요구 노동조합 확정공고 내용이 '자신이 제출한 내용'과 다르게 공고되거나 공고되지 아니한 것으로 판단되는 경우에는 그 공고기간 중에 사용자에게 이의를 신청할 수 있다.

사용자는 노동조합의 이의신청이 타당하다고 인정되는 경우 확정공고일이 끝난 날부터 5일간 신청한 내용대로 공고하고 이의를 제기한 노동조합에 통지하여야 한다.

나) 노동위원회에 대한 시정요청(노조법 시행령 제14조의5제4항)

사용자에 대한 이의신청에도 불구하고 사용자가 그에 따른 조치를 하지 않을 경우에는 지방노동위원회에 시정 요청이 가능하다.

사용자가 수정공고를 하지 않은 경우, 확정 공고 기간이 끝난 다음 날부터 5일 이내에 시정요청을 하여야 한다.

* 교섭요구노동조합 확정공고(2021.7.9~ 7.14, 초일불산입) → 시정요청 기간(7.15~7.19)

사용자가 이의신청과 다르게 수정 공고한 경우, 수정 공고 기간이 끝난 날부터 5일 이내에 시정요청을 하여야 한다.

* 교섭요구노동조합 확정공고(2021.7.9.~7.14, 초일불산입) → 수정공고(7.15~7.20, 초일불산입) → 시정요청 기간(7.21~7.26, 만료일이 공휴일인 경우 익일 만료)

지방노동위원회는 시정요청을 받은 날부터 10일 이내에 사실관계를 조사·확인한 후 교섭요구 노동조합을 확정 결정하여야 한다.

노동위원회 결정에 대한 불복절차 및 효력에 대해서는 노조법 제69조(중재재정 등의 확정) 및 노조법 제70조제2항(중재재정 등의 효력)을 준용하여 위법 또는 월권에 한해 인정한다.

(6) 교섭요구 노동조합의 확정 또는 결정

가) 교섭요구 노동조합으로 확정 또는 결정되는 시점

사용자의 교섭요구 노동조합 확정 공고에 대해 그 공고기간 중 이의가 없을 때에는 공고된 노동조합이 교섭요구 노동조합으로 확정되며, 확정시점은 그 확정 공고가 만료되는 날이다.

* 교섭요구노동조합 확정공고(2021.7.9~7.14, 초일불산입)
  → **교섭요구노동조합 확정시점(2021.7.15, 00시 00분 00초)**

노동조합의 이의제기에 의한 사용자의 수정공고에 대해 5일간 이의가 없을 때에는 그 공고된 노동조합이 교섭요구 노동조합으로 확정되며, 확정시점은 그 수정공고가 만료되는 날이다.

* 교섭요구노동조합 확정공고(2021.7.9.~7.14, 초일불산입) → 수정공고(7.15~7.20, 초일불산입) → 교섭요구노동조합 확정시점(2021.7.21, 00시 00분 00초)

노동조합이 시정 요청에 의해 노동위원회에서 결정한 때에는 노동위원회가 결정한 노동조합이 교섭요구 노동조합으로 확정되며, 확정시점은 노동위원회의 결정서가 사용자에게 송달된 날이다.

* 교섭요구 노동조합 확정 공고에 대한 시정요청(2021.7.14) → 노동위원회 결정(7.20) → 결정서 송달(7.27) → 교섭요구노동조합 확정시점(7.27, 송달 받은 시점)

나) 교섭요구 노동조합 확정에 따른 효과

교섭요구 노동조합으로 확정된 노동조합만이 교섭대표 노동조합 결정 절차에 참여할 수 있으며, 교섭대표 노동조합이 체결한 단체협약은 교섭창구 단일화 절차에 참여한 노동조합 전체에 대하여 적용된다.

쟁의행위를 하기 위해서는 확정된 교섭요구 노동조합 전체 종사근로자인 조합원 과반수 찬성이 있어야 한다. 교섭요구 노동조합으로 확정된 노동조합만이 공정대표의무 위반에 대해 노동위원회에 시정을 신청할 수 있다.

다) 교섭창구 단일화 절차를 진행한 결과, 하나의 사업장에 하나의 노동조합만 존재할 경우

교섭창구 단일화 절차는 복수의 노동조합을 전제하므로 단수 노동조합에게 교섭대표 노동조합의 지위는 인정되지 아니한다.

라) 단수노조 사업장에 신설 노조가 설립된 경우

사업장에 유효한 단체협약이 존재하지 않는다면 바로 교섭을 요구하여 교섭창구 단일화 절차가 가능하며, 유효한 단체협약이 존재한다면 최초 도래하는 단체협약 유효기간 만료일 이전 3개월이 되는 날부터 교섭요구 가능하다.

check point 교섭창구 단일화 절차 기간의 초일 · 만료일 산정 방법

[사례 1] 노조가 2021.7.1. 최초 교섭요구를 한 경우

1) (사용자) 교섭요구 사실 공고 : 2021.7.1.
   ① 최초로 노동조합으로부터 교섭을 요구받은 날부터 7일간 공고
   ② 공고기간 : 2021.7.1.~7.8 ③ 초일 불산입
2) (사용자) 교섭요구 노동조합 확정 공고 : 2021.7.9.
   ① 교섭요구 사실에 대한 공고기간이 끝난 다음날부터 5일간 공고
   ② 공고기간 : 2021.7.9.~7.14 ③ 초일 불산입
   * 교섭요구 노동조합이 확정되는 시점 : 2021.7.15. 00시 00분 00초
3) (노조) 자율적 교섭대표 노동조합 결정기한
   ① 교섭요구 노동조합이 확정 또는 결정된 날로부터 14일 이내
   ② 공고기간 : 2021.7.15.~7.28 ③ 초일 산입 ④ 만료일 : 기간 만료일
   * 교섭요구 노동조합이 결정되는 날 : 결정기한이 만료하기 전에 사용자에게 통지하는 날
4) (노조) 과반수 노동조합이 사용자에게 통지할 수 있는 기한
   ① 자율적 단일화 결정 기한이 만료되는 날부터 5일 이내
   ② 통지기한 : 2021.7.29.~8.2 ③ 초일 산입
   * 민법 제157조 : 기간을 일, 주, 월 또는 연으로 정한 때에는 기간의 초일은 산입하지 아니한다. 그러나 그 기간이 오전 영시로부터 시작하는 때에는 그러하지 아니하다.

[사례 2] 사례 1에 이어서 과반수 노동조합이라는 사실을 사용자에게 통지(2021.8.2.) 한 경우

1) (사용자) 과반수 노동조합에 대한 공고 : 2021.8.2
   ① 통지를 받은 날로부터 5일간 공고
   ② 공고기간 : 2021.8.2.~8.9
   ③ 초일 불산입
   ④ 만료일 : 기간 말일이 토요일이고 익일이 공휴일이므로 익익일 만료
   * 민법 제161조 : 기간의 말일이 토요일 또는 공휴일에 해당한 때에는 기간은 그 익일로 만료

[사례 3] 사례 1에 이어서 과반수 노동조합 통지가 없는 경우
1) (노조) 자율적 공동교섭대표단 결정 기한
① ㉮ 과반수 노동조합에 대한 통지 · 공고가 없는 경우에는 자율적 단일화 결정기한 만료일로부터 10일 이내, ㉯ 노동위원회가 과반수 노동조합이 없음을 결정한 때에는 그 날로부터 5일 이내
② 결정기한 : ㉮ 7.29 ㉯ 8.26~8.31
* 노동위원회가 과반수 노동조합이 없음을 결정 : 2021.8.26.
③ 초일 : ㉮ 산입 ㉯ 불산입
④ 만료일 : ㉮ 기간 말일이 토요일이고 익일이 공휴일이므로 익익일 만료

2) 교섭대표 노동조합 결정

(1) 사용자의 동의에 의한 개별교섭(노조법 제29조의2제1항 단서)

가) 개별교섭 동의방법

어느 한 노동조합의 개별교섭 요구에 사용자가 동의함으로써 성립되며, 그 동의는 반드시 서면으로 하여야 하는 것은 아니지만, 향후에 발생할 수 있는 분쟁을 방지하기 위하여 서면으로 작성하는 것이 바람직하다.

나) 개별교섭 동의 기한

개별교섭을 하기 위해서는 교섭요구 노동조합이 확정 또는 결정된 때부터 14일 이내에 사용자가 그에 대한 동의를 하여야 하며(노조법 시행령 제14조의6 제1항의 자율적 단일화 기간 내) 해당 기한(교섭요구 노동조합이 확정된 날부터 14일간) 외에 노사가 교섭창구 단일화를 하지 않고 개별교섭하기로 합의하였다면 이는 강행규정을 위반한 것으로 효력이 없다.

다) 개별교섭 동의의 효과

(가) 동의에 따른 효과

사용자가 개별교섭에 동의한 경우에는 확정된 교섭요구 노동조합은 사용자

와 각각 교섭하여 단체협약을 체결할 수 있다.

교섭참여 노동조합(A, B, C노조)중 C노조의 개별교섭 요구에 사용자가 동의한 경우 C노조만 개별교섭하고, A, B노조는 교섭창구 단일화를 계속진행하는 것이 아니라 교섭창구 단일화에 참여한 모든 노조(A, B, C노조)와 개별교섭하여야 한다.

교섭요구 노동조합 확정 이후 신설된 노조나 교섭창구 단일화 절차에 참여하지 않은 기존 노조에 대한 사용자의 교섭 의무는 없다.

(나) 동의의 효력기간

동의의 효력은 그에 따라 체결된 단체협약의 유효기간 만료일까지만 유효하고, 그 동의 이후에는 먼저 도래하는 단체협약의 유효기간 만료일 이전 3개월이 되는 날부터 교섭을 요구할 수 있다. 이 때 개별교섭 동의의 효력은 해당 임·단협에 한정된다.

개별교섭 동의 후 노동조합이 신설된 경우이거나 기존 노동조합이 교섭창구 단일화 절차에 참여하지 않은 경우에도 단체협약의 유효기간 만료일 이전 3개월 되는 날부터 교섭을 요구할 수 있다.

(다) 사용자의 의무

사용자는 교섭을 요구한 모든 노동조합과 성실히 교섭하여야 하고, 차별적으로 대우해서는 아니된다(노조법 제29조2제2항). 다만, 개별교섭 과정에서 성실교섭 및 차별금지를 규정한 것으로 교섭결과의 평등을 의미하는 것은 아니다.

사용자가 개별교섭 중에 특정 노동조합과 체결한 단체협약에 따라 해당 노동조합의 조합원에게만 타결금, 격려금 등을 지급하는 것이 다른 노동조합의 조직·운영을 지배·개입하는 의사에 따른 것이라면 부당노동행위에 해당할 수 있다(대법 2019.4.25., 2017두33510).

(2) 자율적 단일화(노조법 시행령 제14의6)

교섭요구 노동조합이 확정 또는 결정된 날부터 14일 이내에 자율적으로 교섭대표 노동조합을 정할 수 있으며, 교섭대표 노동조합의 대표자, 교섭위원 등을 연명으로 서명 또는 날인하여 사용자에게 통지함으로써 교섭대표 노동조합으로 확정된다.

자율적으로 교섭대표 노동조합이 결정된 후 교섭에 참여한 일부 노동조합이 단체교섭 등 일련의 절차에 참여하지 않더라도 교섭대표 노동조합은 그 지위를 유지한다(노조법 시행령 제14조의6제2항).

가) 과반수 노동조합의 개념(노조법 시행령 제14조의7)

교섭창구 단일화 절차에 참여한 노동조합의 전체 종사근로자인 조합원 과반수를 차지하는 노동조합을 의미하며, 교섭요구 노동조합의 확정공고일을 기준으로 조합원 수를 산정한다.

사용자가 교섭창구 단일화 절차의 공고 기간을 준수하지 않아 교섭요구 노동조합 확정 공고가 지연된 경우 과반수 노동조합을 결정하는 기준일은 **'실제 확정 공고를 한 날'**이 아니라, **'확정 공고를 했어야 하는 날'**이다.

과반수 노동조합 판단, 공동교섭대표단 참여 적격 판단, 공동교섭대표단 결정 등에 필요한 "조합원"의 기준은 "종사근로자인 조합원"이다.

* 교섭요구(2021.7.1) → 사용자의 공고지연]교섭요구 사실공고(7.20~7.27, 초일불산입)
→ **조합원 수 산정 기준일은 사용자가 정상적으로 공고했어야 하는 날 기준임 (7.9)**

과반수 노동조합이 없더라도 2개 이상의 노동조합이 위임 또는 연합 등의 방법으로 전체 종사근로자인 조합원의 과반수가 되는 경우에도 과반수 노동조합으로 인정한다.

이후 위임·연합의 의사를 철회하거나, 위임한 노동조합 또는 연합한 노동조합이 소멸하더라도 교섭대표 노동조합의 지위가 유지된다.

종사근로자인 조합원으로서 해고된 자가 노동위원회에 부당노동행위 구제 신청을 한 경우에는 중앙노동위원회의 재심판정이 있을 때까지는 종사근로자인 조합원 수에 포함하여 산정한다.

* **부당해고 구제신청만 한 경우에는 종사근로자인 조합원 수에 포함되지 않는다.**

나) 과반수 노동조합의 통지

자율적 단일화 결정 기한이 만료되는 날부터 5일 이내에 노동조합은 사용자에게 노조명칭, 대표자, 과반수 노동조합이라는 사실을 통지하여야 한다.

위임 또는 연합의 방법에 의한 과반수 노동조합의 경우에는 위임 또는 연합에 참여하는 노동조합의 명칭, 대표자 등을 포함하여 통지하여야 한다.

다) 사용자의 공고 및 교섭대표 노동조합 확정

사용자는 과반수노조임을 통지받은 때에는 그 통지를 받은 날부터 5일간 그 내용을 공고해야 한다.

* 자율적 단일화 기간(2021.7.21~8.3, 초일산입) → 과반수노조 통지기간 (8.4~8.9 말일 공휴일 : 과반수노조 통지 8.6) → 사용자 공고(8.6~8.11, 초일불산입)

사용자가 과반수 노동조합의 공고를 하지 아니한 경우 또는 과반수 노동조합의 공고에 대해 이의가 있는 노동조합은 그 공고기간 내에 노동위원회에 이의를 신청할 수 있다.

둘 이상의 노동조합이 날짜를 달리하여 과반수 노동조합 통지를 하고, 사용자가 각각 공고(선행공고, 후행공고) 하였을 경우에도 각 공고가 유효하고 각 공고기간 내에 노동위원회에 이의를 신청할 수 있다.

각 공고기간 중 이의가 없을 경우에는 복수의 과반수 노동조합은 존재할 수 없으므로 공동교섭대표단 구성절차로 진행하고, 공동교섭대표단 구성과정에서 과반수 노동조합이 확인되면 그 노동조합을 교섭대표 노동조합으로 결정한다.

공고기간 중 공고 내용에 이의가 없을 때에는 공고된 노동조합이 교섭대표 노동조합으로 확정된다.

교섭대표 노동조합으로 확정된 후 조합원 수가 감소하여 과반수가 되지 않더라도 교섭대표 노동조합의 지위 유지기간 동안에는 그 지위를 유지한다.

라) 노동위원회에 의한 교섭대표 노동조합 결정

사용자가 과반수 노동조합의 공고를 하지 아니한 경우 또는 과반수 노동조합의 공고에 대해 이의가 있는 경우 노동조합이 그 공고기간 내에 노동위원회에 이의를 신청한 경우, 노동위원회는 종사근로자인 조합원 수를 확정하여 과반수 노동조합을 교섭대표 노동조합으로 결정한다.

노동위원회는 이의신청을 받은 날부터 10일 이내에 결정하여 교섭창구 단일화 절차에 참여한 모든 노동조합과 사용자에게 통지하여야 한다.

그 기간 이내에 조합원 수 확인이 어려운 경우 한 차례에 한정하여 10일의 범위에서 그 기간을 연장할 수 있다.

* **교섭요구 노동조합의 확정 공고일을 기준으로 종사근로자인 조합원 수를 산정한다.**

[2개 이상의 노동조합에 가입한 종사근로자인 조합원에 대한 조합원 수 산정 방법]

(가) 조합비 납부 노동조합이 1개인 경우

그 노동조합의 종사근로자인 조합원 수에 숫자 1을 가산한다.

A노조에 중복가입자 6명이 포함된 것으로 보아 60명으로 하고, B노조에서는 6명을 제외한다.

* **A노조(60명), B노조(40명), 중복가입(6명)** : 중복가입자(6명)가 A노조에만 조합비 납부 → A노조(60명), B노조(34명)

(나) 조합비 납부 노동조합이 2개 이상인 경우

숫자 1을 조합비 납부 노동조합 수로 나눈 후에 산출된 숫자를 그 노동조합의 종사근로자인 조합원수에 각각 가산한다.

중복가입자 6명의 조합비 납부 노동조합이 2개이므로, 2로 나눈 숫자 3명을 A노조에서는 3명을 제외한 57명, B노조에서는 3명을 제외한 37명으로 한다.

* **A노조(60명), B노조(40명), 중복가입(6명)** : 중복가입자(6명)가 A, B노조에 각각 조합비 납부 → A노조(57명), B노조(37명)

(다) 조합비 납부 노동조합이 없는 경우

숫자 1을 조합원이 가입한 노동조합 수로 나눈 후에 그 산출된 숫자를 그 노동조합의 종사근로자인 조합원 수에 각각 가산한다.

중복가입자 6명의 조합비 납부 노동조합이 없으므로, 2로 나눈 숫자 3명을 A노조에서는 3명을 제외한 57명, B노조에서는 3명을 제외한 37명으로 한다.

* **A노조(60명), B노조(40명), 중복가입(6명)** : 중복가입자(6명)가 A, B노조에 조합비 모두 미납 → A노조(57명), B노조(37명)

노동위원회 결정에 대한 불복절차 및 효력에 대해서는 노조법 제69조(중재재정 등의 확정) 및 노조법 제70조제2항(중재재정 등의 효력)을 준용하여 위법 또는 월권에 한해 인정한다.

3. 공동교섭대표단 구성(노조법 시행령 제14의8 및 제14조의9)

1) 개요

과반수 노동조합이 없는 경우 공동교섭대표단은 먼저 노동조합간 자율적으로 구성하고, 합의가 되지 않을 경우 노동위원회 결정에 따라 구성한다.

공동교섭대표단에 참여할 수 있는 노동조합은 종사근로자인 조합원 수가 전

노동권익 구제제도

개별적 노동관계법

집단적 노동관계법

사업장 감독 관련

체 종사근로자인 조합원의 10% 이상인 노동조합으로 제한한다(노조법 제29조2 제5항 후문).

종사근로자인 조합원 수가 전체 종사근로자인 조합원의 10% 미만 노동조합 및 그 조합원이라 하더라도 공동교섭대표단이 사용자와 체결한 단체협약은 적용되며 쟁의행위 찬반투표 대상 인원에도 포함된다.

2) 자율적 공동교섭대표단 구성(노조법 시행령 제14조의8)

자율적으로 공동교섭대표단을 구성하기로 한 경우에는 공동교섭대표단의 대표자, 교섭위원 등을 정하여 연명으로 서명 또는 날인한 후 사용자에게 통지함으로써 교섭대표 노동조합으로 확정된다. 공동교섭대표단에 참여할 수 있는 모든 노동조합이 서명 또는 날인해야 효력이 있다.

사용자에 대한 통지는 과반수 노동조합에 대한 통지 · 공고가 없는 경우에는 자율적 단일화 결정 기한으로부터 10일 이내, 노동위원회가 과반수 노동조합이 없음을 결정한 때에는 그 날로부터 5일 이내 하여야 한다.

자율적 공동교섭대표단 통지 후에 일부 노동조합이 탈퇴하거나 참여하지 않더라도 교섭대표 노동조합의 지위는 그대로 유지된다.

3) 노동위원회에 의한 공동교섭대표단 결정(노조법 시행령 제14조의9)

노동조합간 자율적으로 공동교섭대표단을 결정하지 못할 경우에는 노동조합의 신청에 의해 노동위원회가 공동교섭대표단을 결정한다.

노동위원회는 노동조합이 제출한 종사근로자인 조합원 수를 기준으로 하여 신청일로부터 10일 이내에 공동교섭 대표단에 참여하는 인원 수(총 10명 이내)를 결정하고 노동조합과 사용자에게 통지하여야 한다.

그 기간 이내에 조합원 수 확인이 어려운 경우 한 차례에 한정하여 10일의 범위에서 그 기간을 연장할 수 있다.

공동교섭 대표단에 참여하는 노동조합은 노동위원회가 결정한 인원 수에 해당하는 교섭위원을 각각 선정하여 사용자에게 통지를 해야 한다.

공동교섭 대표단의 대표자는 노동조합간 합의로 정하되, 합의가 안 될 경우 종사근로자인 조합원 수가 가장 많은 노동조합의 대표자를 그 대표자로 한다.

공동교섭대표단 결정신청에 대해 노동위원회가 조합원 수 등을 확인한 결과, 과반수 노동조합이 있다면 노동위원회는 노조법 제29조의2제4항에 따라 과반수 노동조합을 결정하여야 한다.

자율적 교섭대표 노동조합 결정기간에 교섭대표 노동조합을 결정하지 못한 경우에는 교섭창구 단일화 절차에 참여한 노동조합의 전체 조합원의 과반수로 조직된 노동조합이 교섭대표 노동조합이 된다.

노동위원회 결정에 대한 불복절차 및 효력에 대해서는 노조법 제69조(중재재정 등의 확정) 및 노조법 제70조제2항(중재재정 등의 효력)을 준용하여 위법 또는 월권에 한해 인정한다.

07 쟁의행위(파업)와 노동쟁의 조정

07-1. 노동쟁의

1. 노동쟁의의 개념

1) 개념정립

헌법 제33조제1항은 '근로자는 근로조건의 향상을 위하여 자주적인 단결권, 단체교섭권 및 단체행동권을 가진다'고 함으로써 노동3권을 헌법상의 권리고 보장하고 있다.

이와 같은 노동3권은 노사의 집단적 노동관계의 전개를 예정하고 근로자와 사용자가 실질적으로 대등한 지위를 갖게 함으로써 근로자가 근로조건 향상 등을 위하여 자주적으로 노사문제를 해결하도록 하기 위해 보장된 것이다.

그러나 이러한 노동3권은 여타의 헌법상의 권리와 마찬가지로 아무런 제한 없이 인정되는 것은 아니며, 헌법이 노동3권을 보장한 취지와 이를 구체화한 노조법의 규정 등에 따라 일정한 제한이 가해질 수 있다.

특히, 단체행동권은 근로자의 임금손실, 사용자의 경영 손실은 물론 나아가 국민 전체의 경제생활에도 상당한 영향을 끼칠 수 있기 때문에 대부분의 국가에서는 단결권, 단체교섭권에 비해 상대적으로 엄격한 제한을 가하고 있다.

따라서 단체행동권을 올바르게 행사하기 위해서는 이를 구체화한 노조법에 대한 명확한 이해가 필요하며, 노동쟁의·쟁의행위·단체행동에 대한 개념 정립은 노조법의 이해를 위한 기본 전제가 되는 것이다.

2) 노동쟁의의 의의

노동관계 당사자는 근로조건의 결정에 관한 사항에 대하여 교섭을 하였으나 당사자 간 이견으로 교섭이 결렬되는 경우 쟁의행위에 의해 해결할 수 있다.

노조법은 곧바로 쟁의행위로 나아가는 것을 막고 이러한 분쟁을 평화적으로 해결하기 위해서 제3자의 조정을 거치게 하고 있다.

따라서 노동쟁의는 쟁의행위의 전제가 되는 노사 당사자 간의 분쟁상태로서 노사분규가 노조법상 쟁의행위에 해당하는지 여부 및 정당성 판단의 기초가 된다.

check point 실무사례

노조법 제2조제5호에서는 노동쟁의를 노동조합과 사용자 또는 사용자 단체간에 임금·근로시간·복지·해고 기타 대우 등 근로조건의 결정에 관한 주장의 불일치로 인하여 발생한 분쟁상태라고 규정하고 있으므로 근로조건 이외의 사항에 관한 노동관계 당사자 사이의 주장의 불일치로 인한 분쟁상태는 근로조건의 결정에 관한 분쟁이 아니어서 현행 법상의 노동쟁의라고 할 수 없다(대법 2003.7.25., 2001두4818).

구조조정이나 합병 등 기업의 경쟁력을 강화하기 위한 경영주체의 경영상 조치는 원칙적으로 노동쟁의의 대상이 될 수 없고, 그것이 긴박한 경영상의 필요나 합리적인 이유없이 불순한 의도로 추진되는 등의 특별한 사정이 없는 한 노동조합이 그 실시를 반대하기 위하여 벌이는 쟁의행위는 목적의 정당성을 인정할 수 없다(대법 2003.11.13., 2003도687).

3) 노동쟁의와 쟁의행위 · 단체행동의 구별

(1) 노동쟁의

노동쟁의라 함은 노동조합과 사용자 또는 사용자단체 간에 임금 · 근로시간 · 복지 · 해고 기타 대우 등 근로조건의 결정에 관한 주장의 불일치로 인하여 발생한 분쟁상태를 말한다(노조법 제2조제5호).

노동쟁의는 평화적인 단체교섭이 결렬되면 사실상 발생이 되지만, 노조법상으로는 노동관계 당사자 중 어느 일방이 상대방에게 서면으로 통보한 때부터 객관적으로 존재한다(노조법 제45조제1항).

(2) 쟁의행위와의 구별

쟁의행위라 함은 파업 · 태업 · 직장폐쇄 기타 노동관계 당사자가 그 주장을 관철할 목적으로 행하는 행위와 이에 대항하는 행위로서 업무의 정상적인 운영을 저해하는 행위를 말한다(노조법 제2조제6호).

노동쟁의는 근로조건의 결정에 관한 사항에 대한 이견으로 다툼이 있는 상태이나, 쟁의행위는 이러한 분쟁상태(노동쟁의)를 해결하기 위하여 업무의 정상적인 운영을 저해하는 실력행위이다.

(3) 단체행동과의 구별

단체행동이라 함은 집단적 행위를 의미하는 것으로, 근로자측의 경우 동일한 목적을 추구하는 다수 근로자의 의식적인 공동행위를 말한다.

예컨대 쟁의행위인 파업 · 태업 등은 물론, 그 이외의 가두시위 · 집회 · 완장

착용 등이 모두 이에 속한다.

집단적인 행위인 단체행동은 반드시 업무의 정상적인 운영의 저해를 수반하지 않는다는 점에서 쟁의행위보다 그 개념이 넓다.

쟁의행위와 그 밖의 단체행동을 구별하는 징표는 노동조합이 근로조건 개선을 목적으로 집단적으로 노무제공을 거부함으로써 업무의 정상적인 운영을 저해하는지 여부이다.

따라서 전단살포, 완장착용 등의 단체행동이 업무의 정상적인 운영을 저해하지 않는 한, 노조법상 쟁의행위에 대한 제한규정이 적용되지 않는다. 다만, 이러한 쟁의행위에 해당하지 않는 단체행동도 집회・시위 등의 자유에 대한 법률적 제약을 받게 된다.

노사분규는 노사관계 당사자 중 어느 일방의 이해와 관련된 사항에 대해 각자의 주장을 관철할 목적으로 적・불법 여부에 관계없이 정상적인 업무활동을 중단 또는 저해하는 일체의 집단행동을 의미하며 법적 개념은 아니다.

2. 노동쟁의의 판단

1) 노동쟁의의 주체

노동쟁의의 주체인 노동관계 당사자는 노조법(제2조4호)에 의해 설립된 노동조합과 노조법 제2조의 규정에 의한 사용자 또는 사용자단체를 의미하고, 교섭창구 단일화 절차를 거쳐 교섭대표 노동조합이 결정된 경우에는 교섭대표 노동조합이 노동관계 당사자의 지위를 가진다.

노동관계 당사자는 단체교섭 및 단체협약 체결 능력이 있어야 한다. 따라서 산별노조의 지부・분회 등 노동조합의 산하조직은 원칙적으로는 규약 등에 의하여 교섭권을 위임받지 않는 한 노동쟁의의 주체가 될 수 없다.

노동조합의 산하조직이라도 노조법 시행령 제7조에 따라 설립신고를 한 경우에는 노동쟁의의 주체가 될 수 있다.

2) 노동쟁의의 대상

노동쟁의의 대상은 임금・근로시간・복지・해고 기타 대우 등 근로조건의 결정에 관한 사항으로서 의무적 교섭사항을 의미한다.

이때 근로조건의 결정이란 조합원 전체에 해당하는 집단적 성격을 가진 것으로서 근로조건의 기준에 관한 권리의 형성・유지・변경 등을 의미하므로, 노동쟁의 대상은 이익분쟁에 한정된다.

따라서 체불임금 청산, 해고자 복직, 단체협약 이행, 부당노동행위 구제 등 권리분쟁에 관한 사항은 사법절차를 통하여 해결할 사항이므로 노동쟁의 대상에 해당되지 아니한다. 또한, 사용자의 인사・경영권의 본질적인 내용을 침해하는 내용은 노동쟁의의 대상이 될 수 없다.

근로조건에 관한 권리의 형성 · 유지 · 변경 등 근로조건 '결정'을 둘러싼 분쟁('이익분쟁'이라 함)은 단체교섭 대상에 해당하나, 기존의 법령 · 단체협약 등에 의해 이미 확정된 권리에 관한 분쟁('권리분쟁'이라함)은 단체교섭 대상이 아니라고 할 것임. 따라서 노동조합이 단체협약 유효기간 중 이미 법령 등에 의해 확정된 권리를 명확하게 하기 위해 교섭을 요구하는 경우 사용자가 반드시 응하여야 할 의무는 없음(노사관계법제과-806, 2014.3.26.)

〈이익분쟁과 권리분쟁의 구별〉

- (이익분쟁) 근로조건의 기준에 관한 권리의 형성 · 유지 · 변경 등을 둘러싼 분쟁으로 임금인상이나 근로시간 변경, 해고의 기준변경 등이 이에 해당
- (권리분쟁) 법령 · 단체협약 · 취업규칙 등에 의하여 이미 확정된 권리에 관한 노사간 해석 · 적용 · 이행 등을 둘러싼 분쟁으로 체불임금 청산, 해고자 복직, 단체협약 이행, 부당노동행위 구제 등이 해당

3) 주장의 불일치(분쟁상태)

주장의 불일치(분쟁상태)는 단순한 노동관계 당사자의 견해 차이를 의미하는 것이 아니라 당사자 간에 합의를 위한 노력을 계속하여도 더 이상 자주적 교섭에 의한 합의의 여지가 없는 상태를 의미한다.

예컨데 임금협약 또는 단체협약의 체결이나 갱신을 위해 수차례 단체교섭을 했으나 당사자 간 견해의 차이가 현격하여 더 이상 교섭만으로는 차이를 좁히기 어려운 상태를 말한다.

노조법 제2조제5호 단서조항은 주장의 불일치의 개념을 명확히 규정함으로써 쟁의행위의 최후 수단성 원칙이 강조된다.

또한, 노동쟁의는 근로조건의 결정에 관한 사항에 대한 주장의 불일치를 의미하는 것이므로, 근로조건의 결정과 관련된 사항에 대해 교섭을 하지 않은 경우에는 '주장의 불일치로 인한 분쟁상태'로 볼 수 없다.

분쟁상태의 발생 시점은 당사자 간 주장내용, 그간의 교섭 경위, 자율타결 가능성 등 제반사정을 종합적으로 고려하여 판단하여야 한다.

노조법 제45조제1항에 따라 노동쟁의가 발생한 때에는 어느 일방이 이를 상대방에게 서면으로 통보하도록 규정하고 있다.

check point 노동쟁의로 보기 어려운 사례

1) 당사자가 부적격한 경우

◦ 근로계약 관계가 없는 자에게 교섭을 요구하는 경우
  - 파견업체 · 하청업체 노조가 사용업체 · 원청업체를 상대로 교섭을 요구하는 경우
  - 지역노조 등이 소속 조합원이 없는 사업장을 상대로 교섭을 요구하는 경우

◦ 독립성이 없는 노동조합의 산하조직인 지부 · 분회 등이 노동조합의 위임 없이 독자적으로 교섭을 요구하는 경우

◦ 노사협의회 · 일시적인 쟁의단, 해고자 단체 등이 교섭을 요구하는 경우

2) 노동쟁의의 대상이 아닌 경우

◦ 이미 확정된 단체협약의 불이행에 대한 다툼 또는 해석상 문제가 야기된 사항 등 다른 법 또는 법원의 판결 등에 의해 해결하여야 할 권리분쟁 사항

◦ 정리해고 및 사업조직 통폐합 등 구조조정 자체를 반대하는 등 인사 · 경영권의 본질적인 내용을 침해하는 사항

◦ 사용자가 처리 · 처분할 수 없는 사항 또는 강행법규나 공서양속에 위반하는 사항

3) 교섭미진의 경우(분쟁상태 미발생)

◦ 단체교섭의 방법 · 절차에 관한 이견으로 근로조건에 대하여 교섭을 하지 아니한 경우
◦ 단체교섭을 충분히 행하지 아니한 상태에서 어느 일방 당사자가 자기의 주장만을 요구한 상태인 경우

07-2. 쟁의행위

1. 쟁의행위의 개념 · 유형

1) 쟁의행위의 개념

쟁의행위는 노동쟁의가 발생한 상태에서 그 주장을 관철하기 위한 행위이므로 노동쟁의의 연장선상에 있다.

즉, 노동관계 당사자가 '임금 · 근로시간 · 복직 · 해고 · 기타 대우 등 근로조건의 결정'에 관한 주장의 불일치로 인해 발생한 분쟁상태에서 그 주장을 관철하기 위해 행하는 파업 · 태업 · 직장폐쇄 등 업무의 정상적인 운영을 저해하는 행위를 의미한다.

의무적 교섭대상, 노동쟁의 조정의 대상, 쟁의행위의 목적은 같은 의미로 이해되고 있다.

쟁의행위는 노동조합이 그 주장을 관철하기 위해 행하는 **최후의 수단**으로서 성격이 있으며 **직장폐쇄**는 예외적으로 사용자의 쟁의행위에 해당한다.

업무의 정상적인 운영을 저해함으로써 경영상 피해가 초래됨으로 쟁의행위의 주체, 목적, 방법, 절차적으로 정당성을 확보해야 한다.

check point 쟁의행위(파업)의 전개 과정(순서)

(1) 노사 간 교섭 실시
- 노사교섭 지도 및 분규 예방(고용노동부)

(2) 교섭결렬 시, 노동쟁의 발생(근로조건의 결정에 관한 주장의 불일치 상태)
- 불법행위 자제, 적법절차 준수지도(고용노동부)

(3) 조정절차(조정의 전치) 이행
- 조정, 중재절차(노동위원회)
- 조정기간 : 일반사업 10일, 공익사업 15일

* 관계 당사자 간 합의로 일반 10일, 공익 15일 이내에서 연장 가능

(4) 쟁의행위 찬반투표 실시(노동조합)
- 재적 조합원 과반수 이상 찬성 요함
- 조합원의 직접 · 비밀 · 무기명 투표 실시

(5) 쟁의행위 신고(노동조합 → 행정관청, 노동위원회)

(6) 쟁의행위 전개
- **노동조합**에서 파업, 태업 등 실시
- **사용자**는 직장폐쇄 단행
- 폭력 · 파괴 등 노사의 불법행위 방지 지도(고용노동부)
- 사후 조정서비스 실시(노동위원회)

(7) 쟁의행위의 관리
- 대체 근무, 무노동 무임금

(8) 쟁의행위의 정당성 판단
- 주체, 목적, 방법, 절차의 정당성 판단

(9) 쟁의행위(불법)에 대한 책임(사법기관, 사업체)
- 형사책임, 민사책임(손해배상), 징계책임(징계해고 등)

2) 쟁의행위의 구성요건

(1) 쟁의행위의 주체

쟁의행위의 주체는 노조법에 의해 설립된 노동조합(또는 교섭대표 노동조합)과 사용자(또는 사용자단체)이어야 한다.

(2) 쟁의행위의 목적

쟁의행위의 목적은 근로조건의 유지·개선을 위한 것이어야 한다. 또한, 단체교섭의 대상이 되는 사항이어야 하므로 사용자가 처리 또는 처분할 수 있어야 하고, 집단적 성격을 가져야 하며, 강행법규에 위반하지 않아야 한다.

따라서 근로조건과 무관한 정치파업, 경영간섭 목적 내지 가해 목적의 쟁의행위, 동정파업 등은 정당한 쟁의행위가 아니다.

(3) 업무 저해성

쟁의행위의 업무 저해성은 노무제공을 거부함으로써 업무의 정상적인 운영을 저해하는 것을 의미하며, 파업과 같이 집단적으로 노무제공을 거부하거나 직장폐쇄와 근로자들의 노무수령을 거부하는 것이어야 한다.

여기서 업무의 정상적인 운영이란 엄격한 의미에서 적법한 운영만을 의미하는 것이 아니라 사실상 또는 관행상 행해지고 있는 통상의 운영을 의미한다.

(4) 소결

쟁의행위의 주체, 쟁의행위 목적, 업무의 저해성 요건을 모두 충족할 경우 노조법상 쟁의행위에 해당된다.

쟁의행위라 함은 파업 또는 태업과 같이 근로자들이 집단적으로 노무제공을 거부하거나 해태함으로써 업무의 정상한 운영을 저해하는 것을 말하는 것이므로 노조측에서 점심시간과 퇴근시간 이후에 단체행동을 하는 것은 쟁의행위에 해당되지 아니한다(노사 32281-8308, 1990.6.12.).

회사가 정상적으로 가동되던 중 일방적으로 폐업신고를 하였다면 회사로서는 그 업무의 정상적인 운영을 포기하였다고 볼 수밖에 없으므로 근로자가 다른 근로자들과 함께 농성행위를 하였다 하더라도 그로 말미암아 회사업무의 정상적인 운영이 저해될 여지는 없어 근로자의 행위는 노조법의 규제대상인 쟁의행위에 해당하지 않는다(대법 1991.6.11., 91도204).

check point 쟁의행위로 보기 어려운 사례

- 단체교섭 권한이 없는 일시적인 근로자의 단체나 쟁의단, 근로자 개인이 업무의 정상적인 운영을 저해하는 경우
- 업무의 정상적인 운영과 관계없이 단순히 플래카드를 게시하는 행위
- 휴게시간에 격문(단합으로 노동조합의 권익을 쟁취하자)을 살포하는 행위
- 단순한 간소복을 착용행위
  - 그러나, 병원 · 호텔 종사자와 같이 규정된 복장의 미착용이 곧바로 업무의 정상적인 운영을 저해하는 결과를 가져오는 경우에는 쟁의행위에 해당함
- 단순한 리본, 머리띠 패용행위

3) 쟁의행위의 유형

(1) 파업(strike)

노동조합이 사용자에게 자기의 주장을 관철시키기 위하여 조직적인 방법으로 근로의 제공을 전면적으로 거부하는 가장 전형적인 쟁의행위에 해당한다.

파업에 참가하는 근로자의 범위와 수에 따라 총파업, 전면파업, 부분파업, 지명파업으로 구분한다.

쟁의의 목적이나 상대방에 따라 통상적인 파업, 정치파업, 동정파업(연대파업)으로 구분한다.

(2) 태업(soldiering)

노동조합이 형식적으로는 노동력을 제공하지만 고의적으로 불성실하게 근무함으로써 실제적으로는 작업을 하지 않거나 필요 이상의 완만한 작업 또는 조잡한 작업을 하여 작업능률을 저하시키는 행위이다.

작업속도를 낮추어 업무능률을 저하시키는 유형이 전형적이나, 사업의 특성 등에 따라 다양한 형태로 나타날 수 있다.

(3) 준법투쟁

노동조합이 법령이나 단체협약, 취업규칙 등의 내용을 엄격히 준수한다는 명분하에 업무의 능률이나 실적을 저해시키는 방식으로 업무의 정상적인 운영을 저해함으로써 자신의 주장을 받아들이도록 사용자에게 압력을 가하는 집단행동이다.

잔업거부, 집단휴가, 집단 사표제출에 의한 노무정지, 안전보건 투쟁, 식당배식구 한줄서기, 안전・보안 법규 등 철저 준수 등 여러 가지의 형태로 나타날 수 있다.

(4) 직장폐쇄(lock-out)

직장폐쇄는 사용자가 근로자측의 쟁의행위에 대항하여 근로자의 노무수령을 거부하는 행위로 노사관계에서 실질적인 대등성을 확보하기 위해 사용자에게 인정되는 쟁의행위이다.

(5) 쟁의행위 보조수단

가) 피케팅(picketing)

노동조합이 쟁의행위를 효과적으로 수행하기 위하여 통상적으로 비조합원 등의 사업장 출입을 저지하고 파업에 동조하도록 호소하는 행위로서 주로 파업이나 보이콧에 수반되는 보조수단으로 사용된다.

보통 사업장 입구에 플래카드를 설치하거나 확성기를 이용하여 파업의 동조를 권유・설득하는 방법이 사용된다.

나) 직장점거

사용자의 의사에 반해 사업장에 체류하는 행위로 파업의 실효성을 확보하기 위한 부수적 쟁의행위로 활용된다.

다) 보이콧(boycott)

노동조합이 사용자 또는 그와 거래관계가 있는 제3자의 상품구입 또는 시설이용을 거절하거나 그들과의 근로계약 체결을 거절할 것을 호소하는 쟁의수단이다.

파업을 지원하기 위해 부수적으로 사용하는 것이 대부분이다.

check point 정당하지 않은 단체행동

◦ **사보타지(sabotage)**

태업과 유사하나, 태업이 부작위적인 거부, 나태 등 소극적인 방법임에 반하여 사보타지는 능동적 · 적극적으로 생산 또는 사무를 방해하거나 원자재 · 생산시설 등을 파괴함으로써 업무의 정상적인 운영을 방해하는 행위, 현행법상 정당성이 인정되지 아니함

◦ **생산관리**

노동조합이 사용자의 지휘 · 명령을 거부하는데 그치지 아니하고 오히려 능동적으로 사업장 또는 공장을 점거하여 직접 기업을 경영하는 행위, 현행법상 정당성이 인정되지 아니함

2. 쟁의행위의 정당성

1) 쟁의행위의 정당성 의의

(1) 의의

헌법 제33조의 단체행동권을 구체화하여 노조법 제3조에서는 정당한 쟁의행위에 대한 민사상 면책, 노조법 제4조에서는 정당한 쟁의행위에 대한 형사상 면책을 규정하고 있다.

(2) 정당한 쟁의행위의 법적 보호장치

쟁의행위가 정당한 경우 노조법 제3조 및 제4조의 규정에 따라 민 · 형사상 책임이 면제된다.

정당한 쟁의행위로 인하여 다른 기업이나 제3자가 손해를 입은 경우에도 그 기업이나 제3자는 노동조합 또는 근로자측에 손해배상을 청구할 수 없다.

정당하게 쟁의행위를 하는 기간 중에는 현행범 외에는 노조법 위반을 이유로 구속되지 아니한다(노조법 제39조).

정당한 쟁의행위로 중단된 업무의 수행을 위해 그 사업과 관계없는 제3자를 신규채용·대체하거나 도급·하도급하는 등의 대체근로가 금지된다(노조법 제43조제1항 및 제2항). 다만, 필수공익사업의 경우는 파업참가자의 100분의 50을 초과하지 않는 범위 안에서 대체근로가 허용된다(노조법 제43조제3항 및 제4항).

정당한 쟁의행위에 참가한 것을 이유로 한 해고 등 불이익 취급이 금지된다(노조법 제81조제1항제5호).

check point **기타 법령에 의한 보호규정**

파견근로자보호등에관한법률 제16조제1항의 규정에 의해 쟁의행위 중인 사업장에 그 쟁의행위로 인하여 중단된 업무의 수행을 위한 근로자파견이 금지된다.

(3) 판례에 나타난 정당성 판단기준

대법원은 노조법 제1조, 제4조, 제37조, 제38조, 제41조의 규정들을 들어 근로자의 쟁의행위가 정당하기 위해서는 그 주체, 목적, 시기·절차, 수단과 방법이 모두 정당하여야 한다는 것이 일관된 입장이다.

2) 쟁의행위의 주체

(1) 노조법상 노동조합

쟁의행위는 노동조합과 사용자 또는 사용자단체가 행하는 행위이므로 근로자측의 쟁의행위 주체는 노조법상 노동조합이어야 하며 따라서 노동조합이 주도해야만 정당성이 인정된다.

교섭창구 단일화 절차를 거친 경우에는 교섭대표 노동조합이 주체가 된다.

쟁의행위는 단체협약의 체결에 실패한 경우에 행하여지는 것을 전제로 하고 있으므로 단체교섭의 당사자와 쟁의행위의 당사자는 일치하는 것으로 이해하는 것이 타당하다.

따라서 노조법상 노동조합이 아닌 쟁의단, '해고자복직투쟁위원회, 노사협의회 등'은 쟁의행위의 주체가 될 수 없으며, 이들이 주도하는 단체행동은 정당성이 결여 되어 노동관계법의 적용 및 보호대상이 아니다.

(2) 일부 조합원에 의한 비공인 쟁의행위(wildcat strike)

노조법 제37조제2항은 조합원은 노동조합에 의하여 주도되지 아니한 쟁의행위를 하여서는 아니된다고 규정하고 있는데 이는 쟁의행위 주체의 정당성에 대한 기존 판례의 입장 즉, 교섭 및 단체협약을 체결할 능력이 있는 노동조합에 의하여 쟁의행위가 행하여져야 한다는 것을 명문화한 것이다.

노조법 제37조제2항을 위반하여 쟁의행위를 하는 조합원 등에 대하여는 노조법 위반에 따른 벌칙을 적용받는다. 따라서 일부 조합원이 노동조합 전체의 의사와 관계없이 독자적으로 행하는 쟁의행위는 정당성이 인정되지 않는다.

(3) 노동조합 산하조직의 쟁의행위

산업노조의 지부·분회 등은 노동조합의 산하조직에 불과하므로 원칙적으로는 교섭·단체협약 체결 및 쟁의행위 주체가 될 수 없다. 다만, 산별노조 규약 등에 의하여 위임된 권한의 범위 내에서는 쟁의행위의 주체가 될 수 있다.

노조법 시행령 제7조에 의하여 노동조합 설립신고를 한 산별노조의 지부·분회 등은 노조법상의 노동조합으로서 지위를 인정받으므로 이 경우에는 교섭·단체협약 및 쟁의행위 주체가 된다.

(4) 비종사 조합원의 쟁의행위 지원 · 조력활동

산업별 노동조합이나 산업별 노동조합의 지부 · 분회 또는 기업별 노동조합이 실시하는 쟁의행위에 당해 노동조합에 가입한 해고자 · 실업자 등 비종사조합원이 지원형태로 참여할 수 있을 것이다.

3) 쟁의행위의 목적

(1) 기본원칙

쟁의행위가 근로조건의 향상을 위한 노사 간의 자치적 교섭을 조성하기 위한 것, 즉 그 쟁의행위에 의하여 달성하려는 요구사항이 단체교섭사항이 될 수 있는 것이어야 하고 단체교섭 사항이 될 수 있는 사항은 임금 · 근로시간 · 복지 · 해고 기타 대우 등 근로조건의 결정에 관한 사항으로 대표적으로는 근로기준법 제93조에 규정된 사항이 해당한다(규범적 부분).

노동조합 활동에 관한 사항, 조합비 공제에 관한 사항, 유니온숍 관련사항, 단체교섭 절차 · 방법에 관한 사항, 평화의무, 쟁의행위의 개시 · 방법에 관한 사항(평화조항) 등 집단적 노사관계에 관한 사항은 임의적 교섭사항에 해당한다(채무적 부분).

(2) 쟁의행위 목적의 정당성 판단

① 사용자의 인사 · 경영권을 침해하지 않는 범위 내에서 근로조건의 개선과 관련된 사항이어야 한다.

② 인사 · 경영권과 관련된 사항에 대한 쟁의행위의 경우 구체적인 근로조건의 개선과 직접적으로 관련되고 인사 · 경영권 자체를 부정하지 않을 경우 예외적으로 인정한다.

③ 사용자의 처분 가능한 범위 내의 사항이어야 한다.

④ 집단적 이익분쟁에 관한 사항이어야 한다.

(3) 쟁의행위의 목적으로 할 수 없는 사항

가) 권리분쟁에 관한 사항

권리의 행사, 의무의 이행, 법령이나 단체협약 또는 취업규칙의 해석·적용, 해고의 정당성 여부 등에 관한 권리분쟁 사항은 당사자간의 대화로 해결되지 않으면 최종적으로 법원에 의해 해결하여야 할 성질의 것으로 쟁의행위 대상이 될 수 없다.

나) 근로시간면제자 한도 관련 사항

노동조합 업무에 종사하는 자의 급여는 노동조합 자체 재정에서 지급하는 것이 원칙이다.

단체협약에서 근로시간면제 한도를 초과한 급여 지급을 규정할 경우에는 해당 내용에 한해 단체협약은 무효가 되며, 사용자가 근로시간면제 한도를 넘어선 급여를 지급할 경우 사용자는 노조법 제81조제1항제4호 위반으로 2년 이하의 징역 또는 2천만원 이하의 벌금에 처한다.

노동조합의 경우에도 사용자에게 면제 한도를 초과하는 급여 지급을 강요할 경우, 형법 등의 규정에 의해 처벌될 수도 있다.

따라서, 근로시간면제 한도를 초과한 급여 지급을 목적으로 하는 쟁의행위는 정당하지 않으며, 만약 쟁의행위의 목적이 여러 가지이고 이중 노동조합이 근로시간면제제도 한도를 초과한 임금지급을 주된 목적으로 요구하면서 이를 관철하기 위해 쟁의행위를 할 경우에는 그 쟁의행위의 목적상 정당성이 상실될 수도 있다.

다) 사용자의 고유한 인사·경영권 관련사항

쟁의행위의 목적으로 할 수 없는 경영권이란 헌법 제15조, 제23조제1항, 제119조제1항의 규정 등에 의하여 보장되고 있는 사업 또는 영업의 자유와 이를 위한 의사결정의 자유, 사업변경(확장, 축소, 전환)의 자유, 사업처분(폐지, 양도)

의 자유를 의미한다.

이러한 경영상 결단에 속하는 사항은 원칙적으로 단체교섭 대상이 될 수 없다. 즉, 정리해고 등 구조조정의 실시 여부는 원칙적으로 단체교섭의 대상이 될 수 없다. 다만, 예외적으로 근로조건과 밀접한 관련이 있고 경영권을 근본적으로 제약하지 않는 경우에는 교섭대상이 될 수 있다.

라) 사용자의 처분권한 밖의 사항

쟁의행위의 목적은 사용자가 처리·처분할 수 있는 사항이어야 하므로, 사용자의 처분 권한 밖의 사항을 목적으로 하는 쟁의행위는 정당하지 아니하다.

정치문제, 법 통과 저지, 타 기업의 문제, 구속자 석방, 정부시책 반대 등이 이에 해당된다.

정치파업은 노동조합이 국가 또는 지방자치단체를 상대로 정치적 주장을 관철할 목적으로 하는 파업으로 사용자가 처분 가능한 사항이 아닐 뿐만 아니라 근로조건을 유지·개선시키는 것과는 관련이 없으므로 그 정당성을 인정할 수 없다.

정치파업은 노조법상 쟁의행위의 범주에 속하지 아니하므로 그 책임은 형법 및 민법에 따라 판단하여야 한다.

(4) 쟁의행위의 목적이 다수인 경우 판단

쟁의행위에서 추구되는 목적이 여러 가지이고 그 중 일부가 정당하지 못한 경우에는 주된 목적 내지 진정한 목적의 당부에 의하여 그 쟁의 목적의 정당성 여부를 판단한다.

주된 목적 내지 진정한 목적이란 그 목적을 제외하였더라면 쟁의행위를 하지 않았을 것으로 인정되는 목적을 말한다.

주된 목적 내지 진정한 목적의 판단기준은 그간의 단체교섭 경위, 쟁의행위에 이르게 된 경위, 이 과정에서의 노동조합의 요구사항 및 쟁의행위 전개 과정 등을 종합적으로 고려하여 판단한다.

즉, 표면적으로 내세우는 요구사항, 실제 교섭할 때 요구사항, 쟁의행위 경우 등에 비추어 볼 때, 노동조합이 실질적으로 관철시키고자 하는 요구사항이 무엇인지에 따라 주된 목적 또는 주된 요구사항을 판단한다.

4) 쟁의행위의 시기 · 절차

(1) 불충분한 단체교섭 후의 쟁의행위

노조법 제2조제5호의 노동쟁의의 정의와 제45조의 조정전치주의는 노사 모두에게 성실교섭의 의무를 부과하고 쟁의행위의 최후 수단성 원칙을 명문화한 것이다. 따라서 쟁의행위는 조정전치, 조합원 찬반투표 등을 거쳐야 하고, 노사간에 충분히 단체교섭을 한 후 최후의 수단으로서 행하여야만 정당성이 인정된다.

판례는 노동조합이 단체교섭을 위한 진지한 노력을 다하지 않은 상황에서 교섭이 결렬되었다는 이유만으로 행하는 쟁의행위는 목적, 시기, 절차에 있어서 정당한 쟁의행위가 아니라는 입장이다.

[즉, 다음과 같은 경우에는 정당성을 인정할 수 없다.]

① 노동조합이 노조설립과 거의 동시에 성실한 단체교섭을 생략한 채 노동쟁의 발생 신고를 하고 즉시 쟁의행위에 돌입하는 경우

② 사용자측이 단체교섭에 대한 사용자측 안을 제시하고 노동조합에 협의할 것을 요구하였으나 노동조합이 단체교섭에 응하지 아니한 채 즉시 쟁의행위에 돌입하는 경우

③ 노동조합이 사용자측에 단체교섭을 요구한 후 사용자가 교섭요구에 응하는데 필요한 시간적 여유를 주지 않고 쟁의행위에 돌입하는 경우

④ 형식적으로는 행정관청과 노동위원회에 노동쟁의 발생 신고를 하였으나, 사용자의 교섭요구를 일체 거부한 채 쟁의행위에 돌입하는 경우

(2) 조정전치

노동조합은 노조법에 의한 조정절차를 거치지 아니하면 쟁의행위를 할 수 없다.

현행 노조법 제45조는 조정절차를 거치지 않으면 쟁의행위를 할 수 없도록 규정(조정전치주의)하고 있음에 따라, 노동위원회는 '노동쟁의'가 아닌 경우는 다른 해결 방법(행정지도)을 안내하여야 한다.

행정지도는 노동위원회가 조정신청 내용을 검토한 결과 노조법 제2조제5호의 노동쟁의가 아니라고 판단되므로 조정절차를 진행할 수 없다는 의사표시를 하면서 노사에게 다른 해결 방법을 알려주는 것이다.

check point 행정지도하는 경우(노동쟁의가 아니라고 판단하는 경우)

- 당사자 부적격
  조정을 신청한 자가 노사관계 당사자가 아닌 경우
- 비교섭 사항
  조정을 신청한 내용이 단체교섭사항이 아닌 경우
- 교섭미진
  자율적 합의의 여지가 없다고 볼만큼 충분히 교섭을 하지 않은 경우

따라서, 노동위원회에서 교섭 미진을 이유로 행정지도 한 이후에 별도의 조정신청 없이 곧바로 행하는 쟁의행위는 조정절차를 거치지 않은 것이므로 노조법 제45조제2항의 규정에 위반된다.

조정 당시와 쟁의행위를 재개한 시점 사이에 노동쟁의의 동일성이 인정된다면 별도의 조정절차를 거칠 필요는 없다.

다만, 교섭대표 노동조합으로 결정된 후 1년 동안 단체협약을 체결하지 못하여 노조법 시행령 제14조의10제3항에 따라 어느 노동조합이 사용자에게 교섭을 요구한 경우에는, 노조법 제29조의2에 따른 교섭창구 단일화 절차가 새롭게 진행되므로 기존 교섭대표 노동조합은 배타적 교섭권을 상실하여 노조법 제29조

제2항 및 제38조제3항에 의한 쟁의행위의 주체가 될 수 없으며, 새로이 결정된 교섭대표 노동조합이 기존 교섭대표 노동조합과 동일한 노동조합이라 할지라도 특별히 달리 볼 사정이 없는 한 쟁의행위와 관련된 제반 절차를 다시 거쳐야 할 것이다.

(3) 쟁의행위 찬반투표

가) 개요

쟁의행위는 노동조합이 자신의 주장을 관철하기 위해 사용할 수 있는 최후의 수단으로 비록 법적으로 보장된 권리이기 하나 그 성격은 근로계약 이행의 일방적인 중단으로 조합원들의 임금청구권이 소멸됨은 물론 쟁의행위의 정당성 여부에 따라 징계 등의 불이익 처분을 받을 수 있다.

따라서 쟁의행위 찬반투표는 노동조합의 일반적인 의사결정과 달리 매우 신중하게 결정되어야 하며, 절차적으로도 강요나 압박을 줄 수 있는 요인이 모두 제거된 상태에서 개개 조합원들의 자발적 의사가 정확하게 반영되는 제도적 장치가 구비되어야 할 것이다.

비록, 쟁의행위 찬반투표가 노동조합 내부의 의사결정에 관한 문제이나, 투표 과정의 공정성 및 투명성 등 노조 내부의 민주성을 확보하는 것은 근로자들의 실질적 단결권을 보장하려는 것이다.

찬반투표의 공정성과 투명성을 담보할 수 있는 합리적 방안을 노동조합의 규약에 규정하고 법령과 규약에 따른 절차와 방법에 따라 찬반투표가 진행되어야 할 것이다.

쟁의행위 개시 여부를 결정하는 찬반투표 쟁의행위 기간 중 임금상실 등 책임을 함께 부담하는 의사결정이므로 종사근로자인 조합원 과반수를 기준으로 가부를 결정해야 한다.

나) 현행규정

노동조합의 쟁의행위는 그 조합원의 직접 · 비밀 · 무기명투표에 의한 조합원 과반수의 찬성으로 결정하지 아니하면 이를 행할 수 없으며, 노조법 제29조의2에 따라 교섭대표 노동조합이 결정된 경우에는 그 절차에 참여한 노동조합 조합원의 직접 · 비밀 · 무기명투표에 의한 과반수의 찬성으로 결정하지 아니하면 쟁의행위를 할 수 없다(노조법 제41조제1항).

교섭대표 노동조합은 교섭창구 단일화 절차에 참여한 모든 노동조합의 조합원에게 투표권을 부여해야 하며, 이를 부여하지 아니한 경우에는 노조법 제41조 위반이다.

노동조합은 그 조직의 자주적 · 민주적 운영을 보장하기 위하여 '쟁의행위와 관련된 찬반투표 결과의 공개, 투표자 명부 및 투표용지 등의 보존 · 열람에 관한 사항'을 규약에 필수적으로 기재하여야 한다(노조법 제11조제12호).

다) 쟁의행위 찬반투표 시기 · 절차 · 방법 및 대상범위

(가) 시기

현행법상 쟁의행위 찬반투표 시기에 대한 구체적인 규정은 없으나 쟁의행위는 노동쟁의 상태를 전제로 하는 것이므로 노조법 제2조제5호에 의한 노동쟁의가 발생한 이후에 실시하여야 한다.

또한 우리의 경우 조정전치주의를 채택하고 있으므로 노동위원회가 조정안을 제시하였을 경우 그 조정안의 수용 여부에 관한 종사조합원들의 의사도 반영되어야 하므로 쟁의행위 찬반투표는 조정절차를 거친 후 쟁의행위에 돌입하기 전까지 실시하는 것이 바람직하다.

다만, 법원은 노조법상 쟁의행위 찬반투표 시기를 제한하는 규정이 없으므로 쟁의조정 절차를 거치기 전 쟁의행위 찬반투표가 실시되었다고 하더라도 이를 근거로 쟁의행위의 정당성을 부정할 수 없다는 입장이다.

쟁의행위 찬반투표의 횟수에 대해서는 별도의 규정이 없으나 의무적인 찬반

투표 실시 규정의 취지에 비추어 쟁의행위 찬반투표가 부결된 경우에는 별도의 성실한 교섭 등 새로운 여건이 조성된 이후에 재 실시 하는 것이 타당할 것이다.

(나) 찬반투표 대상 범위

단체교섭이 진행되다가 결렬된 경우 쟁의행위 찬반투표의 대상은 노동조합이 아닌 노동쟁의가 발생한 단위(교섭단위)를 기준으로 판단하는 것이 원칙이다.

산별노조의 경우에도 교섭형태에 관계없이 쟁의행위 찬반투표의 대상 범위는 산별노조 전체가 아닌 개별 교섭단위가 된다.

교섭창구 단일화 절차를 거친 경우 교섭대표 노동조합은 교섭창구 단일화 절차에 참여한 모든 노동조합의 종사근로자인 조합원을 대상으로 쟁의행위 찬반투표를 실시해야 하고 만약, 교섭대표 노동조합이 창구단일화 절차에 참여한 소수 노동조합의 종사근로자인 조합원의 쟁의행위 찬반투표 참여를 제한하거나 그 실시 사실을 알리지 않은 채 교섭대표 노동조합 종사 근로자인 조합원만을 대상으로 쟁의행위 찬반투표를 실시한 경우 적법한 쟁의행위 찬반투표를 거쳤다고 할 수 없다.

교섭창구 단일화 절차 중 자율적 단일화 기간내에 사용자의 동의로 개별교섭을 하는 경우에는 각 노동조합별로 소속 종사조합원을 대상으로 쟁의행위 찬반투표를 실시하여야 하며, 교섭단위가 분리된 경우에는 분리된 각각의 교섭단위별로 전체 종사조합원을 대상으로 쟁의행위 찬반투표를 실시해야 한다.

(다) 방법

노조법 제41조제1항에 의거 쟁의행위 찬반투표 방법은 직접・비밀・무기명 투표에 의하여야 하고 재적 종사조합원 과반수의 찬성을 얻어야 한다. 따라서 투표 방법이 위법하거나 재적 종사조합원의 과반수 찬성(투표참가자의 과반수가 아님)을 얻지 못한 쟁의행위는 정당성이 없다.

한편, 교섭대표 노동조합이 결정된 경우에는 교섭창구 단일화 절차에 참여한 전체 노동조합 종사조합원의 직접・비밀・무기명 투표에 의한 과반수의 찬성을 얻어야 한다.

투표함을 들고 다니면서 하는 방식, 기표가 보이도록 하는 방식은 조합원들의 자유의사에 의한 결정을 방해하여 비밀투표의 원칙에 위배되므로 그 효력을 인정할 수 없다.

노동조합은 투표권자 본인이 직접 투표권을 행사하고 투표과정과 결과에 대한 비밀이 보장되는 범위 내에서 규약 또는 하부규정 등을 통해 구체적인 투표방식을 정할 수 있을 것이다.

인터넷투표, ARS투표 등 전자투표는 본인 인증절차, 투표권자 D/B 및 투표결과 D/B의 분리 등에 의한 비밀보장, 중복투표·해킹방지 등 기술·제도적인 측면에서 객관적이고 투명한 운영방식이 구축·실현되어 직접·비밀·무기명투표가 명확히 보장된 경우에 한해 제한적으로 인정될 수 있다. 이 경우 선거의 공정성, 투명성에 대해서는 노동조합이 입증하여야 할 것이다. 법원도 노동조합이 직접·비밀·무기명투표 원칙을 준수하는 범위에서 전자투표, ARS투표 등을 활용하여 쟁의행위 찬반투표를 할 수 있다고 판결하였다(서울중앙지법 2017. 4.28., 2016가합520510).

재적종사조합원 과반수의 찬성으로 쟁의행위를 하던 중 종사 조합원 수의 증가나 감소 등 변동이 있더라도 특별한 사정이 없는 한 종사 조합원 수의 변동을 이유로 별도로 쟁의행위 찬반투표를 실시할 필요는 없다.

(4) 쟁의행위의 신고

노동조합은 쟁의행위를 할 경우 관할 행정관청 및 노동위원회에 각각 그 사실을 신고해야 한다.

* **쟁의행위 일시, 장소, 참가인원, 쟁의행위 방법 등을 신고해야 한다.**

관할 행정관청은 노조설립 신고를 처리하는 행정관청(노조법 제10조 및 제12조) 즉, 노동조합의 주된 사무소 소재지 관할과 동일하며 관할 노동위원회는 쟁의행위 발생지에 소재한 노동위원회를 의미한다.

지방자치단체인 관할 행정관청에 쟁의행위 신고가 접수된 경우 지방자치단체는 쟁의행위 신고서 사본을 당해 노동조합의 주된 사무소 소재지를 관할하는 지방노동관서에 송부하여야 한다. 다만, 쟁의행위의 신고는 행정절차이므로, 노동조합이 쟁의행위를 신고하지 아니한 경우라도 쟁의행위의 정당성이 부정되는 것은 아니다.

5) 쟁의행위 보호와 책임

(1) 정당한 쟁의행위에 대한 보호

가) 민사상 면책(노조법 제3조)

정당한 쟁의행위로 인하여 사용자나 사용자의 거래상대방 혹은 일반 제3자가 손해를 입었을 경우에도 노동조합이나 근로자에 대하여 손해배상 청구권이 발생하지 않는다.

즉, 정당한 쟁의행위로 인하여 기업이 손해를 입었을 때(납품기일을 지키지 못하여 계약위반 등으로 손해배상을 당한 경우 등)나, 제3자가 손해를 입었을 때(병원의 파업으로 환자가 치료를 받지 못하여 병세가 악화된 경우 등)에도 기업이나 제3자는 노동조합이나 근로자에게 손해배상을 청구할 수 없다.

나) 형사상 면책(노조법 제4조)

정당한 쟁의행위는 형법 제20조 정당행위에 해당하여 그 위법성이 조각되어 형사상 책임을 지지 아니한다.

check point 쟁의행위의 업무방해죄 성립여부에 관한 대법원 전원합의체 판결

쟁의행위로서의 파업이 언제나 업무방해죄에 해당하는 것으로 볼 것은 아니고, 전후 사정과 경위 등에 비추어 사용자가 예측할 수 없는 시기에 전격적으로 이루어져 사용자의 사업운영에 심대한 혼란 내지 막대한 손해를 초래하는 등으로 사용자의 사업계속에 관한 자유의사가 제압 · 혼란될 수 있다고 평가할 수 있는 경우에 비로소 그 집단적 노무제공의 거부가 위력에 해당하여 업무방해죄가 성립한다고 봄이 상당하다(대법 2011.3.17., 2007도482)

다) 노동관계법상 보호

(가) 불이익 취급의 금지(노조법 제81조제5호)

사용자는 근로자가 정당한 쟁의행위에 참가한 것을 이유로 해고하는 등 불이익 취급을 할 수 없다.

사용자가 이러한 규정에도 불구하고 불이익 취급을 한 경우에는 지방노동관서에 진정·고소 등의 제기 또는 노동위원회에 부당노동행위 구제신청(노조법 제82조)을 하거나 법원의 판결을 통하여 구제받을 수 있다.

(나) 근로자의 구속제한(노조법 제39조)

근로자의 단체행동권을 보호하기 위하여 쟁의행위가 합법적으로 이루어졌을 때 그 기간 중 현행범과 같이 명백하게 형사상 범죄를 행하고 있거나 범법의 상태가 계속되는 경우 이외에는 노조법 위반을 이유로 구속되지 아니하게 함으로써 근로자의 쟁의행위를 보호한다.

(다) 사용자의 대체근로 제한(노조법 제43조제1항, 제2항)

노동조합의 쟁의행위가 정당한 경우에는 노조법 제43조의 대체근로 제한 규정에 의하여 쟁의행위로 중단된 업무의 수행을 위하여 당해 사업과 관계없는 자를 채용하거나, 그 업무의 도급·하도급을 주는 것이 금지된다.

(2) 정당하지 아니한 쟁의행위에 대한 책임

가) 정당하지 아니한 쟁의행위의 법적효과

정당하지 아니한 쟁의행위에 대해서는 ① 노동법상 보호되는 민·형사상 면책을 받지 못하므로 일반형법 이론에 따라 업무방해 등 죄책의 문제가 발생할 수 있고 ② 사용자 측에 손해가 발생한 경우 사용자에 대해 손해배상책임을 져야 하는 한편 ③ 경영질서 침해에 따른 해고 등 징계책임을 감수해야 한다.

나) 민사책임

(가) 민사책임 발생요건

민사책임은 채무불이행 또는 불법행위에 의해 발생하며, 정당하지 아니한 쟁의행위가 채무불이행이나 불법행위에 해당하면 민사책임이 발생하는 것이다.

위법한 쟁의행위로 근로자가 근로계약상 근로제공 의무를 이행하지 않는다면 그에 따른 채무불이행책임(민법 제390조)은 당연히 인정된다. 쟁의행위로서 정당성 요건을 갖추지 아니한 위법한 쟁의행위는 불법행위이다(민법 제750조).

> 불법 쟁의행위에 대한 귀책사유가 있는 노동조합이나 불법 쟁의행위를 기획 · 지시 · 지도하는 등 이를 주도한 노동조합 간부 개인이 그 배상책임을 지는 배상액의 범위는 불법 쟁의행위와 상당 인과관계에 있는 모든 손해이고, 그러한 노동조합 간부 개인의 손해배상책임과 노동조합 자체의 손해배상책임은 부진정 연대채무관계에 있는 것이므로 노동조합의 간부도 불법 쟁의행위로 인하여 발생한 손해 전부를 배상할 책임이 있다.
> 일반조합원이 불법 쟁의행위 시 노동조합 등의 지시에 따라 단순히 노무를 정지한 것만으로는 노동조합 또는 조합간부들과 공동불법행위 책임을 진다고 할 수 없다. 다만, 근로자의 근로내용 및 공정의 특수성과 관련하여 그 노무를 정지할 때에 발생할 수 있는 위험 또는 손해 등을 예방하기 위하여 그가 노무를 정지할 때에 준수하여야 할 사항 등이 정하여져 있고, 근로자가 이를 준수함이 없이 노무를 정지함으로써 그로 인하여 손해가 발생하였거나 확대되었다면, 그 근로자가 일반 조합원이라고 할지라도 그와 상당인과관계에 있는 손해를 배상할 책임이 있다(대법 2006.9.22., 2005다30610).

(나) 민사책임의 범위

위법한 쟁의행위로 인하여 노동조합이나 그 임원 등 근로자가 그 배상책임을 지는 배상액의 범위는 위법 쟁의행위와 상당 인과관계에 있는 모든 손해이며 위법한 쟁의행위와 상당 인과관계가 있는 손해는 쟁의행위의 구체적 태양에 따라 개별적으로 파악되어야 한다.

일반적으로 파업 등 쟁의행위로 인하여 사용자의 조업이 정지되었을 경우 그로 인해 발생한 손해배상액 산정 시, 사용자가 조업을 하지 못함에 따른 사용자의 일실이익의 소극적 손해, 고정적 비용의 지출, 쟁의행위에 수반하여 발생한 재물손괴, 재산상 이익의 침해로 인한 손해 등을 고려하여 구체적으로 산정한다.

다) 형사책임

쟁의행위로 인하여 형사책임이 발생하려면 ① 쟁의행위가 노동관계법상 정당성을 인정받을 수 없고 ② 그 행위가 형법상의 범죄구성요건에 해당하여야 한다.

위법한 쟁의행위의 경우에는 형법상, 건조물침입, 퇴거불응, 공무집행방해 등이 적용될 수 있다. 그러나, 노조법상 쟁의행위의 절차에 관한 규정을 위반함으로써, 각 규정 위반에 대한 처벌을 받게 된다고 하여 이것만으로 바로 쟁의행위의 정당성이 상실되는 것은 아니다.

> 노동쟁의는 특별한 사정이 없는 한 그 절차에 있어 조정절차를 거쳐야 하는 것이지만, 이는 반드시 노동위원회가 조정결정을 한 뒤에 쟁의행위를 하여야만 그 절차가 정당한 것은 아니라고 할 것이고, 노동조합이 노동위원회에 노동쟁의 조정신청을 하여 조정절차가 마쳐지거나 조정이 종료되지 아니한 채 조정기간이 끝나면 조정절차를 거친 것으로서 쟁의행위를 할 수 있는 것이다(대법 2003.12.26., 2001도1863)

위법한 쟁의행위가 형사처벌되는 경우 쟁의행위에 관여한 자 모두가 형사책임의 귀속주체가 될 수 있으며, 해당 범죄구성요건에서 정한 주체와 벌칙 조항상 처벌 주체에 따라 판단하여야 한다.

한편, 노조의 간부가 그러한 행위를 지시하였거나 가담한 경우, 구체적 정도에 따라서 행위자로서의 책임을 지거나 교사범, 방조범으로서 책임을 지게 되며, 사용자의 경우도 동일하다.

> 쟁의행위라 하더라도 정당성의 범위를 벗어난 경우에는 위법성이 조각되지 아니하는 것이고, 업무방해죄는 노동조합 간부의 지시에 의한 공동정범의 형태로도 행해질 수 있는 것이다(대법 1992.11.10., 92도1315)

라) 징계책임

정당한 쟁의행위는 근로자(또는 조합간부)가 민・형사 책임은 물론 징계책임을 질 이유가 없지만 위법한 쟁의행위는 경영질서 침해에 따른 해고 등 징계책임을 감수해야 한다.

마) 민・형사 면책합의의 효력

회사와 노동조합간 **'쟁의기간 중의 행위에 대하여 민・형사상의 책임을 묻지 않고 신분상 불이익한 처분을 하지 않는다'**는 등의 면책합의가 체결되는 경우, 선량한 풍속 기타 사회질서에 위반한 사항(민법 제103조)을 내용으로 하지 않는 한 그 효력이 인정된다.

다만, **민사상 손해배상청구, 근로계약상 책임 추궁 또는 형사상 고소, 고발을 하지 아니할 것을 뜻하는 것일 뿐** 수사기관의 수사권이나 기소권을 제한하는 내용으로 보기는 곤란하다.

농성해제나 작업복귀 등을 면책합의의 효력발생의 선행조건으로 정한 경우 그러한 행위가 이루어지지 않는 한 면책합의의 효력은 부인된다.

한편, 노동조합의 쟁의행위 등에서 발생한 구속 및 고소・고발건에 대해 **'최대한 선처하도록 노력한다'** 등의 합의는 회사가 구속자에 대한 형사처벌이 감경되도록 노력한다는 취지로 해석될 뿐 **당해 근로자를 포함한 구속자들에 대해 징계권 행사가 부정되는 것은 아니다.**

> '교섭기간 중에 발생한 법원의 민사, 검・경찰・노동청의 형사사건에 대하여 면책한다'는 내용이 포함된 단체협약서에 최종 서명한 사실은 인정(중략) 단체협약서의 문언상으로는 그 객관적 의미가 명확하게 드러나지 않으나, 여러 사정들에 비추어보면 이 사건 단체협약의 위 문구에는 이 사건 쟁의행위와 관련한 인사상 징계책임에 대하여 면책한다는 뜻이 포함되어 있다(대법 2010.10.14., 2010두9594)

07-3. 사용자의 대항수단

1. 사용자의 대항수단 관련

1) 직장폐쇄

(1) 직장폐쇄의 의의

직장폐쇄(lock-out)란 사용자가 근로자측의 쟁의행위에 대항하여 근로자의 노무수령을 거부하는 행위로 노사관계에서 실질적인 대등을 확보하기 위해 사용자에게 인정되는 행위이다.

직장폐쇄는 근로계약 관계가 존속되는 점에서 집단해고와 구별되며, 일시적으로 노무수령만을 중단한다는 점에서 휴업 또는 폐업과 구별된다.

노무수령을 집단적으로 거부하는 것이므로 개별근로자에 대한 정직, 휴직, 대기발령과는 구별된다.

근로자측의 쟁의행위와 사용자의 직장폐쇄는 모두 노사 대등성을 보장하기 위해 인정되고 있으나 현행법 체계상 그 법적 근거는 다르다.

근로자측의 쟁의행위는 노사관계에서 사실상 약자의 지위에 있는 근로자로 하여금 단결체의 힘을 바탕으로 실질적인 노사대등을 확보할 수 있도록 보장한 헌법상 노동3권에 근거하고 있으나, **사용자의 직장폐쇄**는 노사관계의 기본원칙인 노사 대등성에 근거하여 사용자가 현저히 불리한 상황에 처한 경우 적정한 세력균형을 회복할 수 있도록 하기 위하여 인정하고 있으며, 노조법에 규정되어 있다.

(2) 직장폐쇄의 정당성

직장폐쇄는 쟁의행위로 노사 간에 힘의 균형이 깨지고 오히려 사용자측이 현저히 불리한 압력을 받는 경우에 사용자측이 그 압력을 저지하고 힘의 균형을 회복하기 위한 대항·방어 수단으로 사용할 때 정당성이 인정된다(대법 2000. 5.26., 98다34331).

직장폐쇄는 시기적으로 **노동조합의 쟁의행위가 개시된 이후에(사후성)만** 할 수 있다(노조법 제46조제1항).

직장폐쇄 개시시기(노조법 제46조제1항)를 위반한 때에는 1년 이하 징역 또는 1천만원 이하의 벌금에 처한다(노조법 제91조).

또한, 노사간의 교섭 경과, 노동조합의 쟁의행위 태양, 사용자측이 받은 압력의 정도 등을 비교하여 방어 수단으로서 상당성이 인정되어야 한다.

노동조합의 쟁의행위는 직장폐쇄의 전제이므로 노동조합이 파업을 철회하면 사용자도 직장폐쇄를 해제하여야 한다.

노동조합이 진행 중인 쟁의행위를 중단하고 조업복귀 의사를 명백히 한 경우에는 사용자는 직장폐쇄를 철회하여야 한다.

근로자가 진정으로 업무 복귀 의사를 표시하였음에도 직장폐쇄를 지속하여, 직장폐쇄가 정당성을 상실한 경우에는 사용자는 그 기간 동안의 임금지불 의무를 면할 수 없다(대법 2016.5.24., 2012다85335).

다만, 업무에 복귀하겠다는 형식적인 의사표시는 있었으나, 과거의 파업태양 등 제반사정에 비추어 볼 때 업무 복귀의 진의가 불분명하여 이를 확인할 때까지 직장폐쇄를 유지한 것은 위법하다고 볼 수 없다.

복귀 의사는 진정한 의사이어야 하므로, 제반 사정에 비추어 진의가 아님이 명확한 경우에는 직장폐쇄를 계속하더라도 위법하지 않다.

(3) 직장폐쇄의 법적 효과

가) 임금지급 의무의 면제

직장폐쇄가 정당한 경우 그 대상 근로자에 대하여는 임금지급 의무가 없으나, 직장폐쇄가 정당하지 않은 때에는 임금지급 의무를 면할 수 없다.

직장폐쇄 대상이 아닌 근로자에 대하여는 노무를 수령하고 임금을 지급해야 한다.

나) 쟁의행위 중인 근로자를 생산시설 또는 사업장으로부터 퇴거요구

직장폐쇄가 정당하게 이루어진 사용자는 쟁의행위 중인 근로자를 생산시설 또는 사업장으로부터 퇴거를 요구할 수 있다.

사용자의 정당한 퇴거 요구에 불응할 경우 퇴거불응죄(형법 제319조제2항)가 성립한다.

다) 노조사무실 등 출입

직장폐쇄가 정당한 경우에는 생산시설 등에 대한 출입은 금지되나, 노조 사무실 등 일상적인 노조활동에 필요한 시설, 후생복리를 위한 시설 등이 사업장 내에 위치하는 경우에는 해당 장소에 출입하기 위한 사업장 출입은 허용되어야 한다.

그러나 직장폐쇄가 위법한 경우에는 평소 출입이 허용되는 사업장 내에 들어갈 수 있고, 그러한 행위는 주거침입죄에 해당하지 아니한다.

한편, 노조의 사업장 출입 시 생산시설에 대한 점거 가능성이 합리적으로 예상되거나, 노조사무실이 쟁의행위와 무관한 정상적인 노조활동의 장소로 활용될 의사나 필요성이 없음이 객관적으로 인정되는 경우에는, 노조사무실 대체 장소를 제공하면서 합리적인 범위 내에서 출입을 제한할 수 있다.

(4) 직장폐쇄 관련 쟁점

가) 직장폐쇄기간 중 조업 관련

조업의 자유는 쟁의행위와는 별개로 보장되는 것으로, 사용자는 직장폐쇄기간 중에도 비조합원 등 직장폐쇄 대상이 아닌 근로자를 이용하여 조업을 계속할 수 있다. 또한, 노조법 제43조 규정에 위배 되지 않는 범위 내에서의 대체근로도 가능하다.

나) 불법 쟁의행위 시 직장폐쇄

적법한 쟁의행위가 아닌 경우 직장폐쇄가 가능한가에 대해 그 동안 논란이 있었다.

그러나, 적법한 쟁의행위가 아닌 경우 사용자는 적법한 쟁의행위 시 보다 더 불리한 지위에 놓이게 되며, 노사 대등성 확보를 위해 인정하고 있는 직장폐쇄의 근본취지를 고려할 때 직장폐쇄를 적법한 쟁의행위에 국한하지 않고, 노조의 쟁의행위에 의해 노사 간 힘의 균형이 깨지고 사용자 측에게 현저히 불리한 압력이 가해져 대항 또는 방어수단으로 상당성이 인정되는 경우에 행사할 수 있다고 해석·적용함이 타당하다.

개별 조합원의 폭력행위, 손괴 등 개별 조합원의 위법행위(노조법상 쟁의행위가 아님)에 대해서는 직장폐쇄로 대응할 수 없다고 해석하는 것이 타당하다.

다) 직장폐쇄의 범위 관련

노동조합이 쟁의행위의 일환으로 전면 또는 부분파업을 할 수 있는 것과 마찬가지로 사용자도 이에 대항하여 전면 또는 부분 직장폐쇄를 할 수 있다.

부분 직장폐쇄는 일부 업무(부서)나 일부 인원에 대하여 직장폐쇄를 하고 조업을 계속하는 경우를 의미하고 전면 직장폐쇄는 전 사업장의 조업을 중단하는 상황을 의미하는 것으로 외형상 휴업조치와 유사하다.

부분파업이 발생한 경우 원칙적으로 부분 직장폐쇄로 대응하는 것이 노동조합의 쟁의행위에 대한 대항 수단이라는 면에서 타당하다. 다만, 부분파업이 전체 사업장 업무의 정지·폐지를 가져오는 경우에는 전면적인 직장폐쇄를 하는 것도 가능하다.

직장폐쇄의 대상은 원칙적으로 조합원·비조합원을 불문하며 쟁의행위의 태양에 따라 그 대상자를 정할 수 있다. 즉, 일부 조합원이 노무제공을 전면 거부하는 경우, 전체 조합원이 태업·파상파업 등 불완전한 노무를 제공하는 경우 등 쟁의행위의 태양에 따라, 파업참가자에 한정하거나 전체 조합원 또는 모든 근로자를 대상으로 할 수도 있다.

라) 직장폐쇄의 사전공고

직장폐쇄는 사용자가 근로자의 쟁의행위에 대항하여 노무 수령을 거부하는 행위이므로 노무 수령을 거부하고 임금지급 의무를 이행하지 않겠다는 사용자의 의사표시를 분명히 할 필요가 있다.

따라서 사용자는 직장폐쇄 실시 전에 직장폐쇄 일시・대상 등을 게재한 내용의 공고문 게시 등 근로자가 직장폐쇄 사실을 알 수 있도록 조치하여야 한다.

이때 공고문 게시는 근로자가 알 수 있는 장소 등에 하여야 하며, 최소한 직장폐쇄 개시일 이전에 게시하는 것이 타당하다.

노사 간 의사소통이 온라인을 통해 이루어져 온 관행이 있는 경우라면 사내 전산망 또는 홈페이지를 통해 공고하거나 직장폐쇄 대상이 된 근로자에게 개별 메일을 전송하는 방법도 가능하다.

마) 직장폐쇄의 신고

사용자는 직장폐쇄를 할 경우 관할 행정관청 및 노동위원회에 각각 그 사실을 신고해야 한다.

관할 행정관청은 노조설립 신고를 처리하는 행정기관(노조법 제10조 및 제12조) 즉, 노동조합의 주된 사무소 소재지 관할과 동일하며, 노동위원회는 직장폐쇄 발생지에 소재한 노동위원회를 의미하며, 지방자치단체인 관할 행정관청에 직장폐쇄 신고가 접수된 경우, 지방자치단체는 직장폐쇄 신고서 사본을 직장폐쇄 당사자인 노동조합의 주된 사무소 소재지를 관할하는 지방노동관서에 송부하여야 한다(노조법 시행규칙 제12조의3).

노조법 제46조제2항 규정을 위반하여 행정관청에 사전 신고 없이 직장폐쇄를 한 경우, 행정관청은 즉시 시정토록 지시하고 이행하지 않을 시 과태료 부과를 하여야 한다. 다만, 직장폐쇄의 신고는 행정절차이므로, 사용자가 직장폐쇄를 신고하지 아니한 경우라도 직장폐쇄의 정당성이 부정되는 것은 아니다.

* 위반 시 500만원 이하의 과태료 부과(노조법 제96조제1항제3호)

2) 대체근로

(1) 대체근로 제한의 의의

사용자는 노동조합의 쟁의행위기간 중 조업을 중단하여야 할 의무가 없으므로 파업 불참자, 비조합원 등을 대상으로 조업을 계속할 수 있다.

그러나, 사용자가 노동조합의 정당한 쟁의행위에 대하여 자유롭게 근로자를 채용 또는 대체할 수 있다면 노사 간 교섭력의 균형이 저해됨으로써 헌법상 노동3권의 실질적 보호가 안 될 수 있다.

따라서 쟁의행위 기간 중 대체근로 문제는 노동조합의 쟁의권 보호차원 뿐만 아니라 사용자의 조업의 자유, 관련 기업 종사자의 근로권 차원에서 함께 고려되어야 한다.

현행 노조법은 노사관계 현실을 감안하여 노동조합의 단체행동권과 사용자의 조업의 자유가 조화를 이룰 수 있도록 정당한 쟁의행위기간 중 당해 사업 내 근로자의 대체근로는 허용하되, 쟁의행위로 중단된 업무의 수행을 위하여 당해 사업과 관계없는 자의 채용·대체 또는 도급·하도급을 금지하였다(노조법 제43조제1항 및 제2항).

다만, 필수공익사업에 있어서는 공익 보호를 위하여 파업 참가 근로자의 100분의 50을 초과하지 않는 범위 안에서 당해 사업과 관계없는 자를 통한 대체근로가 허용된다(노조법 제43조제3항).

(2) 적용대상

노조법 제43조 규정은 쟁의행위기간 중 그 쟁의행위로 인해 중단된 업무의 수행을 위해 신규채용·대체 또는 도급·하도급을 제한하는 것으로서 노동조합의 정당한 단체행동권을 보장하려는 취지이므로 노동조합의 쟁의행위가 정당한 경우에만 대체근로 제한 규정이 적용된다.

따라서 쟁의행위가 정당하지 아니한 경우에는 신규채용·대체 또는 도급·하도급에 대한 제한을 받지 아니하므로 당해 사업과 관계없는 자를 채용·대체하거나 도급·하도급 주더라도 법 위반이 아니다.

한편, 노조법 제43조의 규정은 노동관계 당사자 일방인 사용자에 대한 제한 규정이므로 노조법상 사용자의 지위에 있지 않은 원·하청, 도급관계 등에서 원청업체 등이 하청업체 노동조합의 쟁의행위로 중단된 업무를 직접 수행하는 경우에는 위 규정의 위반으로 볼 수 없다.

'당해 사업과 관계없는 자'는 당해 사업의 근로자 또는 사용자를 제외한 모든 자를 의미하고, 여기서 사업이라 함은 개인사업체 또는 독립된 법인격을 갖춘 회사 등과 같이 경영상의 일체를 이루면서 계속적, 유기적으로 운영되고 전체로서의 독립성을 갖춘 하나의 기업조직을 뜻하는 것으로 당해 사업 여부는 장소적 관념을 기준으로 판단하는 것이 아니라 일괄된 공정하에 통일적으로 업무가 수행되는지 여부에 따라 판단하여야 한다.

(3) 신규채용의 제한

가) 채용의 의미

채용이란 근로자를 새로 고용하는 것으로서 그 고용형태나 기간을 불문한다.

나) 허용범위

노조법 제43조 규정은 쟁의권 침해를 목적으로 하지 않는 사용자의 정당한 인사권 행사까지 제한하는 것은 아니므로, 쟁의행위와 무관하게 이루어지는 신규채용은 가능하다.

자연감소에 따른 인력충원, 사업확장 등에 따른 신규채용, 수습근로자의 정식채용, 쟁의행위와 무관한 업무영역에 대한 신규채용, 쟁의행위 이전부터 추진되어 오던 채용계획에 의한 인력충원 등은 법 위반이 아니다.

이때, 결원충원을 위한 신규채용 등이 대체로 위반인지 여부는 표면상의 이유만을 가지고 판단할 것이 아니라 종래의 인력충원 과정·절차 및 시기, 인력부족 규모, 결원 발생시기 및 그 이후 조치내용, 쟁의행위 기간 중 채용의 필요성, 신규채용 인력의 투입시기 등을 고려하여 종합적으로 판단하여야 한다.

쟁의행위 기간 중 근로계약 기간이 만료된 조합원과의 근로계약을 종료하고 다른 근로자를 신규 채용하여 쟁의행위로 중단된 업무에 투입하는 경우에 있어서 쟁의행위기간 중 계약기간이 만료되어 근로관계가 소멸하는 경우라면 당해 조합원을 대신하여 다른 근로자를 신규채용 하더라도 법 위반으로 볼 수 없다.

다) 제한범위

신규채용이 노조법 제43조에 위반되는지 여부는 신규채용의 시기에 관계없이 그 목적이 쟁의행위로 인하여 중단된 업무를 대체할 목적으로 이루어졌는지 여부에 따라 판단하여야 한다.

따라서 쟁의행위에 대비하여 쟁의행위 전에 신규채용을 하여 쟁의행위로 중단된 업무에 투입하는 것도 대체근로 금지 위반에 해당한다.

(4) 대체의 제한

가) 대체의 의미

대체란 파업 등 쟁의행위에 참가한 조합원의 업무를 다른 사람으로 하여금 대신 수행하게 하는 것을 의미하며, 반드시 근로자 신분이어야 한다거나 임금 등을 지급하여야 하는 것은 아니다.

나) 허용범위

사용자가 노동조합의 쟁의행위로 중단된 업무의 수행을 위하여 대체 가능한 근로자는 업종・직종・조합원 여부 등에 관계없이 당해 사업 내의 모든 근로자이다. 따라서 당해 사업장의 비조합원과 파업 불참 조합원 중 근로희망자, 당해 사업 내 수개의 사업장이 있는 경우에는 본사 및 다른 사업장 근로자를 대상으로 한 대체근로는 가능하다.

단체협약에 당해 사업 내의 대체근로를 제한하는 규정이 있는 경우라 하더라도 이를 위반하여 대체근로를 사용한 것은 노조법 제43조 위반으로 보기는 어렵다.

파트타임 등 단시간 근로자는 당해 사업 내 근로자이므로 당초 계약된 근로시간을 연장하여 연장근로 하거나, 기왕에 사용해 오던 일용근로자를 계속 사용하는 것은 가능하다.

다) 제한범위

쟁의행위로 중단된 업무를 대체할 목적으로 가족, 주민 등 당해 사업과 관계 없는 자를 자원봉사자 형식 등으로 쟁의행위로 중단된 업무를 수행케 하는 것도 대체근로 금지 위반에 해당한다. 다만, 사용자의 관여 없이 이루어지는 자발적인 자원봉사활동, 자구행위의 일환으로 이루어지는 주민의 활동에 대하여는 대체근로 제한 규정을 적용하기 어렵다.

파견근로자는 파견계약에 의한 업무영역 내에서는 근무장소에 관계 없이 대체 투입이 가능하나, 파견근로 계약을 벗어나 쟁의행위로 중단된 업무에 투입하는 것은 대체근로 위반에 해당한다.

「파견근로자보호등에관한법률」 제16조제1항에 '파견사업주는 쟁의행위 중인 사업장에 그 쟁의행위로 중단된 업무의 수행을 위하여 근로자를 파견하여서는 아니 된다'라고 규정하여 쟁의행위와 관련, 파견근로자가 활용되는 것을 금지하고 있다.

(5) 도급 · 하도급의 제한

가) 제한범위

쟁의행위 기간 중이라도 사업활동 · 조업의 자유 등은 보장되어야 하므로 쟁의행위 기간 중에 신규로 계약된 업무 등 확장된 업무영역, 쟁의행위와 관련이 없는 업무에 대한 도급 · 하도급은 가능하다.

나) 도급 · 하도급 내용의 변경

도급 · 하도급 계약 해지, 계약기간 만료 등의 경우 기존 계약 내용의 범위 내에서 계약기간을 연장하거나 새로운 업체에 도급 · 하도급을 주는 것은 가능하다.

도급 · 하도급계약을 변경하여 기존 내용에 포함되어 있지 않은 업무(쟁의행위로 중단된 업무)로 확대하거나, 용역업체 근로자 등이 본래 수행하던 업무를 확장하여 쟁의행위로 중단된 업무에 대체하는 것은 법 위반에 해당한다.

재 하청업체의 업무영역을 확대하는 방법으로 사용자(하청업체)가 당해 노동조합의 쟁의행위로 중단된 업무를 수행케 하는 것은 노조법 제43조제2항 위반에 해당함(협력 68107-457, 2001.9.15.)

타 회사 시설이용, 용차 등의 방법으로 쟁의행위로 중단된 업무를 수행하는 것은 법 위반에 해당하나, 단순히 물건을 구입 또는 타 업체의 서비스를 이용하거나 자동판매기 등 무인자동 기계로 대체하는 것은 법 위반으로 보기 어렵다.

당직 업무가 쟁의행위가 제한되는 안전보호시설의 유지 · 운영 업무 등에 해당되지 않는 한 쟁의행위로 중단된 당직 업무에 대해 도급을 주는 것은 대체근로 금지 위반에 해당한다.

08 쟁의행위(파업)에 대한 소회

회사에 노동조합은 왜 생겨나고 파업이 발생하는 이유는 무엇일까요?

물론 여러 가지 원인과 이유가 있을 것입니다. 저자는 근로감독관 시절 수많은 노사관계가 불안정한 사업장을 찾아 노사관계가 안정되도록 지도를 하였으며, 노사분규가 발생한 사업장에 임 · 단협 교섭을 주선하는 등 노사 양측을 지도하여 수많은 사업장의 노사분규를 해결하였습니다.

당시 노사분규가 발생한 사업장의 근로자들이 공통적으로 하는 말이 있었습니다.

"근로자들의 의사나 요구사항이 회사에서 위로 전달되지 못하고 중간관리자들에게 막혀 버린다", "회사 관리자들에게 무시당하고 인간적인 모멸감을 느꼈기 때문에 노동조합을 만들었다"라는 것입니다.

물론 근로자들의 주장입니다. 그러나 우리 모두 이 문제에 대해 진지하게 고민해 볼 필요가 있다고 생각됩니다.

회사에서 쟁의행위(파업)가 발생하는 경우는 크게 세가지 경우로 구분된다고 할 수 있습니다.

첫째, 회사에 노동조합이 새로 신설되는 경우입니다. 노동조합이 신설되면 노조측에서 회사측에 임·단협 교섭을 하자고 통보를 합니다. 그런데 이때 회사는 노동조합의 교섭요구에 준비가 되어 있지 않아 상당히 혼란스럽고 당황해합니다.

대체적으로 노조 설립초기에는 노사간 힘의 균형이 팽팽하여 교섭이 원활하게 잘 이루어지지 않는 측면이 있습니다. 회사가 노조를 인정하지 않으려는 느낌을 주거나, 노조측의 교섭요구에 소극적으로 대응하거나 교섭에 응하지 않을 때 노조가 파업 수순을 밟게 되는 경우입니다.

물론 이 과정에서 노사 간에 교섭이 잘 이루어져 파업까지 가지 않고 원만히 타결되는 경우도 있습니다. 그러나 노조의 교섭요구에 대하여 사측에서 부정적 인식을 가지고 임·단협에 소극적으로 일관한다면 노조측에서는 투쟁력을 발휘하여 파업 절차를 진행하게 되는 경우입니다.

둘째, 기존에 노동조합이 설립되어 있는 사업장에서 노사 간 임·단협 교섭 과정에서 이견 대립이 심하여 타협점을 찾지 못하고 대결 국면으로 가다가 결국 노조가 파업수순을 밟는 경우입니다.

셋째는 기타의 경우입니다. 예를 들어 임·단협 교섭과 관계없이 회사에서 경영상의 이유로 근로자들을 대량 구조조정(해고)하는 경우 등에 노조가 반발하여 파업을 벌이는 경우입니다.

노동조합이 파업에 돌입하기 위해서는 다음의 절차를 거쳐야 합니다.

첫째, 노동조합 및 노동관계조정법 제45조에 의거 노동위원회에 조정절차를 거쳐야 합니다. 조정기간은 일반사업은 10일, 공익사업은 15일이나, 관계 당사자간의 합의로 일반 10일, 공익 15일 이내에서 연장이 가능합니다.

둘째, 노동위원회의 조정 불성립 또는 행정지도 등 조정을 거친 다음 조합원의 찬반투표를 거쳐야 합니다. 이때 찬반투표는 조합원의 직접·비밀·무기명 투표를 하여야 하며 재적조합원 과반수 이상이 찬성을 하여야 합니다.

셋째, 관할 행정관청과 노동위원회에 쟁의행위(파업) 신고를 하여야 합니다. 이러한 절차를 단계적으로 거친 다음 파업에 돌입하여야 하는데, 여기에서 절차적인 위반이 있을 경우에는 노조법 위반 소지 및 노사 간에 이에 대한 문제로 다툼이 발생할 수도 있습니다.

파업이 발생하여 진행 중에도 노동청에서는 임·단협 교섭 주선, 노사양측 실무자 간 물밑교섭, 노사 양측 대표자 간 간담회나 교섭 등의 중재를 통하여 파업을 해결하려고 애를 씁니다.

교섭중재가 원만하게 이루어지거나 노사 간 한발씩 물러서는 양보를 통하여 파업이 조기에 해결되는 경우도 있으나, 일반적으로는 서로 팽팽하게 의견이 대립되어 교섭도 잘 이루어지지 않고 노사간 힘겨루기 양상으로 전개되는 경우도 있습니다.

노조측에서는 사용자측에서 최종 결재권(결정권)자인 회사 대표자가 교섭에 직접 나설 것을 요구하나, 사용자측에서는 대부분 회사 대표자가 직접 교섭에 나서는 경우는 드물고 회사 대표자로부터 위임을 받은 회사 관리자나 공인노무사 등이 교섭에 참여하게 됩니다.

이 경우 교섭이 더디게 진행되어 교섭이 잘 안되거나 사용자측에서 교섭에 아예 응하지 않거나 소극적인 교섭으로 노사간 교섭을 해태할 경우는 파업이 장기화 국면에 접어들 가능성이 매우 높습니다.

노사 간 교섭이 파행으로 치닫거나 대화가 단절되고 감정이 격하게 대립되게 되면 이 과정에서 노사 간에 임·단협 교섭거부·해태, 노조탈퇴 강요, 노조조직·운영에 대한 지배·개입 등으로 노조측에서 사측을 고소·고발하고, 사측에서는 노조법 위반 및 업무방해 등으로 노조측을 고소·고발하여 노사간에 반목과 대립이 격화되는 상태가 됩니다.

또한, 사측에서는 파업에 참여한 조합원의 자리를 비조합원으로 대체하여 근로케 하거나 신규인력 채용을 하는 경우, 대체근로 제한에 대한 노조법 43조(사용자의 채용제한) 위반 여부 문제로 노사간에 다툼이 발생하게 됩니다.

파업이 진행되는 도중 사용자는 노동조합이 태업으로 불완전한 노무를 제공하거나 직장점거를 하여 조업을 방해하거나 그러한 행위가 예상되는 경우 등에는 직장폐쇄(lock-out)를 단행하게 됩니다. 직장폐쇄는 사용자가 근로자측의 노무수령을 거부하는 행위로 노사관계에서 실질적인 대등을 확보하기 위해 사용자에게 인정되는 행위로서 시기적으로 노동조합의 쟁의행위(파업)가 개시 된 이후에만 할 수 있습니다.

그러나, 간혹 회사가 노조의 파업 시작 전에 선제적으로 공격적인 직장폐쇄 조치를 단행하는 경우도 있습니다. 이러한 경우 노조법 위반의 소지가 문제되므로 주의할 필요가 있다고 할 것입니다.

사용자가 직장폐쇄를 단행하게 되면 직장폐쇄의 대상 및 범위(전면 또는 부분)에 따라 파업에 참여한 조합원이나 전체조합원 또는 전체근로자는 작업장에 들어갈 수 없는 문제가 발생합니다. 이러한 일련의 과정에서 노사 간에 물리력을 동반한 폭력이 발생하게 되고 사태는 걷잡을 수 없이 악화되는 국면으로 전개되는 경우도 있습니다.

통상적으로 전면 직장폐쇄의 경우, 회사는 직장폐쇄의 범위를 사업장 전체로 하여 파업 참여 조합원의 회사내 출입을 차단하려고 합니다. 이러한 상황에서도 근로감독관 및 노동청의 중재 등으로 노사간 교섭은 진행됩니다. 그러나 교섭이 교착 국면에 봉착하여 난관에 빠지거나, 파업이 장기화 조짐을 보일때는 노조측에서 회사내 작업장을 점거하거나 파업에 참여하지 않는 비조합원들의 작업을 방해함으로써 회사에 타격을 주기 위해 회사내 진입을 시도하는 경우도 발생합니다.

이때 회사는 파업 조합원의 회사내 진입을 허용하지 않게 됩니다. 회사는 파업에 참여하지 않은 비조합원과 외부에서 고용한 용역으로 구성된 소위 '구사대'를 동원하여 회사 시설물을 보호하려는 조치를 취하는 경우도 있습니다.

파업 양상에 따라서 노사 양측을 합하여 1천여명이 넘는 인원(노조측의 지원인원 포함 등)들이 함성과 함께 격렬한 몸싸움을 벌이며 회사내 진입을 시도하며 맞붙는 상황은 과히 전쟁터를 방불케 합니다. 충돌의 상황에 따라 노사간에 물리력을 동반한 폭력행위 등이 발생하고 다수의 부상자가 속출하여 응급실에 실려가는 경우도 있습니다.

노조가 회사 시설물을 파손하거나 직장폐쇄된 회사 작업장에 출입하여 출입하여 점거하거나 비조합원의 작업을 방해하여 사측에 생산손실을 입힌 경우 등에 대하여 회사가 이를 결코 묵인하거나 방관하지 않는다는 것을 알아야 할 것입니다.

회사가 노조에 대하여 업무방해 및 재물손괴죄 등으로 경찰에 형사고발을 하거나 민사상의 손해배상청구 조치를 하게 되며, 노조법 제41조(쟁의행위의 제한과 금지), 제42조(폭력행위 등의 금지) 위반으로 노조를 노동청에 고발하는 경우도 있습니다.

이 경우 노조도 회사에 대하여 임·단협 교섭해태, 조합원 노조 탈퇴강요, 노조활동 방해, 노조 지배·개입 등 부당노동행위로 노동청에 고발을 하게 됩니다. 파업의 양상에 따라서는 노사간에 고소·고발이 난무하면서 파업이 해결 기미를 보이지 않고 극단적인 양상으로 흘러가는 경우 등에는 간혹 노조에서 회사내 시설물이나 노동청 청사를 점거하는 경우도 발생합니다. 파업 해결을 촉구하는 일종의 노조측 압박의 의미라고 보아야 할 것입니다.

사용자의 직장폐쇄가 정당한 경우, 사용자는 그 기간에 대하여 임금지급의무를 면하지만, 직장폐쇄가 정당성을 상실하였다면 사용자는 직장폐쇄기간 동안의 임금을 전부 지급해야만 합니다.

회사측에서 직장폐쇄 조치가 단행 된 이후, 노사간의 교섭이 중단되는 경우도 있고 교섭이 재개되는 경우도 있습니다. 이때 노동청에서도 노사 양측을 오가며 교섭자리 주선 등 중재를 통하여 사태를 해결하려고 동분서주하게 됩니다.

이러한 상황에서 노동조합이 파업을 중단하고 사용자에게 조업복귀 의사를 밝히고 직장폐쇄 조치를 해제할 것을 요구하기도 합니다. 이때 사용자는 노동조합의 업무에 복귀하겠다는 의사 표시의 진정성을 믿을 수 없다는 이유를 들어 쉽게 직장폐쇄를 해제하지 않아 노사 간에 이 문제로 다툼이 발생하기도 하며 파업 해결의 걸림돌이 되기도 합니다.

파업이 조기에 해결되지 않고 장기 국면에 접어들수록 노조측의 노동조합 위원장이나 노조 간부도 조합원들에 대하여 심적인 부담을 느끼게 되고 괴로워하며 사용자의 압박 등으로부터 고민이 커질 수밖에 없습니다.

사용자도 마찬가지입니다. 사용자도 회사의 막대한 경제적 손실, 노조측의 압박 등으로부터 고민하며 괴롭고 힘들어 합니다. 파업 현장의 한가운데에서 이를 지켜보는 근로감독관의 심정도 안타까울 따름이며 이러한 파업 상황을 해결해야 하는 근로감독관의 고민도 깊어만 갑니다.

이러한 상황에서 노동청 근로감독관이나 과장, 지청장은 파업을 해결하기 위해 모든 난관을 헤쳐가면서 최선을 다해 노력하고 있다는 점을 이해하여 주셨으면 합니다.

이후에도 노동청에서는 노사 간 교섭을 중재하고 대화와 타협으로서 해결되도록 지속적으로 노사 양측을 지도합니다. 노사 간에 얼마나 해결할 의지를 가지고 적극적으로 교섭에 임하느냐의 여부, 한발씩 서로 물러서고 양보하는 점이 있느냐의 여부에 따라서 교섭이 원만히 타결되어 파업의 종료시점이 결정된다고 생각됩니다.

파업이 종료될 시점에 있어서 노사 간 합의타결의 전제 조건으로 노사간에 형사상의 고소·고발된 사건에 대한 상호간 취소(취하) 문제와 회사의 노조에 대한 민사상의 손해배상·가압류 취소 등의 문제가 파업 해결의 최종 난관으로 작용되는 경우도 많습니다.

통상 노조측의 사측에 대한 고소·고발과 사측의 노조측에 대한 고소·고발 및 민사상 손해배상 청구에 대하여 노조측에서는 양 당사자가 일괄타결 할 것을 제안하지만 사측에서는 민사상 손해배상청구에 대하여는 쉽게 풀지 않으려는 경향이 있습니다.

최근 이러한 손배·가압류와 관련하여 사회적 이슈가 되고 있는 '노란봉투법'은 2014년 ○○자동차 파업 참여 조합원들에게 수십억원의 손해배상 판결이 내려지면서 유래했다고 합니다. 법원이 이 사건의 파업 참가자들에게 47억원의 손해배상 판결을 내린 후, 한 시민이 '노란색 봉투'에 작은 성금을 전달하기 시작했고 이후 '노란봉투 켐페인'으로 이어져 15억원에 가까운 돈이 모금되었다고 합니다.

현재 이 법안은 국회 본회의를 통과하였으나, 대통령의 거부권 행사로 부결된 상태로서 경영계는 '노란봉투법'(노조법 제2조, 제3조 개정)은 불법파업에 면죄부를 주는 불법파업을 조장하는 법으로서 경제적·사회적 부작용이 우려된다는 이유로 반대하고 있고, 노동계는 노동3권을 보장하는 법으로서 노조 무력화를 위한 손배소 악용을 방지하고 노동자를 생존권 위협으로부터 보호할 필요성이 있다는 이유로 찬성하고 있습니다.

노동계의 오랜 염원과 경영계의 노조 파업에 대한 가장 강력한 수단으로 활용되는 손해배상 청구가 까다로워진다는 문제점이 서로 첨예하게 대립하고 있는 실정입니다.

파업이 발생하면 근로자는 무노동 무임금 원칙에 따라 사용자로부터 임금이 지급되지 않아 생계에 고통을 받게 되고, 사용자 또한 회사의 경영상 손실과 회사 이미지 등에 큰 타격을 입게 됩니다. 국가경제적으로도 큰 손실이며 산업평화 발전에 저해요인으로 작용되고 있는 실정입니다.

2009.5월 ○○자동차 노조의 77일간 옥쇄파업은 사측의 구조조정에 노조가 반발하면서 ○○자동차 ○○공장에서 노조가 무기한 전면 총파업에 돌입하자 사측은 5.31 직장폐쇄를 강행하였고, 이후 노사가 서로 물러서지 않고 극한 대립으로 치달아 경찰력 투입에 의한 강제진압에 의해 벼랑끝까지 몰렸던 파업사태는 노사가 2009.8.6 극적타결을 이뤄 파업이 종료되었습니다.

노조의 ○○공장 점거 파업으로 인하여 사측의 차량 생산손실 피해도 컸습니다. 노조측 또한 해고 노동자나 가족 등 ○○ 명이 목숨을 끊거나 숨진 것으로 알려져 노동계에서는 사회적 타살이라며 해결을 촉구하는 목소리가 끊이지 않았습니다.

○○자동차 파업은 단순한 노사분규를 넘어 한국사회의 노동문제와 경제위기를 보여주는 사건이었으며 노동자들의 생존권문제, 기업의 사회적책임, 정부역할에 대한 심각한 질문을 던졌다는 점에서 우리에게 시사하는 바가 크다고 할 것입니다.

2022.6월 ○○○○ 하청업체 노조인 ○○노조 ○○○○지회는 ○○○○ 각 협력사를 상대로 임금 30%인상, 상여금 300%인상, 노조전임자 인정, 노조사무실 지원 등을 요구하며 51일간 파업을 벌인 끝에 노조측의 ○○ 점검 농성으로 물리적 충돌이 불가피한 일촉즉발의 위기감이 팽배하였으나, 다행히 최악의 시나리오인 공권력 투입 직전에 2022.7.22 극적으로 노사 간 합의타결 되어 파업이 종료되었습니다.

위의 두가지 파업사태의 경우 당시 사회적으로 큰 이슈가 되었고 사측의 막대한 경제적 손실과 사측의 손해배상소송에 따른 노조측의 부담 등으로 그 후유증의 파장 또한 너무 커 사회적으로 문제가 되고 있습니다.

과연 우여곡절 끝에 파업이 끝났을 때, 회사가 승자이고 노조를 패자라고 할 수 있겠습니까?, 아니면 노조가 승자이고 회사를 패자라고 할 수 있겠습니까? 결국은 노사 양쪽 다 피해자이며 서로에게 큰 상처와 후유증을 남겼을 뿐입니다.

정녕, 파업 없는 세상은 요원한 것일까요? 그러나 희망은 있습니다. 우리 주위에 안정된 노사관계를 바탕으로 노사 간의 원만한 합의를 통하여 파업을 하지 않고 무파업으로 임·단협을 타결하는 회사들도 많이 있습니다.

저자는 근로감독관 시절 수많은 사업장의 노사분규 현장에서 파업을 해결하기 위해 노사를 지도하는 과정에서 노조측 대표자인 노조위원장과 노조간부 및 조합원 등과 회사 대표자인 사업주 및 사용자 등 노사 양측의 고뇌하고 번민하는 모습을 지켜보았습니다. 이를 지켜보는 근로감독관의 마음도 아픕니다. 다만, 중립적 입장에서 담담히 공무를 집행해야 하는 고충은 근로감독관이 감내해야 할 몫이라고 할 것입니다.

저자는 끝으로 세 가지 사항을 노사 대표자분들께 당부말씀 드리고자 합니다.

첫째, 법과 원칙을 지키자는 것입니다.

근로감독관은 법과 원칙에 입각하여 노사관계를 지도합니다. 노사 모두 노동관계법령 등을 준수하여야 할 것입니다. 파업이 발생한 경우 노동청에서는 노사 대표자 및 실무자간 물밑 접촉 등 중재를 통하여 교섭을 재개하려고 노력합니다. 이러한 노력의 와중에 노사간에 충돌로 폭력, 기물파손, 직장점거 등의 법위반 문제가 발생하면, 교섭은 중단되고 노사간 강대강 극한의 대결 국면으로 변질되어 전혀 다른 방향으로 전개되는 경우가 많습니다.

어렵게 노사간 교섭 자리를 성사시켜 파업을 해결하려는 노동청의 노력이 고스란히 물거품이 되는 상황이 되면 근로감독관의 마음도 허탈하기만 하고 아쉬움을 금할 수 없습니다. 이러한 상황이 발생하는 이유는 무엇인가요? 법과 원칙을 지키지 않기 때문에 발생하는 현상이라고 생각합니다.

만약, 파업의 진행과정에서 법 위반 문제가 발생하지 않는다면, 노사간 교섭은 정상적으로 원만히 흘러갈 것이고 교섭이 중단되거나 교착상태에 빠져 공회전되는 악순환이 단절됨으로써 파업의 해결이 앞당겨 질 것이라고 생각합니다.

따라서, 노사 모두가 법과 원칙을 준수하는 의지가 확고하고 그러한 관행이 정착화 된다면 파업의 양상이 대립적 투쟁 일변도에서 대화와 타협으로 전환되는 순기능이 발휘될 것으로 생각됩니다.

중요한 것은 노사가 대화와 타협을 통하여 파업 상황을 자체적으로 해결하려는 자정능력을 배양하여야 할 것입니다. 외압이나 공권력의 투입 등에 의한 해결, 임시 미봉책의 편법적인 해결 등은 종국에는 더 큰 문제를 발생시키고 심각한 후유증을 남기게 되는 바, 결코 바람직한 해결책이 될 수 없다고 할 것입니다.

둘째, 감정적이거나 모욕적인 욕설 등의 언행을 자제하자는 것입니다.

파업상황이 극렬하게 전개될 경우, 노조측, 사측 모두 감정이 격하게 대립되게 됩니다. 신경이 극도로 예민해질 경우 노조측에서 사측 대표자나 관리자에게 심한 욕설을 하거나 감정적이고 모멸감을 주는 언행을 하는 경우도 발생합니다. 이때 회사는 이것을 절대로 용납하지 않습니다. 회사도 마찬가지입니다. 노조측에 대하여 감정적이거나 모욕감을 주는 언행을 하여서는 안될 것입니다. 이러한 행위는 서로에게 마음속 깊은 상처를 남기고 그 앙금이 상당한 시간 동안 남아 파업 해결의 장해물이 되는 것은 분명해 보이는 것 같습니다. 노사분규 해결을 지도하는 근로감독관의 입장에서도 이러한 상황이 곤란하기만 합니다. 상대방에게 심한 모멸감을 주거나 상처를 주는 언행을 자제하는 것은 우리가 살아가는 사회생활에서도 별반 다르지 않다고 생각합니다.

셋째, 노사간에 서로를 존중하자는 것입니다.

중요한 것은 노사 간에 믿음과 신뢰라고 생각합니다. 노동자도 사업주를 존중하고 사업주도 노동자를 존중하며 노사간에 믿음과 신뢰를 바탕으로 대화와 타협을 통하여 문제를 해결해 나가는 건전한 노사문화가 하루속히 우리 사회에 정착되는 것이 시급하고 중요한 과제라고 할 것입니다.

09 부당노동행위 구제제도

1. 제도의 의의

1) 의의

부당노동행위 제도는 노동3권(단결권·단체교섭권 및 단체행동권)을 침해하여 노사관계 질서를 파괴하는 사용자의 행위를 예방·제거함으로써 헌법에서 보장하고 있는 노동3권을 보호하고 노사관계 질서를 신속하게 정상화하기 위한 제도이다.

사용자의 노동3권 침해행위는 근로자의 노동조합 설립 또는 정상적 활동을 방해하기 위한 근로자의 해고 또는 차별적 대우 등 불이익 취급, 노동조합의 설립·운영 등에 개입, 단체교섭의 거부, 지배·개입 등의 형태로 나타날 수 있으며, 노동조합에 의한 자주적 방위가 어려운 경우 국가기관의 개입에 의하여 사용자의 행위를 배제할 것이 요청된다.

이와 같은 취지에서 사용자에 의한 노동3권의 부당한 침해행위를 저지하고 개개의 근로자 또는 노동조합을 보호함으로써 공정한 룰(rule)에 의한 노사관계 질서를 형성·정립하는데 부당노동행위 제도의 의의가 있다.

2) 법적 근거

법상 부당노동행위에 관한 관련 규정은 다음과 같다.

① 부당노동행위의 유형 및 벌칙(노조법 제81조, 제90조)

② 구제신청 및 구제신청, 구제명령의 확정(노조법 제82조, 제84조, 제85조)

③ 법원의 구제명령 이행명령(노조법 제85조제5항)

④ 구제명령의 효력(노조법 제86조)

⑤ 확정된 구제명령 불이행에 대한 벌칙(노조법 제89조제2호)

⑥ 양벌규정(노조법 제94조)

2. 구제절차

1) 행정절차에 의한 구제

check point **구제신청 절차**

(1) 피해당사자가 **지방노동위원회**에 구제신청 한다.
  - 기각 결정 시 종결처리 한다.
  - 구제명령 결정 시 → **지방노동관서**에 통보한다.
    * 지방노동관서, 25일 이내 이행촉구 / **이행** 시(행정종결), **불이행** 시(입건수사)

(2) 지방노동위원회의 구제명령에 불복 시
  - 10일 이내, 중앙노동위원회에 재심 신청한다.
  - 구제명령 이행 시 종결처리 한다.

(3) 중앙노동위원회 재심판정에 대한 불복 시
  - 15일 이내, 행정법원에 행정소송 제기한다.
  - 구제명령 이행 시 종결처리 한다.

사용자의 부당노동행위로 인하여 그 권리를 침해당한 근로자 또는 노동조합은 노동위원회에 그 구제를 신청할 수 있다(노조법 제82조제1항).

노조설립 과정의 부당노동행위에 대해서는 설립된 후에 그 노동조합에도 신청자격이 인정된다.

구제신청은 부당노동행위가 있는 날(계속하는 행위는 그 종료일)로부터 3월 이내에 하여야 한다(노조법 제82조제2항).

구제신청 기간은 제척기간이므로 그 기간이 경과하면 행정적 권리구제를 신청할 권리는 소멸하며, 따라서 신청인이 책임질 수 없는 사유로 그 기간을 준수하지 못하였다는 등 그 기간을 해태함에 정당한 사유가 있다고 하더라도 달리 볼 수 없다.

한편, 계속하는 행위란 동일한 부당노동행위 의사에 근거하여 계속적으로 반복되는 행위를 말하며(사용자가 한 행위의 효과가 계속된다는 의미는 아님), 1개의 행위가 바로 완결되지 않고 일정기간 계속되는 경우 뿐만 아니라 수개의

행위라도 각 행위 사이에 부당노동행위의 의사의 단일성, 행위의 동일성・동종성, 시간적 연속성이 인정되는 경우도 포함된다.

노조법 제81조제1항에서 규정하고 있는 부당노동행위의 유형 중 제1호, 제2호, 제5호의 경우에는 법외 노동조합의 경우라도 그 소속근로자가 직접 구제신청을 할 수 있지만(노조법 제7조제2항), 제3호, 제4호의 경우에는 법내 노동조합과 그 소속 근로자만이 구제 신청권을 가진다(대법 2002.10.11., 2002두5535 판결 심리불속행 기각).

2) 형사절차에 의한 구제

check point **구제신청 절차**

> ① 피해당사자가 **지방노동관서**에 진정, 고소・고발한다.
> ② 지방노동관서에서 수사 후 검찰에 송치 한다.

노조법 제81조제1항 각 호에 해당하는 부당노동행위로 피해를 입은 근로자 또는 노동조합은 지방노동관서에 진정, 고소・고발 등 사용자의 처벌을 요구할 수 있다(노조법 제90조).

부당노동행위에 대해서는 피해자의 의사에 관계 없이 처벌 가능하며, 노동위원회를 통한 부당노동행위 구제신청과 병행할 수도 있다.

지방노동관서에 진정, 고소・고발 등 신고사건 제기는 공소시효 완성전까지 하여야 하며, 노조법 제90조 위반에 대한 공소시효는 5년이다. 따라서, 부당노동행위 관련 진정, 고소・고발 등 사용자의 부당노동행위가 있는 날로부터 5년 이내에 하여야 한다.

3) 민사절차에 의한 구제

(1) 해고무효 확인소송

부당노동행위로 해고당한 근로자는 법원에 해고무효확인 소송을 제기하여 권리구제를 받을 수 있다.

(2) 손해배상 청구

사용자가 노동위원회의 구제명령을 거부하거나 형사처벌을 받고서도 근로자의 권리회복 조치를 취하지 아니하는 때에는 피해당사자는 사용자의 불법행위로 인한 손해배상을 관할 법원에 청구하여 이행판결을 받을 수도 있다.

3. 부당노동행위의 유형 및 사례

사용자의 부당노동행위의 유형으로는 ① 불이익 취급 ② 불공정 고용계약의 체결 ③ 단체교섭의 거부·해태 ④ 지배·개입 ⑤ 보복적 불이익 취급 등이 있다(노조법 제81조제1항).

1) 불이익 취급(제1호, 제5호)

(1) 의의

노조법 제81조제1항제1호의 불이익 취급은 정당한 노동조합 활동을 이유로 근로자에게 불이익을 주는 유형의 부당노동행위이다.

근로자가 노동조합에 가입 또는 가입하려고 한 것은 기존 노동조합의 조합원이 된 것 또는 될 것을 의미하고 노동조합을 조직하려고 한 것은 노동조합이 없는 경우에 노동조합을 조직하려는 준비행위를 말한다.

일시적 쟁의단, 노사협의회 등은 해당되지 아니하나, 현재는 근로자단체에 불과할지라도 이를 노동조합으로 만들려는 조직·준비 과정에 있는 근로자단체 등은 노동조합 개념에 포함된다.

또한 노동조합의 업무를 위한 행위는 노동조합의 목적인 근로조건의 유지·

개선 기타 근로자의 경제적 지위 향상을 도모하기 위한 필요 행위 및 기타 관련되는 행위를 말한다.

원칙적으로 노동조합의 활동은 노동조합의 결의 또는 지시가 있어야 정당한 활동으로 볼 수 있으며, 판례는 노동조합의 결의·지시가 없는 경우에도 행위 성질상 노조활동으로 볼 수 있거나 노동조합의 묵시적인 수권이나 승인을 받았다고 볼 수 있는 경우 노동조합 활동으로 인정하고 있다.

따라서, 행위의 성질상 노동조합의 활동으로 볼 수 없고, 노동조합의 묵시적인 수권 혹은 승인을 받았다고 인정할 만한 사정이 없는 한 조합원으로서의 자의적인 활동에 불과하여 정당한 노동조합 활동이라고 볼 수 없다.

부당노동행위 성립 여부는, 근로자가 정당한 노동조합 활동에 참여하고(원인), 사용자가 이를 이유로 하여(인과관계), 근로자에게 불이익 취급을 하여야(행위결과)하는 바, 해당 노동관계의 전체적인 상황, 근로자 및 사용자측의 태도, 불이익 취급의 종류와 정도 등 제반사항과 부당노동행위 의사의 유무를 종합하여 판단하여야 한다.

부당노동행위 의사와 불이익 취급의 정당한 사유가 경합하는 경우 사용자의 불이익 취급의 정당한 사유가 인정되면 비록 부당노동행위 의사가 추정되더라도 부당노동행위로 보기 어렵다.

노조법 제81조제1항제5호에 따른 불이익 취급은 넓은 의미에서 조합의 정당한 행위에 포함된 행위를 이유로 한 부당노동행위를 규정한 것으로 일종의 보복적 차별 대우를 금지한 것이다.

(2) 불이익 취급의 유형

가) 신분적 불이익 대우

해고·정직·감봉·강등 등의 징계처분, 퇴직의 강요, 복직 거부, 휴직명령, 대기명령, 기간제·촉탁직에 대한 계약 갱신거부, 채용내정자 또는 시용 중인 근로자에 대한 본채용 거부 등이 해당된다.

나) 경제적 불이익 대우

각종 수당의 차별적 지급, 수입 감소조치, 연장근로 차별적 거부 등이 해당된다.

다) 정신적 불이익 대우

경고, 시말서 요구, 복리후생시설 이용에서의 차별, 차별거부 등이 해당된다.

라) 노동조합 활동상의 불이익 대우

노동조합 활동방해, 조합 임원 또는 대의원 선출기반 박탈, 조합활동이 부적합한 부서로의 전보 및 배치전환 승진 등이 해당된다.

(3) 판단기준(예시)

부당노동행위가 성립되기 위해서는 정당한 조합활동과 사용자의 불이익 취급사이에 인과관계가 인정되어야 한다.

해고 등 불이익취급 처분에 있어 근로자측에도 불이익 취급을 당할 만한 원인이나 사유가 있는 경우, 판례는 사용자의 해고 처분에 정당한 이유가 있는 한 사용자에게 부당노동행위 의사가 있다고 하더라도 부당노동행위는 성립하지 않는다는 입장이다.

업무상 필요에 따른 전근, 배치전환은 원칙적으로 불이익 취급에 해당하지 아니하나, 외형상으로 내세우는 전근・배치전환 사유와는 달리 실질적으로는 근로자의 정당한 조합활동을 이유로 한 것으로 인정되는 경우에는 불이익 취급에 해당한다.

쟁의행위의 경우에는 쟁의행위가 정당하다고 평가되는 경우에는 이를 이유로 한 징계처분은 불이익 취급에 해당한다.

쟁의행위가 부당하다고 판단되더라도 해당 징계처분이 다른 조합원이나 관행에 비하여 형평을 잃을 정도로 중할 경우에는 불이익 취급에 해당될 수 있다.

파업이나 조합활동으로 실제 근로하지 아니한 시간에 상당하는 임금공제는 불이익취급이 되지 아니하나, 그 공제액이 근로를 제공하지 않은 시간에 비해 지나칠 경우에는 불이익취급에 해당될 수 있다.

조합활동을 저지·곤란하게 할 목적으로 조합 임원을 노동조합 가입 대상이 아닌 직급으로 승진시키는 행위는 조합활동상의 불이익 처분에 해당될 수 있다. 한편, 현실적인 불이익취급 처분이 없이 단순히 불이익 처분의 의사표시에 그친 경우에는 지배·개입의 부당노동행위에 해당할 수 있음은 별론으로 하더라도 노조법 제81조제1항제1호에 따른 불이익을 주는 행위로 볼 수 없다.

check point **부당노동행위(인정) 사례**

근로자들을 해고하여 조합설립이 좌절된 후 회사의 방침에 순응하는 자들만 다시 재고용한 정황에 비추어 참가회사의 원고에 대한 해고조치는 근로자가 조합을 설립하였음을 실질적 이유로 한 노동조합법 제39조제1호(현행법 제81조제1항제1호) 소정의 부당노동행위에 해당한다(대법 1990.10.23., 88누7729).

적극적인 노동조합 활동을 하여 온 근로자에 대하여 야간근무 중 24시간정도 무단이탈한 것을 이유로 징계해고를 하였다면 노조활동을 방해하기 위한 의도로 한 부당노동행위에 해당한다(대법 1990.11.27., 90누3683).

징계사유가 발생한지 4개월 내지 8개월이 지나서 문제삼은 점 등을 비추어 징계사유가 위 해고의 결정적 동기가 된 것이 아니라 노동조합 활동을 혐오하여 징계사유를 핑계삼아 해고 하였다고 볼 것이다(대법 1991.5.28., 90누6392).

check point **부당노동행위(불인정) 사례**

노조법 제81조제1호의 '불이익을 주는 행위'란 해고 이외에 그 근로자에게 휴직·전직·배치전환·감봉 등 법률적·경제적으로 불이익한 대우를 하는 것을 의미하는 것으로서 어느 것이나 현실적인 행위나 조치로 나타날 것을 요한다고 할 것이므로, 단순히 그 근로자에게 향후 불이익한 대우를 하겠다는 의사를 말로써 표시하는 것만으로는 위 법 소정의 불이익을 주는 행위에 해당한다고 볼 수 없다(대법 2004.8.30., 2004도3891).

사용자가 근로자에 대해서 한 해고가 취업규칙과 단체협약상의 징계조항에 해당하는 업무방해, 근무태만 등을 그 사유로 삼고 있고, 근로자의 농성에 의한 업무방해 행위가 노동조합의 결의를 거쳤다거나 조합의사에 따른 것이 아닌 조합원으로서의 자발적인 활동에 불과한 것이며, 노동조합법 제39조(현행법 제81조)에 규정된 소정의 노동조합의 업무를 위한 정당한 행위 또는 단체행동으로 보여지지 아니하므로 부당노동행위라고 할 수 없다(대법 1990.11.13., 89누5102).

2) 불공정 고용계약(비열계약)

(1) 의의

노조법 제81조제1항제2호에 따른 불공정 고용계약은 종업원이 되기 전의 상태에서 단결 활동을 봉쇄하려는 성격의 부당노동행위이다.

법문상 노동조합에 가입하지 아니할 것이나 탈퇴할 것, 특정한 노동조합의 조합원이 될 것을 불공정 고용계약의 내용으로 하고 있으나, 불공정 고용계약의 금지 취지가 단결권을 저해하는 사용자의 행위를 배제하려는 데에 있으므로 노동조합을 결성하지 않는다든가 노동조합에 가입하더라도 조합활동을 하지 않는 것을 고용조건으로 하는 것도 불공정 고용계약 또는 지배·개입의 부당노동행위에 해당될 수 있다.

그 계약이 반드시 문서로 작성되어야 불공정 고용계약이 성립되는 것은 아니다.

고용조건으로 한다는 의미는 채용의 조건 뿐만 아니라 장래의 고용계속의 조건이나 재계약의 조건, 정규직 전환의 조건 등으로 하는 경우도 포함된다.

불공정 고용계약은 그러한 계약을 체결한 사실만으로 부당노동행위가 성립함은 물론 강행규정인 노조법 제81조제1항제2호에 위배되는 것으로서 사법상 당연 무효이다. 이 경우, 불공정 고용계약의 약정 부분만 무효가 되는 것으로 근로계약 전체가 무효로 되는 것은 아니다.

(2) 예외(유니온숍)

노조법 제81조제1항제2호 단서는 노동조합이 당해 사업장에 종사하는 근로자의 3분의 2 이상을 대표하고 있을 때에는 근로자가 그 노동조합의 조합원이 될 것을 고용조건으로 하는 단체협약의 체결은 예외로 하며, 이 경우 사용자는 근로자가 당해 노동조합에서 제명된 것 또는 그 노조를 탈퇴하여 새로운 노조를 조직하거나 다른 노조에 가입한 것을 이유로 신분상 불이익한 행위를 할 수 없다.

'근로자 3분의 2 이상'에서의 근로자라 함은 전체근로자에서 사용자 또는 항상 그의 이익을 대표하여 행동하는 자를 제외한 자를 말한다. 즉, 노조법 제2조제1호의 근로자 중 제2조제2호 및 제4호 가목의 사용자 또는 이익대표자로서 노조에 가입할 수 없는 근로자를 제외한 노조조직 가능 근로자를 말한다(노조 68107-450, 2002.5.22.).

(3) 판단기준

유니온숍 협정은 노동조합이 당해 사업장에 종사하는 근로자의 3분의 2 이상을 대표하고 있지 아니한 경우에는 노사가 합의하더라도 유니온숍 협정의 효력을 인정할 수 없다. 다만, 노동조합의 조합원 수가 근로자의 3분의 2 이상을 대표하고 있지 못함에도 유니온숍 협정체결을 계기로 노동조합에 가입하였더라도 근로자들 스스로 노동조합에 가입하려는 의사를 가지고 있었다면 이로써 노동조합의 가입계약은 유효하게 성립된 것으로 보아야 할 것이다.

단체협약에서 유니온 숍 제도를 설정한 후 노동조합에 가입한 조합원이 조합을 탈퇴하였을 때에는 단체협약의 내용에 따라 노동조합은 당해 조합원의 해고를 사용자에게 요구할 수 있으며 사용자는 이에 응할 의무가 있을 것이나, 조합원의 탈퇴로 노동조합의 조직이 근로자 3분의 2 미만으로 그 수가 감소된 경우에는 단체협약의 유효기간 중이라 하더라도 유니온숍 협정의 효력은 상실되는 것이므로 노동조합은 노조를 탈퇴한 근로자의 해고를 사용자에게 요구할 수 없는 것이다.

이후 가입 조합원이 증가하여 노동조합의 조직이 근로자 3분의 2 이상으로 되었다 하더라도 별도로 유니온숍 협정을 체결하지 않는 한 기존의 무효로 된 유니온숍 협정이 유효로 되는 것은 아님에 유의하여야 한다.

유니온숍 협정이 유효하게 성립되어 있다고 하더라도 노동조합에서 제명된 자, 노동조합을 탈퇴하여 새로 노동조합을 조직하거나 다른 노동조합에 가입한 자에 대해 불이익 취급을 하는 것은 부당노동행위에 해당된다.

노조 탈퇴로 비조합원이 되자 계속 지급해오던 승무수당 등을 지급하지 아니하면서 노동조합에 재가입하도록 강요하는 행위는 불공정 고용계약에 해당될 수 있다.

유니온숍 협정은 소급적용 할 수 없으므로 유니온숍 협정체결 이전에 취업한 근로자에 대하여 노동조합 가입을 강제할 수 없다. 아울러, 유니온숍 협정이 체결되었다고 하여 입사와 동시에 노조에 자동가입 되는 것은 아니므로 별도의 노조가입 절차를 거쳐야 한다.

유니온숍 협정 체결 후에 채용된 신규 근로자의 경우에는 유니온숍 협정체결 노동조합 또는 다른 노동조합을 자유롭게 선택하여 가입할 수 있으나 비조합원 상태로 있을 수 없다.

신규 근로자가 유니온숍 협정 체결 노동조합에 가입함이 없이 다른 노동조합에 가입하더라도 유니온숍 위반에 해당하지 않으므로 사용자가 근로자를 해고하지 않더라도 부당노동행위에 해당하지 않는다.

복수의 회사가 합병되는 경우 합병회사의 노동조합이 유니온숍의 조직형태를 취하고 있다 하더라도 피합병회사의 근로자들이 자동적으로 합병회사의 노동조합의 조합원으로 되는 것은 아니다.

3) 단체교섭 거부 · 해태

(1) 의의

노조법 제81조제1항제3호에는 단체교섭을 거부하거나 해태하는 경우의 부당노동행위를 규정하고 있다.

'노동조합의 대표자'라 함은 노조규약에 의한 대표 임원을 의미하고 '위임받은자'라 함은 노동조합으로부터 교섭 또는 단체협약 체결 권한을 위임받은 자를 의미한다.

이 경우 단체교섭은 사용자가 성의있게 교섭에 임하는 것을 의미하는 것이지 교섭사항을 반드시 타결하여야 한다는 의무를 말하는 것은 아니므로 정당한 이유가 있는 단체교섭의 거부는 부당노동행위가 아니다.

이 경우, 정당한 이유가 있는지는 노동조합측의 교섭권자, 노동조합측이 요구하는 교섭시간, 교섭장소, 교섭사항 및 교섭태도 등을 종합하여 사용자에게 단체교섭 의무의 이행을 기대하는 것이 어렵다고 인정되는지 여부에 따라 판단하여야 한다(대법 1998.7.1., 97누8076).

단체교섭 권한을 위임받은 자가 정당한 이유없이 교섭을 거부하거나 해태하는 경우, 부당노동행위 주체로서의 형사책임 및 구제명령의 수규자는 교섭권한을 위임받은 자가 아니라 위임자인 사용자에게 있다.

노동조합이 상급단체에 교섭권을 위임한 경우 이를 해지하는 별개의 의사표시가 없더라도 노동조합의 교섭권한은 여전히 수임자의 교섭권한과 중복하여 경합적으로 남아 있다(대법 1998.11.13., 98다20790).

(2) 단체교섭의 거부 · 해태로서 부당노동행위에 해당하는 경우

① 단체협약상 자동갱신 조항이 있음을 이유로 단체교섭을 거부하는 경우(대전지방법원 2012.8.9., 2012노807)

② 사용자가 단체교섭에 응하지 않는 것(교섭불응) 또는 노동조합의 교섭요구를 무시하고 개개근로자와 근로계약을 갱신하는 경우

③ 교섭결과 협약체결을 거부하거나 교섭권한이 없는 자가 사용자측 교섭위원으로 나와서 정당한 이유없이 상부의 지시만 따르겠다고 하는 경우

④ 교섭전후 노동조합 측 교섭위원을 배치·전환시키거나 노동조합측 교섭위원을 지정하여 교섭에 응하겠다고 하는 경우

⑤ 특별한 사유 없이 노동조합측 특정 교섭위원의 교체나 교섭권 위임의 철회를 요구하며 교섭을 거부·지연시키는 경우

⑥ 교섭은 하되 노동조합의 요구에 대하여 대안을 제시하지 아니하고 무조건 반대만 하거나 정당한 사유없이 고의적으로 교섭을 중단 또는 지연시키는 경우

⑦ 노동조합측 교섭요구 사항에 대해 구체적인 내용을 제시하지 않거나 사규 등 취업규칙이나 관련 법령에 따른다는 내용의 교섭안을 제시하는 경우(서울행정법원 2015.10.23., 2015누64765, 서울고등법원 2016.6.22., 2015누64765)

⑧ 노동조합과 단체교섭일을 합의하였다가, 이후 1차, 2차, 3차 연기하면서 단체교섭이 전혀 이루어지지 않은 경우

⑨ 사용자가 일방적으로 교섭을 중단하거나 단체교섭으로 합의에 도달한 사항에 대해 단체협약 체결을 거부하는 경우(대법 2009.6.25., 2007도10274)

⑩ 단체교섭 진행 중 교착상태에 이른 이후, 교섭재개가 의미 있을 것으로 기대되는 사정 변경(노조 교섭권의 상급단체 위임, 새로운 교섭안 제시 등)이 발생하였음에도 계속하여 단체교섭을 거부하는 경우(대법 2006.2.24., 2005도8606)

⑪ 회사가 심한 경영난에 처해 있다는 이유로 단체교섭을 회피하는 경우

⑫ 복수노조 사업장에서 교섭창구 단일화 절차를 미이행하거나, 창구단일화 이행관련 노동위원회 시정명령에 따르지 않는 경우(서울행정법원 2014.5.29., 2013구합51725)

(3) 단체교섭 요구를 거부할 수 있는 정당한 사유가 있는 경우

가) 교섭당사자의 자격

교섭권한이 없는 자가 교섭을 요구하는 경우나 교섭권한이 명확하지 아니한 때(대법 2000.5.12., 98도3299) 노동조합으로서 실질적 요건을 갖추지 못한 일시적 쟁의단 등의 단결체는 단체교섭 권한이 없으므로 이들의 단체교섭 요구를 거부하더라도 부당노동행위가 되지 아니한다(대법 1996.1.26., 95도1959).

조합측에 대하여 단체교섭 담당자 자격 확정을 요구하고 확정 시까지 단체교섭을 연기하는 경우(대법 1998.1.20., 97도588) 단체교섭 결과 합의된 내용에 대해 조합원의 찬반투표를 실시하지 않는 것을 조건으로 거부하는 경우 등은 거부의 정당성이 인정된다(대법 1993.4.27., 91누12257).

나) 단체교섭 대상사항

단체교섭은 근로조건 등 근로자의 처우에 관한 노사 간의 합의성립을 목적으로 하므로 교섭사항은 사용자가 처분가능한 사항에 국한된다. 따라서 순수한 정치문제나 타기업의 문제 등을 교섭사항으로 할 때 이를 거부하는 것은 정당한 단체교섭 거부에 해당한다(대법 2002.4.26., 2000두4637).

사용자단체 구성은 특정 사용자가 임의로 이를 구성할 수 있는 것이 아니므로 단체교섭의 대상이 될 수 없고, 따라서 노동조합의 '사용자단체 구성' 요구를 특정 사용자가 수용하지 않았다는 사실만으로 곧바로 단체교섭 거부로 보아 부당노동행위라 할 수는 없다(대법 1999.6.22., 98두137).

유일교섭단체 조항은 연합단체나 다른 노동조합에게 헌법상 보장된 단체 교섭권을 침해하는 결과를 초래하기 때문에 단체협약에서 이를 정하고 있다 하더라도 무효이므로, 노동조합의 유일교섭 단체조항 요구에 대해 사용자가 불응하더라도 이는 정당한 이유있는 교섭거부이므로 사용자의 부당노동행위로 볼 수 없다(대구지방법원 2012.7.4., 2011구합3847).

인사・경영상의 문제는 원칙적으로 사용자의 전권에 속하는 사항으로 볼 것이나, 인사·경영상의 문제라 하더라도 근로자들의 근로조건과 밀접한 관련이 있는 부분으로서 사용자의 인사·경영권의 본질적 사항을 침해하는 것이 아닌 한 그 한도 내에서 단체교섭 대상이 될 수 있다(대법 1994.8.26., 93누8993).

판례는 노동조합이 구조조정 실시 자체를 반대하기 위하여 단체교섭을 요청한 경우 사용자가 그 요청을 거부하거나 해태할 정당한 이유가 있다고 판시한 바 있음(대법 2010.11.11., 2009도4558)

조합측이 제시한 요구가 과다하다는 이유만으로 교섭을 거부하는 것은 정당성이 인정되지 아니한다(대법 1992.1.21., 91누5204).

다) 단체교섭 시기·장소 등

통상적인 근무시간을 정상 이상으로 초과하여 장시간에 걸친 협의로 인해 심신이 피로하여 그 이상의 정상적인 협의를 기대할 수 없는 경우에 단체교섭을 거부한 것은 정당한 이유에 해당한다.

사용자의 사택침입, 심야의 교섭이나 창고 등 사용자에게 불안을 줄 수 있는 장소에서의 단체교섭을 거부한 것은 정당한 이유에 해당한다.

단체협약 만료에 대비하여 노동조합이 합리적인 시기에 요구한 단체교섭을 거부한 경우는 정당성이 인정되지 아니한다(대법 2006.2.24., 2005도8606).

교섭시기, 장소 등에 대하여 노사 간에 의견이 대립될 때에는 협약이나 관행이 있으면 그에 의하면 될 것이나 협약이나 관행이 없는 경우에는 사용자가 제시하는 일시, 장소에 노조측이 따르지 않는 것을 이유로 단체교섭을 거부하는 것은 정당한 이유가 있다고 볼 수 없다(대법 2006.2.24., 2005도8606).

라) 단체교섭의 진행

조합측에서 폭력을 사용하거나 협박적인 언동을 할 때 단체교섭을 거부함은 부당노동행위가 성립되지 아니한다. 노동조합이 위임한 교섭대상자가 부당하게 많아서 원활한 교섭이 기대되기 어려울 경우 단체교섭 거부는 정당한 이유가 인정된다.

4) 지배 · 개입

(1) 의의

노조법 제81조제1항제4호의 부당노동행위 유형은 노동조합 활동에 영향을 미치기 위해 행하는 사용자의 제반 지배 · 개입 행위이다.

노동조합의 조직은 조직준비 행위 등 노동조합의 결성을 지향하는 근로자의 일체의 행위를 모두 포함한다.

노동조합의 운영은 조합의 내부적 운영뿐만 아니라, 단체교섭, 쟁의행위, 고충처리 등의 대사용자 활동, 선전, 계몽, 교육활동 등의 대내적 활동과 각종 문화활동 등의 대외적 활동도 포함한다.

지배라 함은 사용자가 노동조합의 조직 · 운영에 관하여 주도권을 가지고 그 의사결정을 좌우하는 것을 말한다.

개입이라 함은 지배에 이르지는 못하지만 사용자가 노동조합의 조직 · 운영에 간섭하여 그 의사결정에 영향력을 미치는 것을 말한다.

'근로시간 면제한도를 초과하는 급여 지급'이란 근로시간면제자(사용자로부터 급여를 지급받으면서 노동조합 업무에 종사하는자)에 대해 근로시간 면제한도(고용노동부고시 제2013-31호)에서 정한 조합원 규모별 연간 시간 한도를 초과하여 급여를 지급하거나 사용가능 인원을 초과하여 근로시간면제자를 두는 것을 말한다.

운영비 원조란 사용자가 노동조합의 운영비를 지원하는 행위로 조합설립 · 운영비의 제공 등이 이에 해당한다. 다만, 운영비 원조의 목적과 경위, 원조된 운영비의 횟수와 기간, 금액과 원조방법, 원조된 운영비가 노동조합의 총수입에서 차지하는 비율, 원조된 운영비의 관리방법 및 사용처 등을 고려하여 노동조합의 자주적인 운영 또는 활동을 침해할 위험이 없는 범위에서의 운영비 원조는 가능하다.

(2) 예외 사유(노조법 제81조제1항제4호 단서)

① 근로자가 근무시간 중에 노조법 제24조제2항에 따른 활동을 하는 것을 사용자가 허용하는 경우(구체적인 내용은 제3장 노동조합의 운영관리의 근로시간면제제도 참조)

② 근로자의 후생자금 또는 경제상의 불행 그 밖에 재해의 방지와 구제 등을 위한 기금의 기부 행위

③ 최소한의 규모의 노동조합 사무소를 제공하는 행위

노조법 제81조제1항제4호 단서의 최소한 규모의 노조사무소 제공이라 함은 노조사무소와 필요적 부대시설(책상, 의자, 전기시설, 통신시설 등)은 포함된다고 볼 수 있다.

④ 노동조합의 자주적인 운영 또는 활동을 침해할 위험이 없는 범위에서의 운영비 원조하는 행위

(3) 지배 · 개입 사례(예시)

가) 노동조합 설립 · 가입

노동조합의 결성방해, 조합원의 노조 탈퇴 또는 특정 노조 가입을 종용하거나 제2의 단체를 통한 조직의 와해 및 조합활동의 방해 행위를 말한다.

판례는 조합원 자격이 없는 조합원에 대한 탈퇴요구 등은 지배 · 개입 행위로 볼 수 없다고 판시하고 있다. 한편, 판례는 사용자가 노동조합에 가입할 수 있는 근로자에 대하여 조합원의 자격이 없다고 하면서 노동조합에 가입한 것을 이유로 하여 직위해제 및 대기발령 처분을 한 것은 지배 · 개입의 부당노동행위에 해당한다고 판시하였다.

① 노동조합이 결성된 이후 가입하지 못하게 하거나 불이익 취급 위협 등을 하는 행위

② 노조결성 인물에 대한 미행, 해고 · 전보 등 불이익 조치 행위(이 경우 불

이익 취급에도 해당)

나) 노동조합 운영·활동

금전으로 조합간부의 매수, 향응을 통한 노동조합 운영에의 개입, 조합행사 및 정당한 쟁의행위에 대한 간섭 및 교란 행위를 말한다.

① 특정 후보를 지지·반대하거나, 선거에 입후보할 수 없도록 불이익을 주거나 후보자의 재직증명서 발급을 거부하여 출마를 방해하는 등 노동조합 선거에 개입하는 행위

② 조합활동 방해 목적의 부서 배치전환, 조합에 가입할 수 없는 직위·직급으로의 승급, 승진을 시키는 행위(이 경우 조합활동상의 불이익 대우가 되는 경우가 있음)

③ 단체협약에 특별한 규정이 없음에도 근로제공 의무가 면제된 노조전임자에 대해 직장교육, 연수, 훈련 등의 행사에 참가하도록 강제하는 경우

④ 단체협약 또는 관행상 허용되어 온 상급단체 행사 참석을 정당한 이유없이 행사 하루 전날 사전 협의도 없이 불허 통보를 하는 경우

⑤ 정직, 출근정지 등 징계에 의해 사업장 출입이 금지된 기간이라도 정당한 조합활동을 위한 사업장 내 노조사무실 출입을 금지하는 행위

> 노동조합의 대의원이 사용자로부터 출근정지 처분을 받았다 하더라도 노동조합의 활동을 하기 위하여 사용자의 공장 내에 위치한 노동조합 사무실 등에 출입하기 위하여 공장을 출입할 수 있다 할 것이다(대법 1992.6.23., 92누4253).

⑥ 노동조합 활동을 방해할 의도로 정당한 쟁의행위에 대해 노조법상 금지되는 대체근로를 사용한 경우

⑦ 단체협약 또는 관행상 제공하던 노조사무실 제공을 일방적으로 중단 하거나 노조사무실에 대한 단전·단수 조치를 하는 등 편의시설 제공을 일방적으로 중단하거나 거절하는 경우, 다만, 회사사무실 공간 부족 등의 사유로 노조사무실 축소나 사업장 밖으로의 이전을 요구하는 경우는 부당노동행위에 해당하

지 않을 수 있다(서울행정법원 2011.12.9., 2011구합9898 등).

> 사용자가 기업별 노동조합의 설립이 같은 사업장에 설치된 산업별 노동조합의 지부의 유효한 조직형태 변경의 결의에 따른 것이라고 오인하였다고 하여도, 사용자가 산업별 노동조합의 지부에게 제공하던 사무실을 폐쇄하는 등 편의시설의 제공을 일방적으로 거절한 것은 산업별노동조합의 운영에 개입하는 부당노동행위에 해당한다(대법 2008.10.9., 2007두15506).

⑧ 사용자가 노동조합 조직이나 운영을 지배하거나 개입하려는 의사로 노조활동에 대한 부정적인 발언이나 연설, 게시문, 사내방송, 서한발송 등으로 노조활동을 위축시키는 경우

⑨ 조합비 일괄공제(check-off)의 일방적인 중단・폐지 등

다만, 조합원 자격이 상실된 자에 대한 조합비 공제를 중단하거나(서울고법 2012.1.12., 2011누24202), 조합원 요청이 있거나 노동조합간 갈등으로 일시적으로 공제를 미루는 것은(서울행정법원 2009.7.1., 2008구합46750) 부당노동행위에 해당하지 않을 수 있다.

⑩ 쟁의행위 개시 이전에 직장폐쇄를 하는 등 방어적 목적을 벗어나 노동조합의 조직력을 약화시키는 의도로 행한 공격적 직장폐쇄

⑪ 직장폐쇄 개시가 정당하였더라도 노조가 쟁의행위를 중단하고 진정으로 업무복귀 의사를 표시하였음에도 직장폐쇄를 지속하는 경우

다만, 사용자가 업무에 복귀하려는 조합원들의 진정한 의사를 확인하기 위해 파업종료 확인서에 서명을 요구하는 것은 부당노동행위에 해당하지 않는다.

⑫ 직장폐쇄 기간 중이라 하더라도 노조사무실 등 정상적인 노조활동에 필요한 시설에 대한 출입을 금지하는 경우

⑬ 특정 노조에 대해서만 교섭타결수당 등 지원, 특근・연장근로 기회 부여, 징계・승진이나 배치전환에서의 노조원 간 차별을 두는 경우

(4) 근로시간 면제 관련 부당노동행위

ILO 핵심협약 비준을 위해 2021.1.5 노조법을 개정(2021.7.6 시행)하여, 노동조합 전임자에 대한 급여지급 금지 규정은 삭제하되, 근로시간 면제제도의 기본 틀은 유지하였다.

그간 ILO 결사의자유위원회는 노동조합 전임자에 대한 급여지급은 입법적으로 관여의 대상이 아니므로 이의 폐지를 지속적으로 권고하였다.

check point 노조법 개정 주요 내용

- 전임자
  - 노동조합 전임자에 대한 급여지급 금지 규정 및 형사처벌 규정 삭제(부당노동행위 사유에서 제외)
  - 전임자 급여지원 등을 요구하는 쟁의행위 금지 및 처벌규정(1천만원 이하의 벌금) 삭제
- 근로시간면제자 등
  - 사용자로부터 급여를 지급받으면서 노동조합 업무에 종사하는 자는 모두 '근로시간면제자'로 규율
  - 근로시간면제 한도를 초과하는 사용자의 급여지급은 부당노동행위로 처벌(2년, 2천만원)
  - 근로시간면제 한도를 초과하는 급여지급을 정한 단체협약과 사용자 동의는 그 부분에 한해 무효로 규정

2021.7.6자 개정 노조법에서는 전임자에 대한 급여지급 금지 규정 및 형사처벌 규정을 삭제하는 한편, 노조법 제81조제1항제4호의 부당노동행위 사유 또한 근로시간 면제한도를 초과하여 급여를 지급하는 행위로 개정하였다.

개정 노조법에서는 전임자에 대한 근거 규정을 삭제하고 사용자로부터 급여를 지급받으면서 노동조합 업무에 종사하는 자 모두 '**근로시간면제자**'로 규율하였다.

따라서, 근로계약에 따른 소정근로의 전부 또는 일부를 면제받고 노동조합

업무에 종사하는 자가 사용자로부터 급여를 지급받는 경우 전임자 또는 부분전임자 등 현장에서의 명칭에 관계없이 이들은 모두 노조법 제24조제2항에 따른 근로시간면제자에 해당된다.

노동조합법 개정으로 노조전임자 관련 규정이 삭제됨에 따라 기존 판례 및 행정해석의 전임자는 근로시간면제자 또는 노동조합으로부터 급여를 받는 휴직자로 해석해야 한다.

근로시간면제자가 단체협약 등으로 정한 면제시간을 초과하여 급여를 지급받거나, 근로시간면제자 외의 근로자가 근로계약상 근로의 일부 또는 전부를 제공하지 아니하고 사용자로부터 급여를 지급받으면서 노동조합 업무에 종사한다면, 당해 유급으로 인정되는 시간 및 인원은 노조법 제24조에 따른 면제시간 및 인원에 포함하여 근로시간면제 한도 초과 여부를 판단한다.

이 경우, 단체협약에서 정한 면제 시간 및 인원을 초과하더라도 이를 포함한 총 면제시간・인원이 법정한도 이내이면 곧바로 부당노동행위에 해당하는 것은 아님에 유의해야 한다.

다만, 총 면제시간・인원이 법정 한도 이내라 하더라도, 복수노조 사업장에서 특정노동조합에 대해 근로시간면제 한도 추가부여 등이 이루어지는 경우 지배・개입의 부당노동행위에 해당할 수 있으며, 노동조합 간 면제시간・인원의 배분에 있어 합리적인 이유 없이 차별이 이루어진 경우 공정대표의무 위반에 해당할 수 있다.

한편, 노조법 개정에 따라 부당노동행위의 유형으로 기존 '전임자급여지원 금지' 규정이 **'근로시간 면제한도를 초과한 급여지급 금지'**로 대체되었고(제81조제1항제4호) 근로시간면제 한도를 초과하는 급여지급을 정한 단체협약과 사용자 동의는 그 부분에 한해 무효로 규정되었으며(제24조제4항)

헌법재판소 결정(헌법재판소 2018.5.31. 2012헌바90 결정)과 기존 판례에서도 전임자 급여 지급은 그 자체로 부당노동행위를 구성한다고 한 점 등을 종합적으로 고려할 때, 근로시간면제 한도를 초과한 급여지급 행위는 운영비 원조와 달리 노동조합의 자주성을 침해할 위험성이 있는지 가릴 필요 없이 그 자체로 부당노동행위에 해당된다.

근로시간면제 한도를 초과한 급여지급 행위(2021.7.6자 시행 노동조합법 개정 전에는 노동조합 전임자에 대한 급여지원 행위)와 운영비 원조행위는 그 금지의 취지와 규정의 내용, 예외 인정범위 등이 다르므로 동일하게 볼 수 없음에 유의해야 한다.

가) 근로시간면제 한도를 초과한 부당노동행위

근로시간면제자에 대한 사용자의 급여지급은 조합원 규모별로 정해진 근로시간면제 한도를 초과하지 않는 범위 내에서 가능하므로(법 제81조제1항제4호) ① **근로시간면제 한도**를 초과하여 급여를 지급하는 경우, ② 급여지급의 대상이 된 업무가 **근로시간면제 대상 업무**에 해당하지 않는 경우 ③ **급여의 수준**이 합리적인 범위를 벗어나 과다하게 책정된 경우 등은 부당노동행위에 해당한다.

(가) 근로시간면제 한도

사업장의 종사근로자인 조합원 수 등을 고려하여 근로시간면제 한도고시에 따른 연간 단위(노사간 달리 정함이 없다면 단체협약 유효기간 기산일로부터 1년간) 근로시간면제 시간 및 인원을 초과한 경우 부당노동행위에 해당한다.

종사근로자인 조합원 수의 산정 시점은 원칙적으로 단체협약 체결 시 또는 사용자가 동의한 날이나 노사협의로 달리 정할 수 있으며, 단체협약으로 근로시간면제 한도를 정한 경우 별도의 정함이 없는 한 종사근로자인 조합원 수 변동과 관계없이 해당 면제 한도는 당해 단협의 유효기간까지 유효하다(노사관계법제과-221, 2011.3.24.).

조합원 여부는 조합비 납부, 노동조합 가입신청서 등을 통해 확인하되, 노동조합에 가입되어 있더라도 사용자, 사용자의 이익대표자, 해고자・실업자 등 종사근로자가 아닌 자는 제외한다.

복수노조 사업장의 경우에는 모든 노조의 종사근로자인 조합원 수를 합한 범위내에서 면제 한도를 정했는지를 조사하되, 반드시 면제시간 및 인원을 각 노동조합의 종사근로자인 조합원 수에 비례하여 배분해야 하는 것은 아니다(노동조합간 협의로 정할 수 있음).

한편, 근로시간면제자가 아닌 자에 대해 개별 법령에 근거하여 회의 참석시간을 유급처리 하는 것은 특별한 사정이 없는 한 근로시간면제 한도와 별개로 인정될 수 있음에 유의해야 한다(노사관계법제과-165, 2010.7.21.).

(나) 근로시간면제 대상 업무

근로시간면제자가 수행하는 업무가 노조법 제24조제2항에 따른 사용자와의 협의·교섭, 고충처리, 산업안전활동 등 노조법 또는 다른 법률에서 정하는 업무와 건전한 노사관계 발전을 위한 노동조합의 유지·관리업무여야 한다.

다만, 건전한 노사관계 발전을 위한 업무여야 하므로 쟁의행위에 참여한 행위는 근로시간면제 대상업무로 볼 수 없다(노사관계법제과- 645, 2010.9.2.).

한편, 상급단체 파견의 경우에는 해당 활동이 사업장 활동과 무관하지 않으므로 원칙적으로 노사합의에 따라 근로시간면제 한도 내에서 사용가능하다 할 것이다.

(다) 급여 수준

단체협약 등 노사합의에 의한 경우라도 타당한 근거 없이 근로시간 면제자에게 과다하게 책정된 급여를 지급하거나 실제 소요된 시간보다 과다한 시간을 유급으로 처리하였다면 부당노동행위에 해당한다.

이 경우, 근로시간면제자와 동종·유사 업무에 종사하는 동일 또는 유사 직급·호봉의 일반근로자의 급여 수준이나 지급 기준을 사회통념상 수긍할 만한 합리적인 범위를 초과할 정도로 과다한지 등의 사정을 고려해야 한다.

보수규정(복리후생 포함), 임금대장 및 급여명세서, 근로(연봉)계약서, 금융

거래내역 등을 통해 급여 수준이나 지급기준을 확인한다.

나) 근로시간면제자의 활동 방해 등의 부당노동행위

① 단체협약을 정하거나 사용자의 동의가 있는 경우 근로계약 소정의 근로를 제공하지 아니하고 노동조합의 업무에 종사하는 자의 정당한 조합활동을 이유로 불이익 취급을 하거나 조합활동을 방해하는 경우

② 정당한 이유없이 노동조합의 업무에 종사하는 자의 선정을 방해하거나 그 활동을 어렵게 하는 경우

③ 노동조합이 부담하는 전임자의 활동을 이유로 인사배치, 경력관리, 승진 등에 있어서 불합리하게 차별하는 경우

④ 노조간부나 노조 업무에 종사하는 자를 사업장 내 인사·노무부서 등 지원부서에 배치하고 부서업무와 관련된 업무를 하지 않고, 노조활동을 하도록 하면서 급여를 지급하는 경우

(5) 운영비 원조

노동조합의 자주적인 운영 또는 활동을 침해할 위험이 있는 사용자의 운영비 지원 행위는 부당노동행위에 해당한다.

노동조합의 자주성 침해 위험이 있는지 여부는 그 목적과 경위, 원조 된 운영비의 횟수와 기간, 금액과 원조방법, 원조된 운영비가 노동조합의 총수입에서 차지하는 비율, 원조된 운영비의 관리방법 및 사용처 등을 고려하여 판단한다.

가) 운영비 지원 행위(예시)

(가) 인건비 등 노조사무실 운영비 지원 행위

전기료, 수도료, 통신비 등 노조 운영에 필요한 비용지원 행위, 노조 채용 직원의 인건비를 지원하거나, 회사에서 채용한 직원을 노조에 파견하고 그에 대한 인건비를 회사에서 지급하는 행위

(나) 노조활동에 필요한 경비 및 물품 지원 행위

자동차 및 유류비 제공, 노조 자체 행사를 위한 금품 지원 등 과도한 노조 활동 지원은 운영비 원조에 해당될 수 있다. 다만, 노조 행사를 위해 사회통념상 과도하지 않는 범위에서 일시적으로 현물을 통한 지원, 행사장소 등을 제공하는 것은 예외적으로 허용 가능하다.

(다) 자판기·매점 등 재정자립을 위한 시설운영권 지원 행위

사업장 내 자판기운영권, 식당운영권, 매점운영권 등 수익사업권을 노동조합에 제공하는 행위. 다만, 이러한 수익사업 운영에 소요되는 제반 비용 및 운영상 발생되는 경영상 위험을 스스로 부담하는 경우에는 예외적으로 허용 가능한 경우도 있다.

check point **자주성 침해 위험이 있는 운영비 원조 판단 기준**

〈노조법 제81조제2항〉

제1항제4호 단서에 따른 '노동조합의 자주적 운영 또는 활동을 침해할 위험' 여부를 판단할 때에는 다음 각호의 사항을 고려하여야 한다(신설 2020.6.9.).

1. 운영비 원조의 목적과 경위
2. 원조된 운영비 횟수와 기간
3. 원조된 운영비 금액과 원조방법
4. 원조된 운영비가 노동조합의 총수입에서 차지하는 비율
5. 원조된 운영비의 관리방법 및 사용처 등

2018.5.31 노조법 제81조제4호 중 운영비 원조 금지조항에 대해 과잉 금지원칙 위반에 따른 헌법불합치 결정으로 노조법 개정하였다(2020.6.9 시행).

종전 노동조합에 대한 운영비 원조행위는 노동조합의 자주성 침해 여부를 가릴 필요 없이 그 자체로 부당노동행위에 해당한다.

check point **헌법 불합치 결정 주요내용(2018.5.31. 2012헌바90 결정)**

(주문) 노조법 제81조제4호 중 '노동조합의 운영비를 원조하는 행위'에 관한 부분은 헌법에 합치되지 아니한다. 위 법률조항은 2019.12.31을 시한으로 개정될 때까지 계속 적용된다.

(이유) 운영비 원조행위 제한은 노동조합의 자주성이 저해되었거나 저해 될 위험이 현저한 경우에 한하여 이루어져야 하므로, 현행 운영비 원조 금지 조항은 과잉금지원칙에 반함

(자주성 저해 판단요소) ① 운영비 원조의 목적과 경위, ② 원조된 운영비의 내용, 금액, 원조방법, ③ 원조된 운영비가 노조 총수입에서 차지하는 비율, ④ 원조된 운영비의 관리 방법 및 사용처 등에 따라 달리 판단

나) 운영비 원조의 목적과 경위

사용자가 자발적·적극적으로 운영비를 원조하는 경우에는 자주성 침해의 위험이 높다고 볼 수 있다.

단체교섭에서 노동조합이 운영비 원조를 요구한 경우에도 원조 목적, 수용과정 등을 확인하여 자주성 침해 여부를 개별·구체적으로 판단한다.

단체교섭 과정에서 노동조합이 운영비 원조를 중요 요구사항으로 제시하였는지, 단체교섭 과정에서 쟁의행위를 하였는지, 쟁의행위 기간 및 양태(폭력 등), 쟁의행위로 인해 사용자의 부담이나 업무 저해성 정도 등을 고려해야 한다.

다) 원조된 운영비의 횟수와 기간

복리후생수당 등 운영비의 성격 및 용도가 불특정 조합원을 대상으로 하는 경우에는 상대적으로 자주성 침해 위험이 낮다고 볼 수 있다.

단체협약 등에 따라 복리후생 수당을 조합원에게 직접 지급하는 경우에는 노동조합에 대한 운영비 원조에 해당하지는 않으며, 운영비 원조로 문제되는 경우는 노동조합의 복리후생 명목이나 관련사업 재원으로 노동조합에 직접 지급

하는 경우를 지칭한다.

노조재정 자립금, 매점・자판기 운영권 등과 같이 그 성격이 불분명 하거나 복리후생과의 연관성이 떨어지는 경우에는 자주성 침해 위험이 상대적으로 높다고 볼 여지가 있다.

특정 조합원에 대한 차량(렌트비 포함)이나 주거(임대료 포함) 등의 지원은 전체 조합원의 복리후생과는 관련성이 낮아 자주성 침해 위험을 배제하기는 어렵다.

노동조합 사무실 운영에 필요한 비용(전기・수도・통신료 등)・비품(복사용지, 컴퓨터, 정수기 등) 등은 상대적으로 자주성 침해 위험이 낮다고 볼 수 있다.

노동조합 행사비(워크숍, 체육행사 등)나 각종 활동비(출장, 해외연수 등) 등은 기본적으로 노동조합에서 부담해야 할 것이나, 행사・활동의 성격상 필요성이 인정되고 지원된 금액이 과다하지 않고 행사・활동에 필요한 수준이라면 자주성 침해 위험이 높지 않다고 볼 수 있을 것이다.

라) 운영비 원조 금액과 원조방법

운영비 지원 기간이 길거나 금액이 클수록 노동조합의 자주성 침해 위험이 상대적으로 높다고 할 수 있다.

마) 원조된 운영비가 노동조합의 총수입에서 차지하는 비중

노동조합의 자주성 확보를 위해 노동조합의 존립 및 활동 등에 필요한 운영비는 원칙적으로 노동조합이 부담하여야 하나, 운영비의 일부를 지원받는 경우 지원 받은 운영비 규모가 노동조합 전체 재정에서 차지하는 비중이 지나치게 클 경우 자주성 침해 위험이 높다.

자주성 침해 여부는 노동조합 재정에서 차지하는 비율뿐만 아니라 여타 다른 사정을 종합 고려하여 판단하므로 재정 차지 비중은 하나의 지표로만 활용한다.

바) 원조된 운영비의 관리방법 및 사용처

사용처를 정하지 않거나 조합원 등에게 공개하지 않고 운영비를 지원함으로써 지출내역이 관리·공개되지 않고 일부 임원 등에 의해 임의로 사용될 가능성이 있는 경우에는 자주성 침해 위험이 상대적으로 높다.

다만, 사용자가 노동조합과 협의하여 지원하는 운영비의 사용처를 정하고 이를 조합원 등에게 공개할 것을 요청했음에도 불구하고, 노동조합이 합의된 사용처에 지출하지 않거나 지출내역을 관리·공개하지 않은 경우에는 사용자의 책임을 단정하기 어려울 것이다.

원조 목적에 따른 지출이 발생하지 않았음이 확인되는 경우에는 이와 상관없이 계속 지원할 경우에도 자주성 침해 위험이 상대적으로 높을 가능성이 있다(노조 사무보조비 명목으로 지원하는데 실제 비용 발생 여부 불문하고 계속 지급하는 경우 등).

10 부당노동행위 사건 처리 사례

10-1. 지방노동위원회 구제신청 사건

지방노동위원회 부당노동행위 구제신청 사건(인정) 사례

사용자가 현저히 불리한 압력을 받는다는 등의 사정이 없음에도 조합원 ○명을 대상으로 실시한 직장폐쇄는 불이익 취급의 부당노동행위에 해당한다고 판정

- 근로자(신청인) : ○○○
- 노동조합(신청인) : ○○노동조합 대표자 ○○○
- 사용자(피신청인) : ○○주식회사 대표이사 ○○○

[쟁점사항]

노조측의 쟁의행위가 적법한 것인지, 사용자의 직장폐쇄가 불이익취급의 부당노동행위에 해당하는지 여부

[주문]

1. 이 사건 사용자의 ○○노동조합 ○○지회 소속 조합원에 대한 직장폐쇄는 노동조합 및 노동관계조정법 제81조제1항제1호 불이익취급의 부당노동행위에 해당함을 인정한다.
2. 이 사건 사용자는 ○○노동조합 ○○지회 소속 조합원에 대한 직장폐쇄를 철회하고, 직장 폐쇄 기간 중 정상적으로 근로하였다면 받을 수 있었던 임금상당액을 지급하라.
3. 이 사건 사용자는 이 사건 직장폐쇄가 부당노동행위임을 인정하는 판정문을 송달받은 날로부터 30일간 사업장 게시판에 게시하라.

[판단]

이 사건에 관한 관계 당사자들의 주장 요지가 위와 같으므로, 이 사건의 주요 쟁점은 첫째, 이 사건 쟁의행위가 적법한 쟁의행위인지, 둘째, 이 사건 직장폐쇄가 불이익 취급의 부당노동행위인지 여부에 있다.

이러한 쟁점 사항에 대하여 이 사건 당사자의 주장과 ○○위원회에 제출된 각종 입증 자료의 기재 내용 및 이를 토대로 ○○위원회가 심문한 사항 등을 종합하여 다음과 같이 판단한다.

가. 이 사건 쟁의행위가 적법한 쟁의행위인지

〈구체적 판단〉

위 법원의 판단 법리 및 아래와 같은 사정을 종합하여 보면, 이 사건 쟁의행위는 적법한 쟁의행위에 해당한다.

가) 이 사건 노동조합은 ○○위원회로부터 조정중지 결정을 받고 쟁의행위 찬반투표를 거치는 등 적법하게 쟁의권을 확보하였고 이후 관할 행정관청에 쟁의행위신고서를 제출하였으므로 법령이 규정한 절차는 거친 것으로 확인된다.

나) 이 사건 사용자는 이 사건 근로자가 자신의 오배송에 대한 변제 책임을 회피하기 위하여 이 사건 쟁의행위를 하고 있으므로 쟁의행위의 목적이 정당하지 않다고 주장하나 이 사건 신청인들은 오배송은 배송시스템의 문제이지 이 사건 근로자의 책임이 아니라고 주장하여 오배송의 책임 소재에 대해 당사자 사이에 다툼이 있고, 이 사건 신청인들이 요구하는 배송 시스템 개선은 전체 조합원의 근로조건과도 관련이 있으므로 이 사건 쟁의행위의 목적이 정당하지 않다고 단정하기 어렵다.

다) 또한 쟁의행위의 진행 여부와 방법은 노동조합의 선택사항이지 사용자로부터 사전에 허락을 구해야 할 사항이 아니고, 노동조합이 주도한 쟁의행위 자체의 정당성과 이를 구성하거나 여기에 부수되는 개개 행위의 정당성은 구별하여야 하므로 이 사건 근로자가 쟁의행위를 실시하는 과정에서 설령 위법행위가 있었다거나 사내 복무규율을 일부 준수하지 않는 점이 있었더라도 전체로서의 쟁의행위마저 당연히 위법하게 되는 것은 아니며, 이 사건 근로자가 바스켓 바코드란에 다른 라벨지를 붙이고 라벨지를 제거한 행위가 1회에 그치고 바스켓을 반납하지 않은 행위 자체가 이 사건 사용자의 재산권을 침해하였다고 보기는 어렵다.

라) 아울러 ○○주식회사 부당노동행위 구제신청 사건에서 이 사건 쟁의행위가 정당하다고 판정한 이후 이 사건 사용자가 재심을 청구하지 않아 확정되었고 그 이후로 이 사건 쟁의행위의 정당성을 다르게 판단할 만한 특별한 사정변경은 보이지 않는다.

나. 이 사건 직장폐쇄가 불이익취급의 부당노동행위인지

〈구체적 판단〉

위 법원의 판단 법리 및 아래와 같은 사정을 종합하여 보면, 이 사건 직장폐쇄는 노동조합법 제81조제1항제1호에서 규정하는 불이익취급의 부당노동행위에 해당한다.

가) 이 사건 사용자가 이 사건 근로자의 ○○권역에 한하여 직장폐쇄를 실시함으로써 이 사건 근로자는 정상적으로 근로를 제공하려는 날에도 근로 제공을 전혀 하지 못하게 되어 임금의 손실이라는 불이익이 발생하였다. 또한 이 사건 직장폐쇄로 ○○ 회장의 지위에 있는 이 사건 근로자의 사업장 출입이 불가능하게 되면서 조합활동에 지장이 생겼으며, 다른 조합원들도 이 사건 근로자처럼 직장폐쇄를 당하게 될지 모른다는 불안감 하에서 조합활동을 수행해야 하므로 조합활동상의 불이익도 발생하였다.

나) 이 사건 사용자는 이 사건 근로자의 파업이 예측이 불가능하여 현저히 불리한 압력을 받았다고 주장하나, 파업 실시 조합원은 이 사건 근로자뿐이고 파업 방법은 ○○권역에 대한 배송거부이므로 어느 정도 예측이 가능한 부분이 있고, 파업 시기만 이 사건 사용자의 입장에서 예측이 어려운데 이 사건 사용자가 심문회의에서 진술한 바와 같이 이 사건 근로자가 담당하는 구역에는 다른 배송기사가 ○○권역에 약 ○○명, ○○권역에 약 ○명이 있고, 이 사건 사용자와 위탁 계약을 체결한 배송 기사가 약 ○○ 명이 존재하는 점을 고려할 때 이 사건 사용자가 어느 정도 대응이 가능한 상황으로 보인다. 실제로 이 사건 근로자의 파업으로 인한 업무 공백을 이 사건 사용자가 대체인력 투입 등으로 모두 처리한 것으로 볼 때 이 사건 사용자가 현저히 불리한 압력을 받아 직장폐쇄가 필요한 상황으로 판단되지 않는다. 또한 만약 이 사건 사용자의 주장처럼 이 사건 신청인들이 파업 일정을 미리 공지하게 된다면 이 사건 사용자는 대체인력 투입 등의 방법으로 사전에 대처할 수 있게 되어 업무의 정상적인 운영 저해를 본질로 하는 쟁의행위권이 사실

상 무력화되고 경제적으로 우위에 있는 사용자에게 어떠한 압박도 가할 수 없게 되고, 사용자는 대체인력 투입을 통해 업무를 정상적으로 수행하게 되어 손해가 거의 없는 반면 근로자와 노동조합은 임금의 손실과 단결력 약화라는 손해가 발생하게 되므로 불평등한 관계에 놓이게 된다.

다) 한편 이 사건 사용자는 신선 제품을 배송하고 고객과의 신뢰가 중요하기 때문에 이 사건 근로자에 대하여 직장폐쇄를 실시할 수밖에 없는 특수성이 있다고 주장하나, 신선 제품은 그 범위가 명확하지 아니하고 신선 제품 배송은 전국적으로 수많은 사업장에서 이루어지는 업무로써 이 사건 회사만의 특수성이 있다고 보기 어렵고, 고객과의 신뢰가 중요하다는 주장도 기업 경영에서 일반적으로 중요시되는 사항으로써 이 사건 직장폐쇄의 당위성을 인정할 수 있을 정도로 특별한 사정이라고 보기 어렵다.

라) 아울러 이 사건 근로자의 임금에서 대체인력 투입 비용을 공제한 행위에 대해 ○○위원회로부터 부당노동행위 판정(2024.7.26.)을 받은 적이 있는 점, 판정 직후 이 사건 신청인들에게 직장폐쇄를 예고(2024.8.1.)하고 2024.8.7.부로 직장폐쇄를 실시한 점, ○○위원회의 확정된 구제명령에 대하여 심문회의 당일까지도 이행을 완료하지 아니한 점 등 제반 사정을 종합적으로 고려할 때 이 사건 사용자의 부당노동행위 의사가 존재하는 것으로 추정되므로 이 사건 직장폐쇄는 노동조합법 제81조제1항제1호에서 규정하는 불이익 취급의 부당노동행위에 해당한다고 판단된다.

[결론]

이 사건 신청인들의 구제신청을 인용하기로 하여 노동조합 및 노동관계조정법 제84조 및 노동위원회법 제15조제3항에 따라 주문과 같이 판정한다.

지방노동위원회 부당노동행위 구제신청 사건 불인정(기각) 사례

사용자가 노동조합 및 조합원에게 한 행위가 지배 · 개입 및 불이익취급의 부당노동행위에 해당하지 않는다고 판정한 사례

- 노동조합(신청인) : ○○노동조합 위원장
- 사용자(피신청인) : ○○회사 대표이사

[쟁점사항]

1) 사용자가 노동조합 지부와 단체교섭 중 노사협의회와 근로조건에 대하여 합의한 후, 임금인상을 시행한 것은 노동조합의 운영에 지배 · 개입한 부당노동행위에 해당하는지 여부
2) 사용자가 노동조합 지부장에게 업무 성과급을 미지급한 것은 불이익취급의 부당노동행위에 해당하는지 여부

[주문]

이 사건 노동조합의 구제신청을 **기각**한다.

[판단]

위 쟁점사항에 대하여 이 사건 당사자의 주장과 ○○위원회에 제출된 각종 입증 자료의 기재내용 및 이를 토대로 ○○위원회가 심문한 사항 등을 종합하여 다음과 같이 판단한다.

가. 이 사건 사용자가 이 사건 노동조합 지부와 단체교섭 중 노사협의회와 근로조건에 대하여 합의한 후 임금인상을 시행한 행위가 노동조합의 운영에 관한 지배 · 개입의 부당노동행위에 해당하는지

〈구체적 판단〉

위 법원의 판단 법리와 아래와 같은 사정을 종합하여 보면, 이 사건 사용자

가 이 사건 노동조합의 조직 또는 운영을 위축・방해하려는 부당노동행위 의사를 가지고 행위하였다고 보기 어려우므로 지배・개입의 부당노동행위에 해당하지 않는다고 판단한다.

가) 이 사건 회사 취업규칙 제143조제3항에 '기본급은 물가변동, 임금시장의 수준, 생계비, 생산성 향상, 회사경영 형편 등을 고려하여 매년 1회 노사협의회를 통해 결정한다'고 규정되어 있고, 이 사건 사용자는 이 사건 노동조합이 설립되기 이전까지 관행적으로 노사협의회에서 임금인상률 등 근로조건에 관한 사항을 협의 또는 합의하여 결정해온 것으로 보인다.

나) 이 사건 노동조합은 이 사건 회사가 이 사건 노동조합보다 상향된 임금 인상안을 노사협의회에 제시하였다고 주장하나, 2024.4.11. 이 사건 회사가 노사협의회와 이 사건 노동조합에 동일한 임금 인상안을 제시한 것으로 확인되므로 이 사건 노동조합의 주장은 받아들이기 어렵다.

다) 이 사건 노동조합으로서는 노사 간에 단체교섭이 한창 진행되는 중에 이 사건 사용자가 노사협의회에서 비조합원에 대한 임금인상률 등 근로조건을 합의하고 그러한 내용이 직원들에게 공지됨으로 인하여 노동조합의 교섭력이 저해되고 노동조합의 단결권 행사에도 지장을 받는 피해를 입었기 때문에 부당노동행위 구제신청을 제기한 것으로 보이고, 노동조합 및 소속 조합원들 입장에서 이러한 생각을 가지게 된 점에 대해서는 일련의 경위를 살필 때 일견 수긍이 되는 측면이 존재한다.

라) 다만, 이 사건 노동조합이 설립된 이후 이 사건 사용자와 최초로 단체협약 및 임금협약을 위한 단체교섭이 진행된 상황이고, 단체교섭 과정에서 사용자가 의도적으로 노동조합과의 교섭을 회피하거나 해태하였다고 보기는 어려운 상황이었던 것으로 보이는 점, 이 사건 회사에서 과거 오랜 기간 노사협의회에서 매년 임금인상률을 협의하여 결정하여 온 관행이 존재하였던 것으로 보이는 점, 이 사건 사용자가 단체교섭에 지장을 주고자 하는 의도로 노사협의회 합의사항을 공개한 것으로 단정하기는 어려운 점, 노동조합

으로서는 비조합원들에 대한 노사협의회 합의사항에 구속됨이 없이 조합원들의 근로조건에 관해 사용자와 교섭할 권리를 가지는 점 등을 종합해 볼 때, 이 사건 사용자가 단체교섭 중에 노사협의회와 근로조건 등 임금 인상에 관한 합의한 사실만으로 이 사건 사용자가 이 사건 노동조합의 조직 또는 운영을 위축·방해하려는 부당노동행위 의사를 가지고 행위하였다고 단정하기 어렵고, 이 사건 노동조합에 대한 지배·개입의 부당노동행위에 해당한다고 볼 수 없다.

나. 이 사건 사용자가 이 사건 지부장에게 업무성과급을 미지급한 행위가 불이익 취급의 부당노동행위에 해당하는지

〈구체적 판단〉

위 법원의 판단법리와 아래와 같은 사정을 종합하여 보면, 이 사건 회사는 이 사건 지부장과 연봉 계약 체결이 되지 않아 업무 성과급을 지급하지 않은 것으로 보이므로 이 사건 지부장에게 불이익을 주는 불이익취급의 부당노동행위를 하였다고 보기 어렵다.

가) 불이익취급의 부당노동행위는 사용자가 노동조합을 혐오하여 근로자가 노동조합 업무를 위한 정당한 행위를 한 것을 이유로 징계, 인사발령 등을 하거나 비조합원이나 다른 노동조합의 조합원에 비하여 심한 불이익을 주는 경우에 성립할 수 있다.

나) 이 사건 회사에서 지급되는 업무성과급은 연봉 계약이 이루어짐으로써 지급할 수 있고, 이 사건 지부장이 연봉 계약을 거부하여 업무성과급 산정에 어려움이 있는 것으로 확인되는바, 이 사건 사용자가 연봉 계약이 되지 않은 이 사건 지부장에게 업무성과급을 지급하기 어려운 사정을 감안할 때 불이익 취급의 부당노동행위 의사를 인정하기 어렵다.

다. 소결

이 사건 사용자가 이 사건 노동조합 및 이 사건 지부장에게 한 행위가 지배·개입 및 불이익취급의 부당노동행위에 해당한다고 보기 어렵다.

[결론]

이 사건 노동조합의 부당노동행위 구제신청을 기각하기로 하여 노동조합 및 노동관계조정법 제84조 및 노동위원회법 제15조제3항에 따라 주문과 같이 판정한다.

10-2. 지방노동관서 고소 · 고발 사건처리 사례

지방노동관서 부당노동행위 신고사건 인정(기소) 사례

◦ 반조합 계약(노조법 제81조제1항제2호)
◦ 노조 활동에 지배 · 개입(노조법 제81조제1항제2호)

- 고발인 : ○○노조 ○○○
  1 피고발인(피의자) : ㈜○○ 법인
  2 피고발인(피의자) : ㈜○○ 관리팀장 ○○○
- 업종 : ○○ 제조업

[쟁점사항]

1) 2피의자가 위 사업장 채용 면접에 참여한 피면접자 ○○○에게 행한 '입사 시 ○○노조에는 가입하지 말고 혹시라도 노조에 가입한다면, ○○노총 산하 노조에 가입하라'는 취지의 발언이,
2) 사용자가 근로자를 상대로 특정 노조에 가입하지 말거나 가입할 것을 고용조건으로 하였거나 노조 활동에 지배·개입한 부당노동행위에 해당하는지 여부

[판단]

1) 2피의자가 노동조합법상 사용자에 해당하는지에 관하여

◦ 노동조합법 제2조제2호는 '사용자는 사업주, 사업의 경영 담당자 또는 그 사업의 근로자에 관한 사항에 대하여 사업주를 위하여 행동하는 자를 말한다.'라고 규정하고 있는데

◦ 2피의자는 ○○년부터 이 사건 사업장의 관리팀장으로 인사·노무 등 관리 업무를 총괄하고 있음이 본인의 진술에 의해 확인되었으므로 2피의자를 사업의 근로자에 관한 사항에 대하여 사업주를 위하여 행동하는 자로 봄이 타당하다고 판단됨

2) 고발인이 제출한 녹취 자료상의 면접관이 2피의자인지에 대하여

◦ 2피의자는 이 사건 면접이 이뤄진 사실과 피면접자 ○○○에 대해서는 알고 있다고 진술하면서도 위 녹취록의 내용에 대해서는 정확하게 기억이 나지 않는다고 주장하였으나

◦ 고발인측이 제출한 해당 녹취 음성과 녹취록, 이후 정황으로 판단컨대 위 녹취록상의 면접자가 2피의자임을 부인할 수는 없다고 보여짐

3) 이 사건 면접 시 행한 2피의자의 발언이 ① 특정 노조에 가입하지 말거나 가입할 것을 고용조건으로 한 부당노동행위, 또는 ② 지배·개입의 부당노동행위인지에 해당하는지에 관하여

◦ 고발인이 제출한 녹취록상 2피의자와 피면접자인 ○○○와의 대화 내용 전반을 살펴보건대 녹취 초반 2피의자는 상식적으로 채용과는 별다른 관계가 없는 노동조합 이야기를 꺼낸 뒤, 이어 ○○노조의 부정적인 측면을 부각하여 설명하고 있으며,

◦ 대화가 어느정도 진행된 녹취 중반 이후에는 "만약에 입사하시게 되면 두 쪽 노조에서 '가입하실래요?' 할 수도 있으니까. 모르는 상태에서, 모르는 상태에서 들으면 당황스럽잖아요? 저한테 이런 히스토리를 듣고 나면 '아, 맞다' 내가 그렇게 알려줬지, 라고 하실거 아니에요? 그러면 '저는 별로 관

심 없어요. 그냥 중립으로 있을게요. 안 할래요, 안 들래요.'하시면 돼요" 라고 발언하는 등 ○○노조에 가입하지 말 것과, 노조 가입 권유를 받게 되는 경우의 대처 방법에 대해 적극적으로 설명하고 있을 뿐만 아니라,

◦ 대화 말미인 녹취 후반에는 '만약에 가입을 하시게 되면, 대표노조 ○○노총 우리가 60명 이상 넘는 인원이 있으니까 이쪽으로 가는 "○○노조" 가입하시려면 차라리 대표 ○○노총으로 가시고'라며 적극적으로 ○○노조가 아닌 ○○노총 소속 노조에 가입할 것을 설득하고 있는데,

◦ 이는 특정 노조 또는 노조 활동에 대한 견해 표명 수준을 벗어나 대화 상대방으로 하여금 ○○노조에 가입하면 채용이 되지 않거나, 불이익이 있을 것이라는 판단을 하도록 만든 것이며 이와 같은 2피의자의 발언은 어느 노조에 가입하지 아니할 것 또는 특정 노조의 조합원이 될 것을 고용조건으로 하는 행위이자, 복수노조 사업장에서 특정한 노조를 우대하는 방법으로 행한 노조 활동에 지배·개입한 행위임이 명백하다고 사료됨

◦ (의견) 위 고발요지 대하여 노동조합법 제90조, 제94조, 제81조제1항제2호, 제81조제1항제4호 위반 혐의로 각각 수사한 결과, 2피의자는 이 사건 면접의 피면접자인 ○○○에게 어느 노조에 가입하지 않거나 특정 노조에 가입할 것을 고용조건으로 하는 행위 및 노조의 활동에 지배·개입 하는 행위를 하였다고 보여지므로 노동조합법 제90조와 같은 법 제81조제1항제2호(반조합 계약) 및 제4호(지배·개입) 위반 기소 의견으로, 1피의자에 대해서는 법인 사업주로서 위 2피의자의 행위에 관하여 상당한 주의와 감독을 게을리하였다고 판단되어 노동조합법 제94조(양벌규정) 위반 기소 의견임

지방노동관서 부당노동행위 고소사건 불인정(불기소) 사례

◦ 노조 조직 · 운영에 지배 · 개입한 부당노동행위(노조법 제81조제1항제4호)
– 면접 대기실 사용 및 근로시간 조정 관련

• 고소인 : ○○택시(주) 소속 근로자
  1 피고소인(피의자) : ○○택시(주) 대표이사
  2 피고소인(피의자) : ○○택시(주) 총무부장

[쟁점사항]

1) 면접대기실 사용에 있어서 특정 노조 사무실로 선정 및 가입을 권유하고, 근로시간 조정에 있어서 특정노조 조합간부에게 편의 제공하는 행위가,
2) 노조의 조직 또는 운영에 지배·개입하는 부당노동행위인지 여부

[판단]

사건에 관계당사자의 주장에 대하여 관련자들을 조사하고 제출된 각종 자료를 토대로 아래와 같이 판단함

(1) 면접대기실 사용에 있어서의 지배개입

◦ 지배, 개입에 의한 부당노동행위란 노동조합의 조직·운영 등과 같은 단결활동에 있어서 사용자가 주도적 영향력을 행사함으로써 노동조합의 의사결정을 좌우하거나 노동조합의 자율적 운영과 활동을 간섭, 방해하고 조합탈퇴나 분열을 조장하는 등의 행위를 말함(대법 1998.5.22., 97누 8076 판결 참조)

◦ 그러나 이 사안의 경우, 면접 시 교섭대표 노동조합(○○노총)의 관계자가 면접대기자들에게 교섭대표 노조로의 가입을 권유하거나 종용한 구체적인 행위에 대한 입증자료가 없음

◦ 또한, 면접대기실을 사용 할 공간이 마땅하지 않아 ○○노총 사무실을 면접대기실을 사용한 것에 대해서는 사측의 판단으로 충분히 결정할 수 있

는 사항으로, 면접대기실을 ○○노총 사무실로 사용했다는 점만으로 노동조합간의 차별을 목적으로 지배개입에 의한 부당노동행위가 있었다고 보기에는 어려움

(2) 근로시간 조정에 있어서의 지배개입

- 먼저, 교섭대표노조(○○노총)의 총무부장인 ○○○에게 오전, 오후 근무를 오전근무만으로 변경한 사안에 대해, 이는 사측과 교섭대표 노조 간의 어느 일방의 요구나 인사 조치 형태가 아닌, 사측이 교섭대표노동조합의 요청(○○○의 경우 1노조에서 타임오프 1,000시간 추가 요구를 하였으나, 당장 회사에서 타임오프를 받아들이기 어렵기에 타임오프를 제공하지 못하는 대신에 오전만 일을 시키는 것)을 수용한 것으로 보일 뿐, 사측의 행위가 지배개입의 의사를 가지고 부당노동행위를 하였다고 보기는 어렵다고 판단됨
- 추가적으로, ○○노총 임원인 ○○○과 ○○○에게 정당한 절차를 무시한 채 보통의 기사들이 선호하는 일요일로 주휴를 변경 해주어 주휴 변경에 있어 편의를 제공한 사안에 대해,
- ○○택시(주)의 단체협약 제12조(배차시간의 결정)에는 "회사는 종업원(조합원)에게 안전운행이 가능하도록 적당한 배차 운행 시간을 부여하고, 배차 운행 시간 변경 시 노동조합과 협의하여 시행한다."고 명시되어 있는데,
- 동 단체협약에서도 볼 수 있듯이 배차 행위는 사측의 권한으로 규정하고 있는 바, 배차 행위 과정에서 노동조합의 요구를 반드시 수용해야 한다거나, 노동조합의 동의를 얻어 시행해야하는 규정으로 보기 어려우며, 배차 시간 변경 시 그 시행에 신중을 가할 수 있도록 노동조합이 의견을 제시할 수 있는 기회를 부여하는 것으로 보는 것이 타당하다고 보여짐(대법 1996. 4.23., 95다53102 참조)
- 따라서, ○○노총 임원인 ○○○과 ○○○에게 배차를 변경하여 주휴일을 변경한 행위는 사측의 고유한 권한으로서 부당노동행위가 성립되지 않는

다고 판단됨

(3) 1피의자 ○○○의 지시 및 묵인

- 위 사안들과 관련하여, 1피의자 ○○○의 지시 및 묵인이 있었다고 볼 수 있는 구체적인 입증자료가 없을 뿐만 아니라, 결과적으로 위 사안들과 관련한 지배개입에 의한 부당노동행위가 있었다고 보기 어려우므로 1피의자 ○○○의 지시 및 묵인에 위한 부당노동행위가 성립될 여지가 없다고 판단됨
- (의견) 위 사안과 관련, 1피의자에 대하여 노동조합 및 노동관계조정법 제81조 제1항 제4호(지배 · 개입) 및 제92조제2호마목 위반 혐의로, 2피의자에 대하여 노동조합 및 노동관계조정법 제81조제1항제4호 및 제92조제2호마목 위반 혐의로 수사한 결과, 1피의자, 2피의자에 대한 노동조합 및 노동관계조정법에 관한 위반 사실이 있다고 판단되지 않으므로, 1피의자, 2피의자 모두 불기소(혐의없음) 의견임

제9편 근로자참여 및 협력증진에 관한 법률

노사협의회는 근로자참여 및 협력증진에 관한 법률에 의해 구성・운영되는 제도로서 노동조합 및 노동관계조정법에 의한 노동조합과는 별개의 기구입니다.

노사협의회와 노동조합은 집단적 노사관계의 두 축을 구성하고 있는 거대한 양대 산맥이라고 할 수 있습니다.

노사협의회는 참여와 협력을 바탕으로 노사 공동의 이익을 추구하고 있으며, 노사가 사회적 동반자라는 상생과 연대의 이념을 실현하기 위해 산업현장 공동체내에서의 대립과 반목을 극복하려는 것이라고 할 수 있습니다.

글로벌 무한경쟁의 시대에 생존할 수 있는 기업을 만들기 위해서는 노사 간에 대화와 협력이 절실하며, 근로자의 권익증진과 기업의 생산성 향상을 위해서는 노사협의회가 상생이고 기업의 경쟁력이라고 할 것입니다.

노동청에서 사업장에 대한 근로감독 시, 통상적으로 노사협의회의 구성 및 운영 실태 전반에 대하여 점검을 하는 경우가 많이 있습니다.

대부분의 사업장은 노사협의회를 비교적 잘 운영하고 있으나, 일부 사업장은 부실하게 운영하고 있는 실태가 적발되는 경우도 있습니다. 사업장 감독과 별개로 노사협의회 관련 법 위반 사항에 대하여 노동청에 진정, 고소・고발 등 다수의 신고 사건이 제기되고 있는 실정입니다.

제기되는 신고 사건의 주요 사항은 **노사협의회 미설치**(근로자참여법 제4조제1항), **근로자위원 선출 관련 위반**(제6조제2항), 3개월마다 개최하여야 하는 **정기 노사협의회 미개최**(제12조제1항), **노사협의회 규정 노동청에 미신고**(제18조제1항) 등입니다.

본서는 노사협의회 제도 전반 및 운영에 관한 기본적이고 핵심적인 내용을 다루었습니다. 아무쪼록 노사 모두 본서의 내용을 잘 활용하시어 사업장에서 노사협의회가 충실히 운영될 수 있기를 바랍니다.

01 노사협의회 제도의 이해

1. 노사협의회 개요

노사협의회는 근로자와 사용자가 참여와 협력을 통해 근로자의 복지증진과 기업의 건전한 발전을 도모하기 위해 구성하는 상시적 협의기구로서 근로자참여법 제4조에 따라 근로조건 결정권이 있는 근로자의 30인 이상의 사업 또는 사업장에 의무적으로 설치하여야 한다.

노사협의회는 모든 근로자를 대표하여 참여와 협력을 위한 기업의 정보공유와 생산성향상, 근무환경, 고충에 관한 사항 등을 협의하고 실행하는 역할을 담당하는 기구로써 기업 내 중요한 소통기구로서 역할 기능이 있다.

노사협의회는 신뢰에 기반하여 협의하는 기구이므로 갈등이 발생했을 때 자체적으로 임의 중재기구를 두거나 노사합의로 노동위원회 등 제3자에 의한 중재를 받을 수 있도록 한다.

노사협의회는 근로자의 간접참여와 직접참여를 균형있게 반영함으로써 우리나라의 협력적이고 생산적인 노사관계를 정착시키는 핵심적기구이다.

근로자 참여를 통해 기업경영에 대한 근로자들의 이해를 증진시키고 이를 바탕으로 근로자들의 참여와 몰입이 확대되어 생산성 향상과 근로자의 직무만족도 제고에 크게 기여하고 있다. 노사협의회는 기업의 경영, 생산, 인사제도, 복리후생, 교육훈련, 산업안전, 고충처리 등 기업 내 다양한 문제를 다루고 있다. 따라서, 노사협의회 협의, 보고, 의결사항에 대한 전문적 역량을 확보하고 실행할 때 근로자참여법이 목적하고 있는 기업경쟁력 강화, 근로자의 삶의 질 향상, 노사관계 구축이라는 과제를 달성할 수 있을 것이다.

2. 노사협의회 제도의 연혁

1) 1963 구노동조합법 개정 시, 노사협의회 관련 규정 신설
2) 1975 구노동조합법 개정 시, 노사협의회 관련 규정을 추가하고, 구 노동조합법 시행령에 설치, 구성, 정기회의에 관한 사항을 마련
3) 1980 노사협의회법을 제정하여 노조와 노사협의회를 분리하고 노사협의회 설치 및 운영 등에 관한 사항을 구체적으로 마련
4) 1987 노사협의회법 개정, 50인 이상으로 적용범위 확대(시행령 개정, 1988.4.15.)
5) 1997 '근로자참여법' 제정, 노사협의회 설치범위 확대 및 의결사항 마련
   (1) 설치 : 근로조건 결정권이 있는 근로자 30인 이상 사업장에 의무설치
   (2) 의결(합의)사항 : 근로자 교육훈련 기본계획, 복지시설 설치・관리 등
   (3) 편의제공 : 위원의 협의회 출석 시간은 근로한 시간으로 인정
6) 2022 '근로자참여법'및 동법 시행령 개정, 근로자위원 대표성 강화 및 입후보 요건 개선(2022.12.11. 시행)
   (1) 근로자대표제도 개선에 관한 노사정합의(2020.10.16.)를 반영・관련 근거를 법률로 상향, 근로자 과반수 참여 의무화(근로자참여법 개정)
   (2) 근로자위원 입후보 시 10명 이상 추천 요건 삭제(시행령 개정)

3. 노사협의회와 노동조합과의 관계

노사협의회와 노동조합은 근거 법령, 목적 및 배경, 당사자, 효력 등 전반에 걸쳐 차이가 있다.

노동조합은 노동3권을 바탕으로 하여 노동조합 및 노동관계조정법에 따라 '조합원'의 권익향상을 위해 사용자와 교섭하여 근로조건의 증진 기여를 목적으로 하는 반면, 노사협의회는 근로자참여법에 따라 '전체근로자'를 대표하여 참여와 협력을 통해 노사공동의 이익증진을 목적으로 하고 있다.

이에 따라 노동조합의 관계에서는 단체협약의 유효기간 동안 평화의무를 부

여함으로써 산업현장의 노사안정을 도모하고 있으나, 노사협의회는 급변하는 기업환경에 노사가 능동적으로 대처할 것을 요구하고 있으므로 정기적인 협의를 주된 특성으로 한다.

노동조합은 기본적으로 소속 조합원의 권익을 우선하는 것이지, 비조합원 및 기타 노동조합 소속 근로자를 대변할 지위에 있지는 않기 때문에 전체 근로자를 대표하는 데에는 한계가 있다.

check point 노사협의회와 노동조합 비교

구분	노사협의회	노동조합
근거	근로자참여법	노조법
목적	생산성 향상과 근로자 복지 증진 등 미래지향적 노사공동 이익 증진	근로조건의 유지개선, 근로자의 경제적·사회적 지위 향상 도모
대표성	전체 근로자를 대표	조합원을 대표
당사자	근로자위원, 사용자위원	노동조합 대표자, 사용자(사용자단체)
배경	노동조합 유무와 무관, 쟁의행위 부담없이 협의	노동조합 기반, 교섭 결렬 시 쟁의행위 가능
의제	공동 사용 시설·작업환경 개선, 직무훈련, 고충처리 등	임금·근로시간 등 근로조건의 유지개선에 관한 사항

check point 노사협의회와 근로기준법상 근로자대표제도 비교

구분	노사협의회	노동조합
근거법률	근로자참여법	근로기준법
입법취지	근로자와 사용자가 참여와 협력을 통해 근로자의 복지증진과 기업의 건전한 발전을 도모하기 위한 협의기구	경영상해고, 유연근무제(탄력적 근로시간제, 선택적근로시간제, 간주근로시간제, 재량근로시간제, 보상휴가제, 유급휴가대체) 등 근로자들의 충분한 의견을 반영해서 도입 또는 변경해야 하는 사항을 협의

설치대상	근로조건에 대한 결정권이 있는 상시근로자 30인 이상 사업(장) 단위(전업종)	전체 사업장
노동조합과의 관계	전체근로자의 과반수 노동조합이 있는 그 노동조합의 대표자와 노동조합이 근로자위원을 위촉	전체 근로자의 과반수로 조직된 노동조합이 있는 경우 그 노동조합

4. 노사협의회의 원칙

1) 참여와 협력의 원칙

우리나라 노사협의회의 설치와 운영, 기능 등에 관한 근거는 「근로자참여 및 협력증진에 관한 법률」(이하 '근로자참여법'이라함)이다.

근로자참여법은 제1조 목적에서 "이 법은 근로자와 사용자 쌍방이 참여와 협력을 통하여 노사공동의 이익을 증진함으로써 산업평화를 도모하고 국민경제 발전에 이바지함을 목적으로 한다"라고 규정하고 있다.

노사협의회는 이미 만들어진 기업의 성과물을 노사가 어떻게 분배할 것인지에 중점을 두고 있지 않고, 노사가 참여와 협력을 통해 미래의 공동이익을 증진하고, 타 기업과의 경쟁에서 더 많은 성과물을 차지하기 위한 기구이다.

2) 노사공동의 원칙

노사협의회는 기업단위 이익을 최대로 하는 것을 목적으로 하며, 근로자들의 이익이 아닌 노사공동의 이익을 증진하는데 그 목적이 있다.

노사협의회의 공동의 원칙은 노사 상호간의 신뢰와 존중을 바탕으로 한 공동 노력이 기반이 될 때 국가와 기업의 경쟁력을 확보해 나갈 수 있다는 노사협의회의 기본정신을 밝힌 것이다.

3) 신의성실의 원칙

노사협의회는 참여와 협력을 바탕으로 기업 내 공동의 이익 실현이 목표이므로 근로자와 사용자 간의 신의성실의 원칙은 매우 중요한 어젠다이다.

근로자와 사용자는 기업 내 다양한 문제를 스스로 해결하기 위해 성실하게 노사협의에 임해야 하며, 상대방의 의견을 경청하고 논리에 맞게 주장하는 자세가 필요하다.

신의성실 의무의 주체는 근로자위원과 사용자위원이 아닌 근로자와 사용자이다.

신의성실 의무는 노사협의회 '협의'뿐만 아니라 노사협의회 '구성', '의결', 의결사항 '이행'시에도 적용된다.

신의성실 의무를 위반한 경우 근로자참여법을 통한 직접적인 제재규정은 없으나, 사안에 따라 신의성실 의무 위반을 이유로 한 노사협의회에 응할 지위 확인소송 등 사법상 권리구제의 가능성이 있다는 것이 통설이다.

4) 노동조합과의 분리원칙

단체교섭 등 노동조합의 활동과 노사협의회가 서로 독립적이며, 노동조합의 단체교섭 등 활동이 근로자참여법에 의한 노사협의회에 의해 제약을 받거나 침해되어서는 아니 됨을 확인하는 규정으로 노동조합의 활동을 보장하려는데 있다.

노사협의회가 설치되어 있더라도 노조법상 인정되고 있는 노조의 역할과 기능은 제약을 받지 아니한다. 따라서, 노사협의회가 설치되어 있다는 이유로 사용자가 노동조합의 설립을 방해하거나 단체교섭을 거부・해태하는 경우 부당노동행위에 해당할 수 있다.

5. 노사협의회의 주체

1) 근로기준법에 의한 근로자와 사용자(근기법 제2조)

근로자라 함은 직업의 종류와 관계없이 임금을 목적으로 사업이나 사업장에 근로를 제공하는 자를 말한다.

사용자라 함은 사업주 또는 사업경영담당자 그 밖에 근로자에 관한 사항에 대하여 사업주를 위하여 행위하는 자를 말한다.

노사협의회는 기업과 그 기업의 근로자를 위한 협의기구이므로 근로기준법상 근로자 개념과 사용자 개념을 차용하고 있으며, **'근로자'**는 기업과 근로관계를 맺고 있는 자, **'사용자'**는 사업주와 사업경영을 책임지거나 상당한 권한 등을 가지고 있는 자로 구성된다.

check point 노조법상 근로자 개념과 비교

'근로자'라 함은 직업의 종류를 불문하고 임금 급료 기타 이에 준하는 수입에 의하여 생활하는 자로(노조법 제2조제1호) 근로기준법과 달리 "사업이나 사업장 단위"라는 범위를 제한하고 있지 않으며, "임금 · 급료 기타 이에 준하는 수입에 의하여 생활하는 자"라고 하여 "임금을 목적으로 근로를 제공하는 자"보다 광의의 개념이다.

즉, 산업별 · 지역별 노동조합을 구성하고 가입할 수 있는 근로자들은 근로기준법상의 근로자와 같이 일정한 사용자에 종속관계를 전제로 하지 않음(대법 2004.2.27., 2001두8568 등)

2) 근로자

근로자참여법이 집단적 노사관계에 관한 법임에도 근기법상의 근로자개념을 차용한 것은 사업장 내에서의 노사협의 등을 규율 대상으로 하고 있기 때문이다.

근로기준법상의 근로자에 해당하는지 여부는 계약의 형식이 고용계약인지 도급계약인지보다 그 실질에 있어 근로자가 사업 또는 사업장에 임금을 목적으로 종속적인 관계에서 사용자에게 근로를 제공하였는지 여부에 따라 판단하여야 함(대법 2006.12.7., 2004다29736 등)

3) 사용자

근기법상 사용자라 함은 사업주 또는 사업경영담당자, 그 밖에 근로자에 관한 사항에 대하여 사업주를 위하여 행위하는 자를 말한다.

'사업주'는 그 사업을 책임지고 경영하는 주체로서 근로계약의 당사자이며, 개인기업에서는 사업주 개인, 법인의 경우에는 그 법인 자체를 말한다.

'사업경영담당자'는 사업경영 일반에 대하여 권한을 가지고 책임을 지는 자로서, 사업주로부터 사업경영의 전부 또는 일부에 대하여 포괄적 위임을 받고 대외적으로 사업을 대표하거나 대리하는 자이다.

'근로자에 관한 사항에 대하여 사업주를 위하여 행위하는 자'는 근로자의 인사・급여・후생・노무관리 등과 같은 근로조건의 결정 또는 근로의 실시에 관해서 지휘명령 내지 감독을 할 수 있는 일정한 책임과 권한이 사업주에 의하여 위임된 자를 말한다.

근로기준법상 사용자 개념은 근로계약 관계에 있는 근로자를 보호하기 위하여 근로기준법이 정한 최저 기준을 준수해야 하는 사용자의 범위를 명확히 하기 위한 것이다. 따라서, 사용자의 개념은 상대적인 것으로 HR 담당 과장의 경우에는 근로기준법상 사용자의 지위에 있으면서 사업주에 대하여는 근로자의 지위에 있다.

6. 노사협의회의 설치 대상

1) 근로조건 결정권이 있는 상시 30인 이상 사업 또는 사업장

노사협의회는 근로조건에 대한 결정권이 있는 상시 30인 이상의 근로자를 사용하는 사업 또는 사업장은 의무적으로 설치하여야 한다.

적어도 근로자 수가 30명 이상 되는 규모의 사업장에서는 간접적 경영참여 방식이 기업효율성과 근로자 고충처리 등을 위해 필요하며, 그러한 간접 참여방식을 운영할 여건이 마련되어 있다고 판단함을 의미한다. 노사협의회는 설치요건이 충족되는 경우 즉시 설치하여야 함(노사협력정책과-3343, 2009.9.14.)

2) 근로조건에 대한 결정권

'근로조건에 대한 결정권'이라 함은 임금, 근로시간, 휴일, 휴게, 연차유급휴가, 복지후생시설 등 근로계약을 체결할 때 그 대상이 되는 사항에 대하여 결정하는 권한을 의미하는 것으로, 근로조건에 대한 결정권이 있는 사업 또는 사업장 단위로 설치하도록 한 것은 적어도 노사간 협의된 사항에 대해 결정할 수 있고, 이행력을 담보할 수 있는 단위가 되어야 협의의 실효성을 높일 수 있기 때문이다.

근로조건의 결정권이 없는 사업장이라 하더라도 노사자율로 노사협의회를 설치할 수 있음(노사협력복지과-328, 2004.3.8.)

'사업'이라 함은 특별한 사정이 없는 한 경영상의 일체를 이루는 기업체 자체를 의미하고, **'사업장'**이라 함은 사업이 이루어지는 단위 장소 또는 장소적으로 구획된 사업체의 일부분이라는 장소적 개념이다.

3) 상시 30인 이상 근로자 사용

상시 근로자 수가 30명 이상인 사업 또는 사업장은 노사협의회를 의무적으로 설치하여야 한다.

상시근로자 수가 30명 이상인 사업 또는 사업장이라 함은 상시적으로 근무하는 근로자의 수가 일정 수 이상이 아니라, 사용하는 근로자 수가 상시 30명 이상인 사업 또는 사업장을 의미하는 것이고, 근로자의 수가 때때로 30인 미만이 되는 경우에도 사회통념상 객관적으로 판단하여 상태적으로 30명 이상이 되는 경우에는 이에 포함한다(대법 2008.3.27., 2008도364 등).

노사협의회가 설치된 사업장이 일시적인 인원 감소로 근로자 수가 30명 미만이 된 경우라도 그간의 고용추이·향후 고용전망(30명 이상으로 회복가능성) 등을 고려할 때, 상시적으로 사용하는 근로자 수가 30명 이상이라면 노사협의회를 계속 운영해야 함. 다만, 상시적으로 사용하는 근로자 수가 다시 30명 이상으로 회복될 가능성이 희박한 경우라면 노사협의회를 계속 설치·운영할 법적 의무는 없음(노사협력정책과-1478, 2012.4.20.)

근로자 수 산정에는 일용근로자 등 명칭이나 고용형태에 관계없이 근로기준법 제2조에 따른 근로자는 모두 포함하여야 하며, 파견 근로자를 제외한 하나의 사업 또는 사업장에 근로하는 모든 근로자 즉 통상근로자, 기간제근로자, 단시간근로자, 백화점에 파견근무하는 판매사원, 해외에 파견한 근로자도 포함(노사 68107-137, 1997.6.5.)

국가행정기관에서 공무원이 아닌 근로자들의 노사협의회 구성 시 공무원은 포함하지 않는다.

상시 30명 미만의 근로자를 사용하는 사업 또는 사업장은 설치의무가 없으나, 경영정보의 공유, 참여와 협력을 통한 건전한 노사관계 발전을 위해 자율적으로 노사협의회를 설치・운영하는 것은 가능하다. 다만, 사업장이 자율적으로 노사협의회를 설치・운영하는 경우, 근로자참여법으로 협의회 구성 방식을 정하고 있는 것과 매분기 정기적으로 협의회를 개최하도록 한 것, 협의회에서 의결된 사항을 이행하지 아니한 경우 등 일정한 사항에 대하여 형사처벌을 규정하고 있는 것들은 적용되지 않는다고 해석한다.

4) 설치 장소

하나의 사업에 종사하는 근로자 수가 30명 이상이면 해당 근로자가 지역별로 분산되어 있더라도 그 주된 사무소에 협의회를 설치해야 한다(시행령 제2조).

사업장이 여러 곳으로 나뉘어진 경우에는 노사협의회가 실질적으로 운영되려면 근로조건의 결정권이 있는 본사에 주된 노사협의회를 설치하는 것이 바람직하기 때문이다.

본사와 지사가 각각 근로조건 결정권이 있고 인사・노무관리, 회계 등이 독립적으로 운영되는 등 독립성이 인정되지 않는 한, 하나의 법인에 본사와 지사로 구분되어 있고 일부 근로조건 결정권이 지사에 있다고 하더라도 하나의 사업에 해당하므로 주된 사무소 소재지에 전체 근로자를 대상으로 하는 노사협의회를 설치하여야 한다(노사관계법제과-220, 2016.1.29.).

하나의 사업에서 지역별로 다수의 사업장을 운영하면서 사업장별로 노사 협의회를 설치하여 운영하고 있는 경우, 각 사업장을 통합하여 사업 단위로 노사협의회를 통합하여 운영하는 것도 가능하나, 이 경우 사업 단위로 노사협의회를 새로이 구성하여야 할 것이며, 근로자참여법 제18조에 따른 협의회규정 또한 새로이 제정하여야 할 것이고, 사업 단위로 노사협의회를 통합하여 운영할 경우에는 근로자참여법 제6조제3항에 사업의 대표자가 당연직 사용자위원이 됨(노사관계법제과-1615, 2021.6.28.)

노사협의회는 당해 사업 또는 사업장의 전체근로자를 대상으로 하여 구성·운영하는 것이므로 직종을 기준으로 하여 노사협의회를 설치·운영할 수 없음(노사관계법제과-2866, 2021.12.2.)

5) 위반의 효과

노사협의회는 상시 근로자수 **30명 이상** 사업 또는 사업장에서 의무 설치를 원칙으로 하는 것이므로 노사협의회 설치를 정당한 이유 사유 없이 거부하거나 방해한 자에 대하여 **1천만원 이하의 벌금**에 처한다.

행정기관의 설치지도, 근로자의 설치 요구가 있는 경우 등 정당한 사유 없이 그 요구를 거부하거나 사업(장) 단위 노사협의회 설치를 방해하는 경우에는 형사처벌의 대상이 된다.

근로감독관은 근로감독관집무규정 집단적노사관계법 위반사항 조치기준(별표4)에 따라 노사협의회 설치 거부 또는 방해로 인해 설치하지 아니한 경우, 25일간의 시정기한을 부여하고 미시정 시 범죄인지하여 수사한다.

02 노사협의회 설치

1. 노사협의회 설치 준비

1) 노사협의회 구성 원칙

근로자참여법은 노사협의회 구성에 관하여 ① 노사동수 구성(§6①), ② 노사대표 당연직 위원(§6②,④), ③ 사업(장) 소속성 원칙(시행령 제3조) 규정을 두고 있다.

(1) 노사 같은 수 구성

노사협의회는 근로자와 사용자를 대표하는 같은 수의 위원으로 구성하되, 각 3명 이상 10명 이내로 한다. 근로관계 종료 등으로 인해 결원이 생길 경우, 30일 이내에 보궐 위원을 위촉하거나 새로 선출하여야 한다.

(2) 노사대표 당연직 위원

가) 근로자위원

근로자위원의 선출 방법은 근로자 과반수로 조직된 노동조합이 있는 경우와 그렇지 않는 경우로 구분된다.

근로자 과반수로 조직된 노동조합이 없는 경우에는 근로자 과반수가 참여하여 직접·비밀·무기명 투표로 선출한다. 근로자위원을 선출하는데 당해 사업 또는 사업장 근로자 과반수가 참여하지 않는다면 대표성을 갖는다고 보기 어려우므로 근로자 과반수의 참여는 필수조건이다.

따라서 사용자 또는 노사협의회 설치 준비위원회는 노사협의회 기능과 역할을 근로자들에게 충분히 설명하고, 근로자 과반수의 참여로 실질적 대표성을 갖는 근로자위원이 선출될 수 있도록 하여야 할 것이다. 다만, 사업 또는 사업장의 특수성으로 인하여 부득이 한 경우에는 부서별로 근로자 수에 비례하여 근로자위원을 선출할 근로자, 즉 위원 선거인을 근로자 과반수가 참여하여 선출하고, 위원선거인의 과반수가 참여하여 직접 · 비밀 · 무기명 투표로 근로자위원을 선출할 수 있다.

근로자 과반수로 조직된 노동조합이 있는 경우, 근로자위원은 노동조합의 대표자와 그 노동조합이 위촉하는 자이다.

노사대표는 당연직 위원이므로 노동조합 대표자는 의무적으로 노사협의회 근로자위원이 된다. 여기서 노동조합이라 함은 노동조합의 대표자가 아니라 노동조합 자체가 위촉권자이고, 사업 또는 사업장 단위에서 초기업단위 노조 지부 · 분회가 과반수 노조인 경우 지부 · 분회의 대표자가 당연직 근로자 위원이 된다.

노동조합의 위촉 권한에 대한 제한은 없으나, 소수 근로자의 이익 대변 등 근로자 전체의 의견이 고르게 반영될 수 있도록 위촉함이 바람직하다.

설치 단위 내 사업장에는 과반수 노조가 없으나, 기업 단위 전체로 보면 과반수 노조가 있는 경우에는 노사협의회 설치 단위별로 과반수 노조를 판단하여야 하므로 과반수 노조가 없는 경우로 보아야 함(노사협력과-102, 2004.2.6.)

나) 사용자위원

사용자위원은 해당 사업이나 사업장의 대표자와 그 대표자가 위촉하는 자이다. 노사 대표는 당연직 위원이므로 해당 사업 또는 사업장의 대표자는 의무적으로 노사협의회 사용자위원이 된다.

사용자위원을 위촉할 때에는 평소 근로자들로부터 신망이 두텁고, 인사 · 노무 · 조직 · 관리 등에 학식과 경륜이 풍부하면서, 노사 간 균형 있는 대화를 가질 수 있는 간부급 직원을 위촉하는 것이 바람직하다.

사용자위원은 노사협의회 회의에 참석하여 기업의 상황에 대한 정보를 공유할 수 있어야 하고, 생산성 향상 및 근무환경 개선, 고충처리 등에 대해 회사차원의 해결방안을 제시할 수 있어야 한다.

(3) 사업장 소속 근로자와 사용자

노사협의회는 사업 또는 사업장 단위로 설치되어야 하므로 사업(장)에 소속된 근로자 또는 사용자로 노사협의회를 구성하여야 한다. 즉 노사협의회 위원은 설치 단위에 소속되어 있어야 한다.

노동조합의 단체교섭은 제3자에게 위임할 수 있고, 산별노조의 경우 당해 사업장 소속 조합원이 아닌 경우 교섭위원이 될 수 있으나, 노사협의회의 경우에는 제3자에게 위임할 수 없고, 당해 사업장 소속 근로자가 아닌 경우 협의회 위원이 될 수 없는 것이다.

> 해고의 효력을 다투고 있는 자는 해고무효 확인의 소제기와 관계없이 일단 근로기준법상 근로자의 신분을 상실한 자는 노사협의회 근로자 위원이 될 수 없음(노사 68120-144, 1995.5.13.).

2) 노사협의회 설치 준비

(1) 설치 절차

노사협의회를 효율적으로 구성하기 위해서는 ① 노사협의회 설치 관련 공고, ② 노사협의회 설치 준비위원회 구성, ③ 노사협의회 위원 위촉 또는 선출, ④ 노사협의회 규정 제정 및 신고 등의 과정을 거치는 것이 바람직하다.

특히 노사협의회 최초 설치과정에서 충분한 논의와 인식제고, 공감대 형성을 위한 노력을 하지 않으면, 실질적인 노사협의회 운영의 활성화를 기대하기 곤란하다. 따라서 모든 노사협의회 설치대상 사업장에서는 내실 있는 과정을 거쳐 노사협의회가 설치될 수 있도록 노력해야 한다.

(2) 노사협의회 설치 공고

사용자는 노사협의회 설치 사유가 발생한 경우, 절차에 따라 신속히 설치될 수 있도록 노사협의회의 의미, 설치에 필요한 사항, 노사협의회 설치준비위원회 구성에 관한 사항 등을 모든 근로자가 알 수 있도록 공고하는 것이 필요하다.

설치에 필요한 사항은 법령상의 내용, 필요성, 노사협의회 지위와 비전, 노사협의회 위원들의 역할 등 노사협의회와 관련된 사항, 기업의 경영전략과의 관계 속에서의 노사협의회 활동 방향성이 수립될 수 있도록 경영 및 인사전략에 관한 사항들이 포함되는 것이 바람직하다.

노사협의회를 법 준수 차원에서만 형식적으로 운영하는 경향이 있다. 이는 설치 초기 노사가 노사협의회 설치의 필요성 등에 충분히 공감하지 못하거나 노사 간 파트너십 형성이 부족한 데서 비롯된 것이라고 할 수 있다.

설치 공고 때부터 사용자는 적극적으로 노사협의회의 비전과 역할에 대해 근로자들과 의견을 나누고 노사 공동으로 노사협의회 설치 관련 사항을 준비하는 것이 바람직하다.

check point 설치공고 예시 ① 노조가 없거나 과반수 노조가 없는 사업장

노사협의회 설치 관련 공고

근로자참여 및 협력증진에 관한 법률 제4조에 따라 우리 회사는 노사협의회를 설치 · 운영하여야 합니다. 노사협의회는 회사대표와 직원대표가 공동으로 회사의 생산성 향상과 직원의 고충해결, 작업조건 개선 등을 위해 협의하고, 노력해 나가는 매우 중요한 기구입니다.

이에 우리 회사에서는 노사협의회를 설치하고, 운영하기 위해 「노사협의회설치준비위원회」를 구성하고자 합니다. 설치준비위원회는 노사협의회 업무를 담당하는 HR부서 실무진과 각 부서별 참여자 1명씩으로 구성할 예정입니다.

각 부서에서는 부서장과 부서원들 간의 협의를 거쳐 부서별 참여자 1명씩을 결정해 주시기 바랍니다. 단, 부서별 참여자는 부서장을 제외한 직급으로 결정하여 주십시오.

설치준비위원회에서는 향후 우리 회사에서 노사협의회를 어떻게 운영해 나갈 것인지, 협의회 위원 수는 어떻게 정할 것인지, 그 구성은 어떠한 방식으로 할 것인지, 노사협의회에서 단계적으로 어떠한 사항을 다루어 나갈 것인지 등을 논의하게 될 것이며, 향후 노사협의회 근로자위원을 선출하고, 노사협의회 규정을 제정하기 위한 준비작업 등을 하게 될 것입니다.

노사협의회 위원은 물론 준비위원회에 참여하는 직원들 또한 회사와 직원의 발전을 위해 중요한 역할을 담당하는 것이라는 사명감을 가지고 적극적으로 임하여 주시기 바랍니다.

20 년 월 일

○○주식회사 대표이사

check point **설치공고 예시 ② 과반수 노조가 있는 사업장**

노사협의회 설치 관련 안내

우리 노동조합에서 직원들의 권익보호와 회사의 발전을 위하여 불철주야 노력해 주심에 감사드립니다.

근로자참여 및 협력증진에 관한 법률 제4조에 따라 우리 회사는 노사협의회를 설치 · 운영하여야 합니다. 노사협의회는 회사대표와 직원대표가 공동으로 회사의 생산성 향상과 직원의 고충해결, 작업조건 개선 등을 위해 협의하고, 노력해 나가는 매우 중요한 기구입니다.

우리 노동조합은 전체 근로자의 과반수로 조직된 노동조합이므로 귀 조합에서 노사협의회 근로자위원을 위촉하여야 합니다. 이에 근로자위원의 위촉에 앞서 우리 회사 노사협의회의 효율적인 운영을 위해 「노사협의회 설치준비위원회」를 구성하고자 합니다.

설치준비위원회는 노사협의회 업무를 담당하는 부서 실무 준비위원진과 귀 조합에서 추천하는 준비위원을 노사동수로 구성하여 향후 우리 회사에서 노사협의회를 어떻게 운영해 나갈 것인지, 협의회 위원 수는 어떻게 정할 것인지, 그 구성은 어떠한 방식으로 할 것인지, 노사협의회에서 단계적으로 어떠한 사항을 다루어 나갈 것인지 등을 논의하고자 합니다.

노사협의회 위원은 물론 준비위원회에 참여하는 직원들 또한 회사와 직원의 발전을 위해 중요한 역할을 담당하는 것이라는 사명감을 가지고 우리 회사 노사협의회의 활성화를 위하여 귀 조합에서 적극적으로 협조하여 주시면 감사하겠습니다.

20 년 월 일

○○주식회사 대표이사

(3) 설치준비위원회 구성(예시)

가) 구성 방향

본격적으로 노사협의회 위원을 구성하고 노사협의회 규정을 제정하기 전에 당해 사업장의 노사협의회의 위상과 역할 등을 명확히 하기 위해 「설치준비위원회」를 구성하여 체계적으로 추진하는 것이 바람직하다.

설치준비위원회 단계에서부터 자발적 참여를 통한 내실 있는 운영을 위해 전체 근로자들의 의견이 사전에 균형 있게 반영될 수 있도록 부서별로 고르게 인원이 참여하게 하는 방안을 검토할 수 있다. 다만, 기업 여건에 따라 준비위원회 구성이 어려울 수 있으므로 기업규모 및 인력 현황 등을 고려하여 탄력적으로 추진한다.

설치과정에서부터 전체 근로자의 의견이 고르게 반영되는 것은 노사협의회에 대한 관심과 기대를 높이고, 기업 특성에 맞는 노사협의회 운영 방향과 역할을 설계하는데 도움이 되므로 근로자의 의견을 충분히 듣는 것이 바람직하다.

사용자는 노사협의회의 기능과 역할, 비전 등에 대한 자료를 사전에 체계적으로 마련하여 이를 공유하고, 설문조사 등 사업장 내 다양한 소통 방법을 통해 근로자들의 의견을 취합하는 절차를 거치는 것이 바람직하다.

check point 노사협의회 설치 준비위원회(예시)

준비 위원장, 근로자측 준비위원, 사용자측 준비위원
(가) 노사협의회 비전 설정 종업원 의견수렴
(나) 협의위원 구성 준비
(다) 협의회 규정 마련

check point 노사협의회 설치 및 운영을 위한 근로자설문지(예시)

구분	항목	설문 내용
기본 인식	노사관계	우리 회사의 노사관계는 협력적이라고 생각한다.
	참여인식	나는 회사의 구성원으로서 주체적으로 참여하고 있다고 느낀다.
	정보공유	나는 회사의 경영정보를 비교적 잘 공유하고 있다.
고충 처리	고충의 정도	나는 회사에서 일하면서 많은 고충을 느끼고 있다.
	고충절차인식	우리 회사에 고충처리절차에 대하여 알고 있다.
	고충해결정도	고충을 제기한 경우 비교적 잘 해결되고 있다.
	신뢰도	고충을 제기하면 오히려 불이익이 있을 것 같아 불안하다.

작업 환경	직무스트레스	나는 업무를 하면서 많은 스트레스를 느낀다.
	업무강도	나는 업무강도가 비교적 높다고 생각한다.
인사 제도	합리성	회사의 인사제도는 비교적 합리적이다.
	만족도	나는 현재의 나의 임금 및 근로조건에 대해 만족하는 편이다.
생산성 향상	교육훈련	업무와 관련한 충분한 교육이 이루어지고 있다고 생각한다.
	개선의욕	업무효율화를 위해 작업장 내에서 개선 할 것이 많다.
	업무시스템	상사의 업무지시는 비교적 합리적이다.
	자율권한	나는 업무에 있어서 상당한 자율성이 있다고 생각한다.
노사 협의회	제도이해	나는 노사협의회 제도에 대해 비교적 잘 알고 있다.
	노사협력기여	나는 노사협의회가 노사협력에 많은 도움이 된다고 생각한다.
	호혜성	나는 노사협의회가 노사 모두에게 도움이 된다고 생각한다.
	생산성향상	나는 노사협의회가 회사 생산성향상에 기여할 것으로 생각한다.

나) 설치준비위원회 구성과 인식제고

설치준비위원회에서는 노사가 모두 참여하며, 근로자 측의 경우 해당 사업(장)의 노동조합 및 참여를 희망하는 근로자들이 자발적으로 참여할 수 있도록 분위기 조성한다.

준비위원회는 반드시 노사 동수일 필요는 없으나, 사업장 전체 근로자 의사를 반영할 수 있도록 사업장의 다양한 부서에서 다양한 고용형태의 근로자가 참여할 수 있도록 하고, 해당 사업(장)의 성비를 고려하여 남녀가 고르게 참여하도록 유도한다.

준비위원회가 구성되면 가장 우선적으로 노사협의회에 대한 개념과 필요성에 대한 인식 제고를 위한 다양한 노력이 필요하다.

준비위원회 워크숍, 토론회 등을 개최하여 기업의 개괄적인 상황과 함께 노사협의회의 운영 방향, 사업(장)내 문제점들에 대한 자유토론, 향후 노사협의회에서 다루어야 할 의제들에 대해 토론을 실시한다.

필요시 노사발전재단(www.nosa.ro.kr)의 일터혁신 컨설팅지원사업(노사파트너십구축)을 통해 전문가 도움을 받은 방안도 고려할 수 있다.

다) 노사협의회 설치와 위원구성 준비

준비위원들의 노사협의회에 대한 인식제고 및 경영에 대한 이해도가 높아지면 보다 본격적으로 노사협의회 위원 수 및 위원 구성방법 등을 정하고 노사협의회 규정안을 검토한다.

위원 수 및 위원 구성 방법에 있어서는 노사협의회가 어떻게 하면 가장 실효성 있는 근로자 참여 및 정보공유의 장이 될 것인지, 어떻게 하면 전체 직원들의 의견이 균형 있게 반영될 것인지, 사용자위원들은 어떻게 구성하는 것이 좋은지에 대해서 논의한다.

기업 규모를 고려하여 노사를 제대로 대표하고, 전체 직원들의 의견이 충분히 반영될 수 있는 위원 규모를 준비위원회에서 충분히 검토하여 결정한다.

근로자 과반수 이상으로 구성된 노동조합이 없는 사업장 중에서 근로자 대표가 선정되지 않은 사업장은 준비위원회에서 근로자대표의 선출 방법과 절차를 논의한다.

준비위원회는 노사협의회 설치를 위한 준비과정이므로 가급적 1~2개월 범위내에서 마무리하는 것이 바람직하다.

근로자위원과 사용자위원의 구성 원칙을 정하고, 노사협의회 운영규정 작성과 검토를 통해 당해 사업장의 노사협의회 운영규정(안)으로 정리한다.

2. 노사협의회 운영규정 마련

1) 노사협의회 규정 제정 절차

① 사용자의 설치공고(설치준비위원회 구성 등)

② 노사 간 위원 수에 대한 합의

③ 협의회 위원 선출 방식 결정

④ 협의회 구성

⑤ 협의회 규정 제정

⑥ 관할 지방노동관서 신고(협의회 설치일로부터 15일 이내)

2) 노사협의회 규정 준비 및 포함 사항

노사협의회 규정은 노사협의회 조직과 운영에 관한 자치 규범으로서 근로자참여법 제18조에 따라 제정하여야 한다.

노사위원의 구성방법 · 위원의 신분 보장 · 회의 운영 방법 등 세부적이고 구체적인 사항은 노사 자율로 정한다.

노사협의회 설치준비위위원회에서 충분한 사전협의를 통해 노사협의회 운영에 관한 세부기준을 정리하여 운영 규정안을 마련할 필요가 있다.

노사협의회 구성과 운영을 준비하는 과정에서 노사간에 대화와 협의를 통해 운영규정(안)을 마련하고, 이를 바탕으로 최종적으로 노사협의회의 의결을 통해 제정한다.

3) 노사협의회 규정에 포함될 사항

노사협의회 규정을 작성할 때에는 다음 사항은 필요적 기재사항으로서 반드시 포함되어야 한다.

check point 노사협의회 규정의 필요적 기재사항

① 노사협의회 위원 수
- 근로자 대표성, 회의 운영의 효율성 등을 고려하여 노사 각각 3명 이상 10명 이내에서 노사 동 수로 구성

② 근로자위원의 선출 절차와 후보 등록에 관한 사항
- 선거관리위원회의 구성 및 선출, 선관위 임무, 선거일, 당선자 결정방법 등

③ 사용자위원의 자격에 관한 사항
- 사용자위원의 부서와 직위 등 구체적인 위원의 자격을 명시

④ 노사협의회 위원이 근로한 것으로 보는 시간에 관한 사항
- 협의회 출석시간 및 이와 직접 관련된 시간으로서 협의회 위원이 근로한 것으로 보는 시간에 관한 사항
- '이와 직접 관련된 시간'의 구체적인 범위는 노사가 협의회 규정으로 정해야 하며 협의회 출석을 위한 이동시간, 자료검토에 필요한 최소한의 시간 등이 이에 해당할

수 있을 것임

⑤ 노사협의회 회의소집, 회기, 그 밖의 노사협의회 운영에 관한 사항
- 정기회의 개최 시기, 공고 방법, 회의 소집 방법, 회의 소집 통보기한, 회의 공개 여부, 비밀 누설 금지 및 벌칙, 회의록의 작성 및 유지 등

⑥ 법 제25조의 규정에 의한 임의 중재의 방법 · 절차 등에 관한 사항
- 중재위원의 구성, 중재 방법(노동위원회 중재 신청 여부, 제3자에 중재 의뢰 여부 등) 등

⑦ 고충처리위원 수 및 고충처리에 관한 사항
- 고충처리위원회의 구성 방법, 처리절차, 고충처리대장 비치 등

필요적 기재사항은 노사협의회 설치 · 운영을 위한 최소한의 요건을 규정한 것으로 예시적 사항이 아니라 반드시 기재하여야 할 사항이다.

필요적 기재사항 외에도 법령에 특별히 정한 바가 없어도 협의회의 원활한 운영을 위해 사업장의 특성에 맞게 추가하여 규정할 수 있다(예 : 협의회 의장의 노사공동의장제 채택, 의장 및 간사의 임기, 실무 소위원회 설치 등)

노사협의회 규정을 제정하거나 변경할 경우에는 노사협의회 의결을 거쳐야 한다. 특히 최초로 노사협의회를 설치하는 경우 신속히 회의를 개최하여 노사협의회 의결을 거쳐 협의회 규정을 제정하는 것이 바람직하다.

check point 노사협의회 규정 작성 시 유의사항

1) 협의회 규정은 협의회 운영의 기본 규범이므로 법에서 정한 범위를 벗어나면 안되지만 법에서 특별히 정한 바가 없는 사항에 대해서는 각 사업장 특성에 맞게 최대한 상세히 규정하여 노사협의회 운영에 대한 노사간에 다툼이 없도록 하여야 한다.
2) 협의회 명칭, 단위별(사업 단위협의회, 사업장 단위 협의회) 구성위원의 선출절차 및 위원 수, 위원자격, 회의 운영, 안건발굴, 의결사항의 이행 등 협의회 운영에 필요한 사항을 구체적으로 규정하는 것이 바람직하다.
3) 협의회규정의 시안을 사용자가 작성하더라도 협의회 임시회의 등을 통해 노사위원간에 토의 및 의결 절차를 거쳐 노사협의회 위원들이 서명함으로써 민주적 절차의 정당성을 확보하여야 함

check point **실무사례**

노사협의회 위원의 수를 변경하려고 하는 경우 기존 근로자 · 사용자 위원으로 구성된 노사협의회에서 협의회 규정 변경 절차를 거쳐 협의회 위원의 수를 변경하고 근로자참여법에 정한 선출 절차에 따라 협의회 위원을 추가 선출하는 것이 바람직함(노사관계법제과-546, 2016.3.15.)

근로자위원은 근로자 또는 과반수 노동조합이 자율적으로 선출 · 위촉하는 것이 원칙으로 사업장의 근로자의 성비 등 특수성을 반영하여 근로자위원을 배정하는 것이 객관적으로 부당하지 않고 근로자의 근로자위원 선출 권한을 제한하는 것이 아니라면 노사간 협의회 위원의 수 및 배정 방식 등을 합의하여 이를 협의회 규정으로 정하는 것이 법 취지에 반한다고 볼 수 없음(노사관계법제과-459, 2021.2.17.)

근로자참여법상 협의사항이라 할지라도 같은 법 제15조의 정족수에 따라 의결할 수 있도록 규정하고 있는 제20조제2항의 취지를 감안하면, 협의회규정에 근로자참여법상 협의 사항의 일부를 의결사항으로 정하였다면 그에 따라 노사협의회를 운영하는 것도 가능함(노사관계법제과-1178, 2017.4.25.)

근로자참여법 제18조에서 노사협의회에 협의회규정 제출의무를 부여하면서 같은 법 제33조에서는 협의회규정이 제출되지 않은 경우 사용자에게 과태료를 부과하도록 규정하고 있으므로 협의회 규정 미제출 시 과태료 부과대상은 사용자라 할 것임, 이는 근로자참여법상 의무사항에 대한 제재규정을 현실적인 행위자에게 적용하여 입법취지를 효과적으로 달성하려는 입법자의 결정으로 이해함이 타당함. 다만, 노사협의회가 설치되고 난 이후라도 협의회규정 제정에 대한 위원들간 다툼으로 의결이 성립하지 않아 협의회규정을 제출하지 못하는 등 그 의무의 이행을 기대하는 것이 무리라고 하는 정당한 사유가 있다면 사용자에게 과태료를 부과하지 않는 것이 타당(노사관계법제과-3057, 2021.12.24.)

3. 노사협의회 위원의 위촉 및 선출

1) 근로자위원 구성

(1) 근로자위원 선거 절차 예시

① 노사협의회 설치 공고
- 의무설치 대상(상시 30인 이상)이 된 날부터 30일 이내

② 선거관리위원회 구성(선거공고일 30일 전까지)
- (구성) 3인 이상의 근로자, (역할) 선거공고, 선거인명부 작성 등

③ 선거공고(선거일 15일 이전까지)
- 투표자격, 입후보자격, 입후보기간, 선거일, 투표장소, 투표시간 등 공고

④ 선거인명부 작성(선거공고일로부터 3일 이내)

⑤ 후보자명부 작성(선거공고일로부터 10일 이내)
- 후보자 등록(선거공고일 5일 이내)

⑥ 선거 실시
- 과반수 참여 직접·비밀·무기명투표, 1인 1투표

⑦ 당선자 공고
- 당선자 결정에 이의가 있는 경우, 선관위는 이의 수용여부를 지체 없이 결정하여 공고

(2) 노조가 없거나 과반수 노조가 없는 사업장

근로자를 대표하는 위원, 즉 근로자위원은 근로자들의 자율적인 선출 절차에 따라 선출한다. 근로자위원 선거방식 및 선거관리에 관하여는 노사협의회 설치준비위원회에서 법령이 정한 범위 내에서 일정한 기준을 정하여 시행하도록 하며, 선거관리는 근로자측 준비위원이 담당하는 것이 바람직하다.

무노조 사업장 또는 과반수 노조가 조직되어 있지 않은 사업(장)에서 근로자위원은 근로자 과반수가 참여하여 직접·비밀·무기명 투표에 따라 선출하여야 한다.

근로자위원의 대표성을 강화하기 위해 근로자위원 선출 시 근로자 과반수 참여 요건을 법정화 하였다(2022.12.11. 시행).

개정법 시행 이후 근로자위원을 새롭게 선출하는 경우부터 적용한다.

과반수 참여 여부의 판단기준은 선거구를 구분하여 근로자위원을 선출하는 경우 선거구별로 선거구 구분이 없는 경우에는 노사협의회 설치단위를 기준으로 판단, 보궐위원 선출 시에도 적용한다.

선거를 통해 근로자위원을 선출하는 사업장의 경우에는 해당 사업(장)의 근로자들로 구성된 별도의 '선거관리위원회'를 구성하여 추진한다.

근로자참여법은 근로자위원 선출에 개입하거나 방해해서는 아니된다고 규정하고 있으므로, 사용자가 선거관리위원회를 구성하거나 주도적으로 운영해서는 아니된다.

기존에 구성되어 있었던 노사협의회 설치준비위원회에 참여한 근로자들이 선거관리위원회를 구성하는 것도 고려할 수 있다.

가) 선거관리위원회

선거관리위원에서는 근로자위원 추천 방법, 선거활동 기간, 선거 일시 및 장소, 선거운동 방법, 투표방법 등을 정하고, 추진 과정에서 사용자측의 시설 이용 등 편의제공에 대해 협의한다.

〈사용자측 협조 필요 사항〉

- 기업 시설 이용, 선거 활동 및 투·개표 시간 할애 등에 관해 노사협의회 설치준비위원회 사용자측과 협의하여 충분한 시간 확보
- 근로자위원 선거를 위한 시설, 투표함, 게시판 활용 등의 편의를 제공

선거방식을 정하는 경우 근로자위원이 사업(장) 내 근로자의 다양한 특성을 반영할 수 있도록 근로자위원의 일부 의석을 비정규직 또는 사업장 내 소수성별(여성 혹은 남성)에게 할당하는 것도 가능하다.

근로자위원 선거를 위한 모든 준비가 완료되면 노사협의회 근로자위원 추천 방법 및 기간, 선거 일시, 장소, 방법을 충분한 시간을 두고 근로자들에게 공고한다.

나) 근로자위원 선고공고 및 입후보자 접수

근로자위원 선거관리 방식이 결정되면 근로자 준비위원이 선거관리위원의 역할을 수행하여 선거 일시, 선거인 명부, 투표함 작성 등 선거를 준비, 전 근로자에게 공지한 후 입후보자 접수를 받는다.

근로자위원 입후보는 기본적으로 제한 없이 자유롭게 할 수 있다. 다만, 후보자 난립 방지를 위해 노사협의회 규정으로 입후보 요건을 합리적으로 제한할 수도 있으나(근속기간, 추천자 수 등), 이 경우에도 자유로운 입후보라는 취지에 벗어나지 않도록 해야 할 것이다.

근로자참여법 시행령 개정(2022.12.11.시행)으로 소속 근로자 10명 이상 추천 요건 삭제되었으며, 투표인 명부에는 근로기준법 제2조에 의한 사용자를 제외한 근로자들만이 포함되도록 하여야 한다.

check point 근로자위원 선고 공고문 예시

공 고

제목 : 노사협의회의 근로자위원 선거 관련

내용 : 노사협의회 선거관리위원회는 노사협의회의 근로자위원 선거와 관련하여 다음과 같이 공고합니다. 근로자 여러분의 적극적인 참여를 바랍니다.

- 다 음 -

1. 근로자위원 수 : ○명
2. 입후보자 자격 : 현재 (주)○○○에 근무 중인 직원
3. 입후보 시기 : 공고일부터 20 . . . 오후 6시까지
4. 선거일 : 20 . . . 오전 9시부터 오후 6시까지
5. 선거장소 :
6. 당선요건 : 입후보자 중 다수득표자를 당선자로 하되, 동수가 있는 경우에는 연장자를 당선자로 함

직원 여러분들의 많은 참여 바랍니다.

20 년 월 일

노사협의회 선거관리위원회

check point 근로자위원 입후보 신청서 및 예시

공노사협의회 근로자위원 입후보 신청서

◦ 성명 :
◦ 소속 및 직책 :
◦ 주민등록번호 :

상기 본인은 ○○○(주) 노사협의회 근로자위원으로 입후보하고자 (별첨과 같이 추천서를 첨부하여) 신청하오니 반영하여 주시기 바랍니다.

20 년 월 일

신청인 : ○ ○ ○ (서명)

○○○(주) 노사협의회 선거관리위원회 귀중

다) 근로자위원 선거 실시

(가) 근로자위원 직접·비밀·무기명 투표로 선출

근로자위원은 근로자 과반수가 참여하여 직접·비밀·무기명 투표로 선출하여야 한다.

「**직접**」이라 함은 직선제를 의미하는 것이 아니라 대리인에 의한 투표를 인정할 수 없다는 것을 의미한다.

「**비밀**」이라 함은 기표소 설치 등 투표내용이 다른 사람의 눈에 띄지 않게 하여 다른 사람이 투표내용을 모르게 하여야 한다는 것을 말한다.

「**무기명**」이라 함은 투표자의 이름을 기입하지 않으며 누가 투표했는지 모르게 하라는 것이다.

개정법에 따라 근로자위원 선출 시 반드시 근로자 과반수가 참여하여 직접·비밀·무기명 투표를 거치도록 하고 있으므로 근로자 과반수가 참여하지 않거나 무투표 당선은 인정되지 않는다.

* 「근로자참여 및 협력증진에 관한 법률」 개정(2022.12.11. 시행)

따라서 후보자 수가 위원 수와 같더라도 투표절차를 거치는 것이 필요하며,

후보자 수와 위원수가 같은 경우 근로자 과반수가 참여하여 찬반투표 형태로 진행할 수도 있다.

근로자위원 선출 투표 참여자가 근로자의 과반수에 미치지 못하는 경우, 해당 선출투표는 유효하게 성립하지 아니하므로 근로자위원 자격을 가질 수 없으며, 이때 선출투표가 유효하게 성립하기 위한 재선거 등의 방안에 대해서는 협의회 규정에 정함이 있다면 정한 대로 하되, 정함이 없다면 전체 근로자의 의사를 종합하여 선거관리위원회가 합리적인 방안을 결정하여 시행할 수 있을 것임. 다만, 명확한 선거관리를 위해 애초에 적정한 투표기간을 설정하여 선출 투표를 실시함이 바람직하다.

(나) 예외적으로 간접 선출도 가능

예외적으로 위원 선거인(근로자위원을 선출할 근로자)에 의한 간접선출도 가능하다.

사업 또는 사업장의 특수성으로 인해 부득이 직접선거에 의한 선출이 부적합하다고 인정되는 경우에 간접선거에 의한 근로자위원 선출도 가능하다.

사업 또는 사업장이 지역별로 분산되어 있어 동시에 전체 근로자가 모이기 어렵거나, 입후보한 근로자위원에 대한 정보를 알기가 어렵다고 판단되는 경우에는 지점별, 부서별, 지역별 위원선거인을 선출하여 위원선거인들이 노사협의회 근로자위원을 선출하는 것이 타당할 수도 있기 때문이다.

이 때 위원선거인은 전체 근로자의 의견을 대변할 수 있을 정도로 충분한 규모로 구성하도록 하고, 해당 지점, 부서, 지역별로 위원 선거인을 선출할 때에는 그 단위별 근로자의 과반수가 참여하여 선출하도록 한다.

간접선거 방식의 근로자위원 선출 시 위원선거인 과반수가 참여하여야 하며, 이 경우 위원선거인은 단위 내의 근로자들의 의견을 충분히 수렴하는 것이 바람직하다.

(다) 예외적으로 부서단위, 직종단위, 지역단위에서 선출 가능

협의회 규정에 의거하여 부서별, 직종별, 지역별 등으로 근로자위원을 별도로 배정한 경우 예외적으로 부서단위, 직종단위, 지역단위에서 근로자위원을 선출하는 것도 가능하다.

사무직과 기술직·기능직의 사업장이 별도로 되어 있거나 작업부서별 특성이 현저히 다른 경우 등에는 동일 지역 또는 동일 직종, 동일 지역 내에서 근로자위원을 선출할 수 있다.

이 경우 해당 부서, 직종, 지역 등에 배정된 근로자위원수 만큼을 해당 부서, 직종, 지역의 근로자 과반수가 참여하여 직접·비밀·무기명 투표로 근로자위원을 선출하여야 한다.

(라) 근로자위원 선출에 대한 부당 간섭금지 의무

사용자가 일방적으로 근로자위원을 위촉하거나 근로자위원 선출에 개입할 경우에는 법 위반이 된다.

특정 후보를 지정하거나 특정인의 입후보를 방해하는 행위와 근로자위원 선출방식을 직선제 또는 간선제 등으로 지정하는 행위, 선거관리위원이 되는 경우 등의 개입행위는 모두 법 위반 행위에 해당한다.

입후보 방해·제한 등 특정 근로자의 당선 내지 낙선을 목적으로 하는 행위뿐만 아니라 선거관리위원회의 구성·활동 등 근로자위원 선출 절차에 관련한 제반사항에 대한 의사 결정에 영향을 미치는 행위까지도 금지한다(2004.1.30. 노사협력과-239).

따라서 고용노동부장관은 이에 대한 시정명령을 할 수 있으며, 사용자가 정당한 사유 없이 시정명령한 내용을 이행하지 아니하면 500만원 이하의 벌칙을 받을 수 있음(법 제11조, 제31조)

라) 근로자위원 당선자 확정

투표가 완료되면 선거관리위원이 정해진 개표 시간 및 절차에 맞추어 개표하고 다수 득표자 순으로 근로자위원 당선자를 확정한다.

개정법에 따라 근로자참여법상 노사협의회 근로자위원의 선출은 근로자 과반수가 참여한 직접·비밀·무기명투표로 하도록 규정하고 있을 뿐, 일정한 투표율을 넘겨야 한다는 등의 규정은 없으므로 다수득표자 순으로 노사협의회 위원을 선출하면 된다.

투표결과 동점자가 있는 경우에는 그 동점자들을 대상으로 재투표를 할 수 있으나 미리 동점자가 있는 경우 연령 또는 근속기간이 오래된 직원을 당선자로 한다는 등의 내용을 규정에 두고 있는 경우에는 그 규정에 따라 당선자를 결정할 수 있다.

노사협의회가 안정적이고 효율적으로 운영되기 위한 사전적 장치로써 보궐위원이 될 수 있는 차점자 명부도 다수득표자순에 의해 확정해 놓는 것이 바람직하다.

노사협의회 위원이 임기 중에 퇴사하거나 불가피한 사유로 업무를 하지 못하는 경우 새로운 위원을 선임하여야 하는데, 그때마다 다시 근로자위원을 선출하도록 한다면 부담이 될 수 있기 때문이다.

따라서 최초 선거 시에 근로자위원 후보로 입후보한 사람들 중, 득표수가 적어 선출되지 못한 사람들을 보궐로 위원이 될 수 있도록 한다면, 이러한 번거로움을 피할 수 있다.

이러한 사항은 미리 노사협의회 규정에 마련해 놓을 필요가 있으며, 근로자참여법에서는 이를 위하여 시행령 제4조에서 근로자위원 선출 투표에서 선출되지 못한 자 중 다수 득표자 순에 의한 차점자를 보궐 근로자위원으로 할 수 있도록 규정하고 있다.

근로기준법상 근로자대표는 과반수 노동조합이 없는 경우 근로자들의 투표로 선출하는 것이므로 노사협의회 근로자위원에게 근로자대표 기능을 부여하고

자 하는 경우 위원선출 공고 시 근로자대표를 선출하는 것을 함께 공고할 수 있다. 이 경우 노사협의회 근로자 위원 중 최고 득표자를 근로기준법상 근로자대표로 할 수도 있으며, 노사협의회 근로자 위원 전체를 근로자대표로 할 수도 있다.

(3) 과반수 노조에서의 근로자위원 위촉

가) 과반수 노조 근로자위원 위촉의 의미

사업장 내에 근로자의 과반수로 조직된 노동조합이 있으면 노사협의회 근로자위원은 당해 사업장의 노동조합의 대표자와 노동조합이 위촉하는 자로 구성된다. 이 경우에는 근로자의 과반수는 당해 사업 또는 사업장의 근로자 중 근로기준법 제2조의 사용자를 제외한 근로자의 과반수를 의미한다.

과반수 근로자를 산정함에 있어 근로자와 사용자의 이중적 지위를 갖는 자는 제외되는 바, 이는 설사 이들이 근로자로서 향후 협의·의결 내용의 적용을 받더라도 협의·의결과정에서는 사용자를 위하여 행위하는 자로 볼 수 있기 때문이다.

과반수 노조에게 근로자위원 위촉권을 부여한 것은 노사협의회 근로자위원은 근로자들의 자율적 선출에 의한다는 대원칙하에 전체 근로자를 대표하는 지위를 과반수 노조에게 부여한 것이다. 따라서 과반수 노조가 있는 사업장에서의 노사협의회 위원 구성과 활동에 있어서도 노동조합의 지위로서가 아니라 전체 근로자를 대표하는 지위에 있음을 분명히 할 필요가 있다.

나) 과반수 노조의 근로자위원 위촉 시 고려사항

① 근로자들의 다양한 특성과 이해가 반영되도록 하여야 한다.

부서, 직종, 고용형태, 성별 등을 고르게 반영하고 역량을 갖춘 자를 근로자위원으로 위촉하여야 한다.

② 비조합원, 소수노조 조합원도 근로자위원으로 위촉하는 것을 고려하여야

한다.

노사협의회는 전체 근로자를 대표하는 지위에 있으므로 비조합원, 소수노조에 대한 배려가 필요하고, 다수 사업장에서 비조합원이 주로 기간제, 임시직 등 취약계층이라는 점에서 참여 활성화가 필요하다.

③ 노동조합 내 민주적 의사결정 절차를 거치는 것이 바람직하다.

근로자위원 위촉은 조합 내에서 총회나 대위원회 등의 민주적 절차를 통해 결정해야 한다. 해촉의 경우에도 위촉과 같은 과정을 거쳐야 한다.

④ 특정 개인을 위촉하는 것이 원칙이나 직명 위촉도 가능하다.

근로자위원은 '노동조합이 위촉하는 자'이므로 특정 개인을 지명하여 위촉하는 것이 바람직하나, 노동조합이 정당한 의사결정과정을 거쳐 직명 등으로 위촉하는 것도 가능하다(예 : 수석부위원장, 정책국장, 조직부장 등)

⑤ 특별한 사정이 없는 한 법정 임기(3년) 보장이 바람직하다.

위원은 퇴직 · 휴직 · 원거리 전출 외에도 노동조합 집행부 교체에 따른 위원교체(단, 민주적 · 집단적 의사결정 과정을 통해야 함)등의 사유가 없으면 임기기간 동안 활동을 보장하는 것이 바람직하다.

2) 사용자위원 구성

(1) 해당 사업의 대표자, 대표자가 위촉하는 자

가) 사용자위원은 당해 사업 또는 사업장의 대표자를 반드시 포함하여야 하며(당연직 위원), 그 대표자가 근로자위원 수와 동일한 인원으로 위촉하는 자로 구성하여야 한다.

나) 노사협의회 형식화를 방지하고 실효성 있는 운영을 위해 다음과 같은 인사를 우선적으로 사용자위원에 위촉하는 것이 바람직하다.

① 평소 근로자로부터 존경과 신망이 두터운 간부급

② 균형감 있는 시각으로 노사 간 소통이 원만한 간부급

③ 인사 · 노무 · 조직 · 관리 등에 경험이 많은 간부급

④ 소관 업무에 대해 소신 있는 발언을 할 수 있는 간부급

다) 특정 개인을 위촉하는 것이 원칙이나 직명 위촉도 가능하다.

라) 사용자위원은 '해당 사업이나 사업장의 대표자가 위촉하는 자'이므로 특정 개인을 지명하여 위촉하는 것이 바람직하나, 사업주가 노사협의회 운영의 실효성과 효율성을 높이기 위해 직명으로 위촉하는 것이 바람직하다고 판단하는 경우 직명 위촉도 가능하다(예 : 경영본부장, 기획본부장, 인사팀장, 재무팀장 등)

마) 사용자위원의 경우도 특별한 사정이 없는 한 임기(3년)는 최대한 보장하는 것이 바람직하다.

제20-01호

위 촉 장

소속 : ○○ (주)
직위 : 관리본부장
성명 :

귀하를 근로자참여 및 협력증진에 관한 법률 제6조제3항의 규정에 의하여 ○○○ (주) 노사협의회 사용자위원으로 위촉합니다.

위촉기간 : 20 년 월 일부터 20 년 월 일까지

20 년 월 일

○○○(주) 대표이사 (인)

3) 노사협의회 구성 완료

노사협의회 근로자위원이 선출되면, 사용자는 노사협의회 사용자위원을 대표자 포함하여 근로자위원과 동수로 위촉하여 협의회 위원 구성을 완료하여야 한다.

협의회 위원 구성이 완료되면 노사협의회를 개최하여 설치준비위원회에서

마련한 노사협의회 규정을 의결하고, 향후 노사협의회 운영에 대한 기본방향을 설정하는 협의를 진행하여야 한다.

노사협의회에 대한 관심과 역할을 강화하기 위하여 미리 준비된 노사 상생 선언 등을 통해 대내외에 노사협의회 운영에 대한 비전과 의지를 표명하는 것도 좋은 방안이다.

노사협의회 규정이 제정되면 동 규정을 노사협의회가 설치된 주된 사무소를 관할하는 지방고용노동관서에 신고(15일 이내)함으로써 노사협의회 설치는 완료된다.

4. 노사협의회 의장과 간사

1) 협의회 의장은 위원 중에서 호선(互選)하여 선출한다.

협의회 의장은 위원 중에서 호선하여 기업 대표를 협의회 의장으로 할 수 있으며, 노사동수 원칙을 고려하여 의장도 근로자위원과 사용자위원 중 각 1명을 공동의장으로 선출할 수 있다.

선출의 구체적인 방법과 절차에 관하여는 법에 정한 바가 없으므로 노사협의회 규정에 있으면 그에 따르되, 정함이 없는 경우 노사간 자율적으로 절차 및 방법(다득표 순 등)을 정하여 의장을 선출하여도 무방함(노사 68107-180, 1998. 6.23.)

노사대등의 원칙 아래 원한만 회의 진행을 위해 노사 각 1명의 의장 후보를 추천하여 노사협의회 회의 시 마다 번갈아 가며 회의를 진행하는 노사 공동의장제도 고려할 만하다.

의장의 임기는 노사협의회 규정에서 정하고 있으면 그에 따르되, 효율적인 협의회 운영을 위해 자율적으로 정할 수 있다.

매 회의 때마다 의장을 호선하여 선출할 경우, 회의 진행의 효율성과 업무의 일관성을 유지하는데 어려움이 있으므로 의장의 임기는 최소 1년 이상으로 하는 것이 바람직하다.

2) 원활한 회의 운영을 위해 노사 각 간사를 선출한다.

협의회의 원활한 운영과 위원장의 업무를 보좌하기 위하여 근로자위원과 사용자위원 중 각 1명을 간사로 선출한다.

간사는 각각 노사를 대리하여 회의 소집, 안건자료 등 회의의 준비와 회의록 작성 등 사후 처리를 담당한다.

노사협의회 운영의 성패는 어떠한 안건을 어떠한 절차로 다룰 것인지에 달려있다고 할 수 있다.

의제의 상정여부를 결정하는 것은 사실상 노사 양측 간사회의에서 결정되므로 노사협의회에서 다루기 곤란한 사항은 간사회의에서 본회의에 상정하기 전에 충분히 논의하는 것이 바람직하다.

5. 위원의 임기와 신분 보장

1) 위원의 임기

노사협의회의 안정적인 운영을 위하여 협의회 위원의 임기는 3년으로 규정한다.

노동조합 임원의 임기는 민주성과 자주성의 조화를 위해서 3년 이내에서 규약으로 자율적으로 정하도록 하고 있는 반면, 노사협의회 임원의 임기는 전문성과 실행 기능을 위해 3년으로 정하고 있다.

임기가 만료된 경우라도 후임자가 선출될 때까지는 계속 그 직무를 담당한다.

근로자위원이 임기 중에 승진, 인사이동 등으로 근로기준법 제2조의 사용자에 해당하게 됐거나 퇴직한 경우는 임기 중이라도 위원자격을 상실한다.

근로자위원이 과반수 노조에서 위촉되었다가 임기 동중에 과반수노조의 지위를 상실하더라도 이미 위촉된 근로자위원은 과반수 노조일 당시에 유효하게 위촉되어 임기 중에 있는 경우 법상 임기는 보장됨(노사협력정책과-1862, 2010. 12.31.)

과반수 노조가 되지 못하여 근로자위원을 선출하였다가, 임기 도중 과반수

노조가 된 경우에도 임기 동안은 계속적으로 근로자위원의 지위를 가짐(노사협력과-178, 2004.1.16.) 따라서 도중에 과반수 노조가 된 경우에는 기존에 선출된 근로자위원의 임기가 만료되거나 궐위된 경우 근로자위원의 위촉권을 행사 할 수 있다.

근로자위원의 결원이 생기는 경우에는 30일 이내에 보궐위원을 위촉하거나 선출하는 것이 원칙이다.

새로 위촉 또는 선출된 위원의 임기는 전임자의 남은 기간이 된다. 근로자위원 결원 시 현 근로자위원 선거 결과의 다수득표자순에 따라, 작성된 차점자 명부의 순서에 의해 결원된 근로자위원을 선출하는 경우 노사협의회 규정에 명문의 규정을 두어 시행함이 바람직하다.

현 근로자위원 선거 결과에 따른 다수 득표순 후보자명부를 확정하여 당시 선거관리위원회에서 보관한다.

2) 위원의 신분 보장

위원은 비상임・무보수로 신분상의 중립과 업무수행 상의 독립성 및 공정성을 확보하기 위함이다.

근로자위원은 전체근로자를 대표하는 지위에 있으므로, 사용자로부터 특별한 보수를 받는다면 독립성이 훼손될 수 있다.

사용자는 협의회 위원에 대하여 직무수행과 관련한 사유로 불리한 처분을 하여서는 아니된다.

불리한 처분이라 함은 해고, 배치전환, 강등, 임금삭감 등은 물론 승진, 승급 기타 대우에 관한 일체의 불리한 처분을 말하며 사업주가 특히 근로자위원의 활동을 문제 삼아 불리한 처우를 하는 경우 자유로운 발언 등이 어려워지고 노사간 신뢰가 깨지게 될 우려가 있다.

근로자위원이 실제 불이익 처분을 당한 경우, 고용노동부장관은 그 시정을 명할 수 있으며, 시정명령을 이행하지 아니한 때에는 500만원 이하의 벌금에 처할 수 있다.

위원이 협의회 회의에 참석한 시간에 대하여는 근로한 것으로 간주한다.

소정근로시간을 초과하여 협의회에 출석한 시간과 직접 관련된 시간에 대하여는 연장근로로 인정됨(노사협력정책과-1981. 2013.5.28.)

3) 위원의 활동 보장

노사협의회 위원은 현장에서 본연의 업무를 수행하면서, 소속 근로자의 의견을 수렴하고 개선방안을 마련하는 것을 기본으로 하고 있다.

협의회 위원이 회의에 참여하거나, 이와 직접적으로 관련된 준비 및 검토 시간 등과 관련해서는 근로자위원으로서의 활동을 원활하게 수행되도록 여건을 마련해 줄 필요가 있다.

상황에 따라서는 보다 전문적인 역할을 수행하기 위해서 필요한 경우 근로자 참여를 진작시킨다는 차원에서 더 많은 시간을 협의회 활동에 투여되도록 하여야 할 필요도 있을 것이다.

노사협의회 위원의 협의회 출석시간 및 이와 직접 관련된 시간으로서 노사협의회 규정에서 정한 시간에 대하여 근로한 것으로 보아 임금을 지급하여 한다. 이는 노사협의회 위원으로서의 직무수행에 최선을 다하도록 보장하기 위한 것이며, 야간시간에 노사협의회를 개최하거나 휴일에 노사협의회를 개최한 경우, 각각 야간수당과 휴일근로수당을 지급해야 한다.

보다 내실 있고 실질적인 노사협의회 운영을 위해 협의회 출석과 직접 관련된 시간(협의회 출석을 위한 이동시간과 자료 검토시간 등)에 대해서는 사전에 노사가 노사협의회 규정에서 정한 경우 근로한 것으로 보아야 할 것이다.

노사협의회 위원의 신분은 비상임·무보수가 원칙이므로 협의회 출석과 직접 관련이 없는 시간인 경우에는 근로시간이 아닌 시간을 활용해야 할 것이다.

4) 위원의 비밀유지 의무

비밀 누설이라 함은 비밀사항을 제3자에게 고지하는 것으로, 그 방법은 구두로 하든 서류를 열람시키든 제한 없다.

노사협의회는 인사·경영 등 그간 배타적으로 사용자에게 속한다고 인정되어 왔던 경영권의 범주에 속한 사항도 노사가 함께 논의하는 기구이다.

노사간 신뢰가 기초되지 않는다면 주요한 사항을 깊이 있게 다루지 못하므로 노사는 상호간 신뢰구축을 위해 비밀유지의무를 준수해야 한다.

근로자참여법 제21조는 기업의 경영상황에 대한 사용자의 보고의무를 규정하고 있어 노사신뢰 정도에 따라 상당한 수준의 경영정보를 공개할 경우도 있다.

이 경우에도 기업에서 외부에 알리기 곤란할 정도의 내용이라면 위원회에서 지득한 내용에 대해 협의회의 위원들은 비밀을 유지해야 할 것이다.

다만, 어느 정도까지가 비밀에 속하는지 여부는 일률적으로 정할 수는 없고 기업이 처한 상황, 근로자들의 알 권리 등을 고려하여 개별구체적으로 판단하여야 하며 원만한 협의회 진행을 위해 기업비밀에 해당하는 보고사항이나 안건, 개인신상에 관한 사항 등은 위원 각자가 주의하도록 표기하거나 주지시키는 것이 바람직하다(예 : 회의 비공개 요구, 자료 열람 후 회수 또는 폐기 요구, 외부누설 금지 요구 등).

6. 사용자의 의무

1) 선거 개입 및 방해 금지 의무

(1) 사용자가 일방적으로 근로자위원을 위촉하거나 근로자위원 선출에 개입하는 경우에는 법 위반이 된다.

① 사용자가 특정 후보를 지정하거나 특정인의 입후보를 방해하는 행위

② 근로자위원 선출방식을 직선제 또는 간선제 등으로 지정하는 행위

③ 사용자측의 권유를 받은 근로자위원 입후보자들이 출마하는 경우

④ 근로자위원 입후보를 방해하거나 제한하는 등 특정 근로자의 당선 내지

낙선을 목적으로 하는 행위

⑤ 선거관리위원회에 회사 임원이 참여하여 선거기준을 정하고, 선거 결과를 임의대로 정한 경우

⑥ 사용자가 정당한 이유 없이 근로자들에게 선거 장소, 시간적 편의를 제공하지 않는 경우

(2) 다만, 사용자의 개입여부는 구체적인 행위의 태양, 사업장의 관행 · 선거에 미친 영향 등을 종합적으로 고려할 것이다.

이 경우 고용노동부장관은 이에 대한 시정명령을 할 수 있으며, 사용자가 정당한 사유 없이 시정 명령한 내용을 이행하지 아니하면 500만원 이하의 벌금에 처하게 된다.

check point **실무사례**

근로자참여법 제10조제1항은 "사용자는 근로자위원의 선출에 개입하거나 방해해서는 아니 된다."고 규정함으로써 근로자위원 선출 절차에 관련한 제반사항에 대한 의사결정에 영향을 미칠 수 있는 일체의 사용자 행위를 금지하고 있음. 근로자가 자주적으로 직접 · 비밀 · 무기명투표를 통해 근로자위원을 선출한 이후 사회통념상 선출절차에 필요하다고 인정되는 범위 내에서 소요된 비용만을 사용자가 사후적으로 지원하여 근로자의 자주적인 의사결정에 사용자가 영향을 미치지 않는 경우라면 특별한 사정이 없는 한 이를 근로자참여법 제10조제1항 위반이라 보기 어려울 것임(노사관계법제과-2437, 2021. 10.8.)

협의회 규정상 정함이 없다고 하더라도 노사가 합의하여 사용자가 노사협의회 회의참석 등 그 운영을 위해 필요한 근로자위원의 업무수행에 소요되는 경비를 필요 최소한의 범위 내에서 지급하는 것을 근로자참여법 위반이라 보기는 어려울 것임. 아울러, 향후 노사협의회 운영상 불필요한 논란을 방지하기 위해 협의회규정에 관련 내용을 추가하여 투명하게 노사협의회를 운영함이 바람직할 것임(노사관계법제과-1214, 2022.5.29.)

2) 사용자의 편의제공 의무

내실있는 노사협의회 운영을 위하여 사용자는 근로자위원의 업무를 위하여 장소 등 기본적은 편의를 제공할 의무를 부담한다.

근로자위원이 전체 근로자의 의사를 수렴하거나 토론 등을 통하여 기업의 발전이나 근로자의 복지증진에 관한 창의적인 의제 등을 발굴할 수 있도록 근로자위원의 활동을 지원할 필요가 있다.

장소 사용 등 기본적인 편의제공 의무는 사무실을 반드시 근로자위원들에게 배정해야 한다는 의미는 아니다.

다만, 사용자는 협의회 운영에 소요되는 근로자들의 의견을 청취하거나 자료를 정리할 수 있는 등의 공간을 활용할 수 있도록 하는 조치(회의실 활용 등)를 취할 수 있을 것이다.

기본적인 편의제공에는 회사의 시설이나 설비의 이용, 근로자위원 선출 시 투표의 진행과 관련한 편의, 근로자위원의 회의 참석 시간의 근로시간 간주 및 임금 보전 등이 포함된다.

근로자참여법에서 정한 편의제공 외에 노사협의회 규정이나 의결로써 사용자의 편의 제공의 범위를 추가로 설정할 수도 있다.

03 노사협의회 운영

1. 노사협의회 운영의 의의

1) 운영 절차

① 노사협의회 구성(사용자위원, 근로자위원 각 3명이상 10명 이하(노사 동수로 구성)
- (회의개최) 정기회의는 분기마다, 임시회의는 필요 시 개최

② 노사협의회 소집공고(회의안건 및 공문 발송)
- 회의 불성립(과반수 참석 못함)
  * 중재요청(협의회 내 중재기구-노동위원회 or 제3자)

③ 안건별 (보고 · 협의 · 의결)
- 의결(노사 각 과반수 출석, 출석위원 2/3이상 찬성)

④ 회의 결과 공지

⑤ 성실 이행

2) 운영 주체들의 역할

(1) 사용자위원

주로 경영상황 등 대한 정보공유를 목적으로 하는 '보고사항', 생상성 향상과 근로생활의 질 향상을 목적으로 하는 '협의사항', '의결사항' 등을 논의하는 구조로 구성한다.

보고사항은 경영계획 및 실적, 생산계획 및 실적, 인력계획, 기업의 재정상황 등 주로 경영계획 및 상황에 대한 내용을 의무적으로 노사협의회에 알리고 근로자들과 공유하라는 것이다.

노사협력관계 정착과 기업의 경쟁력 강화를 위한 필수적으로 요청되는 「정보공유」의 의미를 갖고 있으며, 근로자 참여의 전제 조건이다.

사용자는 적극적으로 노사협의회에 보고사항에 대한 정보를 공유하고, 근로

자들이 회사의 상황을 이해하고, 능동적으로 대응할 수 있도록 하여야 한다.

경영정보는 근로자들이 이해할 수 있도록 공개되어야 한다.

각종 정보는 근로자들의 눈높이에 맞춰 쉽고, 명료하게 공개되어야 하며, 경영정보 이해도를 높이기 위해 체계적인 역량 강화 교육도 필요하다.

노사협의회에서 논의되는 협의사항·의결사항들은 생산성 향상을 위해 전 근로자가 해야 할 일이 무엇인지, 전 근로자들에게 필요한 것이 무엇인지, 어떻게 해야 전 근로자들이 변화에 적극 동참하는지를 설명하고, 근로자들로부터 다시 피드백을 받는 과정을 의미한다.

생산성 향상을 위해 작업공정은 어떠한 방식으로 개선하는 것이 바람직한지, 근무형태나 임금체계는 어떻게 변경되는 것이 좋은지, 종업원들의 역량강화를 위한 교육은 어떻게 실시하는 것이 좋은지 등을 현장에서 찾고, 현장의 참여를 통해 만들어 가는 것이며, 평가나 승진 등의 인사제도, 각종 복리후생제도는 무엇이 문제이고, 어떻게 개선해야 하는지, 일과 삶의 조화 등은 어떻게 실현될 수 있는지에 대해 근로자들로부터 의견을 수렴하여 인사관리 및 경영 의사결정에 반영하는 과정 또한 필요하다.

사용자 위원은 이러한 노사협의회 기능을 충분히 숙지하고, 보고사항, 협의사항, 의결사항들이 내실 있게 준비되고, 논의할 수 있도록 경영과 생산에 관한 계획을 체계적으로 수립하고, 점검하여 근로자들의 적극적 참여를 통해 생산성 향상과 기업의 경쟁력 확보가 이루어질 수 있도록 하여야 한다.

(2) 근로자위원

근로자위원은 전체 근로자를 대표하는 지위에 있으므로 사용자와는 독립된 근로자 입장에서 활동하여야 한다. 다만, 근로자를 대표하는 지위에 있다하여 경영전략이나 기업이 처한 상황 등과 관계없이 근로자들의 요구사항 또는 고충 해결을 위한 요구조건만을 제시하라는 의미는 아니다.

근로자위원은 '생산성 향상'과 '근로생활의 질 향상'이라는 노사공동의 목표 달성을 위해 근로자들이 느끼고 있는 고충을 회사에 전달함과 동시에 회사의 상황을 이해하여 그 해결방안을 노사가 공동으로 찾아나가는 역할을 하여야 한다.

경영정보공유를 위해 회사의 경영전략이나 재무구조, 생산시스템 등에 대해 제대로 이해 할 수 있는 역량을 갖추어야 하고, 근로자들이 겪고 있는 고충과 애로사항을 대변하기 위해 끊임없이 소통하고, 대안을 고민해야 한다.

근로자위원이 위와 같은 역할을 제대로 수행할 때 사업장 내 근로자들의 고충이 제대로 해결되고, 회사의 경영전략이 근로자들에게 명확히 전달됨으로써 갈등의 예방과 해결은 물론 근로자들의 자발적 참여와 노사간 동반자적 관계가 구축됨으로써 조직성과로 이어질 수 있을 것이다.

3) 운영주체들이 갖추어야 할 역량

노사협의회 회의에는 문제해결자로서 전문성과 조정능력이 필요하다.

근로자들의 요구를 수렴하여 이해관심사를 분석하고 개선과제들을 목록화하여 제시해야 한다. 이해관심사들 중 중요도, 실현가능성 등을 고려하여 우선과제를 선정해야 하며, 이해관심사를 충족시킬 수 있는 방안들을 전문성과 창의성, 상호 이해를 바탕으로 노사가 공동으로 개발해야 한다.

노사협의회 운영은 협의회 위원들의 사전적이고, 일상적인 활동뿐만 아니라 회의 능력과 조정능력, 문제해결 능력에 의해서도 좌우된다는 사실을 잊어서는 안된다.

(1) 좋은 관계유지 능력

노사 공동의 이해관계를 충족시키기 위해서는 노사협의회 사용자 위원과 근로자 위원 간 좋은 관계를 유지하기 위한 노력이 필요하다.

회의에 필요한 좋은 관계를 유지하기 위해서는 많은 준비와 노력이 필요하다.

상호존중과 이해, 신뢰와 조정, 강압적이지 않은 설득의 분위기 아래서 소통 등이 필요하다고 할 것이다.

노사협의회 회의에서 감정적으로 격화된 상황에서 한 당사자가 대폭적으로 양보를 하더라도 상처 난 감정은 되돌리기 어렵다. 좋은 관계의 유지와 실질적 문제해결을 위해서 노사위원들이 궁극적으로 원하는 것이 무엇인지, 위원들의 이해관심사에 대한 이해와 분석, 이를 해결하기 위한 최적의 대안을 찾는 것이 필요하다.

① 기본적으로 상대방을 신뢰한다는 믿음을 계속 보여준다.

② 상대방의 정체성을 훼손하지 않아야 한다는 원칙을 세운다.

③ 사전에 논의된 내용과 전혀 다른 주장을 하는 일이 없도록 한다.

④ 대안 없이 요구만 하거나 불가능하다고 답변하는 것을 지양한다.

(2) 이해관심사에 초점을 두는 회의

이해관심사는 당사자가 회의나 협상에서 얻고자 하는 궁극적인 니즈(Needs), 욕구, 두려움, 관심 등을 말하는 것으로 표면적으로 드러내는 주장, 제안, 요구 등과 같은 '입장'과 구분된다.

회의에서 각자의 입장을 가지고 논쟁을 벌이는 것만으로는 성공적인 결과를 기대하기는 어려우므로 성공적인 결과를 위해서는 양 당사자들의 이해관심사를 충족시켜야만 한다.

이해관심사를 파악하기 위해서는 상대방의 주장과 답변에 대해 그 이유가 무엇인지에 대해 진지하게 질문을 던지고, 경청하는 자세가 필요하다.

① 나의 입장만을 전달하고 변화할 수 없다는 입장을 지양한다.

② 상대방이 걱정하고 우려하는 것이 무엇인지에 관심을 가진다.

이해관심사 중심의 회의는 문제해결 방법을 찾는데 효과적인 길을 제시해 준다.

① 입장은 대립될 수 있으나, 이해관심사는 일치될 수 있다.

② 하나의 입장에 대한 이해관심사는 여러 가지가 있을 수 있고, 해결 방법도 다양하게 나올 수 있다.

③ 이해관심사는 입장과는 다른 또 다른 대안을 찾도록 이끌어 준다.

(3) 효과적인 의사소통 능력

노사협의회 회의에서는 원활한 의사소통을 위해 특히 노력해야 한다.

의사소통은 말하기, 듣기, 읽기, 쓰기라는 네 가지 요소로 구성되어 있는데, 이 중에서 가장 많은 비중을 차지하는 것은 '듣기(경청)'이다.

효율적인 회의를 위해 '주의 깊게 듣는 것'이 가장 중요하며, 적극적으로 듣다 보면 말하는 사람의 입장에서는 상대방이 지금 자신의 이야기에 관심을 가지고 듣고 있다는 믿음을 갖게 된다.

의사소통에 있어 언어적인 요소 못지 않게 중요한 것은 비언어적인 요소를 사용한 의사의 전달이다.

한 연구조사에 의하면 65~95% 가량이 비언어적인 요소에 의해서 의사가 전달되는 되는 것으로 보고, 회의에서 명확한 표현을 하되 효과적인 행위 언어를 병행하여 효과적으로 커뮤니케이션을 수행하는 것도 매우 중요하다.

① 상대방과 눈을 마주침으로써 진지하게 듣고 있음을 보여준다.

② 상대방의 발언을 요약하고 확인하여 내가 이해하고 있음을 보여준다.

③ 필요할 때 끄덕이고, 공감해 주는 모습을 보여준다.

4) 노사협의회 비전과 공동목표 찾기

(1) 노사협의회가 활성화되기 위해서는 노사공동의 목표를 노사협의회에서 공유 또는 협의하는 활동이 필요하다.

노사협의회 위원들이 상견례를 한 후 각종 안건에 대한 노사협의회를 개최하기 전에 노사의 공동목표, 기업의 비전·전략, 당해 사업장 노사 관계 수준 등을 함께 논의하는 것이 바람직하다.

(2) 공동의 목표를 찾기 위해 노사가 준비하고, 협의할 수 있는 것은 다음과 같다.

가) 기업을 둘러싼 대내외적 환경분석

기업에 영향을 미치는 대내외적 환경이 어떠한지, 환경에 대응하는 기업의 강・약점, 기회와 위협요인에는 어떤 것이 있는지(SWOT 분석)에 대해 기업 노사위원의 역량정도를 고려하여 보고, 협의, 의견청취, 교육 등으로 노사협의회에서 다루어 볼 수 있다.

나) 내부 역량 분석

전략을 수립하고 이를 달성하기 위해서는 구체적으로 내부 역량에 대한 분석이 필요, 회사의 성장경로, 사업구조, 경쟁우위, 경영자원 차원에서 내부 역량에 대해 보고, 의견청취, 기타 교육 등으로 노사협의회에서 다루어 볼 수 있다. 노사협의회의 근로자위원, 사용자위원의 역할과 활동의 상을 명확히 정하고, 위원들의 전문성 확보 및 역량강화를 바탕으로 노사협의회 비전과 노사공동의 목표를 설정하는 것은 노사협의회의 효율적 운영을 위한 필수 전제이다.

2. 보고・협의・의결사항과 노사협의회 운영

1) 보고사항, 협의사항, 의결사항의 기본 구조

근로자참여법에서는 노사협의회에서 다루어야 할 사항으로 협의사항(제20조), 의결사항(제21조), 보고사항(제22조)을 두고 있는데, 노사협의회를 운영함에 있어 노사협의회 위원들은 노사협의회에서 다루어야 할 사항들에 대한 내용과 취지를 명확히 이해할 필요가 있다.

노사가 공동의 목표를 추구하기 위해서는 현장에서부터 변화가 필요하다.

기술혁신과 사회적 혁신이 유기적 결합을 통해 현장의 변화가 실천되어야 하며, 이를 위해서는 인사제도, 고충처리, 동기부여, 일과 삶의 조화, 성과 공유 등 제도와 조직시스템이 뒷받침되어야 한다.

기술혁신은 자동화, IT, 원천기술의 확보 등을 통한 기업의 경쟁력 창출 활동을 의미하는 반면, **사회적 혁신**은 조직 내에서 구성원들이 새로운 기술에 적응하고, 새로운 기술을 활용하여 기업의 문제를 해결하고 생산성 향상을 확보해 나가는 활동을 의미한다.

이러한 노사공동의 목표는 노사파트너십과 정보공유가 전제되어야 한다.

노사파트너십은 노사가 신뢰를 바탕으로 호혜성 원칙하에 상호 동반자로서의 관계를 구축해 가는 것을 의미한다.

정보공유는 회사의 경영상황 등에 대해 구성원들이 알 수 있도록 하고, 구성원들의 생각과 고충 등을 회사가 알 수 있도록 하는 것을 말한다.

노사협의회는 노사파트너십과 정보공유의 기본토대 하에서 작업시스템, 제도적 시스템, 인적 시스템을 상호 유기적으로 협의하고, 개선방안을 노사가 공동으로 마련해 나가라는 것이다. 따라서 작업환경, 근무형태, 작업수칙 등의 업무효율화와 근로자 노동강도, 전문역량 확보, 각종 인사제도 등이 함께 검토가 되어야 하며, 근로자들의 고충 등은 기업의 여건, 생산성에 미치는 영향 등이 함께 고려되어야 한다.

노사협의회는 참여적 작업조직과 고몰입 인사시스템을 정착시키는 기구이다.

check point **노사협의회 보고사항, 협의사항, 의결사항 구분**

구분	보고사항	협의사항	의결사항
범주	◦ 경영 및 생산 정보(사측) ◦ 근로자의 요구사항(노측)	◦ 생산성 향상 ◦ 근무·인사제도 ◦ 고충처리 및 복지증진	◦ 교육훈련·능력개발계획 ◦ 복지시설·기금 ◦ 노사공동기구
의의	◦ 노사신뢰와 파트너십의 기초	◦ 참여적 작업조직 ◦ 고몰입 인사제도 구축	◦ 지식근로자 육성 ◦ 노사파트너십실행
이행의무	◦ 사용자위원 보고의무 ◦ 근로자위원 자료제출 요구권	◦ 신의성실의 원칙에 따른 협의 의무 ◦ 노사합의 또는 협의회 규정에 따라 의결 가능	◦ 협의회에서 의결할 의무

주요 내용	◦ 경영계획 및 실적 ◦ 생산계획 및 실적 ◦ 인력계획 ◦ 기업의 경제·재무상황 ◦ 근로자의 요구사항(노측)	◦ 생산성향상·성과배분 ◦ 채용·배치·교육훈련 ◦ 고충처리·감시설비 ◦ 안전보건·작업환경 ◦ 인사·노무제도 ◦ 근무제도·작업수칙 ◦ 신기술·작업공정개선 ◦ 종업원지주제·직무발명 ◦ 복지증진 ◦ 모성보호·일/가정양립 ◦ 기타 노사협조사항 ◦ 교육훈련·능력개발 계획	◦ 교육훈련·능력개발 계획 ◦ 복지시설 설치·관리 ◦ 사내근로복지기금 설치 ◦ 미해결 고충처리 ◦ 노사공동위원회 설치
위반 효과	◦ 근로자위원의 자료제출요구에 대해 미이행시 500만원 이하 벌금	◦ 노사가 의결한 경우 미이행시 1,000만원 이하 벌금	◦ 의결사항 미이행시 1,000만원 이하 벌금

특정한 사항 하나에 대해 독립적으로 문제를 해결해 나가는 것이 아니라 「노사공동의 목표를 추구한다」는 차원에서 전체가 항상 유기적으로 결합되어 논의되는 체계를 갖고 있다.

2) 보고사항과 노사협의회 운영

(1) 보고사항의 의의

노사간 정보공유를 통한 공감대가 형성될 때 노사파트너십이 제대로 구현될 수 있으므로 노사협력을 통한 상생이라는 공동의 목표를 위해서는 기업경영정보를 폭 넓게 공유하는 것이 바람직하다.

따라서 사용자가 노사협의회에서 회사의 경영여건 및 계획을 충분히 보고·설명하도록 의무를 부과한 것은 노사협력의 핵심요소인 '열린경영'이 근로자에 대한 정보공개로부터 시작되기 때문이다.

노사간 경영정보 공유는 협력적이고 안정적인 노사관계, 상생과 연대의식을 통한 기업성과 향상, 사회적 책임 및 윤리경영을 달성하는 중요한 토대가 된다.

(2) 보고사항의 내용

노사협의회 보고사항은 분기별로 1회 이상 보고하여야 한다.

사용자는 최소한 정기회의에서 보고사항을 성실하게 보고하거나 설명하여야 하며, 기타의 임시회의나 경영설명회 등을 통해서도 정보공유를 할 수 있다.

노사협의회 정기회는 첨부된 부록 2를 참고하여 「기업경영 설명회의 날」로 병행하여 운영하는 것이 바람직하다.

(3) 근로자위원의 보고 · 설명

근로자위원은 근로자들의 의견을 수렴하여 근로자의 요구사항을 협의회에서 보고·설명할 수 있다.

노사협의회 안건은 근로자위원과 사용자위원의 사전적이고, 일상적인 활동이 바탕이 되어 현장 근로자들로부터의 충분한 의견수렴을 통해 진행될 필요가 있다.

노사협의회에서 근로자위원의 보고·설명은 근로자들의 전반적인 상황과 현장의 분위기 등을 사용자와 사전에 공유하는 의미를 지니고 있다.

(4) 근로자위원의 자료제출 요구권

사용자가 정기회의에서 보고사항에 대하여 보고·설명을 하지 않을 경우 근로자위원은 관련자료 제출을 요구할 수 있으며 사용자는 이에 성실히 응해야 한다.

사용자가 정당한 이유 없이 자료제출 의무를 이행하지 아니하는 경우, 500만원 이하의 벌금이 부과될 수 있다.

근로자위원은 기업경영 여건에 따라 법 제22조의 보고사항이라 할지라도 외부에 공개 될 경우 기업경영에 심각한 손해를 가져올 수 있는 사항이 있을 수 있음을 감안하여 무리한 자료요구는 자제하는 것이 바람직하다.

사용자는 특별한 이유가 없는 한 법 제22조의 보고사항을 근로자위원들에게 공개하여 협조와 이해를 구하는 자세가 노사신뢰의 지름길임을 인식하여야 한다. 특히 사용자는 보고사항 중 정기회의에서 보고·설명할 수 없는 특별한 이유가 있는 사항에 대해서는 근로자위원이 충분히 납득할 수 있는 구체적 사유를 제시하여 노사간 불필요한 마찰을 사전에 예방하여야 한다.

3) 협의사항과 노사협의회 운영

(1) 협의사항의 의의

근로자참여법상 협의사항은 참여와 협력을 통해 기업 내 작업시스템, 제도적 시스템, 인적시스템을 유기적으로 결합하여 개선하는 방안을 노사가 공동으로 모색해 나가는 것이다.

보고사항은 협의사항의 논의가 사업장 실정에 맞게, 사전 노사의 충분한 이해를 통해 이루어질 수 있도록 하는 의미를 지니고 있으며, 의결사항은 노사가 특별히 의견 일치를 통해 추진해 나갈 필요가 있는 사항들을 의미한다.

'협의'라 함은 의견을 교환하고 상대방의 입장을 이해하고 설득하는 과정이다.

근로자는 협의과정을 통해 회사에 대한 이해와 소속감이 높아짐은 물론 일 자체에 대한 보람을 증대시켜 조직몰입도를 증가시킬 수 있다.

협의회는 협의사항이라도 자체 결정에 의해 의결할 수 있으며 근로자위원과 사용자위원 각 과반수의 출석과 출석위원 3분의 2 이상의 찬성으로 의결할 경우 근로자와 사용자는 협의회에서 의결된 사항을 성실하게 이행하여야 한다.

(2) 협의사항의 내용

가) 생산성 향상과 성과배분(근로자참여법 제20조제1항제1호)

노사협의회 협의사항 중 생산성 향상과 성과배분은 노사공동의 목표를 가장 핵심적으로 나타내고 있으며, 작업시스템, 제도적 시스템, 인적시스템에서의 조직변화를 모두 내포하고 있다.

나) 근로자의 채용 · 배치 및 교육훈련(근로자참여법 제20조제1항제2호)

기업의 인재상을 노사가 함께 공유하고 근로자의 채용 · 배치 및 교육훈련 등의 일반기준에 대하여 상호 협의를 통하여 내용을 구체화시키고 교육훈련의 내용을 설계하는 것은 근로자의 생산성과 직무만족도를 제고시킬 수 있는 주요한 방안이다.

다) 근로자의 고충처리(근로자참여법 제20조제1항제3호)

근로자의 애로사항이나 고충 등을 처리하기 위해 고충처리제도를 두고 있다.

고충의 발생은 다양한 원인에서 찾을 수 있다.

기업 외적으로는 가족 · 친구 등 관계의 문제, 재정적 문제, 건강 문제, 일과 성격의 부조화의 문제 등이 있을 수 있으며, 기업 내적으로는 근로조건에 대한 고충, 승진문제, 근무장소에 대한 고충, 성차별, 직장 내 괴롭힘, 작업환경적 요인 등이 있다.

이러한 고충은 근로자가 직장생활에서 갖게 되는 갈등요인들이므로 기업은 이러한 고충이 해결될 수 있도록 관심을 가져야 한다.

인사 및 복리후생 제도가 잘 설계되어 있다고 하더라도 동일 제도 하에서 누군가는 고충을 느낄 수 있으므로 제도에 대한 개선만이 아닌 그 제도하에서의 고충에도 관심을 가져야 한다.

주로 근로환경이나 근로조건 등에 관한 고충이나 갈등은 노사협의회의 협의사항 등을 통해 해결된다고 볼 수 있으나, 협의회에 안건화 되기 이전에 현장에서 즉각적으로 해결되는 것이 갈등을 사전에 해결하여 분쟁을 예방하는 것이 효과적이다.

개인이 갖고 있는 업무와 관련한 고충 중 상당부분은 사적영역인 경우가 많으므로 노사협의회 또는 고충처리위원은 비밀이 보장되는 가운데 처리해야 한다. 고충처리위원이 처리하는 내용은 근로자 사생활에 관계되는 내용도 많으므로 비밀이 보장되는 가운데 처리해야 한다.

고충처리위원이 정당한 직무 범위를 벗어나 개인정보를 수집・활용한 경우, 개인정보보호법위반의 문제가 발생할 수 있음에 유의(개인정보보호법 제71조제1호)해야 한다.

직장 내 근로자 개인이 가지고 있는 고충을 방치하는 경우 기업의 생산성 향상에 부정적 요인으로 작용하기 때문에 노사협의회를 통해 고충이 원만하게 해결될 수 있도록 기업 내 고충처리시스템을 확보할 필요가 있다.

근로자의 고충은 즉각적인 해결이 필요한 경우가 많으므로, 노사협의회 위원은 근로자의 고충이 제기되거나 발견된 경우 신속히 고충을 해결하는 시스템을 마련하고, 그 결과를 당사자에게 통보해야 한다.

라) 안전・보건 기타 작업환경 개선과 근로자의 건강증진

상시근로자 100인 미만(유해・위험업종은 50인 미만)으로 산업안전보건위원회 설치 의무가 없는 사업장에서는 노사협의회에서 안전・보건 기타 작업환경 개선과 근로자의 건강증진을 위하여 노사간 성실한 협의를 하여야 한다.

상시근로자 100인 이상 사업장(유해・위험업종은 50인 이상)은 노사협의회와 별도로 노사 동수로 산업안전보건위원회 설치・운영하여야 한다(산업안전보건법 제24조 및 동법 시행령 제34조).

안전・보건과 관련한 노사협의회의 세부내용은 산업안전보건법 제24조제2항에 따른 산업안전보건위원회의 심의・의결 또는 결정사항을 참고하여야 한다.

check point 산업안전보건위원회 심의 · 의결사항

1. 사업장의 산업재해 예방계획의 수립에 관한 사항
2. 안전보건관리규정의 작성 및 변경에 관한 사항
3. 근로자의 안전 · 보건교육에 관한 사항
4. 작업환경측정 등 작업환경의 점검 및 개선에 관한 사항
5. 근로자의 건강진단 등 건강관리에 관한 사항

6. 중대재해의 원인 조사 및 재발 방지대책 수립에 관한 사항
7. 산업재해에 관한 통계의 기록 및 유지에 관한 사항
8. 유해하거나 위험한 기계 · 기구와 그 밖의 설비를 도입한 경우 안전 · 보건조치에 관한 사항
9. 그 밖에 해당 사업장 근로자의 안전 및 보건을 유지 · 증진시키기 위하여 필요한 사항

근무자의 근무형태, 작업환경에 있어서도 피로위험관리시스템(Fatigue Risk Management System) 차원에서 접근하여 근로자의 건강권 차원에서 진단하고 개선방안을 마련한다.

마) 인사 · 노무관리의 제도 개선(근로자참여법 제20조제1항제5호)

인사 · 노무관리 제도 영역에서도 경영환경의 변화 및 최신 경향을 반영하여 노사협의회에서 협의할 수 있다.

연공서열 중심의 인사제도를 직무 · 성과 중심의 인사제도로 혁신이 필요한 경우 노사협의회를 통해 논의할 수 있다.

① 고령화 시대를 대비하여 도입하였던 임금파크제의 효과성을 점검하고 개선방안을 마련한다.

② 정년 연장에 따라 기존의 직급제도를 개선한다.

③ 임금관리의 공정성을 강화하기 위해 내부 인사평가제도를 체계적으로 개선한다.

근로자들이 인사노무제도에 대해 직접 업무수행 과정에서 경험하면서 느낀 점을 반영 할 경우 개선된 인사제도의 수용성을 높일 수 있으며 소속감 증진을 통한 기업 활력제고에 도움이 된다.

제도개선 및 실행의 전 과정에서 근로자의 다양한 의견수렴과 자발적 참여가 기반이 되어야 기업의 성과와 근로자의 만족을 동시에 달성할 수 있는 인사노무제도 개선이 가능하다.

취업규칙 개정절차가 필요한 경우에는 노사협의회에서 합의된 사항을 규정

에 반영하여 근로기준법상 규정개정 절차를 완료한다.

바) 경영상 또는 기술상의 사정으로 인한 인력의 배치전환・재훈련・해고 등 고용조정의 일반원칙(근로자참여법 제20조제1항제6호)

디지털 기술의 발전, 인구구조 변화 등 메가트렌드는 고용 유연화에 대한 기업의 요구가 상존한다. 고용조정은 사업 또는 기업단위 구조조정의 일부분으로서 인력에 대한 수량적 조정 뿐만 아니라, 배치전환, 조직개편 등 사업 또는 부서단위의 집단적 인력조정을 의미한다.

고용조정은 기본적으로 노사간의 입장차이가 클 수밖에 없기 때문에 회사에서 일방적으로 진행되는 경우 노사갈등은 증폭될 수밖에 없다.

급변하는 경영환경 변화에 기민하게 대응하기 위해 노사협의회를 통해 노사 공동 이익을 목표로 어떠한 방식과 기준으로 고용조정을 실행 할 것인가에 대한 일반원칙을 노사가 자율적으로 협의하여 도출하는 것이 필요하다.

고용조정은 상호 이익의 관점에서 단기적으로는 노사가 어려움이 있더라도 장기적으로 모두에게 이익이 되는 방향으로 실행되어야 한다.

노사협의회는 기업의 고용조정 시 그 부작용을 최소화할 수 있는 방안을 모색하는데 있어 매우 중요한 역할을 할 수 있을 것이다.

과반수 노조가 노사협의회 근로자위원을 구성하는 경우에도 기업의 고용 조정에 대한 노사협의회 협의는 전체 근로자를 대변하는 차원에서 검토되어야 한다.

따라서 고용조정 대상자를 선정함에 있어 조합원과 비조합원을 차별하여서는 아니 될 것이다.

사) 작업과 휴게시간의 운영(근로자참여법 제20조제1항제7호)

근로자참여법상의 작업 및 휴게시간의 운영이라 함은 근로기준법상의 취업규칙에 포함될 근로조건에 관한 것이라기보다는 주어진 작업시간과 휴게시간을 어떻게 활용할 것인가가 중심 개념이다.

노사협의회 협의사항으로써 '작업 및 휴게시간의 운용'은 작업시스템의 효율화를 위하여 작업 및 휴게시간의 활용, 나아가 근무제도의 변경 등 업무능률과 생산성 향상, 노동의 질 향상 등을 위해 작업방식을 어떻게 변경하는 것이 바람직한지를 노사가 공동으로 논의하는 활동을 말한다.

스마트폰, 태플릿 등 각종 스마트기기 활용 등 디지털 전환이 가속화되면서 일하는 방식의 변화가 불가피하게 되었다.

최근 MZ세대 등은 승진, 금전적 보상과 같은 전통적인 동기부여 요소 보다 일과 삶의 균형을 추구하면서 보다 다양한 근무형태에 대한 욕구를 가지고 있는 바, 재택·원격근무제와 같은 유연근무제로의 제도개선도 노사협의회의 중요한 의제가 될 수 있다.

작업시간 및 휴게시간의 효율화, 근로시간단축, 근무제도 개선 등을 추진하기 위해서는 '근로자의 이해와 협조'가 필수적이므로, 노사협의회에서 실태파악, 제도설계, 의견수렴, 사후평가 등 제도설계와 실행의 전 과정에서 노사가 공동으로 의사결정을 하는 것이 바람직하다.

아) 임금의 지불방법·체계·구조 등의 재도개선(근로자참여법 제20조제1항제8호)

임금과 생산성의 연계성 강화를 위해 직능급·직무급의 도입 등 임금제도변경에 관한 노사간 협의할 수 있다. 임금제도의 변경이 근로조건의 변경 또는 저하를 가져올 경우 단체협약이나 취업규칙 변경절차에 따라 반영한다.

임금관련 사항은 근로자에 대한 직접 보상적 성격을 가지고 있는 것으로 노사 모두에게 가장 민감한 사안이다.

노사협의회에서 임금 등의 제도개선과 관련해서 협의하는 경우, 기업의 비전과 경영전략에 목표를 효과적으로 달성하기 위해서 임금제도를 어떻게 설계할 것인지를 우선적으로 협의하는 것이 바람직하다.

노사협의회에서 임금제도 개선을 협의하는 것은 이익분배 차원이 아니라 기업의 성장과 근로조건의 유지·개선 등을 동시에 도모할 수 있는 임금결정의 공통분모를 찾아내는 과정이며 근로자위원의 참여를 통한 절차적 공정성을 확보하고 동기유발의 적극적 요인을 찾아내는 과정이므로 이와 같은 관점에서 노사위원들의 협의가 진행될 필요가 있다.

check point 노사협의회 근로자위원의 대표가 근로기준법상 근로자대표가 될 수 있는지?

우리 노동관계법상 근로자를 대표하는 지위는 노동조합의 대표자, 노사협의회 근로자위원, 근로기준법상 근로자대표 등으로 구분되며, 각각은 별도의 지위에 있다고 보아야 할 것임

이 때 노동조합 대표자와 근로기준법상 근로자대표는 각각 합의권을 가지고 있어 노동조합 대표자는 단체협약을 체결할 수 있고, 근로기준법상 근로자대표는 탄력적 근로시간제의 합의권, 선택적 근로시간제의 합의권, 보상휴가제의 합의권, 재량근로제의 합의권, 유급휴가의 대체합의권, 고용조정에 있어서의 협의권 등을 갖게 됨. 반면 노사협의회는 대표 또는 의장이 별도 합의권을 갖는 것은 아니며 위원 노사 각 과반수 출석과 출석 2/3 이상의 찬성으로 의결하는 구조임

이와 같이 노사협의회 근로자위원과 근로기준법상 근로자 대표자는 원칙적으로는 구분되는 개념이므로 노사협의회 근로자위원 대표가 근로기준법상 근로자대표로서 각종 근로조건에 대한 합의권을 행사 할 수는 없는 것임, 또한 노사협의회 근로자위원이 각자 민주적인 방법으로 선출되었다 하더라도 노사협의회에서 호선으로 선출된 대표자는 근로기준법상 근로자대표로 볼 수 없음

따라서 노사협의회 근로자위원 대표가 근로기준법상 근로자대표의 지위를 갖기 위해서는 노사협의회 위원선출시 근로자 과반수의 지지를 얻는 최다수득표자를 근로기준법상 대표자로서 선출한다는 공지가 명확히 되어 선출하는 것이 필요하며, 그러한 공지가 되지 않은 경우에는 별도의 절차를 통해 근로기준법상 근로자대표를 선출하여야 할 것임. 근로기준법상 근로자대표를 노사협의회 근로자위원 선출시 근로자위원 전체로 하는 것은 가능함(「근로기준법상 근로자대표의 개념과 서면합의의 효력 등에 관한 해석기준」, 근로기준팀-8048, 2007.11.29.)

자) 신기계 · 기술의 도입 또는 작업공정의 개선(근로자참여법 제20조제1항제9호)

신기계와 신기술의 적합성은 작업현장의 근로자들이 가장 정확하게 판단할 수 있을 것이다. 경영자의 일방적인 신기계 · 기술의 도입이 작업현장에서 적합성을 가지지 못한다면 근로자들에게 곤란을 가져오고 기업에 손해를 끼치게 된다.

신기술 및 기계 도입 시 생산과정에서 발생하는 구체적인 문제점 및 필요한 교육훈련이 무엇인지 근로자를 통해 알 수 있다.

신기계 · 기술의 경우 고장 시 대응 방안 또는 부품의 조달여부, 비상사태 시 대응방법, 다른 범용기계와의 호환성 등을 고려해야 하며 이를 위해서는 작업현장 근로자들의 의견을 반영하는 것이 효과적이다.

경영진이 근로자의 반대를 우려하여 일방적으로 기계적 · 기술을 도입할 경우 기계에 대한 무지 및 경영자에 대한 신뢰저하로 생산성이 낮아질 우려가 존재한다. 따라서 신기계 · 기술 도입 이전에 고용보장, 전직자에 대한 전직훈련, 신기계 작동에 대한 교육훈련 등에 대하여 사전에 노사간 충분히 협의하는 것이 필요하다.

차) 작업수칙의 제정 또는 개정(근로자참여법 제20조제1항제10호)

작업수칙의 제정 또는 개정은 업무프로세스 개선 및 산업재해를 예방하여 생산성 향상으로 이어질 수 있다. 단, 작업수칙의 문제점 및 원인에 대해 경영진의 시각과 현장근로자들 및 연구개발자의 시각이 다를 수 있다. 따라서 일방적 작업수칙의 제정과 개정은 작업에 종사하는 사람들을 피동적으로 만들게 되므로, 작업수칙의 제정 또는 개정 시 노사협의회의 협의를 거쳐 능동적으로 작업에 임하도록 하는 것이 사기진작 및 생산성 향상에 도움이 된다.

특히, 산재예방과 관련된 안전보건 수칙을 작성할 경우에는 근로자가 스스로 안전을 지킬 수 있으므로 미준수 근로자에 대한 징계 등 벌칙을 노사가 합의하여 정하는 것도 바람직하다.

작업수칙의 제정 또는 개정은 노사협의회와 별도로 산업안전보건위원회를 통해 보다 심층적으로 논의할 수 있다.

산업안전보건위원회는 업종별로 상시근로자수 50명 이상, 100명 이상, 300명 이상 등으로 의무설치 사업장을 구분한다.

산업안전보건위원회는 노사협의회와 마찬가지로 분기마다 개최하고, 산업안전보건 전문가들이 참여한다.

산업안전보건위원회는 산업재해예방계획 수립, 안전보건관리규정 작성, 안전보건 교육, 작업환경의 점검 및 개선, 근로자 건강관리 등의 사항을 심의·의결한다.

산업안전보건위원회 설치 대상이 아닌 사업장에서는 노사협의회에서 이러한 역할을 수행하는 것이 바람직하다.

카) 근로자의 복지증진(근로자참여법 제20조제1항제13호)

기업의 복지는 근로자의 생활안정과 삶의 질 향상을 위하여 근로조건에 부가적·보충적으로 제공하는 제도나 시설이다.

사용자 측면에서는 노동력의 안정적 확보 및 유지, 동기부여를 통한 근로의욕의 증대 및 생산성 향상, 노사관계 안정, 기업의 사회적 이미지 제고 등의 기능이 있고, 근로자 측면에서는 실질적 소득 증대, 근로환경 개선, 삶의 질 향상 및 자기실현의 기능이 있다.

효율적인 운영을 위해 복지제도나 복지시설의 도입 시 협의과정을 거쳐 운영함이 바람직하다.

〈기업복지의 주요 내용〉

1. 보건복지위생 : 병원, 의무실, 정기건강검진 등
2. 급식·휴게시설 : 식당, 휴게실 등
3. 가정 및 생활복지 : 주택, 기숙사, 사택 제공, 통근버스, 보육시설 설치 등
4. 공제금융제도 : 매점, 협동조합, 생활소비조합, 전세자금대여, 경조·재해부조 등
5. 문화·체육시설 : 학교, 도서관, 체육관, 오락 시설 등

근로복지기본법에서는 '기업복지'로 선택적 복지제도를 장려하고 있으며, 선택적 복지제도는 근로자가 여러 가지 복지항목 중에서 자신의 선호와 필요에 따라 자율적으로 선택하여 복지혜택을 받는 제도를 말한다(근로복지기본법 제81조).

근로자의 선호와 필요에 보다 효율적으로 맞출 수 있기 위해서는 노사협의회를 통해 근로자들의 욕구와 정서를 충분히 반영하는 것이 필요하다.

선택적 복지제도는 사내근로복지기금 사업을 하는데 중요하게 활용되며, 사내근로복지기금을 설치할 경우에는 노사협의회에서 의결하여야 하다.

근로복지기본법에서는 '기업복지'로 근로자지원프로그램을 장려하고 있으며, 근로자지원 프로그램은 근로자들이 업무수행 또는 일상생활에서 발생하는 스트레스, 개인의 고충 등 업무저해 요인의 해결을 지원하는 심리상담 프로그램 등을 말함(근로복지기본법 제83조)

타) 사업장 내 근로자 감시설비의 설치(근로자참여법 제20조제1항제14호)

CCTV 등 근로자 감시설비를 사업장 내 설치하는 경우에는 노사협의회에서 협의하여야 한다. 이를 통해 근로자 감시설비로 인하여 근로자의 인권 침해를 사전에 예방할 수 있다.

〈프라이버시 존(Privacy Zone)〉
회사의 감시설비 설치가 필요한 곳이라 하더라도 근로자의 사생활을 침해할 여지가 있는 곳에 대해서는 감시설비의 촬영 등이 제한 될 수 있는 일정 구역(Privacy Zone)을 설정하여, 근로자의 사생활 침해를 최소화할 수 있도록 한다.

4) 의결사항과 노사협의회 운영

(1) 의결사항의 의의

노사협의회 의결사항은 근로자와 관련된 사안 중에서 사용자의 일방적 결정이 아닌 노사공동 합의를 통해 결정한다는 점에서 사업장 내 민주주의를 구현하는 수단이라 할 수 있다. 즉, 단순한 의견교환이 아닌 노사대표가 참여와 협력을 통해 대등한 자격으로 모인 협의회에서 공동결정을 의미한다.

근로자참여법상 의결사항은 인적자원개발, 복지증진, 고충처리, 노사공동위원회 운영으로 분류할 수 있다.

노사협의회 의결사항은 근로자참여법 제20조 협의사항에 규정된 교육훈련, 복지증진, 고충처리와 구분되는 것으로, 교육훈련 실시방안, 일반적인 복리후생제도, 사업장 내에서 발생하는 모든 고충의 처리 등 세부적인 실천방안까지 의결할 필요는 없다.

노사협의회 의결사항은 ① 교육훈련 및 능력개발에 대한 계획의 수립, ② 복지시설의 설치와 관리, ③ 사내근로복지기금의 설치, ④ 고충처리위원회에서 의결되지 아니한 사항, ⑤ 각종 노사공동위원회 설치에 관한 사항 등 노사가 공동으로 결정할 필요가 있는 사항을 의미한다.

노사협의회에서 의결한 사항은 신속하게 근로자들에게 공지하고 노사 모두 성실하게 이행하여야 한다(근로자참여법 제24조).

정당한 이유 없이 의결사항을 이행하지 아니할 경우에는 1,000만원 이하의 벌금에 처한다(근로자참여법 제30조제2호).

(2) 의결사항의 내용

가) 근로자의 교육훈련 및 능력개발 기본계획의 수립(근로자참여법 제21조제1호)

인적자원의 양성과 활용은 능력중심사회 구축을 통한 기업 경쟁력 제고 및 근로자 만족도 증진을 위한 핵심적인 기제이다.

특히 현대 사회에서는 근로자의 교육훈련 및 능력개발을 통한 인적자원 개발의 필요성이 증대되고 있고, 성공적인 인적자원의 육성을 위해서는 최신의 정보를 신속하게 제공하고 근로자들의 다양한 요구에 부합하는 교육훈련 및 능력개발 계획의 수립이 무엇보다 중요하다.

노사협의회를 통해 교육훈련 및 능력개발 기본계획을 수립함으로써 근로자의 적극적인 참여를 유도하고 교육훈련을 체계적으로 실시할 수 있도록 하여 교육의 효율성을 높여 노사 공동의 이익을 최대화할 수 있다.

근로자에게 필요한 교육이 무엇이고, 어떠한 방식으로 진행하는 것이 효율성을 높일 수 있는지 등을 고려하고, 이를 바탕으로 근로자가 교육훈련에 적극적으로 참여하게 함으로써 수동적 지식 습득이 아니라 창의적인 인재로 육성될 수 있도록 하고자 함이다. 이를 위해서는 근로자들이 교육훈련 등에 대한 기본계획을 이해하고, 역량진단 및 적극적인 참여를 통해 근로자 스스로 새로운 역량을 배양할 수 있도록 하는 기업문화 구축이 필요하다.

일반적인 근로자의 교육훈련에 관한 사항은 노사협의회 협의사항이지만 교육훈련기본계획은 근로자들의 적극적인 참여가 필수적이므로 노사협의회 의결사항으로 규정한다.

노사협의회에서 의결된 '근로자의 교육훈련 및 능력개발 기본계획'에 대하여는 국민평생직업능력개발법에 의한 직업능력개발훈련을 실시하는 사업주에 대하여는 우선지원 혜택을 부여하고 있다.

나) 복지시설의 설치와 관리(근로자참여법 제21조제2호)

복지란 근로자의 생활수준 향상을 위하여 주어지는 임금 외의 간접적인 여러 가지 급부를 말한다. 복지시설에는 목욕시설, 체육시설, 보육시설, 구내매점 등을 들 수 있다. '복지시설'은 그 이용자가 근로자들이므로 시설의 설치 · 관리 시 근로자들의 요구와 편의성 측면이 반영되지 않으면 그 활용도가 떨어질 수 밖에 없으므로 근로자의 의견수렴이 특히 중요하다.

기업 내에서 복지를 증진하는 주체는 사용자인 것이 보통이지만 복지시설의 관리 · 운영을 반드시 사용자가 담당할 필요는 없다.

오히려 대부분의 사업장 내 복지시설은 그 이용자가 근로자들이므로 근로자들의 이해와 요구가 반영되고, 이용자들의 편의가 최대한 반영되는 설치와 운영이 훨씬 그 효과성을 높일 수 있다고 할 것이다.

사업주의 근로자복지시설의 설치 · 운영 등에 대해서는 근로자복지진흥기금, 중소기업 육성자금 등을 통한 자금 융자 및 세제지원 등의 다양한 지원제도가 운영되고 있으므로, 노사협의회에서 이러한 지원제도를 활용하는 방안을 고려하여 의결할 수 있을 것이다.

다) 고충처리위원회에서 의결되지 아니한 사항(근로자참여법 제21조제4호)

사업장 내 근로자들의 고충은 소홀히 하여 방치될 성격의 것이 아니라 반드시 노사가 공동으로 해결해야 한다.

근로자참여법에서는 제5장에서 고충처리위원을 두어 고충을 청취하고 처리하도록 한다(제26조, 제27조, 제28조제1항).

고충처리위원이 처리하기 곤란한 사항은 협의회 회의에 올리도록 하고(제28조제2항), 노사협의회 협의사항에 근로자의 고충처리에 관한 사항을 포함하며(제20조제1항제3호), 고충처리위원회에서 의결되지 아니한 사항은 노사협의회 의결사항으로 규정하고 있다.

따라서 근로자의 고충은 노사협의회 고충처리위원이 1차적으로 청취 및 처리하고자 노력하되, 위원 개인적으로 처리하기 곤란한 사항은 노사협의회 회의에서 협의하도록 하고, 특별히 별도의 고충처리 위원회를 통해서 논의하도록 제도화를 한 경우 그 고충처리위원회에서도 의결이 안 되면 최종적으로 노사협의회가 이를 의결하도록 고충처리시스템을 구축하는 것이 필요하다.

남녀고용평등과 일 · 가정양립지원에 관한 법률 제25조에 의하면 근로자가 모집과 채용, 임금, 복리후생, 교육 · 배치 및 승진, 정년 · 퇴직 및 해고 등에 있어서의 남녀차별을 당하였거나, 직장내 성희롱을 당하여 고충을 제기한 경우 노사협의회에 고충의 처리를 위임하는 등 자율적인 해결을 위하여 노력하도록 규정하고 있다. 따라서 직장 내 성평등과 여성친화적 기업문화 정착을 위한 고충처리 또한 협의회의 의결사항으로 처리하는 것이 바람직하다.

라) 각종 노사공동위원회의 설치(근로자참여법 제21조제5호)

노사협의회를 통한 노사공동의 목표추구를 위해서는 특정사안에 대하여 보다 집중적이고 심도 있는 논의가 필요한 경우가 많다.

노사는 생산성 향상 등을 위하여 생산성 향상위원회, 신규투자위원회, 복지증진을 위한 복지위원회, 근무형태 및 인사제도 개선을 위한 T/F 등 각종 노사공동위원회를 구성할 수 있다.

각종 노사공동위원회 설치는 노사가 공동으로 전문위원회 등을 설치할 경우 이를 노사협의회 의결을 통해 진행함으로써 그 운영의 민주성과 실효성을 담보하여 실질적인 성과로 이어질 수 있도록 하고자 함이다.

노사공동위원회의 설치 · 운영에 관한 사항은 노사간 견해 차이가 큰 부분으로 설치 · 운영에 있어 실효성과 민주성이 담보되지 않는 공동위원회는 노사간 불필요한 갈등만 가중시킬 수 있다.

노사 모두의 필요성에 대한 구체적인 인식하에 공동위원회의 목적과 활동내용, 운영기간 및 절차 등을 명확히 하여 합리적으로 운영하는 경우 근로자의 참여와 노사협의회의 전문성 강화에 기여할 수 있다.

(3) 의결사항의 효력

노사협의회 의결사항의 효력이란 근로자참여법 제20조 협의사항 중 노사협의회에서 제15조의 정족수에 따라 의결된 사항과 근로자참여법 제21조의 의결사항에 대해 결정된 사항의 효력을 의미한다.

노사협의회의 의결사항의 효력은 노사가 신뢰와 존중을 바탕으로 자율적으로 합의(근로자참여법에 규정된 정족수의 요건을 갖추어 의결)에 도달한 결과에 대해 법적 강제력이 부여되는 것이다.

합의에 도달하여 의결된 사항에 대하여 일정한 이행의무가 부여되는 것은 신의성실의 원칙을 지키기 위한 것이다.

노사는 일단 의결한 사항을 성실하게 이행하여야 하며, 근로자참여법에서는 정당한 사유 없이 이를 위반하게 되면 1,000만원 이하의 벌금에 처하도록 되어 있다. 다만, 필수적인 의결사항에 대해 노사 당사자간 어느 일방이 의결사항에 대하여 의결을 거치지 않고 시행할 경우에는 그 법적 효력에 관한 구체적인 규정이 없으므로 이를 이유로 한 처벌은 어려움, 따라서 법제정 취지를 고려할 때 노사 쌍방이 참여와 협력을 통하여 노사공동 이익증진에 목적이 있으므로 노사간 성실한 협의를 통해 해결하는 바람직함(노사68107-401, 1998.12.26.)

check point **노사협의회에서 '임금인상'에 대해 의결하였을 경우 그 효력은?**

임금인상은 근로자참여법 제20조제2항 및 제21조에 의한 노사협의회 의결사항에 해당한다고 보기 어려움. 따라서 형식상 당해 사업장의 노사협의회에서 임금인상을 의결했다 하더라도 근로자참여법상의 노사협의회에 의한 의결로 볼 수 없으므로 사업주가 이를 미이행하더라도 근로자참여법 제30조제2호의 의결사항의 미이행으로 처벌할 수 없을 것임. 다만, 노사공동의 협의기구에서 근로자의 근로조건을 상향 조정하기로 의결한 사항은 당사자간 성실히 이행하는 것이 바람직하며, 노사공동의 협의기구가 결정할 수 있는 대표권을 구비하고 있거나(과반수 노동조합, 근로기준법상 근로자대표 등), 근로계약 체결 · 취업규칙 변경, 단체협약 개정 등의 후속조치가 있는 경우에는 의결로서의 효력을 부인할 수는 없을 것임

3. 회의의 개최

1) 정기회의 및 임시회의

(1) 노사협의회 회의는 「정기회의」와 「임시회의」로 구분

정기회는 3개월마다 정기적으로 개최하여야 한다.

노사협의회의 **'3개월마다 정기적'** 개최의 의미는 분기 또는 다르게 정한 3개월의 기간 동안 1회 이상 회의를 개최하여야 한다는 의미이며, 회의 개최 이후 3개월 내 차기 회의를 반드시 개최하여야 한다고 볼 수 없음. 근로자참여법 제5

조에 따른 노사협의회 규정에 협의회의 회의소집, 회기 등에 관한 사항을 규정하여 협의회를 운영하는 것이 바람직함(노사관계법제과-1591, 2019.5.29.)

정기회의의 목적은 협의회 운영의 연속성을 확보하고 노사간 원활한 의사소통을 위한 것이며, 협의회를 정기적으로 개최하는 것은 노사협의회 활성화를 위한 전제조건이다.

정기적으로 개최하여야 한다는 것은 차기 회의를 반드시 3개월 내에 개최하여야 한다는 것은 아니며 미리 정한 기준에 따라 분기별로 1회 이상을 개최하는 것도 가능하다.

근로자위원이 선출되지 못하는 등 사용자의 책임으로 볼 수 없는 사유로 노사협의회를 개최하지 못하는 경우라면 사용자가 노사협회의 정기회의 개최의무를 이행하지 않은 것으로 보기 어려울 것임(노사협력복지팀-1710, 2007.6.1.).

노사협의회 정기회의가 3개월을 초과하여 개최되었을 경우 항상 법 위반에 해당하는지 여부는 노사협의회를 개최하지 않거나 지연하여 개최한 경위 및 구체적인 사유, 사용자가 고의적으로 노사협의회를 개최하지 않았는지 여부 등을 종합적으로 고려하여 그 위반 여부를 판단하여야 할 것임(노사관계법제과-334, 2021.2.2.)

임시회의는 긴급 또는 회의개최의 필요성이 생겼을 때 개최할 수 있다.

임시회의 개최에 대해서는 특별한 제한 규정이 없으므로 수시로 개최할 수 있고, 노사협의회가 처음 설치되는 때에는 신속히 임시회의를 개최하여 노사협의회 규정을 제정하는 것이 바람직하다.

2) 회의 소집

(1) 회의 소집권자

노사협의회 회의 소집권자는 협의회 의장이다. 정기회의는 소집요구 여부에 관계없이 매 3개월 마다 의장이 소집하여 주재한다. 임시회의의 경우 노사일방의 대표자가 회의의 목적 사항을 문서로 명시하여 회의의 목적 사항을 문서로 명시하여 회의의 소집을 요구한 때에는 의장은 이에 응하여야 한다.

임시회의의 소집요구권은 노사협의회규정에 정한 바가 있으면 그에 따르되, 모든 위원에게 주어지는 것이 아니라 노사일방의 대표자에게 주어진 것이다.

임시회의의 소집요구는 다툼의 소지를 없애기 위해 문서로 하는 것이 바람직하다.

(2) 회의 소집통보

의장은 회의개최 7일 전에 회의 일시, 장소, 의제 등을 각 위원에게 통보하여야 한다.

7일간의 기간은 최소한의 법정기간이므로 단축하지는 못하나 협의회 규정에서 적당한 기간으로 연장하는 것은 가능하다고 할 수 있다. 통보일은 산입하지 아니하고 개최일 전까지 7일이 확보되어야 한다.

회의소집의 통보는 개별적 통지, 사보, 게시판 게재 등 회의개최 여부를 충분히 인지할 수 있도록 하여야 하며, 협의회 규정에 정해져 있는 경우에는 그에 따르되 전 위원에게 알릴 수 있는 방법을 선택하여야 할 것이다.

check point 회의의 소집 공고(예)

공 고

20　년 ○차 정기노사협의회 소집일자를 아래와 같이 공고합니다.

일시 : 20　년　월　일~20　년　월　일

장소 : 소회의실

안건 : 1) 1/4분기 경영실적 및 2/4분기 계획보고

2) 출퇴근버스 운행구간 조정의 건

3) 직무개선보상기준

4) 제안제도 활성화방안

5) 기타

20　년　월　일

○○(주) 노사협의회 의장 ○ ○ ○

3) 안건 상정 및 회의 진행

(1) 회의 안건 상정

생산적이고 효과적인 노사협의회가 이루어지기 위해서는 어떠한 안건을 상정할 것인지에 대한 철저한 준비가 필요하며 다음과 같은 단계적인 접근이 필요하다.

> * (노사양측 안건제시) → (노사양측 간사회의 개최) → (노사협의회 안건 상정) → (자료의 사전제공) → (최종 협의)

가) 노사 양측 안건 제시

〈사용자측〉

노사협의회 사용자측 간사가 사내 인트라넷 등 다양한 방법을 통해 노사협의회에서 논의할 사항을 모아서 정리한다. 내부 토론 등 의사결정을 통해 안건으로 확정한다.

〈근로자측〉

근로자위원은 평소 동료들로부터 요구사항을 청취하거나 설문조사 등 다양한 경로를 통해 의견을 수렴하고 근로자측 간사가 이를 정리한다.

노조가 있는 사업장의 경우 근로자측 간사가 노조의 간담회, 홈페이지 게시판 등을 통한 의견수렴 결과를 검토하고, 대의원회 등에서 안건을 최종 확정하는 방안도 고려한다.

나) 노사양측 간사회의 개최

간사회의에서 노사가 각기 제기한 안건을 상호 논의하여 상정여부를 결정한다.

다) 노사협의회 안건 상정

간사회의를 거친 안건은 노사협의회에 상정하여 최종 협의 상정되지 아니한 사항이라도 노사 양측간사는 제기자의 의사가 최대한 반영되도록 노력하여야 하고, 안건으로 상정되지 아니한 이유 설명한다.

안건 등이 포함된 회의자료는 위원들에게 사전 배부하여 생산적인 논의가 이루어지도록 한다.

라) 자료의 사전 제공

근로자위원은 회의의제로 통보된 의제 중 협의 및 의결사항과 관련된 자료를 협의회 회의 개최 전에 사용자에게 요구할 수 있다.

근로자위원의 자료 요구에 대하여 사용자는 성실히 따라야 한다. 다만, 요구자료가 기업의 경영・영업상의 비밀이나 개인정보에 해당하는 경우에는 그러하지 아니한다.

(2) 회의 진행

협의회 개최 시에는 특별한 사정이 없는 한 최종적으로 의사결정을 할 수 있는 사업주 또는 최고경영자가 참석해야 그 성과가 커질 것이다. 다만, 해외출장, 신병 등 부득이한 사유로 참석하지 못할 경우 그 사유를 충분히 설명하여 회의 분위기가 저해되지 않도록 하는 것이 바람직하다.

회의는 근로자위원과 사용자위원의 각각 과반수 출석으로 개최하고 출석위원 2/3 이상의 찬성으로 의결한다.

회의 개최 시 노사양측은 서로 ○○○위원으로 호칭하여 상호 존중하고, 자유로운 분위기에서 상대방의 의견을 경청하며 상대에 대한 비판을 삼가고 짧은 시간에 충분한 의견교환이 이루어지도록 적극적으로 노력하여야 한다.

회의는 공개를 원칙으로 하나, 협의회의 의결에 의하여 공개하지 않을 수도 있다.

의장은 안건에 대해 모든 노사협의회 위원이 이해할 수 있도록 설명하고, 충분한 토의를 거쳐 가급적 모든 위원이 합의하도록 유도하는 것이 바람직하다.

위원은 협의회에서 알게 된 비밀을 외부에 유출해서는 안된다. 특히, 협의회에서 알게 된 경영정보를 개인적으로 활용한다거나 다른 경쟁기업으로 유출하는 것은 노사간의 신뢰를 깰 우려가 있으므로, 이에 대해서는 노사합의로 일정한 규제방안을 마련하는 것이 바람직하다.

4) 의결 정족수

정족수라 함은 다수인으로 구성되는 회의체에서 회의를 진행하고 의사를 결정하는데 소요되는 출석자의 수를 의미한다. 근로자참여법 제15조에 따른 의사정족수는 협의회규정에서 정한 노사위원의 정원을 기준으로 판단함이 타당함(노사관계법제과-3091, 2021.12.29.)

의사정족수는 회의를 개최하고 안건을 심의하는데 필요한 법정수이며, 의결정족수는 의결을 하는데 필요한 법정수이다. 노사협의회 회의는 근로자위원과 사용자위원의 각각 과반수가 출석하여야 하며 출석위원 2/3 이상의 찬성으로 의결한다.

협의회 회의가 사용자측이나 근로자측 어느 일방에 의해 지배되는 것을 막기 위한 제도적 장치이므로 협의회 규정을 통해 법정 정족수보다 완화된 정족수를 규정하는 것은 허용되지 아니하고, 노사 어느 일방의 출석위원이 상대방에 비해 많더라도 상대방의 출석위원이 과반수가 되지 않을 경우에는 출석위원 총수가 전체 과반수라 할지라도 회의는 성립되지 아니한다.

노사 각각 10명을 구성된 노사협의회에서 회의를 개최하려면 노사 각각 6명 이상 참석해야 한다.

의결을 하기 위해서는 출석위원 2/3 이상의 찬성이 필요하다. 이는 노사 각각 과반수 출석으로 개최됨을 감안할 때 출석위원 2/3 이상의 찬성을 요건으로 하는 것은 노사 일방만의 찬성으로 의결할 수 없게 하기 위함이다.

노사 각각 10명으로 구성된 노사협의회가 노측 10명, 사측 6명으로 회의가 진행될 경우 안건의결을 위해서는 총 16명의 2/3 이상인 11명 이상의 찬성이 필요하다.

근로자위원과 사용자위원이 노사를 각각 대표하더라도 노사협의회위원 각자는 주체적 지위에서 의사결정을 하여 민주성과 합리성을 확보 하도록 하는 것이 중요하다.

4. 회의 결과의 처리 및 이행

1) 의결사항의 공지

노사협의회는 전체 근로자의 이익을 대변하는 기구이므로, 의결결과는 신속히 전 근로자들에게 통보되어야 한다.

과반수노조에 의해 구성된 노사협의회라도 의결 결과는 노조원에게만 미치는 것이 아니라 노사협의회를 구성하는 사업 또는 사업장에 모두 미치게 되므로 의결된 사항을 신속히 전 근로자에게 알려야 한다. 또한 노사협의회의 내실있는 운영을 위해 의결된 사항의 준수 여부를 차기 회의에 보고하도록 함이 바람직하다.

공지를 할 때는 노사협의회 의장 명의로 하여야 한다. 사내방송 및 사내정보망(인트라넷) 사용, 사보게재 등 적절한 방법으로 전체 근로자가 신속하게 알 수 있도록 공지하여야 한다.

check point 노사협의회 의결사항 공지

20　년 제1차 정기노사협의회에서 아래와 같이 의결하였으므로 이를 공지함

- 아 래 -

◦ 「20　년 근무형태변경건」과 관련하여서는 노사가 공동으로 「근무제도 개선공동위원회」를 설치하여 논의하기로 하였으며, 동 위원회에서 필요성, 최적의 근무형태 설계, 기타 근로자 보호방안 등을 협의한 후 차기 정기노사협의회에서 시행여부에 대해 재논의키로 하였음

◦ 고충처리 안건이었던 「회사 내 육아시설의 설치」와 관련하여서는 현재의 수요는 설치가 가능한 수준이나, 2 · 3년 후에는 수요가 줄어들 것이 예상되며, 근무형태 변경 건과 밀접히 연관되어 있어 보다 구체적인 실태조사를 실시한 후 차기 정기노사협의회에서 재 논의키로 하였음

20　년　월　일

○○주식회사 노사협의회의장 ○ ○ ○

2) 의결사항의 이행

(1) 의결사항 이행의 의의

의결사항의 이행이 보장되지 않는다면 노사협의회의 실효성은 담보되기 어렵다. 의결사항이 이행되지 않을 경우 노사간 불신 증대로 노사관계가 오히려 악화될 수 있다. 부득이한 사유로 의결사항을 이행하지 못하였을 경우에는 그 경위를 차기 노사협의회에서 설명하고 새로운 대안을 마련하는 것이 필요하다.

(2) 의결된 사항의 내용

의결된 사항은 법 제21조의 의결사항을 중심으로 하고 있으나, 법 제20조제1항의 협의사항이라도 노사 각 과반수의 출석과 출석위원 2/3 이상의 찬성으로 결정할 경우에는 의결된 사항으로 본다.

check point **실무사례**

노사협의회 의결사항과 단체협약 규정이 다를 경우 효력은 단체협약에 규정된 사항과 노사협의회 의결사항은 그 주체와 방법 · 절차뿐 아니라 효력에 있어서도 서로 다른 사항으로 원칙적으로 병존 가능함(노사협력정책과-3965, 2012.12.14.)

"근로시간 변경"에 관한 노사협의회 의결의 효력은 근로자참여법 제20조제2항 및 제21조에 의한 노사협의회 의결사항에 해당한다고 보기 어려우나, 노사공동의 협의기구가 근로조건을 결정할 수 있는 대표권을 구비하고 있거나, 근로계약 체결 · 취업규칙 변경 등의 후속조치가 있는 경우에는 의결로서의 효력을 부인하기는 어려울 것임(노사관계법제과-770, 2016.4.14.)

노사협의회 의결서가 단체협약에 해당하는 지와 관련, 근로자참여법 제15조에 따라 노사협의회를 개최하여 협의 · 의결사항에 대하여 의결하였다면 원칙적으로 의결로서의 효력을 가지며, 노사 간에 체결한 합의서를 단체협약으로 볼 수 있는지 여부는 단체협약으로서의 실질적 · 형식적 요건 등을 갖추었는지를 종합적으로 고려하여 판단하여야 할 것임(노사관계법제과-1262, 2016.6.24.)

3) 회의의 공개

회의의 공개는 회의 결과 뿐만 아니라 회의 과정의 공개까지도 포함하며 모든 근로자가 노사협의회에 참여한다고 느끼기 위해서라도 협의회의 운영과정이 투명하게 공개되어야 할 것이며, 노사협의회 설치단위 사업(장) 소속 근로자들은 회의를 참관하거나 방청하는 것이 가능하고, 회의록 열람도 가능하다.

4) 회의록의 비치

노사협의회 회의록의 작성·비치의무는 회의결과로 나타난 노사간의 약속을 문서로 확실하게 남겨 둠으로써 이의 이행을 담보하기 위한 것이다.

노사가 약속한 사항은 지켜져야 하므로 합의사항은 문서화 되어야 하고, 그 문서의 진위 등을 가릴 수 있도록 참석자가 서명하거나 날인하여야 한다.

회의록 작성 시 회의 개최일시 및 장소, 참석위원, 협의사항·의결사항 및 보고사항, 그 밖의 참고사항은 반드시 기록해야 할 필수적 기재사항이다.

그 밖의 참고사항이라 함은 협의 또는 의결사항이 아니더라도 전분기의결사항의 이행상황 및 협의회에서 즉석 안건 등으로 제출되어 노사간 논의된 사항을 말한다.

노사협의회를 비대면(줌 등 영상회의)으로 하는 경우에도 대면회의 내용과 같은 방법으로 회의록을 작성·관리하여야 한다. 노사협의회 회의록은 작성일로부터 3년간 보존하여야 한다.

5. 임의 중재

1) 의의

"중재"란 당사자 간의 합의로 재산권상의 분쟁이나 당사자가 화해에 의하여 해결할 수 있는 비재산권상의 분쟁을 법원의 재판에 의하지 아니하고 중재인(仲裁人)의 판정에 의하여 해결하는 절차를 말한다(중재법 제3조제1호).

근로자참여법상 임의 중재는 법에 의한 강제가 아니라 노사협의회 위원 간의 합의를 통해 중재를 받기로 제도화한 것이다.

2) 중재기관

(1) 임의중재 기관

근로자위원과 사용자위원의 합의에 의하여 ① 협의회에 중재기구를 두어 해결하거나 ② 노동위원회에 중재를 요청하거나, ③ 제3자에 의한 중재를 받을 수 있다.

노동위원회에서는 심판담당 공익위원 3인(심판담당 공익위원에는 위원장 또는 상임위원 포함)으로 구성된 심판위원회에서 담당한다(심판위원 전원출석 및 출석위원 과반수 찬성으로 의결).

(2) 임의중재의 대상

법 제21조 의결사항에 규정된 사항에 관하여 노사협의회가 의결하지 못한 사항 노사협의회에서 의결된 사항의 해석 또는 이행방법 등에 관하여 의견이 일치하지 아니한 경우, 임의중재의 대상이다. 다만, 근로자참여법이 정한 사항 외에도 노사가 상호 합의에 따라 중재로 처리하기로 한 경우에는 임의중재도 가능하다.

(3) 임의중재의 효력

임의중재의 방법과 절차 등에 관해서는 노사협의회 운영규정에서 상세히 명시하여 운영하는 것이 바람직하다. 임의중재절차에 의하여 중재결정이 있는 때에는 노사협의회의 의결을 거친 것으로 본다. 근로자와 사용자가 임의중재에 의한 결정사항을 위반할 경우에도 1,000만원 이하의 벌금에 해당한다.

6. 고충의 처리

1) 설치단위

상시근로자 30명 이상의 근로자를 사용하는 모든 사업 또는 사업장에는 고충처리위원을 두어야 한다.

노사협의회는 근로조건 결정권이 있는 30명 이상 사업 또는 사업장을 대상으로 하는 반면, 고충처리위원을 두는 사업장은 근로조건의 결정권과 관계없이 30명 이상의 사업장이면 고충처리위원을 두어야 한다.

'고충'이라 함은 근로자의 근로환경이나 근로조건에 관한 개별적인 불만, 기타 근로자의 성격, 심리적 상태, 개인적 문제 등이 원인이 되어 직장생활에서 근로자가 겪게 되는 불만족 및 불안정 상태를 말하는 것을 말한다.

고충사항에는 임금·근로형태·산업안전 등 근로환경이나 근로조건, 직장 내 규율, 징계·포상·승진을 비롯하여 직장 내 성희롱 등 다양한 사항들이 포함될 수 있다. 고충처리위원을 두지 아니한 때에는 200만원 이하의 벌금에 해당한다.

2) 고충처리위원의 구성 및 임기

(1) 구성

고충처리위원은 노사를 대표하는 3명 이내의 위원으로 구성한다.

노사협의회가 설치되어 있는 사업 또는 사업장의 경우에는 노사협의회가 그 위원중에서 선임한다. 선임의 방법에 관하여 정한 바가 없으므로 협의회 운영규정 작성 시 선임 절차(호선 등)등을 규정하는 것이 바람직하다.

고충처리위원에 대해서는 다음과 같은 기본소양 교육을 실시하여, 고충을 제기한 근로자가 효과적인 상담을 받을 수 있도록 한다.

check point 고충처리위원의 기본 자세

1. 비밀 지키기

고충처리위원이 가장 기본적으로 가져야 할 자세는 비밀지키기이다. 상담을 통해 알게 된 모든 사실은 철저히 비밀로 해야 하며, 상담과 관련하여 작성된 자료들은 반드시 캐비넷이나 서랍장 등에 잠금장치를 통해 보관하여 다른 사람들이 볼 수 없도록 해야 한다.

2. 들어주기

대부분의 사람들은 해결책을 처방함에 있어서 상대방이 처한 상황을 충분히 이해하기 위한 시간과 노력을 들이지 않고, 상대방이 처한 상황을 잘 이해하였다고 가정한 다음 그들에게 해결책을 제시한다. 그러나 고충처리 상담에서 가장 기본적인 것은 '들어주기'이며, 이러한 들어주기는 상대방의 입장을 충분히 고려할 수 있게 할뿐만 아니라 그 자체만으로도 상대방의 고충을 처리하는 것에 일정한 역할을 할 수 있다.

3. 공감하기와 문제를 찾도록 도와주기

공감은 상대방에게 신뢰를 심어줄 수 있으며, 두터운 신뢰는 직원들이 고충처리제도를 더 자주 이용하도록 만드는 기반이 될 수 있다. 한편 고충처리위원은 모든 문제를 해결해줄 수는 없으며, 근로자 개인의 감정 등에 기인한 문제라면 근로자가 스스로 자신의 문제를 찾고 해결할 수 있도록 도움을 주는 것도 필요하다.

4. 해결방안 구체적으로 제시해주기

고충처리위원이 모든 문제를 해결해줄 수는 없다. 특히 근로자의 고충이 근로자의 개인적인 문제라면 더욱 그렇다. 그러나 고충이 사용자의 특정한 조치나 회사의 제도 개선 등을 통해 해결될 수 있는 사항이라면 고충처리위원이 그 고충의 처리를 위해 적극 노력해야한다. 물론 고충처리위원이 권한을 가지고 어떤 조치를 하기는 어렵겠지만, 근로자에게는 고충처리를 위해 앞으로 어떠한 조치를 취할 수 있을 것이라는 점을 구체적으로 설명해주고, 이를 사용자에게 보고하거나 노사협의회 안건으로 제출하도록 한다. 물론 이 과정에서 고충을 제기한 사람의 신원 등은 철저히 보호하도록 한다.

(2) 배치

고충처리위원은 사업장에 상시 근무하는 자로 사업 또는 사업장에 배치하되 하나의 사업에 종사하는 근로자가 지역별로 분산되어 있더라도 전체 근로자수가 30명 이상일 때에는 그 주된 사무소에 고충처리위원을 배치하여야 한다.

다만, 지역을 달리하는 단위사업장의 근로자수가 30명 이상일 때에는 각 사업장 단위별로 배치하여 한다.

(3) 임기 및 신분보장

고충처리위원의 임기는 협의회 위원의 임기를 준용하므로 3년의 임기가 적용되고 연임도 가능하다.

보궐위원의 임기는 전임자의 잔여 임기기간으로 하고, 고충처리위원의 임기가 만료된 경우라도 후임자가 선출될 때까지 계속 그 직무를 수행해야 한다.

협의회 위원 중에 고충처리위원으로 선임된 경우, 협의회 위원이 임기 만료, 퇴직, 해고, 전보 등의 이유로 자격이 상실되는 경우 고충처리위원의 자격도 동시에 상실된다.

고충처리위원은 비상임・무보수, 직무수행과 관련된 사용자의 불리한 처분 금지, 고충처리업무에 사용한 시간의 근로시간 간주 등과 같이 협의회 위원과 같은 신분을 보장해야 한다(시행령 제8조).

3) 고충의 처리

(1) 고충처리 절차

(고충사항신고) → (고충사항 청취 및 처리) → 처리결과 통보(10일 이내) → 대장비치(비밀준수)

가) 고충사항의 청취

고충처리위원은 근로자로부터 고충사항을 편견 없이 충실히 청취하여야 한다.

대부분의 고충은 근로자로부터 제기되지만 관리자 또는 감독자의 고충이 있는 경우 근로자측 고충처리위원이 처리하는 것도 가능하다.

나) 고충사항의 신고 및 처리

근로자는 고충사항이 있는 경우 고충처리위원에게 구두 또는 서면으로 신고하고 신고를 접수한 고충처리위원은 지체 없이 이를 처리해야 한다.

근로자의 고충사항을 접수하였을 때에 당해 근로자가 원하지 아니할 경우에는 상세한 사항은 기록하지 아니할 수도 있다.

근로자의 고충사항은 인터넷 홈페이지 개설, 사내신문고 설치, 최고 경영자에게 직접 고충을 제기할 수 있도록 하는 등 다양한 채널을 확보한다.

개인의 고충사항이 다수 또는 전체 근로자에 해당하는 사항이거나 고충처리위원이 처리하기 곤란한 사항일 경우에는 협의회 안건으로 상정하여 처리한다.

다) 처리결과의 통보

신고를 접수한 고충처리위원은 10일 이내에 조치사항과 그 밖의 처리결과를 해당 근로자에게 통보해야 한다.

조치사항이나 기타 처리결과는 근로자가 제기한 고충이 해소될 수 있도록 어떠한 조치를 할 예정이라거나 관련 내용을 노사협의회에서 다루고 제도를 개선할 것이라는 등의 내용을 최대한 구체적으로 작성한다.

(2) 대장 비치 및 비밀 준수

고충처리위원은 고충사항의 접수 및 그 처리에 관한 대장을 작성하여 1년간 보존하여야 한다. 고충처리위원은 고충처리과정에서 근로자의 사생활 관련 사항이 외부에 노출되지 않도록 유의해야 하며, 고충처리대장을 아무나 열람하지 못하도록 관리한다.

(3) 처리가 곤란한 사항에 대한 협의회 부의

고충처리위원은 위원 개인적으로 곤란하다고 판단되는 사항은 별도로 노사협의회 회의사항으로 부의하여 노사가 공동으로 처리할 수 있도록 하여야 한다.

직장내 괴롭힘, 직장내 성희롱 등 각별히 비밀을 유지해야 할 필요가 있는 사안에 대해서는 고충신고인의 의사를 반영하여야 한다.

노사협의회 이외에 별도의 고충처리 위원회가 구성되어 있는 경우에는 고충처리위원회로 부의할 수 있다.

(4) 근로자들의 자유로운 고충제기 분위기 조성

사업장에서는 가능한 고충처리 상담실을 마련하여 고충처리위원이 상담실에서 상담토록 하고 간판 등을 부착하여 근로자들이 쉽게 이용할 수 있도록 하여야 한다.

고충처리 상담실을 운영하기 어려운 사업장에서는 타인의 출입이 빈번 하지 않은 장소를 이용하여 고충처리위원이 상담하게 함으로써 고충 근로자의 비밀을 보호하도록 노력해야 한다.

사용자는 근로자에게 고충이 있을 때는 언제든지 고충처리위원에게 이를 제기할 수 있도록 각종 회의나 교육 또는 게시판 등을 이용하여 근로자들에게 지속적으로 고충처리제도를 홍보하고 이를 활성화 할 필요가 있다.

check point 근로자 고충사례

고충의 형태	공통적 내용
1. 보수	
1) 개별적 임금조절에 대한 요구	① 나는 내가 받아야 할 만큼 받고 있지 못하다. ② 나는 같은 정도의 숙련을 필요로 하는 일을 수행하는 다른 사람들 보다 덜 받고 있다.

2) 직무분류에 대한 불평	① 나의 직무는 현재의 급여 보다 더 가치가 있으며, 따라서 재분류 되어야 한다. ② 나는 승급이 되어야 한다.(임금인상)
3) 기타	① 급료계산에 있어서 착오가 생긴다.
2. 감독	
1) 규율에 대한 불평	① 감독이 나를 좋아하지 않으며, 그래서 나에게 잔소리를 많이 한다. ② 회사는 내가 노동조합에 적극적이기 때문에 나에게 불이익을 준다. ③ 나의 잘못은 부적절한 지시에 기인한다.
2) 특정 감독자에 대한 반대	① 감독자가 편파적이다. ② 감독자가 노동조합을 부정적으로 본다. ③ 감독자가 의견을 무시한다.
3) 감독의 일반적 방법에 대한 반대	① 규칙이나 규정이 너무 많다. ② 규칙과 규정들이 분명하게 알려져 있지 않다. ③ 감독자나 관리자들이 지나치게 감독을 많이 한다.
4) 징계해고와 일시 휴직	① 부당하게 또는 너무 심하게 처벌되었다. ② 회사는 조합활동이나 다른 이유 때문에 나에게 인사상 불이익을 주려고 한다.
5) 승진	① 선임권 조항이 위배 되었다. ② 회사는 조합활동 때문에 나를 승진시키지 않으려고 한다. ③ 자신을 발전시킬 기회를 갖지 못한다.
6) 다른 부서나 다른 교대조로의 이동	① 힘든 일이나 또는 심야 교대에 대한 나의 몫 이상을 하고 있다.
3. 일반 근로조건	
1) 안전과 보건	① 화장실 시설이 부적절하다. ② 습기, 소음, 냄새 그리고 다른 불리한 또는 불안전한 조건들이 시정될 필요가 있다. ③ 작업상 위험 요인이 있다.
2) 기 타	① 재료공급을 기다리는 데 너무 많은 시간을 소모한다. ② 잔업이 불필요 하다. ③ 나는 유급휴가를 부당하게 거부당하고 있다. ④ 식당의 시설이 부적절하다.

check point 사용자 고충사례

<table>
<tr><th>고충의 형태</th><th>공통적 내용</th></tr>
<tr><td colspan="2">1. 개별 근로자에 대한 불만</td></tr>
<tr><td>1) 규율에 관한 불평</td><td>① 공장규율의 무시
② 감독자의 명령의 무시
③ 안전규정의 무시
④ 반복된 지각과 결근
⑤ 전반적 무책임</td></tr>
<tr><td>2) 일에 대한 불평</td><td>① 일에 꾀를 피우는 것
② 일의 속도를 늦추는 것
③ 낮은 성과</td></tr>
<tr><td colspan="2">2. 단체교섭</td></tr>
<tr><td>1) 계약위반</td><td>① 성실성이 결여 되어 있다.</td></tr>
<tr><td>2) 고충 해결에 관한 불평</td><td>① 불평을 남발한다.
② 고충을 제기하기 전에 사실을 수집하지 못한다.
③ 고충처리에 너무 많은 시간을 소모한다.</td></tr>
<tr><td>3) 조합이 약속을 지키지 못한다.</td><td>① 선례와 합의된 해석을 무시한다.
② 필요한 경우에도 조합간부에 대해서는 징계하지 못한다.</td></tr>
<tr><td colspan="2">3. 기타</td></tr>
<tr><td></td><td>① 신규종업원에게 경영의 태도를 잘못 전달한다.
② 협약과 모순되는 작업 제한규칙을 제정함으로써 경영의 자유에 간섭한다.
③ 조합에 의한 언론, 전단 또는 대중연설 등에서의 경영에 대한 왜곡된 공격이 있다.</td></tr>
</table>

[고충사항 접수 · 처리대장]

<table>
<tr><th rowspan="2">접수
번호</th><th rowspan="2">접수
일자</th><th colspan="2">고충처리 요청인</th><th rowspan="2">고충내용</th><th rowspan="2">처리결과</th><th rowspan="2">회신일자</th><th rowspan="2">고충처리
위원</th></tr>
<tr><th>성명</th><th>소속부서</th></tr>
<tr><td></td><td></td><td></td><td></td><td></td><td></td><td></td><td></td></tr>
<tr><td></td><td></td><td></td><td></td><td></td><td></td><td></td><td></td></tr>
</table>

[노사협의회 회의록]

(앞쪽)

제 차(정기 · 임시) 노사협의회 회의록	
회의 일시	
회의 장소	
협의 사항	
보고 사항	
의결 사항	
의결된 사항 및 그 이행에 관한 사항	
그 밖의 참고사항 및 전분기 의결된 사항의 이행 상황	

(뒤쪽)

구분	근로자위원	서명	사용자위원	서명
참석 위원 서명				

[고충처리제도 표준모델]

〈예방단계〉

1) 직무만족 및 불만족 요인의 파악한다.

◦ 정기적인 직무만족도 조사실시, 정기적인 간담회 실시, 정기적 개인면담을 실시한다.

2) 합리적인 조직관리를 한다.

◦ 적성을 고려한 인사관리, 교육기회 부여, 인간관계 개선, 복지제도 개선, 조직내 의사소통 방법 강구 등의 조치를 취한다.

〈고충단계〉

1) 고충발생 단계

◦ 고충처리제도의 절차 및 활용 방법을 홍보한다.

2) 고충접수 단계

◦ 고충을 접수할 다양한 방법을 마련한다(전화, 팩스, PC 등).

◦ 대규모 사업장은 각 사업부별 관리부서가 고충처리위원회의 주체가 되며 총괄부서 고충처리위원회는 각 사업부서를 총괄하는 부서가 된다.

◦ 대규모 사업장이란 사업부서별 관리부서와는 별도로 전사를 관리하는 사업부서가 있는 기업을 의미한다.

3) 고충처리 단계

◦ 부서별 고충처리위원회를 구성한다.

* 부서별 고충처리위원회는 부서별로 고충을 신속하게 처리하기 위한 것이다.

* 노사 각 1인으로 구성한다.

* 「개인적 고충」은 부서별 고충처리위원이 전담한다.

* 「조직관련 고충」은 부서별 고충처리위원회에서 전담하며 사안의 정도에 따라 상급처리 기구인 총괄부서 고충처리위원회로 이관하여 처리토록 한다.

* 사업장의 규모와 특성에 따라 고충처리위원회의 수와 종류 및 명칭은 달라질 수 있음. 소규모 사업장은 고충처리위원회가 하나만 존재할 수 있고 대규모 사업장은 여러개 존재할 수 있다.

◦ 총괄부서 고충처리위원회를 구성한다.

* 3인으로 구성하되 반드시 노사 동수로 구성할 필요는 없음. 따라서 「노측 2인 및 사측 1인」 또는 「노측 1인 및 사측 2인」으로 구성한다.

◦ 총괄부서 고충처리위원회에서 처리되지 못한 것은 노사협의회에서 처리토록 한다.

〈전사적 피드백〉

- 고충처리결과에 관련된 사항 중 홍보가 필요한 것은 전근로자들에게 주지시킨다.
- 고충처리결과를 데이터베이스화하여 조직 활성화를 위한 자료로 활용한다.

check point **성희롱 고충사항 발생 시 고충처리 절차**

1. 사업주에게 고충 신고를 한다.

- 근로자는 직장 내 성희롱의 금지 및 예방에 관해 사업주에게 고충신고를 할 수 있다(「남녀고용평등과 일 · 가정 양립 지원에 관한 법률」 제25조).
- 고충신고는 구두, 서면, 우편, 전화, 팩스 또는 인터넷 등의 방법으로 할 수 있다(「남녀고용평등과 일 · 가정 양립 지원에 관한 법률 시행령」 제18조제1항).
- 사업주는 고충신고를 받은 경우 특별한 사유가 없으면 신고 접수일로부터 10일 이내에 신고된 고충을 직접 처리하거나 「근로자참여 및 협력증진에 관한 법률」에 따라 설치된 노사협의회에 위임하여 처리하게 하고, 사업주가 직접 처리한 경우에는 처리결과를 노사협의회에 위임하여 처리하게 한 경우에는 위임 사실을 해당 근로자에게 알려야 한다(「남녀고용평등과 일 · 가정 양립 지원에 관한 법률」 제25조 및 「남녀고용평등과 일 · 가정 양립 지원에 관한 법률 시행령」 제18조제2항).

2. 노사협의회 고충처리위원에게 고충 신고를 한다.

- 근로자는 직장 내 성희롱의 금지 및 예방에 관해 고충사항이 있는 경우에는 「근로자참여 및 협력증진에 관한 법률」 제26조에 따른 고충처리위원(이하 "고충처리위원"이라 함)에게 구두 또는 서면으로 신고할 수 있다. 이 경우 신고를 접수한 고충처리위원은 지체 없이 처리해야 한다(「근로자참여 및 협력증진에 관한 법률 시행령」 제7조).
- 고충처리위원은 근로자로부터 고충사항을 들은 경우에는 10일 이내에 조치 사항과 그 밖의 처리결과를 해당 근로자에게 통보해야 한다(「근로자참여 및 협력증진에 관한 법률」 제28조제1항).
- 고충처리위원이 처리하기 곤란한 사항은 노사협의회의 회의에 부쳐 협의 처리한다(「근로자참여 및 협력증진에 관한 법률」 제28조제2항).

3. 성희롱 고충처리 시 유의점

- 성희롱 고충처리 시 고충처리위원은 신고인의 말을 충분히 들어주고 스스로 문제를 해결해 갈수 있도록 도와주는 조력자의 지위에 있다.

(step 1) 고충신고 및 상담 단계

- 고충상담내용은 가해자와의 면담이나 사후 대처 과정에서 중요한 증거가 될 수 있으므로 정확히 기록하여야 한다.
- 신고인의 말을 경청하고 신고인에게 충분한 지지와 용기를 주도록 한다.
- 피해자의 말을 추정하지 말고 피해상황을 정확하게 파악한다.
- 피해자가 무엇을 원하는지 명확하게 파악하고, 피해상황을 해결하는 최선의 방법을 모색할 수 있도록 적절한 정보를 제공해야 한다.
- 피해자의 과거의 행동 특히 정숙하였는지 여부에 구애받지 않고 현재 문제되는 상황에 대해서만 객관적으로 판단한다.
- 그 상황에도 다른 피해자가 있는지, 혹은 더 이전에 그 성희롱 행위자에 의한 다른 피해자가 있는지 반드시 알아본다. 이후 있을 분쟁 및 피해를 예방하기 위해 필요하다.

(step 2) 가해자 면담 및 조정 단계

- 신고인의 신고를 토대로 성희롱 가해자를 면담하며, 이 내용들을 녹음 또는 기록해 둔다.
- 가해자에게 신고가 들어온 성희롱의 상황에 대해 이야기하며, 피해자의 진술에 대해 가해자가 상황을 어떻게 이해하고 있는지를 파악한다.
- 가해자가 미처 성희롱으로 인식하지 못하고 있는 경우, 가해자의 습관적 행위나 의도하지 않았다 하더라도 성희롱으로 판단할 수 있는 행위로 피해자가 생길 수 있음을 주지시키고, 그 행위를 중지하도록 요청한다.
- 피해자측의 요구사항을 가해자에게 알려주고, 가해자가 이를 받아들이는지 물어본다.
- 피해자가 가해자의 사과를 요청하면, 가해자는 최대한 정중하게 사과를 하도록 하며, 고충처리 위원(노사협의회에서 협의하는 경우 노사협의회)이 배석한 자리에서 하는 것이 보다 공식적이다.
- 행위자가 시인하지 않는다면 성희롱에 관한 피해자와 행위자 양측의 주장을 설명하

고, 편견 없이 공정하게 조사가 이루어 질 것임을 설명한다.

◦ 사과나 행위의 중단이 없을 경우 사내 규정 절차 및 관련 법에 따라 일정한 절차를 밟게 된다는 정보를 다시 주지시킨다.

(step 3) 공정한 조사 및 규정에 따른 징계 등 인사 관련 조치 단계

◦ 행위자가 성희롱을 시인하지 않거나 피해자와 가해자간의 합의에 의한 조정이 이루어지지 않을 경우 성희롱 신고에 대한 사실조사를 개시한다.

◦ 고충처리위원이 해결하기 어려운 경우로 노사협의회 협의 안건으로 상정하여 공정한 조사를 진행하기 위한 제반 절차에 대해 협의한다.

◦ 조사과정에서는 개인 사생활이 충분히 보호되도록 유의하고 조사로 인해 이중의 피해가 발생하지 않도록 하여야 한다.

◦ 조사를 통해 객관적으로 성희롱 행위가 있었음이 입증되면 내부 규정에 따라 징계하거나 동일 부서에 있을 경우 인사발령 등의 조치를 통해 피해가 반복되지 않도록 한다.

(step 4) 건강한 직장문화 건설을 위한 성희롱예방교육 실시 단계

◦ 전사 차원에서 건강한 직장문화 건설을 위한 성희롱 예방교육을 실시한다.

◦ 성희롱 행위자에게는 재발방지를 위해 특별교육 등을 실시한다.

[참조 : 제3자로부터의 고충상담]

동료 여직원이 그 상사로부터 성희롱을 일상적으로 반복하여 받고 있는 것을 보고 불쾌히 여기는 직원으로부터 상담이 있는 경우에는 동료 여직원 및 그 상사로부터 경위를 청취하고 그 사실이 성희롱이라고 인정되는 경우에는 그 상사에 대해 감독자를 통해 또는 고충처리위원이 직접 주의를 촉구함. 주의 촉구를 통해서도 행위가 중단되지 않거나 고충이 해소되지 않는 경우 성희롱 발생 시 내부 징계절차 등을 통한 해결 절차를 모색해 본다.

check point 근로기준법상 근로자 대표의 개념과 서면합의의 효력 등에 관한 해석 기준

제정 : 근기 68207-735, 1997.6.5, 개정 : 근로기준팀-8048, 2007.11.29.

1. 목적

근로기준법(97.3.13)은 사용자가 근로시간제도의 변경을 하고자 하는 경우 등에 있어 일정한 사항에 대하여 근로자 대표와 서면합의를 하도록 함. 이 경우 근로자 대표는 "당해 사업 또는 사업장에 근로자의 과반수로 조직된 노동조합이 있는 경우에는 그 노동조합, 근로자의 과반수로 조직된 노동조합이 없는 경우에는 **근로자의 과반수를 대표하는 자**"를 의미함(법 제24조제3항). 그러나 동 규정만으로 근로자 대표를 선출하는 근로자의 범위, 근로자 대표의 선정단위 및 선정방법, 근로자 대표의 대표권 행사방법, 서면합의서의 효력 등이 명확하지 않음. 따라서 이에 관련한 문제에 대한 명확한 해석 기준을 제시하여 법 해석과 운영을 둘러싼 혼선을 예방하고자 함이다.

〈근로자대표와의 서면합의 사항〉

관련조문	서면합의 사항
제51조	◦ 3월 단위로 탄력적근로시간의 도입과 관련된 사항
제52조	◦ 선택적근로시간제의 도입과 관련한 사항
제57조	◦ 보상휴가제
제58조제2항	◦ 사업장밖 간주근로시간제
제59조	◦ 특수업종에 있어 연장근로 및 휴게시간의 특례에 관한 사항

2. 해석기준

(1) 근로자의 범위 및 근로자 대표의 선정단위

① 근로자 대표를 선출하는 근로자의 범위

◦ 근로자 대표를 선출하는 근로자의 범위 즉, 노동조합이 근로자의 과반수를 조직하고 있는지 여부를 판단함에 있어 근로자의 범위와 근로자 대표를 선출함에 있어 투표에 참여하는 근로자 범위는 다음과 같이 산정한다.

* **근로자대표를 선출하는 근로자의 범위=근로기준법상의 근로자(법 제2조제1호)-근로기준법상의 사용자**(법 제2조제2호)

◦ 따라서 근로자와 사용자의 이중적 지위를 갖는 자는 제외되는 바, 이는 설사 이들이

근로자로서 향후 합의내용의 적용을 받더라도 노사서면 합의과정에서는 사용자를 위하여 행위하는 자로 볼 수 있기 때문이다.

② 근로자 대표의 선정단위

◦ 근로자 대표는 당해 사업 또는 사업장 단위로 선정되어야 함. 따라서 하나의 사업이 수개의 사업장으로 구성되어 있는 경우, 근로시간제도를 사업단위로 도입하고자 하면 근로자 대표는 사업단위로 선정하고, 또는 일부 사업장에만 도입하고자 하면 사업장 단위로 선정해야 한다.

◦ 동일사업 또는 사업장 내의 일부 부서에만 적용하고자 하더라도 근로자대표는 반드시 사업 또는 사업장단위로 선정하여야 함. 근로자 대표를 선정하는 범위는 반드시 노동조합의 조직범위, 노사협의회의 구성단위와 일치할 필요는 없다.

(2) 근로자대표의 선정방법

① 근로자 과반수로 조직된 노동조합이 있는 경우

◦ 노동조합이 근로자의 과반수를 조직하고 있는지 여부는 사업단위로 도입하는 경우는 사업단위에서, 사업장단위로 도입하는 경우는 사업장 단위에서 판단해야 함

◦ 노동조합이 근로자 과반수를 조직하고 있으면 근로자 대표는 노동조합의 대표자 또는 노동조합으로부터 대표권을 위임받은 자(예 : 노동조합지부장)가 된다.

② 노동조합이 근로자 과반수로 조직되지 않은 경우

◦ 노동조합이 근로자의 과반수로 조직되지 않은 경우에는 근로자의 과반수를 대표하는 자를 선정하여야 한다. 이 경우 선정방법에는 특별한 제한이 없으며, 근로시간제도에 대한 대표권을 행사한다는 것을 근로자에게 주지시킨 상태에서 근로자의 의사를 모으는 적당한 방법이면 된다.

◦ 따라서 반드시 직접 투표에 의하지 않아도 되며, 1인의 대표는 물론 복수의 근로자 대표를 선정하는 것도 가능하다. 근로시간제도를 도입하고자 하는 사업 또는 사업장 단위에 근로자참여및협력증진에관한법률에 의한 노사협의회가 설치되어 있으면 그 근로자위원을 근로자 대표로 볼 수 있다. 다만, 구법에 의해 근로자 과반수를 조직하고 있지 못한 노동조합이 근로자위원을 위촉한 경우는 근로자 대표로 볼 수 없다.

(3) 근로자 대표의 대표권 행사방법

① 노동조합이 대표권을 행사하는 경우

◦ 노동조합의 대표자 또는 노동조합으로부터 대표권을 위임받은 자가 대표권을 행사한다.

◦ 단체협약의 부속(별도)협약으로 체결하거나, 단체협약과는 별개의 서면 합의서로 작

성할 수 있다.

② 노사협의회 근로자 위원이 대표권을 행사하는 경우

◦ 서면합의의 방식은 노사협의회의 근로자위원들이 정한 대표권 행사방법에 따름. 즉, 정하는 바에 따라 1인의 대표자를 선출하거나 당해 사안에 한하여 1인의 근로자위원에 대표권을 위임하거나 별도의 의사결정방법을 설정하거나(예를들어 과반수 이사의 찬성, 2/3 이상의 찬성 등) 근로자위원 전원이 서면합의에 참여하는 등의 모든 방법이 가능하다.

◦ 따라서 사용자가 일방적으로 일부 근로자위원과만 서면 합의하는 경우 법적 효력이 발생하지 않는다.

③ 새로이 근로자 대표를 선정하는 경우

◦ 1인의 근로자 대표가 선정된 경우는 선정된 대표가 대표권을 행사하면 된다. 복수의 근로자 대표가 선정되는 경우는 노사협의회 근로자 위원이 대표권을 행사하는 방법에 준하여 대표권을 행사한다.

(4) 서면합의서의 효력

① 단체협약의 별도(부속)협약의 형식으로 체결하는 경우

◦ 노동조합의 대표자 또는 노동조합으로부터 위임을 받은 자와 단체협약의 별도(부속)협약의 형식으로 체결하는 경우에는 단체협약의 효력을 개폐하는 효력이 발생한다.

◦ 노동조합으로부터 위임을 받은 자가 단체협약의 별도(부속)협약이 아닌 단순한 서면합의 형식으로 체결하는 경우에는 기존 단체협약의 개정 효력을 인정할 수 없다.

② 노사협의회 근로자 위원과의 서면합의 형식으로 체결하는 경우

◦ 단체협약을 개폐하는 효력은 발생하지 않으므로, 단체협약에 배치되는 경우 단체협약의 적용을 받는 근로자에게도 적용하려면 별도로 단체협약의 개정 절차를 밟아야 한다. 단체협약의 적용을 받지 않는 근로자에게는 서면합의만으로도 적용 가능하다.

◦ 취업규칙과 관련해서는 반드시 기존 취업규칙의 변경이 없어도 적용이 가능하다. 다만 근로조건 규정의 통일성을 기하기 위해 기존 취업규칙을 변경하는 것이 바람직함. 취업규칙을 변경하는 경우 별도의 취업규칙 변경절차(근로자 대표 또는 근로자 과반수의 의견청취 또는 동의)는 거치지 않아도 된다.

③ 새로이 선출된 근로자 대표와 서면합의하는 경우

◦ 노사협의회 근로자위원과의 서면합의 효력에 준하여 판단한다.

(5) 기타 노사협의회에서 근로시간과 관련하여 의결하는 경우

◦ 근로자참여 및 협력증진에 관한 법률은 노사협의회에서 '작업 및 휴게시간의 운용'

에 관한 사항을 협의하거나 의결할 수 있도록 하고 있다(제19조제1항제8호). 이 경우 노사협의회의 의결만으로 탄력적 근로시간제를 도입할 수 있는지의 여부와 의결된 사항에 대한 법적 효력이 문제가 된다.

- 탄력적근로시간제의 도입과 관련한 사항 등 근로기준법상 사용자가 근로자 대표와의 서면합의를 하도록 한 규정은 동 제도의 도입을 위한 기본적인 법적 요건이므로 노사협의회의 의결만으로는 도입이 불가하다.
- 따라서 탄력적 근로시간제 도입 등에 관한 사항을 노사협의회에서 의결하더라고 별도로 서면합의서를 작성하거나 취업규칙을 변경하여야 한다.

사업장 감독 관련

제10편 Ⅰ 사업장 감독 및 주요 점검항목

제10편 사업장 감독 및 주요 점검항목

일국의 노동법이 아무리 선진화되어 있어도 근로감독제도가 없다면 법은 한낱 사문(dead letter)에 불과할 뿐이다.

- 제71차(1995) ILO총회 사무총장보고서 -

사업장에 대한 근로감독은 근로감독관집무규정 제11조~제22조에 근거하여 실시하고 있으며, 사업장감독의 종류에는 정기감독, 수시감독, 특별감독으로 분류됩니다.

사업장에 대한 근로감독을 '사업장점검'이라고 명칭하기도 합니다. 노동청에 근로감독(점검)에 대하여, 감독을 많이 받아 본 사업장은 익숙하고 자연스럽게 대처하는 반면, 감독을 처음 받는 사업장은 매우 당황해하는 측면이 있습니다.

"우리 회사는 아직까지 노동청 감독을 한 번도 받은 적이 없다. 우리가 뭐 잘못한 것이 있어서 근로감독을 나온 것이냐"고 말하면서 감독대상이 된 것에 대하여 다소 의아해하거나 불편해하는 회사들이 간혹 있습니다.

사업장감독은 근로감독관집무규정에 근거하여 이루어지고 있으며 업종별 특성, 언론 보도 등으로 사회적으로 물의를 일으키거나 사회적 이슈가 되는 경우 등에 의해 감독이 실시되는 경우 1년에 2회 이상의 감독을 받을 수도 있습니다.

노무관리 차원에서 평상 시에 노동청의 근로감독을 받아 잘못된 점이 있으면 개선 및 시정해 나가는 것도 좋은 방법이라고 생각됩니다.

본서에서는 **사업장 감독 시** 확인하는 **주요 서류**와 **중점점검 항목**에 대하여 근로기준법 등 노동관계 주요 법령별로 구분하여 그 **핵심적인 내용**들을 서술하였습니다.

저자는 사업장 인사노무담당자가 겪고 있는 애로사항 및 고충에 대하여 충분히 알고 있기에 조금이나마 도움이 되기를 바라는 심정으로 **사업장감독 테마**를 특별히 마련하였습니다.

아무쪼록 본서가 사업장 인사노무담당자에게 유용하게 활용되어 결과적으로 회사의 인사노무관리가 잘 이루어져 노동관계법령이 잘 지켜진다면 근로자, 사용자 모두에게 도움이 되는 것이라고 생각합니다.

01 사업장 근로감독의 종류

사업장 근로감독이란 근로조건의 기준을 확보하기 위하여 사업장, 기숙사 그 밖의 부속건물을 현장조사하여 노동관계법 위반 여부를 점검하고 법 위반 사항을 시정하도록 하거나 행정처분 또는 사법처리하는 일련의 과정을 말한다.

사업장 근로감독에 대하여는 근로감독관집무규정(훈령 제465호, 2023.7.24. 시행 2023.8.1.) 제12조(사업장감독의 종류)에 아래와 같이 명시하고 있다.

1) 정기감독

제13조의 사업장근로감독종합 시행계획에 따라 실시하는 근로감독이다.

2) 수시감독

사업장근로감독종합 시행계획이 확정된 이후 정기감독계획에 반영하지 못한 사항 중 다음 각목의 어느 하나에 해당하는 사업장 또는 업종을 대상으로 별도의 계획을 수립하여 실시하는 근로감독이다.

가. 동향. 제보, 언론보도 등을 통하여 노동관계법령 위반 가능성이 있다고 판단되는 사업장

나. 근로감독 청원 등이 접수되어 사업장 감독이 필요하다고 인정되는 사업장

다. 제3장에 따른 신고사건을 처리하는 과정에서 해당 사업장의 다수의 근로자에 대한 노동관계 법령 위반의 가능성이 있다고 판단되는 사업장
라. 위 각목의 어느 하나에 해당하거나 그에 준하는 사유가 있는 사업장 또는 업종에 대하여 지방관서에서 자체계획을 수립하거나, 본부에서 수시감독 계획을 시달한 경우

3) 특별감독

다음 각 목의 어느 하나에 해당하는 사업장에 대하여 노동관계법령 위반 사실을 수사하기 위해 실시하는 근로감독이다.

가. 노동관계법령 · 단체협약 · 취업규칙 및 근로계약 등을 위반하는 중대한 행위로 인하여 노사분규가 발생하였거나 발생 우려가 큰 사업장
나. 상습 · 고의적 체불, 불법파견, 비정규직에 대한 차별적 처우, 폭언 · 폭행 및 직장내 성희롱 · 괴롭힘 등 노동관계법령을 위반하는 중대한 행위로 다수의 피해자가 발생하거나 발생 우려가 있어 언론에 보도되는 등 감독 필요성이 상당한 사업장
다. 위 각 목의 어느 하나에 해당하거나 그에 준하는 사유가 발생할 우려가 있는 사업장에 대하여 본부에서 특별감독계획을 시달한 경우

02 사업장감독 시 확인하는 주요서류(주요점검항목)

위의 사업장감독의 종류에 의해 노동청에서는 매년 고용노동부 본부의 지침이나 감독계획에 의거 사업장감독을 실시하게 됩니다. 사업장감독 및 점검은 노동법 전 분야에 걸쳐 실시하고 있습니다.

노동청 근로감독관이 사업장감독 시 확인하는 주요 노동법분야 및 주요 서류, 중점점검 항목(적발사항) 등에 대하여 서술하고자 합니다. 사업장의 사업주 및 인사노무담당자분께서는 아래사항을 잘 숙지하여 자체적인 사전점검 등의 조치가 필요하다고 생각합니다.

1. 근로기준법 분야

[확인하는 주요 서류]

- 근로계약서, 근로자명부, 출근부 등
- 임금대장(근로시간, 통상임금 산정의 적정여부 등)
- 임금결정·지급방법 또는 계산의 기초에 관한 사항(임금협약, 급여규정 등)
- 임금명세서(임금총액, 임금의 구성항목별 금액 등)〈신설 2023.7.24.〉
- 상여금 지급기준 및 지급서류(상여금 지급규정 등)
- 취업규칙, 기숙사 규칙, 인사규정, 징계규정, 단체협약 등
- 단시간근로자의 근로조건 관련 서류
- 승급 또는 감급 관련 서류
- 해고, 퇴직 관련 서류
- 평균임금 산정 관련 서류〈퇴직금 지급 등의 경우〉
- 취직인허증 및 연소근로자 취업동의서 관련 서류
- 연차유급휴가 적치·사용대장〈개정 2023.7.24.〉
- 직장내괴롭힘 신고·조사·처리 관련 서류〈신설 2023.7.24.〉
- 연소근로자 취업동의서
- 출산전후휴가, 시간외근로, 쉬운 종류의 근로전환 관련 서류〈개정 2023.7.24.〉
- 근로시간제도 관련 서류
  - 탄력적근로시간제, 선택적근로시간제, 근로시간계산의 특례, 근로시간 및 휴게시간의 특례 도입관련 서면합의서 등
- 인가·허가·승인·인정 관련 서류
  - 야업·휴일근로 인가 시 법 제68조제3항에 의한 근로자 대표와의 협의 서류

check point **주요점검 항목(적발분야)**

- 법령요지 등의 게시 의무 위반 여부(제14조)
  - 취업규칙 미게시 등 여부
- 근로조건의 서면 명시 및 교부 의무 위반 여부(제17조)
- 근로자명부 비치 여부(제41조)
- 계약서류 보존 여부(제42조)
- 임금정기지급일 준수 및 임금 관련 사항이 적정하게 지급되는지 여부(제43조)
- 휴업수당 발생 및 적정금액 지급 여부(제46조)
- 임금대장 작성 및 임금(급여)명세서 교부의무 이행 여부(제48조)
- 3개월 초과 탄력근로제 관련 사항 위반 여부(제51조의2)
  - 3개월 초과 탄력근로제 하에서 다음 근로일 개시 전까지 11시간 연속 휴게시간 부여 여부(제51조의2제2항)
  - 3개월 초과 탄력근로제 도입시 임금보존 방안 신고 여부(제51조의2제5항)
  - 3개월 이내 및 3개월 초과 탄력근로제 하에서 근로시간이 단위기간보다 짧은 경우 주 평균 40시간 초과시간 연장 가산임금 지급 여부((제51조의3)
  - 1개월 초과 선택근로제 하에서 다음 근로일 시작 전까지 11시간 연속 휴게시간 부여 여부(제52조제2항제1호)
  - 1개월 초과 선택근로제 하에서 1개월마다 주 평균 40시간 초과 시간 가산임금 지급 여부(제52조제2항제2호)
- 연장근로의 제한 위반 여부(제53조)
  - 연장근로 한도(당사자간에 합의 시 1주간에 12시간을 한도로 제50조의 근로시간 연장 가능) 위반 여부(제53조제1항, 제2항, 제4항)
  - 특별연장근로 실시 근로자의 휴게시간 부여 등 건강보호조치 이행 여부(제53조제7항)
- 휴게(제54조), 휴일에 관한 규정이 적정하게 이루어지는지 여부(제55조)
  - 휴게시간 적정 부여 여부
  - 주휴수당 적정 지급 여부
  - 주휴일 · 관공서의 공휴일에 관한 규정에 따른 공휴일 및 대체공휴일 적정 부여 여부
  - 대체휴일 근로 시 가산임금 지급 여부
- 연장 · 야간 · 휴일근로수당에 대한 임금이 적정하게 지급되는지 여부(제56조)

- **통상임금(통상시급) 산출의 적정성 여부** → 2024.12.19. 대법원 전원합의체의 통상임금 판결에서 고정성이 제외됨에 따라, 각 회사에서는 이에 대한 **사전 자체 점검**이 필요할 것으로 예상됨

◦ 보상휴가제 시행 적정 여부(제57조)
- 근로자 대표와의 서면합의 여부 등

◦ 근로시간특례도입 사업장에서 11시간 연속휴식시간 부여 여부(제59조제2항)

◦ **연차유급휴가 미사용수당이 적정하게 지급되고 있는지 여부(제60조)**
- **통상임금(통상시급) 산출의 적정성 여부** → 사전 자체 점검 필요
- 연차유급휴가 관리대장 적정 여부

◦ 연차 유급휴가의 사용촉진 적정 여부(제61조)
- 연차휴가 사용촉진이 법령에 맞게 적정하게 시행되는지 여부

◦ 감시 또는 단속적 근로종사자 법 적용제외 고용노동부장관 승인 여부(제63조)
- 근로시간, 휴게, 휴일에 관한 규정 적용 제외 타당성 검토
- 경비직 등 근로자에 대해 승인 없이 근로에 종사케한 때에는 임금지급 문제가 발생할 수도 있음

◦ 18세 미만자 연소자증명서 비치 여부(제65조)

◦ 야간근로와 휴일근로의 제한이 제대로 이행되고 있는지 여부(제70조)
- 18세 이상 여성근로자의 야간 및 휴일근로의 제한 위반 여부(제70조제1항)(근로자 동의서 징구 여부)
- 임산부와 18세 미만자의 야간 및 휴일근로의 제한 위반 여부(제70조제2항)(고용노동부장관의 인가 여부)

◦ 시간외근로 제한이 제대로 지켜지는지 여부(제71조)

◦ 임산부보호(출산전후휴가부여) 규정이 제대로 지켜지는지 여부 (제74조)
- 출산전후휴가 90일 부여 여부(제74조제1항)
- 출산전후휴가 분할 사용 허용 여부(제74조제2항)
- 유산 · 사산휴가 부여 여부(제74조제3항)
- 출산전후휴가 기간 중 최초 60일분 임금 지급 여부(제74조제4항)
- 임신중 여성근로자의 시간외근로 제한 위반 여부(제74조제5항)
- 임신기 근로시간 단축 허용 여부(제74조제7항)
- 생후 1년 미만의 유아를 가진 여성근로자에 대한 육아시간 부여 여부(제75조)

◦ 직장내 괴롭힘이 있었는지 여부, 설문 및 탐문조사 병행(제76조의2)

- 직장내 괴롭힘 발생 시 각종 조치사항 이행이 적정하게 이루어졌는지 여부(제76조의3)

◦ 취업규칙 작성 · 신고가 이행되었는지 여부(제93조)

◦ 취업규칙 작성 · 변경 절차가 적정하게 이루어졌는지 여부 등(제94조)

2. 근로자퇴직급여 보장법 분야

[확인하는 주요 서류]

◦ 근로계약서, 임금대장

◦ 퇴직급여 지급 관련 서류〈신설 2023.7.24.〉

◦ 퇴직급여 제도의 선택 · 변경 관련 근로자 대표의 동의서

◦ 퇴직급여제도의 내용변경 관련 근로자 대표의 의견 청취자료 및 동의서

◦ 퇴직연금 규약

◦ 규약에서 정한 사항의 이행 관련 서류

◦ 운용관리 업무 및 자산관리업무의 수행계약서

◦ 퇴직연금제도 가입자의 교육 실시와 관련된 서류

check point 주요점검 항목(적발분야)

◦ 퇴직급여제도 차등 설정 여부(제4조제2항)

◦ 퇴직급여제도 또는 개인형퇴직연금제도 설정 · 변경 관련 사항(제4조제3항 및 제4항, 제25조제1항 및 제2항제1호)

- 퇴직급여제도 또는 개인형퇴직연금제도 설정 · 변경시 근로자대표 또는 개별근로자의 동의 여부 또는 의견 청취 여부 확인

◦ 퇴직금 지급 여부 및 퇴직금 계산이 적정하게 지급되었는지 여부(제9조)

◦ 퇴직연금규약 신고 여부(제13조, 제19조)

◦ 확정급여형퇴직연금제도의 퇴직급여 지급 여부(제17조제2항 및 제3항)

◦ 퇴직연금제도 부담금 및 지연이자 미납 관련 사항(제20조제5항, 제23조의7제2항, 제

25조제3항)
- 확정기여형퇴직연금제도 및 중소기업퇴직연금제도 부담금 및 지연이자 미납, 개인형 퇴직연금제도 가입자의 부담금 및 지연이자 미납 여부
◦ 사용자의 가입자에 대한 교육 실시 여부(제32조제2항)
- 사용자의 책무, 매년 1회이상 퇴직연금운용상황 등 교육실시 여부
◦ 근로자에게 퇴직급여 감소 사전고지 또는 예방 조치 실시 여부(제32조제5항)
- 확정급여형퇴직연금제도 또는 퇴직금제도를 설정한 사용자가 근로자에게 퇴직급여가 감소할 수 있음을 미리 알리지 않거나 예방하기 위하여 필요한 조치 실시 여부

3. 최저임금법 분야

[확인하는 주요 서류]

◦ 근로계약서, 임금대장(최저임금 위반 여부)
◦ 최저임금 적용 제외 인가서류
◦ 최저임금사항 주지 관련 서류
◦ 수습근로자의 근로계약서 등 최저임금 감액 적용 관련 서류〈개정 2023. 7.24.〉

check point 주요점검 항목(적발분야)

◦ 최저임금이 적정하게 지급되었는지 여부(제6조)
- 최저임금액 미달 여부
◦ 최저임금에 대한 주지 의무가 적정하게 이행되었는지 여부(제11조)
- 최저임금 주지 의무 위반 여부

4. 남녀고용평등과 일·가정 양립지원에 관한 법률 분야

[확인하는 주요 서류]

- 근로계약서, 임금대장
- 모집과 채용 관련 서류
- 임금외의 금품 등
- 동일가치 동일임금 관련 서류
- 교육·배치 및 승진 관련 서류
- 정년·퇴직 및 해고 관련 서류
- 직장내 성희롱의 금지 및 예방 관련 서류
- 직장내 성희롱 발생시 조치 관련 서류
- 직장내 성희롱 예방교육 관련 서류
- 고객등에 의한 성희롱방지 관련 서류
- 적극적 고용개선조치 관련 서류
- 출산전후휴가 관련 서류
- 배우자 출산휴가 관련 서류
- 육아휴직 등(육아기 근로시간 단축 포함) 관련 서류
- 직장보육시설 설치 및 지원관련 서류
- 명예고용평등감독관 위촉 관련 서류
- 고충처리기관 설치 관련 서류

check point **주요점검 항목(적발분야)**

- 모집·채용에서 신체적조건 등 남녀를 차별하였는지 여부(제7조)
- 동일가치 노동에 대하여 임금을 차별하여 지급하였는지 여부(제8조)
- 임금 외 금품 및 복리후생 등에서 남녀를 차별하였는지 여부(제9조)
- 교육·배치 및 승진에서 남녀를 차별하였는지 여부(제10조)
- 정년·퇴직 및 해고에 있어서 남녀를 차별하였는지 여부(제11조)

◦ 사업주, 상급자 또는 근로자에 의한 직장내 성희롱이 발생하였는지 여부(제12조)
◦ 직장내 성희롱예방 교육을 적정하게 실시하였는지 여부(제13조)
◦ 직장내 성희롱예방 교육내용 상시 게시 의무 위반 여부(제13조제3항)
◦ 직장내 성희롱발생시에 적정한 조치가 이루어졌는지 여부(제14조)
  - 직장내 성희롱 발생사실 확인을 위한 조사의무 위반 여부(제14조제2항)
  - 직장내 성희롱 피해근로자 요청시 근무장소의 변경 등 적절한 조치의무 위반 여부(제14조제4항)
  - 직장내 성희롱을 한 자에 대한 징계 등 조치 위반 여부(제14조제5항)
  - 직장내 성희롱 신고자 등에 대한 불리한 처우 금지 위반 여부(제14조제6항)
  - 고객 등에 의한 성희롱 피해자 보호조치 의무 위반 여부(제14조의2제1항)
  - 고객 등에 의한 성희롱 피해자에게 고용상 불이익한 조치 금지 위반 여부(제14조의2제2항)
◦ 배우자 출산휴가가 적정하게 부여되었는지 여부(제18조의2)
  - 배우자 출산휴가 기간 10일 임금 지급 여부(제18조의2제1항)
  - 배우자 출산휴가를 이유로 해고나 그 밖의 불리한 처우 금지 위반 여부(제18조의2제5항)
  - 난임치료 청구자에 대해 난임치료휴가 부여 여부(제18조의3)
◦ 육아휴직이 적정하게 부여 되었는지 여부(제19조)
  - 육아휴직 부여 여부(제19조제1항)
  - 육아휴직을 이유로 해고 그 밖에 불리한 처우 금지 위반 여부(제19조제3항)
◦ 육아기 근로시간단축 신청 허용 여부(제19조의2제1항)
◦ 사업주의 육아기 근로시간단축 서면통지의무 위반 여부(제19조의2제2항)
◦ 육아기 근로기간단축을 이유로 근로조건 불이익 여부(제19조의3제1항)
◦ 육아기 근로시간단축 근로자의 근로조건 서면 명시 의무 위반 여부(제19조의3제2항)
◦ 육아기 근로시간단축 근로자의 연장근로제한 위반 여부(제19조의3제3항)
◦ 근로시간 단축을 하고 있는 근로자에 대한 연장근로 위반 여부(제22조의4제3항)

5. 기간제 및 단시간근로자보호등에관한법률 관련 분야

[확인하는 주요 서류]

- 근로계약서, 임금대장, 취업규칙, 단체협약 등
- 단시간근로자의 초과근로 관련 서류
- 노동위 시정명령 관련 서류
- 기간제근로자 및 단시간근로자의 차별적 처우 여부를 판단하는데 필요한 관련 서류(신설 2012.7.31.)

check point **주요점검 항목(적발분야)**

- 단시간근로자의 초과근로제한 위반 여부(제6조제1항)
- 기간제근로자임을 이유로 동종 또는 유사업무에 종사하는 기간의 정함이 없는 근로계약을 체결한 근로자에 비하여 차별적 처우를 하였는지 여부(제8조제1항)
- 단시간근로자임을 이유로 동종 또는 유사한 업무에 종사하는 통상근로자에 비하여 차별적 처우를 하였는지 여부(제8조제2항)
- 불리한 처우의 금지 의무 위반 여부(제16조)
- 기간제근로자 또는 단시간근로자와 근로계약을 체결하는 때에는 제17조에 명시한 근로조건을 서면으로 명시하여야 하는바, 그 적정이행 여부(제17조)

6. 파견근로자보호등에관한법률 관련 분야

[확인하는 주요 서류]

- 근로계약서, 임금대장
- 근로자파견사업 대상업무 관련 서류
- 근로자파견사업 허가기준 관련 서류
- 근로자파견계약 관련 서류
- 파견근로자 근로조건 보호 파견·사용사업주의 조치필요사항 관련 서류
- 근로자파견사업 운영관련 서류

◦ 파견근로자의 차별적 처우 여부를 판단하는데 필요한 관련 서류(신설 2012.7.31.)

◦ 기타 사내하도급 관련 서류

check point 주요점검 항목(적발분야)

◦ 파견대상 업무가 법 위반에 해당하지 않고 적정하게 이루어졌는지 여부(제5조제5항)
  - 파견대상업무 위반 여부(파견사업주 및 사용사업주)
◦ 파견기간이 법 위반에 해당하지 않고 적정하게 이루어지고 있는지 여부(제6조제1항, 제2항, 제4항)
  - 파견기간 위반 여부(파견사업주 및 사용사업주)
◦ 근로자파견사업의 허가를 받지 않은 무허가 파견에 해당하는지 여부(제7조제1항)
  - 파견사업 허가 위반 여부
  - 파견사업 변경 허가 위반 여부
◦ 무허가 근로자파견의 역무 사용 여부- 사용사업주(제7조제3항)
◦ 근로자파견사업허가 당시의 기준(5인 이상 등)을 유지하고 있는지 여부(제9조)
◦ 명의대여의 금지 의무 위반(제15조)
◦ 파견근로자 사용제한 의무 위반 여부(제16조)
  - 파견사업주 및 사용사업주
◦ 차별적 처우 금지 의무 위반 여부(제21조)
  - 파견사업주와 사용사업주는 파견근로자라는 이유로 사용사업주의 사업내의 같은 종류의 업무 또는 유사한 업무를 수행하는 근로자에 비하여 파견근로자에게 차별적 처우를 하여서는 아니되는 바, 차별적 처우를 하였는지 여부
◦ 파견사업주 통지의무 위반 여부(제27조)
◦ 파견사업관리대장 작성 · 보존 의무 위반 여부(제29조)
  - 파견사업주
◦ 사용사업관리대장 작성 · 보존 의무 위반 여부(제33조)
  - 사용사업주
◦ 건강진단결과 송부 의무 위반 여부(제35조제3항, 제5항)
  - 사용사업주 제3항, 파견사업주 제5항

7. 노동조합 및 노동관계조정법 분야

[확인하는 주요 서류]

- 노동조합 설립신고증
- 노동조합 변경 신고 관련 서류
- 노동조합 규약
- 단체협약서(부속합의서)
- 근로시간면제 제도 운영 관련 서류
- 단체교섭・노사협의회・노사공동위원회 활동 관련 서류
- 기타 사용자의 부당노동행위 여부를 판단하는데 필요한 관련 서류

check point 주요점검 항목(적발분야)

- 노동조합 설립신고사항중 변경사항 신고 또는 통보 위반 여부(제13조)
- 노동조합 서류비치 및 보존 위반 여부(제14조)
- 노동조합 결산결과 및 운영상황 보고 또는 허위보고 여부(제27조)
- 노사간에 체결한 단체협약을 행정기관에 신고하였는지 여부(제31조제2항)
- 부당노동행위 발생 여부(제81조)
  - 노조활동 방해, 노조탈퇴 강요 등 노조에 지배개입한 부당노동행위가 있었는지 여부
  - 노동조합 면담, 설문조사 등 병행
- 단체협약에 위반한 행위가 있었는지 여부(제92조)

8. 근로자참여 및 협력증진에관한 법률분야

[확인하는 주요 서류]

- 노사협의회 규정
- 노사협의회 회의록
- 노사협의회 설치 및 규정신고 관련 서류
- 노사협의회 위원 구성 관련 서류
- 정기노사협의회 개최 관련 서류

◦ 고충처리위원 선임 및 처리 관련 서류

check point **주요점검 항목(적발분야)**

◦ 상시근로자 30인 이상 사업장에 대한 노사협의회가 설치되었는지 여부(제4조)
 - 노사협의회 설치거부 또는 방해로 인한 미설치 여부(제4조제1항)
◦ 노사협의회의 구성이 적정하게 이루어졌는지 여부(제6조)
 - 근로자위원, 사용자위원 구성이 적정한지 여부(제6조제1항)
 - 근로자위원 선출 관련 법 위반 사항이 없는지 여부(제6조제2항)
◦ 정기 노사협의회 개최 여부(제12조)
 - 정기노사협의회를 매 3개월마다 적정하게 개최하고 있는지 여부(제12조제1항)
◦ 노사협의회 규정이 지방노동관서에 제출되었는지 여부(제18조)
◦ 노사협의회 회의록을 작성하여 비치하고 있는지 여부(제19조)
◦ 노사협의회에서 의결된 사항 이행 여부(제24조)
◦ 고충처리위원의 선임 여부(제26조)
◦ 고충처리위원의 위원 구성이 적정하게 이루어졌는지 여부(제27조제1항)
◦ 고충처리위원의 고충처리가 적정하게 이루어졌는지 여부(제27조제2항)
 - 10일 이내 조치사항과 그 밖의 처리결과를 해당 근로자에게 통보
 - 고충사항 접수 · 처리대장 작성 비치 여부

03 사업장감독 실시 이후 조치 사항

1. 감독실시 전

감독실시 통상 10일 전에 근로감독관이 사업장 인사 · 노무담당자들에게 연락하여 위 준비서류 목록을 이메일이나 팩스로 전송 및 유선통화를 하여 점검 일정을 고지하고 일정에 대하여 협의를 합니다.

이 경우 회사에 부득이한 사정이 있을 경우 담당 근로감독관과 협의하여 조정할 수 있습니다.

근로감독관이 사전에 점검 관련 준비서류를 안내하였음에도 지정된 감독일 시에 회사에서 아예 점검관련 서류를 준비해 놓지 않은 회사들도 있고, 간혹 어떤 회사는 근로감독관이 요구하는 서류를 고의적으로 지연하면서 늦게 제출하는 회사도 있습니다. 이 경우 점검 시간은 더 길어질 수밖에 없습니다.

근로감독관이나 회사의 인사노무 담당자에게나 시간은 소중한 것이고 업무적으로 바쁜 것은 마찬가지입니다. 사전에 준비가 원만히 잘 되어 있다면 점검 시간도 단축하고, 업무수행에 지장을 초래하지 않을 것임에도 불구하고 조금 아쉬운 측면이 있습니다.

사업장 감독을 하다보면 노무관리가 정말 잘 되어 있는 회사들도 많이 있습니다. 대부분의 회사들은 노무관리도 잘되어 있고 사업장점검 시 서류 준비 등에 잘 협조해 주고 있으나, 간혹 그렇지 않은 회사들도 있습니다.

사업장에서는 근로감독관들이 사업장감독(점검) 시에 점검이 원만하게 이루어질 수 있도록 협조하여 주시기를 당부드립니다.

2. 감독실시 이후

노동청에서 근로감독관이 사업장에 근로감독(점검)을 실시하여 법 위반 사항이 적발될 시는 확인서를 징구한 다음, 근로감독관집무규정 별표3 조치 기준에 의거 시정지시(시정기한은 통상 14일~25일 부여)를 합니다.

사업장에서 시정지시 기한 내에 체불금품을 지급하는 등 시정지시 사항을 이행완료 하여 노동청에 결과보고를 하면, 근로감독관이 검토를 하여 이상이 없을 시에는 종결처리하게 됩니다.

이때 회사측에서 시정지시 이행에 부득이한 사유가 있어 기일 연기요청을 하면 근로감독관이 검토하여 타당한 사유가 있다고 판단될 시는 기일 연장허가 조치를 할 수도 있습니다.

그러나 사업장에서 시정기한 내에 이행을 하지 않거나 불응할 경우에는 범죄인지하여 사법처리하거나 과태료 처분 등의 조치를 하게 됩니다.

3. 당부사항

사업장 근로감독을 한 결과, 적발사항에 대하여 시정지시를 하여 시정지시 이행이 완료되면 종결처리가 됩니다.

그러나 금품에 대한 시정지시에 대하여는 회사측에서 상당히 부담스러워하는 측면이 있습니다. 한번은 연장·야간·휴일근로수당이 실제로 근로한 시간보다 적게 지급된 사업장이 있었습니다.

미지급된 금액을 확인한 결과 1억원 정도가 과소 지급되어 노동청에서 지급을 요하는 시정지시를 하여 사업주가 지급을 완료하였습니다. 그런데 "근로자들이 사업주를 대하는 태도가 근로자에게 줄 돈을 제대로 안주고 떼먹는 부도덕한 사람처럼 쳐다보는 것 같아 아주 곤혼스러웠다"고 사업주가 저자에게 하소연하여 저자 또한 인간적인 측면에서 미안한 마음과 안타까운 심정을 금할 수 없었습니다.

통상임금이 착오되면 연장·야간·휴일근로수당, 연차수당, 퇴직금 등 제반 지급해야 될 금품의 차액이 발생하게 됩니다. 특히 2024.12.19.자 대법원 전원합의체 판결에 의해 기존의 통상임금 판단기준에서 고정성이 제외됨에 따라, 통상임금 개념의 재정립 등 판단기준이 새롭게 변경되었으며 결론적으로는 통상임금의 범주가 대폭 확장되었다고 할 것입니다. 따라서 회사에서는 통상임금이 제대로 산정되고 있는지를 자체적으로 사전에 점검해 보는 것이 중요할 듯합니다.

다음으로는 연차수당 지급 문제입니다. 요즘은 연차휴가를 유급으로 연내에 사용하도록 사용촉진제도를 많이 활용하여 연차를 소진하는 회사들도 많습니다.

그러나 연차사용촉진제도가 제대로 이루어지지 않거나 미사용된 연차수당에 대하여는 다음연도 연차수당 발생월 임금지급일에 지급을 해야 합니다. 만약, 연차수당 지급의무를 면할려면 미리 개별 근로자의 서면 동의를 받아 이월조치를 명확하게 해 놓아야 한다는 점을 잘 알아 두시기 바랍니다.

아무쪼록 평소에 사업장의 노무관리를 미리 자체적으로 점검 및 검토하여 노동관계법을 잘 준수하여 주시기를 당부드립니다.